太仓城区图

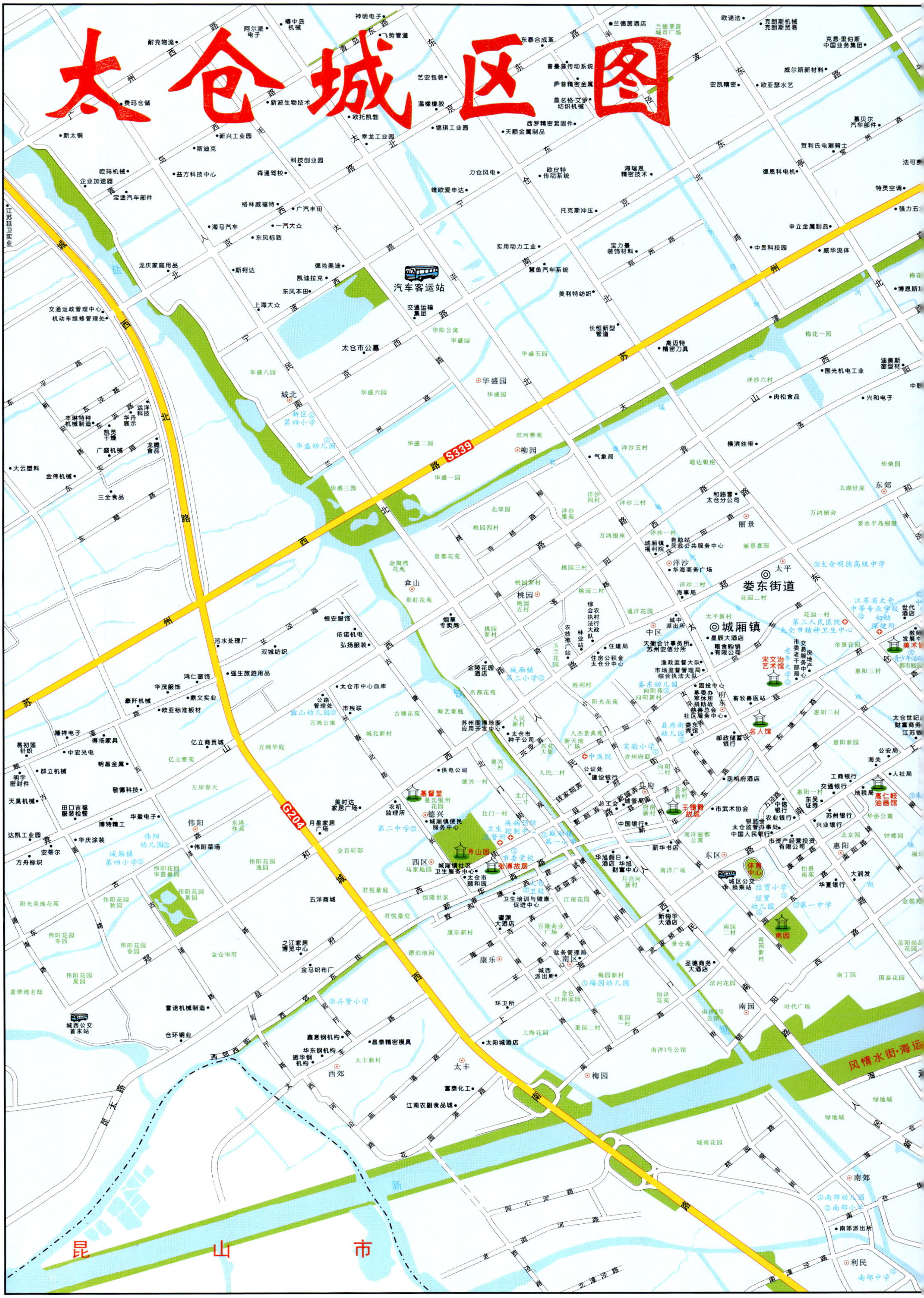

汽车客运站
交通运输集团
太仓市公墓
华盛园
柳园
城北
新区第四小学
华盛幼儿园
S339
G204
娄东街道
城厢镇
太平
丽景
洋沙
桃园
中区
东区
西区
德兴
伟阳
惠阳
南园
梅园
太丰
西郊
康乐
南郊
利民
东郊
弇山园
基督堂
王锡爵故居
张溥故居
宋文治艺术馆
名人馆
高仁岐油画馆
体育中心
中医院
第二中学
第一中学
城厢镇第四小学
城西公交首末站
城区公交换乘站
太仓明德高级中学
江苏省太仓中等专业学校
第三人民医院
太仓市精神卫生中心
中国银行
中国人民银行
农业银行
交通银行
工商银行
苏州银行
兴业银行
华夏银行
新华书店
风情水街·海运
昆山市

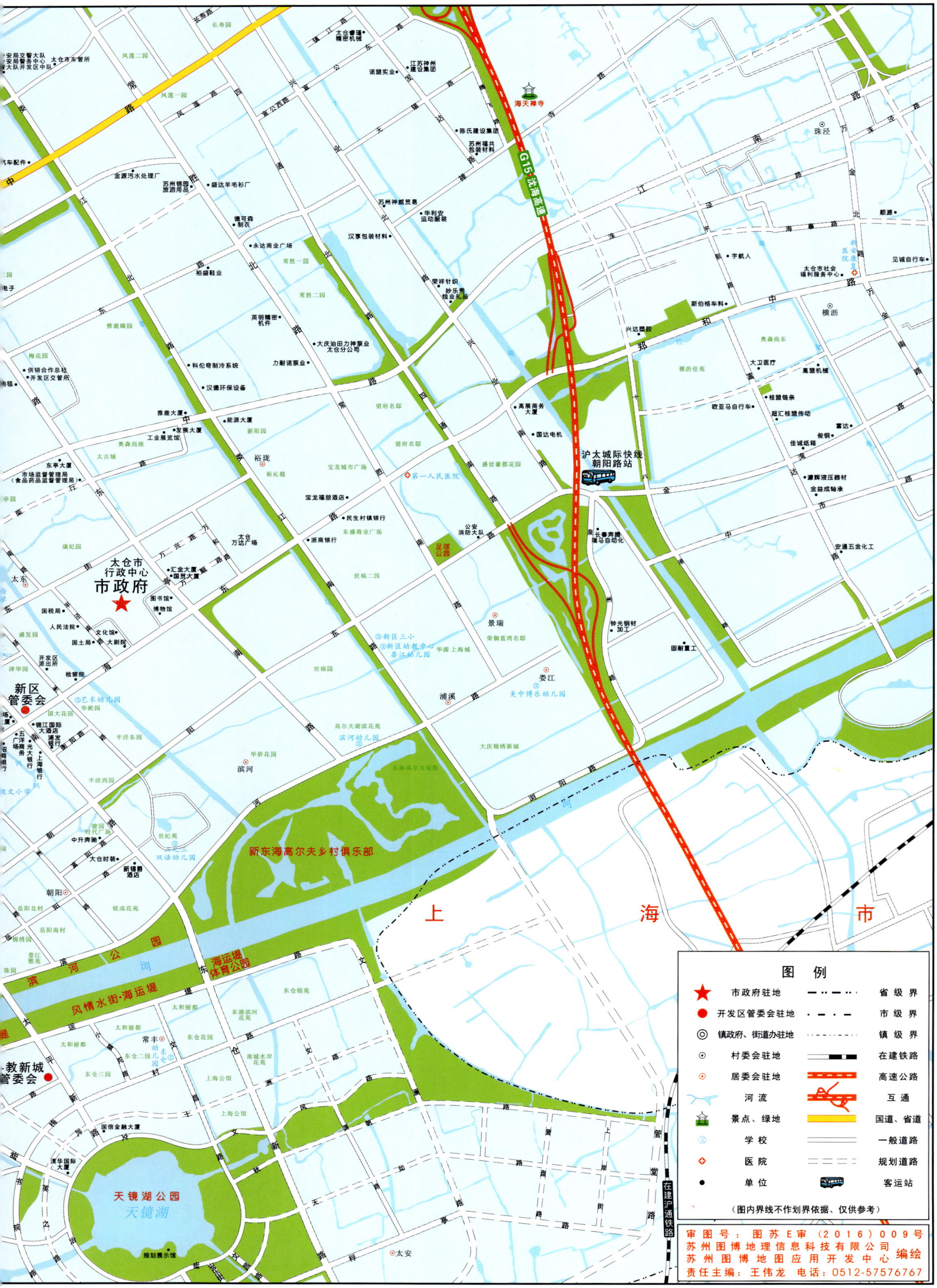

审图号：图苏E审（2016）009号
苏州图博地理信息科技有限公司
苏州图博地图应用开发中心 编绘
责任主编：王伟龙 电话：0512-57576767

太仓年鉴

TAICANG ALMANAC

2016

太仓市史志办公室 编

方志出版社
Publishing House of Local Records

图书在版编目（CIP）数据

太仓年鉴．2016 / 太仓市史志办公室编．--北京：方志出版社，2016.8

ISBN 978-7-5144-2068-5

Ⅰ．①太… Ⅱ．①太… Ⅲ．①太仓—2016—年鉴
Ⅳ．①Z535.34

中国版本图书馆CIP数据核字（2016）第216412号

太仓年鉴（2016）

编　　者：太仓市史志办公室
责任编辑：刘方圆
出 版 人：冀祥德
出 版 者：方志出版社
地址　北京市朝阳区潘家园东里9号（国家方志馆4层）
邮编　100021
网址　http://www.fzph .org
发　　行：方志出版社发行中心
电话（010）67110500
经　　销：各地新华书店
印　　刷：常州市武进第三印刷有限公司
开　　本：889×1194　1/16
印　　张：30.75
字　　数：981千字
版　　次：2016年8月第1版　2016年8月第1次印刷
印　　数：0001～1000册

ISBN 978-7-5144-2068-5　**定价**：200.00元

太仓市年鉴编纂委员会

名誉主任　沈　觅　王建国

主　　任　赵建初

副 主 任　张培明　李　刚　张志华

委　　员　（以姓氏笔画为序）

王大明　王洪斌　朱锦明　华中兴　吴忠良
吴建国　邱根生　张　忠　张舒源　陆定峰
陆建林　陆静波　陈伟贤　郑祥弟　周鸿斌
顾宇靖　徐　韬　徐洪明　凌晓波　高健彪
陶乐平　蒋永平　韩　飈　楼晓舟　潘井亚

《太仓年鉴（2016）》编纂人员

主　　编　张志华

副 主 编　陈妙生

执行编辑　邢友来　施　璎

编　　辑　殷秋娣　王维强　范志芳　朱敏峰　章昌健
许燕东

摄　　影　杨忠明　计海新　戴周华　杨　希

翻　　译　大业翻译社

编 辑 说 明

一、《太仓年鉴》是由太仓市人民政府主办，太仓市史志办公室组织编纂的地方综合性年鉴。《太仓年鉴》创刊于1997年，以太仓行政区划冠名，逐年出版，并标以出版年份。本卷为第20卷。

二、编辑本年鉴的宗旨是以马克思列宁主义、毛泽东思想、邓小平理论、“三个代表”重要思想、科学发展观为指导，全面、系统、准确地记载太仓自然、政治、经济、文化和社会等领域的基本情况，为领导决策提供参考，为社会各界了解太仓、建设太仓和续修志书提供地情资料。

三、《太仓年鉴（2016）》记述时间原则上为2015年1月1日至2015年12月31日，部分内容适当上溯或下延。本年鉴采用分类编辑法，基本结构分“类目”“分目（副分目）”“条目”三个层次，部分类目增设“子目”，以“条目”为基本单位，其中条目以黑体字加【 】表示。《太仓年鉴（2016）》继续贯彻省地方志办年鉴创新与规范的有关要求，在保持编写纲目相对稳定的基础上进行适当微调，如在“城市概况”类目中增设“自然资源”分目；调整“社会管理”类目中的“法治建设”分目，将“政法委、公安、检察、法院、司法行政”等内容划入其中，并增设“法治政府建设”“政社互动”等副分目；在“社会管理”类目中增设“武装”分目，将“人民武装、武警、边防检查、海警、人民防空”等内容划入其中，并相应调整“公共安全”分目的内容；在“城镇街道”类目中增设“特色村庄”条目等。全书设图片专题（包括封面故事、年度便览、视觉太仓）、特别报道、大事纪要、城市概况、人居环境、太仓港、中德中小企业合作示范区、区域经济、公共服务、社会管理、地方组织机构、城镇街道、附录、索引等类目16个，共有分目78个、副分目158个、子目24个、条目1011个，图表137张，随文图片132幅，计98.1万字。

四、卷首图片专题中，“封面故事”主要介绍长江口旅游度假区（浏河镇）基本情况，“年度便览”收录“数说太仓·2015”和“年度重要荣誉”，“视觉太仓”收录“回眸十二五”“年度要闻”“我是共产党员专项教育活动”“现代田园城·美丽金太仓”“十大新闻”“十佳新人新事”和“友好交流”等内容，共选用图表14张、图片114幅。

五、“特别报道”主要刊载部分媒体宣传太仓的重要文章和2015年全市重点、亮点工作及“接轨上海”等内容。

六、“附录”中“年度荣誉”内容以有关表彰文件（证书）为准，并经编者筛选，一般收录省条线（含）以上表彰的先进集体和先进个人。

七、本年鉴中的资料、数据均由各部门、各镇（区、街道）和部分企业提供，并经各单位领导审核确认，同类数据若有出入，则以统计资料为准。

八、《太仓年鉴》的编辑出版，得到全市各有关部门、单位和社会各界人士的大力支持，在此深表谢忱。由于编辑水平有限，加之时间仓促，不足之处，恳请广大读者批评指正。

封面故事·浏河镇

太仓长江口旅游度假区（浏河镇）东临长江，西连太仓主城区，南沿上海，北靠太仓港，距上海市中心39公里、虹桥机场35公里、浦东国际机场70公里、苏州70公里，苏昆太高速、沿江高速、沪太一级公路、338省道、339省道、浏翔公路直达境内。全区总面积68平方公里，辖8个村、7个社区，总人口约10万人（其中户籍人口4.87万人）。2015年，完成地区生产总值84.77亿元，公共财政预算税收收入4.58亿元，全社会固定资产投资35.5亿元。通过“国家卫生镇”复审，获评“全国人居环境范例奖”和“长三角最美乡村”。

数说太仓·2015

总面积：809.93平方公里
户籍人口：47.96万人
常住人口：70.95万人
地区生产总值：1100.08亿元
#第一产业增加值：37.21亿元
#第二产业增加值：564.53亿元
#第三产业增加值：498.34亿元
人均地区生产总值：155159元
公共财政预算收入：114.54亿元
工业总产值：2655.58亿元
#规模以上工业：1993.08亿元
全社会固定资产投资：500.01亿元
#工业投资：275.22亿元
#服务业投资：224.41亿元
商品房新开工面积：111.92万平方米
商品房施工面积：492.09万平方米
商品房竣工面积：69.34万平方米
社会消费品零售总额：262.58亿元
注册外资：6.64亿美元
实际利用外资：5.01亿美元
进出口总额：127.71亿美元
#出口总额：63.11亿美元
服务外包接包合同额：7.10亿美元
离岸服务外包执行额：2.72亿美元
引进内资当年新增注册资本：90.75亿元
旅客运输量：2245万人次
货物运输量：1618万吨
太仓港国际国内航线：177条
太仓港集装箱吞吐量：370.61万标箱
太仓港货物吞吐量：2.04亿吨
接待境内外游客：485.79万人次
旅游业总收入：69.50亿元
私人汽车保有量：14.60万辆
金融机构人民币存款余额：1269.17亿元
#住户存款余额：486.49亿元
金融机构人民币贷款余额：1139.46亿元
小学：37所
#民办小学：8所
普通初中：15所
普通高中：4所
特殊教育学校：1所
中等职业学校：1所
高等职业技术学院：1所
老年大学：1所
授权专利：2871件
各类医疗机构：238所
卫生机构拥有床位：3730张
卫生技术人员：4303人
人均期望寿命（户籍人口）：83.16岁
甲乙类传染病报告发病率：126.53／10万
儿童免疫规划建卡率（常住人口）：100%
居民健康档案建档率（常住人口）：87.29%
城镇居民人均可支配收入：50134元
城镇居民人均生活消费支出：31488元
农村居民人均可支配收入：25643元
农村居民人均生活消费支出：17333元

年度重要荣誉

- 全国科普示范市
- 通过国家卫生城市复核
- 2015年中国物流城市最佳投资环境奖
- 全国“电商百佳县”
- 2015年中国投资营商价值城市
- 苏南地区唯一一家国家深化县城基础设施投融资体制改革试点县（市）
- 第15届全国县域经济与县域基本竞争力百强县第四位
- 2015年长三角县域商业十强县（市）
- 2015年福布斯中国大陆最佳县级城市第六位
- 县级市首家“国家示范数字档案馆”
- 生物医药产业园获评国家火炬特色产业基地

"十二五"（2011—2015）时期是太仓发展史上综合实力提升最快、转型发展进展最大、人民群众得到实惠最多的重要阶段。**综合实力显著增强**。太仓市连续5年名列全国百强县市前10位。"十二五"期间，太仓市地区生产总值突破1000亿元，年均增长9.8%；人均地区生产总值15.5万元，较"十一五"期末增长48.4%。公共财政预算收入突破100亿元，年均增长10.3%；全社会固定资产投资突破500亿元，年均增长8.3%。**转型创新加快推进**。"十二五"期间，全市产业结构加快优化调整，三次产业增加值结构由期初的3.7:57.4:38.9调整为期末的3.3:51.5:45.2。全社会研发投入占地区生产总值比重2.35%，较"十一五"期末提高0.42个百分点；万人发明专利拥有量25件，较"十一五"期末增加23.3件；科技进步贡献率60%，较"十一五"期末提高5个百分点。**现代产业体系逐步完善**。2015年实现规模以上工业产值2118亿元，年均增长7.4%。新兴产业产值占规模以上工业产值比重50%，较"十一五"期末提高17.2个百分点。高新技术产业产值占规模以上工业产值比重36.2%，较"十一五"期末提高16.1个百分点。服务业增加值占地区生产总值比重45.2%，较"十一五"期末提高6.3个百分点。**改革开放不断深化**。重点领域改革持续推进，对外开放水平不断提升。"十二五"期间，全市累计完成注册外资52.33亿美元，实际利用外资31.36亿美元。外贸进出口保持稳定，2015年实现进出口总额127.71亿美元，较"十一五"期末增长19.4%。接轨上海成效明显，"十二五"期间，共引进沪上项目529个，注册资本130.71亿元，较"十一五"期间增长88.6%。**社会民生明显改善**。2015年城镇居民人均可支配收入50134元，农村居民人均可支配收入达25643元，"十二五"期间年均分别增长10.5%和12.1%。城镇登记失业率控制在2%左右。率先实现养老、医疗、失业保险和低保城乡并轨，大病保险"太仓模式"被植入国家医保新政。社会治理"政社互动"创新实践经验在全国推广。

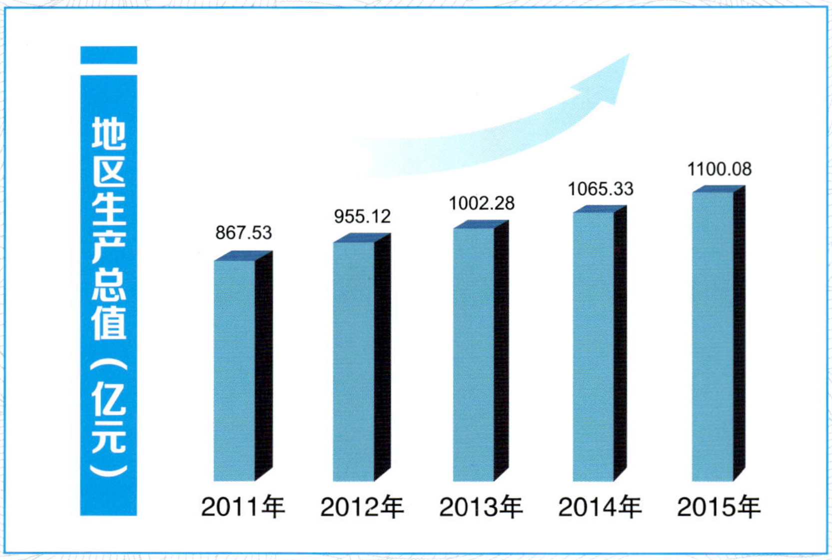

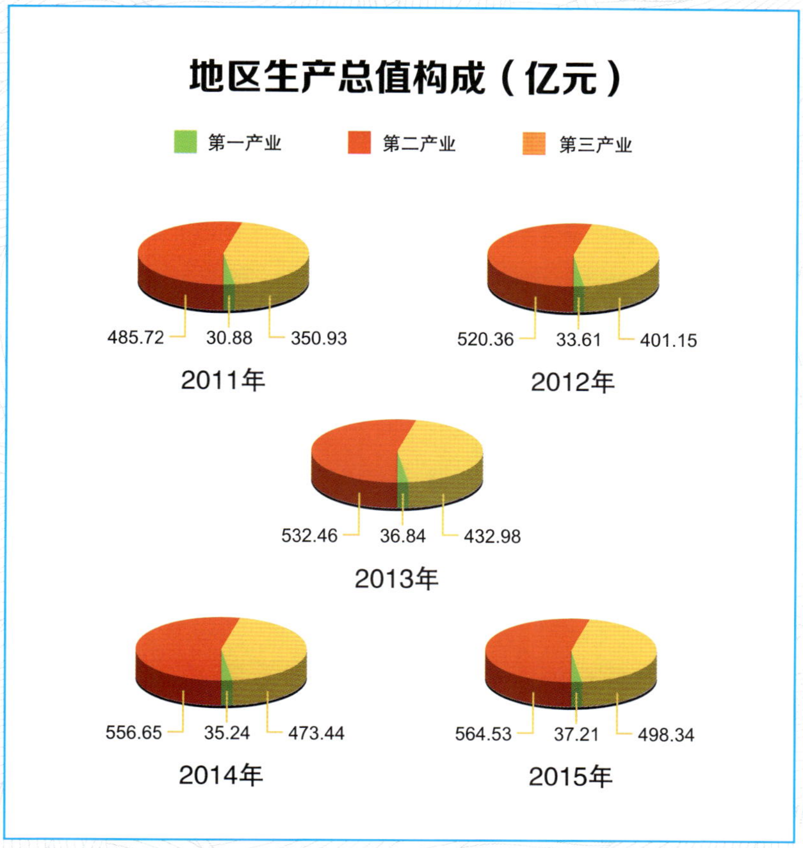
地区生产总值构成（亿元）
第一产业
第二产业
第三产业
485.72
30.88
350.93
2011年
520.36
33.61
401.15
2012年
532.46
36.84
432.98
2013年
556.65
35.24
473.44
2014年
564.53
37.21
498.34
2015年

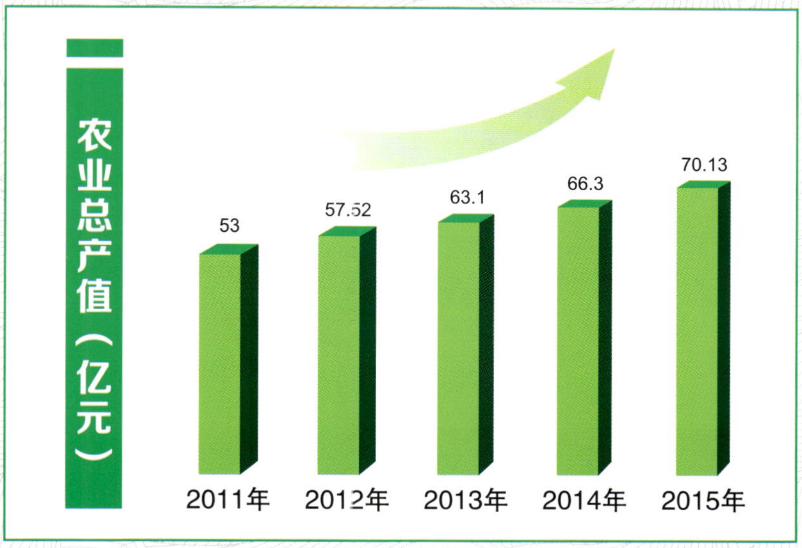
农业总产值（亿元）
53
57.52
63.1
66.3
70.13
2011年
2012年
2013年
2014年
2015年

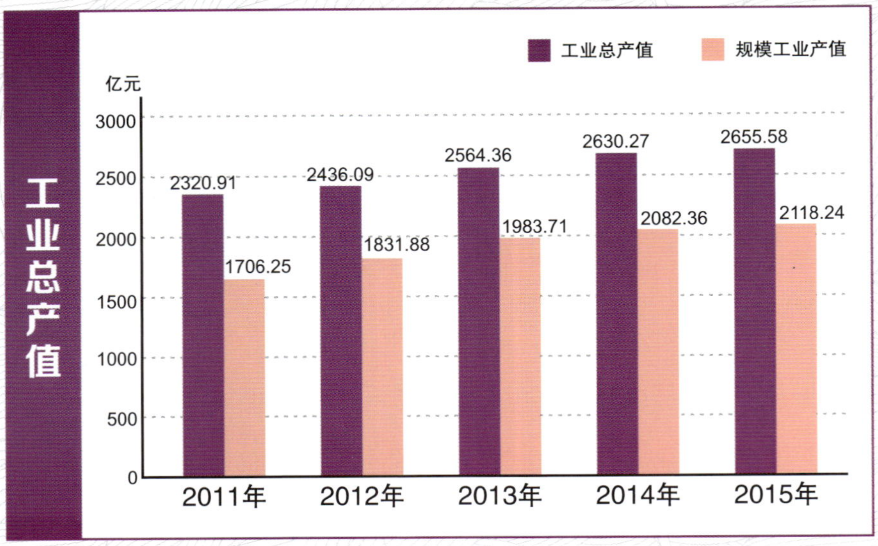
工业总产值
工业总产值
规模工业产值
亿元
3000
2500
2000
1500
1000
500
0
2320.91
1706.25
2436.09
1831.88
2564.36
1983.71
2630.27
2082.36
2655.58
2118.24
2011年
2012年
2013年
2014年
2015年

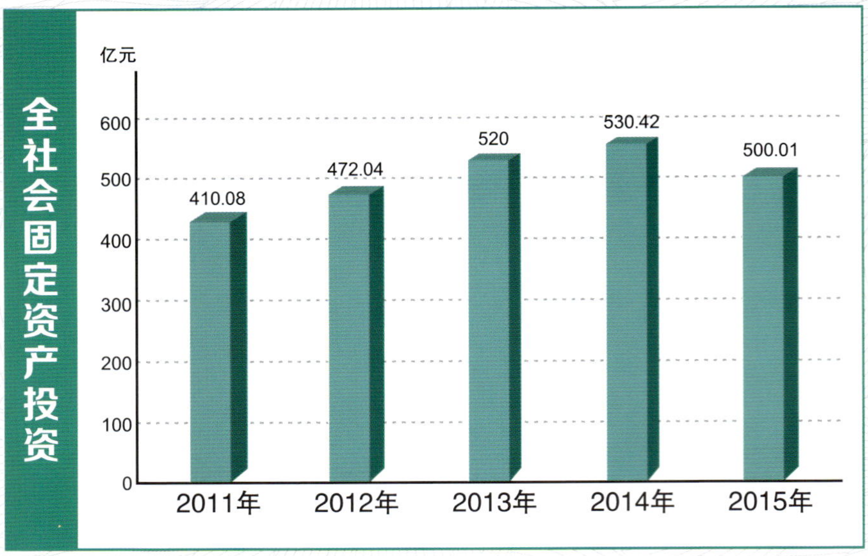
全社会固定资产投资
亿元
600
500
400
300
200
100
0
410.08
472.04
520
530.42
500.01
2011年
2012年
2013年
2014年
2015年

公共财政预算收支

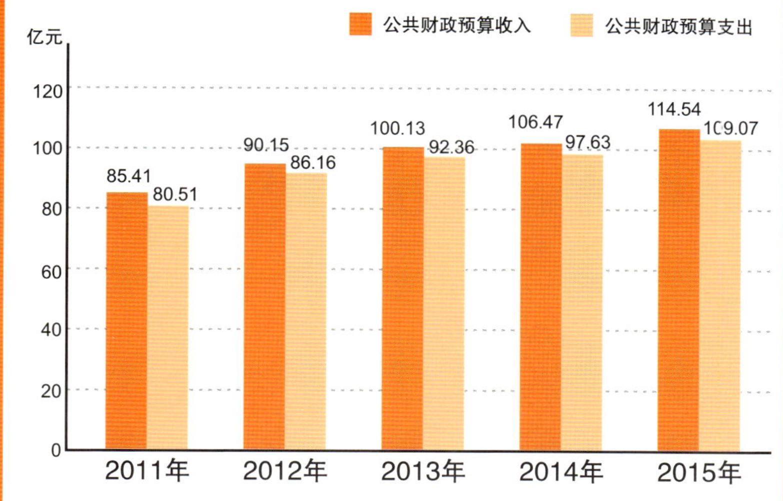

城乡居民年末储蓄存款余额

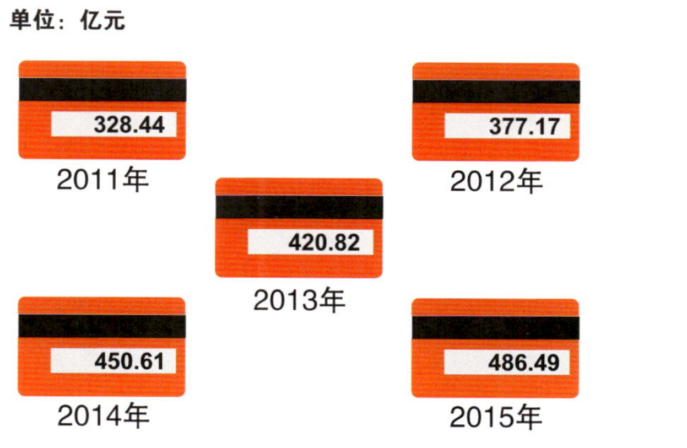

注：2015年调整为“住户存款余额”

城镇居民人均可支配收入

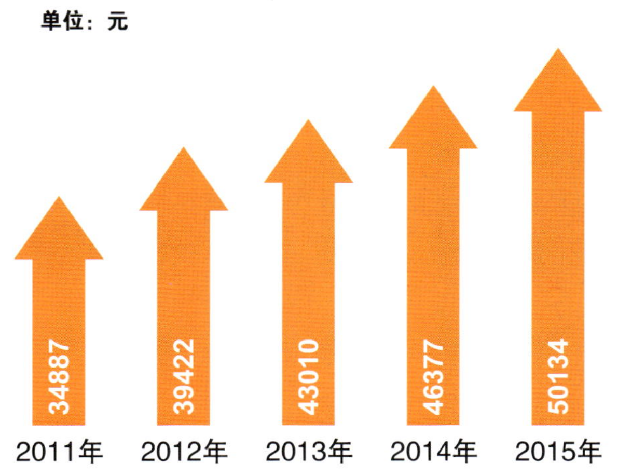

农村居民人均可支配纯收入

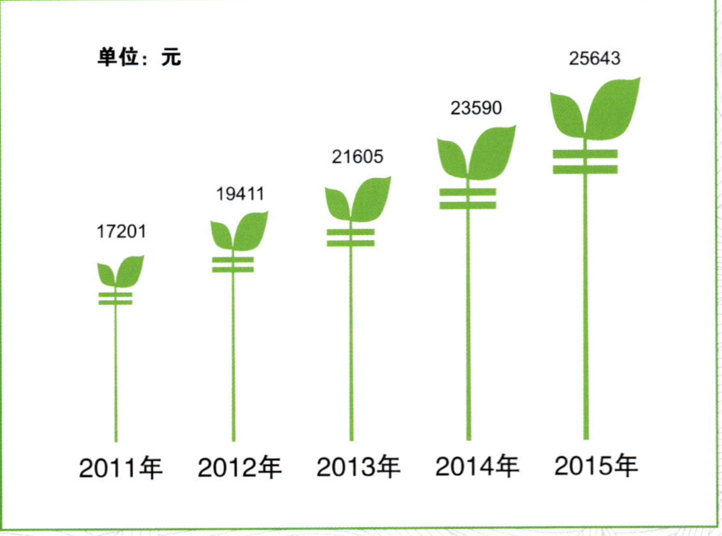

社会消费品零售总额

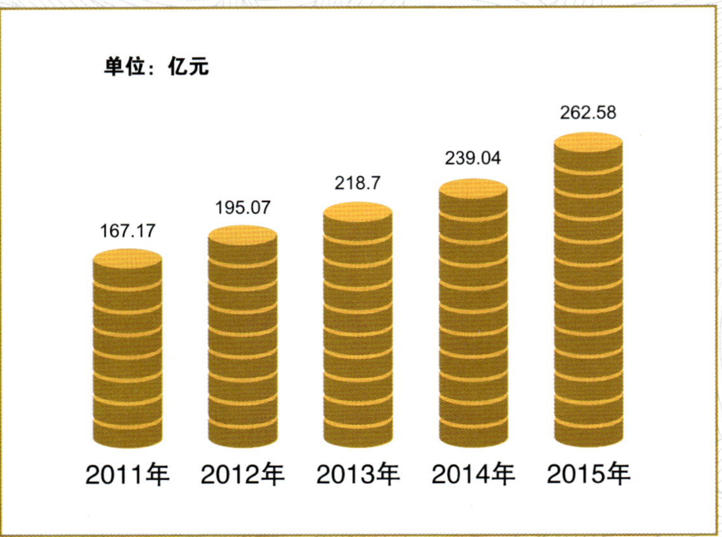

进出口总额

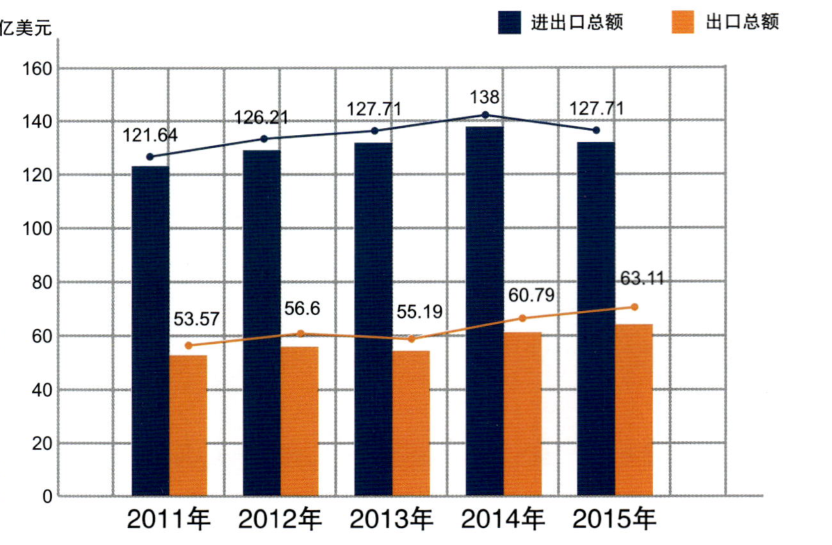

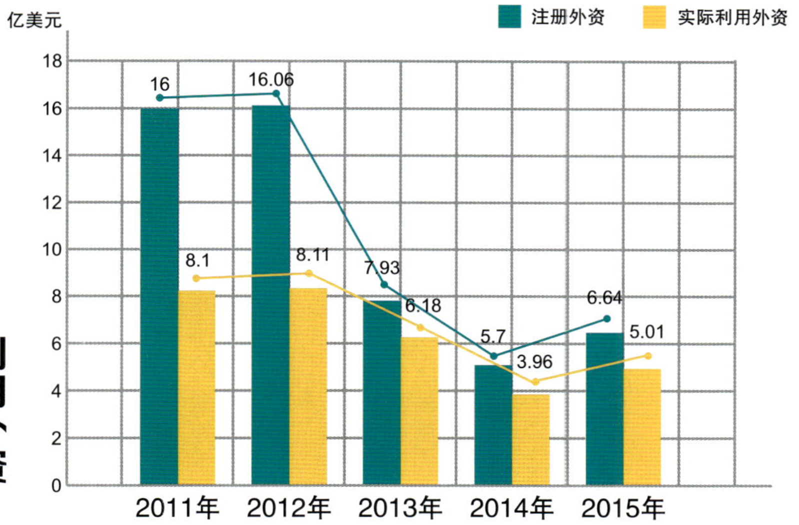

利用外资

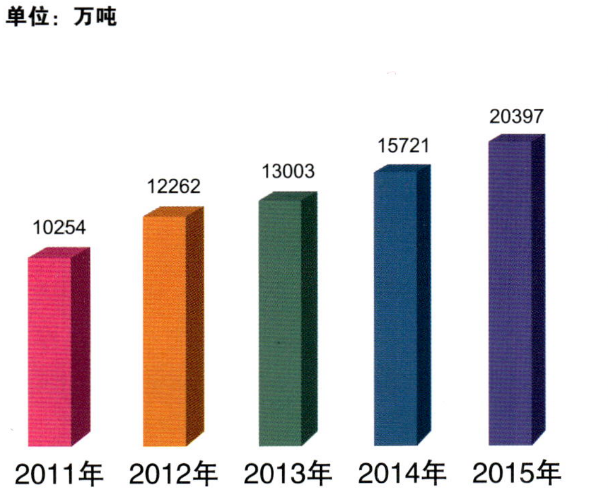

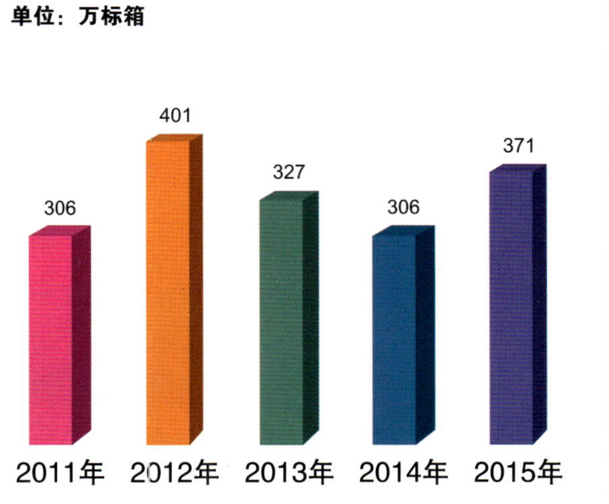

港口货物吞吐量

港口集装箱吞吐量

1月14日，省委书记、省人大常委会主任罗志军（右一）到太仓调研。罗志军强调，太仓要围绕习近平视察江苏时提出的“迈上新台阶、建设新江苏”要求，推进太仓港建设与城乡一体发展，总结推广“政社互动”经验，将法治建设落到实处，在新形势下实现更大发展。图为罗志军在东林合作农场了解生产经营情况

（计海新　摄）

8月25日，省委副书记、省长李学勇（中）到太仓调研。李学勇要求太仓抢抓好“一带一路”和长江经济带两大国家战略机遇，积极对接上海自贸区，总结推广太仓中德合作经验，促进经济社会发展迈上新台阶。图为李学勇等省市领导参观中德（太仓）合作成果展示馆

（计海新　摄）

2月5日，省委副书记、苏州市委书记石泰峰（左二），副省长傅自应（右一）到太仓沙溪、浮桥等地看望慰问贫困老党员、老劳模和生活困难群众

（计海新 摄）

2月10日，全国政协常委、经济委员会主任周伯华（右四）率调研组到太仓调研太仓港建设发展情况

（董志军 摄）

3月27日，人社部副部长邱小平（左二）到太仓开展专题调研，重点了解太仓和谐劳动关系构建及劳动关系信息化建设等情况。图为邱小平在太仓市劳动监察大队听取情况介绍

（徐锦元　摄）

4月20日，省委副书记、苏州市委书记石泰峰（前左二）到太仓调研产业结构改革创新工作。石泰峰实地调研同济大学太仓高新技术研究院及其科技产业孵化园，了解同济大学太仓高新技术研究院在服务太仓产业转型升级和产业结构优化中的发展情况

（计海新　摄）

■ 9月7日，省委常委、副省长徐鸣（中）到太仓港督查危化品管理工作

（市安监局供稿）

■ 2月10日，上海机场太仓城市航站楼正式启用。航站楼位于太仓市旅客集散中心内，面积近400平方米，每天提供8个班次的专线巴士接送服务。旅客在上海机场太仓城市航站楼办理值机手续后，可直接乘坐专线巴士前往虹桥机场T2航站楼乘机

（薛海荣　摄）

3月28日，2015年中国·太仓旅游文化节暨长江口江海河三鲜美食节在长江口旅游度假区江滩湿地公园开幕，活动持续至5月底结束

（薛海荣　摄）

6月10日，“南京—太仓—日本”集装箱航线正式开通

（港口管委会供稿）

11月2日，沪通铁路太仓段首孔现浇箱梁浇制完成。沪通铁路在太仓境内设有四标、五标、六标3个项目部，太仓段完成所需的钢筋场、砼拌合和大型梁场等全部临建设施，完成投资额超10亿元

（计海新　摄）

12月，英国《劳氏日报》揭晓2014年度全球100大集装箱港口排行榜，中国24个港口上榜，太仓港排名第47位。图为太仓港

（计海新　摄）

2015年8月起，太仓市在市级机关、区镇机关、事业单位、国有企业全体党员中开展以“强党性、勇担当、比贡献”为主要内容的“我是共产党员”专项教育活动。在“强党性”方面，开展“重温入党誓词”和“我是共产党员”大讨论等活动，强化党员身份意识；在“勇担当”方面，开展“佩党徽、亮身份、树形象”“重温岗位职责、落实工作责任”等活动，增强党员责任担当意识和攻坚克难精神；在“比贡献”方面，开展“党旗飘扬”示范团队争创、岗位业务技能练兵、为民服务系列志愿服务活动，发挥党员先锋模范带头作用，营造“比学赶帮超”的氛围。活动中，3.2万名党员佩戴党徽、亮出身份、展示风采，108家市级机关部门的330项“服务发展、服务企业、服务群众”项目得到落实。通过系列活动的开展，解决党员干部中“党员不像党员”“慵懒散拖”和党员带头示范作用不强等突出问题，广大党员党性意识进一步增强，理想信念进一步坚定，精神风貌进一步改观，工作效能进一步提高，工作实绩进一步提升，活动取得较好成效。

8月28日，太仓市召开“我是共产党员”专项教育活动动员大会

太仓市开展机关党员“强党性”专题轮训活动。图为9月15日举办的第一期市级机关党员轮训班

太仓市举办机关党员“重温入党誓词、共过政治生日”活动。图为9月22日部分机关党员集中重温入党誓词

■ 9月24日，太仓市举行践行“三严三实”先进典型报告会

■ 太仓地税局党员佩戴党徽上岗

（2015年12月摄）

■ 窗口单位党员“佩党徽、亮身份”，热情为市民服务

（2015年12月摄）

■ 6月19日，太仓市举办2015年建筑施工安全生产月消防演练活动，强化技术练兵

8月6日，太仓市举办第一届农产品质量安全检测竞赛，强化工作人员岗位技能

党员志愿者进农村，开展“当一天农民”活动（2015年6月摄）

党员志愿者进社区，开展“文化送温暖”活动（2015年6月摄）

党员志愿者进企业，开展“送政策送服务”活动
（2015年7月摄）

党员志愿者集中义务献血
（2015年8月摄）

党员志愿者在建筑工地发放防暑降温用品
（2015年6月摄）

（本栏目图文由市委组织部供稿）

滨河路绿化　　　　（杨希　摄）

天镜湖之夜　　　　（刘新亚　摄）

城市一角　　（金云达　摄）

湖畔骑行　　（陈文贤　摄）

春游　　（杨忠明　摄）

蝶之灵　　（刘新亚　摄）

放飞青春　　（洪益薇　摄）

江边滩涂　　（杨希　摄）

第六届民俗艺术节　　　　（王 辉　摄）

花海游　　（纪昌盛　摄）

新浏河风光带　　（杨 希　摄）

朝霞洒金湖　　（陈雅萍　摄）

绿色家园 （杨 希 摄）

现代田园城 （王 红 摄）

农田管理　　（朱振新　摄）

太星村农民新居　　（杨忠明　摄）

丰收　　（朱军联　摄）

晒麦子　　（许雅兰　摄）

游公园　（杨忠明　摄）

新浏河风光带一景　（张锷　摄）

小花　（杨希　摄）

科教新城 （杨忠明 摄）

魅力太仓港 （杨 希 摄）

浏河渔港　　（杨忠明　摄）

现代农业园　　（杨忠明　摄）

走进秋林　　（姚建平　摄）

全家乐　　（杨希　摄）

南园春色 （杨忠明　摄）

舞龙人 （王　红　摄）

新城铁路建设　　　　　　　　（朱振新　摄）

雪韵　　（杨忠明　摄）

古镇老桥　　（王敬明　摄）

01 城区公交换乘站、航站楼启用　市民出行更便捷

1月28日，城区公交换乘站正式启用。城区公交换乘站既可以为乘客提供便利的公交出行及换乘服务，又可以为乘客提供公交车辆的始发终到和运营调度服务，为司乘人员提供后勤服务等，发挥首末站作用。

2月10日，太仓航站楼正式投入运营。航站楼可免费为旅客提供当日国内、国际航班信息，销售各大航空公司国内、国际机票，为虹桥机场和浦东机场的旅客提供值机服务并办理登机牌，提供豪华机场巴士直达机场服务。太仓航站楼的启用，不仅发掘太仓潜在的航空运输市场，也进一步增强太仓与上海的空间对接、产业对接和互动发展。

02 跻身文明创建“国家队”　市民幸福感进一步增强

2月28日，中央文明委在北京召开全国精神文明建设工作表彰暨学雷锋志愿服务大会，市委书记王剑锋作为全国文明城市提名城市文明委主要负责人参加会议；璜泾镇雅鹿村被表彰为第四届全国文明村；城厢镇、华能太仓电厂分别通过全国文明镇、全国文明单位复评。

太仓市的文明城市创建工作取得阶段性成效，创建全国文明城市工作不断推进，城市功能更加完善，城市环境更加整洁，城市秩序更加有序，增强市民的幸福感、获得感，凝聚创建全国文明城市的思想共识。

03 全国第三家德国中心落户太仓　全力打造对德合作“升级版”

3月31日，德国中心正式签约落户太仓，成为中国继北京、上海之后的第3家德国中心，也是德国在全球设立的第8家德国中心，这标志着中德两国在经济领域的合作进一步深化。

德国中心是德国政府为企业国际化发展搭建的服务平台，由德国巴伐利亚银行与巴登—符腾堡州银行及巴符州信贷银行共同经营，是专为德国企业进入国际市场探路而建立的调查研究招商中心，向进入中心的客户提供从市场咨询、律师服务、秘书翻译、谈判展览到办公用房、金融服务、德国贸易等全面服务。

04 “一带一路”与新时期中德合作对话会在太仓举行　为中德合作插上腾飞的翅膀

6月1—2日，由中国经济联络中心、德国鲁道夫沙尔平战略咨询交流有限责任公司和西门子股份公司联合主办，太仓市委、市政府，中国国储能源化工集团股份公司承办的“一带一路”与新时期中德合作对话会在太仓举行。中外政界、工商界、智库、媒体等各界嘉宾共120余人出席对话会。会议的召开，为太仓市深入参与“一带一路”建设，强化对德、对欧合作提供良好平台。会议还举行由中国经济联络中心牵头主办、中国国储能源化工集团股份公司承办的“一带一路”工商界对话门户网站平台启动仪式。

05 城区最后一根“大烟囱”退出历史舞台　市区环境质量得到进一步优化

7月5日上午10点58分，太仓保利协鑫热电有限公司机组全部停止运转，烟囱停止冒烟，全厂停产，进入待拆迁状态，标志着太仓中心城区现有的最后一根“大烟囱”正式退出历史舞台。

太仓保利协鑫热电有限公司始建于1998年，累计发电41.1亿千瓦时，供汽586万吨，是太仓市区唯一的供热源。为进一步优化市区的环境质量，2014年初，市委、市政府将市区保利协鑫热电有限公司搬迁工作列为重点工作之一，同时大力实施太仓港建设热网替代工程，将港区电厂的蒸汽接入市区。

06 位列全国百强县第四　继续领跑全国县域经济

8月22日，全国县域经济专业研究机构社会智库中郡研究所发布《2015年县域经济发展报告》，揭晓第15届全国县域经济与县域基本竞争力百强县排名情况，太仓市位列第四，继续领跑全国县域经济。在该届评选中，太仓市所有参评指标均达到最高或最优级，县域经济基本竞争力等级、县域相对富裕程度等级、县域相对绿色指数等级三个指标均为A+级。

面对复杂多变的宏观环境，太仓市经济社会各项事业持续推进。2014年，太仓市实现地区生产总值1065.3亿元，增长8.6%；公共财政预算收入106.5亿元，增长6.3%；城镇居民人均可支配收入46377元，增长8.5%，农村居民人均可支配收入23590元，增长10%。

07 胡雨飞夺男子十项全能全国冠军　成为全国田径赛场上的新星

9月下旬，2015年全国田径锦标赛上传来好消息，胡雨飞奋力拼搏，以7488分的成绩，勇夺男子十项全能金牌，成为继张晓一、裴默文、张旭虹之后，又一位在全国田径顶级赛事夺金的太仓籍运动员。

胡雨飞，1993年11月出生，双凤镇新湖人。2004年1月进入市体校，2006年12月被选拔到苏州市运动学校。2011年进入省田径队，开始十项全能的系统训练，该项目也被称为“田径的铁人项目”。他的10个项目发展全面，没有明显弱项。在教练员悉心指导下，胡雨飞刻苦训练，进步很快，成为全国田径赛场上的男子十项全能项目新星。

08 太仓荣膺2015中国投资营商价值城市获得含金量最高的奖项

10月16日，在2015年（第四届）国家城市发展市长论坛上，太仓市捧回“2015年中国投资营商价值城市”奖牌。该奖项是新华社、瞭望周刊社围绕城市价值再建与产业重构的理念在全国开展为期一年的调查后评选出来的，太仓市从众多的参评城市中脱颖而出，获得该次调查中含金量最高的奖项。主办方认为：“太仓地处长江入海口南岸，历史悠久，文化积淀深厚，民风淳朴，教育发达，高素质劳动力资源丰富。已建成完备的生活设施和社会保障体系，水陆空交通设施便利，毗邻上海、苏州，辖区投资营商政策便利，高新技术企业如雨后春笋，发展空间甚为开阔。”

09 太仓港居全球百强港口第47位已成为长江外贸第一港

12月，全球航运权威媒体——《劳氏日报》揭晓2014年度全球100大集装箱港口排行榜，太仓港位居第47位。

太仓港不断加快码头建设，持续加密航线航班，实施“启运港退税”政策、“沪太通”模式、“单一窗口”试点，推行检验检疫一体化。与马来西亚巴生港缔结为姐妹港，获批进口水果、粮食指定口岸资质，获批筹建进口肉类指定口岸，成为全国木材进口第一大港、长江外贸第一港、长江沿线集装箱运输量最大港口、长江沿线进口铁矿石第一大港以及长江沿线靠泊船舶吨位最大、吃水最深、接靠超大型船舶数量最多的港口。2015年，太仓港完成集装箱吞吐量370.61万标箱、货物吞吐量2.04亿吨。

10 利泰走出国门踏上“丝绸之路”110岁老企业依然青春焕发

12月26日，太仓利泰纺织厂有限公司举行110周年庆典座谈会，向世人宣告110岁的利泰依然青春焕发，正以矫健的步伐踏上下一个百年新征程。

1905年，利泰创立。经历数次工人运动和国民党飞机轰炸的利泰，不仅养活了沙溪镇三分之一人口，而且为中国纺织工业的发展做出了不可磨灭的贡献。近年来，利泰正抢抓“一带一路”和西部大开发等机遇，实施“三步走”战略，走出去，用足政策，建设新疆和乌兹别克项目；走回来，传承创新，完善总部建设，布局丝路，打造新业态，引领纺织行业转型升级。库尔勒首期项目进入设备安装和调试阶段，奎屯一期项目正加快建设，乌兹别克项目开工建设。到2018年，利泰丝路项目可实现销售收入200亿元。

2015年度太仓市精神文明建设十佳新人新事

十佳新人

（按姓氏笔画排序）

01 默默付出尽心抚养孤儿14年　王振球

14年前，王振球（左）将刚满周岁的小哑灵抱回了家。一年又一年，妻子楼玉英给小哑灵每天扎漂亮的小辫，王振球会带她去买各种小零食，没有血缘关系的小哑灵不是孙女胜似孙女。小学时，学校离家近，楼玉英每天接送哑灵。上了初中，哑灵要到鹿河乘公交车上学，王振球就跟女儿女婿商议，把女儿女婿原来居住的商品房让给王振球夫妇带着哑灵住。以往有人慰问送来的被子等物品，王振球都给哑灵小心收着，留着给她将来上学用；钱都存在一张银行卡上小心保管着，将来哑灵独立了，将亲手交给她。

年近古稀的二老看着豆蔻年华小哑灵出落得亭亭玉立，心里乐开了花。他们没有血缘关系，爱心把他们连为一体，在“好亲公、好亲婆”的称呼中更显他们不一样的感情。

02 双目失明仍义务辅导社区孩子十余年　王福铨

如果一个健全人突然变得双目失明了会怎样？也许会自暴自弃就此失去了生活的方向，但退休教师王福铨(中)却自强不息，尽管双目失明，依然坚持义务辅导社区的孩子，并且一做就是十多年。

退休前，他是一名语文教师，在讲台上辛勤耕耘了30年。1997年，离退休还有3年，57岁的王福铨突然患上青光眼、视神经萎缩等眼疾，被医生判定为双目失明的“一级盲人”。就这样，王福铨不得不提前离开自己挚爱的三尺讲台。虽然眼睛看不见，但自己有脑子、还有嘴巴、还有手……老王说，2002年，他决定利用长时间从事语文教学的特长，义务为社区里左邻右舍的孩子辅导，真正当个“残而不废”的残疾人。

这些年来，他已先后辅导50多名社区里的孩子。

03 “爱心妈妈”的助学情　陈枫

她是一名普通的机关干部，家中只有一个女儿，但却有个“儿子”叫她“妈妈”。8年来，在“爱心妈妈”的资助下，“儿子”成功进入大学读书。这位“爱心妈妈”就是太仓地税局人事教育科科长陈枫（右）。

2007年5月26日，在市妇联的牵线下，她与城厢镇万丰村名叫朱叶的六年级小朋友结成“帮困助学”对子。朱叶，父亲病故，母亲改嫁，由其务农的年近七旬的祖父母抚养。每到开学前，陈枫会接朱叶到家中吃饭，带他到超市添置学习、生活用品。

缺少父爱母爱的孩子比较敏感、自卑，她和朱叶相处中，不仅给予物质上的帮助，更注重心理健康。现在，朱叶已从身高1米55的小男孩长成1米81读大学的翩翩少年。在扬州读书的朱叶经常和她微信联系，而陈枫依然关心着朱叶的成长。

04 传播法治阳光的追梦人　陈志群

2009年，市社会矛盾调处服务中心组建伊始，急需人手，陈志群(右一)二话不说走上新岗位，接待群众来访、调处矛盾纠纷。无固定上下班时间、不被群众理解、遭受言语攻击成为家常便饭。两年时间里，她坚持每天写日记，把与群众接触的心得体会一一记录下来，形成十万字的经验总结。

自2013年担任法制宣传教育科科长以来，她带领科室成员全面实施“‘六五普法’·光辉太仓”行动计划，形成地域特色鲜明的“太阳”法治文化，为太仓市跻身“全国法治县（市、区）创建工作先进单位”行列、获评“全国‘六五’普法中期先进县（市、区）”做出贡献。2010年，她被省司法厅、省高院评选为2008—2010年省优秀人民调解员；2014年，被太仓市委、市政府表彰为2012—2013年法治太仓先进个人。

05 相濡以沫人生路，夫妻携手共前行　陆菜

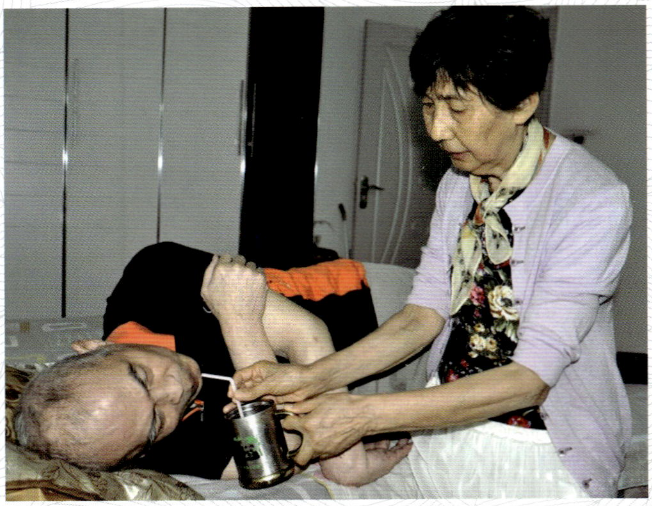

在大庆锦绣新城，每当天气晴好的时候，总能看到一位个头小小的老年妇女推着一个坐在轮椅上的男子散步。他们就是陆菜和她的丈夫。

他们俩都是上世纪60年代的大学生，大学毕业后相识相爱共同走到一起。天有不测风云。20多年前的一个夏天，陆菜的丈夫在单位突然摔倒，不省人事。在医院昏迷了一个月，作为一名医生，陆菜面对丈夫睁开眼却瘫痪在床的事实后没有崩溃。从此，陆菜每天5点起床，为丈夫清理垫被，排除大小便，洗脸刷牙，然后做早饭并照顾丈夫吃下，便匆忙赶去上班。下班后，又是忙着为丈夫喂饭、擦澡、洗衣服，一切妥当，已接近半夜。

长年的悉心照料，陆菜丈夫的身体逐渐好转。除了行动不便，其他的都和正常人无异。陆菜用自己的行动书写出什么是对丈夫、对家庭的责任。

06 环境美了，心里像吃了蜜一样甜　徐国强

“浏河被评为长三角最美乡村了！”2015年10月8日是国庆长假后上班的第一天，刚从外面捡垃圾回到单位的徐国强（右）接到电话后，眼睛笑成了一条缝：“这是全体环卫工人的骄傲。”

每天清晨6点左右，在浏河镇的街道上总会出现一个中等身材、头发花白、穿着黄马甲、骑着电动三轮保洁车的老人，他在大街小巷里穿行着，时而停下来用铁钳将路上的废纸等垃圾捡到车上，时而和路上的其他环卫工交流几句。“3年了，每天早上他是雷打不动地出现。”做早点生意的黄师傅说的这个人就是徐国强。3年来，徐国强每天早上都要到街上至少捡两个小时的垃圾。其实作为所长的他，完全没有必要这样做。“环卫工很辛苦，一方面我帮着做一点，他们也会轻松一些。另一方面，我也能发现一些问题和不足，及时改过来。”徐国强表示。

07 寒冬勇救落水儿　救人结亲两家欢　韩国庆夫妇

2015年1月6日早晨6点不到，骑着三轮车的李平在一座桥附近听到“救命”声，朝河里望去，隐约看见两只手在河里扑腾。她立即跑回不远处的家，拿来一根竹竿准备救人。丈夫韩国庆听到喊声，沿着两米高的驳岸滑到河里，此时河水已经没过了孩子的胸部。韩国庆将孩子连抱带拉往岸上拽，在李平和邻居的接应下，将孩子救上岸。李平也没来得及换湿衣服，问清了孩子家的地址后，就骑着电动车将孩子送往距离镇区约3公里外的庆丰村家中。在路上，冻得直打颤的女孩对李平说：“阿姨，谢谢你救了我！”

事后，被救女孩在父亲的陪同下，来到韩国庆家，感谢好心人的救命之恩。被救女孩的父亲想让女儿给韩国庆夫妇做干女儿，韩国庆夫妇欣然答应，上演了一幕救人结亲的感人故事。

08 发家致富不忘回报社会、奉献爱心 蒋文达

太仓市斯威特食品店经理、共产党员蒋文达（右一）是位土生土长的农家子弟。30多年来，他在市属集体企业期间勤奋工作，连年获得先进；从事私营个体经济后，他坚持诚信经营，勤劳致富。

致富不忘乡里乡亲，不忘回报社会。2008年，家住桃园三村的居民陈敏被确诊患上尿毒症，急需换肾治疗，尽管向亲友借了20余万元支付移植手术费，但无力维持手术后3年的治疗费用。蒋文达得知消息后，发动店里员工赶制糕点，在闹市区设立临时摊位开展爱心义卖活动，将所得的5000元交给陈敏家以解燃眉之急。蒋文达还将社区里的百岁寿星、孤寡老人当成自己的亲人，每逢重阳节都会送上蛋糕。6年来，他先后投入12余万元，种植绿化、资助贫困学生、关爱老年人等；为社区的300余名老人送上蛋糕食品，价值逾2万元。

09 一位退休教师的辛勤耕耘 褚惠清

退休前，辛勤播种，努力耕耘；退休后，不忘初衷，润物无声。他是璜泾镇一名普通的退休教师褚惠清。

退休后，褚惠清应聘担任璜泾镇玉影山社区校外教育辅导副站长，兼任校外教育辅导员。他发现有少数少年儿童唯我独尊、目空一切、骄横自大；或习惯于衣来伸手、饭来张口，缺乏动手能力。这给他带来了不小的震撼，于是他编写了《中华美德经典小故事》，列出孝敬父母、立志勤学、诚实守信、爱国爱民等15个议题，并在每个议题中，设立课文导读、词解助读、诗文解库、深化悟读、心灵碰撞、拓展美读等6个节点。此后，他又紧扣“八礼四仪”要求，编写《践礼修德八礼篇》。两本教材被市关工委推广使用，成为全市校外教育专题性教材。

2012—2014年，他连续三年被市文明办、市关工委评为“校外教育先进工作者”。

10 带着婆婆去改嫁 黎美霞

黎美霞（左）是双凤镇新卫村八组的一位普通村民。一次无情的交通意外，使年纪轻轻的她失去了丈夫。在丈夫刚走的那段时间里，她精神几近崩溃。然而祸不单行，不久以后因为一次意外，公公也去世了。家中一下子少了两位主心骨，只剩下婆婆、自己还有一个未成年的孩子，整个家庭的生活压力全都压在黎美霞一个人身上。哪成想，就在公公去世不久，婆婆又中风了。从那以后，黎美霞像是变了一个人。为了照顾孩子和婆婆，无奈放弃工作的她，想尽办法挤出时间打零工贴补家用，叠包装盒、缝衣服、给大农户装菌菇等。

为了给孩子一个完整的家，为了给自己一个依靠，她选择再婚，别人给她介绍对象的时候，她提出唯一的要求：对方要接受和婆婆一起生活。如今，她与现任丈夫生育了一个女儿，对婆婆依然不离不弃。

十佳新事

（排名不分先后）

01 “双百工程”构筑文明厚德新太仓

2015年，市文明办在太仓市开设“道德讲堂”、开展“百姓故事”巡讲活动，发挥道德模范和“中国好人”“身边好人”“优秀志愿者”等先进典型的榜样作用，通过现场宣讲活动，让广大市民近距离感受道德模范的力量，引导市民不断提高自身的道德修养，全年举办各类道德讲堂、道德模范基层巡讲巡演100场以上，重点宣传各类“身边好人”生动事迹100例以上，这就是公民道德建设“双百工程”。市文明办按照“对象分众化、内容丰富化、队伍多样化、管理常态化”的要求，推进“双百工程”建设。

2015年，全市实际举办道德模范基层巡讲巡演120多场次，包括道德模范宣讲活动、道德讲堂、道德评弹等活动，宣传身边道德模范人物140多人次。“双百工程”让广大市民近距离感受道德模范的力量，引导市民不断提高自身的道德修养，构筑起文明厚德的新太仓。

02 “银杏娃”道德银行　积蓄文明“小”力量

“道德超市”顾名思义，是一个存储道德品行的超市。自从开展“银杏娃道德储蓄银行”活动以来，朱棣文小学的校园里就掀起一股兑换道德币的热潮，因为学校的“道德超市”正式开业啦。“道德超市”里的每一件商品，都需要同学们用积攒的道德币来兑换。超市的货柜上，整整齐齐地摆放着各种学习用品，还有各种各样的小礼品。这些价值10个、30个、50个甚至500个道德币不等的商品，有一部分是同学们捐来的学习用品和玩具，更多的是学校精心准备用来鼓励学生提升道德品行的小奖品。

“道德银行”活动的实施，进一步规范学生的日常行为，培养其良好的思想道德品质。学校“道德超市”的开办，让同学们更加积极地提升个人素养、规范自己的行为，铭记“日行一善扬美德，月习一德存品行”这一良训，做一个文明、守纪的好少年。

03 "群言会"——百姓身边的议事厅

2015年，城厢镇搭建"群言会"这一载体，辅以"百姓大讲坛""道德评弹""身边好人"讲演等活动共同走入各个社区，采取"有事大家议、有难社区帮"的方式，定期召开"群言会"，接受居民诉求，收集居民最关注的问题及对政府、社区工作的意见建议，再经过大家共同商讨后寻求解决方案，体现居民当家作主、共同参与，做到"以群众的智慧解决群众的问题"。

"群言会"的成立，架起"连心桥"，让居民"动"起来；改善沟通方式，让党群"和"起来。2015年，"群言会"活动每月定期走入城厢镇12个社区，党员群众提出有效意见和建议近50条。"群言会"成立以来，解决清理社区卫生死角、帮扶困难居民、调解邻里纠纷等辖区内热点、难点、焦点问题120余件，受到居民好评。

04 建设全民医保体系　提高诚信管理水平

至2015年，太仓市参加医保的居民共57万人，每年医保支出10亿元以上，老百姓医疗保障水平不断提高。但有些医疗机构和定点零售药店执业不够规范，参保人使用医保卡不够规范，存在医保基金浪费现象。根据《中华人民共和国社会保险法》相关规定，市人社局强化医保基金监控管理，使规章制度公开透明，待遇审核支付公开公平，"两定"机构费用结算办法公开、及时，约束医保稽查人员行为。同时，医疗机构加强行业自律，实行诚信执业；签订诚信服务协议，实施奖惩管理等举措。2015年，太仓市完善制度约束，加强稽查力度，共巡查定点零售药店和门诊机构250余家次，违规扣分扣款76家，其中有28家被暂停、1家被取消。自2015年7月以来，这一举措初现成效，定点零售药店医保基金支出金额7月、8月、9月分别同比下降12.83%、17.86%、23.14%，节约医疗保险基金6600余万元。

05 娄东戏台——老百姓热衷的“草根舞台”

2011年，为顺应老百姓的文化生活需求，市文化馆和市戏曲家协会联合开设公益性免费开放品牌栏目“娄东戏台”，固定于每月10日、25日在文化馆小剧场内举行。百期演出，场场爆满；各个剧种，兼容并蓄。“娄东戏台”为太仓戏曲爱好者搭建自我展示、切磋技艺、共同学习的平台，成为太仓百姓热衷的“草根舞台”。2015年10月10日，由市文广新局、市文联主办，市文化馆、市戏曲家协会承办的“名家与名票同台——娄东戏台100期”纪念演出在太仓大剧院开演。来自上海、南京、苏州等地的戏剧戏曲名家和太仓票友同台演出，京剧、沪剧、昆曲、越剧、评弹等轮番登场，让太仓戏迷零距离感受名家名票风范。《中国文化报》《苏州日报》和中国沪剧网、搜狐网、江苏文明网、苏州都市网等主流媒体都做了报道。

06 专家义诊进社区　送医服务暖人心

为进一步满足广大百姓对医疗服务的需求，尤其是解决专家号一号难求的问题，普及健康教育，提高居民健康知识水平，市第一人民医院从2014年开始开展“专家义诊进社区——送医服务暖人心”活动，专家义诊团每月走进一个社区，进行义诊、宣教等。

2015年，市第一人民医院专家义诊进社区活动从4月份开始，截至10月底，共走进新毛、南园、弇山、府东、电站村、西区6个社区（乡村），累计诊治咨询1500人次，免费测血糖800余人次，测血压1000余人次，出动专家55人次，相关工作人员40人次，发放门诊指南、急救手册、急救包等1000多份。

“专家义诊进社区”活动开展两年来，拓展医院服务范围，给百姓送去健康，收获医患信任，得到社会一致好评。

07 爱心图书　老少携手　共话中国梦

康乐社区的离休老干部在享受养老服务的同时，也尽己所能，为社区发展发挥余热。

老干部沙竟相在进社区阅览室翻阅报刊时，发现书橱里缺少革命传统教育方面的书籍。于是，他主动前往市委老干部局等相关部门调剂到《红色记忆》50本，并发给辖区40名青少年，其余的存放在社区的书橱里，供青少年在假日里阅读。自此以后，3位离休干部沙竟相、刘清、王彬萌发了个人捐款设立青少年图书基金会的意愿。老干部们说干就干，老沙带头出资2250元，老刘、老王也踊跃捐款800元和500元，在他们的影响下，老干部们纷纷行动起来，募集爱心基金。社区以此为契机，于2011年成立“老干部爱心图书室”。

“老干部爱心图书室”的成立，是社区发挥老干部二次奉献的一项创新举措，赢得家长和学生的一致好评。

08 归庄阿姨志愿团里的“男人帮”

志愿为老人理发十多年的梁雪芳的爱心故事传播开来后，她身边希望能够献爱心的姐妹们和她一起走上志愿服务之路，成立“归庄阿姨志愿团”。随着活动的增多，影响力也越来越大。如今，归庄阿姨志愿团里不仅有女性，还有很多男同志在借助这个平台奉献爱心。参加归庄阿姨志愿团最早的是在一家橱柜经营店工作的何存林，他说，将来也像她们一样，成立一个草根志愿服务团队，聚集更多的爱心人士一起献爱心。徐耀宗是一家小企业的老板，每次除了参加志愿服务外，还负责为“归庄阿姨”开车接送。方志来是开理发店的，他受到梁雪芳的影响，多次用自己的手艺为老人志愿服务。

“我志愿，我快乐”不仅成为归庄阿姨志愿团推广志愿服务的口号，也成为“男人帮”参加志愿服务的强磁场。

09 青歌嘹亮 情暖玉屏

“青春唱响”是团市委与市广电总台于2012年发起组织的一项大型歌赛。2015年的比赛融入公益元素，每一名参赛选手都可以获得由主办方提供的100元公益基金，在放声歌唱、展示自我的同时，为贵州省铜仁市玉屏县的边远贫困山区留守儿童“希望童园”计划奉献一片爱心。

2015年7月25日，比赛正式启动，共有200多名选手报名参加。8月26日，“青春有爱携手玉屏”太仓市第四届青年学生歌手大赛决赛暨“希望童园”捐赠仪式在市传媒中心综艺演播厅举行。当天，团市委向玉屏县捐赠10万元，用于玉屏县长岭希望童园项目和木弄希望童园项目，以改善当地学前教育设施。这10万元包含获奖选手的一半奖金、所有参赛选手的爱心基金、爱心企业的捐助及通过微信捐赠平台募集的社会捐款。同时，太仓市还向玉屏县捐赠价值10万元的爱心包裹1000个。

10 小公园，大文明——打造乡风文明新阵地

雅鹿村乡风文明主题公园位于璜泾镇雅鹿花园农民集中居住区内，是太仓市首个集十八大精神、社会主义核心价值观、依法治国、乡风文明等元素于一体的主题公园，是雅鹿村对外宣传精神文明的一个重要窗口，于2014年12月开工建设，2015年2月竣工并投入使用。该主题公园以雅鹿花园文化广场为核心，结合雅鹿村创建全国文明村这一契机，经过精心筹备、合理统筹布局，重点打造社会主义核心价值观、法治科普、村规民约、善行义举榜、文明交通、文明餐桌、治家格言、文体活动、便民服务等板块。特别是为表彰15位来自各行各业村民的善行义举，园内设立善行义举榜，在全村形成“人人做好事、好人做好事、好事就上榜、好人有好报”的氛围。

2015年2月，雅鹿村被评为全市首个全国文明村。

3月31日，苏州市委副书记、市长周乃翔（右一）在太仓会见德国巴伐利亚州财政部部长马库斯·索德尔（左一）一行。双方探讨深化太仓对德合作前景，打造对德合作模式“升级版”

（计海新　摄）

4月5—17日，太仓市明德高中友好学校——美国亚特兰大沙泉市北泉查特高中的11位师生到太仓交流访问。图为美国学生在上中国书法课

（阚亚方　摄）

5月21日，摩尔多瓦共和国民主党政治局常委、议会对外政策委员会主席伊戈尔·科尔曼，摩尔多瓦驻华大使阿纳托利·乌列基安访问太仓，双方签署《关于在葡萄酒贸易文化领域开展互惠交流合作的意向备忘录》

（戴周华　摄）

5月21日，“太仓走进德国——巴伐利亚太仓日”活动在巴伐利亚银行慕尼黑总部举办，170多人出席活动。这是太仓连续第8年在德国举办推介活动

（新区供稿）

5月26日，荷属库拉索首相伊瓦·阿舍斯（左）一行到太仓访问，与太仓探讨港口建设、旅游发展、风能发电等方面合作可能性等事宜

（戴周华　摄）

6月1日，“一带一路”与新时期中德合作对话会在太仓开幕，标志着由中国经济联络中心打造的“一带一路”工商界对话会平台正式启动

（计海新　摄）

8月26—30日，太仓市举办第10届啤酒节，活动包括啤酒节开幕式、博格华纳之夜、欧商投资企业协会（TRT）之夜、舍弗勒之夜，约6000多人次参加活动

（计海新　摄）

9月9日，英国威勒尔市议会议长菲利普·戴维斯（左）率团到太仓访问，太仓市市长沈觅（右）会见代表团一行并向菲利普·戴维斯赠送礼物

（市外事办供稿）

9月9日，太仓市工商业联合会与英国威勒尔市商会签订建立合作伙伴关系协议书

（戴周华　摄）

10月19—21日，英国威勒尔市博肯海德中学22名师生到市实验中学开展为期3天的交流访问活动，这是自两校建立友好学校关系以来博肯海德中学首次到访。图为双方代表在市实验中学合影

（市教育局供稿）

10月20日，中韩作家沙溪创作交流中心在位于沙溪镇的文化江南会馆揭牌，市文化江南会馆和韩国庆上北道青松郡的客主文学馆签订建立友好合作关系协议

（徐盛兵　摄）

10月24日，德国巴符州州长温弗里德·克莱驰曼（左二）率代表团访问太仓。图为代表团参观克恩－里伯斯（太仓）有限公司

（计海新　摄）

要 目

目　　录
Contents

封面故事
Cover Story

年度便览
Handbook of Annual

视觉太仓
Visual of Taicang

特别报道
Special Reports

大事纪要
Summary of Major Events

城市概况
Overview of the City

人居环境
Inhabitation Environment

太仓港
Taicang Port

中德中小企业合作示范区
Demonstration Area of Sino-Germany Middle and Small-sized Enterprises

区域经济
Regional Economy

公共服务 Public Services

社会管理
Social Management

附 录
Appendix

年度荣誉
Annual Honors

统计资料
Statistical Materials

服务指南
Service Guide

索 引
Index

媒体眼中的太仓

执着太仓，“小而强”沙场执牛耳

只需在试剂上滴几滴血液，一次检测就能筛查乙肝、丙肝、艾滋3种病毒，而且相比传统的免疫检测，这种新型的核酸检测技术能把乙肝的检测“窗口期”从40天缩短至7天，更好地解决因免疫静默等原因造成的漏检。

新年伊始，在位于太仓港区的华益美生物科技公司，记者见到了这种神奇的体外诊断试剂。“血源筛查直接关乎临床用血安全，目前这种试剂国际上只有美国的罗氏、诺华能生产，而我们的产品更加快速、高效、超敏。”华益美公司高级工程师李振勇博士说，“2011年我们来到太仓，除了技术一无所有，但太仓接纳了我们，容许我们‘试错’，这给了我们最大的机会。”

有了太仓港区的大力支持，华益美仅用3年就完成了研发、建厂、产品上市“三级跳”。2014年5月拿到国家药品GMP认证后，一举拿下了云南、广东、新疆、贵州等地血站系统的大订单，合同总金额逾2000万元。

从华益美所在的太仓中小企业创业园出发，往西南方向不到20公里，还有一个中小企业的集聚地——中德（太仓）中小企业工业园。这是2012年全国唯一的中德中小企业合作示范区落户太仓后成立的，旨在鼓励支持中德两国中小企业加强技术人才等交流合作，把德国中小企业的成功经验复制到太仓。

两个中小企业园区，集聚了一批像华益美这样的潜力股，它们承载着太仓在新常态下以自主创新推动转型发展的重任。太仓市委书记王剑锋说：“新常态不是要放慢速度，而是要提高质量。太仓面积小、人口少，要实现‘稳增快转’，就需要学习德国经验，立足自身优势、资源禀赋和产业基础，紧盯中小企业，做好‘小而特’‘小而美’‘小而精’‘小而强’系列特色文章。”

“技术强、占地少、效益高”，对于土地面积、户籍人口在江苏排倒数第四和倒数第二的太仓而言，这无疑是最好的路径。

对此，太仓市副市长、太仓新区管委会主任朱万里感受颇深，“因为没有大企业，以前我们去省里开会，都是找角落坐，不过几十年来我们没有放弃这样的发展战略，始终引进培育有发展潜力的中小企业。”

超过3000人的大型企业，不要；纯出口的加工型企业，不要；占地和产出不匹配的企业，不要……在苏州十多个国家级开发区中，太仓新区的招商“规矩”显得有些另类。结果是，耐住寂寞20年，曾经“数字拿不出手”的太仓，而今成为各地争相取经的样板：这里集聚了220家德资企业，2014年共实现产值300亿元，规模以上企业产值比增26%，其中有18家德企年增长率超过50%。

可能是规模不大的“小公司”，也可能是默默无闻的“慢公司”，但凭借技术优势稳健发展，成为各自领域的“执牛耳者”。比如，为可口可乐、百威、统一、汇源等提供灌装生产线设备的克朗斯公司，其产品占全球市场1/4，去年营业额超过1亿欧元，而占地仅2公顷，员工300余人。

的确，在太仓上万家企业中，九成以上是中小企业，向价值链高端提升，它们是主力军。可喜的是，在2014年12月公布的福布斯最佳县级城市榜中，太仓位居第六，但其中经营成本指数却位列县级市之首。

位于太仓科教新城的游视网络科技公司，就是借力“低成本”优势，依靠技术实力在短短三四年内迅速做到行业的“带头大哥”。2011年，一次与太仓电竞玩家的偶然闲聊，让徐强和游视的几位年轻创始人慕名而来，不曾想来了之后就再也不想离开。科教新城不仅在初创时给予100万元的天使投资，还免费提供一栋小楼给他们使用。从刚落户时十几人的小公司到现在承办全国性电子竞技大赛，太仓对待中小企业的宽厚与耐心，让游视拥有了足够的成长时间与空间。

作为国内排名第一的电竞游戏活动组织和视频制作公司，游视于2014年11月份拿到了日本软银和腾讯领投的约1亿元投资。“主要用来购买设备、招募人才。我们买了一台卫星直播车，舞台设备还要升级到电视台级，为将来的发展储备能量。”游视副总裁徐强说。

据介绍，太仓正在制定政策，加速推进中小微企业三年培育计划。无疑，那些依靠创新提升发展质量和效益的企业又将迎来一波新的发展热潮。

（摘编自2015年1月18日《新华日报》记者：潘朝晖）

太仓：郑和起锚地的变奏曲

“庞大的郑和船队，就曾在这里停靠。”指着眼前广阔如海的长江，太仓市浏河镇当地学者、《古港潮》主编王更红告诉记者。此时，江面平阔，多艘货轮缓缓游弋。江涛拍打着堤岸，江滩芦苇一片枯黄。

大约600年前，出现在这里的郑和船队约有2.7万人，各类海船达280艘，直到今天，这仍是声势浩大的一支舰队。

从浏河驶向西洋

郑和七下西洋，从刘家港码头开始远航，这段史实出现在中小学课本中，广为人知。刘家港，即太仓浏河镇的古称。被选作起锚地的浏河镇有“江头海尾第一镇”美称，这里扼守长江咽喉，东望大海。郑和七下西洋，决策与造船在南京，出海在浏河。

为何非选浏河不可？王更红有一番解释：秦始皇东巡曾经过这里。于是，在明成祖朱棣看来，它不仅有交通便利的优势，而且被赋予了帝王巡行的气势。他命令郑和必须从此出发，目的就是借着王者之气出海远行。

与很多和航海有关的地方相同，浏河也有一座天妃宫（即妈祖庙）。浏河天妃宫始建于北宋宣和五年（1123年），元至正二年（1342年）迁建到浏河镇中心街的现址；元、明、清、民国修葺不断，主修者有郑和、林则徐等历史名人。但遗憾的是，昔日的天妃宫大殿仅留下了地基和柱础。残存的遗迹显示，这座大殿布局严谨、气势不凡。旁边的城隍庙，因曾被用作粮库而得以保存。后殿的四根楠木柱子，都是郑和船队带回来的。天妃宫的重要价值之一，是郑和在第七次“开洋”之前在这里留下了记录其历次航行状况的《通番事迹之记》碑，“刘家港”三字也出现在碑文中。

太仓博物馆的镇馆之宝是青花缠枝花卉纹菱花口盘。该盘高7.4厘米，口径37.4厘米，底径24厘米。永乐、宣德年间的青花瓷用的是郑和船队从海外带回的釉料烧制。今天，该盘釉色沉着，纹饰多姿，仍散发着来自异域的光彩。

新发现丰富郑和研究

关于郑和下西洋，一些细节的新史料也出现在太仓。这些新史料丰富了郑和下西洋的研究。其中，见证郑和五次下西洋年月与所到国家的重要文物——《周闻墓志铭》，铭文记载了周闻随郑和五次下西洋活动，即永乐七年（1409年）、十一年、十五年、十九年和宣德六年（1431年）。

史籍记载，随船队下西洋的医生就有144名。《陈良绍墓志铭》的发现，使今人对这144人不再仅知道职业和人数。陈良绍是大明初年苏州一位传承家学的儒医，又是永乐年间随郑和下西洋的海医，学者认为，这方墓志铭既承载了苏州医学的发展史，更是大明初年征调全国物力、财力和人力，全力支持郑和下西洋，加强对外联系的重要物证。

浏河，是河道的名字。娄江出太湖，穿苏州娄门而东，流淌百余里后由太仓浏河入海。太仓上溯至太湖胥口为娄江，自太仓以下又称浏河，由于老浏河变浅、淤塞，后开挖了新浏河，老浏河退出了历史舞台。

浏河小镇，精致玲珑，又有几分冷清，时光在这里悠悠流淌，被称作“东方的居里夫人”的已故华人物理学家吴健雄就出生在这里。

昔日起锚地迈向新大港

今天，在郑和船队出海的地方，太仓人正在谱写新的开放篇章。太仓列中国综合实力百强县前十位。太仓港经济技术开发区是太仓港的直接经济腹地，设有太仓保税物流中心、江苏太仓港新能源产业园等特色载体，新能源、新材料、新装备三大新兴支柱产业在这里兴起。太仓又被誉为“中国德企之乡”，超过130家德国企业投资太仓，形成了以精密机械加工、汽车配件制造、新型建筑材料三大主体为特色的产业群，并被德国经济部和中国商务部共同授予国内唯一的“中德企业合作基地”。借助引进资金和技术优势，太仓正在从中国制造向中国智造迈进。

记者来到太仓港。江边风急而烈，如同利刃；桥吊的轰鸣在耳边回荡，大批集装箱在这里装船，运往长江中下游乃至国内外的多个港口。

太仓港地处长江入海口南岸，是国家定位的上海国际航运中心北翼集装箱干线港、江海联运中转枢纽港，江苏省重点建设的第一外贸大港。拥有38.8公里的海岸线、12.5米深的航道。太仓港口管理委员会党政办公室秘书科科长徐峰给记者的一份材料显示：港口各类大小的泊位达78个，其中万吨以上的就有34个。港口已开辟近洋航线18条，挂靠日本、韩国和中国台湾地区14个港口，成为长江开辟外贸航线最多的港口。而且内贸枢纽港基本建成，2014年，完成内贸箱量198万标箱，内贸运量与宁波港处于同一水平。

对于经济社会发展，港口是重要的集散地。太仓港因其特殊的地理位置，建设发展跃上新的台阶，切实为“一带一路”和长江经济带建设做出了积极贡献。

（摘编自2015年2月13日《中国社会科学报》 记者：张春海）

创新机制 动态巡防 智能指令 迅速处警
太仓刑事警情发案八年连降

两名男子尾随银行取款人飞车抢夺5万元现金，接到报警后，警方一分钟内便锁定嫌疑人，24分钟后两名嫌疑人落网。这不是提前策划好的演练，而是发生在江苏省太仓市城区的一起真实飞车抢夺案。

到底是什么样的反应机制，能够实现如此快速又精准的打击？“机制创新、资源整合、智能指挥实现突破，应对突发性路面案件，警方反应将更加迅速，处置将更加果断，抓捕将更加精准。”太仓市副市长、公安局局长宋文元介绍，通过把“发案少、秩序好、社会稳定、群众满意”作为最低标准，着力改革优化警务机制，推进警务信息化建设，全面提升快速反应能力，2006年以来太仓市违法犯罪类警情、刑事发案连续8年下降，“八类”案件、“两抢两盗”案件均大幅下降，人民群众安全感始终保持在95%以上。

随着经济快速发展，违法犯罪活动愈发复杂，原有巡逻防控机制在警情研判、协同配合、区域联动等方面的不足凸显，由于缺少全局统一指挥协调，各派出所缺少同周边派出所的信息共享、协作配合，在一定程度上限制了巡防效率提升。

为了破解这一难题，太仓市公安局从“全局一盘棋”理念出发，2013年4月启用动态巡防管控平台，打破情报信息壁垒，统筹整合各项警力资源。

“平台启用以后，我们要求各个基层单位、派出所每天都要将本辖区发案线索并附带嫌疑车辆（人员）图像信息第一时间上传至平台，线索被录入平台后，全市基层所队都可以看到，了解嫌疑人的作案手法及特征，从而实现全市巡防管控信息的网上串并、扩线、共享。”太仓市公安局巡特警大队大队长陆挺介绍说，平台实现了巡防任务下达、巡防过程控制、巡防质态管理的一体化运作，正式启用以来共通过该平台破获案件242余起，抓获违法犯罪嫌疑人302人。全市警情、发案信息得到全面整合和资源共享，还促进了巡防工作从人工到智能、从各自为战到情报共享的转变，有效提升了巡防指挥的精确度和快速反应能力。

此外，太仓市公安局还不断完善治安监控、高清抓拍布点和信息采集，积极对接城市智能交通系统、城管等部门视频资源，并将数据全部整合后导入警用地理信息系统。目前，全市已建成治安监控1.3万余个，其中公安直接联网5000余个，联动共享其他政府部门、社会单位监控8000余个。

“您有一条新的处警指令，请您接收！”5月8日，太仓市经济开发区派出所勤务指挥室内，4名值班民警的工作手机同时响起。民警王明华率先拿起手机，点击接收了这条包含报警人姓名、电话、具体地理位置、报警事由等“七要素”的警情处置单。

与此同时，太仓市公安局指挥中心智能指挥调度系统平台上即刻显示出这条警情处置单的接收时间为15秒，并显示出处警民警的姓名、电话、出警路线。不一会儿，王明华到达事发现场，并在手机中点击到达。系统平台即刻计算出王明华接警后到达现场用时为4分23秒。可以实时将警情处置详细信息反馈到指挥中心的这个手机便是太仓公安移动接处警终端，移动接处警智能系统由太仓市公安局在2014年初研发。

“指挥中心接到报警后，接警员按‘七要素’详细询问报警内容并录入系统，进行警情地理定位，移动接处警智能系统将警单自动保存后直接下发到相关派出所勤务指挥室所有值班民警手中的移动接处警终端。”太仓市公安局指挥中心指挥长俞锦清介绍说，如果警单下发30秒后没有值班民警接收，指挥大厅、派出所勤务指挥室均会接收到超时报警，及时提醒处警单位处理。

“这个系统集警情智能定位、指令自动下达、警力可视调度、信息在线查询、电话一键回拨、质态系统考评、满意度现场测评于一体，抓住了接收警情、视情回拨、到场标注、警情录入、结果反馈5个处警关键节点，通过处警民警现场照片、视频直接回传指挥中心，实现了对处警情况的动态监督，更进一步规范了接处警过程。”俞锦清说。

宋文元表示，目前移动接处警智能系统已在全局推广，从执法源头规范了110接处警工作。下一阶段，将会以该系统为抓手，大力推进“四项建设”，不断完善立体化、现代化社会治安防控体系，争当“平安中国示范区”先行军。

据悉，2015年4月，太仓市公安局被江苏省委、省政府评为“全省人民满意的政法单位”。而太仓市则连续8年被评为“全省社会治安安全县（市）”，还曾先后被评为全国平安综治先进县市、全国平安建设先进县市。2013年，更是成为江苏首个荣获“长安杯”的县级市。

（摘编自2015年6月6日《法制日报》 记者：丁国锋、马超）

引入双元制 30 年　双元制如何本土“生根”？

双元制，是一种源于德国的职业培训方式。所谓“双元”，是指学生同时参加学校的理论课程和企业的实践培训。双元制，为德国培养了数不清的高素质技术工人，被称为德国制造的“秘密武器”。随着“中国制造 2025”的提出，大量传统制造业企业面临转型升级。如何学习德国双元制职业教育的经验，将严谨、有序、精准的德国制造元素注入中国技工的思想和生产操作中，成为中国职业培训的重要课题。

太仓引进德国双元制始于 2001 年，经过 15 年发展，已建立太仓德国企业工人培训中心、舍弗勒（中国）培训中心等多家双元制教育培训机构，成为德国双元制培训在中国最大的基地。德国工商会上海代表处（AHK－上海）每年在太仓中德培训中心举办 AHK 职业资格中期考试，给通过考试的学员颁发与德国一样的 AHK 职业资格证书。日前，AHK 德国双元制职业教育联盟又在太仓成立。

德国双元制需要企业一方的大量投入，在中国推广过程中出现了不少“水土不服”。如何破解企业不愿为职业教育投入资金难题，让企业在职业教育中发挥更多的主动作用？双元制职业教育在太仓的不断深入“生根”，意味着这些“水土不服”在融合中被逐渐解决。

主体差异在哪里

德国双元制教育 60% 以上靠企业投入

而目前中国几乎都是学校在投入

“1983 年，中国就开始引进德国的双元制教育，但由于体制等因素，30 多年来双元制在中国并未真正生根。”

张振中，舍弗勒（中国）培训中心高级经理，此前在湖北的东风汽车高级技工学校工作了 20 多年。东风技工学校从 1983 年就在国内率先引进德国双元制教育。张振中 1985 年就加入，是双元制“本土化”的重要见证者和参与者。

张振中告诉记者，德国本土的双元制教育目的性很强，双元制职业教育形式下的学生大部分时间在企业进行实践操作技能培训，而职业学校则是与企业合作完成理论和文化课的教育。“正宗的德国双元制，学员理论课与实训课的时间比例要达到 1 比 3 甚至 1 比 4。德国很多职业学校录取学生的一个重要条件就是，学生必须获得一份与实践企业的合同，学生需要先到企业面试。”

“德国本土的双元制，企业充当非常主要的培训任务，因此双元制需要企业的投入力度非常大，中国的企业很难做到这一点。”张振中告诉记者，由于中国企业传统观念认为培养工人应该是学校的事，所以最终培养责任就落到了学校身上。“在德国，60% 以上的培训时间和成本都由企业负责。目前中国的双元制几乎全部都是学校在投入。”

学校热，企业冷，带来了许多“综合征”，其中之一就是实训时间不够。“目前一些职业技术学校推行的双元制，理论和实训时间比例能达到 1 比 1 就已经不错了。”健雄职业技术学院一名负责人说，学校按照人才培养方案，语文、数学、政治等课程一样不能少，留给实训的时间就不够了。而实训恰恰是双元制最重要的环节。

此外，培训师的定位也非常重要。张振中告诉记者，按照德国的培训理念，专门带学生实践的培训师的作用要比学校老师重要得多，理论课一个老师可以带 40 个人，而培训师一个人最多带 20 个人。“培训师应该是职业学校毕业后到企业工作十年以上的技师或高级技师最合适。他的文凭不需要很高，大专足够，中专也没有问题。但是按照目前的体制，培训师在学校进不了编制，工资没有保障，发展没有空间，学校留不住他们。于是一些学校只能把理论课老师改成培训师。”

主角身份如何转换

一台培训设备 700 万元

学员享受工人福利待遇

海瑞恩精密技术（太仓）有限公司是太仓建立企业培训中心的众多德资企业中最年轻的一员。从 2013 年开始，培训中心每年从太仓中专数控、机械加工专业的三年级学生中选择 20 人进行培训，95% 的学生毕业后成为海瑞恩的员工。

“在德国，几乎每一家制造业企业都会有自己的培训中心，即便是规模非常小的企业，培训中心有时可能只有 1～2 个人。因为德国政府对建立培训中心的企业有税收减免，所以企业有积极性。”海瑞恩培训中心负责人徐辉告诉记者，海瑞恩德国总部在上世纪 60 年代就开始建立培训中心，企业向外扩张，培训中心也跟着“扩张”，目前在波兰、太仓都已建立起培训中心，每个中心都拥有自己独立的建筑和设备，有专门的负责人。

金逸骢身穿一身灰色工作服，正在海瑞恩跟着实训老师操作一台六轴切削机床。3 个月前，他从一名太仓中专数控机床专业的学生转变成海瑞恩培训中心的学员。灰色工作服是他学员身份的标志，区别于正式员工的蓝色工作服，这意味着无论他操作什么机器，制作出了什么成品，都不能纳入一线生产。

“学员培训期间没有任何‘产出’，这与国内一些校企办学‘走样’后，学生实习期间成为企业的廉价劳动力非常不同。”徐辉告诉记者，相反，企业培养合格的学生需要大量的投入。他指着培训中心一台蓝色的生产设备告诉记者，“培训中心的设备和生产一线的完全一样，这台设备要 700 万，培训中心一共有两台。此外，还有铣床、数控、多功能车床等。”除了实训部分，培训中心还从外面聘请了老师专门教学生德语和相关的理论知识。学员虽然不从事一线生产，但他们享受工人所有的福利待遇，还有一份可观的实习津贴。

在舍弗勒，培训中心要求学员3个月换一个岗位，一年至少轮3到4个岗位，学到3到4种不同的经验和技术，毕业后从头选择一个适合自己的岗位。所有的学生实习时按照公司规定拿到一份非常可观的补贴，最多可以达到普通员工的100%。

由于投入巨大，即便是德资企业，在中国建立培训中心也只能循序渐进。"目前，由于培训的速度跟不上企业扩张的节奏，我们培训中心的学员培训8个月后就要上岗。这与德国正宗的双元制培训相差甚远。"徐辉告诉记者，从明年开始，海瑞恩将从太仓中专一年级学生中选择24人，将他们纳入培训中心，实现为期3年一届"原汁原味"的双元制教育。

张振中说："由于投入巨大，即便在太仓，真正能够以企业为主体办'原汁原味'双元制的，也只有舍弗勒、慕贝尔、克恩·里伯斯等少数几家企业，多数中小德国企业把培养任务委托给了学校。"

主要"瓶颈"怎样创新突破

把企业与学校的利益"捆绑"起来

建立区域跨企业培训中心节约成本

10月24日，AHK德国双元制职业教育联盟在太仓成立，联盟宗旨是把德国双元制经验输送到中国，打造德国双元制本土化模式。记者发现，联盟的绝大多数成员是国内的大中专院校，鲜有企业培训中心的身影。

如何才能提高企业参与职业教育的积极性？

苏州健雄职业技术学院院长魏晓峰认为，目前的体制条件和工业文化氛围，像德国本土那样让企业成为培训主体不现实，最好的情况是让企业主动参与到学校的职业教育中。而这，首先要让企业看到校企合作带给企业的"好处"，把企业与学校结成利益共同体。

从德国"双元制"得到启发，健雄学院创设了"定岗双元"的人才培养模式。学生入学后，学院、企业与学生签订三方定岗培养协议，使学生一入学就形成"学生兼学徒"的双身份意识。企业全程参与人才培养方案、课程体系的制订，凸显企业的主体地位。此外，学院还从课程和专业设置上主动呼应当地产业发展需求，吸引周边企业参与。

"中国的制造业企业要像德国那样每一家企业都建立培训中心，短期内明显不现实。"张振中认为，一个比较现实的途径是建立跨企业培训中心。

"太仓、嘉定、昆山这样的中小城市，应该建立一个跨企业培训中心，由政府或开发区投资，企业化管理，总经理负责。这个中心是一个独立的机构，与学校是合作关系，它代表企业来负责学生的实习培训。这个地区所有的学校都跟它合作，完成学生的理论教学。跨企业培训中心代表企业集群，是企业行为，行政上向政府或开发区汇报，业务上向AHK商会汇报。"

中国双元制要形成自己的模式，最迫切的是提升企业参与度，破解体制限制，使培训中心实现资源共享减少浪费。张振中告诉记者，如果太仓成了这样一个独立的跨企业培训中心，舍弗勒的培训设备、克恩·里伯斯的设备都可以搬到跨企业培训中心去，实现设备的资源共享、统一的集中管理，大大降低运营成本。此外，中心可以按照定位去找培训师，不必受学校教育体制的约束，可以实现自身的发展目标。

（摘编自2015年10月28日《苏州日报》记者：高振华）

媒体报道题录一览表

表1

序号	日期	文章（新闻）标题	报道媒体
1	2015年1月1日	太仓海关监管货值　20年增长163倍	苏州日报
2	2015年1月4日	"你读书、我买单"吸引太仓市民	中国江苏网
3	2015年1月7日	太仓灵活就业人员可享职工伤害险	中国江苏网
4	2015年1月12日	太仓港吞吐量超300万标箱	新华日报
5	2015年1月12日	太仓城区将告别最后一根大烟囱	苏州日报
6	2015年1月12日	三"治"一体　平安太仓升级	苏州日报
7	2015年1月12日	太仓老人享"医养结合"　医护人员进驻养老机构	中国江苏网
8	2015年1月12日	太仓平安小家庭促进社会大稳定	中国江苏网
9	2015年1月13日	太仓国家现代农业示范区建设位列全国第一	江南时报
10	2015年1月14日	太仓11企业参与制定7项"国标"	中国江苏网

续表1

序号	日期	文章（新闻）标题	报道媒体
11	2015年1月15日	舟山港综保区“太仓内支线”发展蓬勃　陆路运输转水路	中国新闻网
12	2015年1月18日	执着太仓，“小而强”沙场执牛耳	新华日报
13	2015年1月19日	苏州太仓港建成码头泊位78个　已开通18条近洋航线	人民网
14	2015年1月20日	太仓市全省首创行政事业单位收费监管服务平台	中国江苏网
15	2015年1月21日	太仓港将建国际商贸物流园	苏州日报
16	2015年1月23日	太仓法院一课题获中国法学会立项	苏州日报
17	2015年1月28日	太仓市“城管家”获评省优质服务品牌	中国江苏网
18	2015年1月29日	春运前夕太仓海事部门成功排除辖区沉船碍航安全隐患	人民网
19	2015年2月4日	太仓连续5年获得省农业农村政策创新奖	新华网
20	2015年2月4日	太仓投用新能源公交车　首批13辆	中国江苏网
21	2015年2月5日	新常态下：小德企成苏南招商新宠	中国新闻网
22	2015年2月7日	职教“校企双元制”如何实现本土化	光明日报
23	2015年2月9日	太仓地区投运首座智能变电站	中国江苏网
24	2015年2月9日	太仓规划出炉　新增48家民营医疗机构	苏州日报
25	2015年2月12日	太仓将开通上海迪斯尼旅游专线服务	苏州日报
26	2015年2月12日	上海机场太仓城市航站楼正式启用　每天八班接送	新华网
27	2015年2月13日	太仓：郑和起锚地的变奏曲	中国社会科学报
28	2015年2月13日	太仓港进口散货创新高	新华日报
29	2015年2月15日	太仓农村生活污水治理覆盖率要达80%	中国江苏网
30	2015年2月25日	人民日报：太仓菜贩坚持写诗被称“菜场诗人”	人民日报
31	2015年2月25日	太仓完善公共法律服务市场化运作模式	中国江苏网
32	2015年2月27日	太仓市设立2500万资金助力商贸业发展	新华网
33	2015年3月2日	太仓德企一年贡献　国税收入12.76亿	新华网
34	2015年3月3日	太仓获批国家级出口工业品示范区	人民网
35	2015年3月12日	启运港退税政策“落地”太仓港　物流成本省了	苏州日报
36	2015年3月16日	太仓市浏河渔港成为“全国文明渔港”	新华网
37	2015年3月16日	苏创燃气香港主板挂牌　成为太仓第8家上市企业	中国江苏网
38	2015年3月16日	太仓专项法律服务便民惠民	江苏法制报
39	2015年3月20日	太仓70个项目总投资超515亿元	中国江苏网
40	2015年3月23日	太仓2000张照片定位150多文物点	中国江苏网
41	2015年3月23日	太仓咨询窗口设到德国企业家门口	中国江苏网
42	2015年3月25日	太仓本土众创空间跻身国际行列	中国江苏网
43	2015年3月25日	太仓农产品质量安全监管网络实现全覆盖	中国江苏网
44	2015年3月25日	太仓市政府全力推广港口码头岸电接入系统	人民网

续表1

序号	日期	文章（新闻）标题	报道媒体
45	2015年3月28日	2015太仓旅游文化节开幕　到长江口品江海河三鲜	人民网
46	2015年3月31日	全球第8家德国中心入驻太仓　助力中国工业4.0进程	新华网
47	2015年4月8日	中国网事：苏州太仓“网络神探”助近百家庭找回失散亲人	新华网、新华每日电讯
48	2015年4月13日	太仓建13家全国职工书屋示范点　推广书香企业	人民网
49	2015年4月14日	美国著名打火机品牌Zippo中国运营中心落户太仓	新华报业网
50	2015年4月17日	太仓市试点开展互助式社会养老新模式	新华网
51	2015年4月17日	江苏太仓：建筑安全生产的三驾马车　保障建筑生产的安全	中国网
52	2015年4月20日	小型货船倾覆在即　太仓海事勇救5人	人民网
53	2015年4月21日	石泰峰赴太仓市调研	中国江苏网
54	2015年4月24日	太仓港美锦码头开辟南亚航线	姑苏晚报
55	2015年4月28日	Historic port thrives	中国日报
56	2015年4月30日	4.0“风口”智能制造在太仓	苏州日报
57	2015年5月1日	太仓竞走挑战赛奥运冠军陈定强势夺冠	新华网
58	2015年5月8日	太仓科技人才双百对接	新华日报
59	2015年5月11日	长江最大集装箱船太仓投运	中国江苏网
60	2015年5月11日	著名书法家黄惇作品展在太仓开幕	新华网
61	2015年5月12日	长江最大集装箱船太仓投运　载重约4万吨	苏州日报
62	2015年5月15日	2015太仓市网络文化节开幕　由三大板块15项活动组成	苏州日报
63	2015年5月19日	“工业4.0”，中国企业要向德国企业学什么？	中国新闻网
64	2015年5月25日	太仓立足规范化建设　打造“数字工会”	中国江苏网
65	2015年5月26日	太仓首个家庭分布式光伏发电并网	苏州日报
66	2015年5月27日	太仓百年民企“掘金”丝绸之路	新华网
67	2015年5月29日	太仓市首创互动式青少年勤廉教育主题公园	新华网
68	2015年5月29日	太仓建立防止干扰　执纪办案情况报告制度	新华日报
69	2015年6月1日	谋创新、求共赢、话合作 “一带一路”与新时期中德合作对话会在江苏太仓开幕	人民网
70	2015年6月2日	德国嘉宾称江苏太仓是对德合作的“升级版”	中国新闻网
71	2015年6月2日	太仓土地确权　让5万农户吃颗“定心丸”	中国江苏网
72	2015年6月6日	创新机制动态巡防智能指令迅速处警 太仓刑事警情发案八年连降	法制日报
73	2015年6月9日	互联网+农业：江南小村庄催生“开心地主”	中国新闻网
74	2015年6月9日	杨新：见证中德合作黄金十年	中国新闻网
75	2015年6月17日	太仓法院协力律所立案便民	中国江苏网
76	2015年6月19日	太仓全力打造对德合作“升级版”	新华日报

续表 1

序号	日期	文章（新闻）标题	报道媒体
77	2015 年 6 月 29 日	太仓设立 2000 万元信贷风险补偿专项资金池	中国江苏网
78	2015 年 6 月 30 日	江苏太仓暴雨中的爱民深情	新华网
79	2015 年 7 月 1 日	太仓建 23 家　街头“安康驿站”	新华日报
80	2015 年 7 月 1 日	“太仓假日”旅游品牌发布	姑苏晚报
81	2015 年 7 月 2 日	创新转型综合发展　太仓建行打造金融服务新名片	人民网
82	2015 年 7 月 2 日	太仓港洋山港实施通关通检一体化	新华网
83	2015 年 7 月 3 日	《文化养老系列丛书》太仓首发	新华日报
84	2015 年 7 月 3 日	太仓长江口旅游度假区　立体式监管投资项目	新华日报
85	2015 年 7 月 6 日	苏州太仓现代农业园获评“国家标准化休闲农庄”	中国江苏网
86	2015 年 7 月 8 日	太仓国税上半年入库税收超 67 亿	人民网
87	2015 年 7 月 13 日	“三证合一”登记　延伸到太仓	中国江苏网
88	2015 年 7 月 13 日	太仓今年新建节能建筑 89.7 万平方米	中国江苏网
89	2015 年 7 月 15 日	2000 个模型让抗癌药精确发力	苏州日报
90	2015 年 7 月 20 日	太仓实施“社会工作实用人才计划”	姑苏晚报
91	2015 年 7 月 20 日	中铁上海局太仓制梁场已基本具备批量生产能力	新华网
92	2015 年 7 月 21 日	太仓成立社会组织拥军服务中心	姑苏晚报
93	2015 年 7 月 22 日	“太仓快航”直通上海洋山港	人民日报
94	2015 年 7 月 22 日	太仓：技术创新引领产业升级	新华网
95	2015 年 7 月 22 日	“一带一路”中德合作对话会在太仓举行	新华网
96	2015 年 7 月 22 日	苏州太仓突破外资“瓶颈”打造德资高地	新华网
97	2015 年 7 月 22 日	德国通快公司入驻太仓带来的“三大效应”	新华网
98	2015 年 7 月 22 日	太仓港跃升为长江外贸第一大港	中国江苏网
99	2015 年 7 月 23 日	太仓港至上海洋山港远洋中转班轮首航	新华网
100	2015 年 7 月 24 日	推广政府社会资本合作模式 太仓成为国家基础设施投融资体制改革试点县	苏州日报
101	2015 年 7 月 27 日	经典传承版沪剧《芦荡火种》太仓首演	中国江苏网
102	2015 年 7 月 29 日	太仓：以“压力传递工作法”落实纪委监督责任	人民网
103	2015 年 8 月 7 日	“沪太通”物流新模式启用　出口集装箱进入太仓港视同进入上海港	中国江苏网
104	2015 年 8 月 7 日	太仓今年上半年完成工业技改投资 71.6 亿元　“机器换人”自动化程度超 90%	中国江苏网
105	2015 年 8 月 10 日	太仓中科信研院入选省创新载体	苏州日报
106	2015 年 8 月 12 日	太仓港成为江苏首家“单一窗口”运行口岸	中国新闻网
107	2015 年 8 月 12 日	长江最大集装箱船太仓港投运　可装载 2600 箱	新华日报

续表 1

序号	日期	文章（新闻）标题	报道媒体
108	2015 年 8 月 12 日	太仓市“三个着力”聚焦纪检信访举报主业	中国江苏网
109	2015 年 8 月 13 日	太仓添 3 件中国驰名商标　商标战略又结新硕果	中国江苏网
110	2015 年 8 月 17 日	太仓市德法共进打造“八大高地”	中国江苏网
111	2015 年 8 月 18 日	三社联动太仓“政社互动”实践更生动	中国江苏网
112	2015 年 8 月 26 日	主动承接沪上项目转移　沪太联动发挥临沪优势	苏州日报
113	2015 年 8 月 28 日	太仓发布原产地签证新政	新华日报
114	2015 年 8 月 28 日	太仓倒查机制促安全	新华日报
115	2015 年 8 月 28 日	唤起太仓的“蓝色记忆”	光明网
116	2015 年 8 月 31 日	太仓狠抓“六大工程”打响大气治理攻坚战	人民网
117	2015 年 8 月 31 日	太仓“接轨上海”赴沪招商推介　九项目投资超 20 亿	中国江苏网
118	2015 年 9 月 7 日	太仓 5 年培育 1000 名社工实务人才	姑苏晚报
119	2015 年 9 月 15 日	太仓市引航收费标准将调整企业年减负 200 万	人民网
120	2015 年 9 月 15 日	1000 千伏特高压输变电工程太仓段全线贯通	中国江苏网
121	2015 年 9 月 17 日	太仓新码头昨日奠基	中国江苏网
122	2015 年 9 月 17 日	太仓港区轮胎式集装箱起重机载重量达 65 吨　全球最大	苏州日报
123	2015 年 9 月 18 日	太仓港区形成“四新一大”	新华日报
124	2015 年 9 月 21 日	汇聚江海河三鲜美食　休闲度假胜地太仓现代农业园	中国江苏网
125	2015 年 9 月 22 日	借“一带一路”契机　太仓港区加快重大装备产业发展	中国新闻网
126	2015 年 9 月 22 日	借力“互联网＋”　太仓特产将销往全国	中国新闻网
127	2015 年 9 月 23 日	江苏太仓勤廉文化进家庭　两年评选廉内助 15 人	人民网
128	2015 年 9 月 25 日	网媒看苏州走进太仓港：新海上丝路上的璀璨明珠	中国新闻网
129	2015 年 10 月 9 日	江苏太仓：商标品牌建设“大提速”	中国新闻网
130	2015 年 10 月 10 日	太仓港区央企“军团”添劲旅	苏州日报
131	2015 年 10 月 12 日	太仓科教新城：科技文化产业显山露水（图）	中国新闻网
132	2015 年 10 月 15 日	太仓轨交产业搭上“一带一路”	中国江苏网
133	2015 年 10 月 15 日	太仓中专：双元制教育实践走向深入	中国江苏网
134	2015 年 10 月 24 日	德国巴符州州长赞太仓有亲切感：像回家一样	中国新闻网
135	2015 年 10 月 26 日	太仓获评中国投资营商价值城市	中国江苏网
136	2015 年 10 月 26 日	江苏太仓：德国双元制职业教育联盟成立	光明日报
137	2015 年 10 月 26 日	太仓市建立信息管理基础平台推动不动产统一登记	人民网
138	2015 年 10 月 27 日	中德投资并购推介会太仓召开　合作走向深入	中国新闻网
139	2015 年 10 月 27 日	进口商品直销太仓港	新华日报
140	2015 年 10 月 27 日	太仓 10 个月引进德资企业 17 家	中国江苏网

续表 1

序号	日期	文章（新闻）标题	报道媒体
141	2015 年 10 月 28 日	太仓：双元制如何本土“生根”？	苏州日报
142	2015 年 10 月 29 日	太仓四只优质农产品获“金名片”	中国江苏网
143	2015 年 10 月 29 日	太仓港进口商品直销中心对外试营业	苏州日报
144	2015 年 11 月 5 日	太仓：“半月谈”让勤廉入脑入心	新华网
145	2015 年 11 月 9 日	“周末去哪玩”畅游太仓现代农业园	苏州日报
146	2015 年 11 月 14 日	上海交大携手太仓探索发掘传承中国传统文化新路	中国新闻网
147	2015 年 11 月 16 日	太仓检验检测中心获得国家认定	苏州日报
148	2015 年 11 月 18 日	太仓国际投资贸易恳谈会举行　22 个签约项目总投资 84.5 亿	中国江苏网
149	2015 年 11 月 20 日	太仓研讨会聚焦“王世贞与明清文化”	新华日报
150	2015 年 11 月 20 日	“酒店＋景点＋工厂店”的太仓假日模式受好评	新华网
151	2015 年 11 月 20 日	太仓规划“政社互动”新路径	姑苏晚报
152	2015 年 11 月 21 日	太仓出台社会化引才激励细则　“伯乐”最高奖 30 万	苏州日报
153	2015 年 11 月 23 日	太仓最大种植园月底亮相	中国江苏网
154	2015 年 11 月 23 日	江苏太仓港检验检疫一体化　打造智慧口岸	新华网
155	2015 年 11 月 25 日	中小城市发展报告发布：江苏包揽百强县前四	新华网
156	2015 年 11 月 27 日	太仓市打造矛盾纠纷调解品牌	苏州日报
157	2015 年 12 月 1 日	太仓市：建立社会救助　主动发现机制	苏州日报
158	2015 年 12 月 3 日	太仓至南通段 12.5 米深水航道正式运行 长江“水上高速”凸显黄金效益	新华日报
159	2015 年 12 月 3 日	周乃翔赴太仓市调研时要求　全力以赴确保经济行稳致远	中国江苏网
160	2015 年 12 月 4 日	太仓市率先建立老年人居家养老医疗护理站	新华网
161	2015 年 12 月 4 日	太仓力推“一小时旅游”	新华日报
162	2015 年 12 月 7 日	太仓减排增绿　让市民一起“深呼吸”	中国江苏网
163	2015 年 12 月 8 日	太仓推“双随机”口岸查验模式　疫情截获率提升	苏州日报
164	2015 年 12 月 13 日	首架进口飞机飞进太仓口岸	新华网
165	2015 年 12 月 17 日	全球最快包装桶生产线太仓投产	苏州日报
166	2015 年 12 月 21 日	刚烧好的太仓双凤羊肉　网上也能买	中国江苏网
167	2015 年 12 月 21 日	邢少兰艺术馆开放　誉为当代娄东画坛巨擘	中国新闻网
168	2015 年 12 月 23 日	武术高手聚集太仓　决出套路“王中王”	新华网
169	2015 年 12 月 28 日	太仓港货物吞吐量突破 2 亿吨　两岸直航货运量继续攀升	中国新闻网
170	2015 年 12 月 30 日	11 个月太仓港集装箱　吞吐量同比增 21.3%	中国江苏网
171	2015 年 12 月 30 日	太仓地税获省 5A 级数字档案室	中国江苏网
172	2015 年 12 月 30 日	太仓港货物吞吐量增 30%　有望步入 2 亿吨大港行列	苏州日报

（市委宣传部）

接轨上海

【概况】 2015年，太仓市抓住深化改革机遇，推进接轨上海发展战略。年内，加强与上海自由贸易试验区对接，深化与上海的港口合作，参与“一带一路”（“丝绸之路经济带”和“21世纪海上丝绸之路”）建设。加强招商合作对接和区域交流合作，引导产业优势发展，提升区域配套能力。加快路网建设，完善交通体系对接。推进产学研建设，加强上海人才引进。增强与上海的旅游营销，推广太仓名优农产。推进文化卫生事业合作交流，做好城市外宣工作，推进接轨上海各项工作取得突破。

【战略合作协议签署】 4月23日，太仓市人民政府与长江经济联合发展（集团）股份有限公司签署战略合作协议，双方将在上海国有企业联动发展、地产开发及相关基础设施投资、产城融合开发、长江联合股权投资基金孵化基地建设、长江联合投资服务平台建设、金融合作及其他相关投资领域等7个方面开展合作。该战略合作协议的签署将拓展太仓市参与“一带一路”建设的途径与渠道。长江经济联合发展（集团）有限公司下属长江联合基础设施投资有限公司与城厢镇达成金仓湖旅游度假区综合开发项目合作意向。10月30日，长江经济联合发展（集团）有限公司与市发改委、市国有资产经营公司、市生物医药产业园、科教新城区等单位就金仓湖综合开发项目、天镜湖开发项目、资本市场合作等内容开展会谈。港区参加由长江沿岸中心城市经济协调会主办，上海、重庆、武汉、南京、合肥等地政府共同支持举办的长江流域园区与产业合作对接会。

【港口合作对接】 2015年，太仓市加强对接上海自由贸易试验区，深化与上海的港口合作。6月5日，太仓港综合保税区试运行。年内，太仓市正式试点沪苏通关一体化，对江苏辖区自太仓口岸出口至上海的启运“负面清单”以外的货物实施出口直放和无纸化通关。实施太仓港与上海洋山港之间的通关和物流一体化。推进润禾件杂货、鑫海煤码头等泊位建设和集装箱四期、商品汽车滚装码头等工程建设。

【招商合作对接】 2015年，太仓市加强与上海的招商合作对接，落实对沪合作框架协议，完善与上海的对接交流机制。落实与上海现代服务业联合会的框架协议合作内容，与其下属协会开展点与点对接。在上海举办2015年太仓（上海）现代服务业投资说明会，与百余名上海客商现场交流对接，共签约项目9个，投资总额20多亿元。邀请上海长江经济联合发展（集团）股份有限公司、上海城建市政工程（集团）有限公司等知名企业参加2015年太仓市经营性用地推介会。举办太仓市第四届科技创新工程推进月活动开幕式暨建设苏南国家自主创新示范区推进会等招商活动。主动对接大虹桥商务区，推进会展、旅游等现代服务业发展。

【区域交流合作】 2015年，太仓市强化与上海的区域交流合作，提升区域配套能力。强化城市规划定位，以新一轮城市总体规划为引导，突出现代田园城市特征，构建上海居民宜居、宜游、宜食、宜行、宜业的后花园。对接大虹桥商务区、迪斯尼国际旅游度假区，与上海虹桥商务区管委会、国家会展中心、上海迪斯尼乐园等部门对接，初步达成合作意向。与上海巴士集团就太仓至迪斯尼乐园班线进行对接。开辟太仓—上海“地空联运”运输新通道。上海（虹桥）机场太仓航站楼建成投运，为市民提供购票、换登机牌和上海机场专线直达班车服务，实现太仓市民道路、航空出行无缝转换，上海航空、东方航空值机进驻航站楼，直达班线从每天19班次增至23班次。

【交通体系对接】 2015年，太仓市加快与上海的路网建设，完善交通体系对接。年内，抓紧推进沪通铁路建设，开展沪通铁路征地拆迁和地面附着物拆迁工作。沪通铁路太仓段共涉及农户217户，全线涉及企事业单位28家，特种种植、养殖业192处，至年底基本完成主线农户拆迁签约和约50%的企事业签约。开展太仓站、太仓南站等综合枢纽场站规划设计工作，初步完成枢纽场站的规模确定、功能方案设计。推进对接上海客运枢纽节点建设，沙溪客运站主体结构施工基本完成，沪太快线朝阳路站新增停车场位置和建设方案基本拟定。强化交通体系规划对接，以综合交通、轨道交通等规划为引导，在沪通铁路建设基础上，预留上海轨道交通11号线及1号线太仓市延伸段空间，与上海嘉定沟通谋划S604省道与嘉定城北路对接、正夫路与嘉定北和路对接，太仓市有轨电车1号线与嘉定有轨电车2号线对接，推进打造快速、便捷的联沪交通体系。加快现有路网改造和建设，推进岳鹿公路对接上海嘉定城北路建设。完成岳鹿公路（江南路—太浏线）段新建工程沥青面层施工。完成G346国道（原S338）浏河大转盘至北海路段及苏昆太至疏港高速段路面养护改善工程的施工图设计，项目进入招投标阶段。开通太仓港区至上海轨道7号线美兰湖站城际直达快线。

【上海人才引进】 2015年，太仓市加快推进产学研建设，加强对上海的人才引进工作。与中国科学院上海硅酸盐研究所签订合作协议，共建中科院上海硅酸盐所苏州研究院。研究院将在太仓建立“应用研究、中试生产、企业孵化、公共服务、产研实验室”等创新平台5个，引进科技成果约50项。加强“7+1”太仓工作站工作，召

6月5日，太仓市举办“千人计划”专家发现太仓活动。图为国家“千人计划”专家与太仓现场对接交流
（市委组织部供稿）

开工作站年度工作会议，制订2015年工作计划，加强在原有基础上的合作。增强上海人才参与江苏省、苏州市双创计划。申报省双创计划“双创人才类”项目进入面试答辩环节的8人中有7人是从上海引进的人才，36个申报太仓本级领军人才计划项目中有11人来自上海。对上海的招才引智工作常态化。太仓企业参加长三角人才交流活动、电机学院学子看太仓等活动，对沪招才引智实现常态化。6月，举办“千人计划”专家发现太仓活动和2015年“赢在苏州”国际精英海外创业大赛优秀人才项目对接活动。加强政策落实工作，落实“522”人才工程政策，加大对“985”“211”工程高校毕业生到太仓企业工作的资助力度，开通网上预申报功能，优化高层次人才待遇享受申报流程。年内有16名在太仓新兴产业企业工作的上海高校学子享受租房、安家、就业津贴以及医疗等方面资助。建立太仓市发改委接轨上海外聘专家组，聘请14名上海知名专家学者为成员，发挥智力支持和人脉优势，拓展与上海合作沟通新渠道。加强与上海交通大学法学院远程庭审视频互动，深化与上海浦东、青浦、闵行3家劳动人事争议仲裁院结对合作，开展协助查办当事人劳动合同履行地的劳动争议案件。

【旅游与农业交流】 2015年，太仓市增强对上海的旅游营销，推广太仓名优农产。加强传统节庆营销。举办2015年中国太仓江海河三鲜美食暨旅游文化节、2015年中国蕙兰博览交易会、“美食文化进社区”等节庆活动。加快推进旅游基础设施建设。艳阳农庄改造项目启动。市政府和摩尔多瓦驻华大使馆签署《关于在葡萄酒贸易文化领域开展互惠交流合作的意向备忘录》，双方通过与长江口旅游度假区合作进行旅游地产开发。开展以“一小时去哪儿，去太仓”为主题营销活动。邀请上海旅行商及媒体60人参加业内推介；在中山公园、上海大学等地举行互动推介。在上海签约100个社区广告屏，全年投放宣传太仓旅游广告。在上海调频103.7广播投放“一小时去哪儿，去太仓”广告。在上海《旅游情报》杂志和《解放日报》《上海旅游蓝页》《上海旅游地图》上投放多种形式的宣传形象和内容。加入上海长三角自驾游论坛。太仓市旅游局入选长三角专家委员会成员单位。与上海自驾游机构合作开展旅游节“百车千人游太仓活动”；邀请上海旅行商及媒体到太仓踩线，体验“太仓假日”。参加江苏优质农产品（上海）交易会，扩大太仓农副产品在上海的知名度。

【卫生事业合作】 2015年，太仓市推进与上海的卫生事业合作。院院合作得到加强。市第一人民医院与上海第十人民医院签订科室协助管理协议，委托上海十院营养科与市第一人民医院营养科建立科室对口合作，协助市一院管理营养科。聘请上海十院康复科主任担任市一院康复科兼职主任。泌尿外科、皮肤科加入上海十院学科联盟。市中医医院与上海中山、华山、胸科、仁济、长征、曙光、岳阳、妇产科医院等开展门诊、会诊合作，选送30人次至上海中医药大学进行“西学中”培训，对两年内护士实施中医护理技能岗位培训。市一院普外科加入上海十院秦环龙院长课题组国家自然科学基金重点项目《高脂及肠道微生态代谢异常影响大肠癌发病风险的机制研究》的合作。探索医疗托管新模式。长江口旅游度假区管理委员会与上海交通大学医学院附属第三人民医院签约。浏河人民医院委托给上海三院进行一体化管理，托管之后的浏河人民医院同时冠名“上海交通大学医学院附属第三人民医院太仓分院”。完善上海就医通道。全年新增同济大学附属东方医院和上海市第三人民医院2家上海医院为太仓医保定点医院。

【文化交流宣传】 2015年，太仓市加强与上海的文化交流，做好城市外宣工作。与苏州大学文学院合作开展太仓文化产业对接上海自由贸易试验区专题研究完成最终研究成果。与上海的文化往来频率增高。太仓戏迷王强、王梅参加由上海宝山沪剧团主办的“我唱挑山女人金曲大奖赛”决赛，获银奖，应邀参加上海第919期星期戏曲广播会现场直播，上海七彩戏剧频道录制播放。东港戏曲社赴上海嘉定开展文化交流。陈永明编剧的沪剧小戏参加上海市举办的2015年民营剧团展演。雅鹿沪剧团参加上海嘉定、徐行“文化进社会”演出。上海图书馆到太仓市图书馆举办“读书乐漫画展”和2015年上海国际科学与艺术展暨上海国际自然保护周主题摄影展太仓巡展。孔祥林在太仓市图书馆举办“诗礼传家一脉长，文章道德圣人家”讲座。抓好主题性城市外宣工作。紧扣中德合作和“一带一路”主题，邀请上海主流媒体集中报道太仓德国中心、“一带一路”中德合作对话会、克恩—里伯斯三期落成等活动。创新全媒体宣传方式，在微观上海、上海Bang、微上海等在具有影响力的微信平台推出“春江水暖鱼先肥，上海人去哪儿寻三鲜”“周末不去顾村，上海人去哪里”“上海人要去太仓玩的六个理由”“被上海人忽视的一座古镇”等微信，短时间内点击量均突破6万条。继续加强与《解放日报》、东方卫视等传统媒体合作，推进与上海新媒体的合作。

（沈　泓）

大事纪要

1月

1日　太仓市对小微企业免征环境监测服务费。

12日　“江苏省太仓市沙溪镇特色小城镇建设项目”入选2014年中国人居环境范例奖获奖名单。

14日　省委书记、省人大常委会主任罗志军到太仓调研。罗志军强调，太仓要围绕习近平视察江苏时提出的“迈上新台阶、建设新江苏”要求，推进太仓港建设与城乡一体发展，谋求转型发展，总结推广“政社互动”经验，将法治建设落到实处，在新形势下实现更大发展。

15日　浏河渔港被农业部、国家安全监管总局评为“全国文明渔港”，这是苏州市首个国家级文明渔港。

19日　太仓市中德企业合作基地出口精密机械产品质量安全示范区获国家质检总局批准，入选全国第二批国家级出口工业品示范区。这是太仓市首个国家级出口工业品示范区。

25日　太仓市体校乒乓球队和太仓市实验小学联合打造的省乒乓球运动协会“少儿活动基地”挂牌。省乒协少儿活动基地、玘迹畅响乒乓球俱乐部、市体校乒乓球队同时启动运行。

28日　太仓城区公交换乘站正式投入启用。换乘站总用地面积6000余平方米，总建筑面积1000余平方米，共分换乘区、服务区、停车区、下客区、非机动车停放区5个功能分区。换乘站投用后，始发公交线路10条，途经线路8条。

本月　省商务厅批复，同意在太仓港经济技术开发区内设立江苏太仓港国际商贸物流园。

2月

3日　太仓市召开领导干部会议，宣布省委和苏州市委对太仓市政府主要领导调整的决定。省委决定：提名沈觅为太仓市市长候选人，任太仓港经济技术开发区管委会主任；杜小刚不再担任太仓市市长职务，免去太仓港经济技术开发区管委会主任职务。苏州市委决定：沈觅任太仓市委副书记、太仓港经济技术开发区党工委副书记；免去杜小刚太仓市委副书记、常委、委员，太仓港经济技术开发区党工委副书记、委员职务。

4日　太仓市第十五届人民代表大会常务委员会召开第21次会议。会议通过有关人事任免事项，决定任命沈觅为市人民政府副市长、代理市长；接受杜小刚辞去市人民政府市长职务的请求。

5日　江苏省委副书记、苏州市委书记石泰峰在太仓召开“政社互动”工作调研座谈会时强调，太仓要持续深入推动“政社互动”实践，提质“政社互动”品牌。

10日　上海机场太仓城市航站楼正式启用。航站楼位于太仓市旅客集散中心内，面积近400平方米。航站楼每天提供8个班次的专线巴士接送服务。旅客在上海机场太仓城市航站楼办理值机手续后，可直接乘坐专线巴士前往虹桥机场T2航站楼乘机。

11日　中国人民政治协商会议太仓市第十三届委员会第四次会议在市行政中心闭幕。大会选举邱震德为市政协第十三届委员会主席，高扬为市政协第十三届委员会副主席，增补毛华乾、周瑛、展建良为市政协第十三届委员会常务委员。

12 日　太仓市第十五届人大四次会议在市行政中心闭幕，大会选举陆卫其为太仓市第十五届人大常委会主任，选举沈觅为太仓市人民政府市长。

28 日　太仓市雅鹿村获评全国文明村；城厢镇通过全国文明镇复评。

△　农业部现代农业示范区建设工作领导小组办公室发布《2014 年国家现代农业示范区建设水平监测评价报告》，太仓市以 85.4 分的综合得分蝉联全国第一，进入基本实现农业现代化阶段。

3 月

17 日　省委党史工作办公室主任崔广怀到太仓调研党史工作，听取市史志办关于近年来太仓党史工作的情况汇报。

19 日　苏州市中级人民法院对由太仓市人民检察院依法支持起诉的一起环境保护公益诉讼案件作出裁定，这是《中华人民共和国民事诉讼法》修改后市人民检察院办理的首例环境公益诉讼案件。

28 日　2015 年中国·太仓旅游文化节暨长江口江海河三鲜美食节开幕式在长江口旅游度假区江滩湿地公园举行，活动持续至 5 月底结束。

31 日　德国中心签约落户太仓，成为中国继北京、上海之后的第 3 个德国中心，也是德国在全球设立的第 8 家德国中心。太仓德国中心投资 1200 万美元，面积 8500 平方米。德国中心是德国政府为企业国际化发展搭建的服务平台，由德国巴伐利亚银行与巴登—符腾堡州银行及巴符州信贷银行共同经营，是专为德国企业进入国际市场探路而建立的调查研究招商中心。

△　苏州市委副书记、市长周乃翔在太仓会见德国巴伐利亚州财政部部长马库斯·索德尔一行。德国驻上海总领事馆总领事彼得·罗腾，太仓市市委书记王剑锋，市委副书记、市长沈觅等参加会见。双方探讨深化太仓对德合作前景，打造对德合作模式“升级版”。

4 月

2 日　太仓市卫生和计划生育委员会、太仓市市场监督管理局挂牌成立。根据市政府职能转变和机构改革部署方案精神，新成立的市卫生和计划生育委员会由原市卫生局、市人口和计划生育委员会整合而成，新部门整合优化全市医疗卫生和计划生育服务资源，推进医药卫生体制改革，做好生育政策的调整完善工作。太仓工商行政管理局、太仓质量技术监督局由省以下垂直管理改为地方政府管理，整合市食品安全办、工商、质监和食品药品监管部门的职责以及卫生部门承担的食品安全综合协调职责，组建太仓市市场监督管理局，挂太仓市食品药品监督管理局牌子，统一负责全市工商、质监、食品药品监管等市场监管职责。

5—7 日　第 3 届中国蕙兰博览交易会在太仓现代农业园新城兰圃举行。

9 日　太仓市入选首批省级公共体育服务体系示范区。

16 日　以太仓为基地的华东地区全产业链设计创新平台启动，这是华东地区首个以工业设计全产业链整合运营为代表的产业化运营平台。

△　太仓市第 2 届文化养老艺术节在沙溪镇胜利村文化广场启动。

20 日　江苏省委副书记、苏州市委书记石泰峰到太仓调研产业结构改革创新工作。石泰峰实地调研同济大学太仓高新技术研究院及其科技产业孵化园，了解同济大学太仓高新技术研究院服务太仓市产业转型升级和产业结构优化中的发展情况。同济大学太仓高新技术研究院累计培育高科技企业 5 家，总注册资本 5800 万元。

28 日　太仓市举行第 4 届科技创新工程推进月活动开幕式及建设苏南国家自主创新示范区推进会，28 家科研院所和高等院校专家出席活动。

△　苏州东南碳制品有限公司电碳科技技术部经理曹勇被评为全国劳动模范，全市全国劳模总数增至 9 人。

本月　太仓市农业物联网智能监控系统建成试运行。这是苏州首个建成运行的农业远程智能监控系统。该系统依托物联网技术，通过射频识别 (RFID)、红外感应器、全球定位系统 (GPS)、激光扫描器等信息传感设备，对温度、湿度、光照、风力、降雨等土壤与气象数据信息，进行实时采集、远程监控和分析。

△　太仓港强化内贸枢纽港，开辟第 170 条航线：“太仓—钦州”航线。

△　太仓大学科技园“太仓 OTO 电商汇”平台上线运行。

5月

1—2日 2015年国际田联竞走挑战赛暨全国冠军赛在太仓举行。11个国家、地区的70多名运动员及工作人员和全国各省、直辖市近800名官员、裁判员、运动员到太仓参赛。这是太仓第5年承办国际竞走赛事。

6—7日 全国卫生计生规划信息管理培训班在太仓开班，重点学习贯彻《全国医疗卫生服务体系规划纲要（2015—2020年）》，全国各地卫计委系统百余人参加培训。

20—21日 摩尔多瓦共和国民主党政治局常委、议会对外政策委员会主席伊戈尔•科尔曼，摩尔多瓦驻华大使阿纳托利•乌列基安访问太仓，双方签署《关于在葡萄酒贸易文化领域开展互惠交流合作的意向备忘录》。摩尔多瓦共和国位于东南欧，与罗马尼亚和乌克兰接壤，首都基希讷乌。

21日 “太仓走进德国——巴伐利亚太仓日”活动在巴伐利亚银行慕尼黑总部举办，170多人出席活动。这是太仓连续第8年在德国举行推介活动。“2015年德国太仓日”活动主题是“源自巴伐，以太为家”，旨在向巴伐利亚地区工商各界宣传太仓的综合环境、对德合作取得的成果，介绍新设立的太仓德国中心，吸引德国中小企业和高端服务业进驻。

28日 苏州健雄职业技术学院成立吴健雄研究所。诺贝尔物理学奖得主、物理学家杨振宁题名，台湾作家江才健受聘为首任所长。

6月

1日 “一带一路”与新时期中德合作对话会在太仓开幕，标志着由中国经济联络中心打造的“一带一路”工商界对话会平台正式启动。中共中央对外联络部副部长周力，江苏省副省长张雷，德国社民党前主席、前国防部长鲁道夫•沙尔平等中外政界、工商界、智库、媒体等各界嘉宾共120余人出席对话会。

5日 太仓市举行海创智库（千人计划）太仓创新创业服务中心揭牌仪式暨国家“千人计划”专家发现太仓活动，生物医药、新能源、新材料、电子信息等领域的20位“千人计划”专家参加活动。

7—9日 普通高等学校招生全国统一考试举行，太仓市高考报名人数1747人；参加考试实际人数1554人，包括艺术类考生35人（含兼报）、体育类考生33人（含兼报），其中外省随迁子女报名人数56人。

8日 太仓市企业公共服务平台金融中心上线。金融中心依托太仓市企业公共服务平台，引进银行、担保机构入驻，结合政府补贴政策，开发针对太仓当地企业的金融产品，缓解本地中小企业“融资难”问题。

9日 太仓市获“2012—2014年江苏省文明城市”称号。

10日 苏州广电总台太仓记者站成立，这是苏州广电总台在辖区4个县市中设立的第1个记者站。

△ 太仓港集装箱海运有限公司“远景”号集装箱货轮离开南京港龙潭集装箱码头，驶向长江下游的太仓港，标志着“南京—太仓—日本”集装箱航线正式开通。太仓港开辟近洋航线18条，是长江开辟外贸航线最多的港口，其中日本航线每天2班，可直达东京、横滨、名古屋、大阪、神户等8个主要港口，辐射日本全境。

17—19日 太仓举行初中毕业和高中阶段招生考试，全市中考报名人数4304人。

24—28日 2015年中国青少年乒乓球公开赛暨国际乒联黄金系列青少年巡回赛（太仓站）在市体育中心举行，19个国家和地区的115名运动员参赛；中国选手包揽比赛所有项目冠军。

25日 太仓市边防检查站在全省率先开通苏州口岸边检“一证通”，服务对象持长期登轮许可证可登苏州地区任一对外开放口岸（码头、泊位）的国际航行船舶。

本月 太仓市全国重点文物保护单位金鸡桥获批开工修缮。金鸡桥是太仓5座元代石拱桥中的一座，位于南广教寺附近的朱里泾河上，于2006年被国务院公布为第6批全国重点文物保护单位。金鸡桥建于元代至治二年（1322年），为单孔青石桥，其构造与装饰别具一格，具有极高的历史、文化和艺术价值。

△ 太仓市取消招收择校生“三限”（限人数、限分数、限钱数）政策，取消公办普通高中择校生计划，调整普通高中指标生录取分数线。

7月

1日 太仓市实施取消台胞签注政策。

11日 苏州国际精英创业周太仓分会场活动在娄东宾馆举行，近百名来自美国、德国、英国、澳大利亚等国家的生物医药、新能源、新材料等领域的人才参加。

13日　沙溪镇入选第3批全国特色景观旅游名镇名村示范名单。

23—26日　2015年中国机器人大赛暨Robo Cup公开赛（医疗与服务项目类）在太仓举行。

25日　中共太仓市委第十二届十次全体（扩大）会议举行。会议审议通过《中共太仓市委关于推动全面从严治党迈上新台阶的意见》和全会决议。

本月　太仓市获批国家深化县城基础设施投融资体制改革试点县。

△　太仓市实行“三证合一”等级制度，“三证合一”即营业执照、组织机构代码证、税务登记证“三合一”。

8月

11日　科技部火炬高技术产业开发中心发文公布2015年第一批国家火炬特色产业基地名单，太仓生物医药产业园名列其中。

△　太仓国际贸易“单一窗口”试点项目上线运行，太仓港成为全省首家国际贸易“单一窗口”运行口岸。

15日　苏州市委副书记、市长周乃翔到太仓检查江苏长江石油化工有限公司安全生产工作，要求太仓市做好石化区等重点区域的安全生产工作，确保全市安全发展。

19日　日本鸟取市青少年使节团访问太仓。

19—23日　太仓市举行“源圆两岸交流汇”活动，邀请中国国民党青年部副主任、两岸青年交流推动小组副召集人刘灯钟及近20位台湾青年到太仓交流。太仓市青年联合会与财团法人民主文教基金会签署“源圆两岸交流汇”交流合作意向书。

21日　太仓市第一家民营性质老年人日间照料中心——娄东街道滨河社区老年人日间照料服务中心开业。

22日　《2015年县域经济发展报告》揭晓第15届全国县域经济与县域基本竞争力百强县名单，太仓市列第四。

25日　江苏省委副书记、省长李学勇调研太仓。李学勇要求太仓积极抢抓“一带一路”和长江经济带两大国家战略机遇，积极对接上海自贸区，总结推广太仓中德合作经验，促进经济社会发展迈上新台阶。

26—30日　太仓市举办第十届啤酒节，6000多人参加，活动包括啤酒节开幕式、博格华纳之夜、欧商投资企业协会（TRT）之夜、舍弗勒之夜。

9月

1日　太仓华顿外国语学校——十二年一贯制寄宿民办学校正式招生。

9日　英国威勒尔市议会议长菲利普•戴维斯到太仓访问。太仓市工商业联合会与威勒尔市商会签订《建立合作伙伴关系协议书》。

17—23日　2015年361°全国女排锦标赛在太仓市体育馆举行，这是太仓连续第9年承办全国排球锦标赛，也是第6次承办全国女排锦标赛。12支队伍的250余名运动员参赛，江苏队夺冠。

18日　太仓市通过2014年度国家可持续发展实验区验收。

24日　第8届长三角投资发展论坛在南京举行，太仓市浏河镇入选“长三角最美乡村”。

本月　璜泾镇被第17届江苏国际服装节评为“百亿特色名镇”。

△　太仓籍运动员胡雨飞在2015年全国田径锦标赛上获十项全能冠军。

△　太仓市大气污染防治重点工程——金仓湖、双凤镇生态园、璜泾中学3个空气质量自动站投运，填补乡镇地区环境空气质量自动监测空白。

10月

16日　由新华社瞭望周刊社主办，国家城市国策委员会、全国市长研修学院、北京大学国家发展研究院、瞭望智库提供学术支持的“2015年（第4届）国家城市发展市长论坛”在北京举办，论坛评选2015年度中国价值城市（区县）优秀发展示范案例，太仓市入选2015年中国投资营商价值城市案例。

12—19日　太仓市委书记王剑锋率团考察德国等地，与德国政商界人士就进一步深化两地经济、教育、旅游、医疗等方面合作展开对话。太仓代表团拜访中国驻德使领馆、商务部投促局驻法兰克福办事处、江苏省各驻德办事处代表、巴伐利亚州经济部、巴伐利亚经济联合会、巴伐利亚银行、巴符州莱茵内卡地区行政长官和一批德国企业总部等单位负责人。

20日　中韩作家沙溪创作交流中心在太仓市文化江南会馆揭牌，市文化江南会馆和韩国庆上北道青松郡的客主文学馆签订建立友好合作关系协议。

24日 德国巴符州州长温弗里德·克莱驰曼率代表团访问太仓。德国驻沪总领事罗腾，巴符州副州长、财政与经济部部长尼尔斯·施密特，中国人民外交学会前会长、前驻德国大使卢秋田参加访问。

△ 苏州健雄职业技术学院、德国巴林根PMH学校和德国工商大会上海代表处签署合作协议。

△ AHK德国双元制职业教育联盟在苏州健雄职业技术学院成立。

本月 “太仓大米”通过国家工商行政管理总局商标局核准，获得国家地理标志证明商标。太仓市拥有“新毛芋艿”“太仓大米”“太仓白蒜”“太仓毛板青蚕豆”“太仓牛踏扁毛豆”等5件国家地理标志证明商标。

28日 太仓港进口商品直销中心试营业，占地500平方米，中心设有跨境电商商品体验区。由太仓港综合保税区打造的进口商品展示交易平台，直接引进日本、美国、中国台湾等国家和地区的品牌商及进口商品国内一级代理商入驻，中心所有进口商品都能以保税状态在区外展示销售。

11月

2日 沪通铁路太仓段首孔现浇箱梁浇制完成。沪通铁路在太仓境内设有四标、五标、六标3个项目部，太仓段完成所需的钢筋场、砼拌合和大型梁场等全部临建设施，完成投资额超10亿元，贯通施工便道27.6公里，建设完成承台总量69.07%，完成墩身总量60.4%。

10日 太仓港与马来西亚巴生港在太仓港口管委会签署文件正式缔结为姐妹港，双方计划在航线、物流、信息、人才等多领域展开合作，共同服务“21世纪海上丝绸之路”建设。巴生港位于马六甲海峡，是马来西亚最大的港口，也是知名国际中转港，是古代海上丝绸之路的重要节点。

12日 2015年中国太仓国际投资贸易恳谈会举行。日本似鸟华东采购物流中心等22个项目现场签约，总投资84.5亿元，注册资本27.7亿元。其中，外资项目9个，投资总额6.62亿美元，注册外资2.64亿美元；内资项目13个，投资总额42.8亿元，注册资本11.05亿元。

14—20日 2015年全国桥牌A类俱乐部联赛在太仓举行，泛华队夺冠。

26日 太仓航站楼开通上海浦东机场专线班车，停靠浦东机场1号和2号出发厅。

27日 太仓市获评“2015年中国物流城市最佳投资环境奖”。

本月 太仓市首家居家养老医疗护理站成立。

12月

3日 太仓市入围2015年长三角县域商业十强县（市）。

9日 舍弗勒大中华区获杰出雇主调研机构（Top Employers Institute）认证“中国杰出雇主（China Top Employer）”称号。杰出雇主调研机构是一家来自荷兰的专业人力资源评估机构，每年在全球和大中华地区进行杰出雇主企业评选，并由第三方审计机构进行审计。

12日 太仓大学科技园获评“中国产学研合作促进奖”，是江苏省唯一获此荣誉的园区。

19日 位于浏河镇的邢少兰艺术馆落成开放。

21日 中共太仓市委第十二届十一次全体（扩大）会议在市行政中心举行，全会审议通过《中共太仓市委关于制定太仓市国民经济和社会发展第十三个五年规划的建议》和《中国共产党太仓市第十二届委员会第十一次全体（扩大）会议决议》。

30日 中国农工民主党太仓市总支部委员会成立。

本月 英国《劳氏日报》揭晓2014年度全球100大集装箱港口排行榜。中国24个港口上榜，太仓港排名第47位。

△ 福布斯中文版发布《2015年中国大陆最佳商业城市排行榜》，太仓市获评“中国大陆最佳县级城市”，排名第6位。

△ 中德先进制造技术国际创新园（太仓）入选第2批江苏省创新型园区名单。中德先进制造技术国际创新园是太仓高新区创新核心区，重点培育高速列车技术、绿色制造、智能制造和服务机器人、科学仪器设备等新兴产业。德国及国内多家知名先进制造企业入驻园区，建成三大科技创新创业载体和五大重点服务平台。

△ 司法部授予太仓市司法局集体一等功，号召全国司法行政机关学习。

（市史志办）

城市概况

自然理理

【地理位置】 太仓位于江苏省东南部，长江口南岸。地处北纬31°20′～31°45′、东经120°58′～121°20′。东濒长江，与崇明岛隔江相望；西连昆山市；南临上海市宝山区、嘉定区；北接常熟市。总面积809.93平方公里，长江水域面积143.97平方公里，陆地面积665.96平方公里。

【地形地貌】 太仓属长江三角洲冲积平原。全境地势平坦，自东北向西南略呈倾斜。东部为沿江平原，西部为低洼圩区。

【水运口岸】 太仓港地处长江入海口南侧，太仓市东部。口岸位于长江白茆沙南水道，上至白茆河口，下至浏河口下游浏黑屋，中心位置在七丫口，即北纬31°37′、东经121°14′。拥有长江岸线38.8公里，其中深水岸线25公里，距吴淞口13海里，是距长江入海口最近的港口。港区范围内岸线基本平直且边滩稳定，终年不冻不淤，深水区开阔、稳定，能满足10万吨级船舶回转水域的要求，是长江下游地区最佳港址之一。2013年1月1日起，太仓港作为沿海港口管理，执行相关行政事业性收费政策。太仓港为全国第一个获批享受海港待遇的内河港。

（市史志办）

【气候】 气候特点。太仓属北亚热带南部湿润气候区，四季分明。冬季受北方冷高压控制，以少雨寒冷天气为主；夏季受副热带高压控制，天气炎热；春秋季为季风交替时期，天气冷暖多变，干湿相间。2015年，太仓市全年平均气温16.5℃，较历年（1981年至2010年，下同）平均值偏高0.3℃，较2014年偏高0.1℃，年极端最高气温38.2℃，出现在8月4日（历史极值40.0℃，出现在2013年8月7日），极端最低气温−5.5℃，出现在2月1日（历史极值−11.5℃，出现在1977年1月31日）。全年降水量1755.6毫米，较历年平均值多580.7毫米，较2014年偏多597.9毫米。全年雨日142天，较历年平均值多4.6天。全年降水分布不均，降水量最多月为6月，雨量513.9毫米，次多月为8月，雨量226.3毫米。汛期（5—9月）总雨量1094.5毫米，较历年平均值增加414.4毫米，较2014年同期增加382.3毫米。汛期雨日59天，较历年平均值偏多0.3天。超过50毫米的暴雨日有4天，比历年平均值偏多0.6天，日最大降水量173.5毫米，出现在6月17日。全年日照1803.2小时，较历年平均值偏少72小时。6月15日入梅，7月13日出梅，入梅与常年持平，出梅略偏迟，梅长28天，较常年偏长4天，全年梅雨量486.9毫米，列历史第4位。梅雨期共出现明显降雨过程3次。其中，6月16日早晨至17日上午大暴雨，26日夜至29日和7月10日傍晚至12日早晨出现大到暴雨。梅雨期间平均气温23.4℃，较常年同期偏低2.0℃，属于异常偏低，为1999年以来同期最低值，“冷黄梅”特征明显。

四季评述。冬季（2014年12月—2015年2月）气温略偏高，雨雪量偏少，日照偏多。平均气温5.3℃，较历年同期平均值偏高0.2℃。降水量141.7毫米，较历年同期平均值偏少13.6毫米。日照427.0小时，较历年同期平均值偏多45.0小时。

春季（3—5月）气温偏高，雨量偏多，日照偏多。平均气温15.4℃，较历年同期平均值偏高0.6℃。降水量336.9毫米，较历年同期平均值偏多73.5毫米。日照528.9小时，较历年同期平均值偏多54.0小时。

夏季（6—8月）气温偏低，雨量偏多，日照偏少，梅雨量列历史第4位，高温日数偏少。平均气温25.9℃，较历年同期平均值偏低0.8℃。降水量941.3毫米，较历年同期平均值偏多397.0毫米。日照466.4小时，较历年同期平均值偏少95.1小时。气温整体偏低，7月26日至8月6日，全市出现连续12天高温，极端最高气温38.2℃，高温天气强度和天数接近常年，降水分布不均匀，梅雨量偏多。

秋季（9—11月）气温偏高，雨量偏多，日照偏少。平均气温18.5℃，较历年同期平均值偏高0.4℃。降水量270.0毫米，较历年同期平均值偏多58.1毫米。日照449小时，较历年同期平均值偏少24.8小时。

主要气象灾害及影响。2015年，全市主要气候灾害有暴雨、台风、高温、强对流（雷雨大风、短时强降水等)、霾、寒潮等。主要的灾情如下：

暴雨灾害：全年全市共出现暴雨过程5次，分别为6月2日，24小时降水85.1毫米；6月17日，24小时降水173.5毫米；6月27日，24小时降水67.7毫米；7月11日，24小时降水52.1毫米；8月24日，24小时降雨156.4毫米。其中影响最严重的是16—17日的暴雨过程，多个小区进水明显，全市受淹村(社区)25个，受淹小区53个，转移146户、460多人，受淹企业25家，道路积水99处，最大积水深度120厘米，受灾面积6666.67公顷，其中蔬菜2800公顷，水稻3466.67公顷，林果400公顷，水产388.4公顷，养鸡场受淹肉鸡50万羽，死亡6万羽。其他4次暴雨过程全市造成一定影响，主要是部分地区道路积水等。

高温：全年出现大于等于35℃的高温天气12天，年极端最高气温38.2℃，出现在8月4日，高温天气强度和天数接近常年。持续高温给供电设施带来一定压力，给工农业生产和人民群众日常生活带来不利影响。

台风：对全市影响最大的台风为9号台风“灿鸿”，影响太仓时间段为7月7—9日，影响期间全市出现暴雨和持续大风，其中太仓气象站过程雨量60.2毫米，极大风速17.0米/秒；日最大雨量为52.1毫米(太仓气象站)，日极大风速20.6米/秒(浏河水源地)。其他台风“天鹅”和“苏迪罗”影响较小，均未造成明显灾害和人员伤亡。

寒潮和强冷空气：全年出现寒潮2次。

大雾：全年出现大雾64天，较常年偏少，造成太仓境内高速公路被迫关闭、长江汽渡停航、交通事故增多等不利影响。

（市气象局）

自然资源

【土地资源】 2015年，太仓市完成2014年度土地变更调查与遥感监测工作，保持土地调查数据的现势性，为国土资源管理及经济社会发展提供基础资料。截至2014年年底，太仓市土地总面积80992.92公顷。其中，耕地25737.9公顷，占总面积31.78%；园地面积1922.25公顷，占总面积2.37%；林地面积31.0公顷，占总面积0.038%；城镇村及工矿用地面积20207.79公顷，占总面积24.95%；交通运输用地面积4606.37公顷，占总面积5.69%；水域及水利设施用地面积27528.9公顷，占总面积33.99%；其他土地面积958.71公顷，占总面积1.18%。

（市国土资源局）

【水资源】 2015年，太仓市水域面积256平方公里，其中内陆水域面积112平方公里。区域性河道4条，分别为东西向的浏河、杨林塘、七浦塘通江河道，南北向的盐铁塘。境内主要水系3个，分别为盐铁塘以西的阳澄淀泖圩区水系、盐铁塘—沪浮璜公路一线的阳澄平原区水系以及沪浮璜公路以东的沿江高水片水系。全年全市实际用水量25.34亿立方米，较年初计划减少15.5%。全年供水取水量9326万吨，夏季高峰供水水量32万吨/日，冬季枯水期日平均供水量28万吨。

（市水利局）

【森林湿地资源】 截至2015年年底，太仓市林木覆盖面积1.12万公顷，林木覆盖率17.38%。全市省级以上生态公益林面积382公顷，其中国家公益林面积140公顷、省级公益林面积242公顷。全市自然湿地面积1.66万公顷，受保护的自然湿地1.15万公顷，保护率69.6%。全市有省级湿地公园1个，即金仓湖湿地公园。

【动植物资源】 太仓市植物主要分为树木类150余种，分属46科；花卉类140余种，分属49科；药材类百余种，分属45科；杂草类160余种，分属42科。动物主要分为脊椎类120余种，分属5纲；节肢类110余种，分属4纲；软体类11种，分属2纲；环节类5种，分属2纲。

（市农委）

历史沿革

【建置沿革】 太仓在4500年前已有原始人类生活。夏商时为滨海村落，商末至战国时先后属吴、越、楚国，秦汉时属会稽郡（吴郡）娄县惠安乡。春秋吴国等吴地政权曾多次于此建仓屯粮，太仓因而得名，亦渐次发展。元代于太仓刘家港开创海运漕粮，通商海外，遂日益繁盛，成为万家之邑，号称“六国码头”。元末筑太仓城。吴元年（1367年）建太仓卫，明初置镇海卫，屯兵驻防。明永乐至宣德年间，伟大航海家郑和率舟师在太仓扬帆起锚，七下西洋，太仓由此成为海上丝绸之路的主要港口之一。明弘治十年（1497年），割昆山、常熟、嘉定3个县地建太仓州。清雍正二年（1724年），升为江苏直隶州，并析地置镇洋县，辖镇洋、崇明、嘉定、宝山等4个县。民国元年（1912年），太仓州和镇洋县合并，定名太仓县。中华人民共和国成立后，始属苏南人民行政公署，后隶属江苏省苏州地区专员公署。1983年3月，改隶苏州市。1993年3月，撤县建太仓市。

（市史志办）

传统文化

【娄东文化】 娄东文化内容丰富，涵盖广泛，积淀深厚，涉及文坛艺苑、经史理学、建筑园林等各个领域，时间上则绵延千年。娄东文化始于宋元，明清时期最为辉煌，经世代传承，延续至今。

文学上的辉煌是娄东文化的精粹之一。太仓历史上有成就地位的诗人、文学家极多。文学家徐祯卿是明代“吴中四才子”“前七子”之一，有《迪功集》《谈艺录》等著作。文学家王世贞为明代“后七子”代表人物，曾独主文坛二十年，著有《弇州山人四部稿》等数十部著作。张溥不仅是著名文学家，著有《七录斋诗文全集》

等，他组织的“复社”，成员遍及全国，是中国史上规模最大、影响最广的文学社团。清代诗人吴伟业所创长篇叙事七言歌行，世称“梅村体”，名篇《圆圆曲》为历代传颂，他与钱谦益、龚鼎孳并称“江左三大家”，率“娄东十子”，形成“娄东诗派”。

经史学术上的成就是娄东文化的一个重要表现。从元、明开始，太仓即有学者从事经史学的研究著述，王世贞、张溥等人著有《读易纂》《弇山堂别集》《书经注疏大全》《通鉴纪事本末》等经史学著作数十种，在经史学上有较高评价。清代经史学家毕沅，造诣很深，他在幕宾的襄助下，编撰了许多有价值的著作，其中《续资治通鉴》是史学中的宏篇巨著。陆世仪则是明末清初理学家，一生著作40余种，所著《思辨录》洋洋数百万字。他先后在太仓、无锡、武进、丹阳等地书院宣讲理学，至者数百人，被称为“江南大儒”。

绘画是娄东文化的重彩之笔。元明以来太仓即成为书画之乡，明代画家王履、夏昶等人为太仓书画创下基础。仇英工笔重彩，山水人物，无不精到，与沈周、文徵明、唐寅并称“明四家”。清代王时敏、王鉴首开娄东画风，誉为“画苑领袖”。王原祁在艺术上达到新的高度，是娄东画派的代表人物。娄东画派由此成为当时中国的主流画派，引领清代画坛三百年。之后，太仓又出现王昱、王宸、王愫、王撰等“小四王”和王三锡、王廷元、王廷周、王鸣韶等“后四王”。中华人民共和国成立后，又有朱屺瞻、宋文治两位国画大师，他们在传统基础上不断创新，成为海派和新金陵画派的代表人物。

戏曲是娄东文化的一朵艺术瑰宝。明代中期，太仓南郊的魏良辅改革昆山腔，创制了流丽悠远的昆曲，成为中国的“百戏之祖”，魏良辅被尊为“曲圣”“昆曲鼻祖”。王世贞、王衡、吴伟业等人撰写的《鸣凤记》《真傀儡》《秣陵春》等传奇、杂剧，在中国戏曲史上有相当地位。魏良辅撰写的《南词引正》，沈乘麟撰写的《韻学骊珠》是论述昆曲的经典著作。高步云、朱传茗、汪世喻在昆剧编曲、表演、演奏和培养昆剧人才上均有建树，名重一时。

江南丝竹也发源于太仓。是明代张野塘协助魏良辅改革创制昆曲过程中衍生出来的一种配置齐全的丝竹合奏乐种，优美明快，委婉动听，具有独特的艺术魅力，古人赞为“仙乐霓裳”。历经400多年，经久不衰。

古琴家徐上瀛与常熟严澂共创著名的“虞山琴派”，其成员有多位太仓人，他积极钻研发展古琴技艺，誉为“虞山琴派的集大成者”，他所著《溪山琴况》一书，是中国古代重要的音乐美学著作之一。

明代汪关创立“娄东印派”；俞颂华被誉为民国时期“新闻界的释迦牟尼”；著名电影导演朱石麟，执导一批优秀电影，被誉为“香港电影的拓荒者”；吴晓邦高扬“为人生而舞”的旗帜，是中国新舞蹈艺术的奠基人。

【文化遗产】 太仓的文化具有开放性，多种特色文化丰富多彩，有全国桥牌之乡、武术之乡、龙狮之乡、民乐之乡等称号，文学、舞蹈、戏曲、音乐、摄影、书法等文化艺术硕果累累。民间文学双凤民歌，传统音乐江南丝竹、古琴，传统舞蹈滚灯、利泰高跷、矛子舞，传统戏剧昆曲、堂名（昆曲的扩展项目），曲艺宣卷，太仓肉松制作技艺，太仓糟油制作技艺，双凤新湖龙狮制作技艺，民俗太仓七夕节（牛郎织女降生地）等42个项目被列入市政府非物质文化遗产名录。其中江南丝竹被列为国家级非物质文化遗产名录，滚灯、太仓七夕节、双凤山歌、太仓肉松制作技艺、糟油制作技艺、妈祖祭、唐调被列为江苏省非物质文化遗产名录，堂名等17个项目被列为苏州市名录。袁光华被列入江苏省级非物质文化遗产代表性传承人，季卫东等13人被列入苏州市级非物质文化遗产代表性传承人。

【文化名人】 太仓自古为文化之乡，人文荟萃，积淀厚实，形成独具风格的娄东文化。是郑和下西洋的起锚地，江南丝竹的发源地，娄东画派的发祥地，又是神话传说牛郎织女的降生地。早在晋代，名士瞿硎等活动于境内传布文化知识。元代，漕运开通，刘家港发展成为“天下第一码头”。元代的桥梁建筑独具风格，境内至今保存着国内少有的元桥群。明初郑和七下西洋，在刘家港启航停泊，沟通太仓与东南亚各国文化交流。被誉为“百戏之祖”的昆曲和优美动听的江南丝竹源自太仓一带。明清园林之盛，有“太仓园林甲东南”之誉。太仓建州后学堂、书院盛极一时，培养出众多杰出人才，使太仓文化得到全面发展，民间读书成风。

丰厚的文化底蕴孕育了举不胜举的名人，明清犹盛。有“四代一品”的王锡爵家族，“后七子”代表人物王世贞，“江左三大家”之一吴伟业，“明四家”之一仇英，“娄东画派”代表人物王时敏、王鉴、王原祁等。近现代有画家朱屺瞻，电影艺术家朱石麟，舞蹈艺术家吴晓邦，教育家陆宝忠、唐文治、俞庆棠，著名记者俞颂华，物理学家“中国的居里夫人”吴健雄、诺贝尔物理学奖获得者朱棣文以及唐孝威、邹世昌、黄胜年、吴建屏、杨胜利、唐孝炎、顾懋祥、龚知本、陆佑楣等11位两院院士。

（市文广新局）

行政区划

【概况】 太仓市隶属江苏省苏州市管辖，市人民政府驻地县府东街99号。2015年年末，全市有太仓港经济技术开发区、省级高新区（筹）、科教新城、城厢镇、沙溪镇、长江口旅游度假区（浏河镇）、浮桥镇、璜泾镇、双凤镇、娄东街道和74个村民委员会、74个居民委员会。

【乡镇、村居变更情况】 2015年，全市共新增居民委员会1个，即长江口旅游度假区（浏河镇）东方社区居民委员会，设立批准时间为2015年2月10日。该居民委员会管理及服务区域为原浏河镇闸北村部分区域，具体四至范围：东至滨海大道，西至闸北路，南至郑和东路，北至南海路，面积1.58平方公里。居民总户数2500户，人口6800人。东方社区位于长江之滨，太仓东首，故名为东方。社区建筑主要以农民拆迁后建的高层、小高层以及商业高层房产为主。

（市史志办、市民政局）

人口方言

【人口】 2015年年末，太仓市户籍人口47.96万人，较上年增加2161人；其中男性23.21万人，女性24.75万人。人口出生率为7.0‰，死亡率为8.15‰，自然增长率为−1.15‰；年末常住人口70.95万人，城市化率为66.28%。

（市统计局）

【方言】 太仓方言属吴语。吴语，又称江东话、江南话、吴越语，自商周春秋至今有三千多年的历史变迁，文化底蕴深厚。吴语主要分布于江苏南部、上海、浙江，以及安徽、江西、福建等部分地区，是中国官方定义的八大方言之一，拥有国际语言代码。语言学上，将吴语使用地域划分为多个层次的若干区域，太仓话被划入“吴语太湖片苏沪嘉小片太仓大区”。“太仓大区”范围大致相当于清代太仓直隶州的辖境，即东北至海门、启东市，西北至太仓与昆山、常熟接壤处，南至今上海市吴淞江北岸。在“太仓大区”内，除太仓话之外，还有嘉定话、宝山话、崇明话、海门话、启东话等与太仓话的近缘方言。当代太仓方言根据语音特征，分为三个小片：一是北片，大致包括鹿河、王秀、归庄和璜泾、时思、沙溪等地区，语音带有较明显的常熟音，突出表现为有翘舌声母；二是南片，大致包括与上海嘉定接壤的浏河、陆渡、南郊等地区，语音近嘉定音；三是中片，即除北片、南片以外的中段地区，语音接近昆山。三片的词汇大部分相同，语法基本一致。

太仓方言与普通话词汇的差别主要有以下几点：一是同样的物体或概念，用词完全不一样。如普通话中的“小姑娘”“花生”“好久”等词在太仓方言中分别为“小细娘（小娘家）”“长生果”“长远”等。

二是词语的文字相同，但表达的意思不同。如普通话中的“壮”，在太仓方言中除了“强壮”的意思外，还有“肥胖”“肥沃”的意思。如“该只猪养得蛮壮”（这头猪养得很肥）、“该块田蛮壮”（这块地很肥沃）等。

三是有些复合词表达的意思相同，但排列次序颠倒。如普通话中的“螺蛳”“热闹”“力气”等词在太仓方言中分别为“蛳螺”“闹热”“气力”等。

太仓方言的语法特点主要有以下几点：一是重叠法。太仓方言词汇中重叠用法较为广泛。量词、名词的重叠形式及其作用与普通话基本相同，而动词、形容词的重叠则较有特色。动词重叠。单音节动词重叠，经常在后面加助词“看”或“好”。加“看”，使动作表尝试性。如“用用看”“看看看”。加“好”表示希望动作做得妥善一些，如“写写好”“坐坐好”。双音节重叠形式为ABAB式，表动作的短暂性，如“打听打听”“孛相孛相”。形容词重叠。单音节形容词重叠有自叠、附加成分重叠及嵌字重叠。附加成分重叠式一为A××式，表示程度，如“辣蓬蓬”“硬绷绷”“干卜卜”“胖笃笃”；一为××A式，表示的程度比前一种更高些，如“绷绷硬”“彻彻软”“雪雪白”。嵌字式为“A过A验”，表示非常高的程度，如“好过好验”“香过香验”“闹过闹验”；还有“A透A过”式，其作用与前一种相同，如“好透好过”“香透香过”。双音节形容词重叠有AABB式，如“太太平平”“服服帖帖”；以及“A里AB”式，此多带有贬义色彩，如“怪里怪气”“龌里龌龊”。

二是词缀。前缀“阿～”。加在称谓前，表示亲昵，如“阿婆”“阿伯”“阿弟”“阿大”“阿囡”“阿宝”“阿福”“阿张”。加在某些形容词、名词之前，产生贬义，如“阿憨”（傻乎乎的人）、“阿木林”（反应迟钝的人）；还有贬义而泛称的“阿猫阿狗”，以及称有流氓习气的人为“阿飞”。后缀“～头”。加在形容词之后，构成名词，如“老头”“滑头”“寿头”“老实头”。加在某些动词、形容词之后，表示“……价值”或“……值得”的意思，如“看头”“吃头”“花头”“噱头”。加在方位词和名词后，表示位置，如“东横头”“上底头”“灶前头”“水桥头”“河滩头”“角落头”“床横头”。后缀“～子”。太仓方言中有一些在普通话里没有的“子”尾的词，如“角子”（元以下货币单位）、“哑子”（哑巴）、“皮夹子”（票夹）、“石卵子”（鹅卵石、小石块）。

三是词语组合特点。数词的省略。以“一”为首的多位数字，可以省略，甚至连带省去后一个单位数，如“一百六七十”可说成“百六七十”或“百六七”，“一千六百”可说成“千六”，“一万三千”可说成“万三”。量词的省略。表度量衡单位和货币单位的量词，在与数词组成“数＋量＋数＋量”的形式时，常省去后一个量词，如“二丈四(尺)”“五斤三(两)”“一角七（分)”。

（市文广新局）

民族宗教

【民族】 太仓为汉族聚居地区，少量少数民族散居。至2015年年底，全市有蒙古、回、藏、苗、彝、壮、布依、朝鲜、满、侗、瑶、白、土家、哈尼、傣、黎、傈僳、佤、畲、水、东乡、纳西、达斡尔、仫佬、羌、布朗、仡佬、锡伯、俄罗斯、鄂伦春、赫哲等31个少数民族，共有常住少数民族910户1685人，其中以回族、满族和土家族居多。少数民族流动人口（公安居住登记）10573人，以土家族、苗族、彝族、回族等为主。

【宗教】 太仓市是佛教、道教、天主教、基督教、伊斯兰教五教齐全的县级市之一。自1980年恢复开放第一个宗教活动场所（城厢基督教堂）以来，全市陆续批准开放活动场所34处，其中佛教活动场所9处，教职人员101人；道教活动场所14处，在观道士14人（佛教、道教信徒无法统计）；天主教活动场所5处，神父3人，修女3人，信徒约9000人；

基督教活动场所5处，牧师2人，长老3人，信徒约5000人；伊斯兰教清真寺1座，阿訇1人，信徒约500人。五教均成立宗教团体，分别为市佛教协会、市道教协会、市天主教爱国会、市基督教三自爱国会、市伊斯兰教协会。各宗教团体在落实国家民族宗教政策、推动自身建设、服务社会方面发挥作用。

（市民宗局）

名胜古迹

【南园】 南园为国家AAA级景区，位于太仓市南园东路7号，总面积3.33公顷（1998年重建），为明代万历年间首辅王锡爵赏梅种菊处。清初，其孙大画家王时敏又加以拓建，邀请当时叠山大师张南垣主持营造，画师与匠师合作，使南园成为融造园与绘画于一体的历史名园，为清代以来太仓园林之首。南园景色可概括为“景域辽阔、空间宽敞、小桥流水、碧波荡漾”。园内设有“门楼”“绣雪堂”“香涛阁”“大还阁”“鹤梅仙馆”“寒碧舫”“潭影轩”“长廊”等，水景约占全园面积的三分之一。

【弇山园】 弇山园（2003年改造扩建）为国家AAA级景区，位于太仓市县府西街90号，明朝时为太仓籍文学家王世贞园邸，历史悠久。园内主要景观有宋代花石纲遗物“望海峰”，明洪武年开凿的“通海泉”，元代大型“铁釜”以及“墨妙亭”等。扩建后，恢复“弇山堂”“嘉树亭”“点头石”“分胜亭”“小飞虹”“九曲桥”等景点20多处，面积由原4.4公顷增至7.67公顷。

【沙溪古镇】 沙溪古镇于2014年12月获评国家AAAA级景区。沙溪旧名“沙头”，建于1300年前，自古有“东乡十八镇，沙头第一镇”之说。沙溪老街坐落在七浦塘两岸，塘北为主街，明清风格的建筑保留至今。古镇民居进深长，水弄堂密布；临水建筑参差起伏，纵横交错；市河上3座古桥俊秀挺拔。除沿河水乡民居外，还有乐荫园、橄榄岛、雕花厅、小白楼等景点。“猛将堂”内300年树龄的银杏树和清代古弄“一线天”亦为观光者流连。沙溪老七浦有1000多年历史。古人为通舟、取水、洗涤或乘凉观景，临水民宅皆建有河棚间，棚下是水桥和船坞；各家河棚、水桥造型各异；河棚有吊脚楼式的、石头实砌的；河棚窗户有半窗、落地长窗，窗格花型多样，配有栏杆或美人靠；水桥石级有驳岸式和条石悬挑式。这些临水建筑形态纷呈、古朴苍老，是珍贵的历史文化遗产。

【浏河古镇】 浏河古镇位于长江口旅游度假区（浏河镇）漕漕塘两岸，左侧为中心街，右侧为河西街，总面积16.9公顷，核心范围6.9公顷。古镇历史可追溯到三国时期，历来为出海要津，素有“万里长江第一港”之称。元明两代，因海贸发达，商贾云集，又被誉为“六国码头”“天下第一码头”。近代，经战争破坏，大批古建筑被毁，古镇现存仅漕漕塘两岸近80栋木结构楼宇，均为明清时代古建筑。经过近几年的整修，古镇逐步形成较完整格局，保护区内老浏河、漕漕河与沿河民居形成“丁”字形走向，漕漕河上由北向南6座桥梁，将中心北街与河西街两岸相连，纵横有序、脉络分明、双向通达，显现“小桥流水人家”特色。古镇新增邢少兰艺术馆、老照片陈列室、浏河历史长廊等文化景观。

【张溥故居】 张溥故居位于太仓市新华西路57号，全国文物保护单位，始建于明代天启年间（1621—1627年），距今约400年，为明代文学家、社会活动家、复社领袖张溥生活及活动的场所。故居包括古代建筑实体和张溥遗迹陈列，前者展示江南民居的建筑特色，后者系统介绍张溥的生平事迹。故居是一座保存比较完整的一落三进尚书府第，其中由官帽厅、堂楼和后楼组成的通转走马楼，俗称“迷宫”，建筑特色非常独特，具有很高建筑艺术价值和历史纪念价值。

【王锡爵故居】 位于太仓市新华东路60号，江苏省文物保护单位，始建于明代万历年间（1573—1620年），故居主人为明代万历首辅王锡爵。现存门屋（俗称“太师第门楼”）与王氏宗祠三进，门楼面阔五间，门厅左右为上下二层，此类门楼式样在江浙一带绝无仅有。经修复后的王锡爵故居及其宗祠占地面积1354平方米，总建筑面积为716平方米。王氏一门英才辈出，王锡爵曾孙王掞在清康熙年间（1661—1722年）官至大学士，人称“祖孙宰相”“两世鼎甲”；王锡爵之孙王时敏、王时敏之孙王原祁是娄东画派“四王”中的代表人物。该建筑具有较高的文化历史价值和建筑艺术价值。故居内设有“大明首相王锡爵陈列”和名家名寺碑廊，保存有元代赵孟頫书法石刻等在内的一批具有较高历史文化价值的历代碑刻。

【元代古桥】 在横穿太仓市区的致河塘上有周泾桥、州桥、皋桥3座保存完好的元代石拱桥，1982年被江苏省人民政府列为省级文物保护单位。周泾桥和州桥为三孔石桥，皋桥为单孔石桥。其中周泾桥最负盛名，建于元代至顺元年（1330年），原名“海门第一桥”。州桥始建于元代天历二年（1329年），原名为“安福桥”。皋桥建于元代元统二年（1334年），原名兴福桥。

【西庐园】 西庐又名西田，位于城厢镇西门外约3公里处，为明末清初著名画家王时敏晚年回归故里所筑的田园式别墅。内有农庆堂、稻香庵、霞外阁、锦镜湖西田诸胜。王时敏曾与诸多画家在此聚会，赋诗作画，晚年自号为“西田老人”。2002年，市政府在原址重建西庐，2004年11月竣工。新建成的西庐园占地面积30公顷，园内亭台错落，竹廊环绕，古木青波相映，芳草鲜花葱茏，是一座开放式生态公园，也是游客感受古人“采菊东篱下”境界的休闲胜地。

【天妃宫】 天妃宫位于长江口旅游度假区（浏河镇）新东街90号，是中国最具影响力的航海保护神妈姐的行宫，又称“天妃灵慈宫”，俗称“娘娘庙”。始建于北宋宣和五年（1123年），由旅居娄江口的闽粤海商所建，原址在浏河北岸五杨池，元代至正二年（1342年）移建于现址。天妃宫历经元、明、清、民国诸代多次扩建修缮，主修者有郑和、林则徐等历史名人。郑和七下西洋时，曾多次前来朝拜，祈求天妃保佑赐福。如今天妃宫恢复为道教活动场所，主建筑为后殿楼，上有元代木雕和楠木梁柱等古构件，建筑结构严谨规整，繁简适度，建筑风格古朴典雅，气势轩昂。2013年被列为全国重点文物保护单位。

【阅兵台】 位于长江浏河段南江堤内侧，由兵台、炮台、厅堂、碑刻四部分组成，是太仓境内珍贵的古代军事建筑设施。阅兵台为宋代名将韩世忠于建炎（1127—1130年）年间所建，至今矗立在阅兵台的4块碑刻真实记载了抗金抗倭的史实。后阅兵台在战火中屡经损毁，为弘扬爱国主义精神，浏河镇人民政府对阅兵台进行修复和保护，现为太仓市文物保护单位。

【郑和公园】 位于太仓港口开发区，占地面积122公顷，整个公园建筑风格以还原郑和船队远洋的历史文化为主，融入现代设计理念，再现郑和率领当时世界上规模最大、技术最先进的船队七下西洋的壮举。公园内设郑和纪念馆，以郑和精神为核心，从不同视角展示郑和航海文化，反映郑和七下西洋的起锚地——太仓海运业的特色，采用声光电技术，在展示效果与互动实用的结合下，可以身临其境地感受中国600多年前的航海盛举。

【维新遗址】 位于太仓市双凤镇维新村，于2003年被苏州、太仓文博部门发现并建成遗址进行保护。考古人员在清理明代古墓时，意外发现厚达1米多的红烧土堆积和印纹陶罐碎片，经鉴定为距今约4500年的良渚文化及马桥文化遗址。后太仓市人民政府投资500多万元建成保护性建筑，进一步对遗址进行保护、开发及合理利用。

【三市古村落】 位于浮桥镇西侧三市村。据《太仓州志》记载，古村落原为宋末元初时流亡丞相陈宜中所创建，最初由陈、王、周三家营建，故称为“三家市”，距今700多年历史。古村落占地1.2公顷，是太仓现存唯一的古村落。2012年12月，被列为太仓市文物保护单位，经近几年整修，恢复修缮部分建筑物，三市古村落格局得到较完整保存。

（市旅游局）

风俗习惯

【春节】 从农历十二月廿三至正月十五，历时二十多天，春节是最热闹、隆重的传统节日。农历十二月廿三、廿四各家都要祭灶神，俗称“送灶”，祈望灶神“上天言好话，下界保平安”，除夕时再把灶神接回，俗称“接灶”。廿四后，各家开始打扫卫生，掸灰尘、洗被褥、擦洗家具、打扫庭院、置办年货、蒸年糕、做米酒，还要炒豆子、玉米、花生，俗称“炒发禄”，这些习俗在农村仍有保留。除夕，俗称“过年”，斋家堂、祭祖宗。除夕夜，贴春联、挂红灯、贴年画，一家人团圆吃年夜饭，长辈给孩子送压岁钱。当夜守岁，看中央电视台春节联欢晚会，或打牌娱乐至深夜十二点钟，开始燃放烟花爆竹，俗称“关门炮仗”。年初一，早晨燃放“开门炮仗”，谓之“开门见喜”；还需斋灶、斋家堂、敬天地；大人小孩穿戴一新，依次向祖宗拜年，晚辈向长辈拜年，同辈互相恭贺新禧，说声新年好。此日要讲吉利话，禁忌吵嘴骂人。初二开始，亲戚朋友互相往来拜年。初五接财神，燃放烟花爆竹，商店开始营业。2000年后，国家规定春节放假7天，列为“黄金周”，外出旅游度假者增多。一些家庭或随旅游公司组团旅游、或自驾外出游玩。正月十五元宵节，家家户户吃元宵、馄饨，挂灯笼，小孩子牵兔子灯；有的单位或部门举办灯会、谜会；社区开展各项文体活动，有舞龙舞狮、唱歌跳舞、腰鼓秧歌、拳操舞剑，一片欢乐喜庆景象。

【清明节】 一般每年公历4月5日为清明节，如遇农历有闰年、闰月，公历日期略有变动。清明节要“过清明”祭祖，境内西南部农村还盛行吃青团子。人死后第一个清明节谓之“新清明”，要办酒祭奠亡者，有的在这一天将骨灰盒下葬或送往公墓。1986年后，清明扫墓风渐趋盛行，无论城乡，家家户户要到祖先坟前扫墓，插一束花，填一抔土，并焚化纸锭冥币，寄托哀思。很多旅居外地的人，回乡扫墓，借此兄弟姐妹团聚。机关、单位，特别是学校，组织人员、学生到烈士墓扫墓，敬献花圈，缅怀革命先烈。

【端午节】 农历五月初五为端午节，以往民间要挂菖蒲、艾草、野菊花、紫苏、荠菜花等，小孩要戴香包，以驱病辟邪。后此种习俗渐淡，但吃粽子的习俗依然盛行。农村多数家庭自己动手采摘芦叶包粽子，并在亲戚邻里间互相赠送；城镇居民多数到商店购买粽子。

【中秋节】 农历八月十五为中秋节，人们在节前准备好月饼等食物，互相赠送贺节。晚辈向长辈送月饼、水果，孝敬老人。家家户户吃馄饨。晚上，全家人围坐在一起边吃月饼、水果，边赏月。有的社区、单位还组织文体活动，演出节目，欢度中秋。

【重阳节】 农历九月初九为重阳节，登高望远的习俗已经不在，太仓人以吃重阳糕取代。重阳节被江苏省定为敬老日、苏州市定为老年节后，成为老年人的节日。每年重阳节，党政机关、企事业单位都要开展敬老活动，慰问老人，向老年人送慰问金、慰问品，并号召全社会发扬尊老爱老的光荣传统。涉老部门和社区组织老年人开展各项文体活动，庆祝老年人自己的节日。

【其他传统习俗】 除传统节日外，一些传统习俗较为流行，如立夏要“称人”（称体重），夏至要吃“夏至粥”（赤豆、麦粒、红枣、大米等掺在一起煮成的粥），七月初七“七夕”女孩子要染红指甲，农历七月十五为“鬼日”

要祭祖，十月初一为“十月朝”要祭祀，冬至要“过冬至”祭祖，新丧人家要过“新冬至”等。

【婚嫁】 青年男女通过自由恋爱，或通过介绍人牵线，再经过一段“谈恋爱”时期，然后结婚。在农村，恋爱初期，男方请女方“吃馄饨”，谓之“走通”；恋爱成熟后，办酒席，请亲朋好友吃酒，谓之“定亲酒”；定亲以后，选定吉日，正式结婚。20世纪80年代至90年代初期，结婚一般双方都办酒，男方给女方彩礼，女方要备脚盆、马桶、箱柜、被褥、日用品、家用电器等嫁妆。在结婚当天由男方派人去女方家拿嫁妆，称为“扛嫁送”，有十八扛或二十四扛，越多越显得有气派。男方用汽车或摩托车迎娶新娘举行婚礼。90年代中后期起，随着居住和生活条件改善，大多数人家不需要脚盆、马桶、箱柜，日用品、家用电器大多自备，“扛嫁送”不复存在。结婚时用彩车迎亲，在家中或在酒楼宾馆举行婚礼。婚礼由司仪主持，主婚人、证婚人向新郎新娘表示祝贺，并提出希望；新婚夫妇向双方父母鞠躬行礼，新婚夫妇之间互送戒指等礼物，互表忠诚，还要接吻拥抱。亲朋好友送礼金以示喜庆。结婚仪式一般都拍摄录像，制成光盘，留做纪念。

【丧葬】 亲属为逝者设立灵堂，悬挂白布幛联，全家举哀，昼夜守灵，女眷哭灵或放哀乐。20世纪80年代，农村普遍推行新式丧礼，开追悼会，由队里干部、家属代表讲话，亲友戴黑纱或白束腰，晚辈亲属穿白衣服向逝者鞠躬或唱喏致哀。90年代，旧式葬礼复现，要请道士念经、做道场，还要扎库焚化，请乐队吹奏哀乐、唱哀歌。丧礼完毕后，由亲属护送灵柩至火葬场火化并将骨灰带回家中灵台供奉，至第二年清明或腊月进行土葬。在城镇，人死后一般直接送到殡仪馆，由殡仪馆进行沐浴、穿衣、整容，隔天请亲属和生前好友到殡仪馆举行追悼会，然后火化。骨灰安放于公墓或埋葬。2000年后，部分村建造“安息堂”，骨灰不再土葬，统一放在安息堂。

【寿庆】 孩子一周岁时过“搭纪”（亦称“纪过”），办酒席宴请亲朋好友，吃生日蛋糕。亲朋好友送礼祝贺。孩子10岁时，要过“十搭纪”，也要办酒席宴请。平时无论大人、小孩过生日并不太看重，或一家人吃面、吃蛋糕以示纪念，或请至亲庆贺一番。老年人过60岁、70岁、80岁大寿，少数家庭举办庆寿酒。

【其他喜庆习俗】 生小孩要“送糖”，亦称“送舍姆羹”，并办“送糖酒”，宴请亲朋好友，亲朋好友送礼品或礼金恭贺；青年参军办“参军酒”；子女考上大学办“状元酒”；搬家办“乔迁酒”；农村修造新房要办“造房酒”（或称“上梁酒”）。20世纪90年代后期，出现“谢师宴”，即初、高中毕业生为感谢老师的培育，宴请老师。此风流行一时。

（市史志办）

地方特产

【太仓肉松】 太仓肉松历史悠久，清光绪十二年（1886年）太仓开设倪鸿顺肉松店，其肉松为官方礼品，驰誉四方。1915年，获巴拿马国际博览会甲级奖。太仓肉松挑选优质太湖瘦肉型猪宰杀，佐料讲究，炒制工艺先进，采用全封闭式机械化生产，洁净卫生，由于水与脂肪成分比例控制合理，因此肉松保质期得到有效延长。太仓肉松以其独特风味享誉四方。

【太仓糟油】 糟油创制人为清乾隆年间的李梧江。清代袁枚《随园食谱》写道：“糟油出太仓，愈陈愈佳。”《太仓州志》记载：“色味佳胜，他邑所无。”太仓糟油具酱色、糟香、鲜美等特点，能解腥除异味、提鲜增香、开胃增食。

【长江四鲜】 太仓地处长江入海口，江海交汇之处，鱼类品种甚多，较为著名的有合称为“长江四鲜”的银鱼、刀鱼、鮰鱼、鲥鱼。

银鱼，古称“脍残鱼”，鱼形细长，身透明，体光滑，长约一指。喜栖息于近海长江口，学名长江间银鱼，当地人称“面杖鱼”。因其明莹如银、细骨无鳞、肉质鲜美，深受食客青睐。

刀鱼，其状似刀形，故称刀鱼。刀鱼“狭薄而长头”，与凤鲚有相似之处，但比凤鲚个大，也称江鲚。个大者有一尺（约33厘米）来长。刀鱼肉质细腻鲜嫩，入口即化，但细骨较多。清明前上市；清明后，其细骨变硬，价钱开始下跌。

鮰鱼，亦称鮠鱼，俗称“白戟”。其吻圆突，口腹部，体无鳞，个大者长达1米。现产量急剧减少，大鮰鱼不易捕捉。鮰鱼肉质肥美，可精炖可红烧。其鳔肥厚，可制鱼肚，历来为上等食用鱼类。

鲥鱼，古称“鲙”。形秀而扁，似鲂而长，长约70厘米，银白色，腹部具棱鳞。一般三四龄成熟，春夏之交，溯江而上，主要产于太仓长江入海口至南京燕子矶一带的下游地段。其味极为鲜美，宜不去鳞清炖，为长江鱼类中极品，可惜近年已濒临绝迹。

【中华绒螯蟹】 国家著名特色水产品，具有味鲜美、营养价值高的特点。太仓市临濒长江口，繁育和养殖中华绒螯蟹有着得天独厚的优势，不但蟹种正宗，而且蟹的纯度高、生存力强、易养殖，成蟹的只型大、产量高。太仓蟹养殖以浮桥镇为中心，分布浏家港、浏河、璜泾、沙溪等地。

【太仓梅山猪】 梅山猪是太仓市最具地方特色的优质种质资源之一，也是太湖猪的主要品系之一，以肉质鲜美、繁殖量高而著称，曾多次被国家领导人作为国礼赠送友邦。2011年5月，太仓市种猪场被授予“国家级太湖猪（梅山猪）保种场”称号。

【双凤爊鸡】 双凤爊鸡为太仓著名的传统食品。早年的双凤大户人家乃至普通农家几乎都有一只多代相传的锅，每当入冬腊月，过年过节，则活杀自养之鸡，煮至半熟，稍加冷却后，放入有老汤的锅中，然后按秘方放入茴香、花椒等多种佐料，以文火焖煮。制成后鸡皮色亮，丰腴肥实，香气沁人。

【双凤羊肉】 太仓双凤养羊、食羊的习俗有数百年历史，双凤羊肉专选品质上乘的山羊为原料，皮肥肉酥，味道鲜美。在昆山、嘉定、宝山等周边城市开有多家太仓双凤羊肉食品店。2007年起，每年举办双凤福地文化羊肉美食节活动。2008年9月，双凤镇被中国烹饪协会冠名为“中国羊肉美食之乡”。

【双凤肥羊面】 双凤肥羊面为太仓餐饮文化中的特色品种之一，以酥、浓、香、肥著称，为地方上的冬令特产名吃。专选品质优良的太仓本地上等山羊为原料，辅以10多种调味品、中草药，文火焖煮2小时以上而成红烧羊肉。味入骨肉，皮肥肉酥，汤汁鲜美而绝无膻味。面汤用烹羊原汤熬制，浓而不浊、油而不腻。面则以手工制之，经多次压滚，细、柔、滑、韧，入水便熟，口感极好。

【太仓白蒜】 始种于清代，于20世纪60年代在太仓大面积种植。太仓白蒜蒜头肥硕结实，蒜瓣大而匀称，色泽洁白，味道辛香，为蒜中精品。与上海嘉定白蒜、山东苍山白蒜、新疆白蒜齐名，并称为中国“四大名蒜”。

【新毛芋艿】 芋艿为太仓特色传统蔬菜品种之一，具有悠久的种植历史和优良独特的品种资源。新毛芋艿不但外形圆整，而且带有特别的香味，吃口糯滑，享誉苏、浙、沪。用其制作的“桂花糖芋艿”更是风味独特，是江南人家八月中秋必不可少的名点佳品。太仓常年种植芋艿533.33公顷，年产颇丰。2014年6月，“新毛芋艿”成为太仓首件地理标志证明商标。

【珍蔬紫葛叶】 紫葛叶（又名紫果叶、紫角叶）原是太仓民间一种不起眼的植物，其历史甚为悠久，因其质地肥嫩爽口、鲜美清香，被赞誉为“蔬菜皇后”。紫葛叶含有丰富的维生素、皂素以及胶质等多种营养成分，可清炒，可入汤，对人体有滋补作用，被视为保健蔬菜。紫葛叶不但能入菜，而且还能入药，具有清血凉血、消热解毒、润燥滑肠、解郁除积、接骨止痛等多种功效。

【板桥西瓜】 太仓板桥历来有种植西瓜的习惯，由于土壤肥沃，气候适宜，栽培技术先进，板桥西瓜以其皮薄、品质优、果型适中而闻名苏州、上海等地。主要品种有京欣一号、早佳（84－24）和小型礼品瓜（拿比特、万福来、红小玉、黄小玉、早春红玉等）。这些品种的共有特点是品质优良，皮花，果实圆形或椭圆形，中心糖分占12%以上，礼品瓜1～1.5公斤/个，常规瓜2.5～4公斤/个，商品性极佳。

【太仓毛板青蚕豆】 色青粒大、板子宽阔、尾有凹痕、肉色白净、味鲜而糯、易酥不腻，百粒重130～135克，比一般品种高20克左右，并含有多种营养成分，为蔬菜食品的佳品。毛板青蚕豆食用方法较多，除青食外，还有煮、氽、炒、蒸、拌、汤等食法，且其皮可入药，故深受群众欢迎。太仓毛板青蚕豆是江苏省名贵农特产品，为蚕豆品种中的上品。因产于毛家市（现太仓市城厢镇新毛管理区）周围，故名之，别称“宜公豆”。上海特产老城隍庙五香豆即以毛板青蚕豆为原料。

【太仓牛踏扁毛豆】 种植历史悠久，是群众欢迎的传统青食良种。其荚形大，粒扁平，皮青色，味鲜洁，吃口糯，晚熟。产品以毛豆形式销售，主要销往上海、苏州等周边大中小城市，销路颇广，供不应求。

【太仓大米】 太仓大米种植历史悠久，其糯性强，支链淀粉含量高。蒸煮后米饭晶莹剔透，口感柔软滑润，富有弹性，冷而不硬，食味品质极佳。太仓地区为沙壤土质，养分含量高，适宜大米种植，用本地区种植的特种稻加工的优质袋装米、粉以及制作精美的八宝饭、点心等，在上海、厦门、苏州等地销售良好。

【太仓山药糕】 将太仓本地山药蒸至酥烂，捣成山药泥，拌入糯米粉、糖，将果料在碗壁内摆放成图案形，再把拌好的山药泥放入碗中，将豆沙放在山药泥中间，上笼蒸熟。口味微甜，软糯滑爽，既有食用价值又有药用价值。

【太仓长江蟹】 太仓长江蟹系长江水系中华绒螯蟹，产区天然，蟹种纯度高，是国内享有盛名的特色水产品。其壳青色有光泽，隆起明显且坚硬，脐腹呈乳白色，金爪黄毛，腿长爪尖，双螯强健，八足有力，反应敏捷，行动迅速。可食部分肉实体丰，品质白嫩，口味鲜甜，黄多膏厚，无土腥味或其他杂味。蟹苗与成蟹的外部特征相似，形似纽扣，又名“扣蟹”。太仓长江蟹养殖主要以浮桥镇为中心，辐射浏河、璜泾、沙溪等地，蟹苗除自养外，大部分销往全国各养蟹地区。

【新湖番茄】 太仓新湖地区种植番茄始于中华人民共和国成立初期。20世纪70年代末至80年代初，产业结构调整，番茄种植面积逐步扩大，栽培方式从露地栽培发展为小环棚双膜栽培，20世纪90年代探索成功大棚三膜栽培，一年三茬（番茄—丝瓜或苦瓜—莴苣或芹菜）高效套作模式，年产值2万多元。新湖地区土壤类型为脱潜型水稻土中的乌栅土，质地重壤，耕层黏粒含量20%左右，保肥性能好，土壤肥力高，有机质含量高达35.9克/公斤。2005年，新湖番茄成功申报无公害产品。新湖番茄果型适中，单果重250克左右，表皮薄、洋红色、沙瓤、微酸、甜度适中，自然成熟，口感好，凉拌、炒菜及做水果食用皆宜。

【麦秸画】 精选麦秸为原料，经过除膜、切片、劈丝等加工处理，运用拼贴、镂刻、镶嵌等制作方法，按照平面、浮雕、立体等构图造型，利用麦秸原有的光泽、独有的纹理，巧妙设计，精工细作，通过麦秸的明暗、深浅、厚薄、疏密等搭配和点、线、面的合理布局来制作麦秸画工艺品。史仁杰经40多年研究，制作麦秸画的工艺日益成熟。品种包括山水风景、花鸟鱼虫、人物走兽、房屋建筑等，图案华而不媚、素而不俗。

（市旅游局、市农委）

组织机构及领导人名录

市四套班子

中共太仓市委员会

书　记　王剑锋
副书记　沈　觅（2月—）　张　彪（3月—）
杜小刚（—2月）　陆卫其（—3月）
常　委　朱大丰　钱文辉　陈雪嵘　顾金泉
王国其　顾晓东（3月—）
孙建江（3月—）　陈立华（7月—）
郑　晋（挂职）　张　彪（—3月）
邱震德（—3月）　王绍云（—7月）

太仓市人大常委会

主　任　陆卫其（2月—）　秦建明（—2月）
副主任　夏林祥　徐鸣强　嵇永宁　周大伦
调研员　孙耀明（—1月）

太仓市人民政府

市　长　沈　觅（2月—）　杜小刚（—2月）
副市长　朱大丰　周文彬　陆　燕　宋文元
朱万里　赵建初　徐志强（3月—）
郑　晋（挂职）　袁欲彬（挂职，12月—）
顾晓东（—3月）　佟海英（挂职，—8月）

政协太仓市委员会

主　席　邱震德（2月—）　宋建中（—2月）
副主席　郑银林　吕　寅　朱薇圆　朱凤兰
高　扬（2月—）

市纪委、市人武部、法院、检察院

中共太仓市纪律检查委员会

书　记　顾金泉
副书记　邱根生　王益清（—3月）
常　委　朱柏华　秦建刚　须永良（12月—）
杨其康（—3月）　陆秀娟（—12月）

太仓市人民武装部

政　委　吴　明
部　长　陈立华
副部长　王向东

太仓市人民法院

院　长　赵新华
副院长　顾建康　张红烈　邱东明　袁　满
党组书记　赵新华
纪检组长　徐生宝
政治处主任　季　红（12月—）　周　红（—3月）

太仓市人民检察院

检察长　杜建伟
副检察长　俞其林　杨耀红　张莹玮　李　峰
党组书记　杜建伟
纪检组长　张宏斌
政治处主任　薛慧香

市委各部门

市委办公室

主　任　张培明
副主任　周建平　韩志敏　顾技峰　李　峰
王雪源（10月—）　张英姿（—3月）
曹　锋（—3月）

市委组织部

部　长　孙建江（4月—）　张　彪（—4月）
副部长　王大明（3月—）　楼浩平　黄　海
陆　俊（—3月）　王晓芸（—3月）

市委宣传部

部　长　陈雪嵘
副部长　张　忠　王永伟（3月—）　刘　菊
王建秋（—3月）　陈永忠（—3月）

市委统战部

部　长　高　扬
副部长　胡　良　杨建新　吴向阳　包炳祥
周　辉（—3月）

市委政法委

书　记　王国其
副书记　宋文元　徐玉林（3月—）　顾虹蝶
杨志宏（—3月）　陆利兵（—10月）

市委农村工作办公室

主　任　邹家祥
副主任　闻　铭　徐　莞　朱红华（4月—）
蒋建平（—3月）

编委办

主　任　王晓东
副主任　张　健　李　丽（4月—，试用一年）
郑思东（—3月）

市委研究室

主　任　韩志敏（3月—）
副主任　王伟刚　张　皓（—4月）

市委机要局

主　任　韩志敏（—3月）
副局长　徐　震

市委保密办（保密局）

主任（局长） 顾技峰（3月—）
张英姿（—3月）
副局长 顾鸿飞

市密码管理局

副局长 杜凌明（10月—）

人才工作办公室

主　任 黄　海（—10月）
副主任 宋　蔚

精神文明建设指导委员会办公室

主　任 王永伟（3月—）
王建秋（—3月）
副主任 沈　晖　朱　清（—3月）

社会管理综合治理委员会办公室

主　任 徐玉林（3月—）
杨志宏（—3月）
副主任 苏伟平　陈卫平　徐忠诚

市国家安全领导小组办公室

主　任 陆利兵（—10月）
副主任 金　泉

市级机关党工委

书　记 王晓红（12月—）　孙建江（4—12月）
张　彪（—4月）
副书记 郭世桂（12月—）　王文瑜（12月—）
朱　丽（12月—）　王晓红（—12月）
纪工委书记 王文瑜（12月—）

市级机关党委

（12月，机构撤销）

书　记 王晓红（—12月）
副书记 郭世桂（—12月）　朱　丽（—12月）
纪委书记 王文瑜（—12月）

市委非公有制经济工作委员会

（10月，更名为市委非公有制企业和社会组织工作委员会）

书　记 黄　海（10月—）　王晓芸（—3月）
副书记 童　刚　黄　海（—10月）

国有资产监督管理工作委员会

（12月，机构撤销）

书　记 凌晓波（3—12月）　朱大丰（—3月）
副书记 凌晓波（—3月）　王孝红（—12月）
纪工委书记 王孝红（—12月）

老干部局

局　长 楼浩平
副局长 李春皓　施海鹰

台　办

主　任 沈建青
副主任 王波宁　单晓凤

信访局

（3月，机构改革，改为市委管理机构）

局　长 王雪源（3月—）
副局长 张　健（3月—）
徐国锋（3月—）
张小宏（3月—）
督查专员 郁胜宝（4月—，试用一年）

市委党校

校　长 张　彪（4月—）　陆卫其（—4月）
常务副校长 龚金明
副校长 陆惠良（3月—）　李春秀　毛树兵
张伟林（—3月）　徐卫岗（—3月）

档案局（馆）

局（馆）长 顾建新
副局长 张海华　廖丽娜　陈　岗

史志办

主　任 张志华
副主任 陈妙生　殷秋娣

接待办公室

主　任 顾熙虹（3月—）　曹　锋（—3月）
副主任 江进生　周叶萍　王益锋　顾熙虹（—3月）

太仓日报社

社　长 高健彪
总　编 姜　颢
副总编 朱乃燕　郁　鹰　奚海燕　周　斌

事业单位登记管理局

局　长 郑思东（—3月）

市人大各部门

办公室

主　任 杨喜良
副主任 杨群英

人事代表联络工委

主　任 高洪文（3月—）　金云明（—3月）
副主任 张顺明　金雯艳

内务司法工委

主　任 胡春兴
副主任 吴剑宏

财政经济工委

主　任 王文尉
副主任 俞　彪　马　兰

城建环保工委

主　任 华中兴
副主任 高荣奎　沈国华（3月—4月）

教科文卫工委

主　任 张永涛
副主任 陈士基

外事民宗侨台工委

主　任 曹宏杰
副主任 蒋建平（3月—）　石忠其（—3月）

研究室

主　任 杨喜良
副主任 周　华　张伟林（3月—）

市政府各部门

政府办公室

主　　任　李　刚
副 主 任　徐志豪　陆文卫　王晨清　刘利民
　　　　　蒋　华　盛海峰　夏永华
　　　　　曹　锋（—3 月）　张玦青（—3 月）
　　　　　芮　萌（—10 月）　王雪源（—10 月）
党组书记　李　刚

发展和改革委员会

主　　任　龚　璇
副 主 任　丁芝菁　许子云　郑　珑　顾星球
　　　　　张玦青（3 月—）
党委书记　龚　璇
副 书 记　丁芝菁（3 月—）　李国平（—3 月）
纪委书记　蔡炳林（4 月—）　李国平（—3 月）

经济和信息化委员会

主　　任　蔡东辉
副 主 任　冯建良　樊　荣　唐正道　张　莉
　　　　　顾肖峰　朱晓峰
党委书记　蔡东辉
副 书 记　石　英
纪委书记　石　英

教育局

局　　长　周鸿斌
副 局 长　孙君琪　尤培亚　吴　健　张金晔
　　　　　陆惠良（—3 月）
党委书记　周鸿斌
副 书 记　张跃忠　陆惠良（—3 月）
纪委书记　张跃忠

科学技术局

局　　长　朱永明
副 局 长　沈美林（3 月—）孙惠球　万芬奇
　　　　　张荣海　徐永明（—3 月）
党组书记　朱永明
纪检组长　陈　杰（3 月—）

公安局

局　　长　宋文元
副 局 长　沈虹健　王志坚　胡月林　严国强
　　　　　唐　健　王文军（4 月—）
　　　　　徐玉林（—3 月）　徐向明（—3 月）
政　　委　沈明亮
党委书记　宋文元
副 书 记　沈明亮
督 察 长　宋文元
纪委书记　徐向明（3 月—）
政治处主任　施军平

监察局

局　　长　邱根生
副 局 长　朱柏华　孙建国　程　达（12 月—）
　　　　　须永良（—12 月）

民政局

局　　长　王晓芸（3 月—）　王大明（—3 月）
副 局 长　史经涛　周红亚　李卫光　王娴敏
党委书记　王晓芸（3 月—）　王大明（—3 月）
副 书 记　刘友佺
纪委书记　刘友佺

司法局

局　　长　顾潇军
副 局 长　肖　枫　高　峰　陆云娟（—3 月）
　　　　　闵诣昉（—3 月）
党组书记　顾潇军
纪检组长　陆云娟

财政局

局　　长　凌晓波
副 局 长　王建良　藕永清　陆锦亚　项建军
　　　　　胡纪明（4 月—）　周淑亚（4 月—）
　　　　　闵海峰（—3 月）　王　燕（—4 月）
党组书记　凌晓波
纪检组长　闵海峰

人力资源和社会保障局

局　　长　王大明（3 月—）　陆　俊（—3 月）
副 局 长　蒯智清　顾敏华　蔡　峻　仲崇学
　　　　　钱琼瑛（3 月—）　唐志灏（3 月—）
　　　　　徐雪萍（—3 月）
党委书记　王大明（3 月—）　陆　俊（—3 月）
副 书 记　徐建平（—3 月）
纪委书记　胡　敏（3 月—）　徐建平（—3 月）

国土资源局

局　　长　徐　韬（3 月—）　高洪文（—3 月）
副 局 长　王　近　王青青　王海波　金　明
　　　　　冯志平（—6 月）
党组书记　徐　韬（3 月—）　高洪文（—3 月）
纪检组长　冯德贤

住房和城乡建设局

局　　长　叶海生
副 局 长　高　强　唐四新　钱建初
　　　　　李红艳（10 月—）　查晓东　包加俊（—10 月）
党委书记　叶海生
副 书 记　张　英
纪委书记　王利民

城市管理局

局　　长　朱锦明
副 局 长　陆春林　钱耀忠　刘解平　高宝兴
　　　　　李　强（10 月—，试用一年）
　　　　　沈国华（—3 月）
党委书记　朱锦明
副 书 记　石培红
纪委书记　石培红

交通运输局

局　　长　陶乐平（3月—）　徐　韬（—3月）
副 局 长　张　健　倪永良　陈　艇　王国文
党委书记　陶乐平（3月—）　徐　韬（—3月）
副 书 记　高　洁
纪委书记　陆艳艳
总工程师　李文骞

水利局

局　　长　李国良
副 局 长　曹炳华　周培元　周　栋　张建龙　陆振超
党委书记　李国良
副 书 记　毛　静
纪委书记　毛　静

农业委员会

主　　任　沈　忠
副 主 任　徐永明（3月—）　肖海明　赵麒森
冯瑞兴　邹　翔　沈美林（—3月）
党委书记　沈　忠
副 书 记　张　勤
纪委书记　张　勤

商务局

局　　长　陆定峰
副 局 长　杨　俭　程　澄　王轶蕊　陈利锋
刘志刚（—3月）
党组书记　陆定峰
纪检组长　沈建飞

文化广电新闻出版局

局　　长　潘井亚
副 局 长　王　冰　刘　芳　王雪春　陆　坚（3月—）
王俭飞（—3月）
党委书记　潘井亚
副 书 记　黄海波
纪委书记　黄海波

卫生和计划生育委员会

（3月，机构改革）

局　　长　顾　超（3月—）
副 局 长　张　进（3月—）　朱　坚（3月—）
刘　俊（3月—）　张　英（3月—）
吴建萍（3月—）　周　纯（3月—）
俞叶丹（3月—）
党委书记　顾　超（3月—）
副 书 记　李云汉（3月—）
纪委书记　施文华（12月—）　李云汉（3月—12月）

卫生局

（3月，机构撤销）

局　　长　顾　超（—3月）
副 局 长　朱　坚（—3月）　李伟丰（—3月）
刘　俊（—3月）　周　纯（—3月）
党委书记　顾　超（—3月）
副 书 记　李云汉（—3月）
纪委书记　李云汉（—3月）

体育局

局　　长　孔春明
副 局 长　张建忠　施倚倩　王跃丰（—3月）
党组书记　孔春明
纪检组长　张　敏

环境保护局

局　　长　吴建国
副 局 长　沈玉其　姜志刚　张　勤　周洪海
党组书记　吴建国
纪检组长　胡　敏（—3月）　龚　征（3月—）

旅游局

局　　长　曹　锋（3月—）　倪雪华（—3月）
副 局 长　张　华　殷　托　黄　健
党组书记　曹　锋（3月—）　倪雪华（—3月）
纪检组长　张　华（—3月）

民族宗教事务局

局　　长　包炳祥
副 局 长　朱文强　时永建
党组书记　包炳祥
纪检组长　汪　俊（3月—）

人口和计划生育委员会（3月，机构撤销）

主　　任　朱　英（—3月）
副 主 任　张　进（—3月）　张　英（—3月）
吴建萍（—3月）　俞叶丹（—3月）
党组书记　朱　英（—3月）
纪检组长　黄建琴（—3月）

审计局

局　　长　王建平
副 局 长　陈　俭　张玉柱　袁蕴玉（3月—）
党组书记　王建平
纪检组长　王国新

安全生产监督管理局

局　　长　顾振清
副 局 长　潘佳平　周照平　张文明
党组书记　顾振清
纪检组长　卢阳松（4月—，试用一年）
龚　征（—3月）

市场监督管理局

（3月，机构改革）

局　　长　陈伟贤（3月—）
副 局 长　唐宪中（3月—）　肖伟模（3月—）
沈　渊（3月—）　李伟丰（3月—）
方海清（3月—）　夏永刚（3月—）
娄四祥（3月—）　贺　仁（3月—）
党委书记　陈伟贤（3月—）
党委副书记　汤其康（3月—）
纪委书记　汤其康（3月—）

统计局

局　　长　涂洪明

副 局 长　盛建华　廖丽萍　苏静妍
党组书记　徐洪明
纪检组长　苏梅芳（3月—）

物价局

局　　长　左　明（3月—）　吴晓麟（—3月）
副 局 长　任玉法　张　燕　黄惠林　彭雪梅
党组书记　左　明（3月—）　吴晓麟（—3月）
纪检组长　张　燕（—3月）

粮食局

局　　长　顾宇靖
副 局 长　朱献良　征安平　陆月明
党委书记　顾宇靖
副 书 记　王耀飞
纪委书记　王耀飞

信访局

（3月，机构改革）

局　　长　王雪源（—3月）
副 局 长　张　健（—3月）　徐国锋（—3月）
　　　　　张小宏（—3月）
党组书记　王雪源（—3月）

民防局（人防办）

局　长（主任）　严桂清
副局长（副主任）张卫兵　戴美生　曹　宏　王文华
党组书记　严桂清

市级机关事务管理局

（3月，更名为市机关事务管理局）

局　　长　钱丁良
副 局 长　龚志明　张福源　周菊芬　刘忠明
党组书记　钱丁良
纪检组长　张迎红

国资办

（3月，机构改革，改为政府工作部门）

主　　任　汤文英（3月—）
副 主 任　王孝红（3月—）　顾莺燕（3月—）
　　　　　周淑亚（3月—4月）
党委书记　凌晓波（12月—）
副 书 记　王孝红（12月—）
纪委书记　王孝红（12月—）

食品药品监督管理局

（3月，机构改革）

局　　长　顾　超（—3月）
副 局 长　李伟丰（—3月）

口岸管理委员会

主　　任　沈　觅（3月—）　杜小刚（—3月）
副 主 任　邱震德　陆　燕　顾忠盈　李永江
　　　　　赵　震　楮建伟　胡　鸿

市行政服务中心

（3月，更名为市政务服务管理办公室）

主　　任　周建平
副 主 任　万小宏　于俊伟　秦建刚　凌　玲

法制办公室

主　　任　徐志豪
副 主 任　姚　榕　顾泉山

外事办公室

主　　任　顾熙虹（3月—）　曹　锋（—3月）
副 主 任　江进生　周叶萍　王益锋
　　　　　顾熙虹（—3月）

市政府研究室（10月—）

副 主 任　房宇峰（10月—）

服务业发展办公室

主　　任　陆　征
副 主 任　施丽萍　朱卫清

上市办公室

主　　任　龚　璇
副 主 任　陈伟峰

中小企业局

局　　长　蔡东辉

知识产权局

局　　长　朱永明
副 局 长　张耀良（—3月）

国有资产监督管理委员会办公室

（3月，机构撤销）

主　　任　凌晓波（—3月）
副 主 任　王孝红（—3月）　周淑亚（—3月）
　　　　　顾莺燕（—3月）

地震局

局　　长　高　强

城管执法局

局　　长　朱锦明

水务局

局　　长　李国良

生殖健康家庭保健管理中心

主　　任　朱　英

广电总台

台　　长　高健彪
副 台 长　刘　序　陈志平　茅震宇　山　飚
　　　　　陆　坚（—3月）
党委书记　高健彪
副 书 记　杨　敏
纪委书记　杨　敏

检验检测中心

（3月，机构改革）

主　　任　唐宪中（3月—）
副 主 任　时　连（10月—，试用一年）

侨　办

主　　任　杨建新
副 主 任　周永飞（3月—，试用一年）
　　　　　汪　俊（—3月）

供销总社

主　　任　浦绍兴（3月—）　董英明（—3月）

副主任　冯剑林　王　辉
党委书记　浦绍兴（3月—）　董英明（—3月）
副书记　杜凤良
纪委书记　杜凤良

土地储备中心

主　任　金　明
副主任　钱　峰　陆育成（—10月）

反贪污贿赂局

局　长　浦　强

反渎职侵权局

局　长　李兆民（12月—）　浦　强（—12月）

国库支付中心

主　任　杨怀球

政府采购中心

主　任　王晓颖（4月—）　陈　政（—3月）

招商局

局　长　江　宁
副局长　苏　珂　金丽萍　朱永强
朱煜伟（—3月）

金融合作管理办公室

主　任　王建良
副主任　李泉龙（4月—）　胡纪明（—4月）
黄卫东（—10月）

市重点项目办公室

（10月，机构调整为住建局管理）

主　任　王宏宾（—10月）
副主任　刘　序（—12月）　王文华（—12月）

市政府驻南京办事处

主　任　顾熙虹（—3月）

市政协各部门

办公室（与秘书处合署办公）

秘书长　陆静波
主　任　仇　君
副秘书长　仇　君　李永川
副主任　李永川　董志军（3月—）

提案委员会

主　任　吴伟红
副主任　王俭飞（3月—）　顾钱医　顾鸿飞　陆文卫

经济科技委员会

主　任　宋福荣
副主任　徐忠良　冯建良　王建良　闻　铭

社会事业委员会

主　任　杜根生
副主任　顾小芳　史经涛　黄海波
杨志宏（—3月）　董志军（—3月）

城乡建设委员会

主　任　高建林
副主任　沈建国　王青青　高　洁　沈玉其

港澳台侨（民族宗教）委员会

主　任　邵惠锋
副主任　闵诣昉（3月—）　杨建新　沈建青
包炳祥　王战超（—3月）

学习文史委员会

主　任　杨建中
副主任　徐卫岗（3月—）　黄　蓉　顾建新　张志华

研究室

主　任　张　炜

人民团体

市总工会

副主席　周　瑛　周惠东　徐昭君　黄海松
党组书记　周　瑛

团市委

书　记　张　皓（4月—）　张　义（—4月）
副书记　毛华乾　邵　旻
党组书记　张　皓（4月—）　张　义（—4月）

市妇联

主　席　张英姿（3月—）　李　洁（—3月）
副主席　陈静怡　李　黎　杨琴洁（—12月）
党组书记　张英姿（3月—）　李　洁（—3月）

市科协

主　席　龚秋健
副主席　吴建明　胡俊韬　张学双　王　欣　冯宇霞
党组书记　龚秋健

市文联

主　席　汪　放
副主席　禾　琦（4月—）　尹小雁（—3月）
许正明　王雪春　陈解法
党组书记　汪　放

市工商联

主　席　黄浩忠
副主席　王益清（3月—）　曲　建
周　辉（—3月）　顾振华　杨忠执
包建元　沈锦亚　周建明　黄耀臻
徐义新　顾振其　何永兴　黄正明
管雪平　杨巧明　周善高　郑岳海
党组书记　王益清（3月—）　周　辉（—3月）

市侨联

主　席　张晓冬
副主席　周　燕

市残联

理事长　陈永忠（3月—）　左　明（—3月）
副理事长　周秀芳　许　斌　杨太庆
党组书记　陈永忠（3月—）　左　明（—3月）

市哲学社会科学界联合会

主　席　张　忠
副主席　吴　巍　韩志敏　陆文卫　徐卫岗（—3月）

市红十字会

专职副会长　杨瑞兰

太仓港经济技术开发区

党工委

书　　记　王剑锋
副 书 记　沈　觅（2月—）　顾晓东（3月—）
　　　　　杜小刚（—2月）　邱震德（—3月）
党工委委员　朱万里　韩　飚　邹家宏　施燕萍
　　　　　吴忠良　冯玉良　朱葛明（7月—）
　　　　　叶海生（—7月）
纪工委书记　朱葛明（7月—）　邱震德（—3月）
纪工委副书记　陆秀娟（12月—）　展建良（—10月）

管委会

主　　任　杜小刚（—2月）沈　觅（2月—）
副 主 任　顾晓东（3月—）朱万里　韩　飚
　　　　　邹家宏　施燕萍　吴忠良　冯玉良
　　　　　邱震德（—3月）　王贵军（挂职,—4月）
　　　　　叶海生（—7月）　佟海英（挂职,—8月）

港区及下属部门

党　委（10月—）

书　　记　顾晓东（10月—）
副 书 记　邹家宏（10月—）　吴忠良（10月—）
　　　　　朱葛明（10月—）　展建良（10月—）
委　　员　马　骏（10月—）　张舒源（10月—）
　　　　　陆建林（10月—）　许超震（10月—）
　　　　　丰　华（10月—）　陆湘元（10月—）

党政办公室

主　　任　赵　勇
副 主 任　孙　昉　汪华明　杨　波
　　　　　李　萍（10月—）

科学技术局

局　　长　钱振刚
副 局 长　陆燕芳　贾无志（挂职，10月—）
　　　　　佀国宁（挂职，—9月）

人力资源和社会保障局

局　　长　展建良（10月—）　马　骏（—10月）
副 局 长　周　珏　江宏卫（10月—）

规划建设局（城市管理局）

局　　长　陆建林
副 局 长　陆建清　杨艳萍　张玉明
　　　　　徐　勤（10月—）
　　　　　王明娟（—3月）
　　　　　王　煜（—3月）

经济发展局

局　　长　丰　华
副 局 长　宋志勤　王晓军　钱　琪

企业管理局

（10月，更名为安全生产与环境保护局）

局　　长　陆湘元
副 局 长　徐建明　顾　杰

农村工作局

局　　长　钱　进
副 局 长　崔玲英（—3月）

财政局（国有资产管理局）

局　　长　王　燕（4月—）　藕永清（—4月）
财政局副局长　徐建东　周雅红
国资局副局长　张红友　柯　峤

社会事业局

局　　长　张舒源
副 局 长　王　浩　江宏卫（—10月）

纪检监察室

主　　任　龚利花（10月—）　展建良（—10月）
副 主 任　李　萍（—10月）

总工会（武装部）

主席（部长）　成才洪

保税物流中心

主　　任　马　骏（10月—）　顾晓东（4—10月）
　　　　　邱震德（—4月）
副 主 任　方　正　谢伟峰（10月—）

招商中心

主　　任　芮　萌（10月—）
副 局 长　胡雪峰（—10月）　谢伟峰（—10月）

现代服务业发展中心

主　　任　胡雪峰（10月—）　龚利花（—10月）
副 主 任　奚　玲　张艳维

新区及下属部门

管委会

主　　任　朱万里
副 主 任　韩　飚　时利林　冯玉良　张艳萍
　　　　　夏远峰　王宏宾（10月—）
　　　　　金学良（—3月）　陶乐平（—3月）
　　　　　许昱捷（挂职，—9月）

党　委

书　　记　朱万里
副 书 记　韩　飚　叶俭洁　岳　义（挂职,10月—）
纪委书记　陆秀娟（12月—）　叶俭洁（—12月）

党政办公室

主　　任　夏远峰
副 主 任　吴炜芬　陆　毅　周燕晨

党群工作部

部　　长　顾永忠（—3月）
副 部 长　李慧华

科学技术局

局　　长　顾永忠（3月—）

副局长　郁颖珠　马喜斌　刘翔宇

经济发展局

局　长　沈　欢
副局长　潘国忠　殷　伟

规划建设和环境保护局

局　长　狄志强
副局长　朱正其　范伟民　王　彦
马永平（—3月）　陈惠强（—3月，批捕）

人力资源和社会保障局

局　长　王维军
副局长　沈　宁　邢秋娟（3月—）
徐晓华（3月—）

财政局（国有资产管理局）

局　长　高秀娥
副局长　沙海丰（4月—，试用一年）　陆建才（—4月）

招商局

局　长　笪文敏
副局长　胡晓瑜

娄东街道

党工委

书　记　韩　飚
副书记　浦利兵
委　员　沈剑明　徐立军　朱建东
孙文彪　蔡祖林　王丽坚
王桂明　邢秋娟（—3月）

办事处

主　任　浦利兵
副主任　徐立军　朱建东　孙文彪
蔡祖林　王丽坚　马永平（3月—）
邢秋娟（—3月）

人大工委

主　任　沈剑明

市科教新城

党工委

书　记　王　哲（4月—）　施燕萍（—4月）
副书记　张　义（4月—）　王　哲（—4月）
委　员　龚宣东　包加林　吴振键　王永健
袁金华（3月—）　陈洲洋（3月—）
孔　荀（挂职，10月—）
朱勤昌（—3月）姜达敏（—3月）
荣晓佳（挂职，—9月）
纪工委书记　包加林

管委会

主　任　张　义（4月—）　王　哲（—4月）
副主任　龚宣东　王永健　袁金华（3月—）
陈洲洋（3月—，试用一年）
吴振键（10月—）　孔　荀（挂职，10月—）
朱勤昌（—3月）

太仓长江口旅游度假区

党工委

书　记　施燕萍（4月—）　徐志强（—4月）
副书记　杨晓峰　朱菊明　袁志强　顾益新
顾晓峰　夏凤军（挂职，10月—）
委　员　郭亚萍　陈文贤　张俊国　朱学锋
杨志刚
纪工委书记　袁志强

管委会

主　任　杨晓峰
副主任　邵立新　陈　伟　王　东　周　静
杨琴洁（12月—）　徐　勤（—10月）

太仓市生物医药产业园

管委会

主　任　楼晓舟（10月—）　朱大丰（—10月）
副主任　杨惠林（10月—）　马晓东
芮　萌（—10月）　王　茜（—12月）

太仓大学科技园

管委会

副主任　魏晓锋　王　哲　朱永明
张　义（4月—）施燕萍（—4月）

太仓市现代农业园区

管委会

主　任　肖海明
副主任　吴建华

太仓港口及下属部门

党工委

书　记　陆留生
副书记　王竹鸣
委　员　胡　鸿　钮建平　邱震德（—1月）
卢　渊（1月—）　顾晓东（4月—）
杨　晛（7月—）

管委会

主　任　王竹鸣
副主任　胡　鸿　钮建平　邱震德（—1月）
卢　渊　顾晓东（4月—）

纪工委

书　记　杨　晛（7月—）

党政办公室

主　任　　徐卫强
副主任　　赵振刚　唐　蔚

规划建设办公室

主　任　　郑国昌
副主任　　方　健　谢建华

发展服务局

局　长　　孙　松
副局长　　钱　晓　王敏勇

港政管理局

局　长　　高冬华
副局长　　闻叶青　洪方强　浦红国

口岸委办公室

主　任　　董济文

条线部门

江苏海警支队

副支队长（负责军事业务工作）　钱军民
副政委（负责全面工作）　居俊峰
副支队长（负责后勤工作）　郑大勇
参谋长　张日勤
政治处主任　朱文高
后勤处处长　曹爱兵

太仓边防检查站

站　长　　何舜荣
政　委　　朱锦仕
副站长　　董卫平　李兴华
副政委　　郭如平
参谋长　　徐宝峰
政治处主任　李　科
后勤处处长　刘　海

太仓公安消防大队

大队长　　汤　俊
指导员　　吴恒喜

太仓出入境检验检疫局

局　长　　朱金连（6月—）　顾忠盈（—6月）
副局长　　范英姿　宋乐林　许　强
党组书记　朱金连（6月—）　顾忠盈（—6月）
纪检组长　封君兴

太仓海关

关　长　　宋晓泉
副关长　　周建达　孙　彧

太仓海事局

局　长　　赵　震
政　委　　丁安林
党组书记　赵　震
党组副书记　丁安林
副局长　　薛建军　陆裕彪
纪检组长　丁安林

长江引航中心太仓引航站

站　长　　秦　文
站长助理　张　猛（12月—）　陆志斌（—11月）

国税局

局　长　　王洪斌
副局长　　陈　健　蒋　健　唐建国
纪检组长　龚婷瑜

地税局

局　长　　郑祥弟（1月—）　陈俊良（—1月）
副局长　　金　骁　龚建明　陈　秋（1月—）
　　　　　宋建秋（—1月）
党组书记　郑祥弟（1月—）　陈俊良（—1月）
纪检组长　陈　华（1月—）　宋建秋（—1月）

质监局

局　长　　唐宪中（—3月）
副局长　　沈　渊（—3月）　方海清（—3月）
　　　　　晏四祥（—3月）

工商局

局　长　　陈伟贤（—3月）
副局长　　肖伟模（—3月）　夏永刚（—3月）
　　　　　贺　仁（—3月）

太仓电信

总经理　　常惠刚
副总经理　陈　峰　金志强　陆献秋
党委书记　常惠刚
纪委书记　陈　峰
工会主席　金志强

太仓邮政

局　长　　王雷强
副局长　　张　开　孙云激
党委书记　王雷强
纪委书记　张　开
工会主席　张　开
局长助理　张亚倩

太仓移动

总经理　　阎凌清
副总经理　金　炜
总经理助理　郑　翎

太仓联通

总经理　　赵剑毅
副总经理　张　阳　于志国
党委书记　赵剑毅

供电公司

总经理　　蒋永平
副总经理　唐　明　马灿明　周　震　朱永元
　　　　　万　仞（挂职）
党委书记　唐　明
党委副书记　蒋永平

纪委书记　麦　强

太仓公积金中心

主　任　龚志浩

副主任　任　燕　胡　倩

烟草专卖局（分公司）

局长（经理）　沈　诚

副局长　曹　忠　左洪源（5 月—）

副经理　李　宁（—4 月）

盐务管理局

局　长　田作磊

副局长　陈文华

气象局

局　长　沈利洪

副局长　周卫兵

人行太仓市支行

行　长　姚剑敏（2 月—）　姚建平（—2 月）

副行长　徐　琍　张丽琴

银监太仓办

主　任　丁　皓

副主任　陆晓红

农发行太仓市支行

行　长　顾晓明（1 月—）　丁吉明（—1 月）

副行长　黄　玉　王　寅（4 月—）

工行太仓支行

行　长　陈鸿鸽（9 月—）　邱华方（—8 月）

副行长　陈鸿鸽（—8 月）　郭维城

纪委书记　王文亚

行长助理　洪熠旻　钱　忠　陶　涛（6 月—）

高级经理　张永锡　盛　敏　贺险平

农行太仓分行

行　长　周文军

副行长　林建强　马红琴　马忠明　张　林

中行太仓分行

行　长　黄世忠

纪委书记　戴荣春

副行长　吴海燕

行长助理　吴戈亮　刘　海

建行太仓分行

行　长　周颖峰（5 月—）　邵继明（—5 月）

副行长　张　军　宋　健　吉长龙　王　敏

交行太仓分行

行　长　沈　玲（10 月—）　周苏黔（10 月—）

行长助理　张金荣

邮储银行太仓支行

行　长　沈林东

副行长　蔡文波

中信银行太仓支行

行　长　何　飚

副行长　包　颖

行长助理　顾　飚

浮桥支行行长　许　峰（2 月—）

华夏银行太仓支行

副行长（主持工作）　吴建平

副行长　卢　纯　薛薇红

招商银行太仓支行

行　长　姚　胜

副行长　叶　青

行长助理　吴　扬（12 月—）　陆　明（—12 月）

中国光大银行太仓支行

行　长　归　坚

副行长　陆　菁

行长助理　林　隐

中国民生银行太仓支行

行　长　王盛文

副行长　赵　怡

行长助理　秦允胜（6 月—）　徐　健（11 月—）

兴业银行太仓支行

行　长　沈　洁

行长助理　王心悦

恒丰银行太仓支行

行　长　张求胜

副行长　孙　微

江苏银行太仓支行

行　长　李　勤（—3 月）

副行长（主持工作）　曹惠芳（4 月—）

副行长　赵　岚

行长助理　吴　雷

苏州银行太仓支行

行　长　张治虎（7 月—）　陈利红（—6 月）

零售总裁　葛　铭

风险主管　欧阳峰

太仓农村商业银行

董事长　张云青

行　长　钱伟东

监事长　冯　建

副行长　王　星　丁　娅　顾必武　夏立军

太仓民生村镇银行

董事长　刘拥新

行　长　陈明磊

副行长　金　莹

风险总监　王　敏

东吴证券太仓分公司

太仓分公司总经理　董伟年

上海东路证券营业部总经理　管春鸣

人民南路证券营业部副总经理（主持工作）　林　玲

沙溪镇白云中路证券营业部总经理　顾卫东

人保财保险太仓支公司

经　理　姚　铿

副经理　　池　骋　顾　豪　彭静梅

中国人寿太仓支公司

副总经理（主持工作）　戈　涛
总经理助理　严　良　张　磊
总经理协理　金　燕

太平洋财险太仓支公司

总 经 理　张　渊
副总经理　许　俭　朱煜伟

平安财险太仓支公司

总 经 理　卢　勇
副总经理　田　莉　张广亮

各　镇

城厢镇

党委书记　王红星
副 书 记　胡　捷　陆　明　沈　炯
　　严　枫（3 月—）
　　于伟东（挂职，10 月—）朱晓峰（—3 月）
委　　员　张俊华　方海宁（3 月—）陆红玉
　　郁卫清　严　枫（—3 月）
　　陈　杰（—3 月）　李红艳（—10 月）
纪委书记　张俊华
人大主席　张俊华
副 主 席　王诚英
镇　　长　胡　捷
副 镇 长　江芝才　赵隽春　姚金鑫
　　乘　康（3 月—）
　　李红艳（—10 月）　严　枫（—3 月）
　　杨　晨（挂职，—9 月）
政协工委主任　陆　明

沙溪镇

党委书记　楼晓舟
副 书 记　潘红忠　冯建华　杨惠林　李　焱
　　崔靖园（挂职）
委　　员　龚文彬　张永强　曹丹丹（4 月—）
　　沈玉峰　毛剑峰　王建春
　　乐　琦（—4 月）　浦绍兴（—3 月）
纪委书记　冯建华
人大主席　华中兴
副 主 席　熊晓东　浦绍兴（—3 月）
镇　　长　潘红忠
副 镇 长　龚文彬　陆　方　周雪忠　周彩亚
　　叶　强
政协工委主任　冯建华

浏河镇

党委书记　施燕萍（4 月—）　徐志强（—4 月）
副 书 记　杨晓峰　袁志强　顾益新
　　夏凤军（挂职，—9 月）
委　　员　朱菊明　邵立新　郭亚萍　陈文贤
　　张俊国　朱学锋　杨志刚
纪委书记　袁志强
人大主席　朱菊明
副 主 席　张　毅
镇　　长　杨晓峰
副 镇 长　邵立新　陈　伟　王　东　周　静
政协工委主任　袁志强

浮桥镇

党委书记　许超震
副 书 记　严　浩　胡月林　吴莉华
委　　员　金建良　王坚刚　陆　益　龚惠琴
　　沈鸽飞　石万良　陆建忠
　　龚建国（—12 月）
纪委书记　吴莉华
人大主席　金建良
副 主 席　龚建国（12 月—）　陶菊林（—12 月）
镇　　长　严　浩
副 镇 长　王坚刚　顾玉强　许　刚　吴建达
　　陆利璟
政协工委主任　吴莉华

璜泾镇

党委书记　姜　超
副 书 记　毛雅萍　何永林　郭平原
　　李书进（挂职，10 月—）
委　　员　周宏建　李　健　吴　龙　杨雪萍
　　祁殿成　高雪飞（—6 月，批捕）
　　潘振明（—12 月，判刑）
纪委书记　郭平原
人大主席　周宏建
副 主 席　张振岐　吴惠强（—12 月）
镇　　长　毛雅萍
副 镇 长　陆锦华　俞建国　周志强　孙路远
　　陆　江　高雪飞（—6 月，批捕）
　　龚静华（挂职，—9 月）
政协工委主任　何永林

双凤镇

党委书记　孙卫良
副 书 记　王莉萍　唐建宏　朱　清（3 月—）
　　毕　朱（挂职，10 月—）王永伟（—3 月）
　　李潇轩（挂职，—9 月）
委　　员　周建明　吴静怡　徐建明　李春生
　　张蓓婷　吴建斌　梁金龙
纪委书记　朱　清（3 月—）　王永伟（—3 月）
人大主席　周建明
副 主 席　袁品球
镇　　长　王莉萍
副 镇 长　吴静怡　徐建明　龚坤明　陈　凯
　　吴南山
政协工委主任　王永伟（—3 月）

（市委组织部、港口管委会、各条线部门）

人居环境

城市形态

【城市规划定位】 太仓市规划定位为既有现代城市功能、发达工商业，又有优美的田园风光，并体现丰富历史文化内涵的“城乡一体、产城融合、城在田中、园在城中”的现代田园城市。

（曹俊锋　顾　爽）

城乡规划

【城市总体规划】 太仓市总体规划共经历4轮编制。1983年，编制完成《太仓县县城总体规划（1980—2000）》，1985年12月获苏州市人民政府批准。1993年撤县建市后，太仓市进行第二轮城市总体规划编制，于1995年编制完成《太仓市城市总体规划（1994—2010）》，1995年7月经太仓市人民代表大会常务委员会通过，并于1995年12月获苏州市人民政府批准。2000年年末，太仓市启动第三轮总体规划修编，于2002年8月编制完成《太仓市城市总体规划（2001—2020）》，2002年7月经太仓市十二届人大常委会第37次会议通过，并于2004年5月获江苏省人民政府批准。从2008年6月开始，太仓市启动新一轮城市总体规划修编工作，前后经过18轮的反复修改、调整和完善，2010年12月经太仓市人民代表大会常务委员会通过，于2011年10月经省政府批准通过。

新一轮城市总体规划在“现代田园城、美丽金太仓”的城市总体发展目标定位下，明确“港口带动、对接上海、交通引导、生态保护和特色取胜”五大发展战略，具体为：

港口带动。通过码头建设、航线结构优化、完善疏港交通，加快港口发展，实施“区港联动”和“昆太联动”，增强港口对区域经济发展的服务能力；加快太仓临港工业、港口服务业发展，带动整体经济实力提升。

对接上海。依托上海国际航运中心建设和上海港口布局的战略性调整，承接其北翼集装箱干线港功能，加强与上海综合交通体系全面对接以及重要基础设施共建共享；加快上海产业转移承接，加强沪太上下游相关产业配套，促进商务、休闲服务业发展及现代农业园区建设，力争成为上海先进制造业发展转移基地、上海自主创新创业的扩散基地。

交通引导。构建以区域性轨道、快速公交、常规公交为主体的现代化综合交通体系。利用区域轨道、快速公交引导市域空间集聚，以形成合理的市域空间结构；以疏港货运交通系统为主引导工业用地合理布局，以形成高效的产业空间体系；以城市快速交通、交通枢纽体系为主引导城市用地布局及中心体系构建。

生态保护。保护市域内水体、湿地、基本农田等具有重要生态功能和价值的空间，提高土地开发强度，贯彻国家节能、节水、节材、节地要求；提高新技术应用能力，严格控制碳、硫排放。

特色取胜。抓住太仓“精致、细腻、和谐、宜居”特点，以娄东文化资源为基础，以城市发展为依托，建设相关文化载体，将文化特色融入产业发展，利用文化底蕴塑造城乡空间。

新一轮城市总体规划的规划范围为全市域809.93平方公里。规划至2030年，全市城乡建设用地规模控制在205平方公里以内，规划人口135万人。确立“一市（太仓市）、双城（主城、港城）、三片区（沙溪、璜泾、浏河）”的城乡一体化市域空间布局结构。其中，主城规划2030年建设用地规模65平方公里，规划人口60万人；港城建设用地规模54平方公里，人口23万人；沙溪镇建设用地规模16.7平方公里，人口16.5万人；浏河镇建设用地规模15平方公里，人口14万人；璜泾镇建设用地规模13.2平方公里，人口13万人。

【区域规划】 太仓市完成沙溪、浏河、璜泾3个中心镇总体规划，明确3镇发展目标、功能定位、发展规模和规划结构。编制港城核心区、浏河长江口旅游度假区、沙溪南部新城区、璜泾南部新城区等控制性详细规划，明确重点建设地区土地使用性质、使用强度等控制指标，基本实现市域范围片区规划全覆盖和重点核心区控制性详细规划全覆盖。

【专项规划】 太仓市开展镇村布局、综合交通、绿地系统、地下空间、特色空间、田园城市、慢行交通、历史名镇保护等专项规划编制30多项，涵盖交通、旅游、生态、文化等城乡建设各类要素。

【乡村规划】 太仓市规划保留村庄103个（含4个具有历史文化底蕴的特色村庄），以规划引领保留和传承农村江南水乡独具特色的历史、文化和田园风貌。

（曹俊锋 顾 爽）

城镇布局

【主城建设】 太仓主城定位为最佳宜居城市、现代服务业中心和高新技术产业基地。其中城中综合组团（含新区）规划形成融合行政办公、商务办公、文化、居住、商业、工业生产等多重功能的综合性组团。科教新城组团规划形成集科教文化、生态宜居、现代服务业等功能于一体的城市新区。陆渡组团依托沪通铁路太仓站枢纽，规划形成以高新技术产业、现代服务业为主导的休闲、生态、宜居的城市组团。金仓湖组团以金仓湖良好的自然生态景观为依托，规划形成集生态旅游、休闲度假、高品质居住于一体的特色组团。双凤组团以福地文化和水乡湿地为特色，规划形成具有明显特色的现代田园城市组团。

【城市副中心建设港城】 城市副中心——港城组团由港口、港区、港城（含浮桥）三位一体构成，定位为国际化现代港口城市、沿沪滨江生态新城和临沪现代化新兴产业基地。其中核心区规划形成太仓沿江地区综合性的城市公共中心，太仓港的配套服务区，环境宜人、设施配套的现代化新城区。

【新型小城市建设】 沙溪镇。沙溪镇通过充分挖掘和放大中国历史文化名镇效应，规划形成经济繁荣、生活富裕、环境优美、特色鲜明的集历史古镇、文化名镇、工业强镇、宜居新镇于一体的综合型、现代化小城市。其中南部新城规划为独具特色的“古今人文之城、生态宜居之城”。2015年，沙溪镇完善基础配套。南部新镇区“五纵四横”（“五纵”即印溪东路、经三路、姚泾路、起码浜路、经一路，“四横”即纬四路、纬五路、镇南路、纬六路）主干道全线贯通，生物医药产业园主要道路基本建成。直塘虹桥路南段拓宽工程完工，沙南东路拓宽提档工程接近尾声。洞星路、茜国线、归项线等农路提档升级。完成杨林塘、新戚浦、特高压、沪通铁路等国家、省市重大项目征地拆迁及建设配合工作。抓好小区建设和农村建房管理。白云花园510家农户安置工作完成。10个农民集中小区的基础完善、绿化提档工程有序开展。镇域保留自然村落规划设计完成，渠泾、塘桥、香塘3个村通过三星级康居乡村验收。

浏河镇。浏河镇依托长江口旅游度假区和滨江新城的开发建设优势，规划形成现代化滨江临沪宜居休闲小城市。其中滨江新城打造集商业金融、文化娱乐、休闲旅游、生态居住等综合性公共服务功能于一体的现代化城市新区。2015年，长江口旅游度假区滨江新城31.2公顷商住土地挂牌上市，碧桂园招商凤凰城开工建设。长江口假日酒店开业。浏河古镇文化商贸业态日益丰富，邢少兰艺术馆建成开放，娄江会馆完成土建。江滩湿地公园各项游乐设施和公建设施加紧配置，绿网围墙安装完成，芦苇湿地木栈道基本完工。全年完成农户和企业签约动迁169户，自拆自建81户。滨江花园一期等安置房项目建设加快，完成公寓房安置861套。推进4个自建小区建设。

璜泾镇。璜泾镇以“北强工业、东融港区、南建新镇、西兴三农、中心提档”为发展战略，规划形成具有民营经济产业特色的宜居宜业小城市。其中南部新城区重点发展商业、金融业，打造璜泾镇新的发展中心。2015年，璜泾镇南部新镇区加快建设，累计投入2.47亿元，动迁农户119户、企业19家，拓展核心区面积98公顷。“三横两纵”主干路网全面拉开，纬七路、纬八路、新城路、陈大港路、园林路5条道路建设基本完成，总长4557米，管网铺设、沿路绿化、路灯等配套设施同步实施，推进占地0.44平方公里的雁月湖湿地公园建设。现代农业园区配套功能日益完善，占地面积1000公顷，累计投入1.87亿元，建成集农产品展销交易、物流配送、信息发布、旅游观光为一体的农产品直销中心。深化“美丽村庄”建设，总投资5000万元的中小河流整治及小型农田水利项目完工。规划面积3.04平方公里的工业园区初具规模，累计入驻企业21家，年产值超55亿元。园区基础设施建设日益完善，推进220千伏变电站、华能电厂蒸汽管道集中供热等项目。老镇区路网不断优化，怀仁路提档改造成效明显，崇文路改造顺利推进。茂林尚街开街。农民集中居住小区基础设施建设及提档升级工程加快实施，新华、荣文、新明等安置小区扩建扩容，王秀小区基础配套、荣文小区会所工程基本完成。

（曹俊锋 顾 爽）

公共建设

道 路

【概况】 2015年，太仓市公路总里程1304.32公里，公路桥梁1157座，公路密度210.37公里／百平方公里。其中高速公路57.54公里，一级公路264.30公里，二级公路481.48公里，三级公路105.83公里，四级公路395.18公里。航道总里程383.85公里。其中三级航道27.76公里，五级航道24.84公里，六级航道24.89公里，七级航道44.62公里，等外航道261.74公里。较上年，一级公路减少1.33公里，二级公路增加17.95公里，三级公路增加0.34公里，四级公路减少8.96公里。年内，新增杨林塘三级航道27.76公里、吴塘五级航道9.76公里。全年地方基础设施建设计划投资8.42亿元，实际投资6.65亿元。其中S604岳鹿公路接嘉定城北路段计划投资1.6亿元，实际投资1425万元、区镇投资6000万元；G346省道太仓

6月8日，杨林船闸验收通过　　（端木向宇 摄）

段路面养护改善工程计划2.53亿元；沪通铁路地方承担资本金等部分资金计划3亿元等。年度省部级重点投资及地方基础设施建设投资具体项目有沪通铁路建设，全线高架桥承台建设完成总量80.3%，墩身建设完成总量76.77%，架梁完成总量0.93%，便道建设完成总量99.33%。拆迁农户完成总量95.1%。拆迁企事业单位完成总量64.3%。地面附着物处理完成总量99.5%。杨林塘航道整治及吴塘河配套工程整治工程建设基本完工。6月，杨林船闸无水联合调试（水下部分验收）结束并通过由省航道局、苏州水运建设指挥部、省交通规划设计院及监理单位相关领导、专家组成的检查组验收。检查组表示，闸门动作正常可靠，满足有水调试条件。9月，杨林塘航道整治工程桥梁项目玖龙桥、蔡家湾桥获2015年苏州市“姑苏杯”优质工程奖。

【快速路网建设】　2015年，太仓市加快推进快速路网建设。岳鹿公路（江南路—太浏线段）新建工程竣工通车。工程建筑安装工程费4000万元，全长1.07公里。2014年3月开工建设，2015年6月完工。岳鹿公路（太浏线—新浏河大桥）新建工程完成项目部驻地建设，实施河塘清淤回填、路基开挖回填、钻孔灌注桩等工作。沙南公路（岳鹿公路—镇东路）改建工程、浏双公路（湖滨路—新澄线）改线工程、G346太仓段路面养护改善工程有序推进。完成S359（G204—百花段）单幅以及东亭路、陆璜线、协星路、沿塘路等县道改造。

【农村公路发展】　2015年，太仓市优化市域镇村路网结构，提高通行水平。建王线、双湖路竣工通车。全市34条线路（计77.61公里）和2座桥梁（计326平方米）完成提档升级，5座危桥改造完成。推进《太仓市公路穿越城镇节点规划》《镇村公路网规划》《太仓市县道网规划》等编制工作。2月，市交运局获全国农村公路养护与管理先进集体。

【公路亮化工程】　2015年，沙南路（镇东路—岳鹿路）照明工程完成。规格为250瓦路灯193套，亮化里程2.04公里，总投资185万元。截至年底，全市累计亮化里程230.28公里，总投资2150万元，分别是：500瓦路灯222套、400瓦路灯1442套、250瓦路灯1.17万套、4～6个灯火的中杆灯138套、18个灯火以上的高杆灯8套。

（刘金凤）

交　通

【概况】　2015年，太仓市共有公路客运站场6个，长江汽渡1个，城市公交线路31条，投放车辆113辆；城乡公交线路20条，投放车辆117辆；镇村公交线路15条，投放车辆33辆；长途客运班线65条，投放车辆131辆。全年完成公交客运量1884万人次、长途客运量287万人次、太海汽渡客运量39.7万人次，共计安全运送旅客2171万人次。6月，市交运局获全国文明城市创建长效管理优秀组织奖。

【公交发展】　2015年，太仓市公众出行环境更趋优化。合理规划建设城市公共交通场站，保障城市公交正常运营、健康发展。沙溪汽车客运站完成主体结构，沪太快线朝阳路站停车场扩建工程完工。双凤客运站推进建设。城区换乘站、上海（虹桥／浦东）国际机场太仓航站楼及旅游集散中心建成投运。出租车扬招站一期工程建设完成，建成出租汽车扬招站9个，完善出租车配套设施建设，缓解市民出行压力。开辟、调整、优化主要区域公交线路，提高线路、线网运营效率；缩短乘客总出行时间，减少换乘次数，完善现代化城市公交网络。新增城市以及镇村公交线路4条，优化调整11条。开通沪港城际快线（港区客运站—上海轨道交通7号线美兰湖站），全市累计对接上海轨道交通站的城际公交线路5条。其他4条分别是：太仓朝阳路站—上海轨道交通11号线嘉定西站、浏河汽车客运站—上海轨道交通7号线美兰湖站、璜泾镇知青家园—上海轨道交通11号线嘉定西站、璜泾镇知青家园—上海轨道交通7号线美兰湖站。2月10日，上海（浦东／虹桥）国际机场太仓航站楼启用。当天，虹桥机场专线开始试运营。11月26日，太仓航站楼浦东机场专线正式开通。航站楼位于太仓客运中心站内，旅客在太仓可直接享受购买飞机票、换登机牌、安检、行李托运、专线直送机场等“一站式”服务。发掘太仓潜在航空运输市场，增强与上海空间对接和互动发展，加快构建人流、物流快速通道。在双休日及节假日开通市区至金仓湖、沙溪古镇、现代农业园、滨江新城旅游度假区等各旅游景点的旅游观光专线。完成5辆中巴车投放工作。完成77辆出租车经营权招投标和报废更新工作。组建定制客运服务公司，实行60～69周岁老人乘车五折优惠政策。

【新能源公交】 2015年，市交运局加快新能源车辆推广应用，推进生态文明建设，实现节能减排，优化城市环境。截至年底，累计淘汰老旧柴油公交车47辆，购买清洁能源型LNG（液化天然气）车59辆，新能源型气电混合动力车33辆。新型能源公交车覆盖公交线路11条，共计92辆，占全市公交车总量35%。做好新能源汽车充换电基础设施规划和建设工作，强化新能源汽车运行服务保障，发挥新能源汽车示范运营作用。做好新能源车辆补贴工作，确保完成新一轮新能源汽车推广应用。

【运输市场监管】 2015年，太仓市路政查处超限运输车辆374辆、卸载货物2134.48吨，运政查处非法营运案件440起、危险品运输案件90起，维管检测营运车辆2.33万辆（次）。水上查处超限超载、未签证等违章船舶4689艘次。2个项目工程交工验收检测合格率100%。探索建立内河港口管理新举措，在苏州地区率先推出内河港口退出机制。推进社会信用体系建设，将工程建设、质量监督、客货运输、汽修、驾培等行业纳入考核系统。开展客运黄标车提前淘汰工作，推进行业节能减排。取消船舶港务费等7项行政事业性收费。

【交通行业管理】 2015年，太仓市乡镇交通运输综合管理所运作新机制，探索推进综合执法改革。开设陆上及水上行政执法模拟法庭，开展岗位大练兵和技能大比武活动。加强行政执法督查，做好案卷质量评比审查，查处纠正交通行政执法中的违法、不当和不作为行为。全年各类行政处罚7067件，行政审批及服务办件2331件，全年无行政复议和行政诉讼案件发生。

【交通信息管理】 2015年，太仓市交通信息应急指挥平台五期工程完成。完成水上综合执法大队、蔡家湾大桥、204国道杨林塘大桥等重点监控点位建设。实施全市大交通数据及信息服务平台工程，推进全省交通电子政务省、市、县三级纵向网建设，构建行政权力网上公开透明运行系统。

【交通应急保障】 2015年，市交运局开展"迎世乒、保安全"综合督查、内河港口危险货物码头专项安全整治以及"安全生产月"活动。修订完善应急救援方案，组织应急安全演练，排查安全隐患，落实行业安全监管责任。建成公路养护应急基地，组建专业化应急队伍，完成应急网络平台架设。全年交运系统安全生产亡人事故、行车事故死亡人数、火灾责任事故均为零。

（刘金凤）

6月9日，太仓317、318公交线路开通试运营　　（端木向宇　摄）

供　水

【概况】 太仓市自1997年起，陆续斥资完成长江引水、蓄淡避咸水库、村村通、一户一表改造工程。2015年，太仓市有水厂2座、城区增压站1座、乡镇供水管理站9个，日供水能力70万吨，负责全市机关、企事业单位及居民的生产、经营和生活用水供应。出厂水每6个月送无锡、南京国家水质监测站进行106项指标全分析，均达到或优于国家标准。全市设有供水压力监测点20个，实时监控全市供水管网压力，确保水压稳定。截至2015年底，建成DN（公称通径，下同）100以上的供水主管道1300余公里。

2015年，太仓市供水总量9314万吨，较上年下降0.62%，售水总量8692万吨，较上年增长6.29%，漏损率6.68%，较上年下降6.06个百分点。其中，居民用水3101万吨，占比35.67%；工业用水5128万吨，占比59.00%；洗浴等特种用水423万吨，占比4.87%；公厕用水40万吨，占比0.46%。年内，投资4262.79万元，新增市政给水DN100以上管道35.8公里，新增消火栓132个；投资1746.89万元，改造市政给水DN100以上管道13.35公里。在浏家港等地新增营业窗口3个，截至年底全市设立营业窗口24个（其中城区5个，乡镇19个），实现连续安全供水6292天。

（施　祥）

供　电

【概况】 2015年，太仓市全社会用电量90.97亿千瓦时，较上年增长1.02%；企业售电量82.05亿千瓦时，较上年增长1.98%；全口径线损率2.70%，较上年下降0.06%；最高用电负荷140.25万千瓦，较上年增长0.81%。全年完成配网资本、成本工

1 月，电力施工人员在“淮南—南京—上海”线路工程 17 标架设铁塔
（市供电公司供稿）

程共 532 项，新建改造 10 千伏架空线路 465.06 公里，电缆 64.63 公里，新增、改造配变 372 台、11.74 万千伏安。全市营业户数 35.38 万户。年内，市供电公司连续第 5 年获全国“安康杯”竞赛优胜单位荣誉，获江苏省电力公司县级供电企业业绩标杆、2012—2014 年苏州市文明单位等荣誉称号。

【电网建设】 2015 年，太仓市保障特高压建设，做好 1000 千伏淮南—南京—上海交流特高压工程太仓境内线路的通道清理和工程属地化配合工作。截至年底，淮上线特高压工程太仓境内 43.5 基塔完成组塔和架线工作。推进电网建设，全面完成历史遗留电网建设任务。完成 220 千伏寿安输变电工程、110 千伏广丰、板桥、三井输变电工程，110 千伏岳南变扩建工程投运。加快一流配电网建设，完善配电网络架构，新建、改造 10 千伏架空线路 465.06 公里，新增配变 320 台 /9.7 万千伏安，配电线路绝缘化率 69%，沿江地区配电线路架设避雷线覆盖率 65.81%。

【电力服务】 2015 年，市供电公司深化“智能互动心服务，省心省钱绿色电”优质服务主题活动，做好窗口服务、故障报修、抄表收费、“95598”投诉处理等工作，推广微信绑定、网络缴费、手机 APP 终端等互动服务。落实“一站式”服务模式，执行业扩报装“1+1”和用电业务“同城异地联办”制，在公开承诺时间办结每项业务，杜绝拖延积压，提高业扩报装效率。对接政府重点工程和重大民生项目，加强老旧小区供电设施改造。7 月，市供电公司农电抢修指挥中心成立运行。建立分布式集中抢修网点 6 个，统一指挥、统一协调、统一管控，实现抢修工作闭环管理，提高抢修效率，深化农网运维专业化管理。推广电能替代项目，推进武港码头高压岸电系统工程建设，完成沈海高速沙溪服务站的充电站项目建设。服务清洁能源发展，做好分布式光伏发电并网接入、电费结算等服务工作。

（邬大为）

燃　气

【概况】 2015 年，太仓市完成 1 万户农民自拆自建集中居住小区燃气配套设施工程。实施《关于进一步加强燃气设施建设管理的通知》，加强燃气设施的安全管理工作，开展瓶装液化气市场专项整治工作。进行燃气安全检查工作，组织联合大检查 7 次，共排查隐患 80 处。启动“十三五”燃气发展规划工作。

（曹俊锋　顾　爽）

垃圾处理

【概况】 2015 年，太仓市推进垃圾分类管理，全年完成道路保洁 400 万平方米，收集转运全市域生活垃圾 29.95 万吨，收集处置建筑垃圾 30 万余吨，处理有机物 7000 吨，数字环卫处理案件 8.2 万余件。完成市区 35 座老旧公厕改造任务和生活垃圾填埋场东侧库区加固修补工程。餐厨垃圾无害化处理工程进入项目后续评审阶段。君悦豪庭、恒隆世家、华源上海城、华侨花园 4 个小区启动垃圾分类工作，至此垃圾分类工作扩大至 13 个居民小区和 14 所中小学校。启动城厢镇电站村、沙溪镇太星村农村生产生活垃圾分类收集和资源化利用试点工作。保洁服务市场化外包进一步拓展并保持正常运行。

（陆　蓉）

污水处理

【概况】 2015 年，太仓市有污水处理厂 10 家，其中市水处理有限责任公司有污水处理厂 8 家，负责全市（不含港区、新区）污水收集和处理工作；城东污水厂负责太平路以东的新区地块污水处理；江城污水厂主要负责港区污水处理。1997 年，太仓市第一家污水处理厂——城区污水处理厂开工建设，之后进行二期、三期扩建，日污水处理能力 6 万吨。2006—2010 年，璜泾、双凤、沙溪、浏河、岳王、南郊、港城等 7 座乡镇污水处理厂及配套管网工程陆续建成投产。截至 2015 年底，全市共铺设污水主管道 330.5 公里，污水日处理能力 14.5 万吨，污水排放均达到一级 A 标准。

2015 年，全市污水集中处理 4733 万吨，COD（化学需氧量）削减量 11096 吨。其中，市水处理有限责任公司 8 家污水处理厂全年处理污水 3100 万吨；COD 削减量 9291 吨，较上年增长 2.29%；BOD（生化需氧量）削减量 3086 吨，较上年增长 3.11%。全市投资 2460 万元优化各镇区污水配套管网建设，建成各镇区污水管网 12.5 公里。12 月，港城

沙溪镇泥桥村农村生活污水处理设施　（2015年12月摄　市水利局供稿）

组团污水处理厂改扩建工程进入调试阶段，建设规模为3万吨／日，项目总投资1.76亿元，预计2016年5月投产。

【农村生活污水治理三年（2015—2017年）行动计划】　2015年，《农村生活污水治理专项规划》通过市政府批准，年内，太仓市印发《太仓市农村生活污水处理设施运行管理暂行办法》《太仓市农村生活污水处理设施运行维护工作考核细则（暂行）》等相关政策和文件，编制技术指导手册并组织相关培训。实施璜泾孟河村伍胥村庄、浮桥三家市建元村、长江口旅游度假区（浏河镇）浏南村斑竹园等重点村、特色村以及启动王秀、新湖、岳王等5个管理区的农村生活污水治理，受益农户超9000户，完成苏州下达的年度治理任务。

【城区排水达标区建设】　2015年，太仓市推进城区入河生活污水截流，改善水环境。在老城区范围内启动排水达标区试点普查，对市政污水管网和排水户存在的雨污合流、私接、乱接、混接、乱排雨污管道现象开展网格式普查，并进行整改。全年完成14个片区的排水普查，普查排水户2787户、建筑物1259栋、管网110.5公里。开展7个片区的整改，完成长春河、致和塘西段入河生活污水截流工作。建造完成金色江南一体式泵站1座，新建果园二村、景仓苑等污水管道2228米，建造完成检查井106座、截流井4座、隔油池1座。

【排水行业管理】　2015年，全市受理审批排水户申请103家，规范新增排水户的排水行为。开展建设工地生活污水临时排水情况检查，共检查建筑工地42家，其中不合格22家，完成整改16家。加强农污设施运行管理，委托第三方开展专业化管理，确保正常运行。加强排水水质监测工作，定期对全市9家城镇生活污水处理厂、72个农村生活污水处理设施的进出水水质开展抽样检查，并通报检测结果。

（施　祥　周　婷）

水利设施

【长江防洪工程管理】　太仓市境内长江堤防位于长江河口段西支南岸，西起常熟市白茆口，东至上海宝山区阂家河，涉及璜泾镇、浮桥镇和长江口旅游度假区（浏河镇）3个镇（区），主江堤长38.38公里，闸外港堤12公里。沿江共有浏河、杨林、七浦、荡茜等通江水闸12座、通江涵洞11座，构成沿江防洪挡潮屏障。2015年5月起，新建的七浦塘荡茜口门枢纽发挥通水和泄洪、挡潮功能。年内，杨林塘航道整治工程完工，在原杨林节制闸往上游200米处新建三孔节制闸和船闸各1座，原杨林北港堤挖除，向北侧后移新建港堤。新七浦塘整治工程完工，在现有的荡茜节制闸、船闸北侧新建江边泵站，原荡茜北港堤挖除，向北侧后移新建港堤。太仓市堤闸管理处承担境内长江防洪工程的运行管理维护任务。2015年，该处完成七浦闸上下游翼墙沉降修复、七浦闸上游南岸模袋砼护坡翻建及护底抛石、钱泾闸下游南岸新建护岸、新泾闸和浪港闸上游护底抛石、新泾闸上游新建护岸等维修项目及水闸日常维修养护。

【圩区管理】　太仓圩区总面积约49平方公里，涉及城厢、沙溪、双凤3镇，共有联圩10个，圩堤总长76.56公里，排涝闸站46座、圩口闸15座。2015年，太仓市在完成苏州市政府下达的圩堤管理三年达标计划后，继续深化圩区管理达标，突出抓好圩堤加高、道路提档和闸站维修，做好绿化养护、管理设施维护，确保堤防安全及闸站运行良好，圩区管理工作在苏州市考核中保持领先。

【城镇防洪排涝工程建设】　2015年，太仓市根据市十五届人大四次会议一号议案，把“城区防洪排涝改造工程”列为政府实事工程，解决老城区惠阳一村、洋沙泾、桃园新村、梅园社区和西城区漂白池、太丰社区、西郊社区、伟阳社区等低洼区域（地面高程3.5～4.0米）遇外河高水位倒灌受淹的问题，计划共新建、改建和维修排涝闸站12座，总投资6000万元，分两年实施。2015年，投资3930万元新建致和塘闸站、庙前港闸站、北城河西闸站、古塘河东闸站，新建西水关节制闸，改建洋沙泾北泵站、西城河闸站。工程于10月开工，至年底完成围堰和基础。年内，沙溪镇完成太星村集中居住区防洪排涝工程建设，投资350万元，新建节制闸1座、涵闸5座、圩堤2.5公里。

【骨干河道整治】　太仓市投资12.5亿元实施七浦塘拓浚整治太仓段工程，共拓浚整治河道21.58公里，新

七浦塘拓浚整治工程完工　　（2015 年 12 月摄　市水利局供稿）

改建跨河桥梁 22 座、支河口门控制建筑物 49 座。工程于 2015 年 5 月底顺利通水，年底基本完工。年内，全面完成中小河流治理项目盐铁塘太仓段 24.58 公里、半泾河 5.7 公里河道整治，通过省级竣工验收。完成湖川塘新区段 0.7 公里拓浚整治。

（周　婷）

信息化工作

【概况】 2015 年，太仓市拥有固定电话总数 20.45 万台（数据来源市经信委，下同）；移动电话总数 97.33 万台；有线电视用户总数 24.22 万户；通信 3G、4G 业务用户总数 81.52 万人；互联网宽带上网用户总数 26.86 万户；光纤总长度 73.71 万芯公里；互联网总带宽 894 千兆；推进城市光网建设，累计完成光网小区覆盖建设 260 个；启动公共场所无线局域网布局与服务，主要覆盖商业楼宇、高校、医院、车站等热点区域。

【两化融合】 2015 年，太仓市继续推进两化融合（以信息化带动工业化、以工业化促进信息化）工作，以加快新一代信息技术与制造业融合为主线，注重标准引领、示范带动、远近结合、强化支撑的推进思路，打造信息化环境下制造业竞争新优势，推动制造业转型升级和提质增效。全市软件和集成电路产业实现总产值 10.05 亿元，较上年增长 22.83%。其中，嵌入式软件实现总产值 8.93 亿元，较上年增长 24.19%；电子信息制造产业（省经信委统计口径）实现产值 300.65 亿元，较上年增长 7.7%。全市共有江苏省认定的双软企业（软件企业的认定和软件产品的登记）19 家，规模以上电子信息制造企业 83 家。

2015 年太仓市信息基础设施调查表

表 2

通信网络设施	电信	移动	联通	广电	合计
固话用户数（万台）	18.6	0.85	1	—	20.45
移动电话用户数（万台）	30.8	51	15.53	—	97.33
有线电视用户数（万户）	6	1.42	—	16.8	24.22
有线电视双向改造覆盖用户数（万户）	—	—	—	12.6	12.6
宽带用户数（万户）	17	6.15	2.61	1.1	26.86
3G、4G 业务用户数（万户）	35.7	32	13.82	—	81.52
基站数（2G/3G/4G）（个）	251/2251/374	285/331/378	243/428/626	—	5167
光纤总长度（万芯公里）	42.5	11.84	10.87	8.5	73.71
交换机数（万门）	37.5	80	22	—	139.5
互联网接入带宽（千兆）	560	240	92	2	894

5月，雅鹿控股股份有限公司、苏州托克斯冲压设备有限公司入围第一批江苏省两化融合转型升级示范企业名单。江苏仓环铜业股份有限公司、太仓海润太阳能有限公司、苏州巨能发电配套设备有限公司、太仓威格玛机械设备有限公司入选第一批江苏省两化融合试点企业。获省工业和信息产业转型升级专项引导资金支持项目1个，奖励50万元。太仓威格玛机械设备有限公司、太仓协鑫光伏科技有限公司入选2015年度江苏省“五星级数字企业”名单；太仓协鑫光伏科技有限公司、太仓市康辉科技发展有限公司、太仓天宇电子有限公司、苏州宝骅机械技术有限公司、东又悦（苏州）电子科技新材料有限公司、羽田电子科技（太仓）有限公司入选2015年度江苏省“四星级数字企业”名单；太仓市天丝利塑化有限公司获评2015年苏州市两化融合转型升级示范企业；捷赛机械（苏州）有限公司获评2015年苏州市两化融合转型升级试点企业。安佑生物科技集团创新工程(供应链协同在饲料行业中的应用）获评2015年江苏省两化深度融合创新（互联网与工业融合创新）试点工程。

【智慧城市建设】 2015年，太仓市继续加快创建智慧城市行动计划(2013—2017年)，计划包括五大类、20项工程、51个项目。年内，重点推进太仓市信息化支撑交换平台和人口库项目建设，完成与苏州人口库的信息交换，接入太仓公安、交通、卫生、残联、社保等部门个人信息105项，实现人口信息的统一采集、维护和管理，实现各部门数据共享交换与业务协同。建设“数字太仓”地理空间框架，建立全市地理信息公共服务涉密版、政务版和公众版数据集，开发平台服务功能，形成太仓市权威的、通用的地理信息公共平台。重点建设集道路交通监测、决策、控制和服务为一体的“智慧交通”管理和信息服务平台，整合现有公安、交通、城管等各部门信息，提高相关业务单位对道路交通管理综合管控能力，面向公众提供出行交通信息服务。继续推进“太仓市民卡”项目建设，完成市民卡制卡47万张；拓展高龄卡、爱心卡、劳模卡等特殊人群卡；实现市民卡在公交乘车、图书借阅、公共自行车、智能停车、商业及金融等领域的应用。建设区域卫生信息平台，实现群众就诊“一卡通”，推进基层信息系统向居民家庭的延伸；建设太仓教育综合管理平台、班班通资源平台、网络学习人人通平台和教育资源公共服务云平台。

（朱奔菁　陈永刚）

电　信

【概况】 2015年，太仓电信加快4G网络建设和网络优化工作，规划建设LTE（移动通信技术的长期演进）基站363个，累计724个，实现全市全覆盖。完成室分合路9个，开通信源37个，持续推进应用广覆盖，做好新开站的单站验证及周边优化工作。截至年底，全市电信“天翼”用户30.49万户，宽带用户17.96万户。9月，中国电信太仓分公司获评2012—2014年苏州市文明单位。

【电信服务】 2015年，太仓电信持续做好各类重大通信保障工作，主要有金融行业年终决算网络保障、学业化水平测试、成人高考、高考标准化考证视频监控网络保障、市水利局汛期通信保障和全国女排比赛等各类重大赛事的通信保障工作等。推进“城市光网”建设工作，重点完善光缆网络，拓展太仓总体出口带宽。累计完成住宅光纤覆盖建设25.2万户，实现城区和乡镇100兆的宽带提供能力。完成市城管局智能停车管理信息系统、城管局物业管理平台信息系统、智慧校园建设（包括无线校园、班班通平台、校车4G无线监控、校车考勤及天翼学生证项目建设）、社区以及道路监控系统、市水利局现代化农田灌溉系统、太仓农村商业银行无线覆盖系统等重点智慧城市项目的签约建设。

（陈依文）

有线传输

【概况】 2015年，太仓市有线电视用户11.8万户，高清互动终端2.6万台，宽带用户1万户，双向网覆盖有效用户数9.5万户。网内传输有线数字电视频道187套，其中标清基本频道75套，标清付费频道59套，高清基本频道25套，高清付费频道28套，实现45套标清、14套高清频道的电视节目7天回看，建立完善视频监控服务体系，提升视频监控服务质量，完成6个社区高清互动整体升级工作。

【有线网络建设】 2015年，太仓广电网络重点推进双向网络改造，成立网优网改工作领导小组，实施《太仓广电网络双向化建设、改造总体规划草案》，对双向网改造进行整体技术规划，重新规范设计设备、器材的技术指标、规格等参数。在全面规划基础上制定全年网优网改工作计划，全年累计立项申报92个网优网改项目，完成63个网改项目建设，覆盖用户数3.7万户。

【广电安全播出】 2015年，太仓广电网络落实安全播出应急预案工作要求，做到前端机房24小时值守，做好防插播处置、技术防范和设备备份。加大巡查力度，定期对各乡镇的机房及主干线路进行巡查，处理重大故障2起，乡镇光缆抢修10余次，熔接光纤1000多芯。定期开展安全检查，传媒中心机房例行检查每周一次，其他分前端机房每月巡视抽检1次；6月和10月，分别举行全市站房、营业厅安全生产、安全播出大检查，排查安全隐患，确保广播电视安全生产、安全播出，提供优质高效的广播电视节目。

【广电监控业务】 2015年，太仓广电网络拓展监控业务市场，推广监控图像租赁模式，重点提升监控图像质量，全年新增监控点位近6000个。成立治安监控项目工作组，升级改造原有亿通监控平台，自建海康监控系统平台，广电监控全部采用海康高清摄像机，提高视频监控图像的清晰度和稳定性。健全完善服务体系，明确监控维护职责及流程。建立视频监控业务支撑平台和监控自动巡查报警系统，24 小时实时监控设备运行状况，确保 24 小时内修复故障。

【有线智慧社区】 2015 年，太仓市推进有线智慧社区项目建设，市智慧社区建设项目的主要内容为“一平台、一空间、一中心、三应用”。其中，“一平台”，即一体化应用开放平台；“一空间”，即市民虚拟数字空间；“一中心”，即智慧社区数据中心；“三应用”，即政务管理服务、便民综合服务和社区网格化管理服务。有线智慧社区依托有线电视基础网络和智能机顶盒终端，打造集社区管理、民生服务、信息发布和文化传播于一体的综合信息服务平台，用户只要打开电视，足不出户就可享受医疗、文化、交通、教育等公共服务。太仓市调研社区服务管理工作、居民关注需求及社区周边服务成熟度等数据信息，为完成智慧社区各平台功能设计、制定项目开发计划奠定基础。年内，在城厢镇智慧社区项目——“智慧盛园”试点基础上，全市首个智慧乡镇——“智慧璜泾”完成整体规划设计。

（陈　琳）

联合通信

【概况】 2015 年，太仓联通实现业务收入 1.5 亿元，拥有固话用户数 6000 台，宽带用户数 1.9 万户，移动电话用户数 14 万户；其中 2G 业务用户数 3.5 万户，3G 业务用户数 3.1 万户，4G 业务用户数 6 万户。2G、3G、4G 基站数分别为 208 个、442 个、695 个，拥有光纤总长度 9.28 万芯公里，交换机数 9.5 万门，互联网接入宽带 800 千兆。截至年底，网络覆盖小区 371 个，覆盖楼宇 56 栋。年内，通过网络建设和优化计划，加快 4G 网络建设，加大网络资源共建共享，沃 4G 网络覆盖更完善、网速加倍提升、通话体验更出色。太仓联通针对沃 4G 优势、176 专属号段、沃 4G 合约手机等 4G 营销内容打造“赢在联通 4G”内外气势，促进 4G 快速销售，提供用户体验“速度更快、资费更优、选择更多、服务更便捷、感知更畅快”的 4G 业务。继续落实实名制登记工作，新增用户 100% 实名登记。

（王晓晨）

移动通信

【概况】 2015 年，太仓移动聚焦 4G 发展，深化流量经营，提升信息化建设。至年底，全市移动用户 54.5 万户，其中 4G 用户 33 万户，4G 用户人均流量 970 兆。移动光纤宽带覆盖 429 个小区、22.5 万户，累计发展宽带用户 6 万户。太仓移动提升 4G 网络覆盖深度，扩大覆盖广度。新建 4G 基站 216 个，累计 602 个，实现太仓地区 4G 网络全覆盖。新增光纤小区覆盖 51785 户，整体宽带网络覆盖约 23 万户。太仓移动营业厅投诉量较上年下降 55.88%，太仓移动公司“移动通信服务”获评全国实施用户满意工程“用户满意用户”。

（王岩梅）

生态环境

环境质量

【水环境】 饮用水水质。2015 年，太仓市集中式生活饮用水水源地取水总量 1.01 亿吨，市第二水厂、市第三水厂 2 个饮用水水源地水质均达《地表水环境质量标准》（GB3838—2002）三类水标准和集中式生活饮用水地表水源地特定项目标准，水质达标率 100%。

“河流断面长制”及现代化考核断面水质。“河流断面长制”考核断面 11 个，分别为浏河闸、振东渡口、杨林桥、仪桥、东方红桥、浪港闸、友谊桥、钱泾闸、高墩泾、浏河、新丰桥镇断面，上述断面中除新丰桥镇断面外，其余 10 个断面均为现代化考核断面。杨林桥、仪桥、高墩泾 3 个断面因河道整治工程暂停考核。8 个“河流断面长制”考核断面中，共有 4 个断面水质达到相应功能区要求，达标率 50%；7 个现代化考核断面中，有 4 个断面水质达Ⅲ类水标准，占比 57.1%。

农村水环境质量。全市各村（社区）共设监测断面 96 个，其中浮桥 18 个、浏河 8 个、新区 11 个、双凤 9 个、城厢 8 个、璜泾 13 个、沙溪 20 个、港区 6 个、科教新城 3 个。上半年、下半年各监测一次，监测项目为溶解氧、高锰酸盐指数、氨氮、总磷，按照地表水Ⅳ类标准评价。2015 年，各村断面达标率 35.9%。

2015 年太仓市地表水功能区断面水质统计表（6 月）

表 3

编号	采样地点	pH	溶解氧	高锰酸盐指数	生化需氧量	氨氮	石油类	挥发酚	汞	铅
		无量纲	毫克 / 升	毫克 / 升	毫克 / 升	毫克 / 升	毫克 / 升	毫克 / 升	毫克 / 升	毫克 / 升
1	浏河闸	7.4	2.3	4.8	3.2	0.18	0.005	0.001	0.00002	0.0005
2	振东渡口	7.5	1.9	6.7	4.2	5.93	0.005	0.002	0.00008	0.0005
3	友谊桥	7.7	2.8	9.1	2.9	1.48	0.005	0.001	0.00007	0.0005
4	东方红桥	7.6	2.8	9.5	3.0	2.67	0.005	0.002	0.00002	0.0005
5	浪港闸	7.6	5.2	5.3	3.6	0.91	0.005	0.002	0.00004	0.0005

续表 3

编号	采样地点	pH	溶解氧	高锰酸盐指数	生化需氧量	氨氮	石油类	挥发酚	汞	铅
		无量纲	毫克 / 升	毫克 / 升	毫克 / 升	毫克 / 升	毫克 / 升	毫克 / 升	毫克 / 升	毫克 / 升
6	钱泾闸	7.6	3.5	10	4.5	1.29	0.005	0.001	0.00002	0.0005
7	新丰桥镇	7.6	2.7	10.7	11.6	5.29	0.005	0.001	0.00009	0.001
8	浏河	7.7	5.0	5.2	1.5	0.08	0.005	0.001	0.00005	0.0005

2015 年太仓市地表水功能区断面水质统计表（12 月）

表 4

编号	采样地点	pH	溶解氧	高锰酸盐指数	生化需氧量	氨氮	石油类	挥发酚	汞	铅
		无量纲	毫克 / 升	毫克 / 升	毫克 / 升	毫克 / 升	毫克 / 升	毫克 / 升	毫克 / 升	毫克 / 升
1	浏河闸	7.5	5.7	8.5	6.5	2.95	0.005	0.001	0.00002	0.0005
2	振东渡口	7.4	0.5	8.9	5.4	1.50	0.005	0.001	0.00002	0.0005
3	友谊桥	7.7	7.0	3.0	2.0	1.34	0.005	0.001	0.00002	0.0005
4	东方红桥	7.6	7.1	9.9	7.3	1.90	0.005	0.002	0.00002	0.0005
5	浪港闸	7.7	7.2	8.2	1.7	0.76	0.005	0.002	0.00002	0.0005
6	钱泾闸	7.6	6.9	8.3	5.4	1.50	0.005	0.002	0.00002	0.0005
7	新丰桥镇	7.5	6.3	8.3	6.7	1.90	0.005	0.002	0.00002	0.0005
8	浏河	7.9	9.1	3.4	1.9	0.04	0.005	0.001	0.00002	0.0005

2015 年太仓市地表水功能区断面水质年均值统计表

表 5

编号	采样地点	pH	溶解氧	高锰酸盐指数	生化需氧量	氨氮	石油类	挥发酚	汞	铅
		无量纲	毫克 / 升	毫克 / 升	毫克 / 升	毫克 / 升	毫克 / 升	毫克 / 升	毫克 / 升	毫克 / 升
1	浏河闸	7.4	5.1	5.5	3.7	1.28	0.005	0.002	0.00003	0.001
2	振东渡口	7.4	2.9	8.6	6.1	2.91	0.005	0.003	0.00004	0.001
3	友谊桥	7.8	6.2	5.8	3.7	0.90	0.005	0.002	0.00004	0.001
4	东方红桥	7.8	7.0	9.1	5.4	1.80	0.005	0.002	0.00003	0.001
5	浪港闸	7.8	6.9	5.8	3.9	0.65	0.005	0.002	0.00003	0.0005
6	钱泾闸	7.8	7.0	5.9	3.6	0.70	0.005	0.002	0.00003	0.0005
7	新丰桥镇	7.6	4.3	8.1	7.3	2.83	0.005	0.003	0.00004	0.001
8	浏河	7.8	7.3	3.5	1.9	0.16	0.005	0.002	0.00003	0.001

2015年太仓市各村水环境质量统计表（5月）

表6

镇村名称	河流名称	断面名称	溶解氧（毫克/升）	高锰酸盐指数（毫克/升）	氨氮（毫克/升）	总磷（毫克/升）
璜泾镇新明村	光明塘	新明桥	4.8	4.7	2.36	0.18
璜泾镇新海村	新泾塘	杨家堰桥	9.1	3.0	0.43	0.07
璜泾镇长洲村	中心塘	水闸桥	7.8	6.0	0.23	0.39
璜泾镇雅鹿村	连浦塘	长新桥	4.5	6.9	4.08	0.60
璜泾镇孟河村	双纲河	孟河二号桥	5.7	8.6	4.78	0.67
璜泾镇孙桥村	卢家塘	新孙桥	5.7	5.8	0.34	0.11
璜泾镇杨漕村	小桥塘	小桥塘桥	8.6	5.9	0.18	0.15
璜泾镇王秀村	石头塘	湘里大桥	3.4	9.3	2.95	0.27
璜泾镇荣文村	南顾塘	经南桥	3.4	7.9	3.33	0.47
璜泾镇新华村	马洛泾	新逢桥	1.3	8.2	3.84	0.44
璜泾镇永乐村	荡茜塘	荡茜桥	2.2	7.7	2.11	0.29
璜泾镇新联村	姚塘	村委边	10.8	12.5	0.21	0.24
璜泾镇荡茜村	自然河	新开河桥	9.5	6.3	0.15	0.17
浮桥镇浮南村	六尺河	革新桥	1.8	6.4	3.97	0.52
浮桥镇新邵村	杨林塘	杨林塘大桥	3.6	8.8	5.60	0.28
浮桥镇牌楼村	米场河	杨桥	2.8	9.3	6.48	0.57
浮桥镇丁泾村	米场河	一步二条桥	1.5	11.0	7.46	2.27
浮桥镇茜泾村	向阳桥	新港路向阳桥	0.3	39.7	16.20	1.86
浮桥镇三里村	向阳桥	向阳河桥	0.4	37.7	16.40	1.92
浮桥镇马北村	隋塘河	隋塘河桥	10.2	8.8	0.20	0.16
浮桥镇七丫村	杨林塘	仪桥	3.8	10.4	7.34	0.62
浮桥镇浮桥村	七浦塘	浮桥水闸	2.0	7.5	3.21	0.29
浮桥镇浪港村	浪港	滨江路桥	4.7	4.6	0.34	0.09
浮桥镇陆公村	浪港	浪港闸	4.8	3.8	0.18	0.06
浮桥镇鹿新村	鹿鸣泾	鹿鸣泾桥	4.2	3.9	0.39	0.05
浮桥镇庵弄村	荡茜河	庵弄桥	2.4	7.0	0.82	0.13
浮桥镇时思村	李泾河	李泾塘桥	2.5	7.0	0.80	0.21
浮桥镇先锋村	浪港	浮沪璜桥	1.8	8.4	2.30	0.65
浮桥镇红星村	石家泾	王家桥	1.6	10.9	5.24	1.29
浮桥镇绿化村	璜泾河	绿化桥	1.5	13.4	6.45	0.84
浮桥镇老闸村	石头塘	水闸桥	0.4	16.9	10.20	0.53
港区杨林村	杨林塘	杨林东大桥	3.8	10.3	7.26	0.61
港区三市村	石头塘	南闸二号桥	0.4	15.9	9.64	0.44

续表6

镇村名称	河流名称	断面名称	溶解氧（毫克/升）	高锰酸盐指数（毫克/升）	氨氮（毫克/升）	总磷（毫克/升）
港区新仓村	七浦塘	新仓桥	0.4	18.8	12.50	1.18
港区方桥村	丹浦泾	红光桥	3.0	13.2	4.66	0.68
港区荷池村	花浦塘	建亿桥	2.7	10.8	6.43	0.69
港区和平村	石孔泾	张浦桥	1.9	8.4	3.21	0.35
双凤镇勤力村	斜塘桥	勤力村南侧	7.2	12.8	2.30	0.75
双凤镇凤中村	吴塘河	吴塘桥	6.9	9.1	2.70	0.48
双凤镇黄桥村	中心河	中心河桥	5.6	11.4	13.40	0.33
双凤镇庆丰村	庙泾河	庙泾河二号桥	5.0	11.6	5.83	0.81
双凤镇维新村	丁江门河	毛观塘桥西	6.5	15.4	11.00	0.59
双凤镇泥泾村	陈庄泾河	陈庄泾桥	3.1	10.2	9.74	0.63
双凤镇新湖村	黄枫泾河	黄枫泾桥	6.2	10.1	1.68	0.58
双凤镇新卫村	吴塘河	八里桥	6.2	13.1	5.18	0.37
双凤镇新闾村	太平河	弄堂桥	5.9	13.8	4.86	0.56
新区横沥村	胡介港	胡介港桥	0.9	9.4	11.20	1.40
新区洙泾村	胡介港	中心桥	1.1	8.4	4.56	0.91
新区红庙村	横河	横河	2.8	8.1	0.96	0.25
新区洙桥村	石头塘	四清桥	1.4	8.8	5.65	0.36
新区三港村	生态园河	园区新桥	1.9	8.4	3.41	0.28
新区陆渡村	江申泾	水闸桥	0.7	9.8	10.80	1.33
新区花北村	十八港	新区公墓桥	3.4	9.4	11.90	0.63
新区岳南村	千步泾	千步泾桥	4.4	8.1	2.64	0.41
新区小桥村	横沥河	小桥	2.0	9.1	3.74	0.37
新区明星村	黄泥浜	黄泥浜桥	4.6	11.0	1.56	0.28
新区香花桥社区	十八港	苏州路桥	2.0	9.1	7.36	0.40
浏河镇浏南村	墅沟河	墅沟河桥	5.0	4.8	0.57	0.58
浏河镇闸北村	老浏河	汤泾河	5.0	11.8	3.64	0.26
浏河镇何桥村	农业园区	新开河	4.1	9.8	0.74	0.20
浏河镇东仓村	苏张泾	农泾桥	1.5	16.6	8.79	1.08
浏河镇新闸村	苏张泾	老村委会	1.5	21.1	8.71	1.26
浏河镇万安村	导泾	凤洲	0.7	19.9	9.70	1.36
浏河镇新塘村	马路塘	柴场	2.4	12.9	1.61	0.43
浏河镇张桥村	界泾河	界泾桥	4.5	14.7	6.34	0.83

续表 6

镇村名称	河流名称	断面名称	溶解氧（毫克/升）	高锰酸盐指数（毫克/升）	氨氮（毫克/升）	总磷（毫克/升）
沙溪镇太星村	姚浜河	姚浜河	2.3	6.7	1.40	0.14
沙溪镇岳新村	薛家河	项门桥	3.3	8.6	7.59	0.48
沙溪镇塘桥村	千步泾	千步泾桥	1.7	8.7	8.09	0.67
沙溪镇岳镇村	千步泾	宽洋桥	2.5	5.6	3.86	0.48
沙溪镇新建村	石头塘	唐泾桥	0.8	8.1	4.30	0.38
沙溪镇松南村	庙泾河	小岛便桥	1.0	6.3	2.97	0.55
沙溪镇徐淞村	蛇肚泾	浦家桥	1.2	6.6	3.97	0.26
沙溪镇凡山村	东浜	龚家堰	3.4	5.1	0.86	0.05
沙溪镇渠泾村	八千浜	化纤厂南	6.0	5.0	0.96	0.05
沙溪镇香塘村	姚家泾塘	白池堰	3.7	5.7	1.33	0.05
沙溪镇庄西村	归浦浜	归浦浜桥	4.7	8.0	2.11	0.16
沙溪镇项桥村	张泾河	小张泾桥	4.4	10.4	6.98	0.94
沙溪镇虹桥村	张泾河	印西路桥	3.1	10.7	2.32	0.72
沙溪镇泥桥村	直北圩	直北桥	1.6	7.9	3.69	0.45
沙溪镇泰西村	双庆桥	茜直路桥	1.3	8.0	6.08	0.34
沙溪镇洪泾村	横沥河	沙洪桥	6.7	9.4	2.78	0.41
沙溪镇半泾村	半泾河	大半泾桥	0.9	7.6	5.12	0.49
沙溪镇中荷村	扒横泾	夏家桥	1.4	7.8	4.77	0.47
沙溪镇胜利村	孔泾河	新孔泾桥	1.7	6.2	1.12	0.17
沙溪镇印北村	黄泥泾	印北二号桥	3.1	7.2	0.45	0.18
城厢镇电站村	秦港门	李家桥	2.9	12.8	6.54	0.36
城厢镇万丰村	中泾河	中泾河桥	1.7	10.5	2.78	0.40
城厢镇东林村	半泾河	杨安桥	3.9	5.9	0.46	0.12
城厢镇伟阳社区	施家泾河	华茵桥	4.1	9.0	7.18	0.62
城厢镇太丰社区	吴塘河	吴塘桥	2.3	9.1	9.41	0.76
城厢镇胜泾村	赤泾河	沼泾桥	5.7	9.1	5.64	0.40
城厢镇永丰村	沼泾河	沼泾桥	6.3	13.0	6.24	0.57
城厢镇新农村	中心河	新泾路桥	4.7	11.2	6.89	0.46
科教新城群星社区	沈家河	沈家桥	4.1	8.7	8.90	0.45
科教新城太安社区	东沼河	杨木桥	7.7	9.2	1.66	0.21
科教新城利民社区	向阳河	向阳桥	7.0	10.3	8.09	0.45

2015 年太仓市各村水环境质量统计表（11 月）

表 7

镇村名称	河流名称	断面名称	溶解氧（毫克 / 升）	高锰酸盐指数（毫克 / 升）	氨氮（毫克 / 升）	总磷（毫克 / 升）
璜泾镇新明村	光明塘	新明桥	2.0	7.3	0.35	0.12
璜泾镇新海村	新泾塘	杨家堰桥	7.0	3.6	0.17	0.04
璜泾镇长洲村	中心塘	水闸桥	5.9	9.1	0.20	0.10
璜泾镇雅鹿村	连浦塘	长新桥	7.0	7.1	1.32	0.09
璜泾镇孟河村	双纲河	孟河二号桥	3.1	13.9	1.33	0.42
璜泾镇孙桥村	卢家塘	新孙桥	6.3	7.5	0.27	0.14
璜泾镇杨漕村	小桥塘	小桥塘桥	6.8	7.1	0.26	0.07
璜泾镇王秀村	石头塘	湘里大桥	7.5	7.1	0.61	0.12
璜泾镇荣文村	南顾塘	经南桥	6.4	3.2	0.23	0.06
璜泾镇新华村	马洛泾	新逢桥	6.5	5.9	0.78	0.10
璜泾镇永乐村	荡茜塘	荡茜桥	7.6	8.4	0.16	0.10
璜泾镇新联村	姚塘	村委边	4.1	4.8	0.28	0.05
璜泾镇荡茜村	自然河	新开河桥	7.0	7.8	0.09	0.09
浮桥镇浮南村	六尺河	革新桥	4.3	1.8	0.46	0.05
浮桥镇新邵村	杨林塘	杨林塘大桥	6.1	9.0	0.26	0.10
浮桥镇牌楼村	米场河	杨桥	4.1	10.9	1.42	0.24
浮桥镇丁泾村	米场河	一步二条桥	4.3	11.6	1.52	0.30
浮桥镇茜泾村	向阳桥	新港路向阳桥	4.5	5.8	2.54	0.26
浮桥镇三里村	向阳桥	向阳河桥	4.2	6.2	2.51	0.26
浮桥镇马北村	隋塘河	隋塘河桥	6.5	4.4	0.36	0.10
浮桥镇七丫村	杨林塘	仪桥	7.6	4.3	0.05	0.06
浮桥镇浮桥村	七浦塘	浮桥水闸	6.1	3.9	0.16	0.05
浮桥镇浪港村	浪港	滨江路桥	6.8	3.9	0.13	0.03
浮桥镇陆公村	浪港	浪港闸	6.6	4.2	0.08	0.03
浮桥镇鹿新村	鹿鸣泾	鹿鸣泾桥	7.4	4.7	0.07	0.04
浮桥镇庵弄村	荡茜河	庵弄桥	7.2	7.7	0.13	0.06
浮桥镇时思村	李泾河	李泾塘桥	7.3	6.2	0.54	0.09
浮桥镇先锋村	浪港	浮沪璜桥	4.5	6.8	0.12	0.06
浮桥镇红星村	石家泾	王家桥	7.3	6.2	0.31	0.06
浮桥镇绿化村	璜泾河	绿化桥	6.8	9.6	0.32	0.10
浮桥镇老闸村	石头塘	水闸桥	5.7	7.4	0.49	0.06
港区杨林村	杨林塘	杨林东大桥	5.8	10.7	1.45	0.11
港区三市村	石头塘	南闸二号桥	3.9	5.5	0.46	0.06
港区新仓村	七浦塘	新仓桥	4.3	5.0	0.78	0.07
港区方桥村	丹浦泾	红光桥	5.7	7.7	0.48	0.05
港区荷池村	花浦塘	建亿桥	4.5	5.1	0.43	0.04

续表 7

镇村名称	河流名称	断面名称	溶解氧（毫克/升）	高锰酸盐指数（毫克/升）	氨氮（毫克/升）	总磷（毫克/升）
港区和平村	石孔泾	张浦桥	8.9	8.2	1.19	0.07
双凤镇勤力村	斜塘桥	勤力村南侧	9.1	10.2	0.05	0.19
双凤镇凤中村	吴塘河	吴塘桥	8.8	9.4	0.50	0.20
双凤镇黄桥村	中心河	中心河桥	9.4	12.0	1.30	0.18
双凤镇庆丰村	庙泾河	庙泾河二号桥	8.2	10.7	0.86	0.23
双凤镇维新村	丁江门河	毛观塘桥西	2.5	14.7	3.79	0.26
双凤镇泥泾村	陈庄泾河	陈庄泾桥	5.3	10.7	2.05	0.17
双凤镇新湖村	黄枫泾河	黄枫泾桥	8.2	11.9	0.77	0.36
双凤镇新卫村	吴塘河	八里桥	7.9	12.5	0.82	0.21
双凤镇新闾村	太平河	弄堂桥	7.5	13.7	0.12	0.30
新区横沥村	胡介港	胡介港桥	4.5	9.0	2.22	0.18
新区涞泾村	胡介港	中心桥	4.6	9.2	1.05	0.12
新区红庙村	横河	横河	5.9	9.5	0.99	0.16
新区涞桥村	石头塘	四清桥	7.6	8.5	1.22	0.12
新区三港村	生态园河	园区新桥	10.9	8.9	0.54	0.13
新区陆渡村	江申泾	水闸桥	3.8	9.7	2.64	0.22
新区花北村	十八港	新区公墓桥	5.9	3.5	0.09	0.07
新区岳南村	千步泾	千步泾桥	6.9	7.2	0.27	0.07
新区小桥村	横沥河	小桥	6.4	7.6	0.21	0.05
新区明星村	黄泥浜	黄泥浜桥	6.4	14.1	0.93	0.16
新区香花桥社区	十八港	苏州路桥	6.7	13.1	0.95	0.22
浏河镇浏南村	墅沟河	墅沟河桥	9.0	12.8	0.70	0.23
浏河镇闸北村	老浏河	汤泾河	6.8	13.1	0.22	0.20
浏河镇何桥村	农业园区	新开河	8.6	12.1	0.50	0.27
浏河镇东仓村	苏张泾	农泾桥	7.0	9.8	0.71	0.09
浏河镇新闸村	苏张泾	老村委会	11.6	8.6	0.59	0.09
浏河镇万安村	导泾	凤洲	8.7	9.9	1.04	0.13
浏河镇新塘村	马路塘	柴场	11.3	10.3	0.14	0.07
浏河镇张桥村	界泾河	界泾桥	5.8	10.0	2.25	0.07
沙溪镇太星村	姚浜河	姚浜河	8.3	9.0	0.26	0.09
沙溪镇岳新村	薛家河	项门桥	10.6	10.1	0.12	0.09
沙溪镇塘桥村	千步泾	千步泾桥	6.5	7.6	0.71	0.08
沙溪镇岳镇村	千步泾	宽洋桥	6.3	6.6	0.77	0.10
沙溪镇新建村	石头塘	唐泾桥	7.8	4.9	0.80	0.09
沙溪镇松南村	庙泾河	小岛便桥	7.1	9.2	1.61	0.35
沙溪镇徐淞村	蛇肚泾	浦家桥	9.0	7.5	0.86	0.13
沙溪镇凡山村	东浜	龚家堰	6.9	9.6	0.57	0.12

续表 7

镇村名称	河流名称	断面名称	溶解氧（毫克／升）	高锰酸盐指数（毫克／升）	氨氮（毫克／升）	总磷（毫克／升）
沙溪镇渠泾村	八千浜	化纤厂南	5.3	8.3	0.38	0.08
沙溪镇香塘村	姚家泾塘	白池堰	6.4	7.2	0.17	0.07
沙溪镇庄西村	归浦浜	归浦浜桥	7.6	9.4	0.18	0.13
沙溪镇项桥村	张泾河	小张泾桥	10.2	11.3	0.93	0.23
沙溪镇虹桥村	张泾河	印西路桥	10.0	10.2	0.25	0.14
沙溪镇泥桥村	直北圩	直北桥	6.9	12.1	0.98	0.34
沙溪镇泰西村	双庆桥	茜直路桥	6.2	9.5	0.66	0.15
沙溪镇洪泾村	横沥河	沙洪桥	7.6	11.6	1.42	0.19
沙溪镇半泾村	半泾河	大半泾桥	8.0	9.4	0.19	0.19
沙溪镇中荷村	扒横泾	夏家桥	9.9	11.4	0.59	0.20
沙溪镇胜利村	孔泾河	新孔泾桥	11.1	10.9	1.93	0.20
沙溪镇印北村	黄泥泾	印北二号桥	9.6	8.9	0.22	0.10
城厢镇电站村	秦港门	李家桥	8.2	10.0	0.92	0.09
城厢镇万丰村	中泾河	中泾河桥	7.3	9.9	0.32	0.09
城厢镇东林村	半泾河	杨安桥	6.0	12.7	1.54	0.17
城厢镇伟阳社区	施家泾河	华茵桥	10.7	11.0	0.54	0.24
城厢镇太丰社区	吴塘河	吴塘桥	7.8	11.4	2.60	0.30
城厢镇胜泾村	赤泾河	沼泾桥	2.7	14.6	3.28	0.41
城厢镇永丰村	沼泾河	沼泾桥	9.2	12.2	0.26	0.13
城厢镇新农村	中心河	新泾路桥	7.6	10.7	1.81	0.19
科教新城群星社区	沈家河	沈家桥	3.5	8.7	2.79	0.13
科教新城太安社区	东沼河	杨木桥	5.4	8.1	2.39	0.16
科教新城利民社区	向阳河	向阳桥	5.0	9.4	3.37	0.40

【环境空气】 2015年，太仓市环境空气有效监测天数363天，其中优良天数为240天，优良率为66.1%。市区环境空气污染天数123天，占比33.9%，其中轻度污染天数87天，占全年的23.9%，中度污染天数27天，占全年的7.4%，重度污染及以上天数9天，占全年的2.4%。1月、4月、12月为污染天气高发期，其污染天数占全年污染天数的35%以上。

降尘。全年4个季度降尘监测值分别为4.56吨／平方公里·月、4.62吨／平方公里·月、4.17吨／平方公里·月、3.64吨／平方公里·月。市区降尘月均值为4.25吨／平方公里·月，较上年月均值（5.22吨／平方公里·月）下降18.6%。

酸雨。全年太仓市区共采集降水样品114个，其中酸雨（pH值<5.6）45个，降水pH均值为5.61，酸雨发生率39.5%。

【声环境】 区域环境噪声。2015年，太仓市昼间区域环境噪声等效声级55.4分贝，达到《环境噪声监测技术规范城市声环境常规监测》三级水平，区域环境噪声质量等级为“一般”。

城区功能区噪声。昼间、夜间测量值均达到相应功能区类别标准，达标率100%。

道路交通噪声。昼间道路交通等效声级（Leq）平均值63.9分贝，达《环境噪声监测技术规范城市声环境常规监测》昼间一级要求，道路交通噪声强度等级为“好”。

【工业污染源】 工业废气。2015年，太仓市燃煤总量1234万吨，较上年下降11%。电力、热力生产和供应业为煤炭消耗主要行业，耗煤量1206万吨，占全市总耗煤量97.7%。全市工业废气排放总量1052亿立方米，较上年下降2.2%。其中，电力、热力生产和供应业是废气排放量最大的行业，累计排放量985亿立方米，占全市总量93.6%。全市工业废气中二氧化硫、氮氧化物、烟（粉）尘排放量分别为1.75万吨、1.72万吨、5804吨，较上年分别下降11.3%、33%、2.5%。其中，电力、热力生产和供应业是废气污染物排放第一大

2015 年太仓市环境空气各级别天数统计表

表 8　　单位：天

月份	有效监测天数	一级（优）	二级（良）	三级（轻度污染）	四级（中度污染）	五级（重度污染）	六级（严重污染）
1 月	31	5	5	13	5	3	0
2 月	28	7	12	6	1	2	0
3 月	31	5	15	10	1	0	0
4 月	28	0	17	9	2	0	0
5 月	31	0	25	4	2	0	0
6 月	30	2	18	6	3	1	0
7 月	31	6	17	5	3	0	0
8 月	31	10	11	7	3	0	0
9 月	30	2	22	3	3	0	0
10 月	31	2	22	6	1	0	0
11 月	30	7	13	10	0	0	0
12 月	31	0	17	8	3	3	0
合计	363	46	194	87	27	9	0

行业，其二氧化硫、氮氧化物、烟（粉）尘排放量分别为 1.36 万吨、1.55 万吨、3328 吨，均居全市首位，分别占全市总量的 77.5%、90.2% 和 57.3%。

工业废水。全市工业用水量 4.57 亿吨，其中新鲜用水量 8707 万吨，占比 19.1%；重复用水量 36942 万吨，占比 80.9%。工业废水排放总量 5710 万吨，较上年增长 2%。工业废水排放的主要行业为造纸和纸制品业，排放量 2651 万吨，占比 46.4%。全市工业化学需氧量和氨氮排放量分别为 4637 吨和 315 吨，较上年分别上升 1.5% 和 0.6%。造纸和纸制品业是全市化学需氧量排放量最大的行业，排放量为 2289 吨，占全市排放总量的 49.4%。造纸和纸制品业是全市氨氮排放量最大的行业，其排放量为 133 吨，占全市排放总量的 42.2%。

工业固体废物。全市工业固体废物产生量 255.52 万吨，综合利用量为 252.18 万吨，综合利用率为 98.7%；危险废物产生量 6.66 万吨，处置量 4.9 万吨，贮存量 0.97 万吨。危险废物主要来自光伏行业，其产生量为 2.47 万吨，占危险废物总量 37.1%。

全年全市 8 座污水处理厂年产污泥量 3.17 万吨，均通过制肥、制砖处置，污泥安全处置率 100%。

（吴　俊）

土地资源

【概况】 2015 年，太仓土地资源工作按照“保护资源、节约集约、维护权益、改革创新”工作要求，筑牢耕地保护基础、遏制违法违规用地、推进节约集约用地；以信息化建设为突破，推动土地资源管理现代化、规范化和精细化。启动“智慧国土”项目建设，通过建设覆盖全市域的土地视频监控系统和土地“批供用补查”全业务网上审批平台，提升土地监管水平。推进土地档案数字化工作，归档 984 件 2.16 万卷。组织实施土地利用总体规划一般性修改，涉及调整允许建设区布局 135 公顷。贯彻落实差别化供地政策，统筹调配 109 公顷农地转用计划，保障亦昭生物、新六洲本田、中广核等项目以及农民安置房等民生工程用地。

【耕地资源保护】 2015 年，太仓市备案设施农业用地 34 宗，面积 9.93 公顷。市国土资源局层层签订基本农田保护责任书、将耕地保护列入对区镇绩效考核内容等举措，落实耕地保护责任制。严格“四个百万亩”（百万亩优质粮油工程、百万亩高效园艺工程、百万亩特种水产工程、百万亩生态林地工程）用地管理，落实“四个百万亩”用地补划任务。规范设施农业用地审核备案流程，强化设施农业用地管理，落实“农地农用”政策。6 月，与市农委联合制定《太仓市设施农用地管理实施意见》，将设施农用地划分为三大类，分别是生产设施用地、附属设施用地和配套设施用地，严格界定每种设施农用地类型的主要用途和规模。推进土地复垦整治工作，做好增减挂钩和占补平衡项目建设，全市共入库实施增减挂钩项目 28 个、面积 75.2 公顷；占补平衡项目 26 个、面积 47.06 公顷。联合市财政局印发《太仓市耕地占补平衡周转资金管理试行办法》，提高占补平衡项目资金补助标准，提升土地复垦积极性。12 月 10 日，苏州市占补平衡补充耕地质量评审会专家组评定太仓市 2015

年第一批21个共计39.95公顷占补平衡项目复垦情况良好、耕地质量较高。继续开展“三优三保”（优化建设用地空间布局保障发展，优化农用地结构布局保护耕地，优化镇村居住用地布局保护权益）试点工作，实现促进土地空间优化配置，促进土地资源集约利用，促进生态环境显著提升。以城厢镇为试点，组织编制城厢镇“三优三保”专项规划。

【节约集约用地】 2015年，太仓市统筹高效配置土地资源，优化城乡空间布局，打造土地资源节约集约利用示范区。鼓励土地立体综合开发，拓展资源利用空间。规范对地下、地表、地上空间立体开发利用管理。开展批而未供和闲置土地专项清理，在摸清情况底数基础上，按照“分类处理、一地一策”原则，研究制定处置方案，明确处置时间进度，督促区镇加快清理处置。全年共消化批而未供土地71.33公顷，完成4宗闲置土地处置。推进低效用地二次开发，共盘活提升低效用地26宗、45.26公顷。配合实施《太仓市新增工业项目用地联合预审管理制度》，对新增工业项目进行多部门联合预审把关，严格用地准入，从源头上把好节约集约用地关口。督促区镇加快已批建设用地的供地速度，提高供地率。7月21日，省人大常委会委员、环资城建委副主任杨根林率调研组会同省国土厅到太仓市调研节约集约用地情况。调研组对太仓市通过加快产业集聚升级、建设高标准厂房、引进节地高效型企业等举措、提升节约集约用地水平的做法表示肯定。

【建设用地报批与供应】 2015年，太仓市加强土地征转报批的组织协调，提高用地报批效率，促进项目及早落地建设。全年共获批城镇建设用地17批次和独立选址项目用地7个，获批用地总面积394.2公顷。办理建设项目供地116宗、323.81公顷，其中：招拍挂出让供地99宗、274.9公顷；划拨供地17宗、48.9公顷。办理集体建设用地流转1宗、0.91公顷。

【土地招标拍卖挂牌出让】 2015年，太仓市推进国有建设用地使用权网上交易工作，健全土地出让机制。全年共招标拍卖挂牌出让国有建设用地99宗、274.91公顷，成交出让金34.82亿元，其中：工矿仓储用地64宗、157.16公顷，成交金额4.11亿元；经营性用地35宗、117.75公顷，成交金额30.71亿元。经营性用地出让面积比2014年上升25.88%，成交总价较2014年上涨5.27%，其中：住宅用地（含安置房用地）出让面积比2014年上升3.63%、成交总价比2014年下降19.35%；商住用地出让面积、成交总价分别上涨75.23%和30.81%；商服用地出让面积、成交总价分别下降53.67%和121.7%。6月15日，太仓市挂牌出让位于新区东亭路西、郑和东路北两宗国有建设用地使用权，总面积7.87公顷，用途为城镇住宅、商业，最终均由泰州市碧桂园房地产开发有限公司取得，成交总价4.61亿元。9月28日，太仓市挂牌出让位于长江口旅游度假区的6宗国有建设用地使用权，宗地总面积7.87公顷，主要用途均为城镇住宅、商业。其中，4宗地块由广州增城市碧桂园物业发展有限公司取得，成交价6.24亿元；2宗地块由市招商局地产控股股份有限公司取得，成交价3.62亿元。11月12日，太仓市出让一宗工业用地，地块位于新区东仓路东、广州路北，总面积26.07公顷，出让金总价6639万元，由新大洲本田摩托有限公司苏州分公司取得。

2015年太仓市国有建设用地使用权公开出让分类情况表

表9

土地类别	面积（万平方米）	比例（%）
工业及仓储	157.16	54.17
住宅（含安置房用地）	65.03	23.66
商　住	43.93	15.98
商　服	8.79	3.19
合　计	274.91	100

2015年太仓市经营性用地公开出让分类情况表

表10

土地用途	成交面积（万平方米）	成交总价（亿元）	成交均价（元/平方米）	单宗最高成交价（元/平方米）
住宅（含安置房用地）	65.03	12.96	1993.13	6005.02
商　住	43.93	14.68	3701.34	5969.81
商　服	8.79	1.17	1695.1	2070.33

5月28日，太仓市召开2015年太仓城市经营性用地推介会，50余家国内品牌房地产开发企业及20余家太仓本地开发企业参与　　（刘宗凡 摄）

【土地储备管理】 2015年，太仓市新增储备土地入库1宗、2.37公顷，上市经营性土地43.6公顷（按储备计划口径统计），合同总金额15.44亿元。截至年底，库存土地251.47公顷。年内，市土地储备中心继续做好国有和集体土地上房屋征收与补偿工作。推进弇山西路项目征收，规划弇山西路安置小区；推进樊泾村地块改造项目征收，国有土地上房屋征收补偿完成，推进集体土地上房屋征收补偿。4月29日，与市招商局组织区镇参加苏南城市土地推介会，推介太仓地块35宗，总面积246.33公顷。5月28日，2015年太仓城市经营性用地推介会举行，吸引50家国内品牌房地产开发企业及20余家本地开发企业代表参与，重点推介上市地块14宗，总面积102.67公顷。建立土地供应信息公开渠道，公开向市场发布地块信息。控制融资规模，根据年度土地储备和融资计划，通过债券置换、项目贷款等方式，保障资金正常运行。融资贷款余额35.8亿元，存款14.15亿元；新增贷款12.8亿元，偿还到期贷款8.38亿元（不含中信银行债券置换1.7亿元），回笼收储成本2.6亿元。落实民生服务项目，保障政府重点工程资金投资项目。支持江苏省太仓高级中学新校区项目1000万元、市交通管理控制中心及迁建车管所检测线业务用房项目735万元、市重点办科技活动中心项目2300万元。保障征收地块资金，落实樊泾村地块改造工程项目征收补偿资金、安置房建设资金。提供樊泾村地块改造项目资金9000万元，其中国有土地上房屋征收与补偿等资金7000万元，集体土地上房屋征收与补偿等资金2000万元。

【地籍管理与地籍测绘】 2015年，太仓市推进不动产统一登记工作，市政府发文明确不动产登记职能整合到市国土资源局，市国土资源局增挂市不动产登记局牌子，设立市不动产登记中心，作为不动产登记的经办机构。加强土地登记规范化建设，全年办理各类土地登记22997宗，其中土地抵押登记1236宗，涉及土地面积1790.74公顷，抵押金额197.39亿元。协助法院查封、解封399宗土地。落实小微企业免收土地登记费政策，为898宗土地免收土地登记费26.94万元。启动保留村庄地籍调查工作。市地籍测绘站全年办理土地测绘业务1245宗。推进地理国情普查与数字城市地理空间框架建设。加强测绘地理信息市场监管，维护测绘地理信息市场主体合法权益，推进测绘地理信息事业健康发展。6月2日，市国土资源局召开地理国情普查标准时点核准和数据建库工作推进会，听取普查作业单位江苏省测绘工程院工作进展情况的汇报，对标准时点核准和数据建库工作进行部署。6月30日是第一次全国地理国情普查标准时点，市地理国情普查办公室、市国土资源局与双凤中学少年邮局合作，使用“纪念第一次全国地理国情普查标准时点”连体宣传邮戳，宣传地理国情普查工作。邮戳左图案中圆形为地球轮廓，测绘卫星、全站仪、标尺等象征着地理国情普查的多元技术手段，山川、田地、江湖、城镇等象征着地理国情普查全覆盖的自然和人文地理要素，太阳象征着依法开展地理国情普查。

【土地年度变更调查】 2015年，太仓市完成2014年度土地变更调查与遥感监测工作，保持土地调查数据的现势性，为国土资源管理及经济社会发展提供基础资料。截至2014年底，太仓市土地总面积80992.92公顷。其中，耕地25737.9公顷，占总面积的31.78%；园地面积1922.25公顷，占总面积的2.37%；林地面

6月30日，太仓市使用“纪念第一次全国地理国情普查标准时点”连体宣传邮戳　　（市国土资源局供稿）

6 月 24 日，太仓市召开纪念 6•25 全国土地日暨农房建设管理会议
（蔡卫军 摄）

积 31.0 公顷，占总面积的 0.038%；城镇村及工矿用地面积 20207.79 公顷，占总面积的 24.95%；交通运输用地面积 4606.37 公顷，占总面积的 5.69%；水域及水利设施用地面积的 27528.9 公顷，占总面积的 33.99%；其他土地面积 958.71 公顷，占总面积的 1.18%。

【国土资源执法监察】 2015 年，太仓市查处整改违法用地、构建违法用地防控机制，提升国土资源执法监察工作水平。年内，市政府多次召开土地卫片执法整改工作会议，部署推进存量违法用地查处与整改工作，做到对违法用地依法查处到位、落实整改到位。市国土资源局与市纪委监察局建立土地执法联动机制，保障严格土地执法、严厉打击涉土犯罪机制。9 月 8 日，太仓市土地执法监管协作联席会议第一次会议召开，“土地执法监管协作联席会议办公室”揭牌，市国土资源局、公安局、法院和检察院签订《太仓市土地执法监管协作制度》，建立信息共享、案件移送、案件会商、案件通报、联席会议、提前介入等具体协作机制。构建国土资源大执法格局，增进执法工作合力。7 月，强制整改位于科教新城太安社区一宗违法圈占农用地案件，涉及土地面积 1.33 公顷。加强土地政策宣传，强化守土有责意识，营造依法用地氛围。全年共开展“4•22”地球日、“6•25”全国土地日、“8•29”测绘法宣传日等宣传活动。12 月 18 日，市国土资源局参加太仓人民广播电台《政务直通车》节目，围绕“节约集约利用土地，推动土地利用方式根本转变”解读相关土地管理法规政策。规范信访制度，化解涉土信访矛盾。全年受理群众来信来访 69 件（批次）、受理“12345”群众诉求件 66 件，创新创建涉土信访品牌工作室——“尹文军信访工作室”，保障国土资源工作开展和社会和谐稳定。

（王　丹　杨静娇）

水资源

【河湖概况】 2015 年，太仓市水域面积 256 平方公里，其中内陆水域面积 112 平方公里。区域性河道 4 条，分别为东西向的浏河、杨林塘、七浦塘通江河道，南北向的盐铁塘。境内主要水系 3 个，分别为盐铁塘以西的阳澄淀泖圩区水系、盐铁塘—沪浮璜公路一线的阳澄平原区水系以及沪浮璜公路以东的沿江高水片水系。全年全市实际用水量 25.34 亿立方米，较年初计划减少 15.5%。

【水资源管理】 2015 年，太仓市加强水资源宣传，组织开展纪念第 23 届“世界水日”和第 28 届“中国水周”活动，抓好《苏州市排水管理条例》宣传和贯彻落实。加强水功能区监测管理，特别是强化对各水功能区监测断面及周边排污口的巡查，控制污染源头。开展全市地下水水位监测工作，完善全市地下水监测站网建设，实时掌握全市地下水水位、水质状况。加强水源地达标建设。全市夏季高峰供水水量 32 万吨／日，冬季枯水期日平均供水量 28 万吨。全市拥有水厂 2 座，总供水能力 70 万吨／日，备用水源地水库有效库容 1950 万吨。其中市第三水厂位于浏河口上游，一期工程日供水能力 40 万吨，配套浏河水源地水库有效库容 1500 万吨。年内，太仓市强化供排水安全保障，完成《太仓市供水突发重大事故应急处置预案》修编，全年供水取水量 9326 万吨，开展全市各供排水企业安全生产检查，排查安全隐患并落实整改，确保水资源管理安全运行。

【水环境改善】 2015 年，太仓市推进城区水环境整治。年内，投资 8400 万元完成新区十八港南枢纽主体工程，实现通水，建设规模为：泵站流量 20 立方米／秒，闸宽 28 米，配套建设调度管理中心。实施滨江新城向阳河 2×8 米双孔节制闸工程建设。实施城区樊泾河北延工程，整治河道 0.7 公里，向北与致和塘实现沟通。开展农村河道畅流工程。结合冬春水利建设，全市疏浚河道 160 条，长 116 公里，疏浚土方 175 万立方米；拆除坝埂 190 处，拆坝建桥涵 135 座；改造束水河段 52 处，长 26 公里，改造束水建筑物 7 座。打通断头浜 23 条，长 6 公里，建设完成彩虹桥 68 座，改造市级农桥 12 座，改善农村生产生活条件。加强老城区、新区闸站统一管理调度，实行联动调水，高温季节延长引水时间 8 ~ 14 小时，改善城区水体和水环境质量。

【节水型社会建设】 2015 年，太仓市注重节水优先，落实最严格水资源管理的“三条红线”（2011 年，中共中央一号文件提出，实行最严格的水资源管理制度，建立用水总量控制、用水效率控制和水功能区限制纳污“三项制度”，相应划定用水总量、用水效率和水功能区限制纳污“三条红线”），培育节水型生产模式和消费模式，推进“体系完整、制度完善、设施完备、利用高效、节水自律、监管有效”的节水型社会建设，全年全市实际用水量25.34亿立方米，较年初计划减少15.5%。年内，完成陆渡中学、市第二中学等8所学校的苏州市级节水型学校创建。完善取水许可审批，全市134家取水户基本信息录入取水许可登记系统，开展自备水源取水户分类管理工作。开展水资源专项检查，打击非法开采地下水行为。调整全市水功能区监测考核断面，修复水功能区标牌，加强水质监测，掌握水质现状及分析不达标成因，提升全市水功能区水质，全年水质达标率67.6%。印发《关于调整水资源费有关问题的通知》，推动落实水资源费调价政策。

【防汛工作】 2015年6月15—18日，太仓市普降大暴雨，城区过程雨量222.3毫米，6月17日浏河塘水位（团结河测站）4.28米（与1999年历史最高水位持平）。6月25—29日，全市普降暴雨，平均过程雨量209毫米，最大为璜泾测站312.9毫米。年内，太仓市建成防汛远程视频监控系统，覆盖主要河道和重点闸站。加强通江河道引排水调度，1月至12月中旬，沿江各闸排水1103潮次，排水量18.16亿立方米，较上年增69%；引水247潮次，引水量2.32亿立方米，有效抗御“6•17”“6•27”暴雨及“灿鸿”台风对全市的影响，安全平稳度汛。

【水生态文明城市建设】 太仓市结合城市总体空间发展布局和自然生态格局特征，打造“一江两城、五湖六廊、九横九纵”的太仓市水生态文明建设整体布局，实施岸线湿地保护、河湖水生态修复及水土保持等项目10个，扩大城市生态空间，降低自然生态系统扰动，打造“千河灵水百年港，乐水安居金太仓”的水生态文明品牌。2015年，太仓市推进城区生态湿地修复、七浦塘拓浚整治工程等水生态文明建设项目，推进省级“水美乡村”创建，第一批2个镇13个村通过省水利厅命名，第二批沙溪镇以及城厢镇永丰村、浮桥镇新郜村等14个村通过省厅验收。

【河道管理】 2015年，太仓市印发《关于开展河道长效管理和市级检查考核的通知》，强化责任落实。全市有保洁队伍81支，保洁员1105人，村监督员94人。年内新增大型自动保洁船6艘、浮吊船1艘，充实装备建设。继续以创建河道保洁全覆盖达标村（社区）为重点，完成创建河道保洁达标村（社区）30个，全面完成三年达标任务，实现全市全覆盖。4条区域性河道公开招标确定社会化管护队伍，完成管理标牌设置。镇村河道加强船只、上岸点建设，利用河道巡查信息系统和巡更系统，加强巡查考核。河道管护工作在全省走在前列，太仓市获评苏州市2015年度河道养护管理优胜市。年内，太仓市印发《太仓市河道管理实施办法（草案）》，严格涉河涉堤建设项目监管，完成本级涉水建设项目审批14项，报上级审批项目预审5项。抓好沪通铁路、太仓润禾码头、天良港粮油码头等项目建设方案及相关建设活动的监管。科技项目《基于移动计算技术与空间信息处理的水利普查应用与示范》获2015年度省水利科技成果一等奖。

【涉水事件查处】 2015年，太仓市出动水事执法艇25航次、执法车142车次、执法人员412人次，开展联合执法巡查5次，共处理涉水违法事件18起。重点巡查苏沪交界及太仓常熟交界的长江水域，打击长江非法采砂活动。开展“河湖执法清障月”活动，拆除浏河、石头塘等市级河道中网簖30处，对沪通铁路等涉水工程建设的116条拦河筑坝进行规范管理，落实防汛预案。配合开展“民人谷”拆违工作，协调处理涉水建设事宜，拆除涉水违章建筑物1处。

【水利国有资产管理】 2015年，太仓市理顺水利国有资产管理体制，开展资产出租清查。按照《市政府印发关于进一步加强市属国有产权型企业管理的意见的通知》要求，实行事企分开，将太仓水利控股有限公司和太仓市宁太水利产业有限公司整体划交太仓市城投公司，将陆渡水生植物基地移交给娄东街道办。

（周　婷）

生态保护

【概况】 2015年，太仓市围绕建设“现代田园城”目标，以生态文明建设主线，调整优化生态文明建设规划，推进生态文明建设“十大工程”，经济发展质量和生态环境质量得到提高和改善。

生态制度。年内，太仓市修编评审《太仓市生态文明规划（2010—2030）》，开展生态红线区域调整和“十三五”环保规划编制工作。对全市生态红线进行优化调整，下发省级生态红线补偿资金536万元，编制完成《太仓市2015年度生态文明建设工程目标任务》。

生态工程。落实生态文明建设“十

资料链接

一江两城、五湖六廊、九横九纵：“一江”，指强化长江沿线防洪工程建设和水环境水生态保护，突出长江净水源头和生态屏障作用；“两城”，指推进太仓市主城和港城的城市防洪排涝、供排水系统优化升级和城市水景观、公众休闲系统建设，提升城市品位和宜居品质；“五湖”，指整体打造金仓湖、天镜湖、凤凰湖、澜贝湖、雁月湖五湖辉映的城市湿地整体布局，提升区域水网的整体调蓄能力和生境水平；“六廊”，指系统推进浏河、盐铁塘、七浦塘等3条河流生态景观廊道和杨林塘、石头塘、吴塘等3条沿河生态保护廊道，完善市域水景观整体布局和清水涵养能力；“九横”指东西向9条骨干河道，即浏河、汤泾河—致和塘、新塘河—湖川塘、杨林塘、茜泾—徐泾、七浦塘、浪港、荡茜河—迷泾、钱泾；“九纵”指南北向9条河道，即吴塘、盐铁塘、半泾河、娄江河、十八港、江申泾—白米泾、石头塘、关王塘—向阳河、随塘河。

大工程”，累计投入资金 11.66 亿元。

生态创建。璜泾镇新海村、双凤镇新闾村成功创建省级生态村，全市省级以上生态村 61 个。浮桥镇九区社区和太仓市金仓湖小学分别创建省级绿色社区、绿色学校。全市苏州市级以上绿色学校、生态村、绿色社区占比分别达 89.5%、95%、81.1%。全年下达生态建设绿色细胞工程奖励资金 55.5 万元。

生态经济。全年全市完成重点企业清洁生产中期评估审核 23 家，淘汰落后产能企业 77 家。

【污染防治】 污染减排。2015 年，太仓市落实减排项目 35 个，年度项目化学需氧量、氨氮、二氧化硫、氮氧化物 4 项污染物削减量分别为 124.87 吨、22.1 吨、2539 吨、5766 吨，削减率分别为 1.4%、2.48%、12.8%、21.3%。下达污染物减排奖励项目“以奖代补”资金 1058.03 万元。

水污染防治。实施港区化工园区“一厂一管”（一家企业一套污水处理管道，并采用明管输送方式将污水排放至收集监控池）改造工程，接管企业 57 家，实现对企业排水即时管理。港区污水处理厂实施技改扩建，设计处理能力 3 万吨／日，2 万吨／日的一期工程改造完成，3 万立方米调节池投入运行，实现达标排放。建成杨林塘水质自动监测站，全市新增污水管网 12.5 公里。投资 4.75 亿元完成污水管网建设、村庄河网连片水域综合整治、七浦塘拓浚整治工程等 7 个太湖流域水环境综合治理项目。开展重金属污染专项整治，关闭电镀企业 3 家，引导其余 34 家企业提档升级，对 45 家纺织染整企业开展提标改造，改造过渡期间采取限产、停产等措施，确保废水达标准排放。

大气污染防治。太仓市 PM2.5（细颗粒物）年均浓度较 2013 年下降 18.1%。年内，建成集中供热管线 2 条，新增供热管网 67 公里，沿线 61 台高污染锅炉全面淘汰。金仓湖、双凤和璜泾 3 个空气自动监测站建成投用。关停城区保利协鑫热电有限公司，全市 10 台 30 万千瓦以上机组全部完成脱硫脱硝改造，协鑫、国华 3 台机组完成超低排放改造，华能 1 台机组实

2015 年太仓市生态文明建设“十大工程”情况表

表 11

序号	项目名称	建设内容
1	中央财政高标准农田水利建设示范重点县项目	新建渠道 93.78 公里，配套建筑物 5731 座；新建泵站 85 座，清理引水沟道 18.24 公里
2	“四个百万亩”工程	实施 1.2 万公顷水稻田生态补偿
3	七浦塘拓浚整治工程	拓浚整治七浦塘太仓段河道 21.58 公里，建设跨河桥梁 12 座，并配套建设沿线口门控制建筑物 49 座及水系路网调整，调整水系路网
4	中小河流治理重点县综合整治和水系连通试点项目	沟通断头浜 1.14 公里，新建其他小型建筑物 55 座。疏浚骨干河道 52 条、疏浚总长 98.87 公里，疏浚村庄河塘 143 条、115.27 公里，疏浚土方总计 299.62 万立方米。建设生态护岸 39.40 公里，岸坡绿化 30.93 公顷，种植水生植物 38.93 公里
5	十八港南枢纽工程	完成橡胶坝、房建、自动化、装饰装修、绿化等工程
6	城区周边生态湿地修复工程	G204 国道、S339 省道东南角地块城市入口形象改造，S339 省道行道树补植、整理水系、建立生物净化群落、补种乔灌木、地形改造、沟通园路、建设人行桥、适当增加配套设施，菽园内补种水生植物及周边整治
7	太仓国华发电有限公司发电机组绿色改造	改造 7 号发电机组、锅炉及烟气治理设施
8	完善生活垃圾收运体系建设	新增分类果壳箱 850 只，3 吨压缩式垃圾车 4 辆，3 吨扫路车 2 辆，洗地车 1 辆，5 吨封闭式工程车 4 辆，淘汰更新黄标车 380 万元，油改气车辆 67 辆
9	太仓市沙溪镇横沥河生态湿地公园	生态湿地，休闲广场，景观绿化，桥梁护坡，公共卫生间等
10	太仓港区至新区蒸汽管道铺设工程	新建太仓港区至新区蒸汽管道，为周边企业供热
11	太仓市柯林固废处置有限公司搬迁扩建项目	完成项目主体建设
12	危废处置工程	顺惠金属制品有限公司扩建污泥处置 10 万吨处理项目

施电袋高效除尘技术改造，玖龙、宏达2台锅炉改造达到特别排放限值要求。78家企业完成挥发性有机物整治，高污染排放机动车限行区域扩大至全市8个区镇，淘汰黄标车5171辆，核发环保标志12.83万张。

固废污染防治。太仓市实施《关于进一步明确固体废物环境管理职责的意见》，将生活污泥、印染污泥、含氟污泥全部纳入固废管理体系。投入约5亿元启动建设综合材料生态处置中心，进入项目环评招标阶段。现场检查涉源单位、射线装置持许可证单位及废旧金属熔炼单位98家次。开展危险废物动态转移审批，网上转移审批568家，转移联单数3849条，转移表面处理污泥1.87万吨。

5月20日，太仓市举行危化品防泄漏演练　（市环保局供稿）

【环保监管】 执法监管。2015年，太仓市结合新的《中华人民共和国环境保护法》实施，在全市各镇（区）成立专职调查组42个，对全市登记在册的8300家企业从建设项目环评、“三同时”（建设项目中防治污染的设施，应当与主体工程同时设计、同时施工、同时投产使用）制度执行情况等6个方面开展环保大检查，共出动执法人员17152人次，检查企业6402家次，立案处罚企业158家，限期整改49家，查封扣押3家，处罚案件较上年上升16%，关闭存在重大环境安全隐患企业19家。实行环保司法“一站式”对接模式，设立环保检察工作室，由市人民检察院派专员进驻环保部门，及时参与案件查处。市环保局增设环境稽查科，实施行政强制措施，负责案件后督察。对8家企业执行按日连续计罚，最高罚金44.1万元，共处罚金87万元，责令7家企业限产，对5起案件申请行政强制执行，2起违法案件宣判，2名涉案人员被判刑，全年案件处罚金额665.2万元。与市海事局、市安监局、市消防大队联合成立专项行动小组，对全市木材、危险品仓储、电镀、粉尘涉爆等重点行业进行专项执法检查，立案处罚8家企业、13项违法行为。对全市重大环境问题、各类环境信访和违法案卷、限期整改项目加强后督查力度，共督查企业291家次。对排污大户和举报热点进行节假日（夜间）巡查，共巡查企业99家次，立案处罚企业13家。整改验收全市22个挂牌督办和突出环境问题。与上海市嘉定区共同成立联合工作组和督查组，加强区域交界突出环境问题协调力度，成功督促嘉定区取消残渣垃圾填埋场扩建二期工程项目，停止使用嘉定区残渣垃圾填埋场一期项目，公布上海市固废处置中心废物处置及污染治理情况，立案处罚环境违法企业10家。

环境监控。全年开展废气国控源现场监察32次，自动监测设备有效性审核56次。对第三方运维的93台COD在线仪、16台氨氮在线仪、13台总磷在线仪进行1856台次实验室比对考核。对市第二水厂、市第三水厂2个饮用水水源地开展109项全项目监测，对全市26个民用井地下水点位及11家地下水使用企业进行调查监测。全年共获得地表水监测数据50余万条。对耕地、林地、工业园区等10种区域类型的土壤开展调查监测工作，摸清全市土壤环境质量状况及污染空间分布。

环境影响评价。全年共审批建设项目649个，环境影响登记表项目279个、报告表321个、报告书项目49个，投资总额约463亿。许可市区建筑工地夜间施工事项59个，劝退、拒批项目10个，总投资约7390万元。

【环保宣传】 2015年，市环保局联合太仓邮政等多家单位，在全市开展秸秆禁烧骑行等环保主题宣传活动10多项，在王秀、永乐等16个村、社区开展“环保知识下乡”活动，发放环保宣传品5000余份，倡导低碳生活。与市电视台联合开办《城市与环境》专栏，在《太仓日报》开办专栏，报道太仓市在环境保护、美丽城乡建设等行动中采取的举措，刊发环境新闻报道74篇、专版10期，电视台新闻报道28条。加大信息公开，对437家企业按照规定程序、标准和要求对环境行为进行评价，其中被评为绿色121家，蓝色191家，黄色83家，红色28家，黑色14家。

（吴　俊）

城镇绿化

【概况】 2015年，太仓城市建成区绿化覆盖率42.97%，绿地率40.42%，人均公园绿地面积13.31平方米，新增公园绿地面积8万平方米；建制镇建成区绿化覆盖率39.93%，绿地率31.85%，人均公园绿地面积10.48平方米，新增公园绿地面积1.2万平方米。

（曹俊锋　顾　爽）

生态修复

【概况】 2015年，位于339省道与204国道出入口的净水公园建成开放，总面积6.6万平方米，公园融入“海绵城市建设”理念，通过人工瀑布、管网等设施，使邻近污水厂排出的中水作为绿化用水进入景观绿地，再从绿地渗透入河道，实现水体的自然净化功能。位于朝阳路与东仓路路口等小游园完成改造，小游园体系继续完善。盐铁塘慢行绿道（上海路至南园路）改造加快推进，城区慢行绿道基本合围。全市自然湿地保护率达69.6%。新增林地绿地107.53公顷，林木覆盖率17.3%，各镇建成区绿化覆盖率39.74%。建成开放式公园面积近300公顷，提档改造绿地游园50多个，城市公园服务半径300米以内。建成东亭路等高等级景观大道8条，开展盐铁塘等主要河道绿化工程4项。新增省级“水美乡村”15个、省市级村庄绿化示范村7个。全市秸秆综合利用率98%，成为苏州唯一一家省秸秆综合利用示范县（市）。

（曹俊锋　顾　爽　吴　俊）

节能减排

【概况】 2015年，太仓市规模以上企业实现产值2118.24亿元（数据来源市经信委，下同），较上年增长1.64%。综合能源消费量665.85万吨标准煤，较上年减少6.43%；规模以上工业增加值能耗下降5.95%。规模以上企业万元产值能耗0.314吨标煤，较上年下降7.94%。万元产值用电量0.04万千瓦时，较上年下降2.01%，全年总体上呈现能耗减少、产值增长的良好发展态势。全年全市新创建苏州市“能效之星”企业3家，其中获四星1家，获三星2家；3家企业进行能源管理体系评价创建，3家企业通过能源管理体系认证，为期3年的17家万家企业能源管理体系创建工作全部完成。全市推进循环经济工作，3家企业获苏州循环经济示范企业称号。执行项目能评制度，全年全市改扩建项目完成节能登记表48个、能评报告表1个、报告书1个，实现能评率100%。

【监督与预警】 2015年年初，太仓市按上年实际完成工作量分解下达全年节能工作目标，并签订责任书，明确各镇（区）、相关部门、重点耗能企业的责任，形成一级抓一级的分级责任。建立重点用能企业能耗统计分析和快报制度，召开能耗情况分析座谈会，实现年度考核与日常跟踪相结合的监督模式。根据各镇（区）年度节能目标及能源消费、经济发展的走势，建立各镇（区）能耗指标公报制度，公布节能目标完成进度晴雨表，对能耗增长过快行业、企业及时预警，督促各镇（区）及相关部门及时采取措施，确保完成节能目标。

【节能项目培育实施】 2015年，太仓市针对节能改造项目数减少及规模较小的现状，加强调研电力、造纸、纺织、化纤等主要耗能行业，督促企业在建项目快推进、计划项目快落实。通过对上争取与督促企业节能技改，全年全市推荐上报省级节能项目7个，总投资5316.7万元，年节能量1257吨标准煤，获奖励资金207万元。

（王安咏）

公共机构节能

【概况】 2015年，太仓市制定《太仓市公共机构节能改造扶持专项资金管理规定》，鼓励全市各公共机构加强节能技术改造。选取10家单位进行分户计量试点工作，开展能源资源分户、分区、分项计量工作。6家单位安装能耗监测平台，实现能耗实时在线监测。市行政中心用电较上年下降10.9%。6月13—19日，开展节能宣传周活动，动员全市增强节能意识，规范节能行为，落实《2015年深化节俭养德全民节约行动工作方案》相关要求，树立生态文明主流价值观，崇尚节约节能、绿色消费与低碳环保生产生活方式，建设资源节约型和环境友好型社会。全市党政机关、事业单位发挥示范作用，各区镇和重点用能企业举行技术交流、现场体验等活动。

（顾秋艳）

循环经济

【概况】 太仓市循环经济发展成效显著，循环经济成为地区节能减排、转型升级的重要切入点。2015年，太仓市重点做好对上争取和项目引导工作。循环经济示范企业创建取得良好效果。全年共有3家企业获苏州市工业循环经济示范企业称号，分别为奥特斯维能源（太仓）有限公司、贺利氏回收技术（太仓）有限公司和苏州金辉纤维新材料有限公司。

资金奖励。2015年，太仓市成立节能专项资金项目管理组，修订《太仓市节能与循环经济专项资金管理办法》。落实资金管理办法与细则，执行项目专家评审、公示以及监察室监督三大联通，推进资金管理规范透明。全年对61家企业总计107个项目发放太仓市节能与循环经济专项资金413万元。太仓中化环保化工的绿色循环经济改造项目使用集成的自成体系PLC控制模块化深冷设备，年回收有机物气体600余吨，二氧化碳排放量减少160万吨，节约用水6000余吨，减少污水量2.7万吨，环境效益明显；苏州宏达制酶有限公司发酵风热回收及空压机变频改造节能技改项目，改造后每年可节约标煤用量1200余吨。

电机能效提升计划。2015年，全市淘汰落后变压器3台，共1400千伏安，淘汰落后电机3.94万千瓦，三年累计淘汰高耗能落后电机7.4万千瓦，超额完成淘汰目标任务。关停市区保利协鑫热电及分散燃煤小锅炉，推行热电联产。年内对全市工业区实施集中供热。

（王安咏）

城市管理

【概况】 2015年，太仓市城市管理工作以建设“现代田园城、美丽金太仓”为总目标，以“法治城管、民生城管、创新城管”为主线，打造独具太仓特色的城市管理升级版，实现城市管理转型升级新常态。全年共审核城市管理行政处罚案件4822件，其中一般程序2252件、简易程序2570件。市城管局聘请76名人大代表、政协委员组成政风行风监督员，面向全市人大代表、政协委员等征集城市管理微心愿。深化"城管家"志愿服务队建设，组织"城市e管家"招募、"春回大地·骑动娄城"暨公共自行车大型骑行推广等活动。

【"931"整治行动】 2015年，太仓市共完成"931"整治（"九整治、三规范、一提升"。"九整治"指整治城郊接合部、整治城中村、整治棚户区、整治老旧小区、整治背街小巷、整治城市河道环境、整治低洼易淹易涝片区、整治建设工地、整治农贸市场；"三规范"指规范占道经营，规范车辆停放、营运，规范户外广告设置；"一提升"指建立城市管理长效机制，提升城市长效管理水平。下同）任务50项，其中包括城郊接合部9个、城中村2个、棚户区4个、老旧小区4个、背街小巷5条、城市河道3条、低洼易淹易涝片区4个、建设工地4个、农贸市场2家、经营疏导点2个、公共停车设施10处、户外广告60处。年内，太仓市对照《江苏省优秀管理城市申报和考核管理办法》的标准要求，启动省优秀管理城市创建工作。

【市容管控】 2015年，太仓市建立"创建文明城市、卫生城市、江苏省优秀管理城市"的"三城同创"综合环境保障研判工作机制，开展城市管理"啄木鸟"行动，落实精管区市容层级化管理。全年开展占道经营、废品回收、违法养殖等各类整治共计1136次，出动人员1.2万人次，现场纠违近24万次，拆除违法建设面积约7.4万平方米，巡查农房建设1431起。外包专业服务队做好市容应急维修保障。

主城区户外广告整治。整治拆除过渡安置到期大型广告，年内共拆除各类广告牌262块，面积9585平方米。根据全省高速公路高炮广告整治工作部署，配合沿江高速路政等相关部门拆除违章高炮广告12块。

渣土管理网上申报审批。联合市公安局交巡警大队对专营企业的运输车辆进行复核，开展混凝土车辆规范运输专项整治，完善混凝土运输报备制。建成建筑垃圾（工程渣土）消纳场所1处。联合相关部门开展执法行动，启动水域倾倒工程渣土专项整治行动，全年共查处各类违章行为165起。

【城市综合管理】 垃圾分类管理。2015年，太仓市完成道路保洁400万平方米，收集转运全市域生活垃圾29.95万吨，收集处置建筑垃圾30万余吨，处理有机物7000吨，数字环卫处理案件8.2万余件。完成市区35座老旧公厕改造任务和生活垃圾填埋场东侧库区加固修补工程。餐厨垃圾无害化处理工程进入项目后续评审阶段。君悦豪庭、恒隆世家、华源上海城、华侨花园4个小区启动垃圾分类工作，至此垃圾分类工作扩大至13个居民小区和14所中小学校。启动城厢镇电站村、沙溪镇太星村农村生产生活垃圾分类收集和资源化利用试点工作。保洁服务市场化外包进一步拓展并保持正常运行。

城市照明规范管理。2015年，《太仓市城市照明管理实施办法》实施，有效规范全市城市照明的规划、建设、维护和管理。全年共更换灯泡9601盏、球罩183个、镇流器1796个、电缆8358米，补缺灯杆149根，城市照明亮灯率和完好率均保持98%以上；依托数字照明控制中心全资产管理系统，严格控制路灯、照明亮化开启时间，市区34条道路6235盏路灯安装单灯控制系统；实施新华路和南门街路灯改造，节电器大修，北门街、市区小游园及中心广场亮化改造，南京路、东亭路200盏路灯LED改造等工程。

数字市政投入运行。全年处结案件8450件。接管科教新城市政设施管养工作，管理范围覆盖31平方公里。将辖区150座桥梁数据录入省城市桥梁信息管理系统，按照《城市桥梁养护技术规范》定期安全检测。对人民路、东仓路和朝阳路等主次干道进行维修，全年修复路面、人行道1.7万平方米，维修沿河护栏约300米。完成4处小区积水点和13处道路易积水点改造，疏通管道175公里，城市防汛能力增强。《太仓市主城区排水（雨水）防涝规划（2015—2030）》编制完成，科教新城市政设施养护基地建设启动。

住宅小区物业管理提升工程建设。物业管理信息平台完成一期工程建设并投运，物管通APP上线运行。启动主城区城管进社区工作。建立物业纠纷三级调解机制。协助指导城市华庭等17个小区业委会的筹建、成立、改选和换届，指导玲珑湾等10个小区业委会做好物业退管后的监管。对2013年至2015年交付使用的79个住宅小区项目开展"回头看"督查，开展平安小区、平安大厦创建。启动恒隆世家、君悦豪庭、彩虹天下、华侨花园、高尔夫湖滨花苑5个小区的综合整治工作。

清洁整齐的垃圾清运车 （2015年12月摄 市城管局供稿）

改造店招立面后的公园弄　　（2015年12月摄　市城管局供稿）

停车服务管理。2015年，全市城区共新增停车场（点）14处、泊车位1298个。厘清侵占公共停车泊位处置职权归属，联合市公安局交巡警大队开展非法侵占公共停车泊位整治行动。推进停车规范化建设，在各公共停车场（点）及农贸市场施划标志标线，设置顺向停放标识标牌。完成智能诱导停车工程建设，运营停车智能收费系统。

城市管理工程建设。南门街改造、武家桥重建、武家桥路改造等市政工程完成，卖秧桥危桥改造工程前期工作完成。公园弄、府南街、武家桥路店招立面改造完成。完成生活垃圾收运体系建设工程的政府采购及生活垃圾填埋库区技术改造工程；2座公厕改造前期工作完成。

【城市管理行政执法】 2015年，太仓市共审核城市管理行政处罚案件4822件，其中一般程序2252件、简易程序2570件。对照城管执法手册123项案由，拓展执法案件类别，全年共办理案件31类，拓展案由10类，特别是在规划类别中办结和正在办理案件共16起。针对违法建设、占道经营、损绿停车等执法难题，制定《现场执法操作手册》，增强行政执法工作可操作性。将城市牛皮癣、道板停车等相对集中行政处罚权内容逐步向区镇延伸。试行数字城管事部件转案件模式，共办理案件38起。

【数字城管】 2015年，太仓市数字城管监督指挥中心市级平台共立案8.98万件，处置8.85万件，处置率98.55%。其中，事件8.21万件，占比92.76%；部件1142件，占比1.29%，简易案件5266件，占比5.95%。同时，根据住建部标准修改指挥手册，调整部门综合评价公式。做好疑难案件的协调和突发事件的扁平化处置。拓展巡查区域，建立专项普查制度。将公共自行车热线纳入“12319”城市管理服务热线。数字化城市管理系统通过省级验收。渣土管理系统、“城市e管家APP”上线运行。完成智能停车云平台、行政处罚案件积分、重大执法事项报备等系统开发。损绿违章停车短信提醒系统与公安车辆违章管理系统实现对接。数字对讲机和执法记录仪、移动执法平台、视频监控整合、数字环卫二期、数字市政二期等项目进入实施阶段。

【公共自行车投运】 2014年12月，太仓市城市公共自行车系统一期工程竣工。2015年1月1日，公共自行车系统一期工程投运，累计建成站点91个（包括二期工程中首批站点20个。11月，二期工程启动），投放自行车1500辆，全年累计办卡2.1万张，其中市民卡开通租车功能8689人（次），租还车总数超100万次，日均租车量3000余人次，免费租骑率达98.12%，绿色低碳出行受到市民推崇。　（陆　蓉）

6月，太仓市举行公共自行车推广活动　　（市城管局供稿）

太仓港

港口综述

【概况】 太仓港地处长江入海口南侧，太仓市东部。口岸位于长江白茆沙南水道，上至白茆河口，下至浏河口下游浏黑屋，中心位置在七丫口，即北纬 31° 37'、东经 121° 14'。拥有长江岸线 38.8 公里，其中深水岸线 25 公里，距吴淞口 13 海里，是距长江入海口最近的港口。港区范围内岸线基本平直且边滩稳定，终年不冻不淤，深水区开阔、稳定，能满足 10 万吨级船舶回转水域的要求，是长江下游地区最佳港址之一。2013 年 1 月 1 日起，太仓港作为沿海港口管理，执行相关行政事业性收费政策。太仓港是全国第一个获批享受海港待遇的内河港。

2015 年，太仓港完成集装箱吞吐量 370.61 万标箱，较上年增长 21.2%，名列全国集装箱港口第 10 位、全球第 47 位；完成货物吞吐量 2.04 亿吨，较上年增长 29.8%，实现四年翻番，进一步巩固长江进口铁矿石第一大港、全国进口木材第一大港地位；完成外贸货物吞吐量 6630 万吨，较上年增长 24%，首次跃升为长江外贸第一大港。截至年底，太仓港拥有各类码头泊位 82 个(生产性泊位 76 个)，其中万吨级以上泊位 34 个，集装箱泊位 10 个，设计吞吐能力 1.35 亿吨、435 万标箱。全年新辟和加密集装箱航线 9 条，全港航线总数增至 177 条。

2015 年太仓港码头生产性泊位一览表

表 12

码头公司名称	泊位名称	泊位数	主要用途	码头前沿水深(米)		码头长度(米)	靠泊能力(吨)	投产年份	对外开放年份	备注
				实际水深	设计水深					
苏州美锦汇风能源投资有限公司	1 号泊位	1	通用件杂货泊位	14	15.5	251	50000	2012	2013	1 ～ 3 号泊位水工结构按靠泊 10 万吨级集装箱船设计建设
	2 号泊位	1	通用件杂货泊位	14	15.5	264	50000	2012	2013	
	3 号泊位	1	通用件杂货泊位	14	15.5	260	50000	2012	2013	
	4 号泊位	1	通用件杂货泊位	6.5	6.5	100	1000	2012	—	
	5 号泊位	1	通用件杂货泊位	6.5	6.5	100	1000	2012	—	
	6 号泊位	1	通用件杂货泊位	6.5	6.5	100	1000	2012	—	
太仓万方国际码头有限公司	1 号泊位	1	通用件杂货泊位	12.8	12.8	253	40000	2010	2010	1 ～ 4 号泊位水工结构均按靠泊 7 万吨级船舶预留
	2 号泊位	1	通用件杂货泊位	12.8	12.8	185	20000	2010	2010	
	3 号泊位	1	通用件杂货泊位	12.8	12.8	182	15000	2010	2010	
	4 号泊位	1	通用件杂货泊位	12.8	12.8	170	10000	2010	2010	

续表 12

码头公司名称	泊位名称	泊位数	主要用途	码头前沿水深（米）		码头长度（米）	靠泊能力（吨）	投产年份	对外开放年份	备注
				实际水深	设计水深					
太仓武港码头有限公司	1 号泊位	1	金属矿石泊位	16.5	15.1	372	200000	2009	2009	1 号、2 号泊位水工结构均按 25 万吨级矿石船减载靠泊设计；3 ～ 6 号泊位水工结构均按 1.5 万吨级船舶设计
	2 号泊位	1	金属矿石泊位	16.5	15.1	347	150000	2009	2009	
	3 号泊位	1	金属矿石泊位	5.5	9	94	5000	2009	—	
	4 号泊位	1	金属矿石泊位	5.5	9	94	5000	2009	—	
	5 号泊位	1	金属矿石泊位	5.5	9	94	5000	2009	—	
	6 号泊位	1	金属矿石泊位	5.5	9	94	5000	2009	—	
	7 号泊位	1	金属矿石泊位	5	5.7	100	2000	2012	—	
	8 号泊位	1	金属矿石泊位	5	5.7	100	2000	2012	—	
	9 号泊位	1	金属矿石泊位	5	5.7	100	2000	2012	—	
	10 号泊位	1	金属矿石泊位	5	5.7	100	2000	2012	—	
华能太仓港务有限责任公司	1 号泊位	1	煤炭泊位	15.7	14	310	100000	2013	2015	1 号、2 号泊位水工结构均按靠泊 15 万吨级散货船设计 1 号、2 号泊位完成 5 万吨级泊位加固改造工程
	2 号泊位	1	煤炭泊位	15.7	14	300	50000	2013	2015	
	3 号泊位	1	煤炭泊位	5.2	5.2	142	5000	2013	—	
	4 号泊位	1	煤炭泊位	5.2	5.2	142	5000	2013	—	
	5 号泊位	1	煤炭泊位	5.2	5.2	142	5000	2013	—	
	6 号泊位	1	煤炭泊位	5.2	5.2	144	5000	2013	—	
	7 号泊位	1	煤炭泊位	3.8	3.8	80	1000	2013	—	
	8 号泊位	1	煤炭泊位	3.8	3.8	80	1000	2013	—	
	9 号泊位	1	煤炭泊位	3.8	3.8	80	1000	2013	—	
	10 号泊位	1	煤炭泊位	3.8	3.8	80	1000	2013	—	
	11 号泊位	1	煤炭泊位	3.8	3.8	80	1000	2013	—	
	12 号泊位	1	煤炭泊位	3.8	3.8	80	1000	2013	—	
华能太仓发电有限责任公司	1 号泊位	1	煤炭泊位	13	11.5	260	50000	1999	2011	
	2 号泊位	1	煤炭泊位	13	11.5	271	50000	2006	2014	
	3 号泊位	1	通用散货泊位	6	5	135	3000	2009	—	
太仓国际集装箱码头有限公司	1 号泊位	1	多用途泊位	12	12.5	270	25000	1998	1998	—
	2 号泊位	1	多用途泊位	12	12.5	270	25000	1999	2000	
	3 号泊位	1	多用途泊位	12	12.5	195	50000	2003	2004	
	4 号泊位	1	多用途泊位	12	12.5	195	50000	2003	2004	

续表 12

码头公司名称	泊位名称	泊位数	主要用途	码头前沿水深（米）		码头长度（米）	靠泊能力（吨）	投产年份	对外开放年份	备注
				实际水深	设计水深					
苏州现代货箱码头有限公司	5号泊位	1	集装箱泊位	12.5	13.5	275	50000	2006	2006	5～8号泊位码头水工结构均按靠泊7万吨级集装箱船设计
	6号泊位	1	集装箱泊位	12.5	13.5	275	50000	2006	2006	
	7号泊位	1	集装箱泊位	12.5	13.5	275	20000	2006	2006	
	8号泊位	1	集装箱泊位	12.5	13.5	275	20000	2006	2006	
太仓港正和兴港集装箱码头有限公司	9号泊位	1	集装箱泊位	12.5	12.5	322.5	50000	2010	2010	9号、10号、13号、14号泊位均按靠泊10万吨级集装箱船舶建设
	10号泊位	1	集装箱泊位	12.5	12.5	322.5	50000	2010	2010	
太仓港上港正和集装箱码头有限公司	13号泊位	1	集装箱泊位	12.5	12.5	332	50000	2010	2010	—
	14号泊位	1	集装箱泊位	12.5	12.5	332	50000	2010	2010	
玖龙纸业（太仓）有限公司	1号泊位	1	煤炭泊位	13	12.5	210	50000	2005	2012	1号泊位靠泊能力核定经过专家评审，待资料补充完整后换发港口工程竣工验收证书
	2号泊位	1	通用件杂货泊位	9	9	157	3000	2008	—	
	3号泊位	1	通用件杂货泊位	9	9	157	3000	2008	—	
	4号泊位	1	通用件杂货泊位	13	13	200	30000	2011	2012	
	5号泊位	1	通用件杂货泊位	13	13	154	5000	2011	—	
太仓港协鑫发电有限公司	1号泊位	1	煤炭泊位	11.8	11.4	250	35000	2003	2012	—
	2号泊位	1	煤炭泊位	11.8	11.4	280	35000	2004	—	
	3号泊位	1	件杂货	—	—	65	800	2003	—	
江苏长江石油化工有限公司	1号泊位	1	液体化工泊位	10.5	10	299	30000	1995	1996	6号泊位加固改造，通过审查后换发港口工程竣工验收证书
	2号泊位	1	液体化工泊位	6	6	125	3000	1999	1999	
	3号泊位	1	液体化工泊位	6	6	125	3000	1999	—	
	4号泊位	1	液体化工泊位	4.5	4.5	136	1000	2011	—	
	5号泊位	1	液体化工泊位	4.5	4.5	136	1000	2011	—	
	6号泊位	1	液体化工泊位	12.6	10.5	290	50000	2003	2004	
	7号泊位	1	液体化工泊位	8	8	140	5000	2003	2004	
	8号泊位	1	液体化工泊位	—	—	27	300	1999	—	
	9号泊位	1	液体化工泊位	—	—	27	300	1999	—	

续表 12

码头公司名称	泊位名称	泊位数	主要用途	码头前沿水深（米）		码头长度（米）	靠泊能力（吨）	投产年份	对外开放年份	备注
				实际水深	设计水深					
太仓阳鸿石化有限公司	1 号泊位	1	液体化工泊位	12.5	14.8	270	30000	2009	2009	1号、2号泊位码头水工结构均按靠泊8万吨级船舶设计建造；5～8号泊位水工结构均按靠泊3000吨级船舶设计
	2 号泊位	1	液体化工泊位	12.5	14.8	175	10000	2009	—	
	3 号泊位	1	液体化工泊位	8	8	125	3000	2009	—	
	4 号泊位	1	液体化工泊位	8	8	85	1000	2009	—	
	5 号泊位	1	液体化工泊位	6.5	6.5	167.5	1000	2016	—	
	6 号泊位	1	液体化工泊位	6.5	6.5	167.5	1000	2016	—	
	7 号泊位	1	液体化工泊位	6.5	6.5	167.5	1000	2016	—	
	8 号泊位	1	液体化工泊位	6.5	6.5	167.5	1000	2016	—	
美孚太仓石油有限公司	1 号泊位	1	液体化工泊位	11	10	229	25000	1997	1997	—
	2 号泊位	1	液体化工泊位	6.8	7.2	105	5000	1997	—	
	3 号泊位	1	液体化工泊位	4	4	38	300	1997	—	
	4 号泊位	1	液体化工泊位	4	4	38	500	1997	—	
合计	—	76	—	—	—	—	—	—	—	—

太仓港航线、航班一览表

表 13

航线分类	航线明细	
近洋航线 20 条	日本线 16 条	太仓港—下关 2 条
		太仓港—东京、横滨、名古屋 5 条
		太仓—大阪、神户 5 条
		太仓—常陆那珂
		太仓—松山
		太仓—博多—门司 2 条
	韩国线 1 条	太仓—釜山
	台湾线 3 条	太仓—基隆—高雄—台中
内贸干线 44 条	泉州线 7 条	（中海、泛亚、中外运、安通、中良、中谷、云港）泉州线
	江阴线 1 条	中海江阴线
	虎门线 5 条	（中海、泛亚、中外运、中良、中谷）虎门线
	南沙线 2 条	（中海、泛亚）南沙线
	广州线 2 条	（中外运、中谷）广州线

续表 13

航线分类	航线明细	
内贸干线 44 条	锦州线 1 条	中外运锦州线
	营口线 3 条	（中良、中谷、云港）营口线
	深圳线 1 条	中海深圳线
	珠海线 2 条	（泛亚、中谷）珠海线
	福清线 1 条	泛亚福清线
	惠州线 2 条	中海惠州线
	汕头线 3 条	（中良、安通）汕头线
	厦门线 2 条	（中良、中谷）厦门线
	福州线 2 条	（中良、中谷）福州线
	黄埔线 3 条	（中良、中谷、云港）黄埔线
	揭阳线 1 条	中谷揭阳线
	天津线 1 条	中谷天津线
	宁波线 1 条	中谷宁波线
	温州线 2 条	中谷温州线 2 条
	海口线 1 条	安通海口线
	连云港线 1 条	云港连云港线
支线 113 条	外贸内支线	40 条
	长江支线	73 条

【江海联运】 2015 年，太仓港实施长江（运河）战略，至年底向太仓港喂给的长江集装箱港口增至 46 个，全年中转量达 214 万标箱，较上年增长 30%。大船大港优势得到发挥，全年完成铁矿石中转量 7300 万吨，增长 39%；煤炭中转量 3375 万吨，增长 64%；液体化工中转量 850 万吨，增长 18%；钢材中转量 190 万吨，增长 135%。

【港口物流新模式】 2015 年，太仓港创新推出“沪太通”，上海海关授予上港正和码头使用上海海关监管场所代码（99001），两地出入境检验检疫局推行一体化检验检疫措施，经太仓港转运洋山港的出口货物在太仓海关和出入境检验检疫局即可办理申报和放行手续。扩大“台湾—太仓港—苏满欧”海铁联运通道，推出“日本—太仓港—苏满欧”海铁联运新业务，探索“新疆—太仓港—广州”内贸海铁联运新模式，开展中集商品箱海铁联运新业务。利用“互联网 +”发展跨境电商物流，增加日本航线西向回程货量，促进航线良性发展。争取中日海陆联运进口挂车临时牌照办理权下放至太仓，推动中日国际甩挂运输业务量增长 30%。

【口岸发展环境】 2015 年，太仓港在全省试点开展“三互”大通关、国际贸易“单一窗口”、整合现有监管资源、建立口岸风险联合防控中心等 4 项口岸改革，各项工作有序推进。推动信息中心经省电子口岸与南京海关运输工具系统，与国家质检总局“信诚通”系统成功对接，完善海事船港货一体化操作平台，开展一般贸易货物进出口、国际船舶靠离港两项业务，成为全省首家国际贸易“单一窗口”运行口岸，信息中心功能得到提升。实施启运港退税政策，运行效果良好。争取国家质检总局批复同意，筹建进口肉类指定口岸。启动汽车整车进口口岸资质申报工作，请示报告上报国务院。

【港口规划】 2015 年，太仓港完成港口项目直接投资 13.5 亿元，新开工建设阳鸿、润禾等码头泊位 6 个，续建武港三期堆场扩建工程、鑫海煤码头，建成阳鸿等泊位4个，新增通过能力157万吨。年内，编制《太仓港“十三五”发展规划》和《太仓港控制性详细规划》，并形成报批稿。基本解决四期、五期和海通等码头用地问题。完成海通物流工程初步设计、施工图审查。华能煤炭储运中心码头通过省级对外开放验收，获公路水运“平安工程”奖。引导9家码头企业实施节能减排工程14项。经省政府同意，太仓港铁路支线明确纳入省“十三五”铁路建设发展规划。

【港口发展】 2015年，太仓港与马来西亚巴生港缔结姐妹港，建立友好合作关系。宁波港参股一、二期码头经营，港口战略合作迈出新步伐。协调4家集装箱码头加强合作，开展一体化操作，企业经营效益得到提升。年内，在太仓港注册和投入运营的4家集装箱码头、3家外贸航运企业、6家散杂货码头全部实现盈利。全年从太仓港进出的外贸企业扩大至25个省（市）、2885家企业，在太仓港注册的码头、物流及规模以上企业达117家。

（任春艳）

港区建设

【概况】 太仓港经济技术开发区濒江沿沪，地处沿海开放带和长江经济带交汇处，陆域规划控制面积261.8平方公里，沿长江入海口38.8公里黄金岸线呈带状分布，是上海国际航运中心组合港和集装箱干线港、江苏省第一外贸大港——太仓港的直接经济腹地。2015年，港区完成全口径财政收入50.72亿元，较上年增长9.4%；公共财政预算收入22.38亿元，较上年增长15.2%；完成规模工业产值705亿元，较上年增长5.8%；完成规模工业利润67亿元，较上年增长14%。

【港区规划】 2015年，港区做好《苏州港太仓港区控规》修编、《太仓市城市总规》实施评估、《港城概念性规划和中心区控规》编制和浮桥镇镇（区）布局优化等工作，完成港城绿地工程、浏家港幼儿园迁建工程、石化区便民商业用房工程等规划设计。

【港区基础设施建设】 2015年，港区平江路浪港桥、和平路七浦塘桥、海港路等建成通车，七丫路、和平路贯通工程加快建设。五洋滨江商业广场全部封顶。港城新建成商品房1385套，总建筑面积20.8万平方米，整体去化率62.7%。化工园区“一厂一管”（一家企业一套污水处理管道，并采用明管输送方式将污水排放至收集监控池）工程建成投运。

【港区工业经济】 2015年，扬子江海工、中集冷箱分别进入10亿元级、20亿元级骨干企业行列，带动装备产业增长18%；宝洁销售超过40亿元，较上年增长45%，带动化工新材料产业增长12%。新能源产业增长10%，产值121亿元，跃居港区第二大产业。年产值超亿元工业企业64家，其中超10亿元19家，超20亿元11家，超30亿元6家。

【港区固定资产投入】 2015年，港区完成固定资产投资145.8亿元。其中，中石油润滑油添加剂、美孚二期、宝洁液洗、中集冷箱二期、中集特种箱等10余个项目竣工。BP车用润滑油扩建、旭川二期、奕瑞医用探测器、博克二期、英成碳纤维等总投资51亿元的16个项目开工建设。

【港区招商引资】 2015年，港区完成注册外资2.45亿美元，实际利用外资1.54亿美元；注册内资28亿元。中广核材、似鸟物流等项目签约落户。生物港一期投入运营，引进项目16个，注册公司14家。同济大学太仓高新技术研究院引进产业化项目6个。

【港区对外贸易】 2015年，港区完成进出口总额53.6亿美元，其中出口总额22.1亿美元，较上年增长20.7%。

【港区科技创新】 2015年，港区新增高新技术企业12家，高新技术产业产值占比29.3%，较上年增加5个百分点。认定协鑫光伏、润邦等省级工程中心2家，引进国家千人计划人才2人；华一新能源获省重大科技成果转化项目立项。

【港区物流发展】 2015年，港区综合保税区封关运作，全年业务量增长40%，监管货值增长15%。进口商品直销中心对外营业。口岸部门单一窗口制度建立运行，肉类指定口岸获批筹建。

【港区生态环境】 2015年，港区新增绿化50万平方米。组建成立安全生产和环境保护局，全年共组织各类安全检查500多人次，排查隐患800多处。42家企业加紧实施挥发性有

10月28日，太仓港进口商品直销中心正式营业　（港区供稿）

机物治理；完成大气污染减排项目14个；完成化工区污水厂扩建主体工程建设；实施国华电厂7号机组超低排放改造。

【港区社会贡献】 2015年，港区群众生活不断改善。自拆自建小区天然气入户工程、社区日间照料中心全覆盖工程、老闸七浦塘大桥重建工程等6项民生实事工程建设基本完成。全年分配高层安置房426套、多层216套、联体6套；办理和平、新港花苑等小区安置房产注册证3618套。拆迁347户，安置368人，其中沪通铁路、杨林塘整治、疏港高速等重大工程完成拆迁扫尾40户。整治取缔违法经营小码头8个。

【港区特色企业】 截至2015年年底，有15家世界500强企业在港区投资项目22个，总投资约300亿元；15家中央企业在港区投资项目24个，总投资约266亿元；12家美资企业在港区投资项目15个，总投资约157.2亿元。

江苏扬子江海洋油气装备有限公司。是由中国500强企业江苏扬子江船厂有限公司和新加坡扬子江海工有限公司投资的海洋工程装备项目，位于太海汽渡港区六期围滩下游段，计划总投资45亿元。项目规划年产自升式海洋钻井系统3～5座、半潜式海洋钻井系统2～3座和圆筒式FPSO储油船2～3座，年钢材加工量12万吨，项目达产后年销售收入150亿～200亿元，年创利税15亿～20亿元。一期注册资本9980万美元。2015年，江苏扬子江海洋油气装备有限公司实现产值10.24亿元，上缴税收557万元。

埃克森美孚（太仓）石油有限公司。由世界500强企业、世界最大的润滑油基础油供应商及成品润滑油主要销售商埃克森美孚于1997年在太仓投资建立，生产美孚品牌润滑油，产品供应整个中国市场。埃克森美孚（太仓）石油有限公司依据市场情况及整体生产和规划，在港区增资扩建润滑油生产项目，扩建项目于2013年10月开工，2016年1月投产，投资总额9500万美元，注册资本4000万美元。其中，扩建项目一期总投资4870万美元，建成后年产能可增加28.4万吨。2015年，埃克森美孚（太仓）石油有限公司实现产值24.43亿元，上缴税收2.12亿元。

太仓中集冷藏物流装备有限公司。由中国国际海运集装箱（集团）股份有限公司、深圳南方中集集装箱制造有限公司共同出资在冷藏箱业务领域设立的战略重点项目，项目总投资15亿元，注册资本4.5亿元，位于港区疏港高速以北，滨江大道以西。项目建设包括冷藏箱、冷藏车、冷链及研发中心等，打造成为华东区域重要的冷链物流装备研发和生产制造基地，其中冷藏箱设计年产能7万箱，全部达产后年产值约40亿元。项目于2012年3月开工，2013年9月一期生产线投入生产，2015年二期项目开工。2015年，太仓中集冷藏物流装备有限公司实现产值21.36亿元，上缴税收5739万元。

太仓协鑫光伏科技有限公司。是香港上市公司保利协鑫全资控股的高纯多晶硅切片、单晶硅切片生产企业，成立于2010年12月20日，致力于服务全球光伏产业发展，为国内外一流太阳能组件企业提供优质硅片产品。总投资约3亿美元，分三期建设，规划总建筑面积7.5万平方米，总体规划产能200万千瓦。2015年，一期、二期项目建成投产，总投资2.76亿美元，建筑面积4.9万平方米，产能200万千瓦。2015年，太仓协鑫光伏科技有限公司实现产值28.96亿元，上缴税收6241万元。

润邦卡哥特科工业有限公司。是江苏润邦重工股份有限公司与芬兰卡哥特科公司在太仓港区设立的合资公司，建设大型港口装卸装备及重型配套装备项目，并建设公共重载码头。合资公司总投资1.82亿欧元，注册资本6500万欧元，润邦重工持股51%，卡哥特科持股49%。项目于2012年6月开工，2013年10月竣工，润禾码头于2015年9月开工，预计2017年2月竣工。2015年，润邦卡哥特科工业有限公司实现产值8.74亿元，上缴税收4043万元。

中化蓝天霍尼韦尔新材料有限公司。是由世界500强企业中国中化集团公司与美国霍尼韦尔公司共同投资组建的合作企业，总投资9998万美元，注册资金4999万美元。公司主要生产和销售用于泡沫隔热材料的HFC-245fa发泡剂，投产初期生产规模1.20万吨。项目于2012年10月开工，2014年10月投产，2015年，中化蓝天霍尼韦尔新材料有限公司实现产值4.05亿元，上缴税收322万元。

太仓协鑫光伏科技有限公司车间一角　　（2015年姚建平 摄）

2015年港区世界500强企业基本情况表

表14 单位：万元

序号	公司名称	投资总额	营业收入
1	埃克森美孚（太仓）石油有限公司	138776	245251
2	苏州碧辟液化石油气有限公司	34387	—
3	碧辟（中国）工业油品有限公司	47144	131656
4	中国石油天然气股份有限公司华东润滑油厂	93000	187947
5	江苏长江石油化工有限公司	41500	11367
6	江苏宝洁有限公司	183600	392620
7	太仓中化环保化工有限公司	63195	106252
8	华能（苏州工业园区）发电有限责任公司	268600	—
9	华能太仓发电有限责任公司	375000	316737
10	华能太仓港务有限责任公司	219300	6799
11	五矿邯钢（苏州）钢材加工有限公司	6200	80791
12	国华太仓发电有限公司	503000	214702
13	太仓华电开发建设有限公司	53000	—
14	西本新干线电子商务有限公司	199800	269934
15	西本新干线（江苏）有限公司	15000	—
16	太仓武港码头有限公司	183600	56343
17	太仓国际集装箱码头有限公司	137000	34496
18	太仓中集集装箱制造有限公司	49468	89231
19	太仓中集冷藏物流装备有限公司	151000	204450
20	苏州华苏塑料有限公司	82751	68846
21	艺康（太仓）科技有限公司	74700	25998
22	中化蓝天霍尼韦尔新材料有限公司	69986	38253

2015年港区中央企业基本情况表

表15 单位：万元

序号	公司名称	类别	投资总额	营业收入
1	中石油润滑油公司华东润滑油厂	工业	93000	187947
2	太仓北新建材有限公司	工业	45000	23875
3	太仓中化环保化工有限公司	工业	63195	106252
4	华能太仓发电有限责任公司	工业	643600	316737
5	国华太仓发电有限公司	工业	503000	214702
6	苏州首钢隆兴钢材加工配送有限公司	工业	24000	43477
7	五矿邯钢（苏州）钢材加工有限公司	工业	6200	80791
8	太仓中集集装箱制造有限公司	工业	49468	89231

续表 15

序号	公司名称	类别	投资总额	营业收入
9	中化蓝天霍尼韦尔新材料有限公司	第二产业	69986	38253
10	太仓中集冷藏物流装备有限公司	第二产业	150000	204450
11	中建材光电装备（太仓）有限公司	第二产业	40000	12306
12	西本新干线电子商务有限公司	第三产业	199800	269934
13	江苏长江石油化工有限公司	第三产业	41500	11366
14	太仓国际集装箱码头有限公司	第三产业	137000	34496
15	太仓华商冷藏物流有限公司	第三产业	12000	247
16	太仓武港码头有限公司	第三产业	183600	56343
17	太仓港集装箱海运有限公司	第三产业	150000	33219
18	太仓中理外轮理货有限公司	第三产业	720	2543
19	太仓中联理货有限公司	第三产业	300	2413
20	太仓港正和集装箱码头有限公司	第三产业	219000	13692
21	华能太仓港务有限责任公司	第三产业	6000	6799
22	西本新干线（江苏）有限公司	第三产业	15000	—
23	中海集装箱运输苏州有限公司	第三产业	1500	6168
24	招商局物流集团（苏州）有限公司	第三产业	3000	21796

2015 年港区美资企业基本情况表

表 16　　单位：万元

序号	企业名称	类别	注册资本	营业收入
1	玖龙纸业（太仓）有限公司	第二产业	141661	692211
2	江苏宝洁有限公司	第二产业	34000	392620
3	苏州华苏塑料有限公司	第二产业	31540	68846
4	艺康（太仓）科技有限公司	第二产业	21000	25998
5	埃克森美孚（太仓）有限公司	第二产业	23970	245251
6	迪皮埃复材构件（太仓）有限公司	第二产业	14000	71188
7	洛克伍德（太仓）颜料有限公司	第二产业	9960	9294
8	格瑞夫(太仓)包装有限公司	第二产业	5146	19619
9	太仓宇加纤维有限公司	第二产业	4139	1094
10	波尔亚太（太仓）塑料有限公司	第二产业	4980	18519
11	中化蓝天霍尼韦尔新材料有限公司	第二产业	34993	38253
12	明达工业（太仓）有限公司	第二产业	49053	—
13	明达码头（太仓）有限公司	第三产业	81340	—
14	明达置业（太仓）有限公司	第三产业	24734	5370
15	明达仓储（太仓）有限公司	第三产业	16600	—

（陈凌甦）

新区建设

【概况】 太仓新区实际管辖面积1万公顷，规划面积8000公顷。区内常住人口18.14万人，辖8个城市社区、8个村改社区和7个村委会。2015年，新区坚持高新区建设与对德合作并重，稳定增长与转型升级并举，城市建设与民生工程互动并进，推动完成各项目标任务。全年完成地区生产总值275亿元，较上年增长3.4%；公共财政预算税收收入42.13亿元，较上年增长7.7%。

【新区规划及基础设施建设】 2015年，新区整体规划设计研究，重点对陆渡片区进行概念规划和城市设计，对原中央公园地块进行规划调整，启动镇洋小学及幼儿园、朱棣文小学改造、花园新村改造等项目设计。推进东郊、沪通铁路沿线等地块拆迁。成功回购太仓外贸创业园。完成宗宗公司拆迁，为岳鹿路延至上海嘉定奠定基础。郑和路跨沿江高速桥通车，实施镇南路十八港桥、垃圾填埋场、三港河驳岸工程等市政工程，加快中央商务区在建的9幢商务大楼建设步伐，农商行、东亭大厦陆续装修启用，高展大厦、五洋大厦等6幢大楼封顶完工，3平方公里中央商务区空间业态提升。

【新区工业经济】 2015年，新区工业经济运行稳健，完成工业总产值807.3亿元、销售收入766.7亿元、利润总额46亿元，分别较上年增长2.2%、2.3%和1.4%。其中，规模以上工业企业完成工业总产值650.2亿元、销售收入637.4亿元、利润总额45.4亿元，均保持正增长。规模以上“两新”产业（新兴产业、高新产业）企业产值分别达361.7亿元、308.9亿元，占规模企业产值比重分别为55.6%、47.5%，较上年提高0.8个百分点和1.1个百分点。万元产值能耗0.05吨标煤，较上年下降5.33%。服务经济提速增长，完成服务业增加值123.42亿元，较上年增长5.86%。

【新区固定资产投入】 2015年，新区完成全社会固定资产投资115亿元，其中工业性投资70.43亿元。年内，有15个总投资37.18亿元的主要项目竣工或投产，20个总投资94.29亿元的主要项目开工建设，为做大经济总量、加快转型升级注入新动力。其中，日立数据系统中国公司开业，在“互联网+”背景下，依托云计算、大数据、物联网等应用，带动太仓及长江三角洲地区制造、技术、物流和服务相关产业的发展及产业链优化升级。佩尔哲研发中心、舍弗勒五厂二期、博泽汽车部件、平和精工项目等项目开工开业，进一步提升新区精密制造的技术水平和规模总量。桂盟投资、百家好、拉夏贝尔二期等项目开建，为新区生产性服务业向高水平发展积蓄力量。

【新区招商引资】 2015年，新区引进以德国为主的欧美企业、港台企业和日韩企业落户，全年新批鲍迪克热处理技术（太仓）有限公司、必特克刀具（太仓）有限公司、百家好时装有限公司等外资及港澳台资企业项目32个。积水置业（太仓）有限公司、佳格投资（中国）有限公司、伟速达（中国）汽车安全系统有限公司等42个外资及港澳台资企业项目追加投资，累计完成注册资本2.92亿美元，较上年增长3.6%；实际利用外资及港澳台资2.37亿美元，较上年增长35%。内资新增私营企业1038家，个私经济净增注册资本48.67亿元，较上年增长255.2%；引进苏州以外内资项目273个，内资新增注册资本16.35亿元，较上年增长30.78%。

【新区对外贸易】 2015年，新区实现进出口总额49亿美元，其中出口23.8亿美元；服务外包接包合同额3.34亿美元、离岸执行额1.55亿美元。桂盟投资被新认定为总部企业，中美冠科入选“2015年中国服务外包成长型企业”。

【新区科技创新】 2015年，新区新增高新技术企业18家，高新技术产品60余件。申请专利1709件，其中发明专利881件，授权发明专利202件，较上年增长110%。获评苏州市工程技术中心11家、研究生工作站1家，企业研发经费备案超过7亿元，企业自主创新意愿与能力逐步加强。苏州斯迪克新材料科技股份有限公司获江苏省科技进步奖二等奖。深化与上海交通大学的战略合作，利用各大海外人才精英对接会活动，引进国家千人计划人才赵长颖落户太仓软件园，中千联医疗科技项目落户德国留学生创业园。加强太仓市科技创业园、太仓软件园、德国留学生创业园、太仓市科技企业加速器园区等创新载体运营，吸引以德国为主的欧美先进技术与创新人才向高新区流动。中德先进制造技术国际创新园被评为省创新型园区。民营企业与国际先进技术方对接合作深入推进，悦博电动自行车、中炎工讯等企业获评国际科技合作项目，金仓合金与以色列理工学院共建的技术转移中心加快建设。苏创燃气、香塘担保和兴宇包装3家企业挂牌上市。

【新区科技创新载体选介】太仓软件园。太仓软件园有限公司于2009年11月6日成立，位于太仓经济开发区北京东路88号。太仓软件园是以软件开发、电子信息、电子商务、新材料、节能环保、服务外包及文化创意为重点的科技创新型产业基地，是“国家火炬计划软件产业基地”。该园占地面积9.87公顷，规划建筑面积20万平方米，园区基础设施完备，有现代化的办公楼宇、双回路配电中心、9层科技公寓楼及活动中心等，园区制定详细服务流程（包括工商注册、税务咨询、项目申报等），为入园企业提供全方位服务。太仓软件园累计孵化企业110多家，在园企业超过70家，其中2015年新引进落户30多家。年内，太仓软件园获省级重点培育小企业创业基地称号。

太仓科技创业园。太仓市科技创业园暨留学人员创业园于2004年9月成立，位于太仓经济开发区北京西路6号，占地6.67公顷，总建筑面积10万平方米，拥有餐厅、宿舍、超市等配套服务设施。园区以生物医药、电

2015 年新区新增高新技术企业名录

表 17

序号	企业名称	序号	企业名称
1	太仓顺天自动化设备有限公司	10	佳兴紧固件工业（苏州）有限公司
2	太仓阿托斯电气部件有限公司	11	佩尔哲汽车内饰系统（太仓）有限公司
3	苏州顺革智能科技有限公司	12	洋保电子（太仓）有限公司
4	苏州天兼新材料科技有限公司	13	苏州鸿安机械有限公司
5	太仓荣南密封件科技有限公司	14	太仓戴尔塔精密模具有限公司
6	苏州安软信息科技有限公司	15	太仓惠群精密机械有限公司
7	见诚自行车（太仓）有限公司	16	太仓安佑无纺科技有限公司
8	苏州工讯科技有限公司	17	苏州育龙科教设备有限公司
9	众华电子科技（太仓）有限公司	18	苏州天鸣信息科技有限公司

子信息、新材料、新能源、节能环保及服务外包、文化创意等产业为重点开发领域，以培育战略性新兴产业源头企业和创新创业领军人才为目标，营造科技创新创业良好环境，力争成为海内外高层次人才和团队的首选园区之一。同时，为入驻企业提供普适普惠的标准化硬件平台及政策性保障，研究入驻企业的个性化服务需求，搭建企业深度孵化服务平台，以创业协作中心、创新研究中心为核心，针对不同企业和不同发展阶段，为入驻企业提供深度孵化服务，帮助企业成长。园区先后被认定为国家级科技企业孵化器、国家大学生科技创业见习基地、省级留学人员创业园、省级博士后科研工作站、省级小企业创业示范基地、省三星级中小企业服务机构、苏州市服务业重点集聚区。

【新区生态环境】 2015 年，新区完成绿化养护 600 万平方米，新增绿化面积 19.8 万平方米。强化农贸市场、陆渡、板桥等重点区域环境整治和监控。完成 30 公里城区供热管道工程建设，关停城区保利协鑫热电公司。滨河社区获评“省城市管理示范社区”，城市功能和生态环境得到提升。

【新区社会贡献】 2015 年，新区建立安全生产网格化监管责任体系，开展电梯、劳动密集型企业、危化品企业、存在粉尘爆炸危险企业等专项整治，跟踪落实重大隐患挂牌督办单位整改，全区安全生产形势持续稳定。全年受理群众来信来电来访 1200 余件，做好重点时段、重大活动期间维稳工作，推进家饰佳等信访难题处置，加大技防设施投入，社会大局保持稳定。扩大就业、鼓励创业，提供工作岗位 5.4 万个，新建“大学生见实习基地”32 家，举办技能培训班 20 期、创业培训班 25 期。专业劳务合作社增至 15 个，15 个村、社区全部实现股权固化，推进万顷良田、高标准农田及农田水利建设，富民增收工作迈上新台阶。围绕住房、教育、养老以及群众日常生活需要，完成全市最大的拆迁安置小区——恒通佳苑 3200 多套公寓房分配。集初中、小学、幼儿园为一体的陆渡教育园区启用，新建娄江幼儿园新办班点、滨河社区老年人日间照料服务中心（全市第一家民营性质的老年人日间照料服务中心）、朝阳社区会所和太东社区会所，组织文化下乡、百团大展演、广场舞、门球赛、羽毛球赛等各类文体活动，提高群众生活质量。

【新区企业选介】 HDS 中国制造中心。2015 年 11 月 6 日，HDS 在中国

2 月 1 日，陆渡教育园区启用　　（姚建平　摄）

的首个制造与分销中心——HDS中国制造中心(China Manufacturing Center，简称CMC)正式启动，CMC投资5000万元，占地1万多平方米，主要生产和提供HDS Virtual Storage Platform VSP G系列（包含G1000以及VSP G中端存储平台）、UCP产品系列以及HDS Unified Storage等软硬件产品和服务。HDS中国制造中心毗邻上海机场、太仓港、沪通铁路站、沿江高速等水陆空交通要道，地理位置优越。该中心的建立使HDS在空间上更贴近客户和产品供应商，缩短运输时间，最大程度上确保能够及时根据客户要求对HDS数据存储产品进行定制化配置。作为HDS在新加坡配送中心后的第2个亚太区装配制造中心，也是HDS在中国首次斥资建设的本土制造工厂，中国制造中心将作为HDS在中国战略投资的重要组成部分以及HDS全球供应链中的重要环节，更加贴近中国市场，满足中国企业用户需求。

3月26日，太仓中德善美实业有限公司在太仓软件园揭幕　（新区供稿）

太仓中德善美实业有限公司。2015年3月26日，中国第一家智障人员工业性福利工厂——太仓中德善美实业有限公司在太仓软件园揭幕。该工厂由太仓欧商投资协会投资200万元成立，是德国企业在中国建立的首家残疾人福利工厂。德国在创办和运营残疾人工厂方面拥有丰富经验。2013年2月，太仓欧商投资协会和众多发起人一起决定在中国首次进行该类项目的尝试。中德善美项目得到30多家太仓欧洲企业、太仓市政府及市残联的支持。开业之初，中德善美公司共有员工10多人，除管理和培训人员外，操作工人有12人，均是残障人士，且绝大多数是智力障碍人士。员工们经过德国专家为期数月的理论加实践的"双元制"教育培训，提供包括简单的手工组装、包装、分类、贴标、超声波电缆焊接等服务。残疾员工通过不同工艺和设备加工生产的产品同样满足企业应用的质量标准和要求。

通快（中国）有限公司。德国通快集团是德国500强企业之一，也是全球制造技术领域的主导企业之一，拥有近百年历史，从加工金属薄板和管材的机床，到激光技术、电子，通快以不断的创新引导着技术发展趋势。通快集团于2000年进驻太仓，创办通快金属薄板制品（太仓）有限公司，主要进行高质量钣金元件生产，为通快机床用户提供应用支持。2007年，投资成立通快机床（太仓）有限公司，主要生产激光切割机床。2008年，更名为通快（中国）有限公司，生产线扩大到4条，生产激光切割机、冲床、折弯机及加工机床床身，成立机床展示、应用及培训中心，向客户提供各类产品的培训课程，建立价值400万欧元的配件中心，为通快全球产品的中国用户及时提供零配件，设立激光应用中心，向客户展示激光技术并为客户提供激光加工服务。通快（中国）有限公司占地面积约8万平方米，厂房面积4万平方米，员工300多人，2015年实现产值15.2亿元，纳税7246万元。

2015年新区规模企业（不含德企）名录

表18

序号	企业名称	行业大类	投资国家（地区）
1	老虎粉末涂料制造（太仓）有限公司	化学原料和化学制品制造业	奥地利
2	艾伯纳工业炉（太仓）有限公司	通用设备制造业	奥地利
3	太仓艾格鲁塑料制品有限公司	橡胶和塑料制品业	奥地利
4	史太林格塑胶机械（太仓）有限公司	仪器仪表制造业	奥地利
5	奥胜制造（太仓）有限公司	专用设备制造业	奥地利
6	驶驰耐精密汽车零部件（太仓）有限公司	汽车制造业	法国
7	雅高机械（太仓）有限公司	专用设备制造业	菲律宾

续表 18

序号	企业名称	行业大类	投资国家（地区）
8	和承太阳能材料（太仓）有限公司	电气机械和器材制造业	韩　国
9	卡莱司卓奥斯曼（太仓）建筑材料有限公司	非金属矿物制品业	韩　国
10	和承特种橡胶（太仓）有限公司	化学原料和化学制品制造业	韩　国
11	科思泰半导体配件（苏州）有限公司	计算机、通信和其他电子设备制造业	韩　国
12	太仓世珍集装箱部件有限公司	金属制品业	韩　国
13	和承汽车配件（太仓）有限公司	汽车制造业	韩　国
14	平和精工汽车配件（太仓）有限公司	汽车制造业	韩　国
15	苏州世珍橡塑有限公司	汽车制造业	韩　国
16	太仓韩和汽车配件有限公司	汽车制造业	韩　国
17	正润童车（苏州）有限公司	文教、工美、体育和娱乐用品制造业	韩　国
18	挪亚圣诺（太仓）生物科技有限公司	医药制造业	荷　兰
19	苏州益方动力机械有限公司	汽车制造业	加拿大
20	苏州红枫风电模具有限公司	专用设备制造业	加拿大
21	苏州旭鸿金属制品有限公司	汽车制造业	毛里求斯
22	雷勃电气（苏州）有限公司	电气机械和器材制造业	美　国
23	苏州英翔电子有限公司	电气机械和器材制造业	美　国
24	特灵空调系统（中国）有限公司	电气机械和器材制造业	美　国
25	华利安（太仓）运动服装有限公司	纺织服装、服饰业	美　国
26	太仓环球化纤有限公司	化学纤维制造业	美　国
27	源文兴车料（太仓）有限公司	金属制品业	美　国
28	博格华纳汽车零部件（江苏）有限公司	汽车制造业	美　国
29	伟速达（中国）汽车安全系统有限公司	汽车制造业	美　国
30	实用动力（中国）工业有限公司	通用设备制造业	美　国
31	太仓傲奔矽品科技有限公司	橡胶和塑料制品业	美　国
32	艺安包装（苏州）有限公司	橡胶和塑料制品业	美　国
33	多摩川精密电机（苏州）有限公司	电气机械和器材制造业	日　本
34	美南精密电机（太仓）有限公司	电气机械和器材制造业	日　本
35	苏州富士端子有限公司	电气机械和器材制造业	日　本
36	苏州悦贸金属制品有限公司	电气机械和器材制造业	日　本
37	洋保电子（太仓）有限公司	电气机械和器材制造业	日　本
38	义和精密电机（太仓）有限公司	电气机械和器材制造业	日　本
39	苏州华钟针织有限公司	纺织服装、服饰业	日　本

续表18

序号	企业名称	行业大类	投资国家（地区）
40	苏州天允服装有限公司	纺织服装、服饰业	日　本
41	丰田通商（太仓）特钢加工有限公司	黑色金属冶炼和压延加工业	日　本
42	长富不锈钢中心（苏州）有限公司	黑色金属冶炼和压延加工业	日　本
43	苏州希恩碧电子有限公司	计算机、通信和其他电子设备制造业	日　本
44	太仓阿尔派电子有限公司	计算机、通信和其他电子设备制造业	日　本
45	太仓神明电子有限公司	计算机、通信和其他电子设备制造业	日　本
46	兴和电子（太仓）有限公司	计算机、通信和其他电子设备制造业	日　本
47	苏州静冈刀具有限公司	金属制品业	日　本
48	苏州强力五金有限公司	金属制品业	日　本
49	苏州河田羽绒制品有限公司	皮革、毛皮、羽毛及其制品和制鞋业	日　本
50	苏州新明阳鞋业有限公司	皮革、毛皮、羽毛及其制品和制鞋业	日　本
51	太仓海樱卫生用品有限公司	其他制造业	日　本
52	苏州大熊汽车配件有限公司	汽车制造业	日　本
53	新井精密部件（太仓）有限公司	汽车制造业	日　本
54	凯得爱依安全运动器材（太仓）有限公司	铁路、船舶、航空航天和其他运输设备制造业	日　本
55	椿中岛机械（太仓）有限公司	通用设备制造业	日　本
56	广濑精密机械（太仓）有限公司	通用设备制造业	日　本
57	苏州东金机械金属有限公司	通用设备制造业	日　本
58	苏州松井金属制品有限公司	通用设备制造业	日　本
59	苏州优尼昂精密金属制造有限公司	通用设备制造业	日　本
60	太仓翱铿梯锻压有限公司	通用设备制造业	日　本
61	太仓旭莱自动化机械有限公司	通用设备制造业	日　本
62	太仓置田锻压有限公司	通用设备制造业	日　本
63	三惠（太仓）旅游用品有限公司	文教、工美、体育和娱乐用品制造业	日　本
64	展诚（苏州）塑料制品有限公司	橡胶和塑料制品业	日　本
65	日精塑料机械（太仓）有限公司	专用设备制造业	日　本
66	太仓维欧爱申达特种纺织品有限公司	汽车制造业	瑞　典
67	德特威勒（苏州）电缆系统有限公司	电气机械和器材制造业	瑞　士
68	法因图尔精密部件（太仓）有限公司	汽车制造业	瑞　士
69	太仓年益科技电子有限公司	电气机械和器材制造业	中国台湾
70	苏州东丰建业制衣有限公司	纺织服装、服饰业	中国台湾

续表 18

序号	企业名称	行业大类	投资国家（地区）
71	苏州锦园旅游用品有限公司	纺织业	中国台湾
72	新丽纤维制品（苏州）有限公司	纺织业	中国台湾
73	华忠金属材料（太仓）有限公司	非金属矿物制品业	中国台湾
74	江兴（太仓）金属制品有限公司	黑色金属冶炼和压延加工业	中国台湾
75	友鹏（太仓）科技有限公司	计算机、通信和其他电子设备制造业	中国台湾
76	高盟机械（太仓）有限公司	金属制品业	中国台湾
77	苏州兴达喷雾制品有限公司	金属制品业	中国台湾
78	太仓俊钢特殊金属有限公司	金属制品业	中国台湾
79	太仓兴达制罐有限公司	金属制品业	中国台湾
80	苏州新沣复合纤维制品有限公司	汽车制造业	中国台湾
81	英明精密机件（苏州）有限公司	汽车制造业	中国台湾
82	佳格食品（中国）有限公司	食品制造业	中国台湾
83	财荣金属制品（太仓）有限公司	铁路、船舶、航空航天和其他运输设备制造业	中国台湾
84	超汇桂盟传动（苏州）有限公司	铁路、船舶、航空航天和其他运输设备制造业	中国台湾
85	见诚自行车（太仓）有限公司	铁路、船舶、航空航天和其他运输设备制造业	中国台湾
86	陇亿车料（太仓）有限公司	铁路、船舶、航空航天和其他运输设备制造业	中国台湾
87	欧亚马自行车（太仓）有限公司	铁路、船舶、航空航天和其他运输设备制造业	中国台湾
88	瑞铨车料（太仓）有限公司	铁路、船舶、航空航天和其他运输设备制造业	中国台湾
89	瑞振车料（太仓）有限公司	铁路、船舶、航空航天和其他运输设备制造业	中国台湾
90	苏州大忠自行车有限公司	铁路、船舶、航空航天和其他运输设备制造业	中国台湾
91	苏州福而康车料有限公司	铁路、船舶、航空航天和其他运输设备制造业	中国台湾
92	太仓安笙精密金属制品有限公司	铁路、船舶、航空航天和其他运输设备制造业	中国台湾
93	太仓信隆车料有限公司	铁路、船舶、航空航天和其他运输设备制造业	中国台湾
94	天迅金属制品（太仓）有限公司	铁路、船舶、航空航天和其他运输设备制造业	中国台湾
95	祥力自行车配件（太仓）有限公司	铁路、船舶、航空航天和其他运输设备制造业	中国台湾
96	翔宇实业（太仓）有限公司	铁路、船舶、航空航天和其他运输设备制造业	中国台湾
97	旭生机械（太仓）有限公司	铁路、船舶、航空航天和其他运输设备制造业	中国台湾
98	盈毅车料（太仓）有限公司	铁路、船舶、航空航天和其他运输设备制造业	中国台湾
99	元毅车料（太仓）有限公司	铁路、船舶、航空航天和其他运输设备制造业	中国台湾
100	政科车料（太仓）有限公司	铁路、船舶、航空航天和其他运输设备制造业	中国台湾
101	桂盟链条（太仓）有限公司	通用设备制造业	中国台湾
102	佳兴紧固件工业（苏州）有限公司	通用设备制造业	中国台湾

续表18

序号	企业名称	行业大类	投资国家（地区）
103	金益成（太仓）轴承有限公司	通用设备制造业	中国台湾
104	苏州新太铜高效管有限公司	通用设备制造业	中国台湾
105	太仓濂辉液压器材有限公司	通用设备制造业	中国台湾
106	苏州宗宗金属工艺饰品有限公司	文教、工美、体育和娱乐用品制造业	中国台湾
107	台新纤维制品（苏州）有限公司	文教、工美、体育和娱乐用品制造业	中国台湾
108	永沛得工程机械配件（苏州）有限公司	橡胶和塑料制品业	中国台湾
109	苏州象田光学科技有限公司	仪器仪表制造业	中国台湾
110	日美达印花（太仓）有限公司	印刷和记录媒介复制业	中国台湾
111	政伸印刷（太仓）有限公司	印刷和记录媒介复制业	中国台湾
112	明达铝业科技（太仓）有限公司	有色金属冶炼和压延加工业	中国台湾
113	苏州公诚金属材料有限公司	有色金属冶炼和压延加工业	中国台湾
114	佳诚纸箱（太仓）有限公司	造纸和纸制品业	中国台湾
115	得泰医疗卫生用品（苏州）有限公司	专用设备制造业	中国台湾
116	苏州陆钢精密模具有限公司	专用设备制造业	中国台湾
117	苏州新园纺织有限公司	纺织业	西班牙
118	法可赛（太仓）汽车配件有限公司	汽车制造业	西班牙
119	西螺（苏州）精密紧固件有限公司	通用设备制造业	西班牙
120	太仓保利协鑫热电有限公司	电力、热力生产和供应业	中国香港
121	麦格纳（太仓）汽车科技有限公司	电气机械和器材制造业	中国香港
122	欧威尔空调科技（中国）有限公司	电气机械和器材制造业	中国香港
123	苏州凯达电器仪表成套有限公司	电气机械和器材制造业	中国香港
124	苏州科而雅针织有限公司	纺织服装、服饰业	中国香港
125	裕梃鸿（太仓）制衣有限公司	纺织服装、服饰业	中国香港
126	苏州三和管桩有限公司	非金属矿物制品业	中国香港
127	中鸿（太仓）钢材有限公司	黑色金属冶炼和压延加工业	中国香港
128	科纺勒特种纺织品（太仓）有限公司	化学纤维制造业	中国香港
129	江苏爱粤建筑粉末涂料有限公司	化学原料和化学制品制造业	中国香港
130	众华电子科技（太仓）有限公司	计算机、通信和其他电子设备制造业	中国香港
131	太仓海华家具有限公司	家具制造业	中国香港
132	美固龙金属制品（中国）有限公司	金属制品业	中国香港
133	太仓申立金属制品有限公司	金属制品业	中国香港
134	苏州佳高鞋业有限公司	皮革、毛皮、羽毛及其制品和制鞋业	中国香港

续表 18

序号	企业名称	行业大类	投资国家（地区）
135	苏州一和儿童礼品有限公司	其他制造业	中国香港
136	苏州鑫睿达精密机械有限公司	汽车制造业	中国香港
137	太仓泷田金属制品有限公司	汽车制造业	中国香港
138	苏州欣科导轨有限公司	通用设备制造业	中国香港
139	英特飞模块地毯（中国）有限公司	文教、工美、体育和娱乐用品制造业	中国香港
140	太仓岭南纸业包装有限公司	造纸和纸制品业	中国香港
141	骏伟塑胶制品（太仓）有限公司	专用设备制造业	中国香港
142	太仓久信精密模具有限公司	专用设备制造业	中国香港
143	太仓莫迪思能源工程有限公司	专用设备制造业	中国香港
144	白特荣塑胶（太仓）有限公司	橡胶和塑料制品业	新加坡
145	实耐格（太仓）包装有限公司	印刷和记录媒介复制业	新加坡
146	莱克斯诺动力传动产品（太仓）有限公司	专用设备制造业	新加坡
147	狮威硬质材料（太仓）有限公司	专用设备制造业	新加坡
148	苏州萨尼尼汽车零部件工业制造有限公司	汽车制造业	意大利
149	固耐重工（苏州）有限公司	通用设备制造业	意大利
150	普曼普传动系统（太仓）有限公司	仪器仪表制造业	意大利
151	皮尔金顿太阳能（太仓）有限公司	非金属矿物制品业	英国
152	昊诚光电（太仓）有限公司	电气机械和器材制造业	中国
153	江苏通领科技有限公司	电气机械和器材制造业	中国
154	上海电气集团上海电机厂电机分厂	电气机械和器材制造业	中国
155	苏州东泰太阳能科技有限公司	电气机械和器材制造业	中国
156	苏州矽美仕绿色新能源有限公司	电气机械和器材制造业	中国
157	太仓市益方工贸有限公司	电气机械和器材制造业	中国
158	天顺（苏州）风电设备有限公司	电气机械和器材制造业	中国
159	天顺风能（苏州）股份有限公司	电气机械和器材制造业	中国
160	江苏大仓集团有限公司	纺织服装、服饰业	中国
161	拉夏贝尔服饰（太仓）有限公司	纺织服装、服饰业	中国
162	苏州荣建制衣有限公司	纺织服装、服饰业	中国
163	太仓锦琪服饰有限公司	纺织服装、服饰业	中国
164	太仓祺美时装有限公司	纺织服装、服饰业	中国
165	太仓市仓盛服饰有限公司	纺织服装、服饰业	中国
166	太仓市盛达羊毛衫厂	纺织服装、服饰业	中国

续表 18

序号	企业名称	行业大类	投资国家（地区）
167	太仓衣稻服装有限公司	纺织服装、服饰业	中　国
168	苏州虹盛印染有限公司	纺织业	中　国
169	太仓市大盛针织有限公司	纺织业	中　国
170	太仓市娄澄无纺制品有限公司	纺织业	中　国
171	太仓市玛雅针织有限公司	纺织业	中　国
172	苏州好力环保建材有限公司	非金属矿物制品业	中　国
173	太仓海螺水泥有限责任公司	非金属矿物制品业	中　国
174	太仓市建国混凝土制品有限公司	非金属矿物制品业	中　国
175	太仓市顺昌锻造有限公司	黑色金属冶炼和压延加工业	中　国
176	苏州盛万达塑胶包装材料有限公司	化学原料和化学制品制造业	中　国
177	苏州斯迪克电子胶粘材料有限公司	化学原料和化学制品制造业	中　国
178	日立数据系统制造有限公司	计算机、通信和其他电子设备制造业	中　国
179	苏州蔡伦格蒂电子材料有限公司	计算机、通信和其他电子设备制造业	中　国
180	太仓市同维电子有限公司	计算机、通信和其他电子设备制造业	中　国
181	苏州伊斯丹实业有限公司	家具制造业	中　国
182	太仓市康乐沙发家具厂	家具制造业	中　国
183	苏州冠景彩涂板有限公司	金属制品业	中　国
184	太仓锦捷机械有限公司	金属制品业	中　国
185	太仓市国达金属制品有限公司	金属制品业	中　国
186	太仓市合泰机械有限公司	金属制品业	中　国
187	太仓托普斯特金属制品有限公司	金属制品业	中　国
188	太仓夏鑫电镀有限公司	金属制品业	中　国
189	苏州璐萱鞋业有限公司	皮革、毛皮、羽毛及其制品和制鞋业	中　国
190	太仓永兴鞋材有限公司	皮革、毛皮、羽毛及其制品和制鞋业	中　国
191	苏州温橡特种橡胶有限公司	汽车制造业	中　国
192	太仓市联宏电塑有限公司	汽车制造业	中　国
193	太仓市刘行五金机械制造有限公司	汽车制造业	中　国
194	太仓市天然气有限公司	天然气生产和供应业	中　国
195	太仓苏创液化气有限公司	燃气生产和供应业	中　国
196	三全食品（苏州）有限公司	食品制造业	中　国
197	太仓海润食品有限公司	食品制造业	中　国
198	太仓肉松食品有限公司	食品制造业	中　国

续表 18

序号	企业名称	行业大类	投资国家（地区）
199	太仓市水处理有限责任公司	水的生产和供应业	中　国
200	苏州龙跃锂动车辆有限公司	铁路、船舶、航空航天和其他运输设备制造业	中　国
201	大庆油田力神泵业（太仓）有限公司	通用设备制造业	中　国
202	太仓荣南红阳密封件科技有限公司	通用设备制造业	中　国
203	江苏中联地毯有限公司	文教、工美、体育和娱乐用品制造业	中　国
204	江苏东泰聚合材料有限公司	橡胶和塑料制品业	中　国
205	苏州福共包装材料有限公司	橡胶和塑料制品业	中　国
206	苏州裕丰塑胶科技有限公司	橡胶和塑料制品业	中　国
207	太仓冠联高分子材料有限公司	橡胶和塑料制品业	中　国
208	太仓吉盈汽车饰件有限公司	橡胶和塑料制品业	中　国
209	太仓展新胶粘材料有限公司	橡胶和塑料制品业	中　国
210	太仓中航塑业有限公司	橡胶和塑料制品业	中　国
211	苏州市新波生物技术有限公司	医药制造业	中　国
212	苏州奥智机电设备有限公司	仪器仪表制造业	中　国
213	苏州笠亿冲压自动化有限公司	仪器仪表制造业	中　国
214	苏州育龙科教设备有限公司	仪器仪表制造业	中　国
215	苏州华南印务有限公司	印刷和记录媒介复制业	中　国
216	太仓市兴宇塑料印刷包装有限公司	印刷和记录媒介复制业	中　国
217	江苏仓环铜业股份有限公司	有色金属冶炼和压延加工业	中　国
218	苏州宏太铜材有限公司	有色金属冶炼和压延加工业	中　国
219	太仓沪北特种铝材有限公司	有色金属冶炼和压延加工业	中　国
220	太仓市国富五金制品有限公司	有色金属冶炼和压延加工业	中　国
221	太仓市金仓铜业有限公司	有色金属冶炼和压延加工业	中　国
222	太仓市金鑫铜管有限公司	有色金属冶炼和压延加工业	中　国
223	太仓通泰金属加工有限公司	有色金属冶炼和压延加工业	中　国
224	太仓创造电子有限公司	专用设备制造业	中　国

（李青玉）

中德中小企业合作示范区

综　述

【概况】 自1993年首家德资企业克恩－里伯斯弹簧有限公司落户以来，太仓依托良好的投资环境、优质的政府服务和独特的区位优势，吸引德国中小企业进驻，逐步成为中国德企集聚度最高、发展效益最好的地区之一，享有中国“德企之乡”的美誉。尤其是2008年被德国经济部和中国商务部授予中德企业合作基地、2012年被国家工信部授予中德中小企业合作示范区以来，太仓全面加强对德经贸、科教、文化等各领域的合作力度，促使太仓中德合作进入多领域拓展、高层次推进的新阶段。2013年9月，太仓被科技部授予“苏州国家先进制造技术国际创新园”。2015年1月，中德企业合作基地出口精密机械产品质量安全示范区入选国家质检总局公布的全国第二批国家级出口工业品示范区名单。

【中德企业合作基地出口精密机械产品质量安全示范区】 太仓依托中德企业合作基地，坚持以“产业主导、投资集聚”为核心，抓住出口和进口两个环节，在政府主导下实施检验检疫牵头、政企社三方共推、相关部门共管的举措，健全质量安全机制，企业质量安全管理理念得到强化，产品质量持续提升。2012年下半年，太仓市做出依托中德企业合作基地创建精密机械质量安全示范区的决策。经过两年多的建设发展，示范区企业质量安全管理理念得到强化，形成样本效应带动周边企业增强质量理念；与周边企业广泛配套合作，形成联动效应拉动产品质量提升；产品应用于重要产业领域，形成溢出效应为中国制造产业提档升级提供支撑和保障。同时，德资企业严谨、执着、创新和追求卓越的态度和作风形成示范效应，促进太仓地区整体质量安全文化的形成；示范区优惠便利的产业政策和规范有序的环境形成虹吸效应，为全市带来良好的经济社会效益。2013年10月，中德企业合作基地质量安全示范区通过省级验收。2015年1月，中德企业合作基地出口精密机械产品质量安全示范区获得国家质检总局批准，成为全国第二批25个国家级出口工业品示范区一员，也是太仓市首个国家级出口工业品示范区。

（李青玉）

10月24日，德国巴符州代表团访问太仓。图为代表团参观克恩－里伯斯（太仓）有限公司　（新区供稿）

示范区建设

【德企发展】 2015年，太仓新区新引进太仓捷杰信息咨询服务、泛音电动工具、琵乐风机等德资企业22家（含已注册、正在注册和洽谈成功项目），另有富科－思邦太阳能、福缔汽车等12家德资企业追加投资。74家规模以上德资企业完成工业产值217亿元，占规模企业产销的33.6%；利润总额22亿，占规模企业利润总额的48.8%。部分德企销售较上年增幅明显，如福缔汽车增长61%，卓能电子增长58%。至

2015年年底，全市累计拥有德资企业230多家，项目总投资约20亿美元，年工业产值近300亿元。落户德企以精密机械和汽车配件两大产业为主，且技术含量普遍较高，半数以上的德资企业建立研发中心。

2015年太仓市新批、增资德资企业名录

表19

序号	企业名称	企业生产经营范围	备注
1	太仓捷杰信息咨询服务有限公司	从事信息咨询服务（法律咨询除外）、财务管理咨询服务、企业管理咨询服务	新批
2	泛音电动工具（太仓）有限公司	从事电动工具，电动工具的零部件、备件、配件以及相关设备的进出口、批发和佣金代理（拍卖除外）业务（不涉及国有贸易管理商品，涉及配额、许可证管理商品的，按国家有关规定办理申请），并提供电动工具相关的技术咨询及售后配套服务	新批
3	阿格曼工程技术咨询（太仓）有限公司	建筑工程、建筑工程设备、建筑规划、建筑设计、建筑节能设计、室内装潢设计的技术咨询，从事建筑装潢材料的批发、进出口业务（不涉及国有贸易管理商品，涉及配额、许可证管理商品的，按国家有关规定办理申请）	新批
4	必特克刀具（太仓）有限公司	开发、生产硬质合金刀具、硬质合金工具，销售公司自产产品，并提供相关的技术咨询、安装服务及相关配套服务；从事本公司生产的同类及相关产品及其原材料、包装塑料盒的批发、佣金代理（拍卖除外）、进出口业务（不涉及国有贸易管理商品，涉及配额、许可证管理商品的，按国家有关规定办理申请）	新批
5	太仓蒙赫特模具有限公司	从事塑料注塑模具，热流道及其零部件及相关产品的批发、佣金代理（拍卖除外），进出口业务（不涉及国有贸易管理商品，涉及配额、许可证管理商品的，按国家有关规定办理申请），并提供相关的技术服务和售后服务	新批
6	埃维斯刀座技术（太仓）有限公司	开发、生产、加工刀座及刀塔，销售公司自产产品；从事本公司生产的同类及相关产品的批发、佣金代理（拍卖除外）和进出口业务（不涉及国有贸易管理商品，涉及配额、许可证管理商品的，按国家有关规定办理申请），并提供相关的技术咨询和售后服务	新批
7	琵乐风机科技（太仓）有限公司	开发、设计和生产高效鼓风机及其零部件、高效压缩机及其零部件，销售公司自产产品；从事本公司生产的同类及相关产品的批发、进出口、佣金代理（拍卖除外）业务（不涉及国有贸易管理商品，涉及配额、许可证管理商品的，按国家有关规定办理申请），并提供相关配套和技术及售后服务	新批
8	太仓博睿纳贸易有限公司	从事机械设备及零部件、五金制品、塑料制品、电子元器件、纺织品、服装服饰、体育用品及器材、日用品及建材的批发、进出口业务（不涉及国有贸易管理商品，涉及配额、许可证管理商品的，按国家有关规定办理申请），提供相关技术咨询和售后服务	新批
9	太仓睿控净化系统有限公司	生产组装控制器及其零部件、压缩空气舱及其零部件，销售公司自产产品；从事本公司生产的同类商品及相关产品的批发、佣金代理（拍卖除外）、进出口业务（不涉及国有贸易管理商品，涉及配额、许可证管理商品的，按国家有关规定办理申请），并提供相关售后服务	新批

续表 19

序号	企　业　名　称	企业生产经营范围	备注
10	德泰克工业缓冲技术（太仓）有限公司	工业缓冲设备和技术的研发，从事工业减震设备及零部件、液压元件、气动元件、机械设备及其零部件、五金件、金属制品、塑料制品、电子元件的批发、进出口业务（不涉及国有贸易管理商品，涉及配额、许可证管理商品的，按国家有关规定办理申请）；提供相关的技术支持、技术咨询、售后服务、售后维修等	新批
11	太仓所诺企业咨询有限公司	企业管理咨询、商务咨询及技术咨询；从事文化体育用品器材、机械设备、五金产品、电子产品的批发、进出口业务（不涉及国有贸易管理商品，涉及配额、许可证管理商品的，按国家有关规定办理申请）	新批
12	必斯曼冷成型技术（太仓）有限公司	冷成型技术的开发，开发、生产和加工应用于齿轮、电机液压元件的零部件以及汽车座椅、汽车车身板等的零部件及配件，冷铣刨镐，螺塞，销售公司自产产品；并提供相关的技术咨询、安装服务及相关配套服务；从事本公司生产的同类商品及其原材料的批发、佣金代理（拍卖除外）、进出口业务（不涉及国有贸易管理商品，涉及配额、许可证管理商品的，按国家有关规定办理申请）	新批
13	高奇工业炉（苏州）有限公司	设计、生产、加工铝工业用无压工业炉、铸造机及相关辅助设备、配套部件；提供相关的技术咨询、技术转让、技术服务，销售自产产品；从事本公司生产产品的同类商品的进出口、批发和佣金代理（拍卖除外）业务（不涉及国有贸易管理商品，涉及配额、许可证管理商品的，按国家有关规定办理申请），并提供相关的售后配套服务	新批
14	富科—思邦太阳能技术（太仓）有限公司	开发太阳能技术，生产高新技术有色金属材料（太阳能无铅光伏焊料），特种钢材加工，销售公司自产产品	增资
15	福尔哈贝传动技术（太仓）有限公司	从事袖珍及微型驱动系统、零部件、配件及相关产品的批发、进出口、佣金代理（拍卖除外）业务及提供相关技术进出口、技术支持、咨询及维修服务（不涉及国有贸易管理商品，涉及配额、许可证管理商品的，按国家有关规定办理申请）	增资
16	艾泰克机械防护系统（太仓）有限公司	设计和生产机床设备用防护系统、防护系统零部件，销售公司自产产品并提供相关的技术和售后服务；从事本公司生产的同类商品的批发、进出口、佣金代理（拍卖除外）业务（不涉及国有贸易管理商品，涉及配额、许可证管理商品的，按国家有关规定办理申请）	增资
17	密泰克传动系统（太仓）有限公司	开发及生产传动模块化系统（输送系统），销售公司自产产品以及提供相关售后服务。从事本公司生产的同类及相关产品的批发、佣金代理（拍卖除外）和进出口业务（不涉及国有贸易管理商品，涉及配额、许可证管理商品的，按国家有关规定办理申请）	增资
18	福缔汽车（太仓）有限公司	研究、开发及生产离合器液压控制系统的零件及总成，制动增压助力器、鼓式制动器及其他控制系统的零件及总成，销售公司自产产品以及提供售后服务；从事本公司生产的同类商品及相关产品的批发、佣金代理（拍卖除外）、进出口业务（不涉及国有贸易管理商品，涉及配额、许可证管理商品，按国家有关规定办理申请）	增资
19	凯乐金霸紧固件（太仓）有限公司	组装、生产各类汽车业和工业用高级紧固件，销售公司自产产品，并提供相关售前、售后服务（涉及许可经营的凭许可证经营）	增资

续表 19

序号	企业名称	企业生产经营范围	备注
20	毅结特紧固件系统（太仓）有限公司	开发、生产高档建筑五金件以及其他五金件，加工注塑件，销售公司自产产品。从事本公司生产的同类商品的批发、佣金代理（拍卖除外）和进出口业务（不涉及国有贸易管理商品，涉及配额、许可证管理商品的，按国家有关规定办理申请）	增资
21	英诺太科测试设备（太仓）有限公司	组装加工、设计检漏仪、快速连接器、压力测试仪和流量测试仪、自动化设备，销售公司自产产品以及提供售后服务。	增资
22	荣瀚宝星（太仓）表业贸易有限公司	从事各种手表及零配件、饰品的批发、零售及进出口业务，并提供售前、售后服务（不涉及国有贸易管理商品，涉及配额、许可证管理商品的，按国家有关规定办理申请）	增资
23	欧博耐尔（太仓）汽车技术有限公司	生产加工满足中国国Ⅳ、国Ⅴ以及更高阶段污染物排放标准的发动机排放控制装置及其零部件，销售公司自产产品；从事本公司生产的同类商品的批发和进出口业务（不涉及国有贸易管理商品，涉及配额、许可证管理商品的，按国家有关规定办理申请）；并提供相关系统应用技术支持、技术咨询、售后服务、售后维修等	增资
24	通快医疗设备（太仓）有限公司	研发、生产二类6854手术室、急救室、诊疗室设备及器具，销售公司自产产品，并提供相关售后服务；并从事本公司生产的同类商品的批发、佣金代理（拍卖除外）、进出口业务（不涉及国有贸易管理商品，涉及配额、许可证管理商品的，按国家有关规定办理申请），并提供配套服务（涉及卫生部门前置许可的，在获得相关许可后再从事经营）	增资
25	泛音电动工具（太仓）有限公司	设计、开发、生产加工电动工具及相关备件、配件，销售公司自产产品；从事上述产品及同类产品的进出口、批发和佣金代理（拍卖除外）业务（不涉及国有贸易管理商品，涉及配额、许可证管理商品的，按国家有关规定办理申请），并提供电动工具相关的技术咨询及售后配套服务	增资

（李青玉）

职教合作

【“双元制”教育】 太仓市采取“政府引领、双元参与、合同执行、成本分担”的“双元制”本土化校企合作模式，成立太仓德资企业专业工人培训中心、AHK－上海、健雄职业技术学院专业技术工人培训中心、舍弗勒（中国）培训中心、太仓欧美企业专业工人培训中心、乐客精工专业工人培训中心、海瑞恩（太仓）培训中心等职业教育培训机构。2015年，AHK中德双元制职业教育示范推广基地建立，苏州健雄职业技术学院－同济大学“舍弗勒双元制应用本科”校企合作项目签约，中德职业教育合作更加紧密。太仓是全国最大的“德国职业资格”考试和培训基地，为德企提供紧缺的技能型人才支撑。

【太仓德资企业专业工人培训中心】 2001年8月，在太仓经济开发区促成下，太仓职业教育中心校与德资企业克恩－里伯斯（太仓）有限公司、慧鱼（太仓）建筑锚栓有限公司合作，共同创办中国第一家与德国职业技术教育同步的职业培训中心——太仓德资企业专业技术工人培训中心。培训中心拥有完善的德国进口加工制造设备，由德国资深专业技师与多名经验丰富的培训师任教，学员毕业后获得德国工商大会上海代表处颁发的德国工商大会培训毕业证和太仓职教中心的中专毕业证及劳动局的技能等级证书。

【舍弗勒（中国）培训中心】 2005年7月，舍弗勒集团分别与太仓职教中心和健雄职业技术学院合作，对中职和高职2个不同层面的学生进行三年的车工、铣工、磨工、钳工、气动、数控和测绘等专业实际操作培训，按德国“双元制”模式进行，实习期间保证一人一岗。学员毕业后取得中专毕业证书或者大专毕业证书。

【AHK－上海、健雄职业技术学院专业技术工人培训中心】 2007年6月建立，培训中心按照德国“双元制”模式，走学历教育与职业培训并重发展道路，所有教学计划、教学大纲及毕业考试均由AHK－上海提供组织。学员在课堂、实训中心和企业真实岗位3个教学场所接受培训教育，德国专家全程把关、指导。学员在参加并通过由德国工商行会组织的毕业考试后，获得其颁发的职业技术证书。

【太仓欧美企业专业工人培训中心】 2007年8月，江苏省太仓职业教育中心校与太仓经济开发区管委会、入驻太仓的十多家欧美企业多方合作成立太仓欧美企业专业工人培训中心（EATC），共同培养切削机械工，数控技术人才等。学员毕业后由德国工商行会授予中专毕业证。

【海瑞恩（太仓）培训中心】 2013年5月28日，太仓中等专业学校与海瑞恩精密技术（太仓）有限公司共同成立海瑞恩（太仓）培训中心。整个培训采用“双元制”模式，学校在机械制图、机械基础、金属材料与热处理、公差与配合、数控编程等专业理论方面根据企业要求对学生作进一步提升，企业在实训课上对学生进行钳工、车工、质量、软件等技能培训。培训期满毕业后合格学员进入海瑞恩工作。

【AHK中德双元制职业教育示范推广基地】 2015年2月12日，苏州健雄职业技术学院和德国工商大会上海代表处共同建立AHK中德双元制职业教育示范推广基地。该基地设在苏州健雄职业技术学院，双方在“双元制”职业教育项目合作、AHK职业培训考试中心、AHK职业技术能力进修培训、国际教育和技术合作项目、“双元制”本土化的可持续发展战略等方面开展合作，继续集聚、整合境内外“双元制”职业教育资源，完善中德培训中心软、硬件，加强中德培训中心内涵建设，使之成为“双元制”职业教育示范推广、师资培训、企业在职员工培训、德国职业教育认证、国际职业教育交流等多功能一体的职业教育技术培训中心。

【舍弗勒双元制应用本科项目】 2015年9月8日，舍弗勒集团与苏州健雄职业技术学院和上海同济大学签署协议，启动“舍弗勒双元制应用本科”项目，依托高校和企业共同培养理论与实践并重的机械技术人才。这是国内首个有企业参与并提供平台的“双元制”应用本科项目。该项目引进德国著名“双元制”应用本科“Two In One”教育模式（即职业教育和大学教育二合一模式），暨前2年采用德国“双元制”职业培养模式，第3年为职业教育和大学教育一体化教育模式，随后3年开展同济大学继续教育“机械设计制造及自动化”本科专业的学历、学位教学，并与企业生产性训练相结合。职业教育由健雄学院和中德培训中心共同承担，专业方向为机电一体化技术，考试合格者获得德国工商会AHK证书和健雄学院毕业证书；大学教育由同济大学继续教育学院和舍弗勒共同承担，考试合格者获得同济大学继续教育学院本科毕业证书和学士学位证书。

2月12日，AHK中德双元制职业教育示范推广基地揭牌　（新区供稿）

【中德合作平台】 太仓市围绕对德合作，专门建立多个载体平台，包括占地15公顷的中德中小企业工业园，总建筑面积3.6万平方米的德国留学生创业园，全球第八家、中国第三家德国中心，培养高端复合型人才的史太白中心以及太仓驻德国办事处和中国德国商会驻太仓办事处等，为在太仓的德企提供本土化、国际化服务支持。

【中德中小企业工业园】 位于太仓经济开发区广州东路188号，占地面积18.53公顷，总建筑面积约12万平方米，总造价约3亿元。园区主要功能为标准厂房、综合楼及基地周边附建的二层停车场等配套设施。2015年，园区完成18栋标准厂房建设，包括双层停车场在内的一系列配套基础设施建设。麦克－恩福、福缔、博泽、凯乐金霸、富科－思邦、威尔斯、必特克、必斯曼、博恩斯坦、通快医疗、吉凯恩斯通马格、琵乐风机等12家德企签约入驻14栋厂房。园区依靠先进的科技、完备的软硬件系统以及一流的管理，致力于将工业园打造成集科技化、人性化于一体的高新技术工业园区。

【太仓德国留学生创业园】 坐落于太仓经济开发区莱茵城市广场内，是太仓市吸引海外留学人员回国创业、扶持留学生企业发展的重要平台。园区致力于孵化信息技术、新材料、精密机械、环保科技等高科技创业企业，建设集高科技企业研发、技术创新和产品中试的公共平台和产业载体。园区总建筑面积3.6万平方米，楼高11层，基础设施完备。园区所在的莱茵广场是一个综合性高质量城市生活广场，北区是单体建筑面积9万平方米的综合楼，由五星级商务酒店、酒店式公寓、AAAAA级写字楼组成。中区是占地3.33公顷的景观公园，拥有独立式商务会所11幢。至2015年，入驻有餐厅、酒吧、银行企业俱乐部、健身会所等。园区集政府引导和市场机制为一体，根据太仓市有关科技、人才政策，对留学回国创业人员在人才引进、科研开发和技术成果转化方面予以资金支持。

【太仓德国中心】 2015年3月31日，德国中心与东亭置业在太仓举行合作签约仪式，标志着德国中心正式落户太仓。太仓德国中心由德国巴伐利亚州立银行投资1200万美元建立，拥有办公面积8500平方米，位于东亭大厦5个楼层内。德国中心是专为德国企业进入国际市场而建立的研究招商中心，向入驻中心的客户提供从市场咨询、律师服务、秘书翻译、谈判展览到办公用房、金融服务等全方位服务。此前，全球共设立7个中心，其中有6个在各个国家的首都。北京、上海的2个德国中心是有力的德企招商管理运营平台，被誉为设在中国的“德国之家”。太仓德国中心是德国政府继在北京、上海之后建立的中国第3个、全球第8个德国中心，为地区中德合作搭建全方位平台，帮助德国企业在中国发展。

【太仓驻德办事处】 2014年7月4日，商务部投资促进事务局在德国注册设立中国国际投资促进中心（德国），促进中德两国双向投资、产业和项目合作。为实现多级平台联动开展多双边投资促进工作，投资促进事务局选择国内部分地区参与中国国际投资促进中心（德国）共建工作，联合运营中德双向投资促进平台。鉴于太仓市长期以来对德合作所取得的成效，太仓市政府作为唯一一家县级地方政府被中国国际投资促进中心（德国）吸纳为合作共建单位之一。2014年9月10日，双方共同签署中国国际投资促进中心（德国）共建合作协议，太仓市在中国国际投资促进中心（德国）注册成立太仓驻德国代表处，并派驻人员开展对德对欧投资促进服务工作，进一步促进太仓与德国的产业对接和经贸合作。太仓驻德国代表处运行后，2015年11与25日，江苏省经信委与太仓市政府签署合作协议，共建江苏中小企业德国代表处，旨在构建江苏中小企业“走出去”服务体系，提高中小企业国际化发展服务支撑和组织化程度，推进中德（太仓）中小企业合作示范区建设。

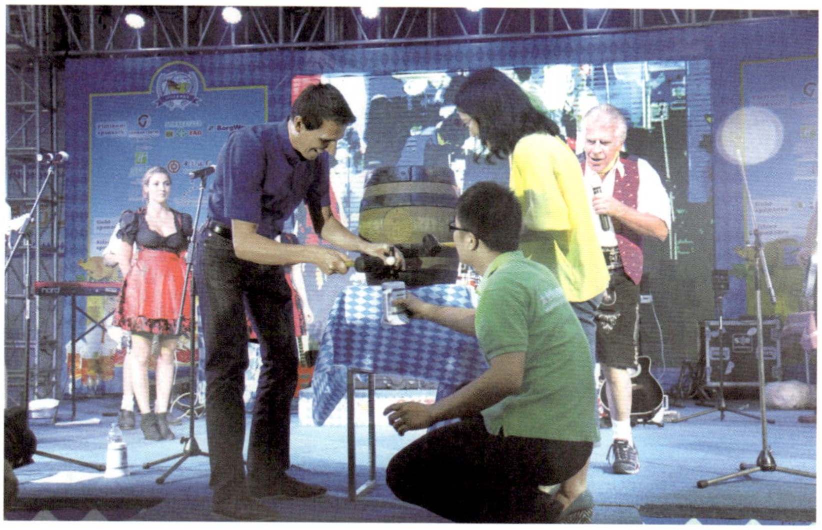

8月26日，太仓市第10届啤酒节开幕。图为欧商协会代表为啤酒节“开桶”（新区供稿）

【德企知识产权保护】 太仓作为“全国专利保护重点联系基地”的唯一县级市和苏州首个获得国家级“国际科技合作基地”称号的县级市，历来重视对德资企业的知识产权保护，未出现过针对德资企业的重大侵权事件。近年，太仓市针对德企推出绿色通道、审限跟踪、主动协商等“组合式”司法服务，涉德企商事案件连年下降，知识产权案件实现“零诉讼”，使得区内德资企业投资信心倍增，部分德资企业将核心技术和核心设备引入太仓工厂。

（李青玉）

经济文化交流

【概况】 太仓在德国连续8年成功举办“太仓日”活动。2015年，仅在太仓就成功承办“一带一路”与新时期中德合作对话会、中德投资并购大会、太仓隐形冠军之家高级别对话会等高规格双边活动，接待德国巴符州州长代表团、德国乒乓球名将波尔、德国中小企业经理人等各界人士到太仓访问交流，同时富有太仓特色的德国啤酒节、中德足球友谊赛等民间交往，有效促进中德政治互信和文化互动。

【“太仓日”走进德国】 江苏省与德国巴符州建立友好省州关系有20多年，双方在各个领域开展卓有成效的合作交流。“太仓日”是太仓市打造对德合作品牌的一项常态化活动，2008年至2015年，太仓连续8年在德国斯图加特、慕尼黑、杜塞尔多夫、斯图加特、弗赖堡、多特蒙德、图特林根等主要城市举办“太仓日”活动。2015年5月21日，以“源自巴伐，以太为家”为主题的“太仓日”活动在德国巴伐利亚银行慕尼黑总部举办，该活动由德国中心和太仓市共同主办、巴伐利亚中国论坛协办，旨在向巴伐利亚地区工商各界宣传太仓的综合环境，对德合作取得的成果，介绍新设立的太仓德国中心，吸引德国中小企业和高端服务业进驻。活动报名人数突破180人，尽管受德国铁路罢工和天气影响，仍有170多人到会。会议现场气氛热烈，巴伐利亚银行董事、中国驻慕尼黑总领事、上海德国中心首席执行官、部分在太仓的企业代表进行主题发言。“太仓日”活动的开展，扩大太仓在德国的知名度与影响力，为提升双方合作水平发挥重要作用。

【太仓啤酒节】 自2006年起，太仓每年都举办啤酒节活动。啤酒节上，既有原汁原味的德国啤酒，还有浓郁德国风情的文娱表演，四海宾朋相聚太仓，共享啤酒美食、共话深情厚谊。

啤酒节活动的举办，不但成为展示德国文化、凝聚德企人心的一个平台，更为加强太仓与德国的经贸合作与交流、促进双方多领域的双赢发展搭起沟通的桥梁。2015年8月26—30日，太仓市举办第10届啤酒节，活动内容包括啤酒节开幕式、博格华纳之夜、欧商投资企业协会（TRT）之夜、舍弗勒之夜，在太仓工作的德国友人、德企员工、市民以及上海、苏州等周边地区德资机构代表等6000多人次参加啤酒节活动。

（李青玉）

【旅游对德合作】 2015年，太仓市抢抓“一带一路”发展机遇，提出“绿色旅游”概念，拓展新时期中德合作空间。6月2日，市旅游局局长曹锋受邀出席中共中央对外联络部主办的“一带一路”和新时期中德合作对话会，作《太仓“绿色旅游”与新时期中德合作》主题演讲，太仓“绿色旅游”成为热词。同时，邀请德国策划公司参与太仓乡村旅游开发建设工作，打造具有德国风味的休闲农庄，为新时期太仓与德国合作增添新亮点、新内涵。8月27日，将德国元素创造性融入旅游行业管理，开展旅游饭店行业德语培训，将德语口语作为重要测评内容纳入饭店服务技能大赛中，受到业内人士好评。

（陈启洪）

11月初，舍弗勒中国第500万套离合器在太仓生产基地下线

（新区供稿）

特色产业

【精密机械】 中德中小企业合作示范区是全市精密机械企业的主要聚集区，其中德资规模以上精密机械企业29家，包括一批主业突出、拥有自主知识产权和自主品牌、核心竞争力强的大企业，如通快机床、孚尔默机械、慧鱼锚栓等在智能制造技术方面具有相当高的工业水平，在国际同行业中处于领先地位。2015年，精密机械产业通过产品创新、市场拓展、提高附加值等手段不断扩张，全年，29家规模以上德资企业实现产值124.8亿元。

【汽车配件】 中德中小企业合作示范区拥有规模以上德资汽配企业20家，涵盖发动机零配件、底盘配件、仪表电器件、车身附件、通用件等各领域，从单纯的零配件制造，到产品研发设计，再到第三方检测，整个行业规模和产品附加值不断提升。随着汽车产业的升级，舍弗勒等诸多汽配企业向新能源汽车产业链转移。2015年，20家规模以上德资企业实现产值142.9亿元，对经济发展的支撑、拉动作用明显。

2015年太仓市规模德企名录

表20

序号	企业名称	行业大类
1	爱科空气处理技术（苏州）有限公司	电气机械和器材制造业
2	博恩斯坦电子（太仓）有限公司	电气机械和器材制造业
3	飞势管道技术（太仓）有限公司	电气机械和器材制造业
4	康唯特空调太仓有限公司	电气机械和器材制造业
5	欧托凯勃汽车线束（太仓）有限公司	电气机械和器材制造业
6	威赛家用电器（太仓）有限公司	电气机械和器材制造业
7	依克斯易速达型材（太仓）有限公司	电气机械和器材制造业
8	爱慕莎居家用品（太仓）有限公司	非金属矿物制品业
9	林德纳新型建筑材料（太仓）有限公司	非金属矿物制品业

续表 20

序号	企业名称	行业大类
10	德恩科电机（太仓）有限公司	计算机、通信和其他电子设备制造业
11	富科—思邦太阳能技术（太仓）有限公司	计算机、通信和其他电子设备制造业
12	海纳电阻器（苏州）有限公司	计算机、通信和其他电子设备制造业
13	海瑞恩精密技术（太仓）有限公司	计算机、通信和其他电子设备制造业
14	太仓阿托斯电气部件有限公司	计算机、通信和其他电子设备制造业
15	益技欧电子器件（中国）有限公司	计算机、通信和其他电子设备制造业
16	卓能电子（太仓）有限公司	计算机、通信和其他电子设备制造业
17	高迈特精密刀具（太仓）有限公司	金属制品业
18	汉亨（苏州）包装材料有限公司	金属制品业
19	萨普精密金属（太仓）有限公司	金属制品业
20	通快金属薄板制品（太仓）有限公司	金属制品业
21	宝适汽车部件（太仓）有限公司	汽车制造业
22	福缔汽车（太仓）有限公司	汽车制造业
23	福立希塑料精密制造（太仓）有限公司	汽车制造业
24	富乐压铸（太仓）有限公司	汽车制造业
25	格堡汽车配件（太仓）有限公司	汽车制造业
26	慧鱼汽车系统（太仓）有限公司	汽车制造业
27	吉凯恩斯通马格传动技术（太仓）有限公司	汽车制造业
28	凯乐金霸紧固件（太仓）有限公司	汽车制造业
29	科络普线束技术（太仓）有限公司	汽车制造业
30	佩尔哲汽车内饰系统（太仓）有限公司	汽车制造业
31	慧鱼（太仓）建筑锚栓有限公司	铁路、船舶、航空航天和其他运输设备制造业
32	爱克奇换热技术（太仓）有限公司	通用设备制造业
33	安策阀门（太仓）有限公司	通用设备制造业
34	福尔哈贝传动技术（太仓）有限公司	通用设备制造业
35	汉德环保设备（太仓）有限公司	通用设备制造业
36	克恩—里伯斯（太仓）有限公司	通用设备制造业
37	克朗斯机械（太仓）有限公司	通用设备制造业
38	美名格—艾罗（太仓）纺织机械有限公司	通用设备制造业
39	舍弗勒（中国）有限公司	通用设备制造业
40	史杰克西热能设备（太仓）有限公司	通用设备制造业
41	苏州沃特节水产品有限公司	通用设备制造业
42	太仓科伦奇制冷系统有限公司	通用设备制造业
43	毅结特紧固件系统（太仓）有限公司	通用设备制造业

续表 20

序号	企业名称	行业大类
44	艾森文具用品（太仓）有限公司	文教、工美、体育和娱乐用品制造业
45	妙乐秀烛业礼品（太仓）有限公司	文教、工美、体育和娱乐用品制造业
46	宝丽菲姆保护膜（苏州）有限公司	橡胶和塑料制品业
47	迪美斯（太仓）窗型材料有限公司	橡胶和塑料制品业
48	蓝浦树脂应用技术（太仓）有限公司	橡胶和塑料制品业
49	麦克-恩福流体技术（太仓）有限责任公司	橡胶和塑料制品业
50	慕贝尔汽车部件（太仓）有限公司	橡胶和塑料制品业
51	欧皮特传动系统（太仓）有限公司	橡胶和塑料制品业
52	瑞好聚合物（苏州）有限公司	橡胶和塑料制品业
53	裕克施乐塑料制品（太仓）有限公司	橡胶和塑料制品业
54	埃马克机床（太仓）有限公司	仪器仪表制造业
55	爱固机电（太仓）有限公司	仪器仪表制造业
56	孚尔默（太仓）机械有限公司	仪器仪表制造业
57	欧玛执行器（中国）有限公司	仪器仪表制造业
58	斯德拉马机械（太仓）有限公司	仪器仪表制造业
59	苏州托克斯冲压设备有限公司	仪器仪表制造业
60	通快机床（太仓）有限公司	仪器仪表制造业
61	伟思富奇环境试验仪器（太仓）有限公司	仪器仪表制造业
62	世泰科特种材料（太仓）有限公司	有色金属冶炼和压延加工业
63	太仓威尔斯-克恩·里伯斯新材料有限公司	有色金属冶炼和压延加工业
64	威尔斯新材料（太仓）有限公司	有色金属冶炼和压延加工业
65	阅安格水处理系统（太仓）有限公司	专用设备制造业
66	贺利氏电测骑士（太仓）有限公司	专用设备制造业
67	乐客精密工具（太仓）有限公司	专用设备制造业
68	欧亚瑟水艺（太仓）有限公司	专用设备制造业
69	普法夫工业缝纫机（太仓）有限公司	专用设备制造业
70	瑞好环境科技（太仓）有限公司	专用设备制造业
71	太仓克恩-里伯斯纺织元件有限公司	专用设备制造业
72	太仓摩丹卡勒多尼塑料机械有限公司	专用设备制造业
73	太仓威格玛机械设备有限公司	专用设备制造业
74	温特图尔磨削技术（太仓）有限公司	专用设备制造业

（李青玉）

工业经济运行

【概况】 2015年，太仓市累计完成工业总产值2655.58亿元（数据来源市经信委，下同），较上年增长1%，其中规模以上工业总产值2118.24亿元，较上年增长1.6%；完成工业销售收入2486.37亿元，较上年下降1.4%，其中规模以上工业销售收入2002.1亿元，较上年下降1.2%。实现利润总额130.13亿元，其中规模以上工业利润125.17亿元，较上年分别增长4.5%和9.6%；完成规模工业增加值473.93亿元，较上年增长6.5%。

【重点企业】 2015年，太仓市产值百强企业累计完成产值1344.08亿元，较上年增长4%，百强企业产值分别占全部和规模以上工业产值的50.6%和63.5%，进入百强企业门槛由2014年的3.25亿元提升到3.6亿元。百强企业中产值超50亿元企业4家，超10亿元（含超50亿元）企业37家。舍弗勒(中国)有限公司年产值90.76亿元，位居百强企业榜首。

2015年太仓市各区镇工业总产值情况表

表21

单位：万元

区　镇	工业总产值	较上年（±%）	区　镇	工业总产值	较上年（±%）
全市合计	26555848	1.0	城　厢	1109800	2.0
一、太仓港经济开发区	16453000	3.8	沙　溪	3054748	−12.1
港　区（含浮桥）	8380000	5.4	浏　河	1304300	3.2
新　区	8073000	2.2	璜　泾	3444000	−2.3
二、乡　镇	10102848	−3.3	双　凤	1190000	8.2

2015年太仓市各区镇规模以上工业总产值情况表

表22

单位：万元

区　镇	工业总产值	较上年（±%）	区　镇	工业总产值	较上年（±%）
全市合计	21182430	1.6	城　厢	830041	2.3
一、太仓港经济开发区	13557042	4.0	沙　溪	2290114	−12.4
港　区（含浮桥）	7054769	5.8	浏　河	977883	3.7
新　区	6502272	2.2	璜　泾	2584378	0.3
二、乡　镇	7625388	−2.4	双　凤	942972	9.3

2015年太仓市工业主要行业情况表

表23　　　　　　　　　　　　　　　　　　　　　　　　单位：万元

行业	企业数	产值	较上年(±%)	主营业务收入	较上年(±%)	利润	较上年(±%)	利税	较上年(±%)	资产	较上年(±%)	出口产品交货值	较上年(±%)
总计	1140	21182430	1.64	20020955	−1.23	1251715	9.61	1854539	8.02	21688917	6.74	2918997	5.19
一、新材料	82	3312168	−5.63	3026736	−8.48	74335	−6.03	149069	16.40	2809971	2.01	391166	2.73
二、新能源	17	1062810	13.61	979733	9.14	74874	61.77	116317	19.18	1510275	14.07	214653	46.66
三、高端装备制造	59	2561684	14.85	2408601	11.28	242560	15.68	307867	17.08	2438682	17.37	575932	18.99
四、生物技术和新医药	28	898377	17.49	868099	15.31	208796	34.51	267832	32.65	971523	14.94	133305	15.46
五、电子信息	35	976130	18.73	948024	16.87	32095	111.53	55424	47.92	755004	31.25	274790	−5.61
六、精密机械	206	2992369	−0.93	2878480	−2.44	138315	−10.61	214158	−6.48	2748199	8.35	653564	1.50
七、纺织化纤服装	348	3032595	−2.77	2826698	−4.28	23796	10.09	71372	−3.21	2258682	−2.33	189473	−10.78
八、电力造纸	37	2109513	3.50	1956763	−4.20	340541	9.68	449979	4.90	3529630	5.08	26233	49.34
九、金属加工	112	1620015	−11.57	1560893	−13.43	33644	−10.12	66014	−7.16	1437886	−5.57	211795	−11.22
十、石油化工	112	1641812	3.87	1631014	1.28	81001	−11.12	125981	−5.09	1179730	−4.89	122868	−7.15
十一、其他	104	974959	−1.39	935913	−4.23	1758	−91.67	30526	−42.75	2049336	15.66	125218	11.40
其他：食品	15	192220	−2.68	186148	−6.07	1928	9.71	8066	7.84	277898	21.62	1526	−17.46

2015年太仓市重点工业企业主要经济指标表

表24　　　　　　　　　　　　　　　　　　　　　　　　单位：万元

序号	企业名称	产值	较上年(±%)	销售收入	较上年(±%)	利润	较上年(±%)	利税	较上年(±%)
		8954380	4.40	8403253	1.37	849797	13.95	1160234	11.56
占全市		33.72%	1.11	33.80%	0.93	65.31%	5.43	57.88%	2.91
占规模企业		42.27%	1.12	41.97%	1.03	67.89%	2.02	62.56%	1.63
一、新材料产业									
1	香塘集团有限公司	521133	−2.35	510659	−3.87	16901	34.91	17916	18.19
2	埃克森美孚（太仓）石油有限公司	244346	−27.14	245251	−18.74	31610	−30.58	47678	−19.29
3	中国石油天然气股份有限公司华东润滑油厂	297635	0.65	187947	−22.88	83	−99.53	16253	−33.79
4	江苏德威新材料股份有限公司	154918	15.94	107424	11.19	6776	5.99	8515	10.40
5	旭川化学（苏州）有限公司	100645	−12.00	104322	−9.00	4695	31.44	6522	−1.37
二、新能源产业									
6	太仓协鑫光伏科技有限公司	289618	5.53	264700	−3.67	24056	17.13	28319	−58.01

续表 24

序号	企业名称	产值	较上年（±%）	销售收入	较上年（±%）	利润	较上年（±%）	利税	较上年（±%）
7	奥特斯维能源（太仓）有限公司	162319	4.56	142350	−2.51	1527	17.54	2302	71.00
8	太仓海润太阳能有限公司	150064	18.93	148695	30.72	3883	—	31693	—
9	天顺风能（苏州）股份有限公司	127461	34.84	127006	34.17	23264	36.44	23889	37.66
10	苏州天顺新能源科技有限公司	66580	44.36	64777	60.98	10011	1629.35	13016	2148.37
三、高端装备制造产业									
11	舍弗勒（中国）有限公司	907622	2.35	910440	2.03	97758	−10.73	106183	−18.35
12	太仓中集	307821	17.88	293681	20.85	24887	351.13	36648	435.16
	太仓中集集装箱制造有限公司	94209	−63.92	89231	−63.28	120	−97.82	4875	−28.82
	太仓中集冷藏物流装备有限公司	213612	—	204450	—	24767	—	31774	—
13	通快（中国）有限公司	133989	0.30	123038	−6.79	12460	−31.42	14414	−33.17
14	江苏保捷锻压有限公司	115339	12.59	97927	10.81	2772	14.37	4168	41.38
15	博格华纳汽车零部件（江苏）有限公司	124812	971.03	123127	1[illegible]53.51	29745	—	36014	—
四、生物技术和新医药产业									
16	江苏宝洁有限公司	401408	44.47	392620	41.49	174352	38.33	217938	38.35
17	苏州市宏达集团有限公司	127130	−2.85	121647	−5.23	4506	64.57	7596	27.24
18	雅本化学股份有限公司	44600	2.20	35383	−11.40	4090	−29.29	4787	−28.03
19	国药集团致君（苏州）制药有限公司	24629	−28.65	25443	−23.68	−2217	—	−888	—
五、新一代信息技术产业									
20	太仓市同维电子有限公司	314641	32.89	302462	29.41	5903	62.53	10600	10.49
21	太仓阿尔派电子有限公司	88866	−3.32	87653	−4.03	3038	58.82	3198	43.30
22	苏州隆祥电子有限公司	76552	−4.32	73726	−5.89	2830	35.56	4476	8.51
23	苏州荣文集团有限公司	95395	30.41	89695	27.68	1131	—	3581	—
六、纺织化纤服装产业									
24	雅鹿集团股份有限公司	443442	0.03	382156	−0.52	17408	−8.00	23165	−9.19
25	拉夏贝尔服饰（太仓）有限公司	156389	49.77	156372	38.20	11504	14.22	24539	6.00
26	太仓利泰纺织厂有限公司	135887	0.15	134071	−0.48	−4060	—	−1371	—
七、精密机械产业									
27	特灵空调系统（中国）有限公司	362039	−1.83	363042	−1.30	32151	−11.88	39272	−20.28
28	润邦卡哥特科工业有限公司	87385	−14.35	77556	−13.04	6775	−34.35	12064	16.90
29	和承汽车配件（太仓）有限公司	90111	−26.56	89311	−27.79	1404	−61.16	5203	−32.88

续表 24

序号	企业名称	产值	较上年（±%）	销售收入	较上年（±%）	利润	较上年（±%）	利税	较上年（±%）
30	法可赛（太仓）汽车配件有限公司	99693	6.04	97871	4.11	6075	−23.70	7907	−16.53
八、金属加工产业									
31	江苏仓环铜业股份有限公司	169290	−36.70	187737	−23.30	4189	15.03	4245	−3.31
32	怡球金属资源再生（中国）股份有限公司	155654	−21.99	156940	−22.15	1826	−23.94	1895	−21.40
33	太仓新宝谊钢管制造有限公司	131685	5.48	106989	−5.81	27	−96.73	27	−96.73
九、石油化工产业									
34	太仓东华能源燃气有限公司	507635	16.68	511074	14.36	2454	42.31	2479	40.43
35	碧辟（中国）工业油品有限公司	130256	−15.71	131656	−19.38	25798	−25.84	41615	−19.02
36	太仓中化环保化工有限公司	144731	21.76	106252	3.62	24	−70.28	8309	1269.78
十、电力造纸产业									
37	玖龙纸业（太仓）有限公司	781197	8.77	692211	−4.15	59570	54.33	90124	24.60
38	华能太仓发电有限责任公司	327050	−10.50	316737	−13.32	101739	9.21	128058	7.51
39	太仓港协鑫发电有限公司	315343	6.03	273230	−8.13	97808	−2.09	124366	−2.29
其他行业									
40	苏州口水娃食品有限公司	39070	−23.29	40073	−19.59	1043	1080.09	3519	25.03

（王丽倩）

制造业

产业情况

【概况】 2015年，太仓市新兴产业总体发展良好，255家八大新兴产业企业实现产值1062.14亿元，较上年增长4.2%，占规模工业产值比重50.1%，较上年提高0.3个百分点，位列苏州4个县市第一。位列全市新兴产业总量前三的分别为新材料产业、节能环保产业和新能源产业，产值分别达331.22亿元、208.63亿元和197.04亿元，分别占全市新兴产业比重31.2%、19.6%和18.6%。增速前三的分别为智能电网产业和物联网产业、高端装备制造产业、软件和集成电路产业，较上年分别增长23.3%、23.1%和22.2%。全市十大行业规模工业产值呈现“六升四降”态势，新能源、高端装备制造、生物技术和新医药、电子信息、石油化工、电力造纸等6个行业保持正增长，新材料、纺织化纤服装、金属加工、精密机械等4个行业呈负增长。

【新材料行业】 2015年，太仓市82家规模以上新材料企业实现产值331.22亿元，较上年下降5.6%，占全市规模工业比重15.6%。2015年原油价格持续下跌，影响石化新材料以及化纤新材料的原料和成本价格，导致新材料产出及利润下跌。埃克森美孚完成产值24.43亿元，较上年下降27.1%；旭川化学完成产值10.06亿元，较上年下降12.0%。

【新能源行业】 2015年，太仓市17家规模以上新能源企业实现产值106.28亿元，较上年增长13.6%，占全市规模工业比重5.0%。天顺、迪皮埃和固瑞特模具等5家风电企业完成产值31.67亿元，较上年增长28.5%；奥特斯维、协鑫光伏等9家光伏企业完成产值72.34亿元，增长7.5%。

【高端装备制造行业】 2015年，太仓市59家规模以上高端装备制造企业实现产值256.17亿元，较上年增长14.9%，占全市规模工业比重12.1%。中集冷箱、博格华纳等新企业产能大幅提升，全年分别实现产值21.36亿元和12.48亿元，带动整个行业较快增长。

【生物技术和新医药行业】 2015年，太仓市28家规模以上生物医药企业实现产值89.84亿元，较上年增长17.5%，占全市规模工业比重4.2%。该产业形成一个核心园区和三大优势基地，核心园区是建立于2012年的太仓市生物医药产业园，2015年，园区入驻企业约30家，计划总投资超50亿元。三大优势基地分别为医药研发试验基地、药物生产基地和世界最大的酶产业基地。

【电子信息行业】 2015年，太仓市35家规模以上电子信息企业实现产值97.61亿元，较上年增长18.7%，占全市规模工业比重4.6%。全市电子信息产业主要以同维、阿尔派等科技较为领先的企业为代表，其余电子企业规模相对较小。同维电子通过机器（人）应用，建立全面的自动化、智能化仓储系统，提高企业生产运行效率，全年实现产值31.46亿元，较上年增长32.9%。

【精密机械行业】 2015年，太仓市206家规模以上精密机械企业实现产值299.24亿元，较上年下降0.9%，占全市规模工业比重14.1%。全市精密机械产业形成“精密机械”和“汽车零配件”两大特色产业基地。年内，整车销售市场下跌传导到下游汽配行业，第三季度一度面临订单不足、企业减产甚至停产现象，10月起，整车市场有所回暖，但难以抵消第三季度产量下跌影响，总体完成产值低于预期目标。

【纺织化纤服装行业】 2015年，太仓市348家规模以上纺织化纤服装企业实现产值303.26亿元，较上年下降2.8%，占全市规模工业比重14.3%。利泰纺织厂响应国家“一带一路”号召，成立利泰丝路投资公司，先后在新疆库尔勒、新疆奎屯、乌兹别克投资，加大自主创新力度，推进转型升级，实施创新驱动战略。化纤行业产能过剩，有效需求减少，价格持续低位运行。服装行业的拉夏贝尔公司全年完成产值15.64亿元，较上年增长49.8%。

【电力造纸行业】 2015年，太仓市37家规模以上电力造纸企业实现产值210.95亿元，较上年增长3.5%，占全市规模工业比重10%。全年经济增速较慢，造成电力需求不足，加上电价下调，影响全年电力企业产值增长。国华、华能和协鑫三大电厂，全年完成产值85.71亿元，较上年下降5.2%。造纸行业的玖龙纸业完成产值78.12亿元，较上年增长8.8%。

【金属加工行业】 2015年，太仓市112家规模以上金属加工企业实现产值162亿元，较上年下降11.6%，占全市规模工业比重7.6%。该行业发展受大宗商品价格下跌、产能过剩严重、投资增速下降等因素影响，行业跌幅在十大行业中最大。怡球金属完成产值15.57亿元，较上年下降22%。长富不锈钢完成产值8.34亿元，较上年下降7.7%。

【石油化工行业】 2015年，太仓市112家规模以上石油化工企业实现产值164.18亿元，较上年增长3.9%，占全市规模工业比重7.8%。受国际油价大幅下跌及国内需求不振影响，全国主要成品油价格经历两次下调，实现年内“五连降”，化工产品价格全面回落。碧辟公司完成产值13.03亿元，较上年下降15.7%。

（王丽倩）

高新技术产业

【概况】 2015年，太仓市新认定高新技术企业55家、省民营科技企业163家，累计分别达221家、285家。全年高新技术产业实现产值746.59亿元，高新占比35.2%，较上年提高2.4个百分点。

2015年太仓市新认定高新技术企业一览表

表25

序号	企业名称	序号	企业名称
1	苏州多凯复合材料有限公司	15	太仓丽盛制版有限公司
2	苏州好博医疗器械有限公司	16	伍享汽车配件（太仓）有限公司
3	太仓顺天自动化设备有限公司	17	江苏长乐纤维科技有限公司
4	苏州东南电碳科技有限公司	18	中建材光电装备（太仓）有限公司
5	太仓阿托斯电气部件有限公司	19	太仓陶氏电气有限公司
6	润邦卡哥特科工业有限公司	20	苏州天顺新能源科技有限公司
7	金普诺安生物科技（苏州）有限公司	21	太仓运通生物化工有限公司
8	苏州悠远环境科技有限公司	22	苏州九鼎珍珠棉有限公司
9	赛埃孚汽车保修设备（太仓）有限公司	23	太仓市锦立得粉末冶金有限公司
10	苏州晓谕精密机械股份有限公司	24	太仓宏达俊盟新材料有限公司
11	苏州顺革智能科技有限公司	25	太仓荣南密封件科技有限公司
12	苏州吉利鼎海洋生物科技有限公司	26	苏州安软信息科技有限公司
13	苏州天兼新材料科技有限公司	27	太仓思比科微电子技术有限公司
14	捷赛机械（苏州）有限公司	28	赛业健康研究中心（太仓）有限公司

续表 25

序号	企业名称	序号	企业名称
29	见诚自行车（太仓）有限公司	43	优涂扣紧固件（苏州）有限公司
30	太仓金溪粉碎设备有限公司	44	太仓戴尔塔精密模具有限公司
31	太仓安路驰汽车部件有限公司	45	太仓中博铁路紧固件有限公司
32	太仓市兴港金属材料有限公司	46	八州（太仓）塑料有限公司
33	苏州工讯科技有限公司	47	太仓惠群精密机械有限公司
34	苏州金纬化纤工程技术有限公司	48	江苏塞尚低碳科技有限公司
35	众华电子科技（太仓）有限公司	49	太仓安佑无纺科技有限公司
36	佳兴紧固件工业（苏州）有限公司	50	苏州育龙科教设备有限公司
37	皇冠（太仓）胶粘制品有限公司	51	苏州中远电梯有限公司
38	佩尔哲汽车内饰系统（太仓）有限公司	52	苏州天鸣信息科技有限公司
39	苏州华周胶带有限公司	53	太仓新宝谊钢管制造有限公司
40	洋保电子（太仓）有限公司	54	苏州金三元照明电器有限公司
41	苏州鸿安机械有限公司	55	苏州美源达环保科技股份有限公司
42	康峰（苏州）纸品有限公司	—	—

（周晓萍）

工业园区

【概况】 2015 年，太仓市在全市范围内进行产业布局，整体谋划特色产业园区发展。太仓港经济技术开发区是全国重要的新能源装备产业基地、亚洲最大的纸业基地、国内最大的高级润滑油基地、华东地区规模最大的干货集装箱基地和华东最大的电力生产基地。太仓高新技术开发区（筹）以德资企业为主要特色，是全国德资企业最密集的地区之一，被誉为“中国的德企之乡”，主要集中在精密机械和汽车零部件等产业，知名企业有舍弗勒集团、克恩—里伯斯、托克斯公司、慧鱼孚尔默等公司。全市各镇形成特色产业的相对集聚，沙溪镇的新材料和生物医药产业基地，璜泾镇的化纤产业基地，城厢镇和浏河镇的机电装备产业基地，双凤镇的绿色食品产业基地，均获得江苏省或苏州市挂牌，建立起一定的竞争优势。

【太仓市生物医药产业园概况】 太仓市生物医药产业园位于沙溪镇东北部，毗邻太仓港和建设中的沪通铁路。该园成立于 2012 年 2 月，是统筹全市生物医药产业发展而成立的高科技产业园区。园区实行“一园多区”，核心区规划占地面积 9.73 平方公里，首期建设 2.93 平方公里启动区。2015 年 5 月，园区获评“现代服务业集聚区”称号；8 月，被科技部火炬中心认定为“国家火炬特色产业基地”；10 月，获评“中国服务外包产业集聚园区”称号；12 月，被江苏省科技厅认定为“省级科技企业孵化器”。截至 2015 年年底，全市共有生物医药企业 70 多家，其中落户生物医药产业园核心区的约 30 家。全年全市规模以上生物医药企业实现产值 53.53 亿元，较上年增长 2.70%。其中，化药、原料药版块实现产值 34.88 亿元，较上年增长 0.12%；医疗器械版块实现产值 9.07 亿元，较上年增长 5.69%；生物制药版块实现产值 7.11 亿元，较上年增长 7.30%；研发孵化评价版块实现产值 2.47 亿元，较上年增长 18.84%。

【太仓大学科技园概况】 太仓大学科

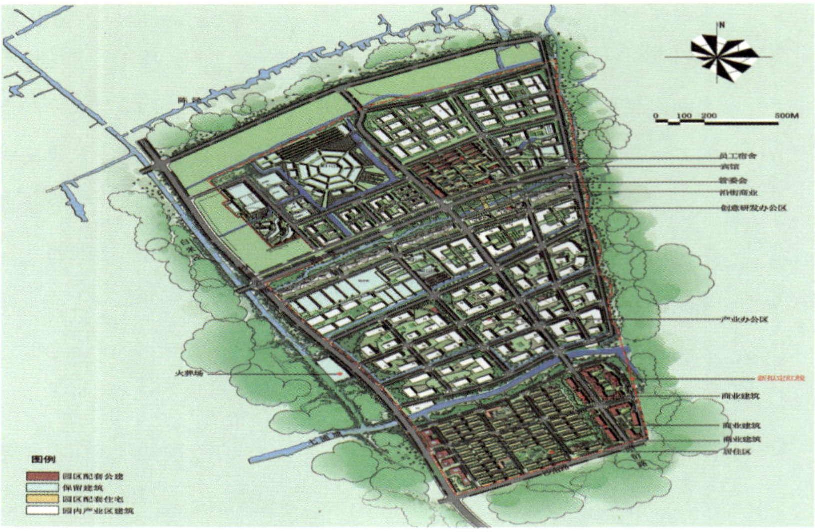

太仓市生物医药产业园首期启动区项目总平面图 （景　俊）

2015年太仓市特色产业园认定情况一览表

表26

园区名称	认定情况
重大装备产业园	江苏省特种专用装备制造特色产业基地、苏州市战略性新兴产业基地
新材料产业园	中国石油和化学工业最具投资价值园区、中国太仓精细化工及润滑油产业集群、2008中国百佳产业集群、苏州市石化特色产业基地、苏州市再生资源（浮桥）特色产业基地
新能源产业园	江苏太仓港新能源产业园、苏州光伏及风能特色产业基地、苏州市战略性新兴产业基地
中德中小企业合作园	中德企业合作基地、中德中小企业合作示范区
精密机械产业园	苏州市精密机械特色产业基地
科技产业园	江苏省科技产业园
生物医药产业园	江苏省科技产业园、江苏省科技兴贸创新基地
纤维新材料产业园	苏州市纺织新材料特色产业园区

（王丽倩）

技园地处科教新城核心地带，是太仓市委、市政府围绕“十二五”规划中的“科技创新”主题打造的具有太仓自身发展特色的科技创新载体。2012年10月开园以来，先后获得“国家级高校学生科技创业实习基地”“中国产学研合作促进奖”“省级大学科技园”“省科技企业孵化器”“省大学生创业示范园”“省三星级公共服务平台”“省级小企业创业示范基地”“苏州市创业孵化示范基地”“苏州市电子商务示范园”等荣誉。截至2015年年底，注册在园企业355家，实际入驻企业101家；集聚各级各类领军、重点人才61人；累计申请专利1247项，其中发明专利841项，专利授权374项。

（陈　雯）

【太仓市科技产业园概况】 太仓市科技产业园位于城厢镇西南部，东至204国道，西至昆山市界，南至太蓬公路，北至新浏河，规划面积10.5平方公里。园区主要发展装备制造、汽车配件、新材料等产业门类，规划建设成为特色鲜明、配套完善、高新技术企业集聚的省级现代化产业园区。园区以“一个中心，四大片区”为发展结构，即以吴塘河为中心，形成南北向景观主轴，作为“核心聚集”的综合配套服务中心；“四大片区”为园区一期3.3平方公里以及沿吴塘河西侧8.3平方公里的“产业发展区”；吴塘河以东2.2平方公里的“生活配套区”；太蓬公路以南13平方公里将分别规划为东部8平方公里“高效农业生态保护园区”和西部5平方公里“湿地生态保护区”。近五年来，园区累计投资近13亿元，完成园区一期3.3平方公里的道路、河道、绿化等基础设施建设，水、电、燃气、综合管线等各项配套设施功能全部到位。

2015年，园区快速推进二期建设。二期项目位于太蓬路以北、杨泾河以南、204国道以西、昆山界以东，总面积7.2平方公里。功能布局以吴塘河为界，吴塘河以西5平方公里为工业区，吴塘河以东2.2平方公里为产业配套区，是继园区3.3平方公里一期建成后开发的新型二期工业载体。预计3年内建设五横、七纵、一环路，总长40公里的“井”字道路格局和1.5万米生态驳岸，进行桥梁、管线、水、电、气等配套建设，吸引优质企业入驻。园区以突出发展循环经济、低碳环保产业为宗旨，引入企业总部概念，推进招商选资工作。至年底，园区一期区域入驻企业80余家。规模型骨干企业主要有上海连成、新中联物流设施、天永机械电子、捷赛机械、佳电飞球、福地工业、和泰物流、建莱机械、辛柏机柜、阿美泰克、圣灌机械等大型机械装备类企业10多家，初步形成以机械装备为主的产业导向和特色。

（张怡亮）

【太仓台资科技创新产业园概况】 太仓台资科技创新产业园位于沙溪镇南部，成立于2006年。园区内工业用地分三大区，园区东部为一类工业用地，中部为二类工业用地，西部为一类工业发展预留地，规划总用地面积333.15公顷。园区功能定位为一流的工业园区，规划成为苏州地区重要的高科技产业为导向的现代化工业园区。园区以电子信息、精密机械、汽车配件、现代物流和民生类产品为主导产业，至2015年年底，园区开发建设161公顷，工业企业总占地面积106.67公顷。园区完成注册企业95家，实际进驻企业87家，其中台资企业45家、内资企业25家、其他外资企业17家。累计新增注册外资（含台资，下同）4.5亿美元，到账外资约1.8亿美元，注册内资约10亿元。

（沈建中）

【太仓市沙溪镇新材料产业园概况】 太仓市沙溪镇新材料产业园前身为沙溪镇工业开发区，位于沙溪镇东侧，成立于2001年3月，年内，经市政府批准，更名为太仓市沙溪镇新材料产业园。该园规划面积 5 平方公里，东至沙鹿公路，西至沿江高速公路，南至新北东路，北至米泾河。为进一步拓展园区规模，在沿江高速公路以西、锡太一级公路以北，规划 1.3 平方公里产业配套区，2015 年，配套区基础设施建设基本完成。

园区功能定位为太仓市一流的工业园区和苏州地区重要的以新材料产业为导向的现代化工业园区，重点发展功能性差别化纤维新材料、新型高分子材料、有色金属材料等产业。园区自成立以来，发挥产业集聚效应，培育一批竞争力强、特色优势明显的产业群，形成以振辉、明辉、金辉等企业为龙头的功能性差别化纤维新材料产业，以东又悦、生富、鑫昌光电为龙头的电子、电气用有色金属材料产业，以长鸿塑胶、德威新材料、三角洲塑化为龙头的高分子电缆料和塑胶管材、板材产业。至 2015 年年底，园区入驻企业约 80 家，其中外商投资企业 28 家，内资企业 52 家。园区有规模以上企业 29 家，全年实现工业产值 53.8 亿元。

（沈建中）

【苏州机电（浏河）优质产品生产示范区概况】 苏州机电（浏河）优质产品生产示范区主要位于长江口旅游度假区（浏河镇）北部工业园，机电产业是太仓长江口旅游度假区的工业主导产业。近年来，长江口旅游度假区依托机电特色产业基地平台，发展以机电产业为主、精密机械制造为辅的机电特色产业，围绕电气机械、器材、节能电机、特种电机等相关产品的生产加工、检测等环节，通过引进高性能、高精度、高效能成套设备生产线和相应检测设备，形成机电特色产业链，带动零部件生产的规模扩张和产品提升。示范区内规模以上企业 100% 按照产品执行标准组织生产，其中江苏保捷锻压有限公司参与修订行业标准，企业负责人担任全国锻标委委员。拥有江苏省著名商标 3 件，苏州市知名商标 2 件。企业注重提升科技创新能力和自主研发能力。江苏保捷锻压有限公司、太仓海嘉车辆配件有限公司、苏州市贯龙电磁线股份有限公司建立省级工程技术研究中心，保捷锻压和贯龙电磁线获评省级研究生工作站，苏州巨能发电配套设备有限公司研发的 1100 千瓦超超临界机组获省前瞻项目立项，保捷锻压获苏州创新先锋企业称号，海嘉汽配获苏州科技进步奖，6 家企业获高新企业认证，7 件产品被认定为高新技术产品。示范区内企业共拥有发明专利和实用新型专利 100 多件。

2015 年，示范区共拥有苏州市贯龙电磁线股份有限公司、苏州巨能发电配套设备有限公司、江苏保捷锻压有限公司、太仓海嘉车辆配件有限公司、太仓优尼泰克精密机械有限公司等机电类生产企业 20 多家，其中规模以上企业 13 家，占全镇规模工业企业总数的 13.54%，产值超 10 亿元的企业 2 家，产值超亿元企业 6 家。全年示范区内规模以上企业实现工业产值 32.53 亿元，占度假区规模工业总产值的 33.26%；完成销售收入 29.57 亿元，占度假区规模销售收入的 31.97%。

（傅锦花）

【璜泾镇纤维新材料产业园概况】 璜泾镇纤维新材料产业园位于璜泾镇鹿河管理区，规划面积 3.04 平方公里。园区以整合提升传统产业、催生引进新兴产业为方向，按照千亿级容量、国际化标准、科创型定位，逐步建设成为以纤维新材料产业为主导，先进装备制造、现代物流等临江产业同步发展的特色园区。

2015 年，园区项目建设步伐加快，嘉璜工业一期工程竣工，申久全涤家纺面料一期投产，友孚汽车零部件项目落户，园区累计入驻企业 21 家，年产值超 55 亿元。园区基础设施建设日益完善，220 千伏变电站、华能电厂蒸汽管道集中供热等项目按序推进。创新驱动持续强化，引进国家“千人计划”专家 1 人，新增省“双创人才”“姑苏人才”和太仓创业创新领军人才各 1 人，实现国家“千人计划”及省“双创人才”零突破，发明专利申请量、授权量和省级研究生工作站等指标超额完成任务。

（姚巍峰）

服务业

综　述

【概况】 2015 年，太仓市完成服务业增加值 498.34 亿元，较上年增长 7.8%；占地区生产总值比重 45.3%。全市加快推进服务业集聚发展、特色发展，增强集聚区产业集聚度和可持续发展能力。全市共有省级现代服务业集聚区 2 家（太仓港物流园、天镜湖文化科技产业园），苏州市级集聚区 7 家。发展总部经济，累计认定总部企业 21 家，其中苏州市总部企业 8 家。拨付奖励，推动总部企业发展，发挥总部企业辐射带动效应。碧辟（中国）工业油品有限公司等 10 家总部企业获政策兑现奖励资金 875 万元。年内，举办上海现代服务业投资说明会，现场签约项目 9 个，投资总额 20 多亿元。企业培优，苏州国信集团有限公司入选中国服务业企业 500 强，获评苏州市首批服务业创新型示范企业。太仓灵狮创意文化产业发展有限公司获省工业设计服务标准化试点。昭衍（苏州）新药研究中心有限公司获评苏州市首批服务业创新型示范企业。

【服务外包】 2015 年，太仓市完成注册外资 6.64 亿美元，较上年增长 16.5%，实际利用外资 5.01 亿美元，较上年增长 26.4%。进出口总额 127.71 亿美元，较上年下降 7.5%，其中出口 63.11 亿美元，较上年增长 3.8%，进口 64.6 亿美元，较上年下降 16.3%。中方境外投资总额 2.21 亿美元，较上年增长 126.45%。完成服务外包接包合同额 7.1 亿美元，较上年增长 8.52%；服务外包离岸执行额 2.72 亿美元，较上年下降 4.23%。中美冠科生物技术（太仓）有限公司和昭衍（苏州）新药研究中心有限公司入选“2015 年服务外包成长型企业”名单；太仓生物医药产业园获评“2015 年服务外包特色产业集聚园区”；游视网络 PLU

与腾讯游戏竞技平台TGA、韩国职业电子竞技协会KeSPA、上海文广集团（SMG）游戏风云频道、NICE TV达成战略合作。

【现代物流】 2015年，太仓市158家限额以上物流企业实现营业收入64.6亿元，较上年增长9%。截至2015年年底，太仓港建成码头泊位82个（生产性泊位76个），航线177条。在钢铁、煤炭、金属矿石等货物的市场推动下，货物吞吐量和集装箱吞吐量均保持快速增长。全年累计港口货物吞吐量2.04万吨，较上年增长29.8%；集装箱吞吐量371万标箱，较上年增长21.2%。9月1日，太仓港试点实施启运港退税政策，助推港口物流较快增长。太仓阳鸿石化有限公司、太仓鑫海港口开发有限公司、苏州永得利物流管理有限公司等竣工试产。总投资3亿元的太仓润禾码头有限公司开工。海通码头、华东电子商务产业园、太仓图辉物流园项目均开工建设。江苏化工商品交易中心向省金融办争取金融牌照。太仓港与马来西亚巴生港缔结姐妹港，双方计划在航线、物流、信息、人才等领域展开合作。

【消费市场】 2015年，太仓市实现社会消费品零售总额262.58亿元，较上年增长9.8%。五洋商城、之江国际商城、粮油市场、江南农副食品城等传统大型专业市场发展稳定，月星家居广场和亿立义乌国际商贸城招商运营平稳，城西商业带日趋成熟。全市重点餐饮企业实现营业收入近2亿元，较上年增长20%。肉菜流通追溯体系运维安全，生猪屠宰实现24小时电子监控，重点生活必需品市场供应充足、价格有序。电子商务发展迅猛，太仓市入围中国“电商百佳县”榜单，排名第16位；网商指数和网购指数分别列全省第4位和第2位。苏州健雄职业技术学院入选首批省级电子商务人才培训基地；西本新干线电子商务有限公司入选江苏省2015—2016年电子商务示范企业；太仓大学科技园入选苏州市级电子商务示范园区；太仓雅鹿集团和苏州口水娃食品有限公司入选苏州市级电子商务示范企业。

【旅游开发】 2015年，太仓市实现旅游接待总人数485.79万人次，较上年增长7.8%；旅游总收入69.5亿元，较上年增长4.1%。太仓现代农业园获评国家标准化休闲农庄。“和你从太仓出发”B2B网上管理平台、“酒店＋景区＋工厂店购物”等旅游模式受到好评。举办“2015中国·太仓旅游文化节暨长江口江海河三鲜美食节”，拓展旅游周边市场。

【房地产市场】 2015年，太仓市房地产市场新房成交量135.56万平方米，成交额109.87亿元；二手房成交面积106.43万平方米，交易额51.64亿元。

（沈　泓）

服务业集聚区

【江苏（太仓）LOFT工业设计园概况】 江苏（太仓）LOFT工业设计园（以下简称“太仓LOFT”）是全省首个工业设计创新与孵化基地，是列入国务院《苏南现代化建设示范区规划》的重点项目，是江苏省首批工业设计示范园，也是江苏省经信委与太仓市政府签约共建的省区共建重点园区，该共建项目列入省政府重点推进工作。近年来，园区创意设计企业依托“灵狮”专有的“市场交易、金融服务、专利转化、人才培训、共性技术研发、品牌推广”六大公共服务平台和产品设计创新一站式服务及完整的工业设计产业链支撑，培育出“漫生快活”“悠乐悠品”“品物流形”“狮尚”“尚途”等多个原创设计品牌，为太仓、苏南及长三角地区提供1600多单设计服务，创造设计产值5亿多元，拉动经济增长80多亿元。园区先后获全国科普教育基地、江苏省工业设计示范园、江苏省现代服务业集聚区、江苏省高新技术创业服务中心、江苏省中小企业五星级公共服务平台、江苏省文化产业示范基地、江苏省旅游商品研发基地、江苏省中小企业社会化服务体系建设示范单位等荣誉。

2015年，太仓LOFT入驻企业47家，较上年增长9.3%。其中新引进龙头企业浪尖设计、桑田服装设计等工业设计企业，张维格珠宝3D打印、渔木工坊等文化创意企业，安德高、淘太仓等知名电商企业。与中兴通讯（上市公司）、浙江水晶光电（上市公司）、意欧斯仓储设备（上市公司）、中国电子科技集团公司第五十四研究所、上海弗徕威智能机器人、上海冠生园、上海壁虎、上海木爷机器人（亿元风投）、至简科技、南京天绘科技、保千里电子、艾利·丹尼森（全球500强）、极飞科技、大疆创新科技、克恩—里伯斯、宝适汽车配件、中化太仓、中国移动、中国联通、月星家居、陆渡宾馆、苏州健雄职业技术学院、五洋广场、中科太仓计算所等国内外大型企业（机构）提供服务或合作重点项目。年内，完成江苏省首个工业设计服务标准化试点，并通过验收；参加江苏省科技创新创业大赛，获文化创意类第一名；举办第二届江苏青年设计大赛、第五届海峡两岸大学生设计营、苏州工业设计与3D打印产业联盟交流会等行业活动。年底，发起成立太仓设计师联盟，为促进工业设计行业互相交流学习方面搭建平台，从资源整合、理念引进、共赢合作、结构优化等方面，推动沪太和中德创意设计在产业链层面的市场化对接与错位联动发展。

（李　军）

商贸发展

【概况】 2015年，太仓市实现社会消费品零售总额262.58亿元，较上年增长9.8%。全市商务系统开展全国流通改革等工作，举办江海河三鲜美食节、“亲商兴贸、助企惠民”主题活动，全年为基层企业争取各类商务扶持资金3818万元，推进商贸流通业稳中求进、转型升级。年内，长江三角洲城市市场信息协作网第15次联席会议暨2015年长三角城市商业发展论坛在宜兴举行，大会评选和公布2015年长三角商业十强县（市）和最具商业发展潜力十大县（市），太仓市第六次入围2015年长三角县域商业十强县（市）。

*商贸保持平稳增长。*市商务局组织数十家主力商贸企业开展以“扩大消费、惠及民生”、新年购物节、“十佳服务明星、十佳岗位能手”评选等消费促进活动，全市大众消费保持稳定增长。商贸零售业亮点较多，汽车销售势头迅猛，森贸汽车城十一汽车展期间销售额近亿元。入选苏州市考核的5个重点商业建设项目进展顺利，年内完成投资额23亿元。

*电子商务发展氛围浓厚。*苏州健雄职业技术学院被认定为首批省级电子商务人才培训基地；西本新干线入选江苏省2015—2016年电子商务示范企业。O2O（Online To Offline,线上到线下）业态蓬勃发展，大学科技园建立O2O电商汇平台，被评为苏州市级电商产业示范园，LOFT工业园引进淘太仓、安德高等企业，打造O2O电商产业园。举办首届太仓特色农产品电商推介会、电商协会沙龙讲座等多项专题活动，营造电商发展氛围；加大电商扶持引导力度，印发《太仓市商务发展专项引导资金使用管理办法》，举办多次政策宣讲会。

*品牌效应持续提升。*创新开展第七届“江海河三鲜”旅游文化美食节系列活动，活动期间吸引游客115万人次，较上年增长30.3%；全市重点餐饮企业实现营业收入近2亿元，较上年增长20%，活动影响力逐年提升。出版《娄东美食》菜谱集，“太仓肉松”获评“江苏老字号”，太平社区获评“苏州市商业示范社区。

*服务民生常抓不懈。*单用途商业预付卡备案企业持续增加，实名登记率100%。省级商务综合执法改革试点按时推进，完成内设机构调整和执法权限梳理，开展专项培训与宣传活动。肉菜流通追溯体系运维平稳，利用公秤开展自助式打票改造试点，生猪屠宰实现24小时电子监控，重点生活必需品市场供应充足、价格有序。

【江海河三鲜美食节掀起寻鲜热潮】 3月28日，2015年中国·太仓旅游文化节暨长江口江海河三鲜美食节在长江口旅游度假区江滩湿地公园开幕，活动历时3个月，先后举办滨江度假区开幕式、江南牡丹文化节等旅游系列活动及青年厨师烹饪技能大赛、寻找太仓“老法菜”等美食系列活动。其间，有115万名来自全国各地的游客共赴盛会，人数较上年增加30%。全市重点餐饮企业实现营业收入近2亿元，较上年增长20%。“春来太仓、踏春品鲜”成为江浙沪地区深入人心的理念、品牌，推动太仓商贸旅游文化融合发展。

【“双十一”电商销售】 2015年“双十一”（11月11日）活动中，全市电商企业提前备战，应对销售挑战，成绩显著。各大电商企业销售额呈现大幅上升，其中雅鹿服饰当天销售9万单，销售额近3000万元，较上年增长39.21%；口水娃食品销售额1070万元，较上年增长46.6%，在天猫食品类目排名中呈现跳跃式上升，排名第19位；清雅灯具销售额534万元，较上年增长368.4%；诺依曼枕头销售额500万元。各大电商企业前期宣传投入力度和促销优惠力度比往年更大，口水娃获得中国驰名商标，并邀请汪涵、宋佳担任代言人，借助天猫、京东等8个知名电商平台进行宣传销售。

【商务发展政策引导】 2015年，市政府印发《太仓市商务发展专项引导资金使用管理办法》，调整优化资金引导投向商务发展的重点、热点和新增长点。全年太仓市商务发展专项引导资金共分服务外包、电子商务和商贸流通3个类别。服务外包方面涉及房租补贴、认证补助、培训机构建设、业务增长奖励等内容，侧重扶优扶强；电子商务方面涉及仓储快递费补贴、入驻第三方平台服务费用补助、公共平台建设、上台阶奖励等内容，侧重培育新增长点；商贸流通方面涉及新店开设奖励、特色品牌打造和便民惠民商贸项目补贴等内容，侧重转型升级和惠民生。

【省级电子商务示范项目】 2015年，太仓市西本新干线电子商务有限公司入选江苏省2015—2016年电子商务示范企业，成为全市第一家获得该荣誉的电商企业。西本新干线电子商务有限公司是钢材行业内颇具影响力的电子交易平台服务商，是传统贸易商成功转型升级的典型案例，为中国钢铁制造业服务化转型、产业结构调整升级做出积极贡献。苏州健雄职业技术学院被认定为首批省级电子商务人才培训基地，学院拥有获得全省教学成果奖的人才培养新模式，专业建设与国内知名电商企业合作，将淘宝大学优质资源引入课程，共建符合行业规范的“项目化”课程体系。

【传统商贸企业转型发展】 2015年，太仓市传统商贸企业做好转型升级，在差异化定位上谋求自身特色，改善传统商贸业被动劣势，建立核心竞争力。华联商厦调整布局，增加营业面积30%，引进新品牌，完善停车场等配套设施。新世界商厦借力上海合作发展，针对中产阶级和年轻消费者群体，引进上海多家高端、轻奢品牌，开发商场APP，打通线上线下资源，提升购物体验。新城商厦专注特色经营战略，加强与兰花园联合开展特色活动，促进文化交流与旅游发展，继续保持黄金珠宝在传统商圈内的销售份额。仓建超市新网点布局设置贴近社区，满足社区居民的日常消费需求，在产品结构上注重各档次品牌引进，定期开展促销活动，保持消费份额不降低。

（张圆圆）

物　流

【概况】 2015年，太仓港发展成为长江集装箱运输第一大港、长江外贸第一大港、货物吞吐量超亿吨大港、长江沿线铁矿石进口第一大港、全国海运木材进口第一大港、长江沿线最大的煤炭储运基地以及长江沿线较大的液体化工品仓储基地，由集疏大港向综合贸易大港发展。截至年底，太仓市物流业增加值106.68亿元（按可比价格计算，下同），较上年增长0.7%。物流业增加值占全市地区生产总值9.68%、占全市服务业增加值21.41%。货物运输量1618万吨，较上年下降3.1%；货物运输周转量

27.69 亿吨公里，较上年下降 4.1%；港口吞吐量 2.04 万吨，较上年增长 29.8%。其中：木材 636 万吨，较上年下降 5.5%；煤炭 4361 万吨，较上年增长 38.1%；金属矿石 7505 万吨，较上年增长 34.7%。集装箱吞吐量 371 万标箱，较上年增长 21.2%。物流业税收 4.4亿元,较上年增长2.4%。

【物流企业】 2015，太仓市规模以上物流企业 158 家，从业人员 8096 人，营业收入总额 64.6 亿元，较上年增长 9%。其中：太仓港经济技术开发区 119 家，占规模以上物流企业总数 75.3%；营业收入总额 58.82 亿元，较上年增长 13.1%，占规模以上物流企业营业收入总额 91%。全市年营业收入超 5000 万元以上的物流企业有 30 家；苏州依厂物流有限公司、苏州隆兴物流有限责任公司企业入选省重点物流企业名单；7 家企业获评 AAA 及以上物流企业称号。

【物流园区及港口物流】 2015 年，太仓港拥有各类码头泊位 82 个（生产性泊位 76 个），其中万吨级以上泊位 34 个，集装箱专用泊位 10 个，设计吞吐能力 1.3 亿吨、435 万标箱。累计开通国际国内航线 177 条，其中近洋航线 20 条，挂靠日本、韩国和中国台湾地区的 15 个港口；内贸干线 44 条，覆盖沿海主要港口；洋山支线 40 条，实现公交化运营，无缝对接上海洋山港母船公司远洋航线；长江（运河）支线 73 条，可将长江、京杭运河沿线 7 个省份、33 个港口内贸集装箱集疏运至太仓港。全球前 20 强班轮公司均在太仓港开展业务。太仓港作为全国首个获准享受海港待遇的内河港口，11 家企业获核准从事启运港至离境港之间的运输，38 条驳船符合退税政策。

【物流基地】 截至 2015 年年底，太仓市共有重点物流基地 3 家，分别是太仓港物流园区、太仓港保税物流中心以及太仓国际物流城。其中，太仓物流园区共建成仓库面积 50 万平方米，堆场面积 457 万平方米，储罐容量 125.33 万立方米。年内，太仓港保税物流中心现升级为太仓港综合保税区，操作进出区业务 2.02 万票，较上年增长 14.7%；完成进出口总额 11.71 亿美元；引进各类商贸物流企业 33 家，注册资本 1.21 亿元，较上年增长 74.6%；重点服务跟踪的商贸物流企业实现年营业收入 58.44 亿元。太仓国际物流城占地面积 9 公顷，总规划建筑面积 11 万平方米，总计投资 3.8 亿元。规划建设的太仓物流大厦，专业物流市场交易区 5 万平方米，仓储面积 4.67 公顷。

【物流模式探索】 2015 年，太仓部分企业探索“互联网＋物流”新模式，建立起基于互联网运营为基础的物流、物联、供应链管理、车联、多式联运、电子商务和互联网金融的综合平台，为客户提供终端一站式（B2C）、线上对线下（O2O）等全方位综合物流解决方案。太仓港融入国家“一带一路”与“长江经济带”战略，基本建成近洋直达集散中心、内贸转运枢纽、远洋中转基地，规划筹备东南亚航线。“一港集散，两港联动”的“沪太通”物流新模式简化通关流程，节省通关时间和成本，提升运输速度，开通后较传统陆路直运洋山港节省成本 200 ～ 400 元／标箱，抵运及时率 100%。

【物流公共服务平台建设】 2015 年，物流园信息服务平台——太仓 • 物流网（www.tc56.org）基本建成基于电子政务、电子商务、电子物流三位一体的公共信息平台，形成货、港、船三大功能区域。太仓港信息中心（口岸公共信息平台）一期工程投运，主要包括四大系统：船舶管理系统、进出口货物通关系统、港口航运系统、危险品作业管理系统，提升太仓口岸整体物流和通关效率。信息中心二期工程建成投运，推进信息中心与上级电子口岸的有效对接。太仓港口岸集中查验中心投运，集装箱查验进入“读秒时代”。查验中心拥有国内最先进的集装箱快速查验设备，实现海关、国检集中统一驻点办公和场地、检查设施共享共用。通过太仓港口岸集中查验服务中心建设，整合太仓口岸监管资源，减少企业投入，提高通关效率，降低企业运营成本。

2015 年太仓市营业收入超 5000 万元物流企业名单

表 27

序号	企业名称	序号	企业名称
1	太仓武港码头有限公司	9	中国太仓外轮代理有限公司
2	太仓国际集装箱码头有限公司	10	苏州美锦汇风能源投资有限公司
3	太仓港集装箱海运有限公司	11	太仓阳鸿石化有限公司
4	上海中海通储运有限公司太仓有限公司	12	江苏耀华物流有限公司
5	苏州天良港粮食现代物流园有限公司	13	太仓万方国际码头有限公司
6	苏州依厂物流有限公司	14	苏州龙达国际货运代理有限公司
7	苏州现代货箱码头有限公司	15	太仓港上港正和集装箱码头有限公司
8	招商局物流集团苏州有限公司	16	江苏长江石油化工有限公司

续表27

序号	企业名称	序号	企业名称
17	中国邮政集团公司江苏省太仓市分公司	24	太仓港国际货运有限公司
18	太仓港福人林产品开发有限公司	25	中海集装箱运输苏州有限公司
19	太仓港长海船务有限公司	26	太仓港正和兴港集装箱码头有限公司
20	中国太仓船务代理有限公司	27	苏州华航物流有限公司
21	太仓瑞泰国际物流有限公司	28	太仓玖龙运输有限公司
22	中国外运长江有限公司太仓分公司	29	苏州市捷特物流有限公司
23	太仓市鑫龙运输有限公司	30	太仓中海船务代理有限公司

2015年太仓市AAA级及以上物流企业名单

表28

序号	企业名称	评价指标	评定时间
1	江苏长江石油化工有限公司	AAAA	2010年
2	苏州依厂物流有限公司	AAAA	2011年
3	太仓武港码头有限公司	AAAA	2012年
4	太仓阳鸿石化有限公司	AAAA	2013年
5	中国太仓外轮代理有限公司	AAA	2010年
6	太仓超大物流有限公司	AAA	2010年
7	太仓万方国际码头有限公司	AAA	2012年

（王　晶　沈　卫）

旅　游

【概况】 2015年，太仓市实现旅游接待总人数485.79万人次，较上年增长7.8%；旅游总收入69.5亿元，较上年增长4.1%。接待海外旅游人数7.17万人次，较上年增长34.77%。接待香港、澳门和台湾地区游客1.75万人次，较上年增长37.8%。旅游景区接待人数414.76万人次，较上年增长14.29%，三大主要景区首次突破200万人次（其中金仓湖91.22万人次，沙溪古镇67.44万人次，现代农业园52.02万人次）。截至年底，全市共有省级旅游度假区1家，A级旅游景区5家，其中AAAA级2家、AAA级2家、AA级1家。星级乡村旅游点2家，星级农家乐4家，全国农业旅游示范点3家，苏州市级工业旅游示范点1家。旅行社14家，其中国际旅行社8家，三星级旅行社5家，二星级旅行社2家，持证导游79人。共有旅游饭店16家，其中五星级2家，四星级3家，三星级5家，二星级2家，另有国际品牌酒店和主题商务酒店各2家。年内，加强旅游协会管理，市旅游协会及其分会完成第三届换届选举工作。至年底，市旅游协会有会员单位58个，其中旅游饭店分会成员单位16个，旅行社分会成员单位14个，景区分会成员单位18个。12月2日，太仓旅游旗舰店在携程旅游网上线，太仓旅游网上集散平台正式建立。

【旅游项目投资建设】 2015年，太仓市共有金仓湖创建AAAA景区提档改造、沙溪古镇景区项目提升、浏河古镇二期、双凤生态园续建等4个旅游建设项目被列入苏州市政府考核范围，总投资1.5亿元，2015年投资1.1亿元。太仓长江口旅游度假区获省级旅游业引导资金40万元。电站村生态园旅游配套设施建设、三家市古村落旅游设施配套建设项目、滨江湿地木栈道景观工程、江滩湿地公园中部茶室和厕所、双凤羊肉节、奇石馆等10个项目获太仓市级旅游业引导资金269.68万元。年内，太仓市加强重要景区功能配套建设。金仓湖公园按照AAAA级景区标准进行建设提升，增加游览互动项目，新建游客中心、湖滨养生餐厅、旅游厕所，开辟大型停车场，增加标识标牌，加快景区整体环境建设。11月，通过苏州旅游局验收，向省旅游局推荐评审；现代农业园加强亲子园、百竹园、梅花园和西南角湿地公园建设，

2015 年太仓市主要旅游节庆活动

表 29

时间	节庆活动名称	主办单位
3 月 28 日—5 月 28 日	2015 年中国·太仓旅游文化节暨长江口江海河三鲜美食节	市政府
5 月 19 日	“5•19” 中国旅游日宣传活动	市旅游局
6 月 24 日	2015 “欢乐金仓湖” 端午龙舟竞渡赛	城厢镇
6 月 30 日	“太仓假日” 品牌发布会	市旅游局
7 月 1 日—8 月 1 日	2015 南园荷花展	弇山园管理处
7 月 10 日—8 月 10 日	当代陶瓷艺术展	市文广新局、市旅游局等
9—11 月	“一小时去哪儿？去太仓” 主题推介会	市旅游局
11 月 1 日—12 月 1 日	2015 年南园金秋菊展	弇山园管理处
12 月 18 日	2015 国际商学院动力越野精英赛	省体育局、市政府、市旅游局
12 月 20 日	“鲜来太仓、走进双凤” 第八届双凤羊肉美食文化节暨第二届华丽菲尼克斯慢生活之旅	双凤镇、市旅游局

重点做好食宿配套。先后获评国家级休闲农庄、全国休闲农业与乡村旅游五星级示范园区；双凤生态园命名为“双凤湖生态湿地公园”，逐步打造乡村休闲旅游度假区；沙溪古镇加强 AAAA 级景区运营管理，做好项目引进，提升景区品质。南园和弇山园完成基础设施、建筑的修缮维护和改建工程，办好荷花展和菊花展两大节庆活动，逐步形成品牌效应；中华奇石馆抓紧装修，预计 2016 年“五一”节对外开放。其他景区项目结合实际加强功能服务配套建设。

【乡村旅游开发】 2014 年 12 月，《太仓市乡村旅游总体规划（2014—2030）》通过市政府审定实施。2015 年 4 月起，市旅游局先后走访调研全市各区镇和重要乡村旅游点，多次组织旅游管理骨干、镇村领导及相关从业人员赴吴中旺山、镇江句容和浙江德清、桐庐等地调研乡村旅游发展工作，邀请华中师范大学旅游系、台湾太御文创公司、美璟文化产业投资公司等乡村旅游实战团队到太仓走村访户实地考察，提出以双浮公路为主线、串联周边镇村、形成乡村旅游发展带的思路。重点实施 7 个乡村旅游区的提档升级工程，把农村生态资源和乡村特色文化融入乡村旅游开发，通过设计专业化、管理标准化、服务规范化、产品特色化的引导，力求“一村一品”，加快形成太仓乡村旅游产品的竞争力。《关于加快推进太仓乡村旅游发展的意见》初稿形成。在国家旅游局发起的中国乡村旅游“百千万品牌”推介活动中，王义平（电站村）、苏齐芳（东林村）、朱庆兰（勤力村）、卓琳（天竹园农庄）4 人获评“中国乡村旅游致富带头人”荣誉称号。

【长江口旅游度假区建设】 2015 年，太仓市围绕长江口旅游度假区开发建设，加快引进碧桂园旅游地产项目，配套建设希乐城儿童乐园等功能区，打造长三角地区重要亲子娱乐综合体。促成摩尔多瓦葡萄酒旅游贸易文化项目在长江口旅游度假区落地，加大旅游业与相关产业融合，打造旅游休闲度假经济区。摩尔多瓦位于东南欧北部，是国际葡萄酒组织（OIV）5 个创始国中最古老的红酒王国，有世界著名的约 200 公里长的地下酒窖，平均深度为 50 ~ 80 米。经中共中央对外联络部经济联络中心介绍推荐，太仓市副市长陆燕带队赴摩尔多瓦大使馆进行沟通洽谈，促成摩尔多瓦民主党政治局常委科尔曼一行访华。5 月 19—21 日，科尔曼率领摩尔多瓦企业家代表团到太仓观摩考察。5 月 21 日，太仓市政府和摩尔多瓦驻华大使馆签署《关于在葡萄酒贸易文化领域开展互惠交流合作的意向备忘录》，双方将通过与长江口旅游度假区合作进行旅游地产开发，推广摩尔多瓦葡萄酒文化和太仓旅游文化。

【“太仓假日”品牌建设】 “太仓假日”是市旅游局、市旅游协会创新推出的服务品牌，其基本宗旨是服务本地旅游企业，盘活本地旅游经济。基本运作模式是通过联合运作“酒店 + 景点 + 工厂店”，促成“三店（点）合一”融合发展，逐渐将“太仓假日”打造成“太仓假日 +”，为到太仓休闲和商旅人士提供一个富有太仓特色的一体化休闲平台。4 月 6 日，安德露服装、春竹羊绒、托菲尼、中宸服饰、城市恋歌、都市星期天、雅鹿、马氏皮革、祺美服装、群鸿服饰等 10 家工厂店和锦江、花园、宝龙等 15 家旅游酒店及现代农业园、沙溪古镇等 5 家景

2015 年“太仓假日”签约工厂店一览表

表 30

序号	名 称	地 址
1	太仓雅鹿工厂店	太仓市郑和中路 318 号雅鹿大厦
2	苏州星期天鞋业有限公司	太仓市陆渡北工业区区中路 39 号
3	江苏城市恋歌服饰有限公司	太仓市陆渡北工业区区中路 666 号
4	苏州春竹羊绒制衣有限公司	太仓市浏家港飞马西路 28 号
5	苏州群鸿服饰有限公司	太仓市浏河镇闸南工业园区沪太路
6	太仓市中宸服饰有限公司（锦典）	太仓市浏家港镇石化路 8 号
7	苏州安德露服装有限公司	太仓市浏河镇南海路 2 号
8	苏州祺美服装有限公司	太仓市新区青岛东路 19 号华信工业园
9	苏州马氏皮革制品公司	太仓市浏河镇闸南工业区
10	苏州托菲尼工厂店	太仓市沙溪镇直塘直任路 79 号

区，作为第一批试点单位签订“太仓假日”品牌创建协议。6 月 30 日，“太仓假日”品牌发布会在玫瑰庄园酒店召开，上海东华大学模特班学生以 T 台走秀的方式，演绎“太仓假日”各大主力工厂店的鞋服衣饰。发布会吸引人民网、新华网、中新网、搜狐、新浪等 20 多家国内主流媒体的关注和报道。“太仓假日”获评苏州市首批“十大旅游创新产品（业态）”，被苏州旅游局推荐参评全省旅游行业创新发展优秀项目。

【旅游饭店建设】 2015 年，太仓市各旅游饭店调整发展思路和方向，重点加强管理创新和服务创新，实现经营情况回暖。旅游饭店平均客房出租率 52.67%，营业收入较上年增长 7.18%，其中宝龙福朋酒店以营业收入超 7500 万元稳居第一；陆渡宾馆、玫瑰庄园、香江假日、港湾假日等均保持 20% 以上的增长率。金陵花园酒店完成五星级复核，鎏渊大酒店和港湾假日大酒店完成三星级复核。陆渡宾馆加强 4D 现场管理模式营运，确立规范管理典范。玫瑰庄园获评“2015 年度驴妈妈最佳亲子度假酒店”。9 月 15 日，太仓市第三届旅游饭店行业服务技能大赛在娄东宾馆举行，参赛选手首次突破 80 人次，为历年之最。金陵花园酒店在 2015 年江苏省旅游饭店服务行业职业技能竞赛苏州选拔赛中获中餐宴会摆台二等奖和中式铺床三等奖。玫瑰庄园的“田园风光”在 2015 年苏州农家乐技能大赛中获创意摆台“十佳服务明星”；天竹园的“怀旧石磨豆花”和玫瑰庄园的“红烧猪脚圈”荣获“十佳金牌菜”。

【旅行社建设】 2015 年，太仓市旅行社行业依托旅游协会平台，加强“和你从太仓出发”网上服务平台建设，做到从产品研发、组织发动、宣传推广等多方面推进，提升“和你从太仓出发”品牌建设的影响力和经营效果。经过近一年来的持续推进，太仓旅行社散客地接混乱的状况得到有效治理。市旅游局对旅行社分支机构营业场所、经营范围、注册登记、审核备案等进行统一规范，制作《旅游合同规范文本》，重申合同规范填写要求，并将其作为重要的业务资料纳入旅行社的业务档案，规范旅行社经营行为。截至年底，全市旅行社全部使用新版电子旅游合同示范文本。市旅游局全年受理旅游投诉 20 余件，案件办结率 100%。

【旅游安全工作】 2015 年年初，市旅游局与各旅游企业负责人签订安全生产责任书，强化安全生产主体责任意识。8 月，首次联合市安监局、市消防大队、市市场监管局、地方海事处等部门，排查旅游行业消防、食品卫生、游乐设施、电梯等安全隐患，建立安全生产联合检查机制。年内，先后多次组织旅游企业总经理参加省、苏州市安全生产培训和旅游客运司机、旅行社导游安全行驶培训。市委领导多次带队督查旅游安全生产工作，市旅游局不定期赴各旅游企业进行安全生产督查，全年全市无重大旅游安全事故发生。

【文明旅游管理】 3 月，太仓市印发《2015 年太仓市“文明旅游”工作计划》，明确各相关部门和责任单位年度工作任务，成立文明旅游工作协调小组，定期召开联席会议。4 月起，市旅游局策划开展文明旅游双十佳评选、“带着文明去旅行”微平台宣传、文明旅游标识口号征集、文明旅游志愿者招募、旅游不文明行为“随手拍”和印刷公交站宣传广告、编发文明旅游宣传资料、创建景区平安志愿者队伍等系列活动，营造良好的文明旅游宣传氛围。

【旅游厕所革命】 旅游厕所革命是国家旅游局提出的重点工作举措，针对旅游景区厕所脏乱差的现象，发起的一场清理整治活动。9 月，全市旅游厕所建设管理工作推进会召开，邀请苏州旅游局领导专题授课辅导，发动各旅游景区参与旅游厕所革命，建立科学规范的旅游厕所管理体系，提升旅游公共服务水平。同时，市旅游业引导资金对旅游厕所建设给予积极支持，全市景区范围内新建厕所 4 座、改造提升 4 座。有 32 座厕所作为旅游厕所参与标准化评定，其中 AAA 级 1 座，AA 级 6 座，A 级 12 座，等级旅游厕所占比 59.4%。

9 月 25 日，“一小时去哪儿？去太仓”主题宣传活动在无锡举行

（市旅游局供稿）

【2015 年中国·太仓旅游文化节暨长江口江海河三鲜美食节】 3 月 28 日，2015 年中国·太仓旅游文化节暨长江口江海河三鲜美食节在长江口旅游度假区江滩湿地公园开幕。该活动以“寻鲜之旅、近在太仓”为主题，以政府引导、市场运作、企业参与为主要形式，先后举办百车千人太仓寻鲜之旅、青年厨师烹饪技能比赛、寻找太仓“老法菜”、蕙兰博览交易会、牡丹文化节、同觉寺素食周等活动，集聚旅游人气。活动期间，全市餐饮行业制作以江海河三鲜为主要特色的菜肴，展示精湛的烹饪技艺和独特的娄东美食文化。

【“一小时去哪儿？去太仓”主题宣传活动】 9—11 月，以“一小时去哪儿？去太仓”为口号，先后策划开展赴无锡（9 月 25 日）、南通（10 月 16 日）、上海（10 月 30 日）、苏州（11 月 20 日）四地宣传推介活动。活动坚持走出去和请进来相结合，主动走进业内同行、走进社区、走进高校，并邀请四地知名媒体和旅行商到太仓采风，推介太仓的乡村旅游、“太仓假日”等旅游产品。同时保持线上高频度话题关注、炒作，通过网络、微平台、当地主流报纸、电台等宣传平台提升太仓旅游热点的关注度，形成线上线下互动的良好氛围。活动期间，围绕 4 个城市，开展专题推介活动 12 场（4 场室内 +4 场室外 +4 场走进高校），邀请 50 多家知名媒体、100 多家知名旅行商和 100 多位旅游行业同仁参加推介活动，形成共推太仓旅游的盛况，在四地市场及周边地区形成较大影响。

3 月 28 日，2015 年中国·太仓旅游文化节暨长江口江海河三鲜美食节在长江口旅游度假区江滩湿地公园开幕

（薛海荣 摄）

【旅游宣传促进】 旅游微平台运营。市旅游局加大太仓旅游官方微博和官方微信运营力度，加强与苏州旅游局官方微博微信、苏州广电、解放日报、旅游时报、中国新闻周刊等媒体合作，利用其新媒体资源推送太仓旅游信息。加强与携程旅游网合作，开设太仓旅游旗舰店，将太仓旅游产品整体打包进行展示和营销，12 月 2 日，太仓旅游旗舰店正式上线，太仓旅游网上集散平台正式建立。

媒体宣传活动。太仓市结合各季旅游宣传，举办天妃宫两岸文化交流、当代陶瓷艺术展、荷花展、菊花展、双凤羊肉美食文化节和新动力越野精英赛等系列活动，集聚旅游人气。全年在上海 100 家社区广告屏、上海调频 103.7 广播、旅游情报杂志、上海旅游蓝页、上海旅游地图等媒体上投放宣传广告，组织参加南京国际旅游度假暨房车博览会、昆明国际旅交会、新浪金足印旅游盛典、苏州国际旅游文化节等大型推介会，取得较好反响。

旅游融入上海。太仓市加强与上海虹桥国家会展中心对接，通过租借平台空间，委托专业化公司进行会务休闲主题运作。加强与上海市旅游局、嘉定区旅游局对接，加强双方沟通联系，寻求城市旅游资源互补，深化双边合作关系。加强与华东师范大学旅游系、长三角旅游研究发展中心、长三角自驾游论坛、上海市摄影家协会、携程网的对接，先后在主题活动设计、线上传播、旅游新业态论证等领域取得突破。

旅游公共咨询与服务。太仓市推进旅游集散中心的企业化运作，集散中心于2月5日在市客运中心建成投营，成为集旅游咨询、票务服务和旅游用车等功能于一体的公共服务平台，同时推进太仓一日游、二日游和接轨上海迪士尼等工作。在全市各旅游饭店、重要旅游景区、客运站和便民服务中心设置太仓旅游资料架，动态播放和展示太仓旅游信息。做好太仓旅游年卡和长三角友城卡的发行和办理工作，更新健全全市旅游道路交通指示牌。

太仓市主要旅游景点一览表

表31

类别	名称	级别	颁布时间	地址
度假区	长江口旅游度假区（包括江滩湿地公园、浏河古镇、园花园山庄、天妃宫、阅兵台等景区点）	省级	2012年	太仓市浏河镇东部
A级景区	现代农业园	AAAA	2012年	太仓市新港路与协星公路交岔口
	沙溪古镇	AAAA	2014年	太仓市沙溪镇白云路170号
	南园	AAA	2005年	太仓市南园东路7号
	弇山园	AAA	2005年	太仓市城厢镇县府西街40号
	张溥故居	AA	2008年	太仓市新华西路57号
水利风景区	金仓湖公园	国家级	2009年	太仓市新毛区新兴东路100号
	双凤生态园	省级	2014年	太仓市双凤双浮线与中心路交岔口
乡村旅游点	现代农业园	★★★★	2011年	太仓市新港路与协星公路交岔口
	双凤生态园	★★★	2014年	太仓市双凤双浮线与中心路交岔口
休闲农庄	现代农业园	国家级	2015年	太仓市新港路与协星公路交岔口
星级农家乐	天竹园生态农庄	★★★★★	2009年	太仓市沙溪镇沙南路188号
	嘉乐农庄	★★★★	2009年	太仓市昆太路889号
	雅园酒店	★★★	2009年	太仓市城厢镇电站村
	川湾饭店	★★★	2009年	太仓市新湖镇建湖西路28号
农业旅游示范点	艳阳农庄	国家级	2006年	太仓市新港路现代农业园内
	园花园山庄	国家级	2009年	太仓市浏河镇新闸村
	电站村生态园	国家级	2008年	太仓市城厢镇电站村
工业旅游示范点	LOFT工业设计园	苏州市级	2010年	太仓市上海东路95号
其他景区	郑和公园	—	—	太仓市港区滨江大道与南环路交岔口
	天镜湖公园	—	—	太仓市太平新路与文治路交岔口
	西庐园	—	—	太仓市城厢镇昆太路附近
	华丽菲尼克斯度假村	—	—	太仓市双凤镇双园路华丽大道888号
	东林村	—	—	太仓市城厢镇东林村
	万丰村	—	—	太仓市城厢镇万丰村
	三市村	—	—	太仓市浮桥镇三市村
	杨漕村	—	—	太仓市璜泾镇杨漕村

太仓市主要旅游饭店一览表

表 32

类别	名称	级别	颁布时间	地址
星级酒店	金陵花园酒店	★★★★★	2005 年	太仓市城厢镇人民北路 11 号
	锦江国际大酒店	★★★★★	2008 年	太仓市上海东路 89 号
	陆渡宾馆	★★★★	2008 年	太仓市郑和中路 78 号
	娄东宾馆	★★★★	2009 年	太仓市县府街 6 号
	世代大酒店	★★★★	2009 年	太仓市县府东街 30 号
	青草湖度假村	★★★	2004 年	太仓市浏家港飞马路 88 号
	港湾假日酒店	★★★	2005 年	太仓市浏河镇郑和路 888 号
	鎏渊大酒店	★★★	2006 年	太仓市长春路 166 号
	香江假日酒店	★★★	2010 年	太仓市太仓港华苏路 18 号
	新小地方大酒店	★★★	2013 年	太仓市浏河镇郑和北路 188 号
	星晨大酒店	★★	2002 年	太仓市太平南路 78 号
	森林大酒店	★★	2006 年	太仓市璜泾镇园林路 8 号
国际品牌酒店	宝龙福朋喜来登酒店	—	2010 年	太仓市上海东路 288 号
	华旭假日酒店	—	2012 年	太仓市新华西路 9 号
主题酒店	郑和国际酒店	—	2010 年	太仓市太仓港北环路 18 号
	玫瑰庄园	—	2010 年	太仓市新港路现代农业园内

太仓市主要旅行社一览表

表 33

类别	名称	级别	颁布时间	地址
国际旅行社	顺达国际旅行社	★★★	2013 年	太仓市长春南路金色江南会所商铺 01 号
	国贸国际旅行社	★★★	2013 年	太仓市长春南路金色江南商铺 03 号
	红太阳国际旅行社	★★★	2013 年	太仓市县府东街 28－3 号
	金色阳光国际旅行社	★★★	2014 年	太仓市上海东路 1 号上海国际广场 1－409
	新世纪国际旅行社	★★★	2014 年	太仓市郑和西路 31 号
	华夏国际旅行社	★★	2013 年	太仓市人民南路 30－1 号
	春秋国际旅行社	—	—	太仓市惠阳路 247 号
	山水国际旅行社	—	—	太仓市太平南路 18 号上城国际 430 室
国内旅行社	春之旅旅行社	★★	2013 年	太仓市上海西路 44－5 号
	天马旅行社	—	—	太仓市太平南路 18 号上城国际 808 室
	信天游旅行社	—	—	太仓市上海东路 77 号五洋广场 1 号楼 1208 室
	风之旅旅行社	—	—	太仓市公园弄 11 号
	苏州雄狮旅行社	—	—	太仓市城厢镇花墙村太丰工业小区
	青新假日旅行社	—	—	太仓市城厢镇东港路 7－6 号

（陈启洪）

金　融

银　行

【概况】 2015年，太仓市银行业金融机构（不含异地支行）本外币各项存款余额1311.48亿元（数据来源银监太仓办。下同），较上年增加94.95亿元，增长7.80%；本外币各项贷款余额1166.68亿元，较上年增加46.80亿元，增长4.18%；全市银行业金融机构实现利润30.99亿元，较上年减少5.19亿元，下降14.34%。截至年底，全市银行业金融机构（不含异地支行）不良贷款余额11.45亿元，较上年增加3.36亿元，不良贷款率为0.98%，较上年增加0.26个百分点。

【银行机构】 2015年年末，太仓市共有银行机构27家（新增广东发展银行太仓支行、江西银行太仓支行、南京银行太仓支行等非法人机构3家），其中，法人机构2家，分别是太仓农村商业银行和太仓民生村镇银行；非法人机构25家，非法人机构中，政策性银行1家，国有商业银行5家，股份制商业银行10家，城市商业银行7家，外资银行1家，邮政储蓄1家。全市营业网点201个（不含异地支行），较上年增加9个。其中，新设支行3家，南昌银行太仓支行升格为江西银行太仓支行；新设中信银行浮桥支行、苏州银行浮桥支行和泰隆银行太仓支行；中国民生银行太仓支行增设1家民生银行璜泾加弹小微支行；太仓农商行增设4家分理处；工商银行太仓支行2家支行终止营业。全市银行业从业人员2940人。

【农村金融改革】 2015年，太仓市推进土地承包经营权抵押贷款试点业务扩面，全年全市土地经营权抵押贷款余额共计2亿元，较上年增加0.5亿元，14家农场专业合作社受惠。12月27日，第十二届全国人民代表大会常务委员会第十八次会议通过《全国人民代表大会常务委员会关于授权国务院在北京市大兴区等232个试点县（市、区）、天津市蓟县等59个试点县（市、区）行政区域分别暂时调整实施有关法律规定的决定》。太仓成为全国农村土地经营权抵押贷款232个试点县（市、区）之一。

2015年太仓市银行业金融机构网点、人员情况表

表34

序号	机构名称	小计（家）	总行（家）	分行（家）	支行（家）		社区支行（家）	小微支行（家）	分理处（家）	营业所（家）	从业人员（人）	备注
					一级支行	二级支行						
1	人民银行	—	—	—	—	—	—	—	—	—	39	—
2	银监会	—	—	—	—	—	—	—	—	—	5	—
3	农业发展银行	1	—	—	1	—	—	—	—	—	20	政策性银行
4	工商银行	16	—	—	1	15	—	—	—	—	262	国有商业银行
5	农业银行	27	—	1	21	—	—	—	5	—	431	
6	中国银行	17	—	1	16	—	—	—	—	—	357	
7	建设银行	17	—	1	12	—	—	—	4	—	318	
8	交通银行	3	—	1	2	—	—	—	—	—	44	
9	中信银行	2	—	—	1	1	—	—	—	—	37	股份制商业银行
10	光大银行	1	—	—	1	—	—	—	—	—	26	
11	华夏银行	1	—	—	1	—	—	—	—	—	31	
12	招商银行	2	—	—	1	—	1	—	—	—	28	
13	浦发银行	2	—	—	1	—	—	1	—	—	41	
14	民生银行	2	—	—	1	—	—	1	—	—	44	
15	兴业银行	3	—	—	1	—	2	—	—	—	28	
16	广发银行	1	—	—	1	—	—	—	—	—	15	
17	恒丰银行	1	—	—	1	—	—	—	—	—	24	
18	浙商银行	1	—	—	1	—	—	—	—	—	24	

续表 34

序号	机构名称	小计（家）	总行（家）	分行（家）	支行（家）		社区支行（家）	小微支行（家）	分理处（家）	营业所（家）	从业人员（人）	备注
					一级支行	二级支行						
19	江苏银行	2	—	—	1	1	—	—	—	—	46	城市商业银行
20	宁波银行	1	—	—	1	—	—	—	—	—	33	
21	上海银行	1	—	—	1	—	—	—	—	—	23	
22	南京银行	1	—	—	1	—	—	—	—	—	18	
23	苏州银行	5	—	—	1	4	—	—	—	—	65	
24	浙江泰隆银行	2	—	—	1	1	—	—	—	—	27	
25	江西银行	1	—	—	1	—	—	—	—	—	18	
26	太仓农商行	58	1	—	31	—	—	—	26	—	695	农村商业银行
27	民生村镇银行	3	1	—	2	—	—	—	—	—	82	村镇银行
28	汇丰银行	1	—	—	1	—	—	—	—	—	5	外资银行
29	邮政储蓄银行	37	—	—	1	13	—	—	—	23	241	邮政储蓄
	合计	209	2	4	105	35	3	2	35	23	3027	—

说明：农村商业银行含 8 家异地机构（6 家支行、2 家分理处），从业人员 87 人

（杨　玲）

【中国人民银行太仓市支行概况】 2015 年，太仓市银行业金融机构本外币各项存款余额 1311.48 亿元（数据来源人行太仓市支行。下同），较上年增加 97.28 亿元，增长 8.01%；本外币各项贷款余额 1166.68 亿元，较上年增加 47.56 亿元，增长 4.25%。全市社会融资总量新增 126.7 亿元，较上年减少 37.5 亿元，下降 22.8%。全市银行业金融机构实现利润 30.99 亿元，较上年减少 5.19 亿元，下降 14.34%。人行太仓市支行推动金融改革创新，维护辖区金融稳定，改进金融管理和服务。完善金融稳定协调机制，统筹推进金融监管合作，参与各类金融风险事件化解和处置工作，加强对相关行业和企业互保联保情况的风险监测预警，协调银行机构维护银企互信合作机制，营造和谐稳定金融环境。推进金融生态建设，做好 2015 年度金融生态环境综合评估以及“金融生态优秀县”3 年回头看工作，太仓被继续认定为“金融生态优秀县”。加强“两综合两管理”（综合执法检查、综合评价和开业管理、营业管理）工作，修订完善《太仓市银行业金融机构执行人民银行政策情况评价细则（2015 年）》。拓展开业管理对象范围，完善开业管理内容与流程。5 月 1 日，《存款保险条例》正式施行，做好太仓农商行、太仓民生村镇银行 2 家法人金融机构的保费缴存工作。全市 9 个乡镇（区）金库设立完成。8 月 4 日，太仓市乡镇金库正式上线运行，支持地方政府进行财政体制改革。太仓支库全年共办理各级预算收入 374.61 亿元，办理各类凭证 182.22 万笔，全年办理拨款金额 183.74 亿元，办理退库金额 47.97 亿元，实现国库收支及时、准确、完全。引导银行机构科学执行稳健的货币政策，发掘有效信贷需求，保持货币信贷总量平稳适度增长，支持实体经济。发挥支农再贷款政策工具作用，为涉农法人金融机构向上争取支农再贷款额度。向太仓农商行和太仓民生村镇银行分别发放支农再贷款 1 亿元。

【人民币满意工程建设】 2015 年，太仓辖区共投放现金 55.77 亿元，回笼现金 34.27 亿元，净投放现金 21.5 亿元，全年旺季现金计划准确率 100%。提高人民币流通监测水平，做好现金投放回笼情况分析。全年全市共投放小面额货币 10 元以下（含 10 元）3634 万元，有效满足社会结算支付需求。做好反假工作，与公安部门共同开展打击整治假币违法犯罪专项行动，依法收缴假人民币 5875 张（枚），金额 43.48 万元，为公安机关鉴定假币 3037 笔，金额 22.07 万元。

【征信管理】 2015 年，人行太仓市支行继续加强企业征信系统运行管理，做好个人征信服务和机构信用代码推广应用工作，受理企业信用报告

查询 1.95 万份；受理个人信用报告查询 744 份。

【外汇管理】 2015 年，人行太仓市支行推动资本项目外汇管理工作重心由事前审批向事后监管转变，加强资本项目跨境资金流动的监测分析。加大对外汇新政学习培训，举办商业银行例会 2 次、外汇管理业务培训会 1 次、外商投资企业政策培训会 1 次，开展个人外汇知识宣传系列活动。发挥外汇管理服务实体经济功能，助推太仓新区以竞拍形式吸引境外企业入驻。做好太仓辖内货物贸易外汇监管工作，196 家企业加入“贸易外汇收支名录”，累计加入企业 1723 家，非现场监测且有监测记录企业 652 家，考核期内被列为现场核查企业 160 家，28 家降为 B 类企业管理。推进辖内跨境人民币业务，全年全市跨境人民币结算总量 174.53 亿元，较上年增长 38.27%，其中收入 76.96 亿元，较上年增长 59.34%；支出 97.57 亿元，较上年增长 25.22%。

【银行业金融服务】 2015 年，太仓市继续做好银政企对接推进工作，满足对重点项目、新兴产业、重点技改项目、新技术新产品推广应用等领域的项目融资需求。银行机构加大对小微企业、科技企业、“三农”等实体经济支持力度。截至年底，小微企业贷款余额 521.11 亿元，较年初减少 18.15 亿元，下降 3.37%；科技型企业贷款余额为 131.95 亿元，较年初增加 2.44 亿元，增长 1.88%。全市新型农业经营主体贷款余额 11.74 亿元，较年初增加 1.8 亿元，增长 18.11%。

（赵雅英）

9 月 10 日，太仓市银行机构在城厢镇南园社区开展金融知识普及活动

（陈平频 摄）

【苏州银监分局太仓监管办事处概况】 2015 年，银监太仓办防范区域性风险，加强不良贷款余额和比率“双控”管理，按月监测辖内银行业金融机构不良贷款情况。参与太仓市加强金融生态环境建设联席会议办公室工作，对风险企业提出风险处置意见；配合联合调查组及协调债权银行工作。开展银行不规范服务收费清理暗访工作，暗访辖内 10 家银行分支机构不规范服务收费理清工作情况，重点查看辖内法人机构，提出监管建议。开展社保基金账户清理整改情况调查，督促辖内法人银行业金融机构完成呆账核销工作，开展呆账核销新政政策的效果调研，调查全市银行年末不良贷款预计情况。与市公安局联合召开警银联席会议，预防银行卡盗刷现象，保护金融消费者权益。

2015 年太仓市金融机构本外币信贷收支表

表 35

项　目	年末余额（亿元）	较上年增减	
		增减数（亿元）	增减（%）
各项存款	1311.48	97.28	8.01
其中：1. 住户存款	490.30	32.81	7.17
2. 非金融企业存款	553.41	53.92	10.80
各项贷款	1166.68	47.56	4.25
其中：1. 住户贷款	227.13	26.05	12.96
2. 非金融企业及机关团体贷款	938.69	21.60	2.36

说明：1. 本表统计机构包括中国人民银行、政策性银行、国有商业银行、其他商业银行、城市商业银行、农村商业银行、邮政储蓄银行

2. 本表来源于信贷统计资料

2015年年底太仓市不良贷款分类情况表

表36

金融机构	年末贷款余额（万元）	年末不良贷款余额（万元）	年末不良贷款率（%）
政策性银行	62619	0	0
国有商业银行	7041797	69591	0.99
股份制商业银行	1857206	11609	0.63
城市商业银行	1001635	4299	0.43
农村商业银行	1413558	28085	1.99
村镇银行	180267	888	0.49
外资银行	6990	0	0.00
邮政储蓄	102732	55	0.05
合计	11666804	114527	0.98

说明：农村商业银行贷款余额及不良贷款余额中不包括异地支行

（杨　玲）

【中国农业发展银行太仓市支行概况】 2015年，农发行太仓市支行提升信贷支农水平和经营管理水平，加大业务营销和风险防控，推进城乡一体化建设。完成各项经营管理目标任务，各项贷款余额6.26亿元，经营性考核利润1311万元，人均79.45万元，企事业单位存款日均余额3.62亿元，人均企事业单位存款2597万元，中间业务收入4.96万元。年内，农发行太仓市支行加强收购资金管理。做好夏、秋粮食收购资金的供应管理工作，加强对小麦收购后的促销收贷和粮食库存监管检查工作。加强地方储备稻谷轮库销售监管工作，督促企业及时回笼货款收回贷款。做好棉花调销贷款和秋粮收购贷款的管理工作。做好江苏省太仓港港口开发建设投资公司14亿元整体城镇化建设中长期贷款项目的报批工作。加强贷款基础管理，开展贷前调查，把好贷前调查审核关；落实贷款批复条件和风险保障措施，按规定用途使用资金；落实信贷人员责任，在规定时间内进行首笔跟踪检查，开展贷后检查并及时整改。

（张媛媛）

【中国工商银行股份有限公司太仓支行概况】 2015年，工行太仓支行共有在职员工263人，辖属营业网点16家，自助银行（点）44家。截至年底，本外币各项存款余额95.92亿元，较年初新增2.75亿元，本外币各项贷款余额152.70亿元，较年初新增12.50亿元，全年实现拨备前利润4.74亿元。强化信贷管理，降低贷款风险，做好风险管控工作。加强电信诈骗防范工作，堵截各类电信诈骗9起，挽回客户经济损失29.24万元。

【中国工商银行股份有限公司太仓支行金融服务】 2015年，工行太仓支行加快重点企业和项目的信贷支持，投放人民币公司贷款100.82亿元。加大住房按揭贷款、个人网银质押贷款投放力度，个人贷款投放12亿元。

4月30日，太仓工会会员服务卡首发仪式在市美术馆举行

（钱健　摄）

支持小微企业发展，推出财智账户卡，为小微企业打造结算“神器”，推出逸贷公司卡、财服贷等产品，解决小微企业“融资难”，投放小微企业贷款14.37亿元。执行绿色信贷政策，根据市环保局公布的2014年度企业环保信用评价结果，对3家“黄色”企业进行退出，1家“红色”企业进入不良处置阶段。与市总工会联合推出“工会会员服务卡”，保障全市工会会员享受工会服务功能和金融专属特惠。发展互联网金融业务，完成个人手机银行开户2.73万户，工银e支付开户3.52万户，融e购个人客户开户2.67万户，融e购商户开户14户，融e购交易额2.69亿元。

（钱　健）

【中国农业银行股份有限公司太仓分行概况】 2015年，农行太仓分行本外币存款余额223.26亿元，增幅5.97%；本外币贷款余额193.89亿元，降幅1.57%。全行不良贷款余额1.55亿元，比年初减少7574万元，不良贷款占比0.80%，比年初下降0.35个百分点。全年清收不良贷款2.20亿元。全市共有物理网点24个、自助设备125台、惠农通服务点82个。年内，阻截电信诈骗案件23起，减少客户损失约69万元；防范假身份证开卡、假印鉴取现等案件9起。全年未发生重大案件、安全生产事故和负面舆情，在市公安局组织的营业网点安全评估中，得分99.5分，列太仓金融机构第一。9月，农行太仓分行获评2012—2014年苏州市文明单位。

【中国农业银行股份有限公司太仓分行金融服务】 2015年，农行太仓分行加大城乡一体化、棚户区改造、安置房建设等市镇两级项目贷款的投放力度，新项目贷款投放21.14亿元；为实体企业授信123亿元，投放贷款115.33亿元。信贷支持属地政府治理环境工程，为科教新城水系治理工程提供5.6亿元贷款支持。加大对小微企业支持力度，小微企业贷款余额10.28亿元；投放科技型小微企业贷款3户，金额1950万元，与市科技局合作为符合条件的科技型小微企业客户争取优惠政策。加大涉农支持力度，发放农户小额贷款153笔共4185万元，发放农村个人生产经营贷款103笔共1.25亿元。支持城乡居民养老保险金融服务，继续提供社保联名卡激活、全市医保结报、新退休人员工资代发等服务。农行社保卡不仅具备身份识别、信息记录、公共服务等社保功能，同时加载中国农业银行金融IC卡功能，能够支持现金存取、转账、消费、代缴费等一系列农行借记卡金融功能。农行太仓分行为社保卡特别开展8元购书、10元观影、就餐减半等优惠活动。

（朱　奕）

5月，农行太仓分行在城厢镇东林村通过移动金融服务车为老年人办理新社会保障卡激活业务　（朱奕　摄）

【中国银行股份有限公司太仓分行概况】 2015年，中行太仓分行本外币各项存款（含表内理财）余额200.43亿元，新增4.90亿元。其中人民币个人核心存款时点余额73.54亿元，人民币公司核心存款时点余额106.84亿元。本外币各项贷款余额139.03亿元，其中个人贷款新增2.13亿元，人民币贸易融资新增4.31亿元。资产质量稳定，本外币贷款五级分类不良率0.29%。国际贸易结算量40.23亿美元，国际结算市场份额占比43.78%；远期、即期结售汇总量20.47亿元，结售汇市场份额占比39.46%；跨境结算量83.59亿元，跨境人民币市场份额占比46.46%。年内，中国银行太仓分行获评2011—2013年中国银行苏州分行文明单位、2012—2014年苏州市文明单位、2013—2014年青年文明号。

【中国银行股份有限公司太仓分行金融服务】 2015年，中行太仓分行响应“一带一路”建设战略部署，分2批邀约10家中小企业参加中德、中法、中美、中欧论坛，搭建中外企业技术交流平台；接待“一带一路”国际金融交流合作研修班（柬埔寨），为中柬两国加强金融合作提供对接服务。响应太仓市政府全面推进2015年70大重点项目建设要求，加大对重点项目的信贷投放，服务科技、“三农”、中小微企业。洽谈意向项目23个，获批项目10个，共计8.25亿元。创新金融产品，围绕互联网金融推进业务发展与创新，成功办理第一笔网银随借随还业务，贷款金额30万元。依托科技金融“苏州模式”等特色产品，农社通宝等民生金融系列产品，围绕养老等民生产业领域，制定与行业运行规律相配套的金融服务方案，支持各类中小企业212户，贷款余额13.65亿元。通过网上拍卖，苏州中行与苏州市中级人民法院签订《司法拍卖房产个人贷款协作协议》，确立合作开展司法网上拍卖房产的个人贷款业务。8月，中国银行太仓分行成功投放第一笔“拍卖贷”业务，累计发放5笔通过拍卖办理的个人住房贷款，金额696.5万元。1月5日，中

7月29日，中国银行太仓分行与市民政局举行太仓市拥军卡项目签约发放仪式 （杨益　摄）

国银行太仓分行国库集中支付电子化管理系统上线，提升国库资金管理能力。7月29日，与市民政局举行太仓市拥军卡项目签约，为2014年起入伍的士兵发放“拥军卡”169张，方便优待金、安置金、补助金等各项经费及时汇入，保障应征入伍青年领取经费便捷规范，享受在省内免收存取款和转账手续费、免收跨行ATM机取现手续费等优惠便利，为自主创业的退伍士兵提供一次性5万～10万元小额创业贷款优惠服务。全年成功阻截电信网络诈骗10起，为客户挽回经济损失35.6万元。

（杨　益）

【中国建设银行股份有限公司太仓分行概况】 2015年，建行太仓分行本外币一般性存款时点166.95亿元，新增6.64亿元。贷款余额178.79亿元，新增7亿元。个人贷款余额43.66亿元，新增10.48亿元。年内，建设银行太仓分行被建设银行总行表彰为“最佳私人银行”；获2012—2014年苏州市文明单位，2015年度涉农导向效果评估优秀金融机构；“五心服务、五星感受”品牌获批太仓市金融系统“优质服务品牌”。

【中国建设银行股份有限公司太仓分行金融服务】 2015年，建行太仓分行服务政府重点经济工作，通过城乡一体化贷款和政合通业务，为利民工程建设提供信贷支持；支持太仓港码头建设，加大优质固定资产贷款投放；发展投行业务，关注政府平台重组及太仓地区重点项目，帮助企业拓展融资方式，实现融资类产品与投资类产品协调发展；支持地方政府58亿元债务置换。协办2015年中德投资并购论坛，加强双边经贸合作意向投资。 调整信贷结构，服务中小企业，提供网银循环贷、纳税信用贷、评分卡、善融贷、德信通、信保贷、薪金贷、善融e贷等信贷产品。全年累计信贷支持小微企业近23亿元，支持地方经济发展，推动供给侧结构性改革。创新金融服务模式，重点构建“银医通”和“银校通”智能缴费平台，推进龙卡天然气优惠充值、建行龙卡加油优惠等惠民消费产品。与第二军医大学上海长征医院搭建“银医”合作桥梁，架设“医疗保健特色通道”、24小时（战）创伤急救网络服务，促进金融、医疗事业健康发展；与太仓地税局联合签约“纳税信用贷”合作项目，为优质纳税小微企业量身定制差异化融资产品，开启“银税”服务新模式，营造诚信为本、信用立身的社会信用氛围，实现银税企三方共赢；与中国电信太仓分公司签署战略框架协议，提供优质跨界信息服务，提升区域信息网络建设水平；推进太仓天然气公司APP线上支付项目，方便市民充值缴费。

（张盼盼）

【交通银行股份有限公司太仓分行概况】 2015年，交行太仓分行存款余额34.16亿元，其中对公存款27.96亿元、储蓄存款6.2亿元，表内贷款38.03亿元，市场占比3.45%，表外融资32.36亿元。完成经营利润1.17亿元，实现中间业务收入4317万元。扩大同业合作，推进同业理财及高管薪酬托管业务等，打造资产证券化品牌。11月，交通银行首单企业资产证券化项目“太仓港协鑫发电资产支持证券”在上海证券交易所挂牌上市，共募集资金22亿元。该项目为全行首单、市场第2单银行系主导发行的交易所资产证券化业务。项目共

6月25日，太仓地税局与建设银行太仓分行举办纳税信用贷合作项目签约仪式 （赖慧　摄）

实现中间业务收入1200万元、托管业务收入300万元，以及每年15亿元的结算资金沉淀，综合收益显著。12月，物业维修基金系统、商品房预售资金监管系统上线运行。

（徐莉莉）

【中国邮政储蓄银行股份有限公司太仓市支行概况】 2015年，邮储银行太仓市支行本外币存款余额44.13亿元，各项贷款余额13.27亿元。支持地方经济发展，向华能太仓发电发放流动资金贷款3亿元，太仓港协鑫发电通过总行审批综合授信2.5亿元。支持房地产经济发展，为雨润、中南世纪城、碧桂园等各楼盘发放一手房贷款2亿元。向全市小微企业发放贷款突破3亿元，其中，为"新三板"一家上市公司发放小企业贷款400万元。扶持农民专业合作社经营主体，发放农业合作社贷款1.6亿元。截至年底，绿卡账户数近40万户，个人网银客户5.5万户。实现养老金代发2.5亿元，失业金代发360万元。

【中国邮政储蓄银行股份有限公司太仓市支行金融服务】 2015年，邮储银行太仓市支行创新信贷产品，推出"优家贷"个贷产品和"增信贷""快捷贷""助保金贷款"等小企业贷款产品，满足客户个性化融资需求。组织金融知识进社区活动，普及金融知识，阻止多起电信诈骗，金额近30万元。邮储银行太仓市支行辖内自营网点6个，其中主城区2个，浏河镇1个，沙溪镇1个，临时停业2个；邮政代理网点31个。驻点车管所代收交通罚没款，全年代收交通罚没款3500万元，占全市近2/3。

（包丽诗）

【中国光大银行股份有限公司太仓支行概况】 2015年，光大银行太仓支行一般存款余额10.92亿元，储蓄存款余额2.04亿元；各项贷款余额25.36亿元，实现中间业务收入1005万元。围绕主流行业、新兴行业、节能环保及基础设施互联互通等重点领域，通过综合金融服务支持地方经济发展。零售业务围绕"医、食、住、行、游"等民生消费类行业，推行"小额化、便利化、标准化"综合金融服务。针对市场需求，以制度改革推进结构调整，开发"低碳节能贷""银保融易贷""股权融易贷"等产品，加大对中小企业和小微企业金融支持，助推实体经济发展。构建"金融＋生活"一体化生态圈，与江苏省高速公路管理局达成ETC项目合作，实现云充值圈存功能；创新银行一体化服务，"一站式"办理ETC业务，提升服务效率和客户体验。发挥光大集团综合金融平台优势，围绕实体经济金融需求，拓展阳光城市发展基金、高资质理财、金融租赁等产品。

（熊晓峰）

【招商银行股份有限公司太仓支行概况】 2015年，招商银行太仓支行人民币自营存款余额15.35亿元，自营贷款余额20.62亿元。加大新兴产业、城乡一体化项目和骨干企业信贷支持力度，重点投向科技型、成长型中小企业，组建中小企业专营队伍，提升审贷效率，开发供应链融资、流量贷、税贷通、"三板"贷等小企业特色金融产品。

（王　欢）

【中信银行股份有限公司太仓支行概况】 2015年，中信银行太仓支行本外币存款余额34.88亿元，较上年增长12.48%；本外币贷款余额39.08亿元，较上年增长0.7%。全年利息收入占总营业收入58.82%，较上年下降31.47个百分点；中间业务收入占总营业务收入7.39%，较上年下降1.85个百分点。对公中长期贷款占比58.97%，较上年下降8.56个百分点；个人贷款占比3.5%，较上年上升0.81个百分点；表外融资总量占比39.22%，较上年上升5.26个百分点。年内，中信银行太仓支行运用对公理财、结构化融资、出口应收款融资、换汇宝等产品，拓宽业务产品线。承销的太仓港协鑫发电有限公司首期3亿元私募债发行成功。太仓港开发建设投资公司5亿元短融项目注册成功。开启零售公积金网络信用贷，POS贷等贷款种类，实现贷款投放8000万元。4月8日，中信银行太仓浮桥支行开业，成为首家进驻浮桥镇的全国性股份制商业银行。

（张　超）

【华夏银行股份有限公司太仓支行概况】 2015年，华夏银行太仓支行调整优化业务结构，强化信贷风险防控，压缩、退出或加固担保存量授信，加大不良清收化解力度。截至年底，各项存款余额20.92亿元，储蓄存款余额2.88亿元。为中小企业打造"龙舟计划"品牌，提供"接力贷""循环贷""联贷联保"等产品，支持中小企业转型升级发展。推出增盈、慧盈、创盈系列理财产品和"华夏豹团卡""丽人卡""商旅卡""钛金卡"等个人业务产品，满足客户多样化金融服务需求。

（曹　欢）

【恒丰银行股份有限公司太仓支行概况】 2015年，恒丰银行太仓支行秉承"恒必成，德致丰"企业经营理念，强化内部管理，创新金融服务，防范金融风险，服务地方经济社会发展。截至年底，各项存款余额13.95亿元，较年初增加5.91亿元。其中，对公存款余额12.79亿元，储蓄存款余额1.16亿元。支行各项贷款余额7.03亿，较年初增加1.07亿元。年内，获太仓市金融系统"优质服务品牌"称号。

【恒丰银行股份有限公司太仓支行金融服务】 2015年，恒丰银行太仓支行持续推进企金改革，拓宽授信合作渠道。截至年底，太仓支行对公授信户数42户，授信金额27.69亿元。参与市政重点工程建设和"三农"小微企业、科技创新企业信贷资金投放。通过"一贯"金融平台为小微企业提供一条直接融资渠道，缓解小微企业融资难。线上各类产品投资门槛较低，便于客户随时购买赎回。推出具备普通借记卡功能和自动投资功能的"恒享钱包"银行卡，客户签约后自行设定留存余额，留存余额以外的金额自动归集到大成恒丰货币市场基金的E类份额进行投资，实现余钱盈利。

（朱雅宁）

【兴业银行股份有限公司太仓支行概况】 2015年，兴业银行太仓支行本外币存款11.79亿元，较上年增长4.25亿元；各项贷款5.64亿元，较上年增长3.23亿元。与太仓市城市建设投资集团有限公司合作发放应收账款资产证券化项目23.9亿元。与太仓市第一人民医院开发支付宝平台上线运行，市民通过医院支付宝服务窗口实现直接预约挂号、检验报告查询、特约专家等服务，在医生就诊间直接进行缴费结算，改善就医流程、缩短就医时间。提供特色化、差异化、多元化金融服务，加快中小、小微企业和零售业务发展步伐。网上银行“在线兴业”、电话银行“95561”、手机银行“无线兴业”和直销银行平稳运行。

（奚艳萍）

【中国民生银行股份有限公司太仓支行概况】 2015年，民生银行太仓支行继续加大服务和支持地方经济发展力度，把控风险，进行风险化解与处置，提高信贷资产质量。截至年底，支行存款余额29.2亿元，年日均较年上年末增长7.25亿元。 严格控制小微业务风险，调整资产业务结构，稳健发展小微业务。加快处置苗头性、隐患性贷款，确保小微资产质量。截至年底，支行公司业务不良率为0，小微不良率控制在2.6%以内。

【中国民生银行股份有限公司太仓支行金融服务】 1月30日，中国民生银行太仓璜泾加弹小微支行成立，开业当天开卡68张，定期存单2张。10月，民生银行太仓支行搬迁至上海东路188号，下辖惠阳社区、五洋商场、康乐社区、伟阳社区、华盛社区、桃园社区、浏河镇7个自助服务点。全年开展各类外拓营销活动，举办小小银行家、投资策略分析会、电商推广等活动，回馈老客户，拓宽零售业务新客户，提升客户层级。

（吕晓华）

【江苏银行股份有限公司太仓支行概况】 2015年，江苏银行太仓支行人民币各项存款余额50.88亿元，较年初增加5.24亿元。其中，对公存款46.48亿元，较年初增加4.7亿元，储蓄存款4.4亿元，较年初增长0.54亿元。人民币各项贷款余额48.39亿元，较年初增加20.62亿元。其中，对公贷款余额 43.45亿元，较年初增加20.29亿元；零售贷款 4.94亿元，较年初增加0.33亿元。强化风险防范预案以及授信审查和清逾降息力度，清收存量逾期欠息380万元，清收新增逾期欠息3500万元，公司、零售客户逾期欠息余额合计控制在3000万元以内。

【江苏银行股份有限公司太仓支行金融服务】 2015年，江苏银行太仓支行营销全额存单质押投资银行业务，完成存单质押投资业务3.8亿元，财质通业务3.95亿元。完成债务融资工具——资产经营公司中票、滨江PPN、城投公司理财直融的内部材料申报、审批。储备结构化融资业务，已批未投结构化融资7.8亿元。推进资产证券化信贷资产入池，在途审批入池资产10亿元。推广“税E融”“苏科贷”“人才贷”等产品，向绿色金融、科技金融、涉农贷款、资本节约型小企业倾斜授信。挖掘实体中小企业客户，夯实客户基础，提高综合收益，调整授信品种，提高授信实际使用额，提高实体类存款份额。加强银政沟通，做好结算服务，稳定财政存量存款。营销土地出让账户，保障土地拍卖保证金、土地拍卖款回笼。

（姚秋红）

【苏州银行股份有限公司太仓支行】 2015年，苏州银行太仓支行本外币存款余额24.80亿元，较上年增长3.5%；贷款余额29.32亿元，较上年增长5.4%；实现利润6356万元，较上年增加1196万元，增幅23%。年内围绕“服务中小、服务市民、服务区域经济社会发展”市场定位，继续重点投向科技型、成长型中小企业。其中“科技贷”累计发放贷款1840万元，缓解科技型企业轻资产、贷款难问题；特色金融产品“锦绣融”累计拓展74户，发放贷款4.05亿元，较好满足创业妇女融资需求。12月23日，苏州银行浮桥支行成立。

（范晓冰）

【太仓农村商业银行概况】 2015年，太仓农商行各项存款余额247.96亿元（含外币），较年初净增20.27亿元；各项贷款余额159.95亿元（含外币、贴现），较年初减少4596万元；十级分类不良贷款3.69亿元，占比2.31%；各项收入18.33亿元，利润总额3.22亿元，净利润2.48亿元；资本充足率12.27%，拨备覆盖率182.11%；“郑和卡”发卡总量55.99万张，较上年新增8.1万张，卡内存款余额16.8亿元；市民卡总制卡41.15万张，年内发放23万张，卡内存款余额8678.02万元；电子渠道柜面替代率56.13%；发售理财产品177期，募集资金94.04亿元；国际业务结算量8.52亿美元，新开户51户；小贷事业部累计发放贷款831户，总金额1.4亿元，余额8722万元。

【太仓农村商业银行金融服务】 2015年，太仓农商行推进信用村工程，共建成信用村（社区）95个，建档数3.85万户，信用村贷款余额7420万元，客户数511户。组建普惠金融服务经理队伍，实施农村金融服务端口前移战略。办理“农村土地承包经营权抵押贷款”13户、余额1.9亿元。“土地承包经营权抵押贷款”项目获2015年江苏省金融创新奖；“信贷支持农村土地流转模式”入选“2014年度江苏省银行业‘创新服务’有影响十件大事”。企业自主创新支持中心成立，向太仓地区名录内的自主创新企业发放“苏州市地方企业征信系统信息采集及信息查询授权委托书”200余份。启动登陆“新三板”项目，通过与资本市场对接，拓宽融资渠道，建立长期、稳定的资本补充机制。发行第1期同业存单，发行额度3亿元，认购率100%。探索互联网金融创新业务模式，与支付宝“蚂蚁金服”合作，开展第1期招财宝业务。开发手机银行服务，与富友支付电商平台合作网上商城项目。手机银行设计理念“手机银行生活+”获2015年苏州市首届“互联网+”金融创新大赛金融服务创新奖。7 月，太仓农商行金融大厦投用；全部支行实现网络覆盖，解决支行客户电子对账、网银体验的通道问题；完成 3G 移动终端的建设，解决市民卡发放、银行卡激活等上门设点服务需求。

【太仓农村商业银行风险防范】 2015 年，太仓农商行规范贷前审查流程，严格贷款出账流程，明确出账审查工作职责。全年审查出账业务 1.34 万笔，审查金额 387.72 亿元；加强贷后检查及风险预警；累计清收处置不良贷款本金 3.90 亿元；通过法院裁定接受抵债资产 7 户，金额 5665.88 万元。通过拍（变）卖等方式累计处置抵债资产 5 户，现金收回（含盘活）抵债资产 4110.19 万元。年末抵债资产 16 户，账面余额 3028.62 万元；累计核销不良贷款 118 户，金额 2.54 亿元。

（毛雨晴）

【太仓民生村镇银行概况】 2015 年，太仓民生村镇银行坚持“稳增长、调结构、惠民生、防风险”；坚持服务“三农”、服务小微市场定位，加大对现代农业、现代服务业支持力度，优化信贷结构。截至年底，各项存款余额 13.60 亿元，较年初增加 2.17 亿元，增幅 19.02%；各项贷款余额 18.03 亿元，较年初增长 5.14 亿元，增幅 39.84%，净利润 837.72 万元。年末不良率 0.49%。10 月，太仓民生村镇银行入选全国百强村镇银行，全国村镇银行资产总额前 50 强。

（刘寅卉）

证　券

【概况】 2015 年，太仓市拥有证券公司分支机构 3 家。全市证券机构新增证券资金账户数 2.56 万户，累计成交金额 3480.18 亿元，较上年增长 293.61%，托管市值 149.41 亿元，较上年增长 41.39%。

（贾彦乐）

【东吴证券股份有限公司太仓分公司概况】 2015 年，东吴证券太仓分公司创新发展证券经纪业务、投资银行业务、证券投资业务、资产管理业务、固定收益业务为基本架构的业务体系和研究咨询、信息技术、合规管理、综合服务等业务支持体系。下属 6 家营业部累计完成新增开户 1.44 万户，（A 股 + 基金）成交量 2580 亿元，较上年增长 336%，市场占有率 0.48‰，较上年增长 26%，完成利润 1.46 亿元，较上年增长 175%。参与市属国有企业改革和资本市场运作工作，参与市政府重点规划的太仓国资和国有企业资本市场首次公开募股上市和“新三板”挂牌工作。推进企业首次公开募股上市和中小企业“新三板”挂牌业务，履行与昂科生物、维艾普、睿昕汽配等 5 家公司的“新三板”挂牌辅导服务协议。全年全市共有 8 家企业登陆各类资本市场，太仓上市挂牌企业累计 16 家，募集资金 41.07 亿元。截至年底，全市 3 家企业挂牌“新三板”获受理，2 家企业准备上报首次公开募股材料，4 家企业完成股改，18 家企业推进股改，助力企业进入资本市场。

（曾　英）

保　险

【概况】 2015 年，太仓市保险业共有保险主体 31 家。其中：财产险经营机构 16 家，人寿险经营机构 14 家，保险中介 1 家。保险密度 2965.88 元／人，较上年增长 17.18%；保险深度 1.91%，较上年增长 14.37%。全年全市各保险公司实现保费收入 21.04 亿元，较上年增长 17.96%。其中财产险保费收入 9.76 亿元，较上年增长 10.11%；人寿险保费收入 11.28 亿元，较上年增长 25.70%。加快发展现代保险服务业。创新开发政策性农业保险产品，通过开发农业和农村小额保险、涉农贷款信用保险，加大保险业对“三农”支持力度，政策性农业保险险种累计 14 个。扩大责任保险险种及责任范围，推出电梯责任保险、电梯财产险、会所公众责任保险、文艺下乡公众责任保险等新险种。发展民生类保险，通过提供大病保险经办服务、提供商业大病补充医疗和商业养老保险等方式，参与市社会保障体系改革。在做好大病住院保险，落实群众医疗保障问题同时筹措大病门诊项目，构筑全面大病保险体系，延伸保险内涵。

2015 年太仓市保险机构一览表

表 37

序号	类　别	单　位
1	财产保险	中国人民财产保险股份有限公司太仓支公司
2		中国太平洋财产保险股份有限公司太仓支公司
3		中国平安财产保险股份有限公司太仓支公司
4		天安财产保险股份有限公司太仓支公司
5		中华联合财产保险公司太仓支公司
6		太平财险有限公司太仓支公司
7		永安财产保险股份有限公司太仓营销服务部

续表 37

序号	类别	单位
8	财产保险	紫金保险股份有限公司太仓支公司
9		阳光财产保险股份有限公司太仓支公司
10		都邦财产保险股份有限公司太仓支公司
11		永诚财产保险股份有限公司太仓支公司
12		长安责任保险股份有限公司
13		大地财产保险股份有限公司太仓支公司
14		中国人寿财产保险股份有限公司太仓支公司
15		中银保险股份有限公司太仓支公司
16		安邦财产保险股份有限公司太仓新港营销服务部
17	人寿保险	中国人寿保险股份有限公司太仓支公司
18		中国太平洋人寿保险股份有限公司太仓支公司
19		中国平安人寿保险股份有限公司太仓支公司
20		美国友邦保险有限公司太仓营销部
21		太平人寿保险有限公司太仓分公司
22		新华人寿苏州中心支公司
23		泰康人寿保险有限公司太仓分公司
24		人民健康保险有限公司太仓支公司
25		人民人寿保险有限公司太仓支公司
26		东吴人寿保险有限公司太仓支公司
27		华夏人寿股份有限公司太仓分公司
28		富德生命人寿股份有限公司太仓支公司
29		信泰人寿保险有限公司太仓分公司
30		华泰人寿保险有限公司太仓分公司
31	中介机构	苏州东江保险代理有限公司
32	保险协会	苏州保险行业协会太仓分会

（张　觅）

【中国人民财产保险股份有限公司太仓支公司概况】 2015年，中保财险太仓支公司实现保费收入3.94亿元，为全市承担风险保障2340亿元，支出赔款1.96亿元，上缴地方税款2228万元，代收税款2657万元。年内，中保财险太仓支公司推进城乡网点建设，提升农网产能，升级服务网点，对接区域发展，优化基层网点布局，加密农村保险服务网点。开办全市首例校园食品安全责任保险，保障校园饮食安全。

（王慧敏）

【中国人寿保险股份有限公司太仓支公司概况】 2015年，中国人寿太仓支公司实现总保费3.94亿元，较上年增长12.38%。其中首年期交保费较上年增长7.53%；短险业务较上年增长8.85%；意外险业务较上年增长6.64%；续收保费较上年增长7.36%。中国人寿太仓支公司拥有个险、团险、银保等专业持证销售人员582人，服务保险客户91.3万人次，承保件数16.2万件。短险理赔件数7000余件。中国人寿太仓支公司占全市寿险市场份额38.29%。

【中国人寿保险股份有限公司太仓支公司保险服务】 2015年，中国人寿太仓支公司受理股份公司、集团公司保全业务 6.1 万件，受理个人长险契约 9600 件，受理团单契约 1940 件，进行理赔调查和核保生调 1684 件，处理会办单及投诉诉讼件 2520 件，推广“e 宝账”注册捆绑运用 2023 件。优化业务结构，其中意外险占短期险比重提升至 61.51%。扩大老人险业务承保面；小额贷款保费较上年增幅 64.42%；学平险净增保费约 100 万元。开发针对家庭成员的保障计划并通过网络平台销售，提高客户保险自主选择性。

（廖君吉）

【中国太平洋财产保险股份有限公司太仓支公司概况】 2015 年，太平洋财险太仓支公司实现入账保费 2.52 亿元，较上年增长 7.23%，市场占有率 25.83%。全年承担人身、财产等各类风险保障保额 2208 亿元，理赔 5.01 万件，为客户提供免费风险查勘服务 278 次。累计缴纳税款 1514.32 万元，代收车船税 1269.29 万元。参与政府项目合作，做好政策性农业保险和民生类保险服务，推出“羊养殖保险”“露地蔬菜价格指数保险”“会所公众责任保险”“诉讼保全责任保险”等新险种。全市服务网点 7 个，连续第 9 年保持行业“零”有效投诉。年内，太平洋财险太仓支公司获 2012—2014 年苏州市文明单位、太仓市为农服务先进单位。

（孙　晔）

【中国平安财产保险股份有限公司太仓支公司概况】 2015 年，平安财险太仓支公司首次实现保费收入超 2 亿元，较上年增长 20.1%，市场占有率 21.3%，其中车险保费 1.74 亿元，财产险保费 2614 万元，意健险保费 605 万元。在璜泾镇、沙溪镇、浏河镇、森茂汽车城等地开设营销服务部，经营区域覆盖全市。年内，平安车险理赔服务再升级，年度赔款合计超 1 亿元。纯车损案件实现先赔付再修车，发挥综合金融优势，赔款自发起支付到赔付到账的时效由原先 1 ~ 3 天缩减至 60 秒内。

（王薇一）

房地产

【概况】 2015 年，太仓市完成房地产投资额 70 亿元（数据来源市住建局，下同），较上年减少 2%；商品房累计施工面积 579.6 万平方米，较上年减少 2%；新开工面积 123.4 万平方米，较上年减少 31%；竣工面积 139.4 万平方米，较上年增长 4%。商品房销售面积 135.6 万平方米，较上年增长 28%；销售金额 109.9 亿元，较上年增长 33%；销售均价 8105 元／平方米，较上年增长 4%。

（曹俊锋　顾　爽）

【太仓市建筑行业协会概况】 太仓市建筑行业协会是太仓地区从事土木工程建筑、线路、管道、设备安装、建筑装修装饰、咨询监理、工程监督和建筑科学研究、勘察设计及建筑院校等企事业单位自愿组成的非营利性社会团体。至 2015 年年底，协会拥有会员单位 168 家。年内，协会组织开展各项优质工程评比。2014—2015 年，全市获江苏省级“扬子杯”优质工程奖 4 项，其中土建工程 1 项、装饰装修参建工程 1 项、市政工程 1 项、装饰装修专项奖 1 项；获评苏州市“姑苏杯”优质工程 12 项、苏州市“天堂杯”优质工程 8 项、苏州市市政优质工程 6 项；获评太仓市“优质结构”工程 72 项，获评太仓市“娄江杯”优质工程 82 项。全年共举办各类培训班次 14 个种类、95 批次。协会被苏州市民政局评定为“中国社会组织评估等级 AAAA”，被市工商联、总商会评为“2015 年度五好商会”。

（王海燕）

【太仓市房地产业协会概况】 太仓市房地产业协会成立于 2006 年，是由太仓从事房地产开发、房产测绘、中介服务等企事业单位自愿组成，并根据国务院《社会团体登记管理条例》规定，经太仓市民政局批准建立的非营利性社会团体，系江苏省房地产业协会，苏州市房地产业协会团体会员单位。至 2015 年年底，协会拥有会员单位 100 家。协会以服务为宗旨，以反映企业意愿，为企业提供信息和人才培训等方面服务，协调行业内部企业之间的竞争与服务关系，指导房地产企业健康发展。定期组织培训、业务考察，召开企业交流座谈会等活动，向会员单位及时传递国家、省、市有关房地产开发的法律、法规及政策文件，普及房地产开发的科学知识，分享探讨房地产规划、建设、开发方面的先进技术和经验，提高会员的理论水平和管理水平。2015 年，协会多次开展课题调研，分析在新常态下太仓房地产市场的成因、发展方向及存在问题，特别是解读上海市民到太仓购房的现象，为太仓市领导及有关部门科学决策提供科学依据。为助推楼市发展，除在太仓本地举办房地产展示展销会外，还在中秋节首次赴上海举办太仓专场房展会，让更多上海市民认识和了解太仓楼市。

（沈　静）

邮　政

【概况】 2015 年，太仓邮政实现业务总收入 1.11 亿元，较上年增长 21.75%；实现收支差额 645 万元，较上年增长 31.63%。全市共有邮政服务网点 29 个，其中农村网点 21 个；邮政信筒信箱 118 个，较上年增加 30 个；邮政报刊亭 45 处；邮运线路 3 条；投递邮路 83 条，投递总里程 3773 公里，其中城市投递段道 26 条，总里程 752 公里；农村投递段道 57 条，总里程 3021 公里。函件业务量 447.88 万件，包裹 4.51 万件，报纸累计 1999.14 万份，流转额 2148.20 万元，杂志累计 55.21 万份，流转额 384 万元，汇票收汇 12.03 万张，邮政代理速递业务量 4.95 万件，邮政国内小包 30.37 万件。年内完成新毛、利泰邮政网点体验区及新塘邮政电子商务服务中心建设；建成“苏邮惠民”加盟店 88 家、社会零售点 6 家、包裹自提点 50 家、村邮站 30 家，开通“邮掌柜”系统 88 个；完成长春路网点搬迁新址改造工程和新塘支局房屋改建工程，提升邮政综合服务能力。4 月 28 日，根据《中国邮政集团公司关于实施法人体制调整有关事项的

6月5日，“环境日”纪念邮票首发　　(太仓邮政供稿)

通知》(中国邮政〔2015〕86号)要求，经市市场监督管理局核准，太仓市邮政局企业名称变更为中国邮政集团公司江苏省太仓市分公司(简称“太仓邮政”)。

【城乡邮政投递网改造升级】 2015年，太仓邮政进行城乡投递网改造升级。城市投递部优化普邮段道和内部台席设置，增设快递包裹商务专投段道4条，实现城市快递包裹投递及时、机动；撤并新毛支局投递点，优化沙溪、璜泾、浮桥、浏河、九曲、陆渡、板桥投递段道，建立快递包裹协同投递中心圈7个，实现汽车、电动三轮车快递包裹投递全覆盖。

【特种邮品制作发行】 “环境日”纪念邮票首发。6月5日，太仓邮政与太仓市环保局在市中心广场举办“践行绿色生活”——“环境日”纪念邮票首发活动，联合庆祝第44个世界环境日。通过环境日纪念邮票首发，传播和弘扬生活方式绿色化理念，提升人们对环保工作的认识和理解，并自觉转化为实际行动。活动现场吸引大量市民驻足，太仓电视台等新闻媒体现场采访。除环保主题外，太仓邮政在现场设立临时邮局，提供加盖纪念邮戳、临时邮戳、邮品销售等服务。

太仓市第一套农产品采摘联票明信片成功开发。6月，太仓邮政成功开发“玩转太仓采摘”联票项目，该联票是全市第一套以农产品采摘为主题的联票明信片，展示传统农业向现代农业的转型升级，成为展示太仓农村形象的新名片。该联票包含明信片门票30张，持票者可在太仓本地30个休闲采摘基地享受采摘优惠。该项目由太仓邮政与仓建广告公司共同开发，采用线上线下方式在淘太仓网络、仓建广告公司和邮政网点销售，每套售价58元。

“文明太仓”邮品发行。11月，太仓邮政为市委宣传部定制“文明太仓”邮折4000册和全国文明城市创建知识问答直邮通1万枚。“文明太仓”邮折包含“图说我们的价值观”邮票和“和谐太仓”个性化邮票，知识问答直邮通含20道创建知识问答题，面向全市范围社区、村镇市民发放并统一组织回收。

【邮政服务社会】 “爱心包裹”捐赠活动。1月21日，太仓邮政会同市公安局在太仓市卉贤小学、太仓市三港小学和太仓市洪泾小学等3家民工子弟学校举行“爱心包裹”校园捐赠活动，其中卉贤小学受捐包裹812个、三港小学受捐600个、洪泾小学受捐384个，受到学校师生的欢迎。太仓邮政每年组织落实“爱心包裹”项目，动员全体干部职工参与捐赠活动，捐赠数量连续多年在苏州市名列前茅。

双回函挂号业务。1月28日，由太仓市委组织部委托太仓邮政制作的“民主评议村干部调查问卷”双回函挂号投递回收工作结束，问卷回收率96.72%。这是太仓邮政连续第三次利用双回函挂号业务服务于政府民主测评工作。同时为市委组织部投递“365服务体系调查问卷”，妥投、回收率均超过90%。

“预防邮路”活动。8月8日，太仓市人民检察院与太仓邮政共同召开太仓市预防职务犯罪邮路工作启动会议，启动“预防邮路”工作，邮检双方共同向志愿服务分队授旗发放宣传手册，同时举办“包公”邮票首发式。太仓邮政开展“预防邮路”工作，成立太仓邮政志愿服务分队，发挥73条邮路联系群众优势，形成覆盖城乡的预防职务犯罪宣传网络。建立“预防邮路”浮桥支局投递工作室，设置预防职务犯罪图书角，张贴“预防邮路”宣传画、警示语，确定检察院联络员，定期开展预防宣传活动、交流

1月21日，“爱心包裹”校园捐赠活动在卉贤小学举行　(太仓邮政供稿)

预防工作经验和指导落实预防措施。制作专题宣传展板，发布警示教育海报。运用邮政网点电子显示屏播放宣传语。在“太仓邮政”微信公众号、订阅号加大“预防邮路”宣传力度。

“书香太仓——小小报童职业体验”活动。5月31日，太仓邮政在金仓湖湿地公园举办第一届“书香太仓——小小报童职业体验”活动，参加活动的小朋友们共计销售《扬子晚报》《城市商报》等报刊700多份。“书香太仓——小小报童职业体验”活动是一个开放的儿童（学生）教育平台，是一个体验式的儿童（学生）社会实践平台，也是儿童（学生）体验生活的一种表现，该活动也是报刊发行在新形势下营销的一种体验，活动受到家长和社会的好评。

【邮政金融网点转型升级】 2015年，太仓邮政推动金融网点产能提升，做好9个省级转型网点和20个自转网点的转型工作，实施“一局一策”“一点一策”“一时一策”方案；突出专项营销活动的数据引领，加强客管系统数据管理与应用，提高营销精准化程度；开展六大客群经营开发、客户俱乐部主题营销活动、邮商联盟、抓蛋达人赛、套圈达人赛等多种形式的活动，增强客户黏度，推动客户提档升级。

【邮政便民服务】 2015年，太仓邮政开展邮政综合服务平台建设，联合政府、企业、村镇、社区，整合各方资源，拓宽邮政服务覆盖面，全年完成新毛、利泰邮政网点体验区及新塘邮政电子商务服务中心建设，建成“苏邮惠民”加盟店88家、社会零售点6家、自提点50家，开通“邮掌柜”系统88个，推动服务理念转型、服务载体升级、服务资源整合、服务模式优化，打通邮政服务群众的“神经末梢”，实现服务群众“最后一公里”变成“零距离”。

（屠震新）

供销合作

【概况】 2015年，太仓市供销合作总社做好农资保供、农产品流通、再生资源回收利用、基层社建设和农民专业合作社、联合社建设等工作，全面推进供销社综合改革，提升为农服务能力。全年全市供销系统实现销售总额104.58亿元，其中消费品零售额69.44亿元，实现利润总额3325万元，农副产品收购额34.59亿元，市场交易额28.51亿元，其中农副产品市场交易额22.91亿元。

【农药集中配送体系建设】 2015年，市供销合作总社完善全市农药集中配送体系，为农产品食品安全提供坚实保障。根据本地种植结构、农作物生长实际，做好太仓市农药集中配送与绿色防控信息化服务平台的运行，全程实时监管配送农药进销存情况。开展集中配送农药招标，通过对各个生产企业及供应商投标方案的科学性、合理性、产品的性能价格及售后服务承诺的完整性和可行性进行综合评审确定供应商。全年共有229种农药参加竞标，24家农药生产企业参与投标活动，定标总价3080.87万元。全市农药集中配送设有配销中心2个、销售网点27个，集中配送率95.41%。

【为农服务】 2015年，市供销合作总社完成“产销对接”建设任务。“产销对接”项目由“1家龙头企业+3家合作社”产业化模式运作，龙头企业是太仓市绿润农副产品有限公司，3家合作社为绿阳蔬果专业合作社、电站农产品专业合作社、东林农场专业合作社。项目完成建设投资2486.81万元，获上级财政补助资金1200万元，通过省财政厅、省供销总社联合考核验收。3月11日，太仓市佳稼农业生产资料有限公司“2015年放心农资下乡‘3·15’活动”在城厢镇万丰村举行，引导农民正确科学合理使用农资，从源头上确保农产品质量安全，保护生态环境，为春季农业生产安全和农产品质量安全提供物资保障。市农委植保、林业、种子、土肥、执法等部门专业技术员现场传授假冒伪劣农资识别、虫害防治等知识，活动免费发放近2万余元各类优质农资产品，蔬菜果树苗3000余株，各类宣传读本1000余份。6月23日，市供销总社组织志愿者27人，赴万家安蔬果专业合作社开展“当一日农民”志愿服务活动。

【农民专业合作社、联社】 2015年，由市供销合作总社主导创建的江苏省仓润农产品专业合作联合社日销农副产品超15吨，并配套做好苏州、太仓等10所学校每天的农副产品配给任务。太仓市仓润蔬菜专业合作社二期工程投用，投资3000万元建成1万立方米的冷库，交易能力超亿元。万家安蔬果专业合作社发起设立江苏省众联农副产品专业合作联合社，由22家农民专业合作社组成，总出资额1000万元。万家安蔬果专业合作社位于沙溪镇塘桥村农业示范区，是由沙溪镇农村工作局、塘桥村联合组建的专业合作社，主要从事蔬菜、瓜果、花木、果林、粮食、苗木的种植，家禽、淡水产品的养殖、加工，净菜配送，农业相关技术的咨询指导等产、供、销一条龙服务，体现现代农业发展模式，通过组建农民合作联合社，为成员单位搭建农副产品销售交易平台，建立一整套针对不同品种、类别的食材供应系统。完成8个农民专业合作社建设任务，丰缘农场专业合作社、海丰农场专业合作社、万家安蔬果专业合作社被评为省级专业合作社示范社，城厢镇永丰村农资超市获评苏州供销系统为农服务创新示范点。10月，2015海峡两岸（江苏）名优农产品展销会在镇江举行，7家涉农企业、农民专业合作社参加展销活动，参展名、优、特农产品10余种。

【再生资源回收体系建设】 2015年，市供销合作总社牵头开展废品回收行业集中整治“百日会战”，成立联合专项整治工作领导小组，开展联合整治废旧衣服回收加工场所、国省道沿线废油购销点、无证无照以及存在严重消防安全隐患的废品回收经营站点，取缔废旧衣物回收加工点94处，废油购销点49处，无证无照废品回收经营站点186处。配合开展城市环境综合整治工作，整改涉及的17个整治点。规范城区流动回收，续签流动收购人员23人，覆盖城区95个物业小区，覆盖率90%。继续开展再生资源宣传教育活动。7月20日，市供销合作总社在城厢镇电站村开展再生资源宣传讲座，完善全市再生资源回收体系，改善回收现状，更好实现垃圾分类，优化太仓环境。

【农副产品网络电商平台建设】 2015年，市供销合作总社启动太仓农副产品网络电商平台建设，打造太仓市农副产品网络销售"互联网+"平台，形成线上电子平台交易、线下实体店运作的新模式，推广太仓优质农产品。9月，"特产中国·太仓馆"正式上线，入驻综合网上购物中心"1号店"。首批本土25个优质农副产品进驻"太仓馆"，全国消费者均可在太仓馆内买到太仓土特产。截至年底，"太仓馆"网络销售总量超300万元。

（黄　强）

粮油购销

【概况】 2015年，太仓市粮油收储再创历史新高。全年收购粮食12.86万吨，其中小麦5.29万吨，稻谷7.57万吨，创改革开放30多年来最高水平。全市国有粮食企业收购入库粮油8.9万吨，其中小麦2.86万吨，稻谷6.04万吨，为全市经济社会发展稳增长、调结构、惠民生提供重要支撑。年内，市粮食局被省人社厅、省粮食局授予"江苏省粮食系统先进集体"称号。

【粮食安全保供】 2015年，全市粮油批发交易持续增长，粮油批发市场交易粮油25.57万吨，其中大米10.7万吨，面粉3.52万吨，食用植物油1.97万吨，玉米2.38万吨，其他2.06万吨，交易额10.55亿元，弥补全市90%粮油需求缺口，并辐射上海、无锡等地。依托太仓港发展集装箱运粮，拓展"北粮南运、西粮东运、江海联运、铁水联运"业务，集装箱运粮达1万标箱，太仓成品粮价格每公斤低于周边地区0.04～0.06元，粮食中转辐射闽浙粤等沿海省市，成为长三角粮食流通重要节点城市。打造放心粮油工程，建立从粮食源头到中间流通再到终端消费三位一体粮食质量安全保障体系，放心粮店实现城乡全覆盖。对市粮油检测中心进行功能升级，购置各类先进粮油检测设备，检验范围从质量指标扩大到卫生指标。实施《太仓市地方储备粮油管理办法》，严格执行完成地方储备粮油储备计划，确保全市粮油安全保供。

【粮食仓储流通】 2015年，太仓市实施《太仓市粮食流通仓储设施建设规划》和粮食仓储设施提档升级工程，总投资2000万元的新塘粮库改扩建工程完成，新增现代仓容8500吨，配备低温烘干、通风检测等现代收储设备49件。中心储备库配套道路工程于夏粮收购前完工，沙溪粮库维修改造工程于秋粮收购前完成。总投资4450万元易地新建璜泾粮库招投标工作完成，进入施工阶段。"智慧粮食"取得跨越发展，同步推进射频识别、无线传感、二维码扫描、远程可视监控等软件系统与机械输送、粮情监测等现代收储硬件设施建设，粮食收储"四散化"（散储、散运、散装、散卸）、"四合一"（粮情检测、机械通风、环流熏蒸、谷物冷却）、低温烘干等新技术得到广泛运用，粮食收储入库码单录入、价款结算、仓内粮温湿度自动测控等实现计算机操作，粮食收储作业效率提升。全市"1个中心库、3个骨干库、4个一般收纳库"的粮食现代仓储流通新格局初步形成。

7月9日，市粮食局举行机关开放日活动。图为陆渡小学学生在市粮油检测中心参观　（市粮食局供稿）

【粮食产销合作】 2015年，太仓市建立"合作农场＋订单收购＋粮食银行"的粮食产销合作模式，执行粮食订单收购每公斤加0.2元的价外补贴政策，订单收购实际执行数量7.52万吨，为农民增收超1500万元。粮食银行转型发展，全年商品粮银行新吸储粮食4.1万吨，土地流转银行新增1574户，累计存入土地流转费1420万元，新增粮食银行门店1家，让农民享受通存通兑、"存粮得息"和"利润分成"等实惠，为农民减损增收210万元，确保土地流转农户失地不失粮。针对年内特殊天气高水分、病霉变粮食增多的实际，市粮食局实行局领导班子片区责任制，坚持上门验粮、下田验粮、预约收购和预约烘干，派遣技术人员到自建烘干设施的村、农场帮助解决技术难题，破解跨库区售粮价外补贴款结算和集中抛售压力等难题。全年国有粮库为农民烘干处理高水分粮食超5万吨，为农民减少损失300万元。省委《群众》杂志专题刊发太仓市粮食银行转型发展服务城乡的六大成效。

【国家粮食安全工程建设】 2015年，太仓市印发《市政府关于建立健全粮食安全责任制的实施意见》，在粮源保障、粮食流通、做强产业、做大市场、依法管粮等方面取得发展。与南京财经大学合作，探索构建基于 O2O（即 Online To Offline，线上到线下）的粮食安全应急保障和粮食大流通体系，开展高抗性储粮病虫害防治专项课题研究。创新开展“舌尖上的粮油”粮油健康消费网络宣传活动，被“太仓发布”微信、微博平台推介并被《苏州日报》专题报道。参加双拥模范城市创建和文明城市创建，集中开展爱粮节粮宣传教育活动，进社区、进学校、进闹市等开展各类活动 38 次，中心储备库被市委宣传部授予“中小学生优秀暑期实践基地”称号。

（曹前程）

食盐专营

【概况】 2015 年，太仓市完善食盐专营制度，保持专业化食盐监管体制；依法管理监督食盐市场流通，打击制贩假盐现象。加快建设食盐电子追溯体系，实现食盐来源可追溯、流向可查询、风险可防范、责任可追究。全年销售盐产品 1.52 万吨，其中食用盐 3808 吨。全市有终端客户 1300 家，专职配送车辆 3 台，涵盖全市所有城区、乡镇，日配送量 13 吨左右；在全市 76 个村建立食盐放心消费示范店 106 家，食盐保障供应落实到村。

【食盐市场安全监管】 2015 年，太仓市严格监管食盐安全工作，明确领导责任制和责任追究制；聘任客户经理为盐政协管员，定期培训、考评盐政协管员，加强盐业市场安全监管力度和覆盖面。规范大包装食盐管理，夯实食盐安全责任。加强市场检查力度，规范市场经营行为。不定期突击检查农贸市场、城乡接合部、餐饮等重点区域，净化食盐市场安全。做好食盐安全宣传工作，食用合格碘盐、自觉抵制私盐的健康常识深入人心。严厉打击涉盐违法行为，共检查食品加工户、小工业用盐户、学校及周边食堂等各类用盐户 1000 余户（次），发放宣传材料 5000 余份，查处盐业违法案件 64 件，罚没盐产品 6.16 吨，罚款 12.41 万元。5 月 15 日，市盐务局开展“坚持科学补碘，建设健康中国”全国第 23 个防治碘缺乏病宣传日宣传活动，发放宣传手册 400 余份，减盐勺套 100 余套，现场科普碘缺乏病防治和科学食用碘盐，接受咨询 200 余人次。

（李凤文）

烟草专卖

【概况】 2015 年，太仓市烟草专卖局（分公司）销售卷烟 3.62 万箱，销售收入 11.02 亿元，较上年增长 10.92%；实现税利 3.4 亿元，较上年增长 23.64%，利润 2.8 亿元，较上年增长 24.41%。立案查处涉烟案件 51 起，查获涉案卷烟 619.1 万支，较上年增长 243.14%；总案值 549.4 万元，较上年增长 331.31%；罚没款 179.82 万元，较上年增长 414.51%；移交公安机关查办案件 11 起。年内，市烟草专卖局（分公司）获苏州市 2012—2014 年文明单位称号。

【烟草专卖管理】 2015 年，市烟草局加大打假打私力度，提升市场监管质量，优化行政许可服务，推进优秀县级局创建、稽查示范中队创建工作。打击制售假私卷烟和真烟非法流通等违法行为，获省烟草专卖局嘉奖 4 次。开展市场专项整顿活动，完善与市场监管局联合检查的长效工作机制；定期召开联席会议，密切与市公安经侦大队、治安大队等部门沟通配合。强化证件管理工作，新办许可证 290 户，延期许可证 1311 户，变更许可证 60 户，注销许可证 112 户，暂停供货卷烟零售户 307 户，恢复供货卷烟零售户 22 户，全市正常供货持证户 3413 户。

【烟草营销网建】 2015 年，市烟草局推进精益管理、零售终端建设、服务品牌，提升网络建设和运行水平。营销管理人员营销员资格持证率 96.43%，其中卷烟商品员 4 级以上证书持证率 92.86%；专卖执法人员技能鉴定持证率 100%，中高级职称比例 77.3%。

（钱乔伊）

都市农业

综　述

【概况】 2015 年，太仓市现代农业围绕新常态下“加快转变农业发展方式”总目标，探索以先进科技为支撑、现代农业园区为承载的现代农业发展新途径，“四个十万亩”（粮油、水产、园艺、林地）空间布局进一步优化落地，“4+1”产业（优质水稻、特色水产、高效园艺、生态林地四大主导产业加休闲观光农业）健康发展，“1+7+X”农业产业园区（以 1 个太仓市国家现代农业园区为引领，7 个区镇现代农业园区为支撑，X 个村级基地、合作社为带动面的现代农业园区网络架构）建设完善，全市现代农业发展迈上新台阶。太仓市获评“全国推进农业现代化优秀城市”；新型职业农民“定向委培”模式入选农业部“全国十大培训模式”候选名录。全年全市实现农林牧渔业总产值 70.13 亿元，较上年增长 5.8%；农林牧渔业增加值 41.06 亿元，较上年增长 3.4%；农民人均可支配收入 25643 元，较上年增长 8.7%，实现“十二五”现代农业建设目标任务。

【“4+1”主导产业丰产丰收】 2015 年，太仓市落实生态补偿政策，推进资源可持续利用，优化调整“四个十万亩”空间布局。全年粮、油、蔬果种植面积 4.8 万公顷，其中水稻种植面积 1.33 万公顷，单产 630.4 公斤／亩（1 公顷 ≈ 15 亩，下同），总产量 12.56 万吨；小麦种植面积 1.13 万公顷，单产 348.3 公斤／亩，总产量 5.9 万吨，粮食生产实现“十二连增”。全年蔬菜种植面积 1.66 万公顷次，单产 2162.53 公斤／亩，总产量 53.72 万吨；油菜种植 1460 公顷，单产 177 公斤／亩，总产量 0.39 万吨；水产养殖面积 2400 公顷，水产品总产量 3.11 万吨；生猪存栏 17.17 万头，出栏 22.63 万头；羊存栏 3.61 万头，出栏 4.38 万头；家禽存栏 371.12 万羽，出栏1364.72万羽。全市规模养殖比重95.7%。

【农业基础设施建设】 2015年，太仓市结合城乡一体化建设，推进农业基础设施建设，夯实农业发展基础。新建高标准农田1066.67公顷，累计达2.22万公顷，占比85%；新增设施农（渔）业面积80.67公顷，累计达6921公顷，占比23.34%。年内，1613.33公顷农业部国家现代农业示范区高标准农田建设项目启动。提档升级土壤监测点10个，建成苏州首家省级土壤墒情远程智能管理监测站。

【地产农产品安全保供】 2015年，太仓市更新市农产品质量追溯系统，制定《太仓市农产品质量安全协管员管理办法（试行）》，建成农产品质量安全"网格化"管理体系。新获证无公害农产品6个、绿色食品7个，有效认证累计124个，共建"三品"（无公害农产品、绿色食品、有机农产品）基地32个，"三品"面积占比90.7%；"太仓大米""太仓白蒜""太仓毛板青蚕豆""太仓牛踏扁毛豆"等4种地产优质农产品获国家地理标志证明商标；开展七大类农产品定量监测555批次，合格率98.6%，瘦肉精使用检测合格率100%。加快推进病死畜禽无害化处理中心建设，开展禽养殖整治专项行动，摸底全市规模养殖场551家，列入整治计划491家。

【农业园区建设提档】 2015年，太仓市全面提升各镇农业产业园区规划，重点开展浮桥镇、新区、城厢镇南郊片区3个园区规划，同步开展沙溪镇归庄片区产业深化前期规划、璜泾镇现代农业园区规模拓展规划。建设粮食高产增效示范方9个、省级"菜篮子"工程蔬菜基地和市现代水稻产业园。市现代农业园区核心区完成系列改造建设，实现提档升级。

【农业科技创新】 2015年，太仓市引进并大面积推广稻麦新品种4个、水产新品种3个。水稻病虫害防控"1+3+X"（"1"指水稻种子进行1次药剂处理，"3"指水稻生育中期进行3次总体防控，"X"指依据当年水稻病虫发生趋势分析是否增加1次总体防控）技术集成模式向长江中下游地区推广，稻蟹共生"蟹田米"在上海获评金奖，一次性施肥、草鱼高密度循环水养殖、鸭稻共作、稻蟹共生等技术成效显著。东林农场种养循环农业产业链完善，建成投产有机肥处理中心3000平方米。探索"秸秆、畜禽废弃物做基料——种植食用菇、养殖蚯蚓——形成基肥、基质还田"的生态循环农业。

【新型农业经营主体培育】 2015年，太仓市扶持壮大农业龙头企业，安佑生物科技有限公司被认定为省级重点龙头企业。全市拥有规模以上涉农企业63家（其中省级农业龙头企业6家、苏州市级农业龙头企业12家、太仓市级规模以上涉农企业45家），实现销售收入148.86亿元，较上年增长1.47%，辐射带动市内外农户7.13万户。省级农业龙头企业苏州口水娃食品有限公司在"双十一"期间实现销售额1070万元。农产品出口2870万美元，较上年增长8.1%。加快培育新型农业社会化服务主体，启动水稻科技服务中心一期和农机化服务中心二期建设；扶持庆丰、东林、雅鹿3个专业合作社，提升社会化专业服务能力。

【为农服务水平提升】 2015年，太仓市举办委培生实践培训，制定就业分配方案，举办市、镇两级农技人员高级进修班7期，培训人员203人，开展各类农业技术技能培训34期，培训人员1885人。规范项目申报，申报13类项目34个，申报总金额1.01亿元，申请财政资金5943万元；立项52个，总投资1.2亿元，取得上级财政补助6871.79万元，上级立项总资金较上年增加22%。推进农药集中配送，集中配送率98%。推广测土配方施肥技术，技术使用面积3万公顷次，覆盖率85%。发挥"12316"三农热线作用，全年发布各类服务信息7万条。

（吕　迅）

农村改革

【概况】 2015年，太仓市农村工作按照"打造田园城市新样本""民生幸福首善区"的总目标，围绕深化农村产权制度改革、培育新型农业经营主体、开展美丽村庄建设等重点，保障农民合法权益，提升农业经营水平，推进强村富民，改善农村环境，促使全市城乡发展一体化迈上新台阶。

【农村产权制度改革深化】 2015年，太仓市按照"确权、赋能、搞活"的思路，深化农村产权制度改革。农村土地承包经营权确权登记颁证有序推进。在双凤镇庆丰村先行试点取得经验的基础上，4月底组织召开全市农地确权登记颁证工作推进会，印发《政策问答》《参阅资料》等文件，分片分批举办业务培训，确保工作顺利推进。至年底，全市应开展确权登记颁证的69个村、2026个村民小组、5万户农户、1.67万公顷耕地，有68个村实质性启动，年内完成调查摸底农户数4.22万户、承包土地1.34万公顷，约一半的村组开展土地图斑绘制、踏田核实工作，部分村组完成公示和农户确认签字，全市整体工作进度达55%。农村社区股份合作社股权量化固化改革稳步推进。按照苏州市关于社区股份合作社股权固化改革的要求，加快推进农村集体资产产权制度改革。全市累计建立社区股份合作社94家，至年底，完成资产折股量化54家，量化净资产14.54亿元，享有股份农户3.96万户，成员15.88万人；完成股权量化固化改革38家。城厢镇、娄东街道等城郊接合部和城市建城区内的村（社区）基本实现"人人有股份、户户有分红"。农村土地承包经营权抵押贷款顺利推进。12月，太仓市获批全国农村土地承包经营权抵押贷款试点县（市、区）。全市累计有城厢镇、双凤镇、科教新城、长江口旅游度假区等14家合作农场（社）的3052.01公顷土地承包经营权获得农村商业银行、苏州银行为期5年的2.3亿元抵押贷款。

【新型农业经营主体培育】 2015年，太仓市把发展多种形式的规模经营、构建多元化的新型农业经营体系作为推进全市现代农业迈上新台阶的重要举措。培育以合作农场、专业合作社、家庭农场等为主体的新型农业经营主体，加快全市农业转型升级步伐。全市累计组建各类农村新型合作经济组织795家，2015年新增专业合作社15家，累计353家；新增专业合作联社1家，累计26家；新增家庭农场2家，累计16家，成功申报璜泾顺杰果蔬种植家庭农场为省级示范家庭农场。加强合作社规范化建设，促进其持续健康发展。经申报、审查、公示，将330家合作社列入2015年市政府优先扶持名录。开展农民专业合作社星级评定工作，2015年全市获评国家级示范社3家，省级示范社4家，苏州市三星级合作社6家、二星级合作社22家、一星级合作社17家。开展农村劳务合作社星级评定工作，全市获评三星级劳务合作社5家、二星级劳务合作社11家，一星级劳务合作社14家。引导农村土地规范有序流转。2015年新增向村集体流转土地573.33公顷，全市近80%的承包土地流转到村集体，为新型农业经营主体发展壮大打好基础。

【村级集体经济发展】 2015年，太仓市拓宽集体经济发展路径，促进村级经济转型升级，全年村级稳定性收入6.34亿元，村均收入674万元。加快村级经济联合抱团发展。落实"一村二楼宇"政策，指导各地围绕市场需求建设供需对接的物业用房。全市建立村级经济联合发展平台12个，2015年新开工"一村二楼宇"项目6.35万平方米。扶持发展集体经济薄弱村。加大经济薄弱村帮扶力度，年内落实薄弱村帮扶资金450万元，落实省级农村公共服务运行维护工作财政补助资金114万元，重点支持薄弱村村庄环境卫生长效管护工作。年内，5个经济薄弱村村级稳定性收入均超过200万元，平均402.2万元，成功实现脱贫转化。巩固壮大村集体合作农场。建立健全合作农场运营机制、与农户的二次分配机制，合作农场自主经营面积保持稳定，集体经营效益持续提升。加强农村"三资"（农村集体资金、农村集体资产和农村集体资源）管理，对11个村开展内部抽审。推进"两个平台"（农村集体财务监管平台和资产交易管理平台）建设，全市累计通过网站、电视、报纸等媒介对外发布招租和发包公告90余条、成交公告1000余条，累计通过资产交易管理平台实现公开出租交易集体资产1062笔，成交金额9024万元，其中竞价交易123笔，续约939项，年租金约增长10%。

【美丽村庄建设】 2015年，太仓市坚持因村制宜、尊重民意、科学规划、分步推进的原则，推进农民集中居住和美丽村庄建设。年内加快农民公寓房建设和安置进度，全年竣工验收农民公寓房面积57.7万平方米，新增分房面积57.03万平方米，共5557套，安置农户2995户。引导规划区外的农户向新型社区集中，新增集中居住农户1520户，农民集中居住率66.8%。实施农民集中居住区环境整治提升工程，累计有36个农民自拆自建小区完成提档升级。推进"苏州市百村示范千村整治提升"工程，开展香塘村倪杜巷、庆丰村飞凤组等14个保留村庄的三星级康居乡村建设，璜泾镇孟河村完成苏州市美丽村庄建设示范点创建工作，三市村建元组、孟河村伍胥组完成省级美丽乡村建设示范村创建工作。

璜泾镇孟河村美丽村庄建设新貌　　（2015年12月摄　市委农办供稿）

【农村调查研究】 2015年，市委农办围绕统筹城乡发展和深化农村改革等重点开展调查研究，分析工作中存在的问题和产生的根源，提出针对性、可操作性强的对策，形成《太仓农村改革发展的实践与思考》《太仓农村改革发展的主攻方向》《推进体制机制创新，构建新型服务体系》《关于"三农"工作中的几个问题和相关建议》《深化农村改革，加快推进绿色城镇化》《关于深化太仓市农村集体产权制度改革的思考》《对太仓市土地承包经营权确权登记颁证的思考》《新型监管模式下，太仓市农村集体"三资"管理情况调查与思考》等调研文章10余篇，其中《太仓农村改革发展的实践与思考》被列入"江苏省社科应用研究精品工程"市县专项课题。在调研基础上拟定实施的《关于培育壮大新型农业经营主体的意见》获江苏省农业农村政策创新奖。

（钱敏芳）

种植业

【概况】 2015年，太仓市种植业继续围绕"四个十万亩"主导产业落地，调整优化种植结构和空间布局，全年小麦生产面积1.13万公顷，较上年下降3.5%；水稻生产面积1.33万公顷，较上年下降4.67%；油菜生产面积1460公顷，较上年下降17.98%；蔬菜生产面积1.66万公顷，较上年增加3.5%。开展7个水稻高产增效创建示范方、2个小麦高产增效示范方、市现代水稻产业园建设和省级“菜篮子”工程基地建设，打造粮食、蔬果等特色产业基地，璜泾等镇“一村一品”建设成效显著。推进统防统治、病虫害专业化防治等质量控制技术，推广高效低毒农药，生物农药及生物源农药使用比例45%以上，促进化学农药使用减量5个百分点，全市小麦赤霉病发病率控制在2.01%。秋收期间，克服连续低温阴雨天气影响，水稻保持丰产丰收。年内，开展“3•15放心农资下乡”、食品安全宣传周、农资打假“夏季百日行动”等活动，开展农药集中配送，配送率98%。全年实现种植业总产值30.69亿元，较上年增长7.3%。6月16—17日，全市普降暴雨，种养殖业受到不同程度损失。据统计，截至6月17日16时，全市农作物受淹7313.33公顷，其中蔬菜受灾2800公顷，水稻受淹3506.67公顷，受灾40公顷，水产受淹388.4公顷（主要为河道养殖），林果受灾400公顷，绿化严重受灾200公顷，温氏养鸡受淹50万羽，死亡6万羽。年内，太仓市主推小麦晚播独杆栽培及稻套麦栽培技术，有条件的地区提倡小麦机械条播作业，主要应对冬季遭遇多年罕见的间歇性降雨天气，小麦面临晚播、过晚播种情况。

【水稻病虫害专业化统防统治】 2015年，太仓市通过政府购买服务方式，推进水稻病虫害专业化统防统治工作。全市6个镇2个区15家专业化统防统治服务组织完成项目区内2000公顷水稻穗期病虫害防控专业化统防统治，用工补贴项目资金120万元，有效提高病虫害防治能力和效果，取得良好经济、社会及生态效益。

【现代农业新险种试点】 6月初，太仓市试点增开“夏季保淡绿叶菜价格指数保险”和“养羊保险”2个现代农业新险种。“夏季保淡绿叶菜价格指数保险”在沙溪绿阳蔬果专业合作社和璜泾鹿杨蔬果生产专业合作社进行试点，保险费率统一为10%。亩茬保费为：青菜330元、小白菜330元、生菜348元。保费补贴比例：市财政50%、镇财政20%、农户30%。“养羊保险”投保时羊满3月龄且体重8公斤以上（含）4周岁以下（不含），品种分为山羊和湖羊。保险金额为600元／头，费率为8%，保费为48元／头。保费补贴比例：市财政50%（24元／头）、镇财政20%（9.6元／头）、农户30%（14.4元／头）。

【苏州首家土壤环境远程智能监控系统建成】 7月，太仓市建成苏州首家土壤环境远程智能监控系统并试运行，土壤墒情与农作物长势实现在线动态监测与分析。该系统监控区域位于城厢镇万丰村省级基本农田监测点附近，占地0.1公顷，通过监控点数据，可代表周边2040公顷土壤情况，对推进全市农业资源利用、生态环境监控、农业精细管理和农产品安全等起到积极作用。

【首届太仓市农产品质量安全检测技能竞赛】 8月6日，市农委、市总工会、市人社局联合举办第一届太仓市农产品质量安全检测技能竞赛。来自全市7个区镇的19名基层检测技术人员参加竞赛。经过理论考试、现场操作等环节，璜泾镇、双凤镇和浮桥镇农产品质量监管站分别获团体前三名；双凤镇汪莺莺、璜泾镇王旭慧和浮桥镇徐君敏等6人获奖。

【首个镇级农产品直销中心落成】 10月，璜泾镇农业园建成太仓市首个镇级农产品直销中心。该中心集农产品展销、采购交易、物流配送、信息发布、旅游观光于一体，总面积3000多平方米，15个展区集中展示璜泾镇各村近百种优质农产品，产品覆盖粮食、蔬果、禽肉、水产等，且保证四季直供。

【“1+3+X”水稻病虫害防控技术集成模式将向长江中下游地区推广】 10月9日，长江中下游地区优质中晚粳稻田安全用药技术规范化现场会在太仓召开。太仓市水稻植保安全用药与减量用药经验与做法得到与会农业部、省农科院专家高度评价，并在会上将太仓市“1+3+X”防控技术集成模式纳入到长江中下游地区稻田安全用药技术模式推广，尤其在水稻病虫害发生相对复杂的苏南地区进行推广。运用该模式，农药成本为100.4元／亩，用工成本为35元／亩，水稻每亩可增加效益226.9元，质量和经济效益皆有提升。

2015年太仓市种植业主要指标

表38

类别	面积（公顷）	较上年（±%）	总产（万公斤）	较上（±%）	单产（公斤／公顷）	较上年（±%）
水稻	13280	−4.67	12557.5	−4.15	9450	0.48
三麦	11290	−3.50	5899.0	−3.13	5220	0.29
棉花	200	−4.76	24.6	−4.65	1230	—
油菜	1460	−5.80	387.0	−2.00	2655	4.10
蔬菜	16560	−2.30	53720.0	1.60	32438	3.90

【4种地产优质农产品获国家地理标志证明商标】 10月，“太仓大米”“太仓白蒜”“太仓毛板青蚕豆”“太仓牛踏扁毛豆”等4种地产优质农产品正式通过国家工商行政管理总局商标局核准，获得国家地理标志证明商标。继“新毛芋艿”后，太仓市共成功注册国家地理标志证明商标5件。

【市农产品检测中心通过Fapas能力验证】 12月16日，太仓市农产品质量监督检验测试中心收到Fapas国际能力验证提供者发出的能力验证测试报告，市农产品检测中心参与的奶粉中镉的能力验证项目获得满意结果，通过Fapas能力验证，成为苏州农口系统唯一一家参加并通过该认证的农检中心。全球共有77家实验室参加该次Fapas能力验证活动，其中51家实验室通过重金属镉指标测试，市农产品检测中心为其中之一，证明该中心此项检测能力达国际先进水平。

【“璜泾大米”获SC认证】 12月，“璜泾大米”获得食品生产许可SC认证，质量管控更为严格。该认证是2015年新《中华人民共和国食品安全法》和配套法规《食品生产许可管理办法》对食品安全提出的新要求，取代以往的QS认证。“璜泾大米”从生产、称量、灌装到保存，各个操作环节严格按照SC认证要求进行。通过该认证后，“璜泾大米”可进入卖场、超市销售，销售渠道得到拓宽。

（吕　迅）

畜牧水产业

【概况】 2015年，太仓市畜牧水产业坚持“适度规模，规范养殖，种养结合，生态平衡”工作思路，围绕“规模化、标准化、集约化”发展目标，加快畜牧水产业转型升级。年内，做好H7N9、小反刍兽疫等重大动物疫病春秋两季科学防控与监测分析，推进兽用处方药和非处方药分类管理；制定落实全市生猪定点屠宰规划，开展畜禽养殖污染治理，启动畜禽养殖专项整治行动，推进病死畜禽无害化处理中心建设；做好梅山猪种质资源保护工作，“猪无公害生态养殖关键技术研发与推广应用”获2015年度中国商业联合会科学技术奖一等奖，“节能环保型生猪养殖技术研发与推广应用”获2014—2015年江苏省农业丰收奖二等奖。全年，生猪年出栏500头以上的规模养殖场60家，生猪、家禽、奶牛、羊规模养殖比重分别为91.93%、99.78%、100%和85%。执行长江禁渔和伏季休渔制度，打击非法捕捞行为；开展“太湖1号”青虾、“长江1号”河蟹、沙塘鳢等新品种引进和草鱼高密度循环水养殖、稻蟹立体养殖等新技术新模式试验示范；渔业科技入户工作稳步推进，物化补贴发放到位，水生动物疫病防控体系建设逐步完善。全年，全市水产养殖面积2400公顷，其中常规鱼养殖266.67公顷、特种水产品养殖2133.33公顷。畜牧业产值14.43亿元，较上年下降0.12%；渔业产值14.99亿元，较上年增长7.38%，全市畜牧水产业保持良好发展态势。年内，浏河渔港被农业部评为第三批“全国文明渔港”。

【长江深水航道渔业资源增殖放流】 3月9日，太仓市在长江太仓段举行长江深水航道渔业资源增殖放流活动。该次增殖放流投入资金80万元，包括草鱼、鲢鱼、鳙鱼、鳊鱼、黄桑鱼等冬片鱼种5.1万公斤，暗纹东方豚鱼苗3万尾。该项目分2014、2015两年实施，共计完成太仓市长江段渔业环境修复费160万元。

【太仓市水生动物疫病防控实验室建成】 2015年，太仓市建成水生动物疫病防控实验室。该实验室面积130平方米，共有无菌室、细菌检测室、分子生物学检测室等各类功能间8间，拥有BD微生物自动鉴定系统、PCR仪等各类先进诊断仪器设备。实验室主要开展太仓水生动物疫病检测、水产养殖水质检测等工作，为广大水产养殖户提供技术支撑，保障全市水产养殖业持续健康发展。

【安佑集团进军互联网金融】 12月，安佑生物科技集团股份有限公司打造的互联网金融平台——安佑猪猪理财正式上线运作。上线首日，仅半小时平台交易额超50万元，日交易额突破百万。该平台主要服务于广大生猪生产企业、家庭农场和养猪专业户的资金需求。通过互联网优化和串联饲料养殖业供应链上、中、下游资金渠道，为这一产业集群上的十余万经营主体提供优质高效的供应链金融服

2015年太仓市畜牧业主要指标

表39

项目	单位	指标	较上年（±%）	项目	单位	指标	较上年（±%）
生猪出栏	万头	22.63	−8.82	羊出栏	万头	4.38	15.87
生猪存栏	万头	17.17	−6.68	羊存栏	万头	3.61	−15.85
能繁母猪存栏	万头	1.31	−25.14	兔出栏	万只	1.53	−41.38
家禽出栏	万羽	1364.72	−2.81	兔存栏	万只	2.62	−1.87
奶牛存栏	万头	0.67	3.1	—	—	—	—

务，解决养殖户、饲料经销商等群体资金筹措与融通难题。该集团还打造安佑云服务平台，该平台是以高科技为手段的智能化养猪全方位解决方案平台。线上提供猪场管理、疾病诊断、养殖技术、产品信息及教育培训等养殖服务内容；线下有专业的服务中心和团队，深入各借款养殖户，辅导协助进行科学化养殖管理，提升借款养殖户养殖水平和经济收入，降低项目风险。

【畜禽屠宰监督管理职责移交】 12月21日，市农委、市商务局在市商务综合行政执法大队举行畜禽屠宰监督管理职责移交仪式。明确从12月28日起，市农委接手畜禽屠宰监管工作，屠宰环节病死猪及无害出补贴费用由市商务局发放至2013年10月20日。2013年10月21日至2015年12月20日，其间病死猪及无害化处理数据由市商务局提供，市农委按照上级文件要求，对照相应数量予以发放补贴资金。7月，市农委畜禽生产屠宰管理科正式成立，着手接收由市商务局划转的生猪屠宰监督管理职责。

（吕　迅）

林果园艺业

【概况】 2015年，太仓市林果园艺业以持续改善城乡生态环境为目标，通过大型片林建设、绿色水廊建设、绿色通道建设、高效林果建设、城镇绿化建设等系列举措，推进“绿色太仓”建设，城乡生态环境日益改善。全市新增林地、绿地面积147.67公顷，重点实施七浦塘、平江路、双浮路、沪太路、新浏河风光带西段景观改造等工程。引进冬红猕猴桃、紫金早生葡萄、金霞油蟠、紫金红三号油桃等林果新品种，探索V形棚架梨简化栽培模式，新增高效水果面积25.67公顷，支持猕猴桃种植，免费“送苗下乡”7万余株。开展古树名木保护、林业有害生物预测，野生动物保护、湿地保护等工作，林政工作走向正规化。年内，组织开展第37个植树节义务植树活动，新建省市级绿化示范村7个，绿化建管水平得到提升。2015年1月1日起，太仓市对进入苏州市小微企业目录的企业一律免征森林植物检疫费。11月1日起全面暂停征收森林植物检疫费。

【“绿盾2015”行动】 4月21日起，太仓市林业站开展“绿盾2015”林业植物检疫执法检查行动，全面摸底检查全市涉木、涉绿、家具规模以上企业。工作人员每月不定期到码头、木材加工企业等地检查木材加工经营许可证是否年审，木材来源及其加工产品销售去向、票据等，重点检查松木加工企业，增强企业诚信自律意识和全社会对林木植物检疫的认知度。

【生物天敌防控林业有害生物】 7月23日，太仓市在全市范围内释放生物天敌防控林业有害生物。该次释放生物天敌管氏肿腿蜂10万头，分别释放在高速公路、国道、省道、市级主要道路两侧、公园绿地等11个地段，主要用于防控天牛等蛀干类害虫。该防控方法杀虫目标明确，不污染环境，不伤害其他天敌，与常规方法相比，大幅度降低成本，具备长效性，在生物天敌种群达到一定数量时，可逐步达到生态平衡，促进环境保护和生态文明建设。

【古树名木看护员聘请】 11月13日，太仓市绿化委员会办公室召开太仓市古树名木保护及看护人聘用会议，为分布在全市农村6个镇3个区的62株古树名木聘请看护员28人，授予聘书并签订《古树名木看护协议书》。要求各看护员做好日常养护和病虫害观测工作，发现问题及时报林业部门，确保全市现有古树名木资源得到有效保护和管理。

（吕　迅）

休闲观光农业

【概况】 2015年，太仓市创新休闲观光农业发展方式，丰富功能内涵，各级各类农业示范园区和休闲观光景点进一步提档升级。市现代农业园区完成7栋民宿改造并试营业，完成5000平方米科研楼及生活配套楼土建工程、4000平方米新城兰文化产业园智能玻璃温室改造、160平方米多肉植物展示区改造，启动现代农业成果展示厅建设；与各类媒体合作，强化农业休闲观光旅游宣传推广，组织策划“六一”亲子采摘活动、“十一”黄金周系列活动。年内，市现代农业园区举办第三届中国蕙兰博览交易会，园花园山庄举办第9届江南牡丹节、金秋菊花展等。太仓现代农业园获评国家标准化“休闲农庄”、全国休闲农业与乡村旅游五星级示范园区。11月20—22日，在浙江省（伟星杯）海峡两岸叶艺兰暨第五届中国寒兰博览会上，太仓市新城兰花园艺有限公司参评的龙根中透蕙兰、中透蕙兰、雪白艺边缟蕙兰分别荣金银铜奖。全年，全市农业休闲旅游接待游客190.7万人次，休闲农业旅游收入2.81亿元。

【生物农业科研平台建设】 2015年，太仓市启动建设集研发、中试、示范于一体的市现代农业园区科研平台项目，主体工程于年底完工。该项目位于市现代农业园区核心区东侧，占地面积0.39公顷，总建筑面积5000平方米，总投资约2000万元。围绕农业现代化和农业特色产业提升，开展关键技术创新和农业现代化科技示范，通过新品种、新技术、新装备的集成创新示范，提升园区创新创业服务功能，使生物科研平台研发的技术和产品得到中试和生产推广，打造全市生物农业“硅谷”。

（吕　迅）

农业机械化

【概况】 2015年，太仓市农业机械化工作继续贯彻落实各级农机购置补贴政策，围绕保障粮食生产要求，优化农机装备结构，提升粮食生产全程机械化水平，探索发展设施园艺机械，促进农机农艺融合，加快推进农业机械化工作转型升级。全年全市新增补贴农机具466台（套），总投资1973.80万元，其中争取中央和省补贴资金447.88万元，受益农户及合作组织285户，农业综合机械化水平88%。推进农作物秸秆机械化还田和综合利用，全年秸秆还田率74%，秸秆综合利用率98%。创新农机服务模式和运作机制，新建标准化机库5个，加快推进农机服务中心建设。年内，太仓市获评“2015年秸秆综合利用示范县”。

【拖拉机驾驶员职业技能鉴定考核】 3月14日，30多名农机操作人员在太仓市城厢镇万丰村海丰农场参加苏州市职业技能鉴定站举办的拖拉机驾驶员（初级）职业技能鉴定考核。这是太仓2015年第一批农机职业技能鉴定，也是苏州市范围首批农机行业职业技能鉴定。鉴定考核合格者，取得农业部职业技能鉴定指导中心颁发的职业资格证书（初级），对符合奖补政策的人员，省财政厅给予每人600元的获证奖励资金。

【出租车司机考取农机驾照】 5月22日，35名太仓出租车司机通过太仓农机安全监理所组织的拖拉机驾驶员各科目考试，取得拖拉机驾驶证，成为农机手。在农田大忙期间，他们作为农机手投入抢收抢种等农田作业。

【新机手田间实训】 2015年秋收秋种之际，太仓市农机部门在璜泾镇荣文村广丰农场对农机作业新机手、苏州农业职业技术学院（2013级太仓班）学生、部分大学生村干部等80多人，开展为期2周的耕整地等田间作业实地训练。新机手田间作业实训是太仓市20多年来机手培训首次新增内容。理论培训、场地驾驶和田间作业相结合的培训模式，进一步提升新机手实际驾驶操作水平。

（吕　迅）

农田水利

【概况】 2015年，太仓市推进第二轮小型农田水利重点县项目建设。该项目分布于全市7个镇、区，涉及灌区12个，三年计划投入资金1.62亿元，建成高标准农田5180公顷。年内，第2个年度项目完成，工程概算5255万元，建成高标准农田1646.67公顷，内容包括：新建渠道94公里，配套建筑物5731座；新建泵站85座，清理引水沟道18公里；新建低压管道灌溉185.6公顷。该项目在省级绩效考评中获优秀等次。年内，成功争取到第三轮农水重点县项目。

【中小河流治理重点县建设】 2015年，太仓市推进中小河流治理重点县项目建设。该项目总投资3.29亿元，2015年概算投资1.0亿元，包括项目区4个，涉及20个村，共计整治河道192条，长214.1公里，总土方308.3万立方米，水系沟通1.1公里，生态护岸39.7公里，新建其他小型建筑物55座，岸坡绿化32公顷。

【农田水利设施产权制度改革】 2014年，太仓成为江苏5家之一、苏州唯一一家开展农田水利设施产权制度改革和创新运行管护机制的试点县。2015年，改革试点工作完成，主要试点任务包括6项：实行建管一体化，建立项目建设管理公开公示制度，产权确权和移交，建立工程管护经费的长效机制，探索财政资金购买公共服务的方式，建立政府绩效考核为基本依据的奖惩办法。年内，太仓市成立市级领导小组，印发《太仓市小型水利工程管理体制改革实施方案》，明确管理体制、产权、管理职责、运行维护机制。开展固定灌溉泵站调查摸底，落实管护主体和管护责任，发放产权证书，完成产权确认移交工作，明晰所有权、使用权、管护权，建立“管理主体、经费来源、管理标准、检查考核”的农田水利工程良性运行机制和管理新模式。

（周　婷）

现代农业园区

【概况】 2015年，太仓国家现代农业示范区围绕打造高水平示范区工作目标，按照建设“现代田园城、美丽金太仓”总体部署，坚持“四化同步”发展方略，强化规划引领，加大公共财政投入，以市镇两级现代农业园区建设为重点，推进设施装备建设、新型农业经营主体培育、农业科技集成创新、农产品质量安全等发展现代农业基础工作，探索生态循环、休闲观光等现代农业发展新业态。构建以现代装备为基础、现代科技为支撑、现代经营为特征，资源利用率高、土地产出率高、劳动生产率高、综合效益高的现代农业体系。年内，示范区农业现代化水平、物质技术装备水平得到较大提升，形成农业“三产”协调推进、“三生”融合发展的良性发展态势。全市规划在建各类园区21个，总规划面积2.53万公顷，在建面积1.2万公顷。共有国家农业产业化示范基地1个、省现代农业产业园区1个、苏州市级现代农业园区4个。年内，独溇小海生态农业产业园获批第二批苏州市级现代农业园区。

【太仓国家现代农业示范区建设综合得分排名全国第二】 4月，农业部发布《2015年国家现代农业示范区建设水平监测评价报告》，太仓市国家现代农业示范区建设综合得分85.65，居全国第二。报告显示，迈入基本实现农业现代化阶段的示范区有44个，占示范区总数28.8%，较上年新增24个。其中，上海市浦东新区综合得分89.94分，超过太仓市，跃居全国第一。综合得分排名前十位的江苏占6家，其中苏州有太仓市和相城区2家入选。

（吕　迅）

科技创新

综　述

【概况】 2015年，太仓市科技创新工作按照“科技创新能力走在全省前列”的总要求，在科技载体平台、省创新型园区建设等项目上取得较大突破，全年科技支出6.33亿元。争取苏州市级以上科技、人才项目126个，对上争取经费4469.6万元，通过国家可持续发展实验区验收。全年获评国家级“众创空间”1家、省级科技企业孵化器2家，省科技厅备案的“众创空间”4家；新增省工程技术研究中心5家、省研究生工作站18家、省优秀研究生工作站1家、苏州市工程技术研究中心48家。全年全市共申请专利6449件、授权专利2871件，其中发明专利申请3634件、授权739件，万人发明专利拥有量26.56件。全市新增国家“千人计划”人才1人，省“双创”人才5人、省“科技创新团队”1个、省“双创博士”3人、省“产业教授”4人、“姑苏领军人才”10人、“姑苏科技创业天使计划”15个。全年新认定高新技术企业55家，省民营科技企业163家。

科技创新环境优化。2015年，太仓市实施《关于进一步加快技术创新体系建设的若干政策意见》和《太仓市科技领军人才计划实施细则》，修订“科才通”专项资金管理办法，设立科技型中小微企业信贷风险补偿专项资金池，完善政策体系；全年共有249家企业的857个项目进行研发费用加计抵扣备案，备案金额33.4亿元；累计为169家企业减免税收3.87亿元。

科技合作深化。2015年，太仓市新成立中国邮政储蓄银行太仓市分行、交通银行股份有限公司太仓分行2家科技支行，新增中国农业银行太仓分行、南京银行太仓支行、交通银行股份有限公司太仓分行3家金融合作单位，全年“苏科贷”“科贷通”“科才通”为47家企业提供贷款1.54亿元。举办第4届“科技创新工程推进月”系列活动，新签订校地合作协议1项，新建成政产学研联合体72个，新增产学研合作项目200个。太仓大学科技园获中国产学研合作促进会颁发的“中国产学研合作促进奖”，为江苏省唯一获得该荣誉的园区。

科技惠民惠农成果显现。2015年，太仓市累计发布农业科技成果50条、农业信息1100条，培训农民超9000人次；新增江苏农村科技服务超市3家，累计达8家，居苏州市前列。分店设施蔬菜种植面积400公顷，合作单位和基地辐射面积2666.67公顷，带动农户约5000户，实现农户增收1500万元，设施蔬菜产业年产值超过1亿元。绿润等3家超市获省农业科技社会化服务奖补资金17万元。

（周晓萍）

科技项目

【概况】 2015年，太仓市争取苏州市级以上科技、人才项目126个，其中国家级项目15个，省级项目60个，苏州市级项目51个。

2015年太仓市国家级科技项目一览表

表40

序号	项目类别	项目名称	承担单位
1	国际科技合作	中国建筑用真空绝热板的合作研发	苏州维艾普新材料股份有限公司
2	星火计划	物联网和云平台在养猪生产中的应用	安佑生物科技集团股份有限公司
3		剑白、梅山猪杂交优质商品猪的产业化开发	太仓兴农梅山猪专业合作社
4		名特优畜禽制品深加工技术在固始的推广	太仓市飞凤食品有限公司
5		设施大棚蔬菜新品种新模式示范推广	太仓市鹿杨蔬果生产专业合作社
6	火炬计划	众创深度孵化加速服务平台	太仓市科技创业园有限公司
7		5－溴－7－氮杂吲哚的产业化研究	雅本化学股份有限公司
8		环保型耐高低温尼龙护套料的研究与产业化	中广核三角洲（苏州）高聚物有限公司
9		汽车线束用耐磨阻燃高低温原线料	江苏德威新材料股份有限公司
10		环境友好型易染色耐热甲苯水性聚氨酯	旭川化学（苏州）有限公司
11		低孔隙率干式双离合器铝合金阀体	太仓海嘉车辆配件有限公司
12		超超临界1100兆瓦核电发电机座	苏州巨能发电配套设备有限公司
13		新能源锂电池用超高纯碳酸亚乙烯酯的产业化	苏州华一新能源科技有限公司
14		表面精轧强化齿坯	江苏保捷锻压有限公司

2015 年太仓市省级科技项目一览表

表 41

序号	项目名称	承担单位	备注
1	中国建筑用真空绝热板的合作开发	苏州维艾普新材料股份有限公司	国际科技合作
2	科技服务骨干机构能力提升	昭衍（苏州）新药研究中心有限公司	省创新能力建设计划
3	重点企业研发机构绩效评价	江苏德威新材料股份有限公司	—
4	锂电池电站储能系统用超高纯碳酸亚乙烯酯制备技术研发与产业化	苏州华一新能源科技有限公司	重大成果转化
5	碳纤维增强受电弓碳滑板材料及组装技术研发	苏州东南碳制品有限公司	重点研发计划
6	超超临界 1100 兆瓦核电发电机座装配焊接工艺研发	苏州巨能发电配套设备有限公司	重点研发计划
7	大飞机用超细超轻隔音隔热玻璃棉关键技术研发	苏州维艾普新材料有限公司	重点研发计划
8	超远程输油气管道安全光纤式预警系统	苏州光蓝信息技术有限公司	省科技型中小企业技术创新资金
9	智能一体式塔架抽油机永磁电机及控制系统	苏州泰铎电气有限公司	省科技型中小企业技术创新资金
10	乐创空间	太仓市国际服务外包园发展有限公司	众创空间
11	中德 MOBO 众创中心	苏州文汇商务中心有限公司	众创空间
12	黑水虻在畜禽粪便资源化利用中的关键技术研究	太仓安佑生物科技有限公司	重点研发计划
13	秸秆废弃物净化重金属超标农田及灌溉水的关键技术应用研究	江苏宝泽高分子材料股份有限公司	重点研发计划
14	基因工程酵母生产突变型蛋白酶 K 的工业技术研究	金普诺安生物科技（苏州）有限公司	重点研发计划
15	HBV、HCV、HIV（1+2 型）核酸超敏检测试剂盒的研发和产业化	苏州华益美生物科技有限公司	重点研发计划
16	革除三氯氧磷、钠氢、柱层析的马西替坦新工艺研究及新品制备	国药集团致君（苏州）制药有限公司	省基础研究计划
17	设施蔬菜产业分店及所辖璜泾便利店和沙溪便利店	太仓绿润农副产品有限公司	省政策引导类计划
18	太仓中科信息技术研究院创新能力建设	太仓中科信息技术研究院	创新能力建设计划
19	江苏省企业知识产权战略推进计划	太仓市康辉科技发展有限公司	—
20	江苏省企业知识产权管理标准化示范先进单位	中润科技股份有限公司	—
21	江苏省企业知识产权管理标准化示范先进单位	太仓沪试试剂有限公司	—
22	2015 年度知识产权示范区域建设推进专项引导资金	太仓市	—
23	江苏省海洋工程与港口特种起重装备工程技术研究中心	润邦卡哥特科工业有限公司	—

续表 41

序号	项目名称	承担单位	备注
24	江苏省（贯龙）特种电磁线工程技术研究中心	苏州贯龙电磁线股份有限公司	—
25	江苏省（协鑫）太阳能级硅片切割工程技术研究中心	太仓协鑫光伏科技有限公司	—
26	江苏省饲料资源开发与高效利用工程技术研究中心	安佑生物科技集团有限公司	—
27	江苏省功能性纤维新材料工程技术研究中心	苏州金辉纤维新材料有限公司	—
28	企业研究生工作站	中广核三角洲（江苏）塑化有限公司	—
29	企业研究生工作站	江苏宝泽高分子材料股份有限公司	—
30	企业研究生工作站	苏州贯龙电磁线股份有限公司	—
31	企业研究生工作站	苏州市富尔达科技股份有限公司	—
32	企业研究生工作站	赛业（苏州）生物科技有限公司	—
33	企业研究生工作站	苏州巨能发电配套设备有限公司	—
34	企业研究生工作站	苏州创泰电子有限公司	—
35	企业研究生工作站	苏州宏久航空防热材料科技有限公司	—
36	企业研究生工作站	苏州华一新能源科技有限公司	—
37	企业研究生工作站	太仓市粮食购销有限公司	—
38	企业研究生工作站	太仓荣文合成纤维有限公司	—
39	企业研究生工作站	华伦皮塑（苏州）有限公司	—
40	企业研究生工作站	江苏申久化纤有限公司	—
41	企业研究生工作站	苏州撼力铜合金材料有限公司	—
42	企业研究生工作站	江苏长乐纤维科技有限公司	—
43	企业研究生工作站	苏州晓谕精密机械股份有限公司	—
44	企业研究生工作站	太仓市宏亿化纤有限公司	—
45	企业研究生工作站	江苏宇兆能源科技有限公司	—
46	省科技进步奖二等奖	苏州斯迪克新材料科技股份有限公司	—
47	省科技进步奖三等奖	苏州金辉纤维新材料有限公司	—

（周晓萍）

创新载体

【概况】 2015年，中科院上海硅酸盐研究所苏州研究院落户太仓；生物医药产业园获评国家火炬特色产业基地，成为苏州唯一获评的特色产业基地；中科院计算所太仓分所入选省创新能力建设专项，实现太仓市在载体项目上的新突破；中德先进制造技术国际创新园获评江苏省创新型园区，实现太仓市在省级创新型园区上的突破。全年获评国家级“众创空间”1家、省级科技企业孵化器2家，省科技厅备案的“众创空间”4家；新增省工程技术研究中心5家、省研究生工作站18家、省优秀研究生工作站1家、苏州市工程技术研究中心48家。长江口旅游度假区（浏河镇）被评为江苏省第五批创新型试点乡镇。

【太仓生物医药产业园获评国家火炬特色产业基地】 8月11日，科技部印发《关于核定无锡惠山石墨烯新材料等10家产业基地为国家火炬特色产业基地的通知》（国科火字〔2015〕148号），核定全国10家产业基地为国家火炬特色产业基地，太仓生物医药产业园名列其中，是苏州市在该次核定中唯一上榜的特色产业基地。太仓市生物医药产业园于2012年2月开始开发建设，是统筹全市生物医药产业发展而成立的高科技产业园区。园区通过省科技厅“科技产业园”和省商务厅“科技兴贸创新基地”2项评审。围绕国家火炬太仓生物医药特色产业基地建设，太仓生物医药产业园拥有一批特色鲜明的生命科学知识产权，培育一批具有相当规模的生命科学产业化能力的高新技术企业，初步形成以生物医药、研发孵化评价、医疗器械三大门类为主的生命科学产业发展方向。园区建有经省认定的江苏省企业院士工作站1个；江苏省科技公共服务平台1个，江苏省外资研发机构1个，企业博士后科研工作站2个；江苏省博士后创新实践基地1个。

【“乐创空间”获评国家级众创空间】 2月15日，科技部印发《关于公布第二批众创空间的通知》，公布纳入国家级科技企业孵化器的管理服务体系的众创空间名单，由太仓市国际服务外包园发展有限公司运营的“乐创空间”位列其中，实现太仓市国家级众创空间零的突破。“乐创空间”成立于2014年7月，总面积3029.65平方米，按照“互联网+”创新创业的特点和需求，实现创业与创新相结合、线上与线下相结合、孵化与投资相结合，通过市场化机制、专业化服务和资本化途径，构成低成本、便利化、全要素、开放式的新型创业服务平台。截至2015年年底，累计引进和服务创业企业（或项目）15家（个），吸引11家创客入驻，入驻项目12个，入驻企业团队7个。年内，全市有4家众创空间入选江苏省众创空间备案名单，分别为苏州拾向梦数字媒体有限公司——“Fab Lab FBI”、太仓市国际服务外包园发展有限公司——“乐创空间”、苏州文汇商务中心有限公司——“中德MOBO众创中心”、太仓灵狮创意文化产业发展有限公司——“LOFT乐创园”等，实现省级众创空间零的突破。

【省级科技企业孵化器】 12月23日，省科技厅印发《关于认定南京玄东科技创业园等28家科技企业孵化器为省级科技企业孵化器的通知》（苏科高发〔2015〕301号），认定太仓市高新区科技企业孵化器、太仓生物医药企业孵化器为江苏省级科技企业孵化器。截至年底，全市共有省级以上科技企业孵化器5家，其中国家级科技企业孵化器1家。太仓高新区科技企业孵化器是以软件开发、电子信息、电子商务、服务外包、文化创意等为孵化重点，总投资约5亿元，规划建筑面积约20万平方米。截至2015年年底，孵化器累计孵化企业93家，在孵企业59家，累计孵化毕业企业34家。孵化器内企业获太仓科技创新创业领军人才计划12项、姑苏创新创业领军人才计划5项、江苏省民营科技企业10家。太仓生物医药企业孵化器是全市第一家省级专业孵化器，重点发展生物医药、研发孵化评价及医疗器械三大类别，孵化器总面积1.2万平方米，其中孵化企业使用面积近1万平方米。至年底有在孵企业18家，毕业企业2家，获评国家“千人计划”1项、省双创人才计划5项、姑苏人才计划4项，在孵企业总专利数达66件。

【中德先进制造技术国际创新园获评省级创新型园区】 11月25日，省科技厅印发《关于公布第二批江苏省创新型园区名单的通知》（苏科高发〔2015〕262号），公布第二批江苏省创新型园区名单，全省共8家，其中苏州市2家，太仓中德先进制造技术国际创新园名列其中，实现太仓省级创新型园区零的突破。中德先进制造技术国际创新园是太仓高新区（筹）创新核心区，位于太仓新区北部工业区内，总用地面积2.8平方公里，建筑面积150万平方米，总投资约120亿元，重点培育高速列车技术、绿色制造、智能制造和服务机器人、科学仪器设备等新兴产业。至年底入驻德国及国内多家知名先进制造企业。

【太仓中科信息技术研究院入选省创新能力建设专项】 7月15日，省财政厅、省科技厅联合印发《关于下达2015年省级创新能力建设专项资金（第二批）的通知》（苏财教〔2015〕122号），太仓中科信息技术研究院入选2015年江苏省创新能力建设专项（联合载体类），获省拨款经费800万元，是太仓市首家获评该类项目的产学研创新载体，实现太仓在该项目上的突破。太仓中科信息技术研究院成立于2012年5月，落户于科教新城大学科技园，是由中国科学院计算技术研究所与太仓市人民政府共建的科研基地，主要从事影视特效和合成制作、三维虚拟展示、工业设计与仿真分析等方向的研究与开发，推进和实现相关科研成果产业化。太仓中科信息技术研究院通过技术研发、人才培养、公共服务等三方面工作，建立一个特色鲜明、实力雄厚、院地衔接的创新载体平台，把相关技术、资源进行辐射，促进太仓、苏州以及江苏地区文化创意产业链升级和相关产业聚居区的发展壮大。至年底，研究院有员工40余人，其中研发人员24人，博士学历7人（含海外留学生1人），硕士学历5人；建立研发团队4个，分别为影视动漫交互拍摄与制作研发团队、虚拟数字摄影棚团队、3D数字展示平台研发团队、工业产品设计与人机工程仿真分析团队，与30多家企业开展产学研合作。

（周晓萍）

科技人才

【概况】 2015年，太仓市新增国家“千人计划”人才1人，省“双创”人才5人、省“科技创新团队”1个、省“双创博士”3人、省“产业教授”4人、“姑苏领军人才”10人、“姑苏科技创业天使计划”15个。

2015年太仓市新增省工程技术研究中心一览表

表42

序号	企业名称	序号	企业名称
1	润邦卡哥特科工业有限公司	4	安佑生物科技集团有限公司
2	苏州贯龙电磁线股份有限公司	5	苏州金辉纤维新材料有限公司
3	太仓协鑫光伏科技有限公司	—	—

2015年太仓市新增苏州市工程技术研究中心一览表

表43

序号	企业名称	序号	企业名称
1	苏州安软信息科技有限公司	25	太仓协大申泰羊毛衫有限公司
2	苏州市富尔达科技股份有限公司	26	太仓成铭液压机械有限公司
3	太仓天宇电子有限公司	27	苏州苏月新材料有限公司
4	太仓源凯汽车配件有限公司	28	苏州华周胶带有限公司
5	太仓思比科微电子技术有限公司	29	欧亚马自行车（太仓）有限公司
6	优涂扣紧固件（苏州）有限公司	30	太仓博特精工机械设备有限公司
7	苏州久鋐电子有限公司	31	苏州市世跃智能科技有限公司
8	苏州金纬化纤工程技术有限公司	32	安策阀门（太仓）有限公司
9	星光印刷（苏州）有限公司	33	太仓市兴港金属材料有限公司
10	固瑞特模具（太仓）有限公司	34	太仓巨仁光伏材料有限公司
11	太仓科博尔精密铸业有限公司	35	苏州宏久航空防热材料科技有限公司
12	苏州沃特节水产品有限公司	36	苏州多凯复合材料有限公司
13	太仓荣南密封件科技有限公司	37	苏州贝斯特装饰新材料有限公司
14	太仓市三丰化纤有限公司、	38	安姆达清洁能源技术（苏州）有限公司
15	太仓联洲机械设备有限公司	39	慕贝尔汽车部件（太仓）有限公司
16	太仓兴锋脚轮有限公司	40	捷赛机械（苏州）有限公司
17	科益精密模塑（太仓）有限公司	41	太仓市明宇密封件有限公司
18	太仓市鑫泰针织有限公司	42	苏州大云塑料回收辅助设备有限公司
19	苏州新波生物技术有限公司	43	天瑞节能科技（太仓）有限公司
20	苏州逾世纪生物科技有限公司	44	苏州震科汽车部件有限公司
21	太仓市金锚新材料科技有限公司	45	艾伯纳工业炉（太仓）有限公司
22	苏州好博医疗器械有限公司	46	太仓中集冷藏物流装备有限公司
23	辉泰（太仓）汽配有限公司	47	苏州晓谕精密机械股份有限公司
24	太仓市金时利船用电器有限公司	48	赛埃孚汽车保修设备（太仓）有限公司

2015 年太仓市新增苏州市级以上高层次人才一览表

表 44

类 别	姓名（团队）	单位名称
第 11 批国家“千人计划”创业人才	郑 伟	苏州康乃德生物医药有限公司
省“双创人才”	吴东方	苏州光蓝信息技术有限公司
	郑清好	辛柏机械技术（太仓）有限公司
	孟建平	太仓市捷宏节能环保科技有限公司
	凌雪峰	苏州爱尔迪思生物科技有限公司
	施 前	中美冠科生物技术（太仓）有限公司
省“双创团队”	彭红卫团队	苏州金盟生物技术有限公司
省“双创博士”	石 炜	雅本化学股份有限公司
	吴茂江	国药集团致君（苏州）制药有限公司
	瞿家桂	中美冠科生物技术（太仓）有限公司
省第 3 批产业教授	韩蓝青	赛业（苏州）生物科技有限公司
	吴朋越	苏州建莱机械工程技术有限公司
	刘春雪	安佑生物科技集团股份有限公司
	潘武宾	苏州康乃德生物医药有限公司
姑苏创新创业领军人才	黄亮宇	江苏弗莱因工程技术有限公司
	汤旭东	同高先进制造科技（太仓）有限公司
	王 亮	江苏雷雨雅光电科技有限公司
	黎雨轩	孚派特环境科技（苏州）有限公司
	王兆其	苏州中科广视文化科技有限公司
	吴东方	苏州光蓝信息技术有限公司
	郭松坡	苏州维永生物医药技术有限公司
	孟建平	太仓市捷宏节能环保科技有限公司
	吴志周	苏州市易路交通科技有限公司
	欧阳雪松	中美冠科生物技术（太仓）有限公司
姑苏科技创业天使计划	陈 旭	苏州吉泰生物科技有限公司
	石一磊	苏州中德启恒电子科技有限公司
	周豫湘	太仓天特环保科技有限公司
	马晓鹏	苏州卓特医疗科技有限公司
	曹先艳	太仓东浔生物科技有限公司
	王 峰	江苏惠居乐信息科技有限公司

续表 44

类别	姓名（团队）	单位名称
姑苏科技创业天使计划	纪新明	太仓微芯电子科技有限公司
	邓　颖	微时代信息技术（太仓）有限公司
	张焕相	苏州翰林细胞生物技术有限公司
	张　凯	苏州欧米尼医药有限公司
	钟文君	德生堂（江苏）医药有限责任公司
	黄燕鸽	苏州信恩医药科技有限公司
	时成波	苏州金诺生物技术有限公司
	YingLu 团队	尚未创办企业
	司珂团队	尚未创办企业

（周晓萍）

对外及对港澳台经贸

综　述

【概况】 2015 年，太仓市注册外资和到账外资实现双增长，是苏州范围内唯一一个实现双增长的县（市）。全年新批外资及港澳台资项目 68 个，注册外资及港澳台资 6.64 亿美元，较上年增长 16.5%，实际利用外资及港澳台资 5 亿美元，较上年增长 26.4%。进出口总额 127.71 亿美元，较上年下降 7.45%，其中出口 63.11 亿美元，较上年增长 3.81%，进口 64.6 亿美元，较上年下降 16.32%。中方境外投资总额 2.21 亿美元，较上年增长 126.45%。完成服务外包接包合同额 7.10 亿美元，较上年增长 8.52%，服务外包离岸执行额 2.72 亿美元，较上年下降 4.23%。

【2015 年中国太仓国际投资贸易恳谈会】 11 月 12 日，太仓市举办 2015 年中国太仓国际投资贸易恳谈会，现场签约项目 22 个，总投资 84.51 亿元，其中外资及港澳台资项目 9 个，投资总额 6.62 亿美元，注册外资及港澳台资 2.64 亿美元，涉及日本、德国、中国台湾等国家（地区）的研发中心、电机机械、物流类项目；内资项目 13 个，投资总额 42.8 亿元，注册资本 11.05 亿元，涉及跨境电商、商业综合体、工业产业园等项目。

【外资功能性机构实现新突破】 2015 年，太仓市新设独立法人研发机构 4 家，分别为江苏益威特动力科技有限公司、苏州阿里呐生物科技有限公司、太仓苏杰化纤科技有限公司、太仓瑞和医疗科技有限公司，其中江苏益威特动力科技有限公司以研发动力电池系统、电池管理系统为主，苏州阿里呐生物科技有限公司以细胞培养液的研发为主，太仓苏杰化纤科技有限公司主营化纤生产及印染加工的节能降耗、三废治理新技术开发，太仓瑞和医疗科技有限公司主营医疗设备、生物技术的研发。4 家研发机构合计投资总额 4858 万美元，注册外资 3168 万美元。

【对外投资加强】 2015 年，太仓市新增对外投资项目 20 个，完成中方境外投资总额 2.21 亿美元，较上年增长 126.45%，各项指标继续在苏州各县（市）中保持领先。润邦卡哥特科成为继天顺风能之后全市第二家具有境外工程承包资质的企业，生产的主产品包括轮胎式集装箱门式起重机、集装箱岸桥起重机、海洋工程起重机等。怡球金属相继成功设立美国子公司、马来西亚全资子公司，投资额分别达 5772 万美元和 7402.27 万美元。该公司投资海外企业 4 家，累计中方投资额 1.65 亿美元，成为全市“走出去”的代表性企业之一。

【出口名牌创建】 太仓中集集装箱制造有限公司、苏州扬信德汽车零部件有限公司的企业品牌获 2015—2016 年“苏州市出口名牌”称号。截至 2015 年年底，全市共有 3 家企业品牌获“江苏省重点培育和发展的国际知名品牌”称号，7 家企业品牌获“苏州市出口名牌”称号。出口名牌的创建，有力提升全市外贸企业出口商品的层次和档次，为创建国内国际知名品牌培育后续力量，推动全市开放型经济转型升级。

（张圆圆）

服务外包

【概况】 2015 年，太仓市服务外包接包合同额 7.10 亿美元，较上年增长 8.52%，服务外包离岸执行额 2.72 亿美元，较上年下降 4.23%，新增受训人数 440 人，累计服务外包企业 208 家，获得各类国际资质认证 67 项。

生物医药与工业设计引领服务外包产业发展。中美冠科建成世界上较

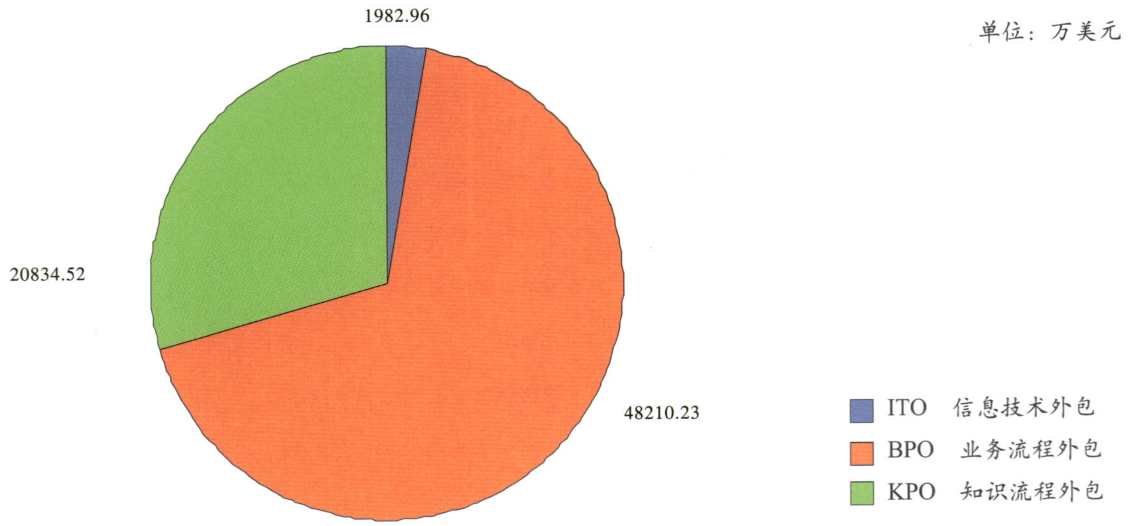

图 1　2015 年太仓市服务外包接包合同业务类型份额图

2015 年太仓市离岸服务外包收入前 10 家企业情况表

表 45　　单位：万美元

序号	企业名称	服务外包收入	序号	企业名称	服务外包收入
1	耐克体育（中国）有限公司	1532.15	6	昭衍（苏州）新药研究中心有限公司	248.32
2	中美冠科生物技术（太仓）有限公司	803.58	7	苏州安软信息科技有限公司	114.30
3	通快（中国）有限公司	742.55	8	苏州华秀网络科技有限公司	105.98
4	克朗斯机械（太仓）有限公司	651.72	9	苏州美丽新生活网络科技有限公司	103.00
5	益技欧电子器件（中国）有限公司	301.10	10	苏州腾迈信息科技有限公司	102.38

全面的肿瘤模型库；太仓市第一家“走出去”的生物医药类企业苏州康乃德生物医药有限公司在境外设立第 4 个投资项目；浪尖设计入驻 LOFT 工业设计园，设立华东地区首个以工业设计全产业链整合运营为代表的产业化运营平台。

外包企业实力获更多肯定。中美冠科和昭衍公司获评 2015 年服务外包成长型企业，生物医药产业园被中国投促会评为 2015 年服务外包特色产业集聚园区。

游戏领域涌现外包发展新亮点。中国第一批电子竞技赛事内容制作机构、第一批非官方的电竞赛事组织者游视网络成为太仓市服务外包领域新出现的生力军。2015 年，该公司获得游久游戏和腾讯 2 家上市公司的总融资近 1 亿美元，并承办 2015 年腾讯所有顶级赛事。游视网络迅速扩张还带动一批中小配套企业落户太仓。

对外及对港澳台贸易

【概况】 2015 年，太仓市进出口总额 127.71 亿美元，较上年减少 7.45%，其中出口 63.11 亿美元，较上年增长 3.81%，进口 64.6 亿美元，较上年减少 16.32%。太仓市出口增幅在苏州大市范围内排名第二。

进出口总额出现下滑。受国际大宗商品价格下跌、内需放缓影响，全市进口从 1 月以来持续下跌，5 月时最深跌幅 −24.36%，6 月起，进口额逐步回升，截至 12 月，降幅比 5 月时最低点收窄 6.2 个百分点。

外贸转型升级成果显现。机电产品出口增长 18.7%，占全市出口 60%，高新技术产品出口增长 46%，占全市出口 9%。保税区作用得到发挥，保税物流贸易出口增长 88%。

进口商品交易中心作用明显。太仓木材进口交易中心被认定为省级进口商品交易中心试点后，2015 年，太仓市木材及木制品进口 1.88 亿美元，较上年增长 12.29%，超过全市平均增幅 28 个百分点。

出口市场多元化步伐加快。由传统市场向“金砖国家”拓展，国际化程度越来越高。2015 年以来，与“一带一路”沿线国家贸易合作发展增速，占全市进出口总额 25.6%。

服务发展水平提升。协同港口及海关、检验检疫等部门，开展通关“三个一”（一次申报、一次查验、一次放行）工程和“三互”（信息互换、监管互认、执法互助）试点工作，在全省率先开展国际贸易“单一窗口”建设。8月，苏州贸促会在市商务局外贸科设立商事认证太仓办事处，服务企业开展国际化经营。全年共为企业争取各级扶持资金2679.24万元。

【加工贸易进出口】 2015年，太仓市加工贸易进出口总额39.03亿美元，较上年下降3.46%，占全市进出口比重30.6%，较上年上升1个百分点。其中，加工贸易出口、进口分别为27.47亿美元、11.56亿美元，分别增长1.07%和下降12.76%。机电产品加工贸易进出口23.17亿美元，较上年增长11.89%。高新技术产品加工贸易进出口1.54亿美元，较上年增长4.69%。对美国、欧盟加工贸易出口分别下降7.78%和增长44.54%，对日本和东盟加工贸易出口分别增长1.82%和下降18.08%。对印度、巴西、俄罗斯、南非等“金砖国家”加工贸易出口分别下降4.86%、49.91%、55.7%、46.3%。自韩国加工贸易进口0.92亿美元，下降18.92%；自日本、东盟加工贸易进口分别下降16.11%和增长64.97%。外资企业加工贸易进出口28.52亿美元，下降16.07%；内资企业加工贸易进出口10.51亿美元，增长62.94%。

（张圆圆）

2015年太仓市主要出口商品表

表46　　单位：万美元

序号	商品名称	累计	较上年增减(%)	序号	商品名称	累计	较上年增减(%)
1	机器、电子产品、电气设备及零件	208414	10.00	5	化工产品	52777	−4.61
2	光学、检验及医疗设备	8989	22.21	6	塑料、橡胶及其制品	37421	−5.82
3	纺织原料及纺织制品	74840	−6.93	7	杂项制品	36940	−0.57
4	贱金属及其制品	68353	−14.41	8	纸浆、纸、纸板及其制品	3815	20.44

2015年太仓市对外贸易情况表

（按贸易方式分）

表47　　单位：万美元

类别	进出口		出口		进口	
	累计	较上年增减（%）	累计	较上年增减（%）	累计	较上年增减（%）
全市	—	−7.45	631086	3.81	645990	−16.32
一般贸易	701997	−2.47	317966	2.65	384030	−6.34
加工贸易	390291	−3.46	274698	1.07	115593	−12.76
其中：来料加工	81852	−24.61	47806	−20.08	34046	−30.15
进料加工	308439	4.30	226891	7.04	81547	−2.63
其他贸易	184788	−27.78	38422	45.69	146366	−36.23

2015年太仓市对外贸易情况表

（按企业性质分）

表48　　单位：万美元

类别	进出口		出口		进口	
	累计	较上年增减（%）	累计	较上年增减（%）	累计	较上年增减（%）
内资企业	439656	1.12	214667	29.55	224989	−16.37
外资企业	837420	−11.40	416418	−5.83	421001	−16.30

单位：万美元

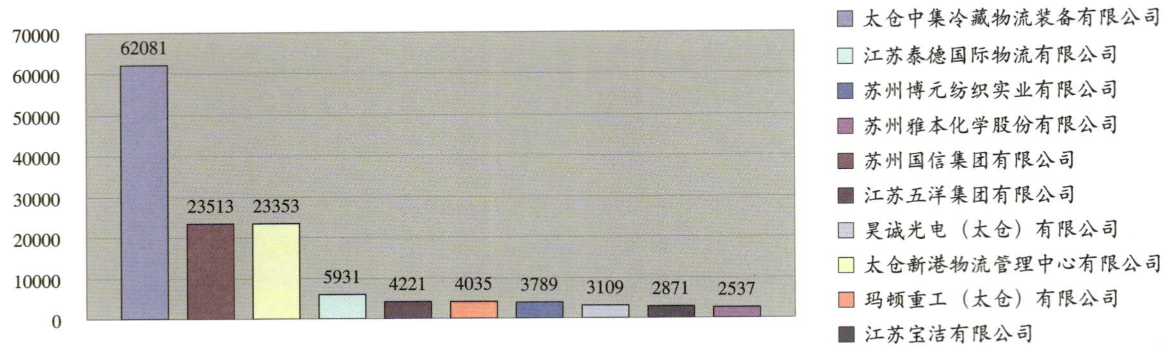

图 2　2015 年太仓市出口前 10 家民营企业份额图

单位：万美元

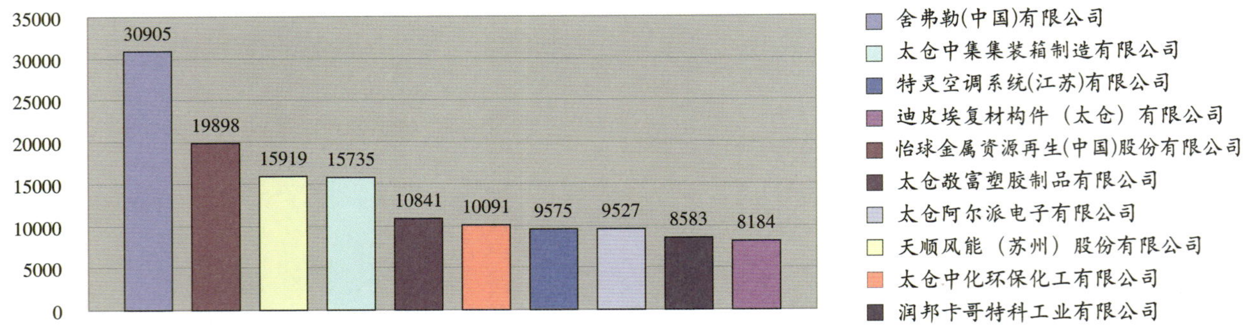

图 3　2015 年太仓市出口前 10 家外资及港澳台资企业份额图

单位：万美元

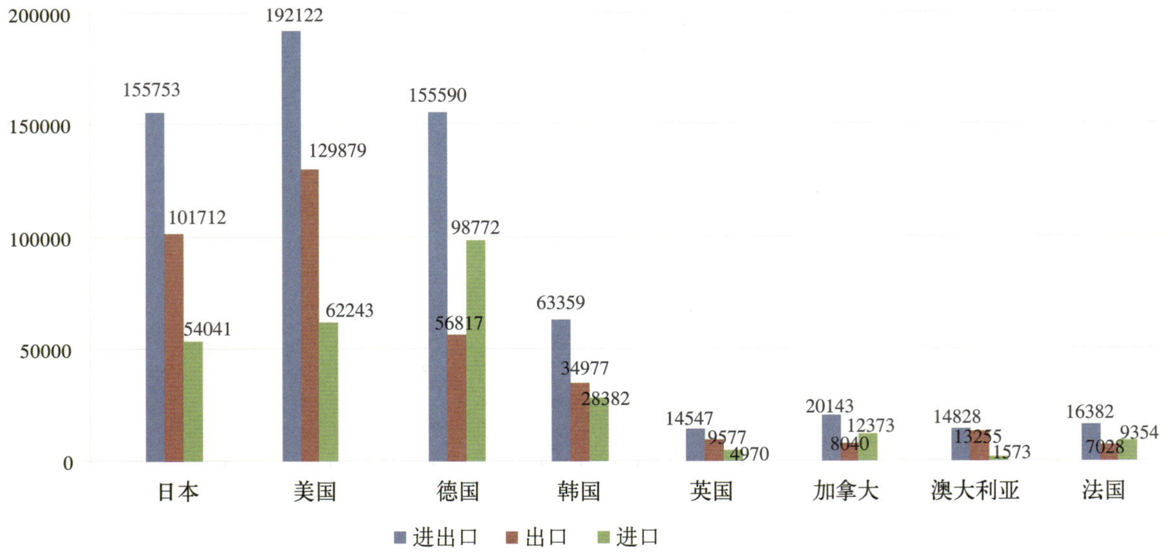

图 4　2015 年太仓市主要贸易伙伴进出口情况图

利用外资和港澳台资

【概况】 2015年，太仓市新批外资及港澳台资项目68个，其中独资62个，合资6个。新批二产项目27个，注册外资及港澳台资2.63亿美元，三产项目40个，注册外资及港澳台资3.8亿美元。全年完成注册外资及港澳台资6.64亿美元，较上年增长16.5%，实际到账外资及港澳台资5亿美元，较上年增长26.4%。

注册外资和到账外资实现双增长。2015年，太仓市新批项目整体规模偏小，总投资超3000万美元项目5个，但在苏州全市占比提高，注册外资及港澳台资占苏州全市总量7.43%，到账外资及港澳台资占6.9%，较上年稳中有升，在苏州各区县（市）中成为唯一一个注册外资和到账外资双增长的县（市）。

增资扩股势头良好。69个项目增加注册外资及港澳台资4.33亿美元，较上年增长159.77%，占全市注册外资及港澳台资的65.23%。有20个项目增资超千万美元，较上年增长220.17%，其中积水置业单个项目增资额1.15亿美元。

利用外资结构优化明显。坚持转型升级调结构，服务业注册外资及港澳台资占总数57.2%。

总部企业引领作用强化。宣传相关扶持政策，放大总部经济推动、带动作用。新设独立法人研发机构4家，为耐克和佳格等企业分别争取到总部扶持资金385万元。

中德合作内涵继续深化。全球第8家德国中心落户太仓，苏州健雄职业技术学院和德国工商大会上海代表处共同建立的AHK中德双元制职业教育示范推广基地挂牌。

（张圆圆）

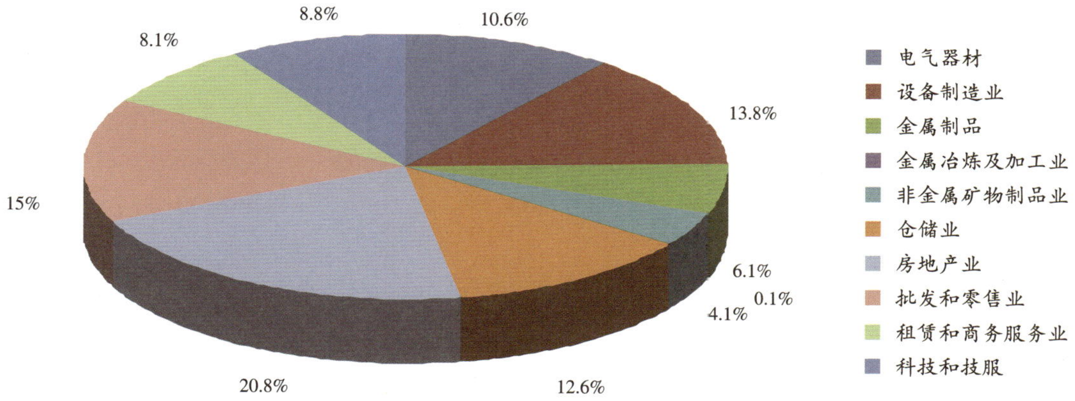

图5　2015年太仓市注册外资及港澳台资主要行业图

单位：万美元

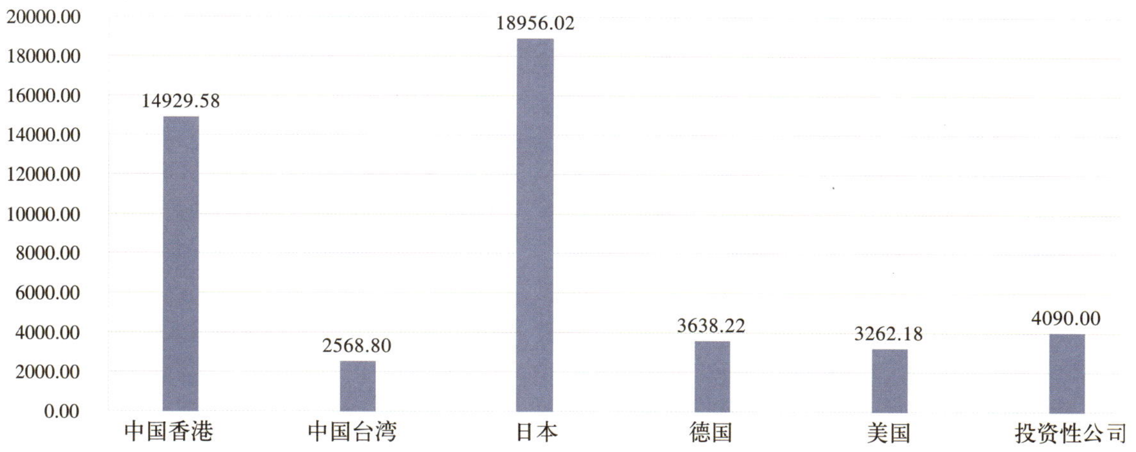

图6　2015年太仓市注册外资及港澳台资国别（地区）分布图

对外及对港澳台经济合作

【概况】 2015年，太仓市实现中方境外及港澳台投资总额2.21亿美元，较上年增长126.45%，完成进度116.41%；实现对外工程承包合同额3946万美元，较上年增长1.8%；对外工程承包营业额4609万美元，较上年增长12%，完成进度102.4%；新批境外及港澳台投资项目20个，其中非贸易型项目15个；增资项目3个。

（张圆圆）

2015年太仓市新批、增资境外及港澳台投资项目明细表

表49

序号	项目名称	投资地	投资方
1	澳洲康乃德生物医药有限公司	澳大利亚	苏州康乃德生物医药有限公司
2	奥森韩国株式会社	韩　国	江苏奥森房地产开发有限公司
3	意斯戴特有限责任公司	意大利	苏州赛诺伊电动科技有限公司
4	西雅图布达拉英迪格有限公司	美　国	太仓若森壹号投资中心
5	中成第九发展香港有限公司	中国香港	新中联物流设施（苏州）有限公司
6	奥森韩国株式会社	韩　国	江苏奥森房地产开发有限公司
7	怡球金属资源再生（美国）股份有限公司	美　国	怡球金属资源再生（中国）股份有限公司
8	华泰资通科技有限公司	泰　国	苏州力硕电子科技有限公司
9	太阳电器（香港）有限公司	中国香港	太阳电器（苏州）有限公司
10	怡球有色金属（马）私人有限公司	马来西亚	怡球金属资源再生（中国）股份有限公司
11	佩斯卡多香港有限公司	中国香港	苏州托尔福国际贸易有限公司
12	景尚国际有限公司	中国香港	太仓金煜电子材料有限公司
13	依科赛生物科技（澳大利亚）有限公司	澳大利亚	依科赛生物科技（太仓）有限公司
14	润丰科技有限公司	芬　兰	润邦卡哥特科工业有限公司
15	美丽新生活（香港）有限公司	中国香港	苏州美丽新生活网络科技有限公司
16	腾迈（美国）有限公司	美　国	苏州腾迈信息科技有限公司
17	安软国际有限公司	美　国	苏州安软信息科技有限公司
18	达芬奇力九和地垫股份有限公司	哥伦比亚	太仓力九和塑胶工业有限公司
19	美国捷赛联合有限公司	美　国	捷赛机械（苏州）有限公司
20	华秀国际有限责任公司	美　国	苏州华秀网络科技有限公司

2015年太仓市境外及港澳台投资情况表

表50

地区	新批、增资境外投资项目数（个）		新增中方境外投资额（万美元）	
	生产性企业	非生产性企业	生产性企业	非生产性企业
全市	15	5	20399	1719
新区	5	2	－3966.91	622.5
港区	3	1	13474	55.59
科教新城	1	—	9000	—
城厢	2	2	1005.5	1041
沙溪	2	—	116.5	—
璜泾	1	—	630	—
浏河	1	—	140	—

（张圆圆）

公共服务

政务服务

【概况】 2015年，太仓市完善政务服务体系和运行机制，提高审批效率和服务质量，提升政务效能和群众满意度。全年受理办件38.1万件，日均办件1312件，其中即办件19.2万件，承诺件18.9万件，承诺件提前办结率99.8%，按时办结率100%，无投诉件。根据新一轮行政审批事项清理要求，取消和调整行政许可项目57项，规范清理事项衔接落实工作，取消非行政许可事项。3月5日，太仓市行政服务中心更名为太仓市政务服务管理办公室，增挂“太仓市政务服务中心”牌子，作为市政府派出机构，主要履行进驻部门与项目审批协调、管理监督、指导服务等职能。进驻政府职能部门34个，承担审批与管理、服务事项265项，标准服务窗口60个，便民服务窗口13个。市国库支付中心、政府采购中心、医药卫生用品采购中心、招投标中心等机构合署办公。

【行政审批平台优化】 2015年，太仓市推行“一照一码”登记服务，即通过“一口受理、并联审批、信息共享、结果互认”，由工商、质检、税务3个部门分别核发不同证照，改为通过“一窗受理、互联互通、信息共享”，由工商部门直接核发加载法人和其他组织统一社会信用代码的营业执照。在原有企业登记“一口式”“三证合一”服务基础上，实现企业登记“一表申请、一窗收件、并联审批、核发一照”服务机制。印发《关于推行全市新增建设工业项目联合预审管理的实施意见》，推动用地审批环节优化，协调各个审批环节，促使新增用地审批加速、项目建设加快。2月，设立房产登记、核费发证、资金监管、业务咨询等12个业务窗口，提供房产登记、变更、注销、查询等“一条龙”房产办理服务。加强与地税契税、公积金窗口互动，实现房产登记、房屋契税、公积金贷款等事项“一站式”办理服务。

2月，太仓市房产交易窗口入驻市行政服务中心　　（贺燕　摄）

【数字政务服务】 2015年，太仓市加强“12345”热线诉求平台建设，办理市民各类诉求 25.3万件，较上年增长4.7%。其中，一次性处理诉求23.7万件，一次性处理率93.66%；形成工单转交各部门办理1.6万件，办结率 99.1%。拓宽便民服务功能，与公安“110”报警平台合作建立非紧急呼叫处理平台，优化处理群众各类非紧急咨询、求助事项。成立地税“12345纳税服务分中心”，建立涉税问题咨询“两个号码、一键转接、统一答复”服务机制。5月，“太仓政务服务”微信公众号正式上线，日均关注560人，市民通过关注“太仓政务服务”微信公众号，可查询审批项目办理条件、最新政策、社会资讯等，实现政务审批办理、便民服务、社会动态信息即时移动互动。11月，“太仓移动政务”手机端服务启用，推进网上移动政务审批平台建设，部门审批人员和审批责任人使用专用网上账号，通过手机即时开展业务审批和项目信息查询，提升审批效率。

（贺　燕）

9月2日，太仓市发放首张“一照一码”营业执照，太仓市中德房产经纪有限公司成为全市首家刊载“统一社会信用代码”的企业　（贺燕　摄）

公共财政

财政收支

【概况】 2015年，太仓财政健康平稳运行，收入质量提升，支出结构优化，财政改革稳步推进，财政在国家治理中的基础和重要支柱作用得到有效发挥。全市公共财政预算收入114.54亿元，较上年增长7.6%；税收收入占比85.4%。财政收入总量前3名分别是新区、港区（含浮桥镇）和城厢镇；增幅前3名分别是港区（含浮桥镇）、璜泾镇和科教新城。全市一般公共财政预算支出109.07亿元，较上年增长11.7%。民生财政支出53.27亿元，占公共财政预算支出48.84%。市财政局建立税收增长促进机制，关注税收收入动态，分析税收形势，加强重点税源动态监控，调查分析重点企业，加大欠税清缴力度。强化行政事业性收费（含政府性基金）和罚没收入“收支两条线管理”，加强非税收入征管。强化财政监督，防范债务风险，优化发展环境，推进规范化、服务型财政建设，建立适应太仓经济发展需要的公共财政体系。年内，港区财政所、新区财政所、科教新城财政所通过省级“规范化财政所”验收，实现太仓市“规范化财政所”创建全达标；璜泾镇、浮桥镇创建通过苏州市“乡镇财政示范点”；市财政局连续5年获江苏省法治财政标准化建设先进单位。

【财政促进转型升级】 2015年，太仓市落实国家普遍性降费优惠政策，为企业和个人共减负资金约8000万元。兑现各级财政奖补资金1592万元。落实强农惠农政策，发放各类农业补贴资金5519万元。设立贷款风险资金池，通过“苏科贷”“科贷通”等为25家科技型企业提供贷款5150万元。实施《关于推进天镜湖基金创业基地发展的政策意见》，设立太仓市私募产业引导基金，支持私募产业发展。太仓市企业公共服务平台金融服务中心上线运行，为政银企搭建对接平台。加快推进企业进入资本市场，发放企业上市政策扶持资金1977万元，惠及上市、拟上市企业10家。探索开展PPP模式（公共部门—私人部门—合作关系，公共私营合作制），推动市政府成立PPP工作领导小组，以港城污水处理厂项目向上申报PPP模式的首个省级试点项目。

【财政服务民生】 2015年，太仓市调整支出结构，集中向公共服务领域倾斜、向农村倾斜、向基层倾斜，促进校舍升级、校舍改造、教学设施设备更新等工程实施。保证社保基金稳定运行，扩大养老保障范围，增加社区建设投入；加强农村基础设施建设，农村基础设施提档升级，建成农桥68座，修筑农路26条。全市教育支出占公共财政预算支出15.9%，较上年增长8.5%。养老服务事业加快发展，印发《关于推进医养融合发展的实施意见》《太仓市养老服务事业专项资金管理暂行办法》，明确政府购买养老服务标准、项目申报程序以及资金管理拨付流程。安排专项资金用于文化发展、支持公共文化设施免费开放、扶持文化企业发展。完善生态补偿政策，实施《关于进一步调整

12月，市财政局在万达广场开展打击和预防非法集资宣传　（市财政局供稿）

完善生态补偿政策意见》《太仓市生态补偿资金管理办法》，全年共投入生态补偿资金7440万元。

【财政防范风险】 2015年，太仓市建立市级政府性债务补助机制，减轻国资公司债务负担，促进国资公司转型升级。协助市级国资公司融资，协助城通公司向国家开发银行争取棚改贷款，缓解建设资金压力。争取省厅地方政府债券资金，用于置换2014年年底清理甄别认定的存量债务和公益性项目的建设。设立中小企业应急转贷资金，防范化解企业金融风险，维护全市良好金融生态环境，促进经济社会平稳健康发展。转变监管模式，将部分事前审批事项改为事后信息披露，给予小贷公司经营自主权。组织辖内小贷公司监管评级，实行分类监管政策，其中2家小贷公司达到AAA级要求。加大打击非法集资宣传力度，处置化解各类风险事件，维护地方金融稳定。

【财政改革】 2015年，太仓市建立区镇支出模型，按照事权与财权相匹配原则，厘清市镇两级权力边界，完善区镇基本运转保障机制。深化国库集中支付改革，按一级财政实施国库集中支付制度改革模式，建立乡镇金库，构建完整乡镇国库单一账户体系。推进政府购买服务工作，印发《太仓市政府向社会购买服务实施细则（试行）》，明确购买主体、购买服务范围和承接主体等内容。加强财政信息化建设，金财二期工程下延至区镇，市镇两级采用统一的财政综合业务系统，实现流程规范、数据共享、资金安全、动态管理等，降低行政成本、提高办公效率。加强财政监督，开展区镇财政内审和涉农资金专项整治工作，对4家获省级节能环保资金的企业进行会计信息质量检查。推进预算信息公开，制定《预算调整管理办法》，实施《太仓市预算报告编制若干意见》，建立结余结转资金清理机制、年中预算追减制度、预算执行与预算编制挂钩制度。

2015年太仓市财政总收入情况表

表51

预算级次	财政总收入（原口径）			上划中央四税			地方财政收入		
	实绩（万元）	较上年同期		实绩（万元）	较上年同期		实绩（万元）	较上年同期	
		增减额（万元）	增减(%)		增减额（万元）	增减（%）		增减额（万元）	增减(%)
一、国税	1359768	82912	6.5	913766	47073	5.4	446002	3583	8.7
消费税	11886	3387	39.9	11886	3387	39.9	—	—	—
增值税	900884	28484	3.3	633681	13061	2.1	267203	15423	6.1
其中：改征增值税	56323	11114	24.6	—	—	—	56323	11114	24.6
国税企业所得税	446998	51041	12.9	268199	30625	12.9	178799	20416	12.9
二、地税	621646	33283	5.7	89838	1041	1.2	531808	32242	6.5
企业所得税	47432	−13443	−22.1	28459	−8066	−22.1	18973	−5377	22.1
个人所得税	102298	15178	17.4	61379	9107	17.4	40919	6071	17.4
营业税	198106	15301	8.4	—	—	—	198106	15301	8.4
城市维护建设税	73045	4307	6.3	—	—	—	73045	4307	6.3
城镇土地使用税	40762	4817	13.4	—	—	—	40762	4817	13.4
农业二税	42458	−6804	−13.8	—	—	—	42458	−6804	−13.8
其他地方级税收	117545	13927	13.4	—	—	—	117545	13927	13.4
三、财政	524319	−51931	−9.0	—	—	—	524319	−51931	−9.0
公共财政预算收入	167556	12558	8.1	—	—	—	167556	12558	8.1
其中：行政性收费收入	34807	−1314	−3.6	—	—	—	34807	−1314	−3.6
罚没收入	11242	5638	100.6	—	—	—	11242	5638	100.6

续表 51

预算级次	财政总收入（原口径）			上划中央四税			地方财政收入		
	实绩（万元）	较上年同期		实绩（万元）	较上年同期		实绩（万元）	较上年同期	
		增减额（万元）	增减(%)		增减额（万元）	增减(%)		增减额（万元）	增减(%)
专项收入	78684	40891	108.2	—	—	—	78684	40891	108.2
国有资源（资产）有偿使用收入	37362	6985	23.0	—	—	—	37362	6985	23.0
其他收入	5461	−2642	−32.6	—	—	—	5461	−2642	−32.6
政府性基金预算收入	347346	−18906	−5.2	—	—	—	347346	−18906	−5.2
国有资本经营预算收入	9417	9417	—	—	—	—	9417	9417	—
合计	2505733	64264	2.6	1003604	48114	5.0	1502129	16150	1.1

说明：1. 自 2012 年 10 月起地税征收的部分营业税改征增值税，税目名称为改征增值税，由国税征收

2. 自 2014 年 7 月起社保基金不再入库，全口径收入（原口径）上年同期累计数含社保基金 5.5 亿元

2015 年太仓市财政收入分项目执行情况表

表 52

项目	累计收入（万元）	上年同期（万元）	增减（%）
一、公共财政预算收入	1145366	1064727	7.6
（一）税收收入	977810	909729	7.5
1. 增值税	267203	251780	6.1
其中：改征增值税	56323	45209	24.6
2. 营业税	198106	182805	8.4
3. 企业所得税	197772	182733	8.2
4. 个人所得税	40919	34848	17.4
5. 城市维护建设税	73045	68738	6.3
6. 房产税	46794	41463	12.9
7. 印花税	11897	14122	−15.8
8. 城镇土地使用税	40762	35945	13.4
9. 土地增值税	53236	43086	23.6
10. 车船税	5618	4947	13.6
11. 耕占税	5169	5973	−13.5
12. 契税	37289	43289	−13.9
（二）非税收入	167556	154998	8.1
1. 行政事业性收费	34807	36121	−3.6
2. 罚没收入	11242	5604	100.6
3. 专项收入	78684	37793	108.2

续表 52

项目	累计收入（万元）	上年同期（万元）	增减（%）
其中：排污费收入	2860	3276	–12.7
水资源费收入	2035	1463	39.1
教育费附加收入	35353	33054	7.0
其他各项专项收入	38436	—	—
4. 国有资源（资产）有偿使用收入	37362	30377	23.0
5. 其他收入	5461	8103	–32.6
二、政府性基金预算收入	347346	366252	–5.2
1. 国有土地收入	313670	298841	5.0
2. 城市基础设施配套费收入	13341	19142	–30.3
3. 其他各项基金	20335	48269	–57.9
三、国有资本经营预算收入	9417	—	—
四、上划中央收入	1003604	955490	5.0
1. 增值税	633681	620620	2.1
2. 消费税（100%）	11886	8499	39.9
3. 企业所得税（60%）	296658	274099	8.2
4. 个人所得税（60%）	61379	52272	17.4
全口径收入（原口径）	2505733	2441469	2.6

说明：1. 税收占公共财政预算收入 85.4%

2. 自 2014 年 7 月起社保基金不再入库，全口径收入（原口径）上年同期累计数含社保基金 5.5 亿元

2015 年太仓市公共财政预算税收收入分地区执行情况表

表 53

地区	累计收入（万元）	上年同期（万元）	增减（%）
全市合计	977810	909729	7.5
港　　区	216000	194200	11.2
直　　属	185878	166845	11.4
浮 桥 镇	30122	27355	10.1
新　　区	421339	391077	7.7
城 厢 镇	90173	88601	1.8
科教新城	31700	29023	9.2
沙 溪 镇	57808	57500	0.5
浏 河 镇	45770	45167	1.3
璜 泾 镇	28000	25524	9.7
双 凤 镇	24660	24363	1.2
其　　他	62360	54274	14.9

2015年太仓市财政支出预算执行情况表

表54

预算科目	调整预算（万元）	实绩（万元）	上年同期（万元）	较上年同期	
				增减额（万元）	增减（%）
地方财政支出总计	1538504	1447693	1331477	116216	8.7
公共财政预算支出合计	1200010	1090697	976823	113874	11.7
一般公共服务支出	104795	81934	91352	–9418	–10.3
国防支出	200	195	225	–30	–13.3
公共安全支出	70902	61841	69170	–7329	–10.6
教育支出	175802	173778	160141	13637	8.5
科学技术支出	59535	63334	53125	10209	19.2
文化体育与传媒支出	17774	15137	19656	–4519	–23.0
社会保障和就业支出	105875	104735	104589	146	0.1
医疗卫生与计划生育支出	52032	44889	35351	9538	27.0
节能环保支出	43670	24291	30542	–6251	–20.5
城乡社区支出	310680	311912	201722	10190	54.6
农林水支出	110689	89557	86637	2920	3.4
交通运输支出	20215	16982	42622	–25640	–60.2
资源勘探信息等支出	50728	36489	26919	9570	35.6
商业服务业等支出	10820	14493	20268	–5775	–28.5
金融支出	790	556	350	206	58.9
援助其他地区支出	5489	5489	4909	580	11.8
国土海洋气象等支出	5054	4515	7534	–3019	–40.1
住房保障支出	35194	29381	7161	22220	310.3
粮油物资储备支出	3697	3362	4359	–997	–22.9
预备费	7045	—	—	—	—
国债还本付息支出	—	—	884	–884	–100.0
其他支出	9024	7827	9307	–1480	–15.9
政府性基金预算支出合计	329329	348015	354654	–6639	–1.9
教育支出	—	—	6520	–6520	–100.0
文化体育与传媒支出	18	18	286	–268	–93.7
社会保障和就业支出	1	1	2404	–2403	–100.0
城乡社区支出	311046	338903	329085	9818	3.0

续表 54

预算科目	调整预算（万元）	实绩（万元）	上年同期（万元）	较上年同期	
				增减额（万元）	增减（%）
农林水支出	—	—	9822	−9822	−100.0
交通运输支出	9035	5912	4543	1369	30.1
源勘探信息等支出	1880	42	37	5	13.5
商业服务业等支出	—	—	—	—	—
其他支出	7349	3139	1957	1182	60.4
国有资本经营预算支出合计	9165	8981	—	8981	—
教育支出	43	51	—	51	—
科学技术支出	—	—	—	—	—
文化体育与传媒支出	—	—	—	—	—
社会保障和就业支出	—	—	—	—	—
节能环保支出	148	68	—	68	—
城乡社区支出	5207	5207	—	5207	—
农林水支出	666	666	—	666	—
交通运输支出	—	—	—	—	—
资源勘探信息等支出	2731	2731	—	2731	—
商业服务业等支出	370	258	—	258	—
其他支出	—	—	—	—	—

（张廷波）

政府采购

【概况】 2015年，太仓市政府采购工作加强采购预算编制、强化招投标监管、推进政府购买服务，依法处理采购质疑投诉，规范政府采购；推进政府购买服务，探索开展PPP模式（公私合伙或合营，又称公私协力），鼓励社会资本参与公共产品建设。市政府采购中心全年共完成采购任务1227批次，采购总金额1.2亿元，资金节约率11.63%。完成太仓市农村生活污水治理项目30.53亿元，太仓市第二水厂取水改移项目15.48亿元，太仓市棚户区改造二期工程120亿元，太仓港区水环境综合治理一期工程5亿元。

【规范批量采购】 2015年，太仓市实施《关于太仓市市级预算单位部分办公设备实施批量集中采购的意见（试行）》，严格规范采购程序，规定资金来源、预算金额、采购计划报送、采购实施等。将太仓市市级各预算部门全部纳入批量集中采购实施范围，明确需要批量集中采购的台式电脑、便携式电脑、投影仪、数码照相机等

资料链接

PPP（Public-Private Partnership）模式，也称PPP融资，或者PPP。PPP有广义和狭义之分：广义的PPP泛指公共部门与私人部门为提供公共产品或服务而建立的各种合作关系；狭义的PPP可以理解为一系列项目融资模式的总称，包含BOT（建设—经营—转让）、TOT（移交—经营—移交）等项目融资模式。

2015年，太仓市确立以港城污水处理厂作为PPP项目试点，项目总投资约2.5亿元，采用BOT方式运作，合作期限15年。太仓市碧源污水处理有限公司作为项目实施机构，与通过公开招投标和竞争性磋商谈判程序确定的社会投资方联合组建PPP项目公司。PPP项目公司负责项目的融资、建设、运营及维修等事项。

采购品目 11 种。明确采购办负责批量集中采购计划审核、汇总、资金支付等工作；采购中心负责做好批量采购项目的公开招标和网上竞价、询价工作；经信委负责对批量采购的货物涉及配置、性能方面的技术问题提出审核意见并参与验收；监察部门负责对批量采购进行全过程监督检查等职责分工。全年完成办公电脑批量集中采购 4 批，为全市机关、团体和事业单位采购办公电脑 1667 台，其中台式电脑 1329 台、便携式电脑 338 台，采购金额总计 801.55 万元。

【协议定点供货商调整】 2015 年，市采购办举行 2015 年度政府采购协议定点供应商公开招标。确定 18 家供应商、55 个品牌、15 个类别为中标产品，并在《太仓日报》和政府采购网站公告。开展 2016—2017 年政府采购定点单位招标工作，经评定录用 139 家。

【政府购买服务】 2015 年，太仓市转发《苏州市政府向社会购买服务实施意见》，制定《太仓市政府向社会购买服务实施细则（试行）》，明确购买主体、购买服务范围和承接主体等内容。对《太仓市 2015 年政府集中采购目录》中的服务类品目进行增加和扩容，将事关国计民生和公共利益的公共服务项目纳入政府集中采购范围。6 月，太仓市首次开展国家级非物质文化遗产传承人项目采购。采购中心受市文化馆委托，对江南丝竹传承人进行招标采购，五洋丝竹乐团最终以 18.4 万元价格确定为该项国家级非物质文化遗产传承人中标单位。中标后的五洋丝竹乐团，承担采录数据资料，挖掘传统曲目，出版《江南丝竹新专辑》（乐谱、CD）；组建青少年业余乐团，举办“江南丝竹”进校园活动 20 场；在健雄学院开设“江南丝竹”鉴赏课；举办江南丝竹巡回演出 20 场以上；开展理论和技艺研究，发表专业论文。建立“政府购买服务招标示范文本”，收集整理物业管理服务案例，选择以物业管理项目为突破口，建立招标示范文本。

（张廷波）

国家税务

【概况】 2015 年，太仓市国税总收入 141.2 亿元，较上年增长 6.6%；完成地方公共财政预算收入 44.6 亿元，较上年增长 8.7%，公共财政预算收入增幅及占比在苏州大市范围分列第三和第一位。全年通过减、免、退、抵等方式兑现各项税收优惠约 34.3 亿元。其中，办理出口退税 25.6 亿元，流转税税收优惠 2.83 亿元，所得税税收优惠 5.83 亿元。办理 30 户启运港退税业务；小微企业优惠 3263 万元。年内，市国税局获评“苏州市文明单位标兵”。

【国税税收管理改革】 2015 年，市国税局深化“一条龙”运行机制，整合检查任务，转变风险应对方式，下户检查次数减少近 82%。突出风险管控重点，实施风险应对 522 户次，总成效 3.3 亿元；对 37 户企业组织开展税收“防转”工作，总成效超 3.5 亿元，单户单笔最大“防转”成效 7800 万元。实施苏州首例受控外企判定，“走出去”企业管理实现突破；首次实现跨境追征，2 户非居民纳税人直接从境外汇款缴税；外资企业利润分配常态化，市国税局设计的监控指标被省局纳入税源管理指标体系；破解劳务派遣常设机构认定难题。强化数据信息增值利用，强化网络、媒体、中介结构等外部第三方信息的收集，提升对“走出去”企业、非居民企业、地税征管数据等方面信息的增值利用。

【国税纳税服务】 2015 年，市国税局实施“办税实名制”，为纳税人建立“三人一企一档”涉税电子档案，累计采集纳税人相关信息 6022 户。推广增值税发票系统升级工作，1.2 万余户纳税人纳入增值税发票系统升级版。加强与工商、地税等部门协作配合，保障“三证合一”登记制度顺利实施，办理“三证合一”“一照一码”设立登记 1035 户，变更登记 1904 户。构建“实体办税场所 + 网上办税厅 + 自助办税 + 移动办税”四位一体综合办税服务平台。配置发票自助认证中心设备 27 台，添置地税自助设备，实现国地税业务“一站式”办理；推广移动办税 APP，纳税人用手机即可实现发票认证、申报、查询涉税信息、办税进度等功能，安装用户超过 800 户。网上（自助）申报和申请比例超过 98%。升级微信和特服号两大平台。推进微信实名绑定，实现企业涉税信息查询等功能，完成苏州国税微信公众平台建设项目；通过微信报名方式对 3895 人次纳税人组织 57 场各类涉税培训，微信公众账号粉丝近万人，发布各类涉税信息 1492 条，平均日阅读量 1200 人次。升级特服号“96888743”咨询平台并接入“12366”系统，特服号累计通话时长 1912 小时，较上年增长 124%，解答纳税人各类疑问 4.77 万次，较上年增长 113%。构建和谐征纳关系，制定 4 大类 16 分册涉税指导丛书，推出纳税服务月报和年报制度，推动纳税人对纳服部门的认知认可。深化国地税合作，加强与地税部门协作配合，确定国地税合作联席会议制度和合作方案，联合开展新办企业培训、“A 级纳税信用等级”企业授牌等活动。1 月 13 日，太仓地税局、市国税局联合举行纳税信用等级 A 级企业授牌仪式，表彰全市 2012—2013 年纳税信用 A 级企业 29 家。参与“税收执法与服务中的信用体系建设工程”应用试点项目，并通过省信用办和省国税局联合验收。设置“纳税服务协调员”，协调解决纳税人合理诉求 83 次；聘请“纳税服务联络员”60 人，搜集整理企业服务需求 28 条、问题建议 15 条。

【国税税收秩序规范】 2015 年，市国税局落实省局《税收职责清单》，共明确录入行政执法权力库权力 59 项。开展执法督察工作，梳理排查执法项目 24 个、疑点 203 个。与市法院、市公安局召开联席会议，制定相关合作制度，确保行政执法和刑事司法衔接落到实处。运用“大数据”技术，打击发票违法行为 82 起，查补税款 1212 万元。稽查查补总额 2137 万元，查补税款超过百万元案件 5 件，移送公安案件 20 件，通过媒体曝光案件 10 件，净化治税环境。

表 55

2015 年太仓市国税收入分项目情况表

收入项目	收入金额（万元）	较上年增减（%）
一、税收收入合计	1411994	6.63
（一）地方财政口径收入	1380848	6.71
1.“两税”收入	912770	3.62
（1）国内增值税	900884	3.27
其中：营改增增值税	56323	24.58
（2）国内消费税	11886	39.85
2. 企业所得税	468078	13.31
（1）涉外企业所得税	327325	13.33
（2）内资企业所得税	140753	13.27
（3）其中：中央及省级企业所得税	0	0
3. 个人所得税	4	–42.86
4. 车辆购置税	31142	3.09
二、出口退税	255957	31.07
三、海关代征	968236	2.21
附：1. 涉外企业“两税”	554414	–0.58
2. 涉外企业“所得税”	327325	13.33
公共财政预算收入 1（剔除总机构影响）	446262	8.74
公共财政预算收入 2（不剔除总机构影响）	412452	7.60
财政口径公共财政预算收入	446000	8.74
中央级收入	965732	5.68

说明：公共财政预算收入 1 和 2 差额对总机构影响

（1）季度预缴：50% 总机构预缴，预算科目中央 60% 中央 20%（待分配）县区 20%，累计影响 8399 万元

（2）年度汇缴：预算科目为中央 60% 中央 40%（待分配），累计影响 0 万元

（3）财政口径公共财政预算收入成品油累计影响 260 万元

表 56

2015 年太仓市国税直接收入分产业情况表

项目	两税直接收入		上年同期		企业所得税收入		上年同期	
	累计（万元）	占比（%）	占比（万元）	占比（%）	占比（万元）	占比（%）	占比（万元）	占比（%）
合　计	729270	100	678899	100	468078	100	413088	100
第一产业	224	0.03	129	0.02	377	0.08	200	0.05
第二产业	511727	70.17	485002	71.44	303516	64.84	289286	70.03
第三产业	217318	29.80	193767	28.54	164185	35.08	123603	29.92

2015年太仓市国税收入分地区情况表

表57

项目	合计（万元）	两税（万元）		所得税（万元）		附：营改增增值税		附：公共财政预算收入	
		小计	其中：外资	小计	其中：外资	累计(万元)	增幅（%）	累计(万元)	增幅（%）
合　计	1380849	912770	554414	468078	327325	56323	–1.06	446262	8.74
城厢镇	65632	53746	19039	11885	5969	5828	21.44	22432	11.01
科教新城	6263	5566	628	698	262	3348	–4.83	4182	178.50
双凤镇	35070	28080	5186	6991	2915	346	30.93	10074	11.03
沙溪镇	78149	67319	29244	10830	8004	1898	–10.47	22526	–6.49
浏河镇	49587	37925	17750	11662	6470	561	–0.67	14433	0.98
璜泾镇	29192	27142	5162	2050	669	413	–0.86	7875	6.16
开发区	677941	432134	372356	245807	225405	33018	–2.84	222936	9.08
（陆渡）	63103	47366	29502	15737	10846	483	2.15	18293	12.92
港　区	397364	233496	104404	163868	77339	10544	–4.36	128973	7.78
（浮桥）	41965	28415	5682	13550	9774	2763	17.09	14595	17.40
稽　查	1904	747	11	1157	291	12	–99.96	659	–43.43
市　属	39745	26614	634	13131	0	355	41.29	12172	41.37

说明：此表收入为地方财政口径收入；各镇区公共财政预算收入中已剔除总机构影响部分

（张孝东）

地方税务

【概况】 2015年，太仓地税完成各项收入107.98亿元，较上年增长7.65%。其中，完成地方税收收入66.74亿元，较上年增长5.53%，非税收入41.24亿元，较上年增长11.25%；完成公共财政预算收入（不含教育费附加）53.23亿元，较上年增长6.46%。年内，太仓地税局获评2014—2015年苏州市依法行政示范点、苏州市第5批“法治文化建设示范点”、苏州地税系统首批“法治税务示范基地”，获省总工会“五一劳动奖状”。

【地税征管改革】 2015年，太仓市深化税源专业化改革成果，依托第三方涉税数据采集分析应用，增加地税收入6070万元。推进国地税合作，成立国地税合作领导小组，建立国地税合作联席会议制度，制定实施《国地税合作实施方案》。加强委托代征合作，依托个体一体化征管系统，对个体共管户实行一体化征收管理，对5个行业5000余户个体共管户进行同步核定和调整定额，补征税款990.57万元。强化风险应对和任务管理，在按户应对基础上，探索实施按事项应对，应对入库税款2.53亿元，中等风险应对税收贡献率3.65%，排名苏州地税系统首位。强化网络安全管理，启动“大数据治税工程”，整合地税系统掌握的纳税人营收、利润、入库税款、高收入群体个税等数据和非地税系统掌握的土地使用、房产价值、拟上市企业等数据，建立模型分析，防堵税收漏洞。

【地税税收征管】 2015年，太仓地税局加强规范性文件合法性审查，参与制定《江苏省苏州市破产企业税务管理办法》，明确破产企业管理工作机制、债权申报流程和后续管理规范等事宜，规范破产企业税务管理。持续落实社保费非诉强制执行制度，强征企业277户，经市法院强制执行入库社保费60.77万元，日常催缴入库社保3831万元。加强税务稽查，重点做好房地产、金融保险、营改增企业的税收专项检查，打击发票违法犯罪活动，检查企业38户，查补入库税款3539.34万元。按照“不落实税收优惠政策也是收过头税”原则，依托“落实税收优惠政策服务平台”，落实各项税收优惠政策，为各类符合条件企业落实税收优惠3.27亿元。太仓地税局在2015年度太仓市基层执法评议活动中，获群众满意指数94.30分，排名全市第2位。

【地税纳税服务】 2015年，太仓地税局落实《全国税务机关纳税服务规范》，持续开展“便民办税春风行动”，以深化服务品牌建设促进服务效能提升，“纳税人之家”被命名为“四星级机关优质服务品牌”。举办纳税服务技能竞赛，2人获省地税局首批“首席办税员”称号。发挥“12366”热

4月19日,“郑和号”海岸税收宣传服务站在太仓港挂牌　（罗晓红　摄）

线涉税咨询功能，受理各类咨询2.89万件。8月，与市政府“12345”便民服务热线对接，充实后台力量，提升咨询受理质效，受理各类咨询7920件，较上年增长44.63%。与建设银行太仓分行推出“纳税信用贷”服务项目，通过税银信息共享，畅通依法诚信纳税企业融资渠道。太仓暖之源家纺针织有限公司、太仓金驰市政园林工程有限公司等小微企业成功贷款110万元。持续深化微信、微博税收宣传力度，推送图文信息1030多条。加快推进国地税联合纳税服务，组建专家服务团队，联合开展培训辅导，联合开办纳税人学堂45期，辅导纳税人2000余人次；互设24小时自助办税机，打造联合自助办税区；国税“服务e站”与地税“税企心桥”服务品牌结合，联合开展“纳税人之家”等税收宣传活动，联合评定“A级纳税信用等级”企业14户，营造诚信守法经营氛围。适应地方经济发展需求，助力太仓“一路一带”建设，“郑和号”海岸税收宣传服务站在太仓港挂牌成立，借助服务站，延伸税收宣传、辅导、服务，打造方便快捷的税收服务“绿色通道”。为港口企业开展个性化服务，将江苏宝洁有限公司、太仓武港码头有限公司、华能太仓发电有限责任公司等50余户港口企业列入重点税源户，实施个性化管理服务，确定“一户一员”联络员制度，搭建税企高层对话常态化平台。结合港口特点，注重为船员、水运个体户等特殊群体提供涉税服务，常态化宣传可适用的特殊申报周期等税收政策。

（赖　慧）

审　计

【概况】　2015年，太仓市审计工作履行审计监督职能，增强审计针对性，持续跟进稳增长促改革调结构惠民生等政策落实情况，加强对公共资金、重点工程、民生项目、国有资产审计监督。全年共完成审计项目35个（其中专项审计调查项目2个），查出违规金额695万元，管理不规范金额34.72亿元；向有关部门移交处理事项4项，提出审计建议118条，促进出台相关制度12项，向社会公开审计结果3项。

【预算执行审计】　2015年，市审计局树立大财政审计理念，完善预算编制，强化预算执行，规范预算管理，提高预算绩效。关注预算完整性、民生资金投入、存量资金、政府性债务、财政账户清理、“三公”经费支出、预决算公开、税收政策执行和政府采购情况等。3月，市审计局对全市2014年政府采购预算执行情况开展专项审计，掌握全市政府机构设置及采购规模情况，审查预算编制依据的合法性、充分性，计算预算执行率，分析预、决算差异原因。

【政府投资审计】　2015年，市审计局围绕市委市政府重点工作，跟进重点项目，加大审计监督力度，规范建筑市场秩序，节约建设资金。全年完成结算项目审计327个，合计送审额47.3亿元，核减额4.47亿元，平均核减率9.46%；加大跟踪审计力度，完成对城镇保障性安居工程的跟踪审计，继续开展七浦塘项目跟踪审计，该项目累计完成投资4.36亿元，提出审计建议18条；开展2013年至2015年政府投资项目财务管理情况审计调查，监督审计建议整改落实情况；加大协审管理力度，制定实施《太仓市审计局政府投资项目结算审计管理暂行办法》《太仓市审计局结算审计项目分配暂行办法》。

12月24日，市审计学会召开2015年度审计学会理事会　（杜静花　摄）

【经济责任审计】 2015年，市审计局共完成经济责任审计项目16个，查出管理不规范金额2.65亿元，提出审计建议57条。完善分类管理办法，印发《太仓市经济责任审计对象分类管理办法》。完善监督机制，全面开展领导干部经济责任审计定责，制定《党政领导干部经济责任审计方案》《部门领导干部经济责任审计方案》《国有企业领导干部经济责任审计工作方案》。探索领导干部离任自然资源资产审计，在试点开展沙溪镇领导经济责任审计过程中，特别关注关于节能降耗、环境保护、生态文明建设等工作的完成情况，并根据市经信委、市环保局等部门考核数据编制汇总各项环保指标任务数和完成情况统计表。

【专项资金审计】 2015年，市审计局坚持"民本审计"理念，加大专项资金征收使用管理的审计监督力度，确保财政资金专款专用和民生政策的落实，维护百姓利益。审计社保基金、人才开发专项资金、物价调节基金、农药集中配送补贴资金、国际田联竞走赛专项资金、城镇保障性安居工程等项目，促使出台《关于实施"娄东英才"工程服务经济转型升级的若干意见》《关于深入推进"娄东英才"工程的实施办法（实行）》《太仓市人才开发专项资金管理使用办法》《太仓市棚户区改造安置房屋购买管理暂行办法》《太仓市棚户区改造项目国开行专项贷款资金管理办法》等规范性文件。配合纪检等部门开展专项审计；参加审计署条线异地审计项目审计。

【国有企业审计】 2015年，市审计局严格管控，加大审计监督力度，严肃查处高估冒算、挪用侵占建设资金、损失浪费等行为，提高国有资产投资安全高效，维护国有资本安全。全年共完成结算项目审计327个，合计送审额47.3亿元，核减额44.74亿元，平均核减率9.46%。开展9期共计136个审计项目分配，对不符合条件的20家单位取消当期项目分配资格；抽取12个项目进行复审，复审总额16.98亿，通过复审再次核减工程款1598.78万元，平均复审核减率0.94%。严格管控企业资产负债结构、经营能力等情况，查找经验管理风险点，促进企业由粗放型管理向精细化管理转变。完成太仓市城市建设投资有限公司国有资本经营情况审计，重点审计资产管理、工程建设、费用支出等情况，提出审计建议，发挥审计监督职能。

【内部审计】 2015年，市审计局与市纪委监察局共同推进监察审计工作，加大内审工作指导。加强业务指导，部署内审工作，召开镇（区）内审工作会议、市属11家重点部门监察审计室工作会议和市属6家国有公司监察审计室工作会议，听取各单位内审工作计划，对四大类181个内审项目和审计工作规范提出具体要求，制定《乡镇内审工作操作规程》等规范性文件，促进乡镇内审工作规范化、制度化。完善考核办法，健全内部监察审计考核制度，完善《太仓市内部审计工作考核办法（试行）》，促进内审机构规范内审工作。开展"参与镇村内部审计监管"，对沙溪镇建设局、沙溪镇组织人事和社会保障局、双凤镇建设管理所、双凤镇农业技术服务站、双凤镇庆丰村等5家单位开展2015年财务收支情况审计，向被审计单位提出工作改进问题26条。

【强化审计结果运用】 2015年，市审计局归集2013—2015年实施项目数据信息，掌握被审计单位信息情况。加大联网审计力度，开展"数字化审计分析平台"建设，实现财政资金和部门预算执行审计全覆盖。促进审计成果转化，全年编报审计信息宣传稿件77篇，领导批示26篇次，被各级录用60篇，促进被审计单位出台制度12项。制定《关于进一步加强审计整改工作的意见》《太仓市审计结果公告办法》，规范审计结果公告工作和健全完善审计整改。加强督促检查，提交审计决定6份，审计决定执行率100%，提交各类审计意见建议118条，确保整改落实。

【审计结果公告】 2015年，太仓市推进审务公开，增强审计透明度，公布审计结果公告3项，分别是《太仓市审计局关于太仓市国际田联竞走世界杯赛专项资金审计结果的公告》《太仓市审计局关于2014—2015年农药集中配送补贴专项资金审计调查结果的公告》《太仓市审计局关于太仓市价格调节基金审计调查结果的公告》。

（王　嫣）

人口与计划生育

【概况】 2015年，太仓期末户籍人口47.96万人，人口出生率为7.0‰，死亡率为8.15‰，自然增长率为−1.15‰；计划生育率100%，出生性别比107.16；育龄妇女11.31万人，较上年减少0.12万人；已婚育龄妇女8.59万人，较上年减少0.08万人。一孩率66.70%，节育率81.43%。年内，中国生殖健康家庭保健培训中心（CTC）承办国家卫计委、商务部交办的卫生计生领域国际交流和国内培训21期，接待中外学员1600多人，培训期数与参训学员再创新高。4月，市人口计生委与市卫生局合并，组建太仓市卫生和计划生育委员会。

【出生人口素质提升】 2015年，太仓市继续开展免费孕前优生健康检查，向新婚夫妇发放孕前优生知识读本，指导孕前危险因素自查，全年为1946对夫妇提供免费孕前优生健康检查，实现目标人群全覆盖。开展出生缺陷干预，赠送优生优育疾病保险3818份，19例获赔，全市出生缺陷发生率4.08‰。开展0～3岁科学育儿工作，举办各类科学育儿讲座25场，参与家长2000多人次；依托0～3岁科学育儿示范基地，组织开展免费亲子课程体验活动，参与体验7529人次。

【流动人口计划生育服务】 2015年，太仓市开展以"生育关怀、服务均等"为主题的流动人口计划生育"春风行动"，累计开展活动96场次，发放宣传资料和宣传品2万余份，免费发放避孕药具2万多件，多幅"服务农民

1月20日，市人口计生委开展“三下乡”活动　　（市卫计委供稿）

工”摄影图片在《中国人口报》刊登。连续6年被国家列为流动人口动态监测调查样本地区，对6个监测样本点的120名流动人口开展调查。全年开展孕环情检查6200多人次，生殖健康检查（两癌筛查）2.3万多人次，免费金额120多万元，办理流动人口“一孩生育登记单”19例。探索流动人口幸福家庭促进计划和健康促进行动，探索流动人口卫生计生自治互助服务项目并提供政府购买服务支持，“皖江红”工作站全年服务3000多人次，获社会各界关注。各级卫计委领导多次到太仓调研指导，流动人口卫生计生自治互助服务试点项目被定为国家卫计委流动人口司资金技术支持项目，《乡音互助化春风，健康融合润万家》入选国家卫计委流动人口社会融合分享案例。

【计划生育奖励扶助】 2015年，太仓市落实计划生育奖励扶助政策，发放一次性奖励金2103.12万元，惠及5842人；发放农村奖励金1665.32万元，惠及1.68万人；为1325位计划生育特扶对象发放特别扶助金749.08万元；对179户计划生育公益金家庭进行一次性救助，发放金额39.6万元。

【计生特殊家庭帮扶】 2015年，太仓市深化计生特殊家庭社会化帮扶，市计生协会与社会组织“连心家园关爱服务中心”签订购买服务协议，由其承接计生特殊家庭帮扶活动的策划、组织、实施，全年新培育同伴志愿者、党员志愿者骨干10多人，开展志愿者培训3期；以“心手相连共享阳光——关怀关爱失独家庭”为主题申报第三届公益创投项目，开展互动交流、祝大寿、法律讲座、异地交流、团体心理辅导22场次，参加人数500多人次；走访慰问新增、经济困难特殊家庭等20户，帮助部分特殊家庭解决房屋维修、看病就医、婚姻纠纷等实际生活问题19人次。‘心手相连共享阳光——关怀关爱失独家庭”志愿者服务项目被市文明委评为2015年度太仓市优秀志愿者服务项目。全年继续做好计划生育家庭特别扶助对象住院护工服务保险，共投保1225人，金额31.56万元。4月，国家计生协、中国人寿保险公司调研太仓失独家庭“连心家园”建设和住院护工保险工作并给予肯定。

【幸福家庭建设】 2015年，太仓市文明办、市综治办、市卫计委、市民政局、市妇联在全市联合开展太仓市幸福家庭建设评选，评选出太仓市幸福家庭建设示范村（社区）8个、太仓市幸福家庭20户、太仓市新市民幸福家庭20户。在太仓电视台《娄东民生》栏目开设《见证幸福》专栏，制作播放8户家庭典型事迹；举办“幸福家庭”主题摄影比赛，收到参赛作品上百张。

（叶伟强　杜　平）

劳动就业

人力资源

【概况】 截至2015年年底，太仓市实现农村劳动力转移就业99096人，城镇新增就业人员10664人，城镇登记失业率1.95%；充分就业社区、村达标率95%，创建省级充分转移就业乡镇率100%。高校毕业生就业率98.06%。全市共举办现场招聘会707期，进场单位14618家次，提供招聘岗位23.48万个（次），进场人数44.51万人次，达成就业意向31927人次，市场招聘单位平均薪资3533元，安置就业22.45万人次。为1875人办理就业失业登记证，44319人次享受灵活就业社会保险补贴1204.98万元，4370人次领取大龄就业困难人员临时物价补贴26.31万元。

【公务员基层锻炼】 2015年，太仓市重视新录用公务员基层锻炼，报送锻炼分配意见表。由市人社局与城厢镇对接，确定基层接收单位的社区名单。在公务员锻炼期间不定期走访锻炼单位，了解情况，对锻炼过程中涌现出的先进事迹予以宣传推广；对工作怠慢、人不在岗、锻炼时间不足的给予严肃处理。接收单位每季度对公务员锻炼情况作出书面鉴定，新录用公务员试用期考核合格的，予以任职定级，再转交市人社局工资科办理相关工资变动事宜。

【人事管理服务规范】 2015年，太仓市通过公开报名、笔试、面试、体检、考核等程序，共择优录用公务员89人、事业单位工作人员257人。通过积分选岗制度接收军队转业干部8人。组织全市14家骨干单位17名人事科长赴北京参加由人社部高级公务员培训中心组织的事业单位人事管理培训班。年内，完成全市14995名机关事业单位离退休职工离退休工资调整，测算全市部分规范津贴补贴和绩效工资纳入基

7 月 11 日，太仓市举办 2015 年苏州国际精英创业周太仓分会场活动
（徐锦元　摄）

本工资方案，做好机关事业养老保险制度改革前期准备工作。

【精英人才资源拓展】 2015 年，太仓市聚焦新兴产业发展，选择性引进人才，加大高层次人才服务力度。抓实人才政策调整，营造良好政策环境、机制环境，推进精英创业工作。精英人才落户太仓后，进行配套生活服务，在资金支持、行政审批、厂房配备等方面提供实质性支持。全年共签约高层次人才落户太仓 30 人，投资创业项目 24 个，合作创新项目 6 个。新增国家级博士后工作站 2 家，累计共有国家级博士后工作站 4 家、省级博士后工作站 11 家。

（陈　澄）

就　业

【毕业生就业】 2015 年，太仓市加强和规范见（实）习基地管理，连续实施多项鼓励政策，将非本市户籍的大专以上学历毕业生纳入见（实）习补贴申报范围。全市共有见（实）习基地企业 220 家。结合“互联网＋”思维及高校毕业生的受众特点，先后推出专题网页、媒体访谈系列及公众号推介等举措，使高校毕业生就业信息传递更快捷。进行大学生创业项目路演，将传统创业项目与互联网融合运用，激发有意创业大学生的创业兴趣。

【职业技能提升培训】 2015 年，太仓市健全以企业行业为主体、职业院校为基础的技能人才培养体系，完善公平公正、科学规范的职业技能鉴定和职称申报体制。在开展职业测评、岗位技能培训的同时，挖掘市场服务功能，探索和发展适合高校毕业生层次的培训体系，组织就业训练营活动，借助公共资源整合优势，开展大学生会员招募，培养与市场需求相适应的心智与技能，顺应全市经济社会发展方向科学择业。全年组织各类培训 2.1 万人次，培养高技能人才 1500 人，发放国家职业资格证书 7000 余份。

【农民就业增收】 2015 年，太仓市制定《进一步扶持农村劳务合作社发展促进农民就业创业实施细则》，实施十项扶持政策；实施市、镇、村三级村（居）人力资源网格化管理和农村实名制就业跟踪管理。全市共成立合作社 92 家，参与劳务合作的农民 1 万余人，社员年人均收入超万元，带动季节性就业（临时用工）超 5000 人。申请劳动年龄段各项补贴 58.03 万元，超劳动年龄段岗位补贴 401.07 万元。

（陈　澄）

劳动者权益保护

【劳动监察双向服务】 2015 年，太仓市注重保护劳动者合法权益，开展劳动监察双向服务。服务企业方面。预先排查有职业危害岗位的企业、劳动密集型企业、劳资纠纷多发企业，重点宣传劳务派遣人员与单位职工应该同工同酬。全年主动服务企业 1101 家次，指导帮助企业签订集体合同 120 份；服务劳动者方面。成立薪酬调查工作协调小组，引导企业合理确定职工工资。全年共对 70 家企业进行薪酬调查，对 123 家企业进行工资价位调查，引导企业合理确定职工工资。加强女职工等特殊权益保护，共检查 16 家使用女职工比较集中的用人单位，涉及女职工 3120 人。

（陈　澄）

社会保障

社会保险

【概况】 2015 年，太仓市贯彻落实江苏省政府 93 号令，实现土地换保障新老政策衔接，在全国率先推行灵活就业人员职业伤害保险制度。社会保险参保率保持在 99% 以上。退休人员待遇连续第 11 次上调，6.2 万名企业退休人员月平均养老金 2000 元；7.3 万名小统筹、土保、政策性农转非人员月平均养老金 1228 元；3 万名农保养老人员月平均养老金 375 元，其中补充农保人员超过 500 元，在苏州大市范围内处于领先水平。全市社会保险基金总收入 42.18 亿元，社会保险基金当期结余 4.15 亿元，各项基金总量持续增长，基金运行保持较好态势。

【大病医保体系完善】 2015 年，太仓市制定《太仓市大病门诊医疗保险办法（试行）》，实施大病门诊保险，完善大病医保体系。规范结报适当倾斜。对重特大特殊疾病门诊必须使用医保目录以外的自费医疗费用，经审定后予以适当倾斜。年度结算定额补助。按病种与按费用相结合的方式，于医保结算年度末一次性定额补助。门诊自付费用超过起付标准部分平均补助比例不低于 50%。个人不需再次缴费。居民医保按每人每年 20 元标准筹集，由市财政全额补贴；职工基本医保由市财政补贴 10 元，职工医保统筹基金提取 10 元。大病保险覆盖全市参保人员 57.1 万人。

【工伤保险新政实施】 2015 年，太仓市按照“从无到有、从宽到严、从低到高、逐步完善”的思路，在全国范围内率先推行灵活就业人员职业伤害保险办法，惠及全市灵活就业人员 5 万多人。制定《太仓市建筑企业务工人员工伤保险暂行办法》及《太仓市建筑企业务工人员工伤保险实施细则》，保障因工遭受事故伤害的建筑企业务工人员。从待遇标准、结算服务等方面进一步细化，安排专人办理业务。全年共办理参保建筑企业 102 家，涉及务工人员 4754 人，缴纳工伤保险费 554.6 万元。

【定点零售药店规范化监管稽查】 2015 年，太仓市进一步规范全市各定点零售药店医疗保险服务管理，维护广大参保人员合法权益，确保医疗保险基金安全运行。7 月起，实施医保基金监管新规。医保部门对全市居民发放规范参保人员就医配药行为相关管理规定的公告，对全市各定点零售药店加强管理。通过完善医保管理规定、举办医保政策培训班、使用新监控结算系统、加强医保稽查力量等多项措施，定点零售药店医保基金运行得到较好规范。自 7 月 1 日起，共巡查定点零售药店 161 家次，因违规被扣分、扣款的定点药店 93 家。下半年，定点零售药店医保基金支出金额平均下降 18.21%。

（陈　澄）

社会救助

【最低生活保障】 7 月 1 日起，太仓市最低生活保障标准从原 700 元／月调整至 750 元／月。截至年底，全市共有低保户 1007 户 1865 人，低保边缘对象 1263 户 1320 人，五保对象 191 户 194 人，全市累计向低保等困难家庭发放生活保障金 3172 万元。

【医疗救助】 2015 年，太仓市拨付医疗救助资金 2632 万元，救助 61273 人次，其中实施保费救助 3465 人次、76.23 万元，实时医疗救助 56018 人次、2170 万元，年度医疗救助 1404 人次、174 万元，年度专项医疗救助 386 人次、212 万元。太仓市整合资源推进实时医疗救助的做法被中央全面深化改革领导小组办公室刊登在第 202 期《改革情况交流》内参上，该做法被评为江苏省现代民政建设创新成果提名奖。

【慈善救助】 2015 年，太仓市组织开展“慈善一日捐”“星空下的慈爱”等慈善活动，开通市慈善总会微信公众平台，建立市慈善爱心受理服务中心。成立首个拥有独立标志的慈善冠名基金“好人慈善基金”、首个民营企业慈善冠名基金“元华助医助困慈善基金”以及首个商会慈善冠名基金“安徽商会慈善基金”。全年共募集善款 495.26 万元，慈善救助支出 397.14 万元，接收捐赠物资 1501 件，价值 17.55 万元，累计救助 3243 人次。

9 月 22 日，太仓市医保稽查人员对定点单位销售物品进行核查

（刘永刚　摄）

【困境未成年人救助】 2015 年，太仓市为保障困境未成年人合法权益，加强对困境未成年人救助保护工作。市政府组织召开全市未成年人救助保护工作推进会，建立全市未成年社会保护工作领导小组，整合民政、教育、公安、司法、城管、妇联、团委、残联等部门信息和服务资源，及时对困境未成年人实施保护。建立“组织协调、动态排查预警、分析报告、分类保护、社会参与、工作保障、评估督导、责任追查”等未成年人救助保护工作机制并抓好落实。按照上级确定的 5 类 19 种困境未成年人分类标准，在全市开展调查摸底工作，初步建立包含 1097 名困境未成年人信息的数据库，提高救助精准性。加强孤儿救助保障，全年全市有孤儿 19 人，其中在福利机构集中养育的孤儿 11 人，社会散居孤儿 8 人。当年集中养育孤儿养育标准由 1760 元／月提高到 1920 元／月，散居孤儿养育标准由 1120 元／月提高到 1340 元／月。

【自然灾害救助】 2015 年，太仓市修订完善《自然灾害救助应急工作规程》，夯实各项灾害救助任务，确保自然灾害救助应急各项工作顺利进行。围绕“科学减灾、依法应对”主题，开展“5·12”防灾减灾宣传周主题活动，组织全市 180 多名灾害信息员开展专题培训。组织开展防灾减灾系列活动，成立大学生救灾志愿者队伍，政府与社会组织联合举办救灾技能培训，引导社会力量参与防灾减灾服务，增强全民灾害应对能力。浏河镇紫薇苑社区、沙溪镇西市社区成功创建为全国综合减灾示范社区。

【临时救助】 2015 年，太仓市发挥临时救助工作对城乡低保政策无缝对接和有益补充的特点，逐步规范临时救助申请审批工作，全年共发放临时救助资金3845户次、265万元。

【教育救助】 2015年，太仓市深化帮困助学，开展助学活动，全市共有243名贫困大学生和146名贫困高中生分别享受每人4000元和3000元的助学金，助学金总额141万元。

（胡天立）

社会福利

【残疾人福利】 2015年，太仓市共向无固定收入重残人员1238人发放救助金723万元，向一户多残、依老养残人员83人发放救助金43万元。加大对福利企业扶持力度，全市29家福利企业共享受减免、返还、奖励资金304.76万元。截至年底，全市福利企业共有残疾职工877人。

（胡天立）

【妇女儿童福利】 2015年，太仓市加快推进“十二五”妇女儿童发展规划收官工作，召开全市妇儿工委（扩大）会议、“两规”（妇女发展规划、儿童发展规划）终期评估座谈会，加大重点难点指标督查、评价和推进力度，印发《实施2015年妇女儿童8件实事任务分解和职责分工的通知》，接受苏州市妇儿工委到太仓评估督导。启动新一轮农村妇女“两癌”筛查工作，覆盖妇女3万多人，争取全国妇联“贫困母亲两癌救助”公益金1万元。继续实施“家在太仓·姐妹缘”——五关爱项目，针对特困母亲、流动儿童、困境儿童、空巢老人等群体，建立长效帮扶机制，开展走访慰问、圆梦行动等活动，新结对“希望儿童”70人，帮助红旗小学120多名学生完成价值3万元的微心愿。建设运作好市级妇女儿童活动中心阵地，开展陶艺制作、艺术插花等优雅女性沙龙活动30余场，开办瑜伽、拉丁舞等培训班102期，发挥科学育儿、亲子活动、创业就业培训实训、优雅女性沙龙4大基地作用，受益妇女儿童近2万人。年内，市妇联联合市委农办印发《关于在农村土地承包经营权确权登记颁证工作中保护好农村妇女土地权益的意见》，及时跟进土地确权登记工作，从源头上保障农村妇女依法享有土地权益。开展走进《政务直通车》、“一村一讲”法律巡讲、广场普法宣传等活动16场次，举办依法治国专题讲座，宣传《中华人民共和国反家庭暴力法》草案等保障妇女儿童权益的法律法规，创作编排独角戏《家庭的毒瘤》，演出30多场次，帮助妇女尊法、学法、守法、用法。推进落实家暴告诫制度，完善妇女议事会、婚姻家庭纠纷案件诉调对接等制度。市妇联本级全年共接待来信来访79件次，调处成功率95%以上。实施“‘护航婚姻·幸福家庭’”婚姻指导志愿服务项目，依托“幸福家庭婚姻指导中心”“七夕缘”驿站等维权阵地，发挥妇女维权法律顾问团、巾帼心理志愿者协会等队伍作用，提供维权咨询、婚姻指导等服务600多人次，成功调解80多对。该项目获“文明江苏”志愿服务行动创新案例二等奖。深化“平安家庭”创建，成立科教新城“舞爸舞妈”平安志愿者队伍、双凤镇新闾村“护村嫂”队伍，征集“平安家庭”微故事152个，评选表彰“平安家庭”示范户50个。

（顾　燕）

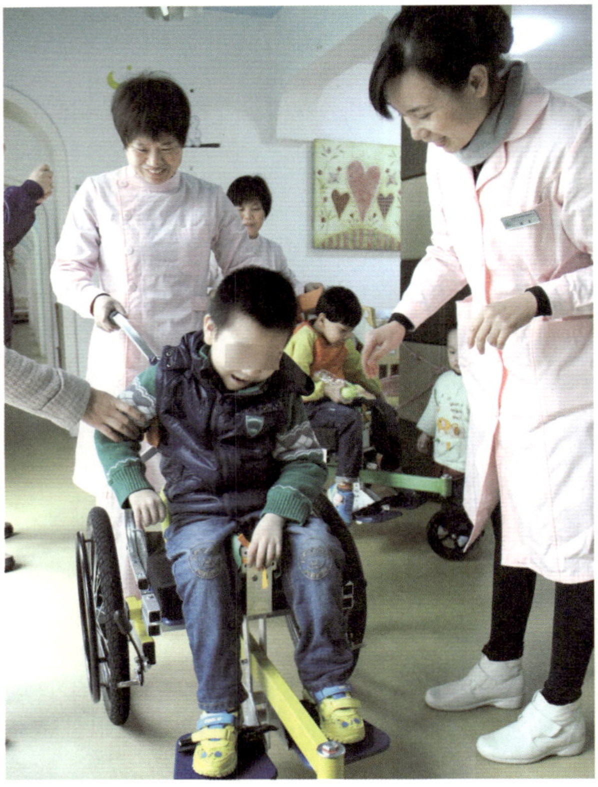

12月3日，太仓市在国际残疾人日期间为残疾儿童发放辅具　（市残联供稿）

【老年福利】 2015年，太仓市落实尊老金、70周岁以上免费乘车、60周岁以上免费体检等各项老年人优待政策，全年共向2.3万余名80周岁以上老年人发放尊老金1800余万元。春节、重阳节期间开展老年人慰问活动。为全市百岁老人上门开展夏季送清凉体检慰问活动。开展“孝满娄城夕阳美”和“敬老月”系列活动，通过开展“幸福·百岁”“夕阳红艺术节”等活动，提高老年人幸福指数。

【福利彩票】 2015年，太仓市福利彩票累计销售1.79亿元，较上年增加1232.2万元，增幅7.36%。其中，电脑票销量5016.29万元，较上年减少1292.56万元，降幅20.49%；“快3”销量8585.76万元，较上年增加2582.36万元，增幅43.02%；“刮刮乐”销量1446.02万元，较上年减少318.56万元，降幅18.05%；“中福在线”销量2935.3万元，较上年增加260.97万元，增幅9.76%。

（胡天立）

住房保障

【住房公积金管理概况】 2015年，太仓公积金中心前移服务窗口，抓好缴存提质，保障广大职工公积金权益。全年全市新增住房公积金缴存职工34882人，年末应缴人数162387人，比年初净增5887人；全年归集住房公积金16.07亿元，期末余额33.77

亿元，较上年增加15.94%。全年发放贷款3982笔、15.39亿元，办理提取11.39亿元；年末个人贷款余额33.5亿元，较上年增长31.01%。6月，住房公积金基数调整启动，通过分类指导（网上、柜面）和提前培训，13.64万名职工参与调整，较上年增长5.73%；月缴存额增加1800万元，较上年增加305万元；年末职工人均月缴额859.69元，较上年增长11.11%。“十二五”（2011—2015年）期间，太仓市累计归集住房公积金58.8亿元，累计提取37.92亿元，个人贷款累计发放12657笔、38.32亿元。

【住房公积金政策持续放宽】 2015年，太仓公积金中心落实《市政府印发关于促进苏州市房地产市场平稳健康发展的意见的通知》精神，实施降低首付款比例、增加贷款额度计算公式、提高贷款最高限额、取消第二次使用公积金贷款利率上浮等组合新政，公积金政策持续放宽。借款申请人首次使用公积金贷款购买自住住房的，首付款比例统一调整为不低于住房总价的20%。在执行按借款申请人个人账户余额的倍数确定公积金贷款额度计算公式的同时，增加按借款申请人还款能力确定公积金贷款额度的计算公式，由借款申请人选择。按还款能力确定公积金贷款额度计算公式为：借款申请人缴存住房公积金的月工资基数或月工资基数之和 ×35%（规定比例）×12（月）× 贷款期限（年）。调整公积金贷款最高限额。新建住房的贷款最高限额从50万元调整至70万元；存量成套住房（二手房，下同）、建造住房、翻建住房的贷款最高限额从35万元调整至70万元。单身职工或借款申请人及其他共有人中仅一人符合计算贷款额度条件的，新建住房的贷款最高限额从30万元调整至45万元；存量成套住房、建造住房、翻建住房的贷款最高限额从21万元调整至45万元。借款申请人首次使用公积金贷款，购买套型建筑面积90平方米（含90平方米）以内的存量成套住房，且住房总价不超过110万元的，贷款最高限额可计算至住房总价的80%。借款申请人第二次使用公积金贷款购买自住住房的，取消贷款利率按首次使用公积金贷款利率1.1倍计算规定，执行首次使用公积金贷款利率。

【住房公积金贷款贴息】 2015年，太仓市向全市高层次人才、发放公积金贷款12笔、749万元。受理购买经济适用房的中低收入职工公积金贷款6笔、81万元。连续第3年受理贷款贴息申请，向37名购买市保障性住房的借款人发放贷款利息补贴12.08万元。全年提供廉租住房补充资金1356.31万元。

【保障性住房建设】 2015年，太仓市推进保障性安居工程建设，新增保障性住房2022套，基本建成2690套。其中，公租房（含廉租房）新开工310套，基本建成1675套；棚户区安置房新增1612套，基本建成1015套。新增租赁补贴100户。

【城市更新改造】 2015年，太仓市推进城市更新改造工作，西城区2号地块5幢4.6万平方米安置房建设进度完成80%，预计于2016年年底竣工。樊泾村地块国有土地上137户住户全部签约，房屋全部完成拆除；集体土地上19户住户有2户未完成拆迁。

【农村住房建设】 2015年，太仓市各镇住宅竣工面积42.13万平方米，实有住宅总建筑面积431.39万平方米，人均住宅建筑面积64.76平方米；公共建筑竣工面积4.31万平方米，其中混合结构建筑面积4.31万平方米，占新建公共建筑总面积的100%；生产性建筑竣工面积21.5万平方米，其中混合结构建筑面积21.5万平方米，占新建生产建筑总面积的100%。村庄住宅竣工面积21.76万平方米，实有住宅总建筑面积958万平方米，人均住宅建筑面积43.72平方米；公共建筑竣工面积2.23万平方米，其中混合结构建筑面积2.23万平方米，占新建公共建筑总面积的100%；生产性建筑竣工面积13.16万平方米，其中混合结构建筑面积12.76万平方米，占新建生产性建筑总面积的96.96%。

（王　溢　曹俊锋　顾　爽）

养老服务

【老年人口概况】 截至2015年年底，太仓市60周岁以上老年人口总数14.36万人，占户籍总人口29.9%，较上年增长3.31%。其中，70周岁以上老人6.45万人，80周岁以上老人2.38万人，百岁老人78人，全市最高龄老人108岁。

【养老服务设施建设】 截至2015年年底，太仓市共有养老机构10家，老年护理院9家，养老总床位5883张。年内，科教新城和璜泾镇养老机构建设工程被列入政府实事工程并启动建设，分别投入建设资金3250万元和3900万元，建设250张和300张床位的现代化养老院。全年全市共建设完成老年人日间照料服务中心23家和助餐点23个。太仓市颐悦园划出约4000平方米（含180张床位）区域设立公建民营的太仓市颐悦护理院，入住老人30多人。

【养老服务】 2015年，太仓市通过政府购买服务方式，引入专业社会组织开展居家养老服务，全年共为6156位老人提供近40万小时的服务。开展老年人互帮互助的“互助养老”模式试点，在全市30多个社区（村）建成老年人互助小组100余个，参与老人近2000人。

【老年教育】 2015年，太仓市老年大学春秋两学期共开设专业34门、班级186个，参加学习的老人5000余人次。老年大学浏河分校建设完成。近800人次的老年人学员在浏河、沙溪2个乡镇老年大学分校学习。

（胡天立）

双拥优抚安置

【概况】 2015年，太仓市开展全国双拥模范城创建，实施社会化拥军，成立市、镇两级社会组织拥军服务

7 月 30 日，太仓市举行争创全国双拥模范城动员大会暨“情满双拥城”军民联欢会 （陈琳 摄）

中心，举办创建全国双拥模范城动员大会暨“情满双拥城”军民联欢会、“双拥杯”军地足球友谊赛、“双拥杯”乒乓球赛等一系列军地互动活动，开展“双拥在基层”活动，建立城厢镇电站村基层双拥示范点，建成双拥长廊、拥军蔬菜基地。做好文化拥军、物资拥军、科技拥军、法律拥军、随军家属安置等拥军实事工作。地方与驻苏州、驻太仓部队开展形式多样的双拥共建活动。年内，太仓市通过全国双拥模范城创建省级验收。

【优抚保障】 2015 年，太仓市核查、建档全市近 3000 名优抚对象信息，为近千名重点优抚对象提供免费体检。为纪念抗战胜利 70 周年，向全市在乡抗战老兵发放纪念章和慰问金。各类优抚对象待遇标准分别上调，烈士遗属补助从 2303 元 / 月上调到 2511 元 / 月，因公牺牲军人遗属补助从 2047 元 / 月上调到 2232 元 / 月，病故军人遗属补助从 1792 元 / 月上调到 1953 元 / 月，在乡老复军人补助从 1169 元 / 月上调到 1674 元 / 月，两参人员补助从 360 元 / 月上调到 837 元 / 月，60 周岁以上烈士子女补助从 270 元 / 月上调到 370 元 / 月，60 周岁以上老兵军龄补助从 15 元 / 月上调到 20 元 / 月，企业退休参战人员慰问金标准从每年 2300 元上调到 5520 元。

【退役士兵安置】 2015 年，太仓市安置接收退役士兵 155 人，组织开展职业技能培训，在江苏省太仓中等专业学校的退役士兵技能培训基地建立“未来教室”，依托网络资源建立退役士兵培训“空中课堂”，市政府联合苏州健雄职业技术学院开展退役士兵高等学历教育。当年退役士兵参训率、结业率、就业率均达 100%。

（胡天立）

教　育

【概况】 2015 年，太仓市结合“江苏省教育现代化示范区”目标，推进教育领域综合改革，促进教育公平，提升教育质量，推动各级各类教育高位均衡和转型发展。科学编制教育“十三五”规划，推进教育现代化示范区建设，做好重点项目建设，加大信息化硬件投入。年内，市教育局利用《太仓日报》、太仓电视台及太仓教育政务微博、太仓教育微信和太仓教育手机客户端等新媒体平台发布教育资讯，推进政务公开。至年底，全市有普通高等院校 1 所，在校学生 4953 人，教职工 334 人；普通中等职业学校 1 所，在校学生 3450 人，教职工 222 人；普通中学 19 所（其中高中 4 所，初中 15 所），在校学生 20260 人，教职工 1923 人；小学 37 所，在校学生 42357 人，教职工 2366 人；特殊学校 1 所，在校学生 65 人，教职工 16 人；幼儿园 38 所，在园儿童 14501 人，教职工 815 人。

校舍升级。全年太仓市共结转校舍升级项目 9 个，新立项项目 9 个，总建筑面积 17.4 万平方米，计划总投资 7.3 亿元。全年竣工面积 8.7 万平方米，新开工面积 9.3 万平方米。双凤镇新湖小学、城厢镇弇山小学、沙溪实验中学食堂与体育馆翻建，浮桥镇九曲小学综合楼、金浪中学实验楼竣工并投用，特殊教育学校完成土建，浮桥镇时思小学、荣文学校完成加固，市实验中学扩建工程等一批新项目开建。

教育信息化。年内，“智慧校园”“智慧课堂”“三通两平台”建设启动，全市中小学校完成百兆互联网宽带接入和点对点光纤教育内网接入，普通教室、专用教室均配备第 3 代多媒体教学设备，“录播教室”“未来教室”普及率 70%，无线网建成率 55%，开通太仓教育课堂直播云平台，完成智慧教育综合管理平台一期招标，并开始建设。

教育督导。年内，市教育局推进挂牌督导工作，促进学校规范管理。组织责任督学开展中小学校开学工作、护校安园工作、幼儿园安全卫生工作、中小学校“十二五”规划达成情况等专项督查。强化对中小学校素质教育现场综合督导和反馈工作，完成 24 所中小学校综合督导和 20 所中小学校回访工作。配合苏州市教育督导室完成对江苏省沙溪高级中学综合督导的预督导和现场督导迎检工作。

【学前教育】 2015 年，太仓市学前教育第一期五年行动计划基本完成，编制完成学前教育第二期五年行动计划。太仓市实验幼教中心华盛幼儿园、太仓市港城幼教中心新城幼儿园、太仓市爱尼尔幼儿园通过江苏省、苏州市优质幼儿园评估验收。实施幼儿园课程游戏化项目，确立太仓市级课程游戏化项目 4 个。北京外研社少儿阅读（太仓）项目完

2015 年太仓市教育事业基本概况表

表 58　　单位：人

学校类型	学校数（所）	班级数（个）	毕业生数	招生数	在校学生数	毕业班学生数	教职工	
							合计	专任教师
高等院校	1	159	1476	1778	4953	1479	334	238
中等职业学校	1	99	1137	1292	3450	1025	222	201
普通中学	19	491	6202	6914	20260	6578	1923	1775
高中	4	129	1760	1808	5321	1735	574	505
初中（九年一贯制）	15	362	4442	5106	14939	4843	1349	1270
小学（含民工子弟学校）	37	955	5628	7957	42357	6133	2366	2224
特殊学校	1	6	8	22	65	13	16	15
幼儿园	38	411	4480	5742	14051	4710	815	672
非学校单位	5	—	—	—	—	—	111	—

成第一阶段工作，在市实验幼教中心、市艺术幼教中心、市新区幼教中心、市城厢镇幼教中心、市科教新城幼教中心下辖的 13 所基地园开展阅读活动。

【义务教育】 2015 年，太仓市深化课程改革，加大"好课"品牌建设力度，推进课堂教学方式改革。继续组织开展苏州市义务教育改革项目建设工作，太仓市实验小学获苏州市义务教育改革项目评比一等奖。太仓市健雄青少年科技创新工作室第一期工程完成，举办太仓市首届青少年科技创意大赛，组织太仓市中小学生阳光体育运动联赛毽绳锦标赛，开展太仓市小学生武术操比赛，新增 4 所初中成为"武术进校园"实验基地学校，开展校园足球活动，市新区第二小学获"2015 年苏州市市长杯足球比赛"总冠军。

【普通高中教育】 2015 年，太仓市深化课程与教学改革，强化内涵建设，走多元发展之路。太仓市明德高级中学机器人课程基地和太仓市实验中学楹联课程基地分别接受省、市级课程基地视导工作，太仓市明德高级中学生态课程基地创建苏州市级课程基地。2015 年，太仓市本科第一批次、本科第二批次出线率分别为 21.01%、59.99%，本科第二批次出线率较上年提高 5.89 个百分点。

【特殊教育】 2015 年，太仓市定期开展特殊教育随班就读研讨与培训活动。对 2015 年度未入学的残障儿童进行上门摸底调查，新增残障儿童 20 人，落实送教上门服务对象 28 人，残障儿童入学率 100%。制定《2015 年太仓市未入学残障儿童送教上门服务方案》。

【职业教育】 2015 年，江苏省太仓中等专业学校推进校企合作，新增合作企业 16 家。与拉夏贝尔、利丰供应链（中国）有限公司、伊藤忠物流有限公司等企业开展校企合作活动。年内，单招本科出线率 23%，专科出线率 100%。成人高考本科录取率 74.6%。组织师生参加江苏省职业学校技能大赛，获 ERP（企业资源计划）企业模拟经营项目和车加工技术项目 2 枚金牌，数控铣加工技术项目和酒店服务项目 2 枚银牌，机器人技术应用、动画片制作和平面设计 3 枚铜牌。ERP（企业资源计划）企业模拟经营项目参加全国职业学校技能大赛获二等奖。

【民办教育】 2015 年，太仓市印发《关于加快民办教育发展实施意见》，扶持民办教育发展。设立民办教育发展专项资金 1600 万元，在原有办学水平考核奖励 160 万元基础上，增加校舍租金及建设贷款利息补贴、学生人均公共财政 50% 补贴，教师养老保险及职业年金每人每年定额补助 4000 元。引进苏州中锐集团，创设高端民营学校——华顿外国语学校。修订《太仓市民办普惠性幼儿园办园水平考核管理办法（试行）》，聘请公办幼教中心主任及骨干教师 12 人，考核民办园办学水平，下发民办幼儿园办园水平奖励经费 154 万元。

【社会教育】 2015 年，太仓市推进社区教育发展，调整市社区教育工作领导小组成员，逐步形成开放大学为龙头，社区培训学院和老年大学为两翼，社区教育中心为骨干、村级社区学校为基础的社区教育运行机制。城厢镇、沙溪镇通过苏州市级学习型乡镇创建验收。完成太仓开放大学登记注册等事项。浮桥镇和娄东街道成功创建乡镇老年大学。省级标准化居民学校建设完成。举办太仓市第 2 届全民终身学习周活动。

【师资队伍】 2015 年，太仓市在编在职教师中，幼儿园教师本科学历73.23%，小学教师本科及以上学历83.70%，初中教师本科及以上学历96.10%[硕士学历比例 10.30%（含在读）]，普通高中教师硕士学历比例 31.86%（含在读），中等职业学校教师硕士学历比例 24.63%（含在读）。太仓市推进教师轮岗交流，全市义务段学校共计交流教师 289 人，占符合流动条件教师的 16.06%，较上年增长 0.57 个百分点。组织教师参加“江苏省中小学教师网络知识竞赛”；开展“一师一优课，一课一名师”网上观课、评课活动；举办生本教育理论与实践培训班；组织初中 8 门学科以及各级各类学校教师参加把握学科能力竞赛；选送学前教育、初中英语骨干教师赴上海培训。开展以教师需求为导向的菜单式选学培训。年内，全市 29 名教师获评太仓市师德标兵。市新区第二小学王文英入选“江苏人民教育家培养工程”第三批培养对象。市实验小学 7 名教师获评第 11 届苏州市名教师、市新区第二小学王文英获评苏州市名校长。市新区第二小学王文英、市新区第四小学王晓春入选苏州市第 2 届教育领军人才。市实验小学钱澜获评第 3 届“娄东英才奖”、江苏省太仓高级中学偶伟国入选“娄东英才提名奖”。市第一中学朱建良等 6 名教师入选第 2 批太仓市学科建设领军人才。修订《太仓市中小学（幼儿园）骨干教师评选管理办法》，评选 2015 年太仓市学科带头人 29 人、学科能手 52 人和学科新秀 30 人。评选首批星级教师 150 人。市经贸小学 8 名教师获评第 4 届苏州市中小学教师教坛新苗。12 月，名师俱乐部、第 2 期名师研修班、第 3 期中青年骨干教师高级研修班结业，积累一批高层次骨干教师。

【语言文字】 2015 年，太仓市组织开展第 18 届“全国推广普通话宣传周”太仓系列活动，举办普通话培训与测试工作 2 次，共 920 人参与。开展太仓市“书写经典，传承文明”中小学生规范汉字书写比赛；举办太仓市中小学生规范汉字书写现场赛，选取 20 幅作品赴苏州参赛，获苏州市一等奖 5 名、二等奖 7 名、三等奖 8 名；举办苏州市第 7 届“普通话、苏州话、英语口语”太仓赛区现场赛；举办太仓市中小学生中国汉字听写大赛，全市 76 名中学生、128 名小学生参赛；举办太仓市“我们的节日 • 中秋”经典诗文诵读比赛，太仓市科教新城实验小学、太仓市弇山小学、太仓市新区第四小学、太仓市第二中学代表太仓赴苏州市参赛获等级奖。选送 10 名中小学教师参加经典诵读骨干教师省级培训班培训，选送 8 名民办学校教师参加苏州市语言文字规范化工作培训。

9 月 10 日，太仓市召开庆祝第 31 个教师节座谈会，一批中小学优秀教师获表彰（市教育局供稿）

【招生考试】 2015 年，太仓市组织各级各类考试 16 种，累计参加考试人数 32256 人（次）。印发《太仓市 2015 高考工作清单》《太仓市 2015 年高考应急指挥系统》等，制定《2015 年高考监考（控）流程关键环节责任清单（试行）》，完成高考考点屏蔽系统和视频监控系统升级工程，实现“平安高考”。完成高考广播音响与 UPS（不间断电源）系统升级工程，完善技术保障。普通高中取消招收“三限生”，调整中考招生政策，实施预投档录取制度，优化招生流程；继续做好《太仓市中招工作质量考核办法（试行）》工作，组织太仓点的中招网上阅卷工作。

【教育合作交流】 2015 年，太仓市组织中小学校长代表团一行 5 人赴英国威勒尔市 5 所姐妹学校开展友好交流。市明德高级中学 4 名师生赴日本鸟取市参加中日韩高中生国际研讨会并开展友好交流。10 月，澳大利亚维多利亚洲东大区教育代表团、英国威勒尔市友好学校代表团和新加坡德义小学代表团到太仓访问交流。选派 12 名中小学骨干教师海外培训，组织 235 名师生参加省、苏州市教育国际交流协会举办的暑期出国修学旅行。在市实验小学、市经贸小学、市朱棣文小学和市城厢镇第一小学等 4 所学校试点开展国际理解教育。

【“武术进校园”工作】 2015 年，太仓市贯彻落实《太仓市中小学武术进校园活动实施方案》，在 4 所武术特色项目学校和 8 所“武术进校园”项目实验学校基础上，新增沙溪实验中学、市第二中学、明德初级中学、沙溪第一中学 4 所初中为“武术进校园”项目实验基地学校，打通“武术进校园”中小学衔接渠道。年内，开展全市中小学体育教师“武术段位制培训”，在小学普及武术操，举办全市小学生武术操比赛。11 月，举办小学生武术操精英赛和武术展示赛，取得较大成功。12月，国家体育总局武术运动管理中心相关领导与武术院专家到太仓市开展“武术进校园”工作调研，观看太仓市武术特色学校现场展示，提出指导意见，肯定太仓市“武术进校园”工作。

【“家庭教育课程化”项目】 2015年，市教育局与市文明办联合印发《关于进一步完善学校、家庭、社会“三结合”德育网络的实施意见》，完善学校、家庭、社会“三结合”德育网络，形成教育合力。依托“林老师”团队，传播科学的家庭教育知识，开展林老师讲师团“五进工程”，即进学校、进社区、进家庭、进媒体，进企业。与市图书馆合作开展“林老师大讲堂”活动，内场讲座与外场咨询相结合，受到家长欢迎。全年，“林老师”讲师团共开展专题讲座296场、大型现场咨询45场，接待个别面询30次，完成在线咨询315次，接听热线电话412个。年内，太仓市实验小学等4所学校成为苏州市家庭教育课程化项目学校，太仓市第二中学等3所学校成为苏州市家庭教育课程化项目拓展学校。17名教师通过苏州市中小学家庭教育指导师培训，获苏州市教育局颁发的“家庭教育指导师”资格证。太仓市家长学校总校组织7所苏州家庭教育课程化项目学校开展太仓市政府信息化课题《关于二胎家庭教育问题现状调查及策略研究》，发放调查问卷2283份，回收有效调查问卷2255份。通过数据分析，基本掌握全市二胎家庭教育存在的问题。同时，开展“不同群体家庭教育研究”与“中等职业学校学生的家庭教育研究”，提高家庭教育指导工作水平。

（王晓洁）

苏州健雄职业技术学院

【概况】 2015年，苏州健雄职业技术学院共有全日制在校生5535人，新录取全日制在校生1812人，新生录取分数线文科225分，理科208分；2015届全日制高职毕业生1585人，2015届毕业生就业率98.74%。2014年毕业生就业竞争力指数位列全省高职高专第12位。通过2015年江苏省普通高校“专转本”选拔考试升入本科院校人数114人。学院在编教职工338人，其中专任教师239人。在编教师中中级职称166人，高级职称93人（正高14人、副高79人）；教职工中具有博士学位10人、硕士学位207人；具有江苏省“333高层次人才”3人；江苏省“青蓝工程”中青年学术带头人3人，江苏省“青蓝工程”优秀中青年骨干教师13人，太仓市高校专业建设领军人才7人。年内，学院获批2015年江苏省示范性高等职业院校立项建设单位，获批2015—2016年江苏省电子商务人才培训基地；吴健雄陈列馆成为苏州市中国华侨国际文化交流基地。5月28日，苏州健雄职业技术学院举行第3届“吴健雄节”纪念活动，吴健雄研究所和吴健雄图书馆揭牌。彰显吴健雄精神在学生德育与太仓精神文明建设中的重要功能。诺贝尔物理学奖得主、物理学家杨振宁为吴健雄研究所、吴健雄图书馆题写所名和馆名。台湾作家、健雄学院名誉教授江才健受聘为吴健雄研究所首任所长。

【人才培养】 苏州健雄职业技术学院设有机电工程系（中德工程学院）、软件与服务外包学院、电气工程学院、现代港口与物流管理系、应用外语系、生物与化学工程系、艺术设计系、职业素质教育中心、继续教育学院、健雄联合研究院等10个教科研单位，设置契合区域发展的专业31个。年内，录取专业硕士新生157人，在籍研究生增至741人，125人获专业硕士学位。整合校内外教育培训资源，加强学院师资队伍建设。全年派出各类业务培训109人次（“省培计划”和“国培计划”79人次）。选送4名教师到高校和企业参加高级访问学者和访问工程师学习进修。6月16日，苏州健雄职业技术学院教师发展中心揭牌成立，“教师在线学习中心”平台开通运行。11月17日，学院专业带头人、负责人30人组成调研组赴常州工程学院调研学习，双方就专业建设、师资队伍建设等作交流。

【教学改革】 2015年，苏州健雄职业技术学院机电一体化技术专业成功申报省级品牌专业。完成院级重点课程、精品资源共享课验收，立项建设院级重点课程5门、苏州市优秀新课程2门、苏州市职业学校微课大赛8项、江苏省职业学校微课大赛7项、省信息化教学大赛作品3项，省教改课题立项5项，3门微课获省教育厅表彰，成功申报江苏省中高职教育衔接课程体系建设课题2项。获苏州市财政现代职业教育体系建设专项经费48万元，中高职衔接招生专业6门，招生683人，合作中专校4所；省中高职衔接课程体系建设项目《基于校企共建专业的中高职衔接的研究与实践》通过省级验收结题（优秀等第），省级课题《基于现代学徒制的中高职衔接的研究与实践》项目通过中期鉴定。9月，苏州健雄职业技术学院—同济大学“舍弗勒双元制应用本科”校企合作项目签约，引进德国著名“双元制”应用本科“Two In One”教育模式培养应用工程师和技术管理人才。9月8日，德国乌纳汉莎职业学校校长Thomas Holzhausen在健雄学院调研“双元制”合作办学。学院与常熟理工学院的“3+2”专本衔接项目启动，首批招收机电一体化技术专业学生47人。12月22日，学院召开省示范校暨品牌专业建设推进会，启动省示范校建设工作。方案计划总投资7300万元，共包括8大项目：软件技术专业及专业群建设、物流管理专业及专业群建设、生化制药技术专业及专业群建设、模具设计与制造专业及专业群建设、跨企业培训中心建设、学生素质培养体系建设、师资队伍建设、校园信息化建设。

【合作办学】 2015年，苏州健雄职业技术学院校企合作运行管理制度体系逐步建立，签订合作协议企业208家。与同里湖度假村、苏州洛兹酒店管理有限公司、太仓华旭假日酒店共建现代学徒制教育基地。和广东宏川集团有限公司共同成立“健雄宏川学院”，也是学院在太仓港建立的技术人才实习实训基地和科技服务站。与东方领航合作开设航空服务专业。2月12日，AHK中德双元制职业教育示范推广基地揭牌。AHK中德双元制职业教育示范推广基地由学院与德国工商大会上海代表处共同建立，旨在继续集聚、整合境内外“双元制”职业教育资源，完善中德培训中心软、硬件，加强中德培训中心内涵建设，提高中德培训中心管理水平和运行能力，联合地方德业共同开展培训中心示范建设，成为“双元制职业教育示范推广、师资培训、企业在职员工培训、德国职业教育认证、国际职业教育交流”等多功能一体的职业教育技术培训中心。10月24日，苏州健雄职业技术学院、德国巴林根PMH学校和德国工商大会上海代表处签署合作协议。AHK德国双元制职业教育联盟在苏州健雄职业技术学院成立。德国巴符州副州长、财政与经济部部长尼尔斯·施密特出席签约活动。两校计划推动师生交流互访，并在学校管理、课程改革、师资队伍建设、校企合作等方面开展信息交流，推进德国职业教育模式在太仓成果展现，打造中国高职教育“太仓样本”。12月29日，学院与南京交通技师学院、如皋市江海技工学校中德合作联合办学项目签约。根据协议，三方共同建立“中德新科技苏州职业培训中心”，该中心在德国工商会（简称IHK）指导下开展IHK机电一体化师、IHK数控切削师两个项目的培训，德国柏林新科技学习工厂公益有限责任公司作为IHK成员代表提供IHK职业资格证书培训计划和培训内容的制定、主要课程师资的培训，协助开展校企合作交流等；健雄学院提供基础培训服务。

【社会服务】 2015年，苏州健雄职业技术学院承接政府各类培训项目10个，培训1369人，到账收入197.5万元，其中省级优秀培训项目中职新入职教师培训300人，培训费105万元。与电站村合作共建的作物氮利用率监测中心实验室运行成效明显，启动工业4.0与发电机组智控项目，与丽达科技合作的大数据平台建设加快推进。引入苏州雷姆斯汽车工程有限公司和中德赛博国际技术转移中心，新增大学生创业企业5家。实施健雄成人教育专科“面向艰苦行业和校企合作改革项目”试点工作，获批专业4个，净增招生计划537人次。完成继续教育招生1636人次。培训学员6438人次，其中委托培训学员比例55%。

（王超慧）

2月12日，“AHK中德双元制职业教育示范推广基地”签约揭牌暨国家级教学成果奖颁奖典礼在苏州健雄职业技术学院举行　　（葛晓娇　摄）

医疗卫生

综　述

【医疗卫生机构概况】 截至2015年年底，太仓市拥有各级各类医疗机构238所，较上年增加11所。其中三级综合性医院1所，二级中医医院1所，精神病防治院1所，区域性医院4所，卫生院14所，社区卫生服务中心5所，疾病预防控制、卫生监督、妇幼保健、卫生培训与健康促进、采供血、医疗急救机构各1所，社区卫生服务站100所，公办下属诊所8所，企事业单位卫生室（所）22所，民营医院6所，民营门诊部及诊所69所。卫生服务体系健全率100%。

【医疗机构床位数】 截至2015年年底，太仓市医疗机构拥有床位3730张，其中医院床位2576张，卫生院床位数965张，社区卫生服务中心床位169张。医疗机构床位较上年增加153张，增长4%，其中医院床位增加24张，卫生院床位增加109张。全市每千人口医疗卫生机构床位数由2014年的5.05张提高到5.26张。

【卫生技术人员】 截至2015年年底，太仓市卫生技术人员总数4303人，较上年增加160人，增长4%。其中执业（助理）医师1636人（执业医师1462人），较上年增加21人，增长1%；注册护士1682人，较上年增加80人，增长5%。全市每千人口执业（助理）医师数由2014年2.28人增加至2.31人，每千人口注册护士数由2.26人增加至2.37人。

【卫生人才建设】 2015年，太仓市加强人才兴卫战略，开展“522”人才工程（市委、市政府《关于贯彻落实“姑苏人才计划”实施太仓“522”人才工程的意见》，太委发〔2010〕22号）“太仓卫生人才计划”培养对象期末考核评估工作，实行末位淘汰机制，发放人才经费补助33万元。开展重点人才联系工作，市第一人民医院血液肿瘤科主任陆晔入选苏州市第四批姑苏卫生人才名单，市第一人民医院神经内科主任翟万庆获评第三届“娄东英才奖”。继续开展卫生系统人才对口支援工作，市第一人民医院、市中医医院42名业务骨干与基层医疗卫生单位结对。推荐优秀应届高中毕业生报考医学院校享受政府助学金12人，累计88人。农村订单定向免费医学生累计培养121人，有98人到乡镇医疗机构工作或参加全科专业住院医师规范化培训工作。

【卫生改革】 2015年，太仓市深化医疗卫生体制改革，调整充实由市委、市政府主要领导任组长的市深化医药卫生体制改革领导小组，市人大常委会主任会议、市政协主席会议分别听取卫生系统绩效工资实施情况和全市医改工作情况汇报，提出深化改革的意见和建议。推进医疗服务价格改革，调整医疗机构设置规划，支持设置规模型民营医院，完善公立医院运行管理机制，群众获得感进一步提升。推进智慧健康建设，市卫生信息平台通过专家验收，推进结合市民卡的居民健康服务“一卡通”，市第一人民医院开放预约服务并试行诊间结算和支付宝、微信支付应用。加大接轨上海力度，探索城市大医院与基层医疗机构纵向合作，浏河人民医院由上海九院实行托管，成为上海九院分院；市第一人民医院和上海交通大学医学院附属新华医院签约成为联盟医院，就科研创新、人才培养、医院管理、学科建设等方面达成全面合作协议。

（叶伟强　杜　平）

公共卫生服务

【基本公共卫生服务项目】 2015年，根据国家卫计委等3部委《关于做好2015年国家基本公共卫生服务项目工作的通知》（国卫基层发〔2015〕6号），新增结核病患健康管理项目，基本公共卫生服务项目扩大到12类45项，人均基本公共卫生服务项目经费提高到48元。太仓市印发《太仓市基本公共卫生服务项目绩效考核指标体系》及方案、实施办法等配套文件，完善项目绩效考核指标体系和项目资金拨付、管理、使用等制度要求，加强基本公共卫生服务项目考核督导管理，项目年度目标任务全面完成，其中居民健康档案电子建档率87.29%。随机抽样调查显示，全市居民对国家基本公共卫生服务项目知晓率91.19%，综合满意度89.12%。太仓市获江苏省2014年基本公共卫生项目考核“优秀”等次。

【社区卫生与农村卫生】 2015年，太仓市完善社区卫生服务体系建设，新建、改建沙溪镇洪泾村、泰西村、半泾村和璜泾镇孟河村、开发区恒通佳园等社区卫生服务站5家，新（迁）建家庭医生工作室9个。岳王卫生院被确认为“江苏省示范乡镇卫生院”，璜泾镇长州村卫生室、双凤镇新闾村卫生室被确认为“江苏省示范村卫生室”，金浪卫生院被确认为“江苏省群众满意乡镇卫生院”。浏河人民医院骨科被命名为“苏州市基层医疗卫生机构特色科室”。加强社区卫生、农村卫生能力建设，举办社区医师适宜技术培训4期，参训人数400余人，多批次组织社区卫生服务中心、医（卫生）院管理、业务骨干参加国家、省、市级培训，城厢社区卫生服务中心1名全科医生参加为期1个月的首批全科医生赴台湾研修活动。

【妇幼保健】 2015年，太仓市强化母婴健康管理，提升全市妇幼健康水平，妇女儿童“十二五”规划评估量化指标全部达标。全年孕产妇死亡率为0，婴儿死亡率3.18‰，出生缺陷发生率4.08‰。全市0～6个月婴儿纯母乳喂养率77.46%，全年剖宫产率41.2%，孕产妇保健管理率98.87%，儿童保健覆盖率99.39%，婚检率97.52%。继续开展“婴幼儿健康促进工程”，2015年筛查7502人，高危儿建档管理119人。推进重大妇幼卫生服务项目，宫颈癌筛查2.67万人，乳腺癌筛查2.66万人；住院分娩补助2823人；新增叶酸服用人数2427人，全年免费发放叶酸6645瓶；孕产期艾滋病及梅毒、乙肝检测6838人次，检测率100%。中国母婴营养研究项目开展顺利，项目对象增至1145例。

【精神卫生】 2015年，太仓市继续做好贫困精神病人免费服药及安全检测工作，按照新的免费发药目录和1200元／年的免费标准，为324位患者组织体检后调整用药。全年新增重性精神病人379人，重性精神病人发现率3.54‰。落实“精防日”制度，建立医院—社区精防工作长效管理机制，组织精神病防治康复专业培训2次，培训人员97人次。成立应急处置小组，制定应急处置预案，开辟应急处置绿色通道，应急处置精神病人28人次。全市登记在册精神病人3971人，重性精神疾病患者建档2542人。

【家庭医生】 2015年，太仓市推进家庭医生建设，列入年度政府医疗惠民实事工程，计划两年内建立家庭医生与12万户居民的“契约式”稳定、和谐健康服务关系。年内初步建立移动随访和以双向转诊为核心的分级诊疗信息化系统，建立家庭医生服务团队152个，签约居民17.18万人，覆盖全市近40%户籍人口。

（叶伟强　杜　平）

医疗服务

【医政管理】 2015年，太仓市加强医疗卫生基础设施建设，双凤人民医院新院、璜泾人民医院病房楼启用，浏河人民医院、沙溪人民医院建设加快推进，医疗卫生服务体系进一步健全。加强临床重点专科建设，市第一人民医院骨科通过苏州市重点专科验收。“医师定期考核管理信息系统”启用，严格医师定期考核。加大医疗服务质量监管，12个市医疗质量控制中心开展培训及质控，启动一级综合医院（包括民营医院）定级定等评审工作。推进临床路径管理，开展抗菌药物临床应用专项整治，加强静脉输液配置中心建设管理，市中医医院通过“静脉用药配置中心”审核。开展第三方满意度调查，改进医疗服务质量，提升病患满意度。开展麻精特殊药物管理培训、加强基层医疗机构抗菌药物处方权考核，强化药物处方管理，对落后单位进行诫勉谈话。加大平安医院创建力度，开展维护医疗机构秩序、打击涉医违法犯罪和违法医疗广告专项行动，规范执行医疗投诉接待和医疗安全事件信息报告制度，完善医疗纠纷预防与处置工作协调机制。2015年，全市总诊疗数529.68万人次，出院12.13万人次，手术2.52万人次。医疗机构病床使用率86.20%，平均住院日9.9天。

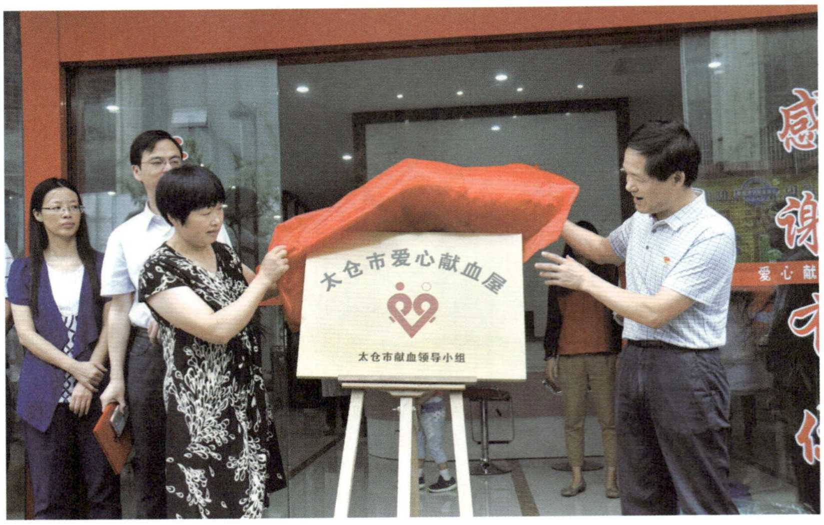

9月12日，太仓市爱心献血屋迁址揭牌　（市卫计委供稿）

【中医药事业】 2015年，太仓市以市中医医院为依托，建立完善中医药适宜技术推广基地建设，开展基层医疗机构中医药适宜技术培训158人次，机构覆盖率100%。浏河人民医院创建成功省级乡镇卫生院示范中医科，全市3家卫生院建成独立中医馆。在全市范围继续收集整理娄东中医药文化历史资料和物品，继承弘扬娄东中医药历史文化，在沙溪镇建立娄东中医药文化展示馆，开展多次中医药文化惠民、科普宣传周义诊讲座活动。做好国家基本公共卫生服务中医药健康管理服务，开展60岁及以上常住居民和0～36个月儿童中医药健康管理服务。市中医医院肛肠科完成省级中医重点专科建设单位中期复评，举办各级中医药学术活动20余次，培训医务人员600余人次。

【卫生监督】 2015年，太仓市审核发放公共场所卫生许可证366件，餐饮服务许可证567件，医疗机构放射诊疗许可56件，集中式供水单位卫生许可1件。开展“打击非法行医”行动，查处无证行医12起，移交公安机关2起，无证行医新发生数较上年有较大幅度下降。开展“文明城市”“卫生城市”创建，对公共场所单位进行检查指导，完善上墙资料，督促催办健康证和卫生许可证，共核发（复）许可证794张，张贴公共场所量化分级公示牌600余张。开展医疗机构、公共场所、生活饮用水等各类专项检查25项，检查单位5300余户次，实施行政处罚35户次，罚没款金额15.8万元，没收药品器械1000公斤。行政处罚案卷和行政许可案卷分获苏州市卫生计生行政执法案卷评查一等奖和三等奖。

12月23日，太仓市与上海长征医院联合开展“军医惠民送健康”大型义诊活动　（倪伟中　摄）

【无偿献血】 2015年，太仓市加强无偿献血宣传，加大新媒体运用，创新志愿者组织形式，市民义务献血知晓率与参与度有效提升。继续改善献血环境，市中心广场“爱心献血屋”建成启用。全年全血采集6383人次，采血量8399.5单位；血小板采集423治疗量。临床用血100%来自自愿无偿献血，血液供需基本平衡。

【卫生应急】 2015年，太仓市完善应急体系，健全应急机制，加强急救装备和物资储备，提升应急卫生能力，多次开展应急防控现场演练，落实人感染禽流感H7N9、埃博拉、中东呼吸综合征等疫情防控。全年无突发公共卫生事件发生。完善规范医疗保障制度，做好国际田联竞走世界杯赛等12次各项重大活动和会议的医疗安全保障工作。全年接听急救电话9.45万次，出车1.28万次，接送病人1.05万人次，其中救治危重病人2039人次，转院1925人次；平均调度时间36秒，平均出车时间76秒。

（叶伟强　杜　平）

疾病预防控制

【概况】 2015年，太仓市强化传染病防控工作，全市无甲类传染病报告，法定报告传染病发病率126.53/10万。人均期望寿命83.16岁，其中男性80.80岁，女性85.42岁。市疾控中心承担全国2015年重点职业病监测与职业健康风险评估工作，完成申报企业录入1008家，评估煤尘、矽尘、电焊工尘、金属粉尘、铅、苯、噪声、DMF（二甲基甲酰胺）等8种重点职业危害企业575家；全年受委托开展职业病危害因素监测202家次，共监测职业病危害因素6716项次，合格5533项次，合格率82.4%；开展职业健康监护3.74万人次，发现职业禁忌征1465人次。开展学校卫生监测与管理工作，重点开展"近视眼、沙眼、肠道寄生虫、龋齿、营养不良和肥胖、贫血"六病防治，学生因病缺课监测及学校教学环境监测持续推进，完善学校卫生档案，建档学校49家，建档率和建档合格率均为98%。

【免疫预防】 2015年，太仓市实施江苏省扩大儿童免疫规划，免费接种18.3万人次，基础免疫接种率95%以上。计划免疫接种门诊改造累计完成10家，各镇数字化门诊覆盖率75%。落实入学前查验接种证工作，各小学、幼儿园接种证查验率100%，补证率100%。开展预防接种宣传周活动，悬挂宣传横幅45条，开设宣传专栏15期，专题讲座12次，发放宣传折页6409份，手机宣传短信1.3万条。开设家长学堂116次，累计授课4375人次。全市共报告预防接种副反应188例，异常反应2例（其余均为一般反应）。全年共报告疑似麻疹病例61例，其中排除病例60例，实验室确诊1例；报告急性乙肝10例，采集血清10份，均为实验室确诊病例；无流脑、乙脑、新破等病例报告。

【艾滋病防治】 2015年，太仓市检测HIV抗体73281人次，其中自愿咨询检测773例，新发现HIV感染者/艾滋病19例。持续拓宽艾滋病干预途径，与社会组织签订干预协议书，全年干预1571人次，发现阳性6例；加强娱乐场所等高危人群干预，共干预5685人次，发放宣传资料6050份、安全套9300只，检测631人次；加强在校大学生、外来务工人员艾滋病宣传，提高防艾意识。

【结核病防治】 2015年，太仓市强化结核病的发现、诊断、治疗、管理等工作，全年共登记初诊病人759人，痰检率97.10%，确诊病人249人，其中涂阳肺结核116例，病人系统管理率98.98%，新发涂阳病人治愈率91.04%，病人报告率100%，病人转诊率100%，追踪到位率98.01%。全年开展免费痰涂片检查9041张，胸片检查1350张；开展耐药结核菌痰培养，发现耐多药患者3例。

【肠道传染病防治】 2015年，太仓市各医疗机构肠道门诊腹泻病就诊3908人次，检索病人962例，检索率24.62%。全市肠道传染病报病85例，其中甲肝、戊肝及未分型肝炎共40例，细菌性痢疾44例，伤寒+副伤寒1例，均作流行病学调查及疫源地处理。

【血地寄防】 2015年，太仓市加强沙溪等重点地区查螺工作，查螺条块478个，查螺面积74.52万平方米；解剖钉螺2119只，未发现感染钉螺。继续开展巩固性灭螺，累计药物灭螺1.6万平方米，通过苏州市灭螺考核。利用流动人口筛查、体检剩余血清筛查等手段综合查病，发现血检阳性13人（均排除）。为150位（死亡11人）晚期血吸虫病人进行健康体检并完善电子健康档案，信息及时录入国家晚期血吸虫病信息管理系统。通过苏州"十二五"时期地方病评估考核。按照苏州采样要求，对浮桥、金浪、科教新城、双凤、浏河等地进行居民食用盐采样，共采集盐样300份，合格率96.33%；抽检200名8～10岁儿童和100名育龄妇女尿样和盐样，儿童尿碘中位数221.5微克/升，孕妇尿碘中位数106微克/升。巩固疟疾防治成果，举办疟疾血检技术培训班，监测"三热"（临床诊断疟疾、疑是疟疾、不明发热）病人3046人次，阳性病例1例，确诊为输入性恶性疟疾。督查门诊镜检站，复审血片192张，均为阴性，无误诊漏诊，制作合格率100%，染色合格率100%，清洁度合格率100%。

【慢性病防控】 2015年，太仓市推进居民健康档案建设，新建健康档案2.93万份，累计建立健康档案61.84万份，建档率87.29%。截至年底，全市共登记高血压病人76760人，登记率50.91%，管理67604人，管理率44.84%；登记糖尿病病人16686人，登记率60.33%，管理14971人，管理率54.13%；新登记肿瘤病人408人，管理肿瘤病人2453人；新登记脑卒中病人721人，管理脑卒中病人5789人；新登记冠心病病人197人，管理冠心病病人1639人。开展慢性病报告、危险因素监测和死因统计，全年死因网络直报死亡人数4179人，其中男性2239人，女性1940人，本地户籍死亡3892人，外地户籍死亡287人。推进社区H型高血压［即伴有血同型半胱氨酸升高（Hcy ≥ 10 μmol/L）的原发性高血压］防治工作，结合老年人体检，筛查1.3万人。

（叶伟强　杜　平）

健康促进

【国家卫生城镇建设】 2015年，太仓市印发《关于做好国家卫生城市、镇和省级卫生村复审迎检工作的通知》（太政发〔2015〕22号），召开国家卫生城镇复审迎检动员会，部署卫生城镇创建工作。市政府主要领导、分管领导多次召集会议，协调解决难点工作。市爱国卫生运动与健康促进委员会各成员单位落实各自职责，对"六小"行业（小餐饮店、小食品店、小浴室、小美容美发店、小歌舞厅、小旅店）、农贸市场、重点区域设摊现象进行专项治理，解决一批常年积累的环境卫生问题。太仓市被重新确认为国家卫生城市，沙溪镇、浏河镇、璜泾镇被重新确认为国家卫生镇。全市连续三年未发生虫媒传染病。太仓城区通过江苏省"灭蚊、灭蝇、灭鼠、灭蟑螂先进市"复审。

【农村改水改厕】 2015年，太仓市有农村饮用水监测点28个、城市饮用水监测点10个，生活饮用水水质卫生监测覆盖率100%。全年采集水样184份，其中枯水期、丰水期对出厂水进行106项指标全分析，合格率100%。加快农村卫生户厕提档升级，全市提档升级卫生户厕2056户，其中一体成型新材料预制三格式化粪池1431户，进院入户720户。新建农村公厕32座，农村环境卫生得到进一步改善。

【健康教育与促进】 2015年，太仓市围绕全国健康促进县（区）试点项目建设，深化健康素养促进行动，按时完成基线调查和基线分析报告，明确优先干预问题和领域。加强健康教育能力建设，与上海交通大学医学院合办首批公共营养师培训班；举办各类健康教育培训班10次，受训人员600多人次。持续推进健康阵地建设，健康花卉馆提档升级，苏州健雄职业技术学院生命健康教育馆项目启动。规范健康自我管理小组，全年新建健康自我管理小组45个，累计建组159个，村（社区）覆盖率超过95%。开通“你点我讲”健康主题巡讲预约平台，市镇两级讲师共开展讲座130场，直接受众近万人。加强控烟工作，市第一人民医院作为戒烟门诊国家示范点，开通戒烟门诊绿色通道，戒烟门诊就诊人数提高，影响扩大，受到全国控烟办肯定。年内，全国及江苏省戒烟门诊培训班在太仓举行。

（叶伟强　杜　平）

文　化

文化设施

【太仓市图书馆】 太仓市图书馆位于上海东路100号，属国家一级图书馆，总建筑面积1.9万平方米，阅览席位700余个，藏书量110万余册，与苏州地区公共馆外购共享CNKI中国知网数据库和万方、维普、龙渊等数据库6个，自建共建数据库9个，容量共9TB（万亿字节）。图书馆一层为少儿活动及阅览区域，设有少儿图书借阅室、亲子阅读区、多功能报告厅、4D影院等服务区域，其中少儿图书借阅室收藏少儿图书7万册、少儿报刊70多种；多功能报告厅面积150平方米，座位217个；4D影院座位32个。二层为综合服务区域，设有电子阅览室、音像资料借阅室、报刊阅览室、盲文阅览室，其中电子阅览室拥有电脑64台；音像资料借阅室拥有音像资料1.1万余件；报刊阅览室拥有杂志843种、报刊171种；盲文阅览室拥有盲文书籍800余册。三层为流通区域，设有图书借阅室2个，开架图书36万册。四层设有地方文献室、珍贵文献室、东仓书库等，其中地方文献室陈列太仓地方文献2800余册，珍贵文献室陈列文献3000册。2015年，图书馆接待读者93.21万人次，借阅图书约60余万册次，举办各类活动260场次，参与人数5.1万人次。

【太仓博物馆】 太仓博物馆是地志类综合性博物馆，成立于1987年，为江苏省内率先创办的县（市）级博物馆。太仓博物馆新馆位于上海东路100号，2010年12月落成，2011年1月开放，建筑面积1.4万平方米，共分五层，其中地上四层，地下一层。地上四层为陈列展览区，地下一层为六国码头场景，展区面积近7000平方米。主要陈列展览有太仓历史文化陈列、馆藏文物（陶瓷、青铜器、玉器等）陈列、馆藏书画陈列等。同时，4个临展区可承办不同类型和题材的临时展览。太仓博物馆还承担全国重点文物保护单位张溥故居和江苏省文物保护单位王锡爵故居的管理职责。2015年，太仓博物馆接待观众15万余人次，讲解260余场次，举办临时展览22个，内容涵盖书画、宣德炉、圣旨、瓷器、碑拓、水彩画、剪纸、明代服饰、古代钱币等各方面，兼具地域和多元文化特色，在展览中加入互动体验活动，注重新媒体宣传，利用微博、微信等新媒体配合展览推出抽奖活动，改变原有单一的展陈模式，观众反响良好。在办好馆内展览的同时，太仓博物馆推进巡展工作，让展览走出博物馆，走进百姓中。全年开展巡展20余场次，并配套开展讲解、讲座、送书、知识竞赛等活动，将文化惠民展览活动惠及学校、社区、医院、养老院、部队等基层单位。

【太仓市文化馆】 太仓市文化馆为国家一级文化馆，江苏省文明单位，位于上海东路98号，毗邻太仓大剧院，建筑面积7648平方米，分为地下一层和地上三层。一层有小剧场（387座）、化妆间、展示厅、多功能厅、舞蹈戏曲排练厅、专业录音棚等群众文化活动场所。二层为办公用房。三层为公共电子阅览室、舞美中心办公室。配有铝合金流动舞台、流动演出车等现代化演出和技术设备。市文化馆秉承“博学、精专、实干、远志”馆风精神，年策划、组织、开展各类演出活动及展览300场次，开展面向基层、业余文艺团队、企事业单位辅导活动1000余次。馆内常设“娄东戏台”“舞林会友”“太仓乐坛”等常态化免费开放项目和弱势群体、外来务工人员子女免费艺术培训班及各门类艺术培训等。创作的作品在全国“群星奖”“蒲公英奖”“江苏省五个一工程”“五星工程奖”“江苏戏剧奖·小戏小品奖”“江苏省小戏小品比赛”等大赛和评奖活动中获得奖项。

【宋文治艺术馆（太仓名人馆）】 宋文治艺术馆位于太仓市县府东街12号，占地1428平方米，总建筑面积536平方米，由太仓县人民政府于1989年拨款建成。全馆由艺术馆和松石斋（宋文治故居）2个部分组成。艺术馆为南北向，计15间。宋文治汉白玉雕像坐落院内，供参观者瞻仰。艺术馆楼下两厅展出宋文治代表作品60幅，系宋文治在20世纪40年代至80年代创作。艺术馆楼上陈列明清书画佳作30幅和宋文治艺术成果资料及名家字画佳作、古陶文物等。

太仓名人馆位于太平南路38号，与宋文治艺术馆一街之隔，于2013

年建成开放，总建筑面积4050平方米，展厅面积2072平方米。展陈内容涵盖从宋代至今的太仓名人115位，馆内分三层，一层、二层为展厅部分，三层为办公区域。名人馆分8个部分分别展出文苑撷英、翰墨清芬、名宦乡贤、科教精英、梨园艺坛、实业名家、状元及第、中外院士等内容。太仓名人馆是苏州市爱国主义教育基地及时代精神教育基地。太仓名人馆现作为宋文治艺术馆的新馆，承担相关美术展览功能。2015年，宋文治艺术馆（太仓名人馆）接待观众20余万人次，讲解200余场次，举办各类活动150多场次、临时展览9场。

（颜美芳）

公共文化服务

【概况】 2015年，太仓市完成“十二五”期末全市公共文化设施面积统计工作，全市公共文化设施面积24.2万平方米，人均（常住人口）公共文化设施面积0.34平方米，乡镇文化活动中心面积均超过3000平方米。至年底，全市文艺团队登记工作完成，登记团队256支。

公共文化。2015年，太仓市开展文化惠民活动，全年送戏下乡278场，放映农村数字电影1556场次，开展各类送书、送戏、送展览、送电影、送培训等惠民活动3000余场次。举办第六届“娄东之春”文化艺术节、娄东（太仓）全国中国画（山水画）作品展、第二届文化养老艺术节、第十届太仓阅读节等重大文化活动。开展第八届“百团大展演”群众文艺创作节目大赛、太仓市美术书法摄影大赛、“舞动娄城”广场舞比赛、第十一届江南丝竹演奏赛等文化赛事。图书馆全年接待读者93.21万人次，借阅图书60余万册次，举办各类活动260场次，参与人数5.1万人次。博物馆及下属张溥故居、王锡爵故居全年接待观众17万余人次，讲解345余场次，举办临时展览22个，开展巡展和社教活动30余场次。宋文治艺术馆（太仓名人馆）接待观众20万余人，讲解200余场次，举办各类活动150多场次、临时展览9场。继续设置免费品牌栏目，如“娄东戏台”“太仓乐坛”和弱势群体及外来务工人员子女免费艺术培训班、文化名人太仓行、文艺进校园、文艺培训班等。扩大文化志愿者队伍，年内评选出“群文之星”10人。

文化产业。年内，太仓市会同苏州大学文学院，调研提出太仓市文化产业发展“十三五”规划方向、方法及主要目标。修改完善《文化产业引导资金使用管理办法》，提高政策扶持力度和配套性。做好扶持政策落实工作。组织开展2015年度宣传文化人才（文化产业）计划申报评审工作，评选市宣传文化人才计划的文化产业领军人才。做好2015年度太仓市级文化产业引导资金及文化产业人才资金申报评审工作，共汇集申报项目17个，申请资金2000余万元。经评选，确定资助项目7个，资助金额425万元，带动投资总量5900万元。组织文化企业参加第四届苏州创博会、第十一届深圳文博会江苏馆展示及上海自贸区文化授权交易会等活动。

文化市场。太仓市加强对广告节目的监督检查，加大非法“黑电台”查处力度，加强广播频率、电视频道监听监看，确保全年广播电视安全播出。2015年，共受理各类咨询1200多人次，审核、审批、变更、年检408户。加大版权保护力度，南洋广场、华旭广场分别获评江苏省、苏州市“正版正货”示范街。

文化执法。2015年，太仓市文化行政综合执法大队共出动执法人员1492人次，检查文化场所746家次，立案查处行政案件30起，处理各类举报16起，通过行政处罚有效打击网吧、娱乐场所等违法违规经营行为，规范全市文化市场经营秩序。年内，印发《关于落实安全生产责任的实施意见》《生产安全事故应急预案》，加强对市内文化场所巡查力度。做好全市文化娱乐场所、特别是人员密集场所安全生产检查工作，全年共发现网吧、歌舞厅、电影院等场所各类安全隐患86处，立即整改62处，限期整改24处。通过建立档案，落实安全生产责任制，加强宣传和培训工作，提高经营者安全责任意识，减少安全隐患。通过日常巡查和联合执法相结合，开展“扫黄打非”工作，共收缴非法书刊和音像制品2000余件，清理取缔无证出版物摊点50余处，联合公安网监大队查处网络违规案件2起，净化全市社会文化环境。

影视市场。每月统计上报院线电影放映数据，掌握电影市场动态情况，及时反馈至电影经营单位。全年全市4家影院共放映电影4.43万场次，观众122.6万人次，票房收入4659万元，分别较上年增长5.62%、40.7%和44.8%。全年开展“数字电影村村放”活动，共计放映电影1556场。

【第六届“娄东之春”文化艺术节】 5月10日，第六届“娄东之春”文化艺术节开幕，弘扬本土优秀传统文化。艺术节融民俗展演、美术书法摄影展览、文化赛事、讲座培训等于一体，相继举办太仓民俗民间文艺大展演、太仓市美术书法摄影大赛暨优秀作品展、“娄东大讲堂”10周年纪念活动——百场讲座基层行、“结伴尔雅、阅享娄城”、“娄东翰墨”全国书法名家邀请展、民间收藏展系列等18项120多场次活动，展示娄东文化优秀价值，促进本土文化推广和传承，满足不同层次群众的文化需求。

【第二届文化养老艺术节】 4月16日，太仓市第二届文化养老艺术节开幕，艺术节与第八届“百团大展演”相结合，以老年群体需求为导向，开展“晚霞生辉”老年人才艺大比拼、“人间晚晴”征稿等活动300多场次，吸引近万人次老年群体参与活动，展示全市老年群体健康、积极向上的精神风貌。

【文化产业展示平台搭建】 4月，太仓市组织奇纬光电新材料（中国）有限公司、天工设计等4家文化企业参加第四届苏州创博会，市文广新局被创博会组委会授予优秀组织奖。5月，

2015 年太仓市公共文化服务活动一览表

表 59

序号	时间	活动内容
1	1 月 21 日	2015 年科技文化卫生“三下乡”文艺演出
2	2 月 11—12 日	新春文化惠民进社区活动
3	2 月 12 日	“墨缘·乡情”张培础画展开幕
4	3 月 17 日	“结伴尔雅·阅享娄城”开启 2015 年社区活动
5	4 月 2 日	图书馆开展以“阅读悦成长”为主题的少儿系列活动
6	4 月 16 日	第二届文化养老艺术节暨第八届业余文艺团队“百团大展演”启动
7	4 月 22—24 日	2015 年度政府购买文艺演出服务评估审核演出
8	4 月 23 日	世界读书日活动
9	4 月 25 日	“换·享书世界”第五届“换书乐”活动
10	4 月 30 日—6 月 30 日	宣炉吉金——苏州博物馆馆藏宣德炉特展
11	4—10 月	2015 年太仓市“舞动娄城”群众文化广场舞大赛
12	5 月 9—31 日	静观风来——黄惇书法篆刻作品展、娄东诗韵——全国书法名家邀请展
13	5 月 10 日	第六届“娄东之春”艺术节开幕式暨太仓市民俗民间文艺大展演
14	5 月 19 日	2015 年南宁“新娄东山水画作品展”开幕
15	5—9 月	“晚霞生辉”老年人才艺大比拼
16	6 月 4 日	“社会主义核心价值观、法治文化、勤廉文化”专场
17	6—10 月	第八届业余文艺团队“百团大展演”活动欢乐百村（社区）行暨“社会主义核心价值观、法治文化、勤廉文化”专场全市巡演
18	6—10 月	“欢乐百村（社区）行”“欢乐百企行”文艺演出
19	7 月 8 日	曹大铁书画展开幕
20	8 月 10 日	纪念抗日战争暨世界反法西斯战争胜利 70 周年戏曲专场
21	8 月 13 日	2015 年贵阳“新娄东山水画作品展”开幕
22	9 月 9 日	“大道留真”宋玉麟山水画展览开幕
23	9 月 10 日—10 月 12 日	海峡两岸水彩画艺术交流展
24	9 月 21 日	“江南春朝——宋文治艺术人生”展览开幕
25	9 月 21—24 日	太仓市第八届业余文艺团队“百团大展演”暨太仓市群众文艺创作节目大赛
26	9 月 24 日	太仓市第十一届江南丝竹演奏赛
27	10 月 10 日	“名家与名票同台”——娄东戏台 100 期纪念活动
28	11 月 18 日	第六届“娄东之春”艺术节、第二届文化养老艺术节暨第八届“百团大展演”系列活动闭幕式文艺专场演出
29	11 月 8 日	“妙在云烟处”孙日晓画展及其 20 件作品捐赠仪式
30	11 月 10 日	“重温经典”娄东（太仓）全国中国画展开幕
31	11 月 14—15 日	王世贞与明清文化国际学术交流会
32	12 月 28 日	2015 年新年音乐会

5月10日，第六届“娄东之春”文化艺术节开幕　（戴新刚　摄）

组织奇纬光电参加第十一届深圳文博会江苏馆展示。11月，组织张志强漆画、永贵红木家私、天工设计等参加上海自贸区文化授权交易会。

【“娄东大讲堂”10周年】 2015年是“娄东大讲堂”创办10周年，作为太仓市图书馆的品牌活动，“娄东大讲堂”全年共开展讲座43场，吸引读者1.34万人次。讲座内容涉及范围广，名家系列包括：儿童文学作家秦文君，孔子研究院院长、孔子第75代孙孔祥林，著名史学家、紫江学者许纪霖，评弹名家盛小云，明史专家、凤凰出版传媒集团编审马渭源，联合国中文教学组组长何勇等。科技教育类讲座8场，有《最强大脑——让记忆大师触发你的特异功能》《神奇的海底世界》等。开展互动性讲座，将脱口秀、古琴欣赏、茶道演绎、瑜伽等融入讲座。为丰富基层群众精神文化生活，举办“娄东大讲堂”讲座基层行，开展讲座校园行4次、社区行14次，开设生活健康、科技教育、文化生活类讲座18场，服务基层读者2990人次。

（颜美芳）

传播媒体

电视

【概况】 太仓市广播电视总台主要经营广播、电视、网站及开展文化演艺活动等。2015年，市广电总台调整运行管理体制，重新整合部门机构，成立“一办三中心”，即党政办公室、新闻采编中心、产业经营中心、保障管理中心，在职职工221人。太仓传媒中心占地2.2公顷，建筑总面积4万平方米，广电功能区建有全台网、媒资、制作网和8频道硬盘播出系统，配备8+2讯道高清电视转播车，基本实现数字化、网络化、智能化播控传输。全市拥有调频、电视转播发射台1个，电视节目3套；拥有电视栏目29个，其中自办栏目21个，每天播出节目时长16小时。有线广播电视传输干线长度3669公里；有线广播电视覆盖用户数16.88万户，有线广播电视实际用户数16.83万户。全年公共电视节目播出时间5000小时；制作电视节目时间832小时10分。太仓新闻频道全天滚动播出《太仓新闻》《新视点》《连心桥》《相逢》等新闻类节目20个；娄东民生频道主要播出《娄东民生》《太仓闲话》《生活1＋1》等民生类节目10个；扬帆生活频道主要播出《梦江南》《娄江夕阳红》《卫生与健康》等联办节目11个。

【频道改版】 2015年，市广电总台遵循“新闻立台、内容为王”理念，融合新闻性与宣传要求、新闻规律与宣传功能，重新定位节目频道，凸现时政新闻、经济新闻和民生新闻的重要位置。原有新闻、生活、人文节目频道分别定名为太仓新闻频道、娄东民生频道、扬帆生活频道。强化时政新闻、民生服务、经济资讯，明确频道定位：太仓新闻频道定位“求实传真，价值引领”，娄东民生频道定位“大众传媒，心系大众”，扬帆生活频道定位“资讯海洋，引领风尚”。新闻宣传关注民生、贴近百姓，反映群众诉求，倾听群众呼声，弘扬社会正能量。《太仓新闻》《娄东民生》《太仓闲话》等重点栏目全新改版，栏目围绕时政新闻、民生服务、方言文化推广等主要内容，突出新闻报道引领、民生资讯服务、地方特色教化等功能。

【舆论宣传】 2015年，太仓市繁荣电视艺术创作，突出主流媒体职能。电视新闻共推出30多个专栏和系列

1月1日，《娄东民生》栏目改版　（市广电总台供稿）

2015年市广电总台部分创优获奖作品表

表60

序号	题目	主创人员	奖项
1	一桥飞架南北，一路畅达江海——沪通长江大桥开工建设特别节目	周新锋　张　成	江苏省2014年度优秀广播电视政府奖（广播社教节目奖）二等奖
2	魂归故里——中国的居里夫人吴健雄	张玉平	江苏省2014年度优秀广播电视政府奖（广播电视播音与主持作品奖）二等奖
3	汽笛	周新锋　刘守则　金玉石	江苏省2014年度优秀广播电视政府奖（广播剧和广播文艺奖）三等奖
4	新权益、新责任、新起点315大型直播活动	周新锋　张　成　王　霏　杨　娟　赵　爽　陆晓红　张　清	苏州市2014年度优秀广播电视节目政府奖（广播新闻奖）一等奖
5	全媒体时代县级电视台的破茧之路	徐　蓉	苏州市2014年度优秀广播电视节目政府奖（广播电视学术论文奖）一等奖
6	人文太仓	钱永泉　张　成　周新锋　陆晓红　张　清	苏州市2014年度优秀广播电视节目政府奖（广播社教奖）一等奖
7	微电影《起点站·终点站》	—	苏州市2014年度优秀广播电视节目政府奖（电视文艺奖）特别奖
8	探索政社互动	胡志强　徐　琴　朱　青　洪　月	第17届“苏州新闻奖”一等奖
9	系列报道：群众眼里的共产党员	新闻中心	2015年度苏州重大报道特别奖
10	走基层·看中国	新闻中心	苏州市新闻战线2015年度“走转改”活动优秀项目三等奖
11	捐献骨髓，让爱心之花常开不败（公益广告）	高　峰　朱　青　黄　帆　王　俊	第三届（2015年）苏州市影视文艺“金茉莉奖”二等奖
12	情暖人间——中国好人闵知行	钱永泉	江苏省第四届“博爱杯”红十字好新闻评选活动三等奖
13	EQM智能化综合监控系统的应用	许　轶　张　清　杨丽峰	江苏省2014年度广播电视科技创新奖三等奖
14	太仓广电专业机房动力环境及安防监控系统	王　曙　赵　江　张　磊	江苏省2014年度广播电视科技创新奖三等奖

报道，开设深度报道栏目《新视点》，宣传贯彻市“两会”、市委扩大会议等重要会议精神，加大经济发展新常态、安全生产、法治建设等方面的宣传力度；在纪念抗日战争暨世界反法西斯战争胜利70周年期间推出系列报道《娄江烽火》，策划“我是共产党员”系列报道，推出《回顾“十二五”,展望“十三五”》专栏。发挥民生类节目服务民生和舆论监督作用。《娄东民生》栏目开设“我来帮忙”“行走社区”“衣食住行”“政策解读”等贴近百姓生活的系列报道，取得良好社会效果。新闻制作被苏州电视台录用560条，被中央电视台录用6条。

【媒体融合】 2015年，太仓市加强传统媒体和新兴媒体的融合，通过互联网技术降低信息传播成本，实现资源共享衍生出不同形式的信息产品，通过不同平台传播给受众，接轨市场，促使信息传输通道多元化。媒体工作人员根据多媒体的原始素材，综合整理提炼、加工，通过不同媒介传播的特点，迅捷传达信息，表现事件背后的真实，还原新闻全貌，提升新闻报道的质量和深度。市广电总台遵照新闻规律，理顺新闻采编播制的流程，逐步向电视、广播、新媒体互补联动融合的方向发展。重点打造太仓扬帆网、扬帆微生活。推进“扬帆智慧太仓”手机APP建设，通过网站和手机智能终端提供便捷高效服务，打造太仓首个集广电视听信息、政务信息、便民信息等于一体的综合信息平台。区域综合性门户网站——扬帆网日均点击率2000人次。

（徐　蓉）

1月，市委宣传部及太仓日报社联合出版《与梦同行——辉煌“十二五”特别策划》特刊

（太仓日报社供稿）

广　播

【概况】 2015年，太仓市广播调频96.7新闻广播内容以新闻、联办节目为主，发挥广播媒体短平快优势，做好突发重点新闻播报。坚持贴近实际、贴近生活、贴近群众“三贴近”，升级改版《太广新闻》，每天播送太仓本地及国内外重、大、特事和本地民生资讯。《王霏帮你忙》为民排忧解难，吸纳《政务直通车》，为民解读政策，提高节目社会影响力。全年《王霏帮你忙》接到听众热线500多个，实际解决问题106个。全天播音16小时，其中直播时间4小时。全年公共广播播出时间5759小时，制作节目2190小时。全年向省广播电台发稿208篇，被录用稿件12篇。

（徐　蓉）

报　刊

【概况】 2015年，太仓市有报纸出版社1家，即太仓日报社，出版发行的《太仓日报》为对开全彩周六报，周一8版，周二至周四均为12版，周五20版（含周末增刊《娄东民生报》8版），周六4版，每周出版80版以上。统一刊号：CN32–0131，邮发代号：27–138。全年《太仓日报》出版299期（《娄东民生报》出版45期），总期数5456期，每期发行量均为2万份。《太仓日报》官方微博：weibo.com/tcrb；官方微信：taicangdaily。

【传播内容改版】 2015年，太仓日报社改版创新《太仓日报》传播内容，升华报媒价值。发扬“贴近实际、贴近生活、贴近群众”三贴近新闻报道原则，把群众的呼声作为新闻舆论监督的第一信号，坚持事实说话，把版面留给基层，坚持“走基层、转作风、改文风”，专注地方资讯理念，创新采编制作，在版面、栏目设置上向民生类新闻倾斜。通过更多独家新闻和独特版面为读者提供高品质的阅读机会。精采精编，提升质量；突出内涵、人文关怀；突出深度和服务，抑制同质化。开设《百姓问政》周刊，围绕市民关注的重大政策或热点问题，以问答形式与读者互动，多角度解疑答惑；《小周热线》栏目，每天帮助市民解决生活中的急事、难事；《三农报告》周刊、《江海观潮》栏目，加强主流媒体舆论引导，助推社会经济发展；《行走天下》《休闲时光》《娄东忆旧》《书香飘溢》等版面发掘弘扬娄东文明精髓，提升娄东文化影响力，提供更多优秀文艺作品，倡导全民阅读，号召“走向阅读社会”建设书香社会；《上海情报》《经济金融》版，剖析阐释多元价值观，为太仓打开思路接轨上海、市民了解宏观经济形势提供思想阵地。

【新闻舆论引导】 2015年，太仓日报社坚持主流媒体导向，守望社会公平正义，符合团结稳定鼓劲，自觉承担舆论导向责任，传播社会正能量，传递社会主义核心价值观，引导积极、健康、向上、向善价值观，促进社会稳定和谐。《太仓日报》通过《共建强富美高新太仓》《重点项目记者行》《改革发展·勇于担当》《辉煌“十二五”·我们共同见证》《寻访抗战记忆》等常规主题性报道栏目和《与梦同行——辉煌“十二五”特别策划》大型主题性特刊，提高纸媒理论宣传的功能作用和地位，思想指导实践太仓转型发展。《与梦同行——辉煌“十二五”特别策划》通过“沃土、跨越、蝶变、幸福、绿色、希望”六大篇章，反映太仓“十二五”期间在经济、社会、民生发展等各个方面取得的成绩，图文并茂回顾太仓近年发展，提高受众“十二五”发展成就感。推出“互联网+太仓探索”“‘一带一路’太仓起航”等响应国家发展战略的系列报道。《第一现场》《基层故事》《民生记录》三大栏目聚焦基层一线，增强地方纸媒的针对性和实效性；通过《身边的好人》等栏目聚焦普通百姓，鼓励全市投身社会主义现代化创建活动。

【全媒体融合】 2015年，太仓日报社构建全媒体发展形态，普及推广信息通讯技术，通过采编、传播流程再造，实现不同媒介间的交融和媒体发布通道的多样性，受众获得更及时、多角度、多视听满足的媒体体验。在

2015 年《太仓日报》部分获奖作品表

表 61

作品名称	奖项	作者
《“双元制”十年育三千蓝领》（通讯）	江苏省报纸优秀作品三等奖、省县市报新闻奖一等奖、苏州新闻奖一等奖	戴周华
《太仓港成全国木材进口第一大港》（消息）	江苏省报纸优秀作品三等奖	李孝忠
《太仓农村改革领跑江苏》（消息）	江苏省县市报新闻奖二等奖	李　华
《太仓企业如何坐上“主桌”》（通讯）	江苏省县市报新闻奖二等奖	李孝忠
《“一带一路”太仓起航》（系列报道）	苏州市重大报道特别奖	集体采写
《以节为媒、统筹策划、破解“节庆日”模式化报道路径可寻》（论文）	苏州市新闻传播理论作品奖三等奖	朱乃燕
《县市区域报栏目品牌建设刍议》（论文）	苏州市新闻传播理论作品奖三等奖	宋祖荫

门户网站、手机报、数字报、平面媒体等终端广泛融合基础上，重视互联网发展，推广“本土＋专业＋品牌”化的官方微信、微博，避免信息同质化，实现新闻和资讯的分众快捷传播，提高受众参与度，实现市场化服务。1 月 1 日，构建运营太仓日报微信矩阵和“太仓日报样样有”微信（taicangyyyou）。太仓日报微信公众号开通子微信 10 个，分别是养生馆、休闲营、财管家、公益社、民情汇、搜大街、土特产、文化坊、游天下、房产通，提供分门别类的吃喝玩乐游购娱等民生资讯，粉丝数 2.5 万人（次）。“太仓日报样样有”微信以太仓样样有咨询网为平台，专注提供本地化资讯服务领域，粉丝数 5 万人（次）。腾讯大苏网与苏州大学凤凰传媒学院发布苏州微信影响力排行榜首周榜单，在其中苏州市区（县）媒体微信订阅号排行榜中，太仓日报官方微信排第 6 名。

（郁　鹰）

网络媒体

【概况】 2015 年太仓市网络媒体发展总体较为平稳，微信、微博等新媒体平台的影响力与日俱增。截至年底，全市共有各类微信公众号 300 多个，其中政务微信公众号 55 个。太仓日报、扬帆微生活等传统媒体微信公众号粉丝数 5 万人（次），木瓜传媒、太仓微生活等自媒体公众号粉丝数 5 万人（次）。太仓市政府新闻办官方微信“太仓发布”共发布微信 3435 条，开设栏目 9 个，粉丝数 1.4 万人（次），粉丝数较上年增长 2 倍。全市共计 55 家单位开通微博并入驻政务微博群，其中政府机构微博 39 个，镇区微博 9 个，公共服务单位微博 7 家。太仓市政府新闻办官方微博“太仓发布”共发布微博 2.72 万条，开设栏目 15 个，粉丝总数 51.24 万人（次）。太仓网民较为活跃的辖内论坛主要有烟雨江南论坛、好太仓论坛和新太仓论坛。烟雨江南论坛注册会员数 17.2 万人（次），活跃用户数 9 万人（次）；好太仓论坛的注册会员数 8 万人（次），活跃用户数 2 万人（次）；新太仓论坛注册会员数 3.5 万人（次），活跃用户数 7000 人（次）。太仓日报样样有资讯网发布新闻 1.25 万条，网站访问量 116 万人次。

（朱　慧）

遗产保护

【概况】 2015 年，太仓市开展“十三五”太仓文物保护工作，与南京大学合作，就太仓加入海上丝绸之路申报世界文化遗产相关事项展开基础性研究工作，完成清单文本制作并形成《太仓市海上丝绸之路申报世界文化遗产文本》。与苏州考古所合作开展浏河王氏墓地考古调查，形成调查报告。编纂出版《太仓历史文化遗存》一书，与上海交通大学合作成立上海交大太仓文化研究院。深入挖掘利用娄东文化资源，完成太仓市全国第一次可移动文物普查，完成市普查办骨干组、太仓博物馆、宋文治艺术馆、城厢镇普查组、浏河镇普查组、苏州健雄职业技术学院、市档案局普查组等 7 个普查小组共计 14 家收藏单位 1968 套（8027 件）藏品 3 万多个指标项的数据审核工作。完成全国重点文物保护单位金鸡桥修缮工程。做好全国重点文物保护单位浏河天妃宫和太仓海运仓遗址保护规划立项和上报工作。完成太仓市文物保护单位西塔、义兴桥、庵桥、新桥

太仓市全国第一次可移动文物普查藏品统计表

表 62

单位：件 / 套

序号	收藏单位	采集藏品	实际数量	登录藏品	实际数量	登录珍贵文物	实际数量	申报藏品总数	申报珍贵文物
1	宋文治艺术馆	213	216	213	216	9	9	213	9
2	太仓博物馆	1381	3554	1381	3554	139	383	1381	144
3	苏州健雄职业技术学院	23	51	23	51	0	0	23	0
4	太仓市档案局	18	19	18	19	0	0	18	0
5	太仓市浏河镇人民政府	40	56	40	56	0	0	40	0
6	太仓市城厢镇第一小学	5	5	5	5	0	0	5	0
7	娄东宾馆	3	3	3	3	0	0	3	0
8	太仓市明德小学	5	5	5	5	0	0	5	0
9	太仓市城厢镇新毛小学	52	52	52	52	0	0	52	0
10	太仓市明德高级中学	1	1	1	1	0	0	1	0
11	太仓市双凤中学	1	1	1	1	0	0	1	0
12	太仓市弇山园	12	18	12	18	0	0	12	0
13	太仓市第一中学	1	1	1	1	0	0	1	0
14	太仓市第二中学	213	4045	213	4045	0	0	213	0
合计		1968	8027	1968	8027	148	392	1968	153

等修缮工程。做好全国重点文物保护单位张溥故居，江苏省文物保护单位宋文治旧居、新毛粮仓，太仓市文物保护单位三里庙、东亭子桥等文物点保护性养护工程。做好全市国保单位综合信息系统数据录入、国保单位重大险情排查、市不可移动文物基础工作摸底汇总等工作。开展全市文博单位安全检查工作，联合市消防大队等部门开展全市文物古建筑安全排查工作。做好历史文化名城名镇内重点文物抢救工程项目申报工作。完成太仓市全国地理国情普查、全国地名普查、城市总体规划、苏州市水文化调查等相关资料搜集和报送工作。

【沙溪古镇“江南水乡”申遗工作】 2015年，太仓市沙溪古镇同江苏省周庄、锦溪、千灯、甪直等古镇联合申报“江南水乡古镇”世界文化遗产工作被列入国家文物局“十三五”申遗工作计划，力争“十三五”期间完成申遗目标。6月4日，联合国教科文组织世界遗产中心主任基绍尔·劳到太仓考察沙溪古镇，并给予建设性指导。6月25日，太仓市沙溪古镇申报世界文化遗产工作领导小组成立，负责组织领导和统筹协调沙溪古镇申遗工作。年内，太仓市委托中国文化遗产研究院对沙溪古镇开展“江南水乡古镇”申遗的遗产评估和确认工作。指导沙溪古镇做好古镇核心保护区范围内各类文物点的维修和保养，做好各类遗产点的保护性展示工作，奠定申遗基础。

2015 年太仓市非物质文化遗产保护名录

表 63

项目名称	种类	国家级	江苏省级	苏州市级	太仓市级
江南丝竹	民间音乐	一批（2006 年 5 月 20 日）	一批（2006 年 12 月 19 日）	一批（2005 年 6 月 13 日）	一批（2007 年 3 月 15 日）
滚灯	民间舞蹈	—	一批（2006 年 12 月 19 日）	二批（2006 年 6 月 2 日）	一批（2007 年 3 月 15 日）
七夕节（太仓七夕习俗）	岁时节令	—	二批（2009 年 8 月 12 日）	二批（2006 年 6 月 2 日）	一批（2007 年 3 月 15 日）
双凤山歌（吴歌扩展）	民间文学	—	二批（2009 年 8 月 12 日）	三批（2007 年 6 月 12 日）	一批（2007 年 3 月 15 日）
太仓肉松制作技艺	传统技艺	—	三批（2011 年 9 月 2 日）	四批（2009 年 5 月 20 日）	一批（2007 年 3 月 15 日）
太仓糟油制作技艺	传统技艺	—	三批（2011 年 9 月 2 日）	四批（2009 年 5 月 20 日）	一批（2007 年 3 月 15 日）
妈祖祭	民俗	—	—	五批（2011 年 6 月 10 日）	二批（2007 年 11 月 30 日）
唐调（苏州吟诵）	传统音乐	—	—	六批（2013 年 6 月 5 日）	四批（2013 年 1 月 27 日）
堂名（昆曲扩展）	传统戏剧	—	—	二批（2006 年 6 月 2 日）	一批（2007 年 3 月 15 日）
双凤新湖龙狮制作技艺	传统技艺	—	—	四批（2009 年 5 月 20 日）	一批（2007 年 3 月 15 日）
渔民号子（浏河渔民号子）	民间音乐	—	—	四批（2009 年 5 月 20 日）	二批（2007 年 11 月 30 日）
摇大橹	民间舞蹈	—	—	四批（2009 年 5 月 20 日）	三批（2008 年 4 月 3 日）
双凤羊肉面制作技艺	传统技艺	—	—	五批（2011 年 6 月 10 日）	三批（2008 年 4 月 3 日）
璜泾红木雕刻（明式家具制作技艺）	民间美术	—	—	五批（2011 年 6 月 10 日）	二批（2007 年 11 月 30 日）
打莲湘	传统舞蹈	—	—	六批（2013 年 6 月 5 日）	四批（2013 年 1 月 27 日）
荡湖船	传统舞蹈	—	—	六批（2013 年 6 月 5 日）	四批（2013 年 1 月 27 日）
谭氏外科	民间医药	—	—	六批（2013 年 6 月 5 日）	四批（2013 年 1 月 27 日）
宣卷	曲艺	—	—	—	城厢宣卷：一批（2007 年 3 月 15 日） 双凤宣卷：四批（2013 年 1 月 27 日）

续表 63

项目名称	种类	国家级	江苏省级	苏州市级	太仓市级
昆曲	传统戏剧	—	—	—	一批（2007 年 3 月 15 日）
古琴艺术	民间音乐	—	—	—	一批（2007 年 3 月 15 日）
利泰高跷	民间舞蹈	—	—	—	一批（2007 年 3 月 15 日）
矛子舞	民间舞蹈	—	—	—	一批（2007 年 3 月 15 日）
灶头画	民间美术	—	—	—	二批（2007 年 11 月 30 日）
抛石锁	传统体育	—	—	—	二批（2007 年 11 月 30 日）
陆渡白烧羊肉制作技艺	传统技艺	—	—	—	三批（2008 年 4 月 3 日）
双凤玉皇阁道教音乐	民间音乐	—	—	—	三批（2008 年 4 月 3 日）
沙溪鼎盛祥猪油米花糖制作技艺	传统技艺	—	—	—	三批（2008 年 4 月 3 日）
土布制作技艺	传统技艺	—	—	—	三批（2008 年 4 月 3 日）
姐妹舞	民间舞蹈	—	—	—	三批（2008 年 4 月 3 日）
倪鸿顺肉松骨头制作技艺	传统技艺	—	—	—	三批（2008 年 4 月 3 日）
河蚌舞	民间舞蹈	—	—	—	三批（2008 年 4 月 3 日）
风筝制作技艺	传统技艺	—	—	—	四批（2013 年 1 月 27 日）
朱大全刀剪制作技艺	传统技艺	—	—	—	四批（2013 年 1 月 27 日）
百草梨膏糖制作技艺	传统技艺	—	—	—	四批（2013 年 1 月 27 日）
竹编	传统技艺	—	—	—	四批（2013 年 1 月 27 日）
许氏喉科秘方	民间医药	—	—	—	四批（2013 年 1 月 27 日）
陆氏全息诊疗法	民间医药	—	—	—	四批（2013 年 1 月 27 日）
督脉灸	传统医药	—	—	—	五批（2014 年 8 月 6 日）
陆氏眼药	传统医药	—	—	—	五批（2014 年 8 月 6 日）
龙狮舞	传统舞蹈	—	—	—	五批（2014 年 8 月 6 日）
棕藤编织技艺	传统技艺	—	—	—	五批（2014 年 8 月 6 日）
闹元宵	民　俗	—	—	—	五批（2014 年 8 月 6 日）

2015年太仓市非物质文化遗产项目代表性传承人名录

表64

项目名称	江苏省级	苏州市级	太仓市级
江南丝竹	—	张佳林、高音佳、范绍芳 （二批2010年6月22）	高音佳　张佳林　范绍芳　顾奎明 钱小龙　沈文玮　孙利红　陈建中 徐锦元　顾无畏（一批2010年12月24日）
滚灯	袁光华 （二批2008年11月27日）	袁光华（一批2008年6月20日）	袁光华（一批2010年12月24日）
七夕节	—	—	管爱生（一批2010年12月24日）
双凤山歌（吴歌扩展）	—	徐士龙（一批2008年6月20日）	徐士龙（一批2010年12月24日） 徐松明（二批2014年3月14日）
堂名（昆曲扩展）	—	陆晋德（一批2008年6月20日） 王耀宗（二批2010年6月22日）	王耀宗（一批2010年12月24日）
双凤新湖龙狮制作技艺	—	仇国良（二批2010年6月22日）	仇国良（一批2010年12月24日）
太仓肉松制作技艺	—	唐孝者（二批2010年6月22日）	唐孝者（一批2010年12月24日）
太仓糟油制作技艺	—	—	朱雪生（一批2010年12月24日）
渔民号子（浏河渔民号子）	—	周金尧（二批2010年6月22日）	周金尧（一批2010年12月24日）
摇大橹	—	王锦华（二批2010年6月22日）	王锦华（一批2010年12月24日）
宣卷	—	—	周梅珍（一批2010年12月24日）
昆曲	—	—	陈有觉（一批2010年12月24日）
古琴艺术	—	—	朱才元（一批2010年12月24日）
利泰高跷	—	—	卢平原（一批2010年12月24日）

续表 64

项目名称	江苏省级	苏州市级	太仓市级
璜泾红木雕刻	—	—	胡永贵　王江青（一批 2010 年 12 月 24 日）
妈祖祭奠仪式	—	—	王更红（一批 2010 年 12 月 24 日）
倪鸿顺肉松骨头制作技艺	—	—	陆汉平　唐孝耆（一批 2010 年 12 月 24 日）
河蚌舞	—	—	陆小福（一批 2010 年 12 月 24 日）
双凤羊肉面制作技艺	—	李永康（四批 2014 年 6 月 20 日）	俞桃珍　毛雪林（一批 2010 年 12 月 24 日） 李永康（二批 2014 年 3 月 14 日）
沙溪鼎盛祥猪油米花糖制作技艺	—	—	李建雄（一批 2010 年 12 月 24 日）
唐调（苏州吟诵）	—	季位东（四批 2014 年 6 月 20 日）	季位东　周黎霞（二批 2014 年 3 月 14 日）
谭氏外科	—	程　鸿（四批 2014 年 6 月 20 日）	程　鸿（二批 2014 年 3 月 14 日）
许氏喉科秘方	—	—	许瑞英（二批 2014 年 3 月 14 日）
百草梨膏糖制作技艺	—	—	方锁根（二批 2014 年 3 月 14 日）
风筝制作技艺	—	—	孙坤荣（二批 2014 年 3 月 14 日）
朱大全刀剪制作技艺	—	—	朱建明（二批 2014 年 3 月 14 日）
荡湖船	—	—	叶健芳（二批 2014 年 3 月 14 日）
莲湘	—	—	杨秋萍（二批 2014 年 3 月 14 日）

（颜美芳）

编史修志

【概况】 2015年，太仓市编史修志工作继续抓好党史、地方志、年鉴编纂及旧志整理等各项主业，史志工作取得新成绩。年内，党史编纂工作成果明显，先后出版改革开放时期中共太仓地方史专题资料丛书2本，分别为《财政卷》和《璜泾镇卷》；全市乡镇志编纂工作推进加快，取得初步成效，全市各镇均完成修志机构组建、编纂篇目拟定等工作，并形成部分初稿；年鉴工作深化规范与创新，《太仓年鉴（2015）》获全省综合年鉴优秀框架设计一等奖和综合性条目一等奖；专业志、部门志编修指导工作继续加强，完成评审《地名志》《共青团志》《计生志》等3部志书，对《工会志》《社保志》进行启动前的业务培训；历代旧志整理收官，3年内共整理影印旧志7部，其中，明•崇祯《太仓州志》获第十八届华东地区古籍优秀图书评比二等奖。

【《中共太仓地方史•第三卷（1978—2012）》编纂】 2015年，《中共太仓地方史•第三卷（1978—2012）》（以下简称“党史第三卷）编纂工作主要是推进改革开放时期党史专题资料征编工作。围绕党史第三卷编纂计划，集中力量先后编纂出版专题丛书2本，分别为《财政卷》和《璜泾镇卷》。《财政卷》全书共27.5万字，设有综述、大事记、财政支持的重点实事工程、荣誉录、文献资料及组织机构沿革等内容，是一本能够汲取有益经验、提高财政工作水平的地方党史资料汇编。《璜泾镇卷》全书共63.5万字，设有综述、大事记、专题资料、荣誉录、文章选辑、文献资料等内容，记录改革开放以来璜泾镇顺应改革潮流、抢抓发展机遇，推进社会进步的历史轨迹，是一部具有思想理论性、记述务实性，涵盖璜泾经济社会发展和党的建设的地方史书。在抓好《财政卷》《璜泾镇卷》编纂的同时，市史志办安排人员上门与相关征编单位沟通联系，确定丛书编写纲目，开展业务指导，推进《人社卷》《教育卷》的修改工作，确保编写工作有质有量。期间，对尚未完成专题资料编写的单位开展业务培训和座谈交流，对初稿进行示范性编校，就如何修改专题综述、大事记等作专题辅导。至年底，全市81个党史专题资料全部完成初稿编写。

【乡镇志、专业志编纂提速】 2015年，市史志办按计划召开乡镇志篇目研讨会、工作推进会、业务培训会、初稿评审会等，推进全市乡镇志工作有序开展。10月，《中国名镇志丛书•浏河镇志》完成申报、纲目研讨拟定等工作，并通过苏州市地方志办公室纲目评审，成为太仓市入选中国名镇志工程的第一部乡镇志。至年底，全市各镇均完成修志机构组建、编纂篇目拟定等工作，浏河、沙溪、璜泾、陆渡、浮桥的镇志资料收集工作全面展开，资料征集范围涵盖至全市各镇村、各企事业单位，并形成部分初稿，乡镇志工作阶段性成果明显。全年，市史志办共编印《太仓市乡镇志编纂通讯》6期，召开分片现场座谈会10余次，培训承编单位资料员500多人次。同时，市史志办继续做好专业志、部门志的业务指导工作。年内，完成评审《地名志》《共青团志》《计生志》等志书3部，总字数200余万字；对《工会志》《社保志》开展启动前的业务指导和培训。

【年鉴工作深化创新与规范】 3月，《太仓年鉴（2014）》获“第三届江苏省年鉴奖市县综合年鉴特等奖”和“地方综合年鉴框架设计奖”两项大奖。4月，年鉴创新工作经验在全省年鉴奖评选活动总结点评会上交流，得到省地方志办和与会单位的肯定。年内，市史志办以提升年鉴品质为抓手，继续深化年鉴创新与规范工作。在年鉴的编辑审校过程中，围绕“做实内容、做优框架、做美视觉”的要求，强化年鉴的编、校、审等环节，加大对入鉴资料基础数据的收集，补充年鉴的有效信息，统筹排版设计，从源头上确保年鉴质量，提升年鉴品质。10月，《太仓年鉴（2015）》由方志出版社正式出版发行。该年鉴为太仓市连续出版的第19部综合年鉴，系统记载2014年太仓的自然、政治、经济、文化和社会等领域的基本情况。全书设图片专题（包括封面故事、年度便览、视觉太仓）、特别报道、大事纪要、城市概况、人居环境、太仓港、中德中小企业合作示范区、区域经济、公共服务、社会管理、地方组织机构、城镇街道、附录、索引等类目16个，共有分目77个、副分目155个、条目1031个，图表126张，图片214幅，计92万字，是一本展示太仓概况与特色、记录太仓地情与历史、体现资政存史作用的权威资料性文献。12月，《太仓年鉴（2015）》获全省综合年鉴优秀框架设计一等奖和综合性条目一等奖。

【历代旧志整理完成】 2013年，经太仓市政府批准，《太仓历代旧志丛编》采取“一次立项、分步实施”的方法进行影印整理，至2015年年底，先后整理影印出版明清两代旧志7部，分别为明•弘治•桑悦《太仓州志》影印版1函3册、点校版1函4册，明•崇祯•张采《太仓州志》影印版2函16册，明•张寅•嘉靖《太仓州志》1函4册，清•宣统《太仓州志》2函15册，清•乾隆《太仓州志》1函8册、清•嘉庆《太仓州志》3函24册和民国《镇洋县志》1函5册等，其中明•崇祯《太仓州志》获第18届华东地区古籍优秀图书评比二等奖。太仓的旧志整理工作走在全省前列。

【江苏省年鉴编纂理论研讨会在太仓召开】 12月3日，江苏省年鉴编纂理论研讨会在太仓娄东宾馆召开，来自省内33个市、县（市、区）的70多名年鉴论文作者代表参加会议，省地方志办副主任、《江苏年鉴》主编牟国义出席会议并讲话。研讨会以“互联网背景下年鉴编纂的创新与发展”为主题，就年鉴编纂工作如何应对互联网的发展和互联网如何为年鉴编纂服务等开展交流讨论，来自南京、南通、镇江、泰州和常熟、张家港等地的14名代表作大会交流发言，内容

12 月 3 日，江苏省年鉴编纂理论研讨会在太仓召开

（邢友来　摄）

涉及年鉴框架创新对策研究、互联网时代年鉴模式创新、“互联网 +”时代年鉴框架设计等，整个会议主题明确，互动热烈，学术研讨氛围浓厚，对新时代背景下提升年鉴编纂整体质量，使年鉴更加贴近时代、贴近市场、贴近读者起到推动作用。牟国义提出，要在互联网背景下实现年鉴的创新与发展，必须要实现年鉴编纂理念的更新，挣脱“工具书”等传统观念的束缚，回归年鉴“资料性文献”的本质属性；要有意识地增加年度综述性内容的比例，提升年鉴的文献史料价值；要深化地情研究，拓展研究领域，推进年鉴数据库、信息库建设，做到在互联网背景下进一步扩大年鉴的影响力和利用率。

【党史宣传教育】 2015 年，市史志办围绕抗日战争暨世界反法西斯战争胜利 70 周年主题开展系列纪念活动。联合市委宣传部、市文广新局等单位举办“铸剑为犁——纪念中国与世界反法西斯战争图片展”，以取自南京图书馆馆藏民国报刊在抗战当年的报道与记述为主要内容，全面展现中国抗日战争和世界反法西斯战争各大战场历史场景和重大事件，按东、西方两大战场分别叙述的展陈模式，紧扣战争史实的年代线索，让参观者深入了解第二次世界大战宏大的历史脉络和悲壮的战争史实。联合市委宣传部组织系列报道“娄江烽火——太仓抗战风云录”，通过回忆太仓的抗日组织和杰出人物，采访抗战亲历者和知情者，寻访太仓抗日遗址，揭露侵华日军在太仓犯下的累累罪行。联合太仓日报社发表连载《寻访抗战记忆》专题报道 23 篇，刊登太仓人民抗日救国的英雄事迹——《不能忘却的记忆》专版 4 版，同时刊登太仓抗日大事记，旗帜鲜明的宣传抗战胜利的伟大意义。与市委组织部、市委宣传部、市级机关党委联合发文组织观看党史教育影片——《没有共产党，就没有新中国》，配合《姑苏晚报》、苏州电视台等媒体到太仓采访太仓的抗战足迹——方家桥战斗。在全市范围内营造良好的爱国主义和革命传统教育的红色氛围。发挥党史阵地宣传教育作用，利用太仓革命历史陈列馆、太仓第一个党支部纪念馆两大党史宣传阵地，开展各类参观学习活动，发挥爱国主义教育基地的宣传教育作用。据初步统计，全年入馆参观人数约 3 万人次。

（邢友来）

档案管理

【概况】 2015 年，太仓市以建立覆盖全社会的“大档案”格局、加强档案资源体系、档案利用体系和档案安全体系的“三个体系”建设，推进依法治档，丰富馆藏档案资源，创新档案信息化建设，弘扬档案文化，夯实档案基础管理。8 月 18 日，国家档案局发文批准太仓市数字档案馆为“全国示范数字档案馆”，这是江苏省首个、也是全国市县级首个“国家示范数字档案馆”。截至年底，全市共有综合档案馆 1 个，馆藏档案 20.59 万卷、30.22 万件，资料 1.39 万册；城建档案馆 1 个，馆藏档案 18.03 万卷；区镇级档案馆 3 个。政务公开服务信息查阅中心 1 个，保存 60 家单位的纸质政务公开信息 1.28 万件。图片中心共有图片 79779 张。全市有 377 家单位档案工作达到省星级规范标准，其中省五星级 24 家、省四星级 3 家、省三星级 101 家。

【归档查档】 2015 年，市档案局对进驻行政中心单位的档案按照“隔年移交进馆”原则，开展档案进馆工作。将市人武部保存的 5723 卷退伍士兵档案全部接收进馆，与馆藏退伍士兵档案实行资源整合。细化整理全市 4 万余件出生医学证明档案，组卷 589 卷，并完成数字化归档。接收撤并单位、到期进馆单位的档案，共接收进馆档案 7547 卷、3.95 万件。印发《太仓市档案馆收集档案范围实施细则》，加强对民政、教育、卫生、水利、农委、住建等二级事业单位的民生档案和国企档案的接收进馆，形成较为完善的档案资源接收进馆体系。2 月 8 日，国家档案局组织专家评审通过太仓市档案局承担的国家级档案科技课题《基于数字档案馆室系统的民生档案查阅新模式建设与推广》。全年全市各档案馆窗口提供查档服务近 5000 人次，出具证明 3200 余份。加强对民生档案基层查阅窗口的宣传和监管力度，提高系统稳定性和利用率，全年提供利用 200 余人次。继续做好政府信息公开查阅服务，全年共接收政府公开信息 269 件，累计收集 63 家单位的 1.28 万件政府公开信息。

【特色档案征集】 2015 年，市档案馆征集特色档案 2671 件。其中，书画作品 203 件，包括原太仓县委书记曹兴福创作及收藏的书法作品 195

1月，太仓建成白蚁标本档案，普及白蚁防治知识（市档案局供稿）

件，台湾已故政界人士严家淦、蒋经国、谢东闵书法作品3件；名人档案227件，包括张晓峰与周恩来、周巍峙、电影演员程之等人的影像档案196件；图片2149张，包括2014国际田联竞走世界杯摄影比赛、2014年“水美太仓”水生态文明城市摄影大赛等作品。征集到《中华乐安孙氏总谱》32件，古籍善本16件，包括明万历本《金瓶梅》高仿本10卷、《茹经堂文集》3件。8月18日，索尔吉他研究专家、中国儿童吉他教学创始人朱伟向太仓市档案馆无偿捐赠他从事索尔吉他演奏与教学指导的手稿、教材、报道、题字等各类个人资料190余件。1月，太仓市白蚁防治所建立白蚁标本陈列室，陈列各类标本档案60余种，配合图片资料全面介绍太仓白蚁的基本品种和白蚁防治的基础知识。陈列室内有采集自20世纪70年代的白蚁标本50余份，白蚁品种10余种，另有壁虎蛋、蟑螂、蝼蛄、小天牛等昆虫，较好保存着白蚁原有的生态及完整外形，为研究市内常见白蚁的生活、繁衍和危害习性提供依据。

【基层档案管理】 2015年，市档案局对太仓试点镇、村开展土地确权登记档案调研，对全市区（镇）开展培训6期，规范农村土地确权登记档案工作。3个社区完成社区档案规范化建设，2个社区晋升“江苏省二星级档案室”。市国税局下属5个分局晋升“江苏省三星级档案室”。2家单位晋升“江苏省五星级档案室”；市公安局、市国土局、市烟草局、市公路管理处、协鑫电厂通过档案工作江苏省五星级规范复查。至年底，全市累计五星级档案管理单位24家。

【档案文化建设】 2015年，市档案局出版《娄东园林图说》《南园雅集》。在南京、太仓两地举办“曹兴福书法作品展”，展出曹兴福书法作品50件；与太仓博物馆、苏州健雄职业技术学院联合举办“高湧泉书法作品展”，展出作品78件；在城厢镇各社区举办“娄城情怀——馆藏老照片巡回展”，展出老照片100余张。“中国梦与世界对话”夏令营活动获2015年度“七彩的夏日——未成年人暑期系列活动”优秀活动项目奖。“梦圆蓝天·档案随行”科普教育活动在全国科普日活动中获创新活动奖。

【档案安全保护】 2015年，市档案局创新开展档案整体消毒工作，通过清点、封装、密封、透气等步骤，对库房21万余卷册、26万余件档案实施为期2周的整体消毒，彻底根除虫蛀、霉变等安全隐患。对馆藏珍贵的手稿档案开展手工修裱，共完成500余张，12幅珍贵书画送往南京修复装裱和珍品复制。更新库房硬件设备实施，库房原有487个白炽灯管更换为LED灯管，更换原有普通监控探头，安装红外夜视探头13个，保证夜视监控摄像。

（嵇秋红）

【城建档案管理】 2015年，太仓市共签订建设工程档案报送责任书131份，办理建设工程档案预验收项目164个，竣工档案专项验收项目161个，总建筑面积423万平方米。整理入库档案17977卷，完成文字材料数字化135万页，图纸材料数字化6万张。城建档案馆馆藏档案总量18.03万卷，提供档案查询利用943人次，利用案卷3414卷。为20多个在建和竣工的重点、民生工程提供上门业务指导。档案业务管理软件投入使用，信息化建设水平得到提升。

（曹俊锋　顾　爽）

2月5日，市档案局举办“与历史对话，与时代同行”青少年档案教育冬令营活动（市档案局供稿）

体育健身

综　述

【概况】　2015年，太仓市推动体育工作深化改革转型发展，提高体育现代化建设水平，以争创首批省级公共体育服务体系示范区为目标，推动全民健身，提高竞技水平，发展体育产业。根据《2015年度全省县级体育重点工作督查办法》，经过考核评分，太仓市体育局以92.46分列全省第15位。4月9日，在江苏省公共体育服务体系建设推进会上，太仓市入选第一批“江苏省公共体育服务体系示范区”。

【太仓籍运动员】　2015年，太仓市注册苏州市级项目有田径、篮球、足球、排球、手球、乒乓球、羽毛球、武术、跆拳道、柔道等，总注册人数749人。注册江苏省级项目有田径、武术和竞走，总注册人数70多人。2015年向苏州市体育运动学校输送运动员10余人；向江苏省训练基地输送运动员5人，2人正式进入江苏省田径队。4月30日—5月3日，在如皋市体育中心举行的江苏省县组田径比赛中，太仓市体校6名选手分别获女子甲组100米、200米、3000米竞走，男子乙组800米、1500米，女子乙组跳远，男子丙组跳远和女子丙组跳高等8个项目的冠军，以8枚金牌和215.5分的成绩获金牌数和团体总分双料冠军，这是该项赛事太仓市30多年参赛的最好成绩。7月15—19日，2015年全国少年田径锦标赛在广东省肇庆市举行。市体校吴宇杰获800米和1500米2枚铜牌。9月22—25日，2015年全国田径锦标赛在苏州市体育中心举行，太仓籍运动员胡雨飞获男子十项全能金牌。

【社会体育指导员】　截至2015年年底，太仓市共有社会体育指导员2288人。年内，完成三级社会体育指导员培训277人，二级社会体育指导员83人，进一步扩大全市社会体育指导员队伍。

（徐云峰）

体育设施

【公共体育设施】　2015年，太仓市新增6个“五个一”（每个村建一处体育活动场地，培养一名社会体育指导员，组织一支以上的健身队伍，每年举办一次以上的村民体育活动，广大村民都能喜爱一项健身活动）工程，53个“三个一”（一个篮球场或门球场、一个室内活动室和一个健身路径点）工程点，更新全民健身工程点12套。全市晨晚练点累计384个，各级全民健身工程（点）288个，全市各村、社区均建有健身设施和活动场地。年内，市体育局会同市教育局，推动中小学校体育设施对外开放。

（徐云峰）

全民健身

【概况】　2015年，太仓市组织“市民健步走”“全民健身日”“假日体育广场健身舞”等全民健身活动，主办、协办各类群众体育赛事148项次，参加人数13万人次。6月6日，2015年太仓市“泛沿江体育带”全民健身大联动在市中心广场启动。8月8日，“全民健身促健康，同心共筑中国梦”全国第7个“全民健身日”活动在市体育场启动。活动期间，组织“明辉科技杯”首届太仓市乒乓球俱乐部联赛、太仓市足协杯比赛、江苏省老年人体育节太仓分会场门球比赛等赛事和篮球联赛、武术展示、健身操表演、健步走等活动。举办全民健身科学大讲堂4期，普及健身知识，科学指导群众开展体育活动。在全市各镇区设立国民体质监测站，收集样本4000份。

【乒乓球赛】　1月17—18日，“迎世乒·苏州市民乒乓大联赛（太仓赛区）”在市体育馆举行。参赛选手108人，均为在太仓居住和工作的乒乓球爱好者，年龄最大的69岁，最小的10岁。比赛设女子20岁以下组、21～35岁组、36～45岁组、46岁以上组；男子20岁以下组、21～35岁组、36～45岁组、46岁以上组。5月23—24日，太仓市首届“双拥杯”乒乓球赛在市体育馆举行。39支代表队、250多名乒乓球爱好者参赛。市对外服务公司代表队、明辉科技代表队和华尔美装饰一队分获前三名。7月4日，太仓市第9届百村乒乓球比赛决赛在沙溪镇第一中学举行，10支队伍参赛，沙溪镇半泾村代表队获冠军。

【篮球赛】　4月11日，2015年“城市·阳光杯”太仓市第9届篮球联赛开赛。比赛分甲、乙、丙3个组别，共30支队伍参加。沙溪镇体育健身俱乐部队获丙级组冠军；江苏高展代表队获乙级组冠军；市公安局队获甲级组冠军。7月4—5日，太仓市第9届百村篮球赛决赛在江苏省沙溪高级中学举行，7支代表队参赛，沙溪镇庄西村代表队获冠军。7月20日—8月20日，2015年“香塘杯”沙溪镇篮球联赛成人组比赛在江苏省沙溪高级中学体育馆举行，比赛分甲乙级组，其中甲级队8支，乙级队10支。甲组庄西莱尔特代表队、明辉代表队、胜利村代表队分获前三名；乙组太星村代表队、利泰社区代表队获冠、亚军，晋级2016年甲组；松南村代表队、印北村代表队、昭衍代表队获体育道德风尚奖。

【足球赛】　5月31日，2014—2015赛季太仓市足球联赛落幕，该联赛从2014年10月持续至2015年5月，历时8个月。联赛分为甲级、超级、冠军三级联赛，分别由8支队伍角逐。辣手泰戈二队、舍弗勒足球俱乐部、维艾普银河足球俱乐部分获甲级、超级、冠军赛的冠军。

【排球赛】　4—7月，2015年太仓市第2届排球联赛举行。14支队伍参赛，江苏省太仓中等专业学校代表队获冠军。11月3—15日，太仓市首届排协杯排球赛举行。8支球队参加。江苏省太仓中等专业学校代表队、太仓市财政局代表队分获冠、亚军。12月，沙溪镇首届排球联赛在沙溪实验中学体育馆、沙溪镇第二小学体育馆举行。

沙溪实验中学代表队、沙溪第一中学代表队、沙溪第三小学代表队分获前三名，沙溪镇幼教中心代表队获体育道德风尚奖。

10 月 31 日，2015 年太仓市小学生武术操精英赛在市体育馆举行
（市体育局供稿）

【羽毛球赛】 2015 年，太仓市建有大型对外开放羽毛球场地 4 个，市羽毛球协会注册会员 500 余人。5 月 9—10 日，2015 年太仓市春季羽毛球俱乐部联赛暨个人单项赛举行，16 支队伍、近 200 名运动员参赛。发展大厦同益化纤队、阳光歇脚亭队分获团体赛冠亚军。10 月 8—9 日，2015 年太仓市羽毛球俱乐部秋季联赛暨个人单项赛在市体育馆开赛，设有混合团体赛和个人赛两项，共 10 支队伍、近 200 名运动员参赛。

【气排球赛】 3 月 28—29 日，2015 年江苏省老年人体育节太仓分会场启动仪式暨气排球春季联赛在市体育馆举行。34 支代表队参赛，璜泾镇新华村代表队、江苏省太仓中等专业学校代表队、太仓市明德小学代表队分别获男子 A、B、C 组别冠军；教工队、江苏省太仓中等专业学校代表队、太仓市明德小学代表队分别获女子 ABC 组别冠军。10 月 18 日和 10 月 21 日，气排球秋季联赛在市体育馆举行。31 支队伍参赛，璜泾镇新华村代表队、江苏省太仓中等专业学校代表队分别获秋季联赛男子 A、B 组冠军；城厢镇代表队、苏州健雄职业技术学院代表队分别获秋季联赛女子 A、B 组冠军。

【桥牌赛】 6 月 3—4 日，苏州市第 5 届老年桥牌赛在市桥牌俱乐部举行。苏州市区、张家港、昆山、常熟、吴江区等 10 支老年队参赛。太仓代表队、张家港代表队、昆山代表队分获前三名；市老干部队获第 4 名，城厢老年队获第 6 名。6 月 7 日，纪念“全国桥牌之乡”命名 20 周年桥牌双人赛在市桥牌俱乐部举行。全市 36 对桥牌爱好者参赛。该次比赛最大年龄 83 岁，最小年龄 12 岁。最后昝金陵、唐栋林队获南北方总成绩第一名，王晓东、陈建强队获东西方总成绩第一名。6 月 14 日，纪念太仓“全国桥牌之乡”命名 20 周年暨“金辉杯”桥牌团体邀请赛在太仓陆渡宾馆举行，中国桥牌协会主席项怀诚为获得冠军的江苏桥协队颁奖。7 月 13—19 日，中国桥牌协会主办的“2015 中国体育彩票全国青少年桥牌夏令营江苏太仓分营”在太仓举行，学员 180 多人参加。

12 月 25—27 日，2015 年江苏省第 2 届跳绳踢毽锦标赛市体育馆举行
（市体育局供稿）

【绳毽比赛】 12 月 25—27 日，江苏省第 2 届中小学生绳毽锦标赛在市体育馆举行。南京、苏州等市 31 所学校 530 多名运动员参赛。比赛设 3 分钟单脚踢、2 分钟盘踢、1 分钟磕踢、1 分钟绷踢、单人跳短绳、双人跳短绳、单人双飞、长绳（A）、长绳（B）、4×30 秒单双摇接力、自编花样跳绳通级赛 1 级、花样跳绳自编表演赛等项目。无锡寨门小学、太仓新塘小学等 10 所学校获小学组一等奖；丹阳云林学校、太仓市第二中学等 6 所学校获初中组一等奖。

【户外运动】 3 月 28 日，“农商行杯”第 7 届家庭运动会在天境湖公园举行，120 户家庭环天境湖健步走，参加花样接力、同舟共济等家庭趣味活动，共同传递健康生活理念。6 月 19 日，2015 年“欢乐金仓湖”端午龙舟竞渡赛在金仓湖公园举行，32 支代表队参赛。太仓市公安局代表队、苏州诺伊曼实业有限公司代表队、苏州金纬机械制造有限公司代表队分获前三名。9 月 9 日，太仓市汽车摩托车运动协会成立。10月，第2届天镜湖环湖半程马拉松接力赛”在科教新城天镜湖畔举行。35支代表队参赛，太仓华顿外国语学校代表队、张家港爱跑俱乐部队分获冠、亚军。

【武术】 7月31日—8月2日，太仓市武术协会沙溪分会潘福根在第2届新秀国际武术精英赛中，获成人组武当太极剑第一名、56式陈式太极拳第二名。9月10—14日，在四川省峨眉山第12届全国武术之乡武术比赛上，太仓市武术协会19名运动员组成的太仓武术之乡代表队分获个人项目3金7银13铜，集体项目二等奖，集体武德风尚奖等奖项。10月31日，太仓市小学生武术操精英赛在市体育馆举行，纪念太仓市武术协会成立30周年。31所学校代表队近1000名学生参赛，太仓市新区第三小学、太仓市沙溪镇第二小学、太仓市实验小学分获前三名。

【健美健身运动】 9月30日，2015年“敬老月”暨江苏省老年人体育节太仓分会场健身秧歌比赛在市体育馆举行。全市各镇、区9支代表队130多名健身秧歌爱好者参赛。10月11日，太仓市广场健身舞比赛第3届假日体育活动在市中心广场举行，9支队伍参赛，城厢镇县府社区获冠军。10月24—25日，太仓市体育舞蹈联赛在市体育馆举行，比赛舞种是拉丁舞和摩登舞。1100名舞蹈爱好者参赛，晶飞舞蹈艺术团获团体冠军。

（徐云峰）

学校体育

【太仓市中小学生阳光体育运动联赛】 3月28日—11月29日，2015年太仓市中小学生阳光体育运动联赛举行，共设11个大项29个项次，46所学校5500多人次参加。比赛分中小学生冬季三项赛和中小学绳毽锦标赛。吴宇杰等3人次破初中组男子400米年龄组纪录等2项田径运动会纪录（含年龄组纪录），吴法铜等40人（队）次（其中小学组15人次、初中组16人次、高中组9人次）破小学组男子单人跳短绳等21项市绳毽锦标赛纪录。

【排球运动】 4月25—26日，2015年太仓市小学生排球比赛在太仓市实验小学举行，15所学校、26支队伍参赛。太仓市沙溪镇第三小学、太仓市新区第三小学、太仓市沙溪镇第二小学分获男子组前三名；太仓市实验小学、太仓市沙溪镇第三小学、太仓市新区第三小学分获女子组前三名。7月9—11日，2015年苏州市青少年阳光体育联赛县（市）中学生排球比赛在江苏省太仓中等专业学校和太仓市第一中学体育馆举行。13支队伍、146名运动员参加。江苏省太仓中等专业学校、常熟浒浦高级中学分获高中男子组冠、亚军；江苏省太仓中等专业学校、江苏省常熟中学分获高中女子组冠、亚军；昆山市、张家港市分获初中男子组冠、亚军；昆山市、常熟市分获初中女子组冠、亚军。

【篮球运动】 5月16—17日，太仓市初中学生篮球赛在太仓市第一中学和太仓市经贸小学体育馆举行，9所初中、17支球队参赛。太仓市沙溪第一中学、太仓市实验中学、太仓市第一中学分获男子组前三名；太仓市双凤中学、太仓市陆渡中学、太仓市第二中学分获女子组前三名。6月13—14日，太仓市高中学生篮球赛在江苏省沙溪高级中学体育馆举行，全市4所学校、8支球队参赛。太仓市明德高级中学、江苏省太仓中等专业学校、江苏省沙溪高级中学分获男子组前三名；江苏省太仓高级中学、江苏省太仓中等专业学校、江苏省沙溪高级中学分获女子组前三名。10月17—18日，2015年太仓市小学生篮球优胜赛在太仓市港城小学举行。太仓市朱棣文小学、太仓市港城小学、太仓市实验小学分获男子组前三名；太仓市新区第三小学、太仓市双凤小学、太仓市九曲小学分获女子组前三名。

【足球运动】 5月23日、24日、30日，2015年市小学生篮球赛在太仓市经贸小学举行。男、女30支队伍参赛，比赛分3天举行，共计67场。太仓市城厢镇第一小学、太仓市朱棣文小学、太仓市荣文小学分获男子组前三名；太仓市新区第二小学、太仓市双凤小学、太仓市九曲小学分获女子组前三名。7月4—7日，2015年太仓市中小学生足球赛在市体育场举行，高中、初中、小学3个组别的20支队伍参赛。江苏省太仓高级中学、江苏省沙溪高级中学和太仓市明德高级中学分获高中组前三名；太仓市实验中学、太仓市第一中学、太仓市明德初级中学分获初中组前三名；太仓市新区第二小学、太仓市新区第三小学、太仓市朱棣文小学分获小学组前三名。

【田径运动】 10月10—11日，太仓市2015年中小学生田径运动会在市体育场举行，吴宇杰等3人次破初中组男子400米年龄组纪录等2项纪录。太仓市城厢镇第一小学、太仓市沙溪

10月10日，太仓市2015年中小学生田径运动会在市体育场开赛

（市体育局供稿）

镇第二小学、太仓市岳王小学分获小学组团体总分前三名；太仓市第一中学、太仓市双凤中学、太仓市沙溪第一中学分获初中组团体总分前三名；江苏省太仓中等专业学校、江苏省太仓高级中学、太仓市明德高级中学分获高中组团体总分前三名。

【乒乓球运动】 1月25日，江苏省乒乓球运动协会“少儿活动基地”在太仓挂牌。7月28—30日，2015年苏州市青少年阳光体育联赛中小学生乒乓球比赛在市体育馆举行。昆山市、张家港市和工业园区分获团体总分前三名。

【桥牌运动】 12月4—6日，江苏省第9届中小学生桥牌锦标赛在江苏省沙溪高级中学举行。比赛分小学、初中、高中3个组别，太仓市代表队获3个组别的冠、亚军。太仓市荣文小学、太仓市直塘小学一队、太仓市经贸小学一队分获小学组团体赛前三名；太仓市沙溪第一中学四队、太仓市实验中学一队、张家港市港区初级中学分获初中组团体赛前三名；江苏省太仓高级中学一队、江苏省太仓高级中学二队、苏州中学队分获高中组团体赛前三名。双人赛分南北向和东西向，获得南北向各组别第一名的分别是：周磊、朱允恒（太仓市直塘小学）、刘思成、崔智超（太仓市实验中学）、张苏博文、何世杰（江苏省苏州中学）；获得东西向各组别第一名的分别是：王子尘、朱天仪（太仓市荣文小学）、王宇涛、谭栩翌（江阴市南闸实验学校）、徐有加、张熠（江苏省太仓高级中学）。

（徐云峰）

重大体育赛事

【2015年太仓国际田联竞走挑战赛暨全国竞走冠军赛】 5月1—2日，由国际田径协会联合会、中国田径协会主办，江苏省体育局、太仓市人民政府承办的2015年太仓国际田联竞走挑战赛暨全国竞走冠军赛在太仓举行。国家体育总局田径运动管理中心副主任冯树勇等出席活动。中国选手陈定、王凯华和韩国选手金贤燮分获成年男子20公里前三名。陈定和王凯华代表广东队分获全国竞走冠军赛冠、亚军，陕西选手王钦获季军。中国选手段丹丹、侯永波和孙欢欢分获成年女子20公里前三名。全国赛中内蒙古队毛艳雪、河南队段丹丹和侯永波分获前三名。云南队牛文斌、胡万礼和天津队罗东坡分获前三名。内蒙古队李良永、云南队茶金红和黑龙江队张万新分获男子青年组30公里竞走决赛前三名。云南队张荣进、朱国文和重庆队木林杰分获青年组男子10公里比赛前三名。福建队高英、广东队阮志国和云南队龚方龙分获少年组男子10公里前三名。解放军队杨家玉、北京体育大学毛艳秋和云南队寸海璐分获青年女子10公里前三名。陕西队杨柳静、解放军队肖寒和广东队胡兰兰分获少年组10公里前三名。在基地00组5公里比赛中，乌海队张尧获男子组、昆明队刘周超获得女子组冠军；基地98组10公里比赛中，深圳队胡蔺峰获男子组冠军，西宁队常相锟获女子组冠军。

5月1—2日，国际田联竞走挑战赛暨全国竞走冠军赛在太仓举行
（市体育局供稿）

【2015年中国青少年乒乓球公开赛暨国际乒联黄金系列青少年巡回赛（太仓站）】 6月24—28日，由国际乒乓球联合会授权，中国乒乓球协会主办，江苏省体育局、太仓市人民政府承办的2015年中国青少年乒乓球公开赛暨国际乒联黄金系列青少年巡回赛（太仓站）在市体育馆举行。国家体育总局乒羽中心副主任柳屹、国家体育总局乒羽中心乒乓球一部副部长

6月24—28日，2015年中国青少年乒乓球公开赛暨国际乒联黄金系列青少年巡回赛（太仓站）在市体育馆举行
（市体育局供稿）

赵霞等出席活动。2015年比赛升级为黄金系列青少年巡回赛，全世界共4站，中国仅设太仓站。19个国家和地区的115名运动员参赛。中国乒乓球A队、中华台北A队分获男子U18团体赛冠、亚军；中国乒乓球B队和中华台北B队同获男子U18团体赛季军。中国乒乓球A队、中华台北A队分获女子U18团体赛冠、亚军；中国乒乓球B队和中华台北B队同获季军。中国乒乓球A队、韩国队分获男子U15团体赛冠、亚军；泰国美国混合队和中华台北B队同获季军。中国乒乓球A队、中国乒乓球B队分获女子U15团体赛冠亚军；中华台北队和泰国队同获季军。中国队纪佳乐、彭飞龙分获男子U18组冠、亚军。中国队钱天一、王艺迪分获女子U18组冠、亚军。中国队彭飞龙、中华台北队林昀儒分获男子U15组冠、亚军。中国队孙颖莎、黄凡真分获女子U15组冠、亚军。中国队高申童、朱国桢分获Hopes组男子冠、亚军。中国队丁欣楠、美国队SUNG Rachel分获Hopes组女子冠、亚军。

【2015年全国女子排球锦标赛】 9月17—23日，由中国排球协会、中央电视台主办，江苏省体育局、太仓市人民政府承办的2015年全国女排锦标赛在太仓举行。全国12支排球代表队参赛，江苏中天钢铁女子排球俱乐部、渤海银行天津（天津理工大学）女子排球队、北京汽车女子排球队分获前三名。

【2015年全国桥牌A类俱乐部联赛总决赛】 11月14—20日，由中国桥牌协会主办、太仓市人民政府承办的2015年全国桥牌A类俱乐部联赛总决赛在太仓举行。4支参加总决赛及6支参加资格赛的代表队参赛。泛华桥牌俱乐部队、北京首创桥牌俱乐部队和普得时代代表队分获总决赛前三名。同期举行的2016年A类俱乐部资格赛中，浙江黄龙代表队和红牛RedBull代表队获参赛资格。

【2015年中国武术套路“王中王”争霸赛】 12月19—20日，由国家体育总局武术运动管理中心、江苏省体育局、太仓市人民政府主办，江苏省体育竞赛管理中心、江苏省武术运动管理中心、太仓市体育局、江苏省体育竞赛协会承办的2015年中国武术套路“王中王”争霸赛在市体育馆举行。国家体育总局武术运动管理中心主任张秋平，副主任陈国荣、邵世伟、金肖冰，江苏省体育局局长陈刚等出席。浙江选手王地和江苏选手魏海玲分别获得男、女“王中王”称号。

【钓鲫比赛】 3月25—27日，全国钓鲫精英赛总决赛在双凤现代渔业产业园垂钓中心举行。郑益村、章游泳分获2015届全国钓鲫精英赛总决赛冠亚军。全国钓鲫精英赛与“快乐垂钓电视直播大奖赛(FTT)”融合，中文全称“中国垂钓电视直播精英赛”，英文缩写仍为“FTT”。3月28—29日，中国垂钓电视直播精英赛（FTT—江苏太仓站）在双凤渔业产业园垂钓中心举行。全国400多名垂钓爱好者参加，崔日、马焱分获FTT太仓站冠、亚军。

12月19日—20日，2015年中国武术套路“王中王”争霸赛在太仓举行
（市体育局供稿）

【2015年国际商学院动力越野精英赛】 12月19—20日，正新轮胎2015年国际商学院动力越野精英赛在新动力（太仓）越野基地举行，华东理工大学、上海交通大学等8所商学院以及新动力（太仓）越野基地等单位的近百名赛车手参赛。上海交通大学海外教育学院代表队、华东理工大学华理雄鹰队、南京大学商学院代表队分获前三名。

（徐云峰）

体育经济

【概况】 2015年，太仓市体育场馆举办各类群众性体育活动，承接各类赛事、活动，提高体育场馆使用率。全市共有体彩销售站点118个，销售总量1.69亿元。8月27日，体彩“公益体彩乐善人生”系列活动捐赠仪式在市体育馆新闻发布中心举行。捐助贫困学生，捐赠企业及乡镇文化站社会团体运动器材。9月10日，《太仓市体育产业发展专项资金管理办法》实施。10月13日，2015年太仓市体育局的“国际竞走挑战赛（太仓站）暨全国竞走冠军赛”项目和新动力文化发展（太仓）有限公司的“新动力连锁越野基地”项目分别获省体育产业发展引导资金100万元。12月8日，市体育局与9家申请单位签约太仓市体育产业引导资金资助合同，分别是：垂钓竞技池改造、新动力车模船模运动体验中心、研发智能电子计数绳及毽球专用鞋、太仓华丽菲尼克斯体育旅游配套二期、篮球进校园、太仓市格瑞特羽毛球场馆改造、世家英伦及太和丽都游泳池场馆运营与管理、滨江名都游泳池场馆运营与管理、沙溪游泳馆场馆运营与管理。

（徐云峰）

经济事务管理

发展和改革

【发展规划研究】 2015年，市发改委做好"十三五"规划编制工作。5月，启动"十三五"规划编制工作，成立"十三五"规划编制领导小组；分别就"太仓市'十三五'经济社会发展总体思路"等25个课题交各相关部门开展专题研究，组织召开"十三五"规划研讨会，确定16项"十三五"重点专项规划，完成"十三五"规划纲要编制。定稿后交市人代会审议。起草《关于太仓市2014年国民经济、社会发展计划执行情况和2015年国民经济、社会发展计划（草案）的报告》，报市人代会审议通过。编制主要经济指标的区镇分解计划。修订完善全市2015年指标体系，分解落实2015年主要经济指标工作目标。开展调查研究，完成省"十三五"调研的汇报材料、市领导重点调研报告和科室调研文章，形成《太仓"十三五"时期重点发展战略》《太仓"十三五"时期经济发展动力研究》等调研材料。年内，做好全市区镇科学发展绩效考核工作，完成2014年区镇考核汇总和2015年区镇考核办法修订工作。

【固定资产投资】 2015年，市发改委推进固定资产投资质效提升。全市累计完成固定资产投资500.01亿元，较上年下降5.7%。其中工业投资完成275.22亿元，较上年下降4.4%；服务业投资完成224.41亿元，较上年下降7.4%。列入统计的221个新兴产业完成投资130.04亿元，较上年下降3%。新批固定资产投资项目565个，较上年增长4.1%，计划投资规模366.47亿元，较上年增长17.8%，总建筑面积474.73万平方米，较上年增长11.2%。推进重点项目建设，全市70个重点项目计划总投资442.61亿元，年度投资计划133.69亿元，实际开工58个，完成投资108.84亿元，完成年度计划81.4%。做好全市联合开工开业活动，组织开工开业项目58个，计划总投资约190亿元。其中，开工项目28个，计划总投资126.7亿元，开业项目30个，计划总投资63.1亿元。年内，初步建成政府投资项目信息化平台。

【改革深化】 2015年，市发改委会同市委办起草《2015年改革工作任务》，明确9大类53项改革任务。深化投资体制改革，做好下放行政审批工作的承接和落实工作。起草申报《太仓市推进国家新型城镇化综合试点方案》和《太仓市深化县城基础设施投融资体制改革试点工作方案》，待国家发改委批复。加快推进电力需求侧管理城市综合试点工作。核查组认定降低负荷1.04万千瓦，优化用电及光伏项目降负超2万千瓦，临时需求响应降负超5.5万千瓦。

【能源电力】 2015年，市发改委会同太仓供电公司编制完成《2015年度电网事故限电序位表》《2015年超供电能力限电序位表的请示》《电力供应应急预案》和2015年度《有序用电方案》等，涉及全市企业3372家，全市最大错峰负荷17万千瓦。做好电力安全生产工作，防范全市重点配电站及输变电线路安全隐患。配合市政府建立市石油天然气输送管道保护领导小组，实施相关保护措施，落实长输管线隐患排查和整治工作，实现长输管道保供安全。2014年，排查出的26处隐患整改完成23处，其中上报苏州的11处隐患整改完成8处，3处督促整改。做好长输管线交叉施工备案工作，完成供电公司与西气东输交叉施工、蒸汽管线与西气东输交叉施工等3项交叉施工备案工作。

【综合协调】 2015年，太仓市对上争取中央、省各类专项资金和项目，为2家纺织企业和1家粮食加工企业争取农产品进口关税配额7861吨。累计对上争取国家级工程中心1家、省级工程中心2家、省级特色产业基地2家。协调推进政府实事工程。做好太湖九期切块资金项目申报工作，6个项目共获切块资金补助3124万元。

【多层次资本市场构建】 2015年，太仓市服务企业上市，联合举办拟上市企业、上市后备企业培训会，帮助企业协调上市过程中遇到的困难和问题，动态管理重点上市后备企业数据库，加强分类指导，助推企业境内外上市。年内，太仓市苏创燃气在香港

表 65

太仓市上市、挂牌企业情况表

企业名称	股票代码	上市时间	上市、挂牌地
天顺风能（苏州）股份有限公司	002531	2010 年 10 月 31 日	深圳证券交易所中小板上市
苏州锦凯纺织有限公司	MTXS.OB	2010 年 12 月 17 日	美国纳斯达克 OTCBB 市场借壳上市
苏州雅本化学股份有限公司	300261	2011 年 9 月 6 日	深圳证券交易所创业板上市
怡球金属资源再生（中国）股份有限公司	601388	2012 年 4 月 23 日	上海证券交易所主板上市
苏州德威新材料股份有限公司	300325	2012 年 6 月 1 日	深圳证券交易所创业板上市
中润科技股份有限公司	100073	2013 年 7 月 8 日	上海股权托管交易中心挂牌
苏州市富尔达科技股份有限公司	100180	2014 年 2 月 18 日	上海股权托管交易中心挂牌
苏州维艾普新材料股份有限公司	831612	2015 年 1 月 21 日	全国中小企业股份转让系统挂牌
苏州香塘担保股份有限公司	831959	2015 年 2 月 11 日	全国中小企业股份转让系统挂牌
太仓市天然气有限公司	1430	2015 年 3 月 11 日	香港联合交易所有限公司主板上市
太仓兴宇印刷包装股份有限公司	832364	2015 年 4 月 23 日	全国中小企业股份转让系统挂牌
苏州富瑞合金科技股份有限公司	100468	2015 年 5 月 15 日	上海股权托管交易中心挂牌
苏州金三元照明电器有限公司	207075	2015 年 8 月 13 日	上海股权托管交易中心 Q 板挂牌
苏州华辰净化股份有限公司	833923	2015 年 10 月 27 日	全国中小企业股份转让系统挂牌
苏州宫德升降设备有限公司	208245	2015 年 11 月 20 日	上海股权托管交易中心 Q 板挂牌
苏州信拓物流股份有限公司	834590	2015 年 12 月 4 日	全国中小企业股份转让系统挂牌

主板上市。苏州维艾普新材料有限公司、苏州香塘担保股份有限公司、太仓兴宇印刷包装股份有限公司、苏州华辰净化股份有限公司、苏州信拓物流股份有限公司在“新三板”挂牌成功。苏州富瑞铜合金科技有限公司、苏州金三元照明电器有限公司、苏州宫德升降设备有限公司在上海股权托管交易中心挂牌。全市上市挂牌企业总数 12 家；在主板上市 1 家、中小板上市 1 家、创业板上市 2 家、境外上市 2 家、“新三板”挂牌 3 家，区域股权市场挂牌 3 家，实现资本市场全覆盖，多层次资本市场初步形成。推进债券发行，科文公司获批拟发行企业债券 14 亿元。全市 5 家企业累计发行债券 92 亿元。

（沈　泓）

国有资产监督管理

【概况】 2015 年，太仓市政府国有资产监督管理办公室由市财政局的挂牌机构调整为市政府工作部门，调整后的机构更名为太仓市政府国有资产监督管理委员会办公室，与市财政局合署办公。12 月，中共太仓市委国有资产监督管理工作委员会机构设置撤销，中共太仓市政府国有资产监督管理办公室委员会成立；中共太仓市纪律检查委员会国有资产监督管理工作委员会机构设置撤销，中共太仓市政府国有资产监督管理办公室纪律检查委员会成立。截至年底，国资部门登记在册国有控股企业 243 家，其中市级 103 家、4 个区（新区、港区、科教新城、娄东街道）73 家、5 个镇（沙溪镇、浏河镇、璜泾镇、浮桥镇、双凤镇）67 家。国有控股公司注册资本合计 674.39 亿元，其中市级 343.54 亿元，4 个区 240.91 亿元，5 个镇 89.94 亿元。

【国资改革】 2015 年，市国资办围绕突出企业战略定位和明确主业、突出集团管控和盈利能力建设、优化国有资本布局和结构等方面，制定《关于全面深化市属国资国企改革发展的意见》，明确全市深化国资国企改革发展目标任务。按照第 2 轮国资国企优化整合目标，完成 11 家企业股权变更和 20 家产权型企业转为直接管理型企业。优化市属国有企业债务结构，降低融资成本。推进债务置换工作，使用地方政府债券置换市属国有企业存量债务。推动企业专注主业发展，增强规模实力，实现融资平台向实体经济转型。

【国企发展】 2015 年，太仓市新增备案经营性对外投资项目 14 个，总投资额 5.76 亿元，主要投向基础设施、私募基金、房地产等重要行业。太仓市资产经营投资有限公司加快推进海域天境项目和金仓湖区域的开发建设，入股太仓私募产业引导基金，完成旅游、公墓、人力资源、世代等公司整合重组，企业主体信用评级由 AA 增信为 AA+，规范运作应急转贷资金。太仓市城市建设投资集团有限公司以确保资金链安全为重点，推进融资工作。9月，在中国银行间市场交易商协会注册总额20亿元的中期票据和短期融资券；投资建设的淏华大厦、滨江丽都、润溪景庭等项目进展顺利。太仓市产业投资发展集团有限公司以“e店”“e工场”“e电园”三步发展规划，发展电子商务；推进农业休闲旅游链项目，完成“仓海桑田”订阅号和“金农人”服务号的开通运营。太仓市水处理有限责任公司做实主营业务，提升供排水能力，全年实现主业、投资等收入11.4亿元；启动上海自贸区国际贸易业务，出资参股上海泓贸国际贸易公司、太仓民生村镇银行。太仓市城市建设投资集团有限公司推进城北青年公寓、小商品市场等七大工程；启动棚改二期工程，确定13个棚改子项目。太仓市交通发展集团有限公司完成沪通铁路股权投资；投入4000余万元建设完成智能公交候车厅、农村田园式候车亭；出资成立太仓鸿鑫汽车销售服务公司。

【国资监管】 2015年，太仓市建立出资人审批事项清单管理制度，制定下发《太仓市国资监管工作审批、备案事项清单》，推进国企信息化平台建设，完成以资产、财务、人事、决策等模块组成的国有企业信息化管理平台一期建设，在线接入用户112家，实现信息化管理在市级国有企业全覆盖。提升国资运营效能，健全完善工作机制。实施企业内设机构规范化管理，完成六大市属国有公司内设机构、工作人员、中层职数的定编管理，促进企业规范化管理。制定下发包括组织机构、干部人事、产权管理等11个大类62项国资监管工作审批、备案事项清单，实行出资人审批备案事项清单管理。

（朱奕叶）

市场监督管理

【概况】 2015年年初，根据市委、市政府关于《太仓市人民政府职能转变和机构改革实施意见》要求，工商、质监由省以下垂直管理机构改为地方政府管理，并整合市食品安全办、工商、质监和食药监的职责以及卫生部门承担的食品安全综合协调职责，组建太仓市场监督管理局，加挂市食品药品监督管理局牌子，统一负责全市工商、质监、食品药品监管等市场监管职责。4月2日，太仓市市场监督管理局挂牌成立，其主要职能是实施商事制度改革，履行市场监管和消费维权职能。

【太仓市检验检测中心】 2015年，太仓市检验检测中心按照机构改革要求整合全市质监、食品药品监管、农业、粮食等部门各类技术资源，是全市唯一一家集科技研发、新产品试验、质量检验、计量校准、咨询服务和人员培训为一体的综合性检测机构。中心下设检测室4个，省中心1个，即江苏省运动健身器材监督检验中心，主要检测范围涉及食药农产品（酒类、乳制品、饮料类、调味品类、豆制品类、糕点、炒货、蜜饯、糖果类、肉禽蛋制品类）检测，日常工业产品（化工产品、纺织品、鞋类、建材、石油制品、运动健身器材、自行车类、金属材料）检测，强制检定和测试校准（长度、力学、热工、电学、时频、光学、化学、电离辐射、医疗）等四大类。中心下属的苏州申测检验检测中心主要提供计量测试与检定校准、工程测试与评价、仪器安装维修、材料检验与产品研发、仪器仪表检校与研制、产品检验与标准研究、计量技术咨询、食品检验等服务。

【商事制度改革】 2015年，太仓市按照省政府公布的审批目录，实施“先照后证”改革，降低市场主体准入门槛。3500户市场主体完成“先照后证”的设立、变更登记，在太仓市电子政务系统中开发工商数据模块，完成发照同后续许可、监管部门数据衔接。实施营业执照、组织机构代码证和税务登记证“三证合一”“一照一码”登记改革，企业登记实现“一表申请、一窗收件、并联审批、核发一照”，核发“一照一码”营业执照3462张。7月8日，全市内、外资首张“三证合一”（营业执照、组织机构代码证、税务登记证）营业执照同时发放，苏州天禾源环保科技有限公司、太仓韩利亚贸易有限公司分别获发。加快推进全程电子化登记和电子营业执照应用工作，公司制企业设立全部实现网上登记，免费发放电子营业执照4153个。全年新设立登记企业3084家、资金总额130.78亿元，较上年分别增长18.43%、24.52%；新设立登记个体工商户总数7263户、资金总额6.11亿元，较上年分别增长29.74%、30.28%。

【商标品牌战略】 2015年，市市场监督管理局辅导商标注册，按照“申报一批、储备一批、培育一批”原则，构建对新设企业、已注册商标企业、大中型规模企业、涉农商标的专业合作社、特色行业产业园内企业等五类企业的定向跟踪机制，根据企业

4月2日，太仓市市场监督管理局挂牌成立　（王艳新 摄）

7月8日，太仓市市场监督管理局发放全市首张"三证合一"营业执照
（王艳新 摄）

实际经营情况对企业实施跟踪辅导帮扶，促进企业通过品牌战略转型升级。全市新申请商标1214件，有效注册商标总量7983件；新申报江苏省著名商标10件、苏州知名商标10件，"口水娃及图""FROGNIEZILA"和"蓝冰及图"3件商标获中国驰名商标。保护优质特色产品和促进特色行业发展，加快区域性优质农产品品牌建设。10月，"太仓大米""太仓白蒜""太仓毛板青蚕豆""太仓牛踏扁毛豆"4件地产优质农产品通过国家工商总局商标局核准，获得地理标志证明商标。全市地产优质农产品累计成功注册地理标志证明商标5件。

【质量强市】 2015年，太仓协鑫光伏科技有限公司、爱克（苏州）机械有限公司、皇冠（太仓）胶粘制品有限公司等10家企业列为省、市质量奖培育对象，组织18家单位20件产品申报江苏名牌（新申报9件），组织25家单位25件产品新申报苏州名牌；组织企业质量人员19人参加首席质量官和卓越绩效自评师培训。

【技术标准化】 2015年，太仓市实施技术标准化战略，在各区镇开展"一企一课"活动，普及技术标准战略知识，提升企业对标准化的认识，培养标准化人才，帮助企业对接专业标准化技术委员会，掌握参与标准制（修）定的途径，推进符合条件的企业开展标准化工作。年内，16家企业主导或参与制定的7项国家标准、23项行业标准发布实施，发布数量创历史最高，较上年超过标准发布总数87.5%。新立项主导制定国家标准5项，20家单位主导或参与近40项国家级标准的制（修）定工作。太仓北新建材有限公司和太仓振辉化纤有限公司获批2015年省级循环经济标准化试点项目；怡球金属资源再生（中国）股份有限公司以全省工业企业最高分通过国家级循环经济标准化试点验收，是太仓首家通过国家级验收的循环经济企业；太仓灵狮创意文化产业发展有限公司工业设计服务标准化试点项目通过省级专家考核评估，成为全市首个省级服务业标准化试点项目。

【股权质押登记服务】 2015年，太仓市市场监督管理局通过股权质押登记，推出预约服务、延时服务，帮助企业将"死股权"变为"活资金"。全年办理股权出质登记57户，出质额20亿元，融资额33亿元；办理动产抵押登记646件，融资金额63.24亿元。

【信用监管】 2015年，市市场监督管理局组织开展企业年报工作，涉及全市市场主体4.7万户，其中企业1.6万户，个体户3.1万户。2014年度个体工商户年报率70.8%，内资企业年报率90.8%，外资企业年报率95.5%，农民专业合作社年报率87.0%；抽查企业年报公示工作，完成121家企业即时报抽查、137户2类主体定向抽查和213户年报抽查任务，全市2474家企业被列入经营异常名录，其中302家企业申请移出，16205家个体户被列入经营异常状态，其中1059家补报年报后自动移出，70家农民专业合作社被列入经营异常状态，其中4家补报年报后自动移出；继续开展"重合同守信用"企业复查申报工作，年内，获评省级"重合同守信用"企业22家，获评苏州级151家，获评太仓市级企业400家。推进"计量惠民生、诚信促和谐"行动，在72家集贸市场和医院、卫生院、8家出租汽车公司以及供水、供电、供气公司公示诚信计量自我承诺；组织10家加油站、餐饮、集贸市场、商场（超市）、医疗机构、眼镜店申报2015年度省、市诚信计量示范单位。

【质量、标准计量监督】 2015年，太仓专项监督检查全市获证危化品生产企业17家，危险化学品包装物、容器获证生产企业12家；发出行政指导书5份、整改通知书5份。做好产（商）品质量监管工作，对2家监管发现的不合格企业落实整改措施并现场审核确认，对4家严重不合格企业依法予以查处。国家、省、市三级产品监督抽查121批次，合格率95.04%。完成成品油、皮革制品、儿童服装、珠宝等商品抽查160批次，对抽查不合格的依法予以查处。开展儿童用品、运动器材、农资、防水卷材等重点产（商）品专项执法检查。做好工业产品生产许可证管理工作，对13家换证企业、6家新领证企业做好许可证咨询服务和审核现场观察工作。规范认证认可行为，加大强制性产品认证推进力度，做好有证企业按比例巡查，加大对未取得CCC认证（中国强制认证）证书擅自出厂、销售企业的查处力度。开展对食品和食品包装材料、水质、建筑装修材料、日用消费品四个领域的获证实验室专项监督检查。会同市公安局加强对车辆安检机构的监管，做好换证工作。强化民生计量监管，完成16家乡镇卫生院367台医疗器械、24个社区医疗卫生服务机构351台血压计（表）检定。组织开展餐饮企业、超市计量器具和定量包装、春耕农资种子、农药、化肥、农膜等4类定量包装商品、农贸市场计量器具、停车场电子计时计费装置计量以及物流行业计量等专项监督检查。

【特种设备安全监察】 2015年，太仓市组织开展电梯、气瓶、厂内机动车辆等多项安全专项行动。检查全市在用自动扶梯与人行道以及餐饮行业杂物电梯295台，协调有关部门落实整改南洋丽都、江南花园、城市华庭、彩虹天下等小区问题电梯。现场监督检查气瓶充装检验单位13家，发出安全监察指令书5份；完成排查企业809家，核查叉车1626台。做好危化品罐区特种设备安全检查，共检查13家罐区78台储罐及压力管道，发现问题隐患87处，发出书面监察指令7份，整改74起。继续开展涉氨冷库回头看，15家需整改的涉氨冷库完成整改7家。受理各类特种设备安装、维修、改造开工告知692份，核发特种设备作业人员证2420张，出动安全监察394人次，检查企业197家，发现并消除隐患254起，处理举报投诉45起，完成率100%。开展《中华人民共和国特种设备安全法》宣传讲座、走进电台直播室宣传电梯安全知识、利用太仓电视台《市场监管》栏目宣传特种设备作业和特种设备使用安全常识，提高市民安全意识。

【综合执法监察】 2015年，太仓市市场监督管理局整合原工商、质监、食药监执法力量，统一执法程序、执法文书等，围绕食品安全、消费安全、特种设备安全、医药安全等重点领域，开展空气和饮用水净化类生活用品专项整治、打击侵犯知识产权和制售假冒伪劣商品专项整治、流通领域住宅装饰装修行业专项整治、虚假违法广告专项整治、质监利剑专项行动、直销市场专项检查及食品、农资、儿童用品等专项整治行动，依法查处销售假冒侵犯注册商标专用权案和中蓁金属表面处理有限公司无证经营案等案件。做好规范直销、打击传销工作，依法取缔和叫停疑似传销行为4起。查处一般程序违法案件67件，罚没入库334.71万元。组织开展“放心市场”创建工作，抓好农贸市场环境集中整治，落实长效管理措施，做好禽流感防控工作，城区农贸市场基本实现禽类交易“四分离”（水禽与旱禽分离、活禽交易与宰杀分离、活禽交易区与其他交易区分离、光禽销售与宰杀区分离）。完成国家卫生城市、国家文明城市复查迎检任务和苏州市美丽城乡建设行动迎检任务。整治虚假广告，开展建材团购广告和民营医疗机构广告专项整治，做好媒体广告监测和户外广告登记工作。开展房地产行业格式合同检查，规范交易行为。开展网络商品交易监管，规范网络销售行为等。

【消保维权】 2015年，太仓市关注消费热点难点，开展食品安全社会监督消费体察活动，召开汽车销售行业消费纠纷分析会，家庭装饰行业和汽车销售行业2个消费纠纷联动调处中心分别受理消费纠纷57起、24起，分别为消费者挽回经济损失16.8万元、31万元。做好2家诚信品牌企业、8条放心消费示范街、110家先进示范单位的申报工作，完成30家获省级荣誉的消费放心先进、示范单位复核工作，对5家不符合条件的单位进行摘牌申报。整合“12315”消费者投诉举报专线、“12365”质量监督投诉电话和“12331”食品药品举报投诉热线平台，制定工作流程，实行统一扎口受理、统一调配分流、统一答复反馈、统一信息发布，提高投诉举报处置效率。全年共处理各类消费者投诉163件、举报63件，处结率92.02%，为消费者挽回经济损失59.04万元。办理太仓市便民热线“12345”转办的各类咨询、投诉、举报、求助、建议等269件；苏州市寒山闻钟交办（回复）单22件，市长信箱27件，处结率100%。

太仓市获认定的中国驰名商标

表66

商标名称	注册人／利害关系人	类别	核定使用商品／服务	认定时间
雅鹿	雅鹿集团股份有限公司	25	服装	2002年
雅鹿·自由自在	雅鹿集团股份有限公司	25	服装	2007年
Yalu & Freedom	雅鹿集团股份有限公司	25	服装	2007年
乡村树	雅鹿集团股份有限公司	25	服装	2007年
太仓	太仓肉松食品有限公司	29	肉松	2008年
图形	江苏德威新材料股份有限公司	1	聚氯乙烯树脂、合成树脂塑料	2009年
安佑及图	安佑（中国）动物营养研发有限公司	31	猪饲料	2012年
蓝冰及图	苏州雅鹿控股股份有限公司	25	服装等	2015年
口水娃及图	苏州口水娃食品有限公司	29	精制坚果仁、熟制豆	2015年
FrognieZila	苏州佛朗尼齐拉服饰有限公司	25	工作服、皮衣，鞋，帽等	2015年

太仓市获认定的江苏省著名商标

表 67

商标名称	注册人 / 利害关系人	类别	核定使用商品 / 服务	认定时间
XUSHI 及图	苏州富瑞铜合金科技有限公司	6	金属管；金属套管；金属支架等	2013 年 12 月
绿宝EMERALD	苏州荣文库柏照明系统有限公司	11	灯；电灯；舞台灯具	2013 年 12 月
RiSing	苏州睿昕汽车配件有限公司	11	车灯；汽车前灯；车辆转向指示灯等	2013 年 12 月
欧亚马	欧亚马自行车（太仓）有限公司	12	自行车；电动自行车及零部件；滑板车等	2013 年 12 月
见诚	见诚自行车（太仓）有限公司	12	自行车；儿童车；电动自行车等	2013 年 12 月
香塘及图	太仓振辉化纤有限公司	23	人造丝；纱；丝纱等	2013 年 12 月
宝利嘉 BLJ	宝利嘉集团有限公司	23	纱，棉纱和棉线，线	2013 年 12 月
双爱及图	太仓塑料助剂厂有限公司	1	过氧化二异丙苯、氯化聚乙烯。	2014 年 12 月
旭川XUCHUAN	旭川化学（苏州）有限公司	1	工业用化学品、化学试剂（非医用或兽医用）、合成树脂塑料等	2014 年 12 月
维艾普及图	苏州维艾普新材料有限公司	17	保温用非导热材料、防热散发合成物、防热辐射合成物等	2014 年 12 月
荣文及图	苏州荣文集团有限公司	23	弹力丝（纺织用）、长丝、纱等	2014 年 12 月
金诸及图	太仓市金诸农业发展有限公司	31	非医用饲料添加剂、活动物、饲料等	2014 年 12 月
太仓港	江苏省太仓港港口开发建设投资公司	39	观光旅游、旅行预定、运输等	2014 年 12 月
新太	太仓新太酒精有限公司	5	医用酒精、药酒、消毒剂等	2014 年 12 月
沪星及图	太仓市弇西树脂化工有限公司	2	涂料、油漆、稀释剂等	2014 年 12 月
仓环	江苏仓环铜业股份有限公司	6	铜管等	2014 年 12 月
托克斯及图形	太仓托克斯冲压技术有限公司	7	压力机、机床、冲床（工业用机器）	2014 年 12 月
LANUVIO	苏州新超针纺织有限公司	25	衬衫、内裤、领带等	2015 年 12 月
NJAL	苏州佛朗尼齐拉服饰有限公司	25	服装、防水服、围巾等	2015 年 12 月
ALTUSVIA 及图	奥特斯维能源（太仓）有限公司	9	太阳能电池、电池、电池铅板等	2015 年 12 月
OHE	东又悦（苏州）电子科技新材料有限公司	6	铝、锌白铜、未加工或半加工铜等	2015 年 12 月
SZN	苏州巨能发电配套设备有限公司	7	发电机、交流发电机、定子等	2015 年 12 月
润孚 RUNFU	江苏润孚机械轧辊制造有限公司	7	炼钢厂用转换器、切断机（机器）、轧辊（铸造机械零配件）等	2015 年 12 月
BJF	江苏保捷锻压有限公司	12	陆地车辆变速箱、陆地车辆传动轴、陆地车辆用驱动链等	2015 年 12 月
TRANE 及图	特灵空调系统（中国）有限公司	11	制冷装置、冷却器、冷凝装置等	2015 年 12 月
万松电气及图	苏州万松电气有限公司	9	断路器、逆变器（电）、配电箱（电）等	2015 年 12 月
新优化纤及图	太仓市新佳化纤有限公司	23	纱、棉线和棉纱、丝纱等	2015 年 12 月
锦凯	苏州锦凯纺织有限公司	23	弹力丝（纺织用）	2013 年再认定
康辉及图	苏州康辉纺织有限公司	23	纱、棉纱和棉线等	2013 年再认定
都市星期天 DUSHI XINGQITIAN	苏州星期天鞋业有限公司	25	鞋等	2013 年再认定

续表 67

商标名称	注册人 / 利害关系人	类别	核定使用商品 / 服务	认定时间
雅鹿及图	雅鹿集团股份有限公司	25	服装	2013 年再认定
太仓牌及图	太仓肉松食品有限公司	29	肉松	2013 年再认定
DW 及图	江苏德威新材料股份有限公司	1	合成树脂塑料等	2013 年再认定
恩丰 enfeng	太仓汇丰化学肥料有限公司	1	肥料	2013 年再认定
ARREN	华伦皮塑（苏州）有限公司	18	仿皮、半加工或未加工皮革等	2013 年再认定
開明 KaiMing	太仓市开林油漆有限公司	2	油漆等	2013 年再认定
兰燕及图	太仓市兰燕甲板敷料涂料有限公司	2	涂料、油漆等	2013 年再认定
图形	苏州市苏创集团有限公司	4	气体燃料、石油气、润滑油等	2013 年再认定
庆君康	苏州致君万庆药业有限公司	5	人用药、医用药物、医药制剂等	2013 年再认定
天祥 TIANXIANG	太仓市磁力驱动泵有限公司	7	磁力泵	2013 年再认定
春草	江苏泰昌电子有限公司	9	磁性材料和器件、电感线圈等	2013 年再认定
妙管家	妙管家（苏州）日用品有限公司	3	玻璃清洁剂，厕所清洁剂，衣领清洁剂等	2014 年再认定
YE CHIU 及图	怡球金属资源再生（中国）股份有限公司	6	普通金属锭、铝锭、锌锭	2014 年再认定
FrognieZila	苏州佛朗尼齐拉服饰有限公司	25	工作服、皮衣，鞋，帽等	2014 年再认定
口水娃及图	苏州口水娃食品有限公司	29	精制坚果仁、熟制豆	2014 年再认定
贯龙及图	太仓市贯龙电磁线有限公司	9	电缆、电线等	2014 年再认定
醒狮牌	太仓利泰纺织厂有限公司	23	天然棉纱，化纤纱	2014 年再认定
明辉及图	太仓市金辉化纤实业有限公司	23	弹力丝，人造丝	2014 年再认定
大仓	江苏大仓集团有限公司	25	衣物、鞋、帽等	2014 年再认定
飞凤	太仓市飞凤食品有限公司	29	肉、非活家禽	2014 年再认定
天顺风能	天顺风能（苏州）股份有限公司	7	风力动力设备、风力机和其配件、风力发电设备	2015 年再认定
玖龙	玖龙纸业（太仓）有限公司	16	纸、牛皮卡纸、白卡纸等	2015 年再认定
苏革 SUGE	江苏东泰聚合材料有限公司	18	（牛、羊等）的生皮、仿皮、仿皮革等	2015 年再认定
中润	江苏中润化纤有限公司	22	纺织纤维	2015 年再认定
图形	江苏申久化纤有限公司	23	长丝、人造丝、弹力丝（纺织用）等	2015 年再认定
璜泾加弹	太仓市璜泾加弹行业商会	23	弹力丝、人造丝	2015 年再认定
力九和及图	太仓力九和塑胶工业有限公司	27	汽车地垫、家居地垫、商业地垫等	2015 年再认定
DONON 及图	苏州东南碳制品有限公司	9	石墨电刷、碳电刷	2015 年再认定
金星力克斯	太仓市金星獭兔有限公司	31	活动物、种家禽、活家禽等	2015 年再认定
三角洲	江苏三角洲塑化有限公司	1	塑料粒	2015 年再认定
Shubao 舒宝	苏州舒适家具有限公司	20	家具	2015 年再认定
美固龍	美固龙金属制品（中国）有限公司	6	金属容器	2015 年再认定

太仓市获评“江苏名牌产品”企业名单

表 68

序号	企业名称	产品名称	商标	获得年份
1	苏州诺伊曼实业有限公司	聚氨酯软质泡沫家居用品	诺伊曼牌	2012 年
2	苏州新超针纺织有限公司	男式衬衫	澜维奥（LANUVIO）牌	2012 年
3	江苏中润纤维科技股份有限公司	涤纶预取向丝	中润牌	2012 年
4	苏州雅鹿控股股份有限公司	羽绒服	雅鹿牌	2012 年
5	苏州雅鹿控股股份有限公司	羽绒服	雅鹿·自由自在牌	2012 年
6	江苏德威新材料股份有限公司	电缆料	德威（图形）牌	2012 年
7	太仓利泰纺织厂有限公司	纱	醒狮牌	2012 年
8	太仓利泰纺织厂有限公司	布	利泰牌	2012 年
9	苏州东南碳制品有限公司	电刷及电刷架总成系列	DONON 牌	2012 年
10	太仓市飞凤食品有限公司	双凤爊鸡（鸭）	飞凤牌	2012 年
11	江苏大仓集团有限公司	男西服、大衣	大仓牌	2012 年
12	美固龙金属制品（中国）有限公司	购物车	美固　牌	2012 年
13	苏州国信集团有限公司	—	—	2012 年
14	苏州三和管桩有限公司	先张法预应力混凝土管桩	三和牌	2012 年
15	苏州斯迪克新材料科技股份有限公司	复合涂层功能性膜材料	斯迪克（图形）牌	2012 年
16	江苏仓环铜业股份有限公司	铜及铜合金管	仓环	2013 年
17	太仓市奔西树脂化工有限公司	醇酸树脂	沪星	2013 年
18	怡球金属资源再生（中国）股份有限公司	铝合金锭	yichlu	2013 年
19	玖龙纸业（太仓）有限公司	牛卡纸	玖龙	2013 年
20	玖龙纸业（太仓）有限公司	瓦楞芯纸	玖龙	2013 年
21	江苏申久化纤有限公司	涤纶长丝	申久	2013 年
22	苏州荣文库柏照明系统有限公司	LED 照明产品	EMERALD（绿宝）牌	2013 年
23	苏州群鸿服饰有限公司	休闲服系列	Frognie Zila （佛朗尼·齐拉）	2013 年
24	江苏三角洲塑化有限公司	聚氯乙烯电缆料	三角洲	2013 年
25	苏州金辉纤维新材料有限公司	涤纶长丝	明辉	2013 年
26	苏州明军化纤织造有限公司	涤纶低弹丝	明宇牌	2013 年
27	太仓市文祥食品有限公司	猪肉松系列	象龙	2013 年
28	太仓振辉化纤有限公司	涤纶预取向丝	香塘	2013 年
29	太仓振辉化纤有限公司	涤纶低弹丝	福柔思牌	2013 年
30	苏州口水娃食品有限公司	坚果炒货食品	口水娃	2013 年

续表 68

序号	企业名称	产品名称	商标	获得年份
31	苏州口水娃食品有限公司	坚果炒货食品	月亮街牌	2013 年
32	江苏东泰聚合材料有限公司	人造革（合成革）	苏革 +SUGE	2013 年
33	苏州市苏创集团有限公司	—	—	2013 年
34	太仓肉松食品有限公司	肉松	太仓	2013 年
35	太仓汇丰化学肥料有限公司	复混肥料（复合肥料）	恩丰	2014 年
36	太仓中化环保化工有限公司	1,1,1,2 －四氟乙烷	JINCOOL（金冷）牌	2014 年
37	苏州星期天鞋业有限公司	皮鞋	都市星期天	2014 年
38	太仓市开林油漆有限公司	油漆	开明	2014 年
39	苏州富尔达实业有限公司	闭门器	富尔达	2014 年
40	江苏长乐纤维科技有限公司	纺织	长乐	2014 年

2015 年太仓市参与制定（修订）国家标准、行业标准企业名单

表 69

序号	标准号	标准名称	参与（负责）起草单位
1	GB/T 12028 － 1989	洗涤剂用羧甲基纤维素钠	太仓县轻工助剂厂
2	GB/T 17590 － 1998	易开盖三片罐	太仓兴达制罐有限公司
3	GB/T 2664 － 2001	男西服、大衣	江苏大仓集团有限公司
4	GB/T 18836 － 2002(2004)	风管送风式空调（热泵）机组	特灵空调器有限公司
5	GB/T 9129 － 2003	管法兰用非金属平垫片 技术条件	太仓市宝马密封材料有限公司
6	GB 15892 － 2003	水处理剂聚氯化铝	太仓市新星轻工助剂厂
7	GB/T 19447 － 2004	热交换器用铜及铜合金 无缝翅片管	江苏仓环铜业股份有限公司
8	GB 19576 － 2004	单元式空气调节机能效限定值及能源效率等级	特灵空调器有限公司
9	GB/T 13586 － 2006	铝及铝合金废料	怡球金属（太仓）有限公司
10	GB/T 20738 － 2006	屋顶式空气调节机组	特灵空调器有限公司
11	GB/T 18430.1 － 2007	蒸汽压缩循环冷水（热泵）机组 第 1 部分：工业或商业及类似用途的冷水（热泵）机组	特灵空调器有限公司
12	GB/T 19851.20 － 2007	中小学体育器材利场地 第 20 部分：跳绳	太仓新塘毽绳厂
13	GB/T 19851.21 － 2007	中小学体育器材利场地 第 21 部分：毽球、花毽	太仓新塘毽绳厂
14	GB/T 7778 － 2008	制冷剂编号方法和安全性分类	特灵空调器有限公司
15	GB/T 21655.1 － 2008	纺织品吸湿速干性的评定 第 1 部分：单项组合试验法	耐克体育（中国）有限公司 太仓市金辉化纤实业有限公司
16	GB 15892 － 2009	生活饮用水用聚氯化铝	太仓市新星轻工助剂厂
17	GB/T 21655.2 － 2009	纺织品吸湿速干性的评定 第 2 部分：动态水分传递法	耐克体育（中国）有限公司 太仓市金辉化纤实业有限公司

续表 69

序号	标准号	标准名称	参与（负责）起草单位
18	GB/T 23444 － 2009	金属及金属复合材料吊顶板	林德纳新型建筑材料（太仓）有限公司
19	GB/T 24617 － 2009	冷冻食品物流包装、标志、运输和储存	苏州新亚科技有限公司
20	GB/T 25128 － 2010	直接蒸发式全新风空气处理机组	特灵空调器有限公司
21	GB 25131 － 2010	蒸汽压缩循环冷水（热泵）机组安全要求	特灵空调器有限公司
22	GB/T 25254 － 2010	工业用聚四亚甲基醚二醇（PTMEG）	中化国际太仓兴国实业有限公司
23	GB/T 25263 － 2010	氯化橡胶防腐涂料	太仓市开林油漆有限公司
24	GB/T 14272 － 2011	羽绒服装	雅鹿集团股份有限公司
25	GB/T 26713 － 2011	鞋类化学实验方法 富马酸二甲酯（DMF）的测定	太仓市产品质量监督检验所
26	GB/T 27806 － 2011	环氧沥青防腐涂料	太仓市开林油漆有限公司
27	GB/T 29341 － 2012	水处理剂用铝酸钙	太仓市新星轻工助剂厂
28	GB/T 29468 － 2012	洁净室及相关受控环境围护结构夹芯板 应用技术指南	蓝海永乐（江苏）新材料有限公司
29	GB/T 29469 － 2012	洁净室及相关受控环境性能及合理性评价	苏州市碧海永乐净化科技有限公司
30	GB/T 5126 － 2013	铝及铝合金冷拉薄壁管材涡流探伤方法	苏州龙骏无损检测设备有限公司
31	GB/T 19447 － 2013	热交换器用铜及铜合金无缝翅片管	江苏仓环铜业股份有限公司
32	GB/T 8891 － 2013	铜及铜合金散热管	江苏仓环铜业股份有限公司
33	GB/T 19850 － 2013	导电用无缝铜管	江苏仓环铜业股份有限公司
34	GB/T 30127 － 2013	纺织品远红外性能的检测和评价	苏州金辉纤维新材料有限公司
35	GB/T 30124 － 2013	竹炭涤纶低弹丝	苏州金辉纤维新材料有限公司
36	GB/T 8892 － 2014	压力表用铜合金管	苏州富瑞铜业有限公司
37	GB 30721 － 2014	水（地）源热泵机组能效限定值及能效等级	特灵空调系统（中国）有限公司
38	GB/T 19849 － 2014	电缆用无缝铜管	江苏仓环铜业股份有限公司
39	GB/T 30786 － 2014	色漆和清漆腐蚀试验用金属板涂层划痕标记导则	太仓市高分子材料研发中心有限公司
40	GB/T 30790.1 － 2014	色漆和清漆防护涂料体系对钢结构的防腐蚀保护 第1部分：总则	太仓市高分子材料研发中心有限公司
41	GB/T 30791 － 2014	色漆和清漆 T 弯试验	太仓市高分子材料研发中心有限公司
42	GB 31060 － 2014	水处理剂硫酸铝	太仓市新星轻工助剂厂
43	GB/T 31125 － 2014	胶粘带初粘性试验方法环形法	苏州斯迪克新材料科技股份有限公司
44	CB/T 3755 － 1995	铝质衡力升降式船用窗技术条件	太仓衡力窗专业生产厂
45	CB/T 3361 － 1998	甲板敷料	太仓市兰燕甲板敷料涂料有限公司
46	CY/T 59 － 2009	纸质印刷品模切过程控制及检测方法	星光印刷（苏州）有限公司
47	CY/T 60 － 2009	纸质印刷品烫印与压凹凸过程控制及检测方法	星光印刷（苏州）有限公司
48	CY/T 61 － 2009	纸质印刷品制盒过程控制及检测方法	星光印刷（苏州）有限公司

续表 69

序号	标准号	标准名称	参与（负责）起草单位
49	FZ/T 93047 － 1998	针刺机	太仓市万龙非织造布有限公司
50	FZ/T 98004 － 2008	激振式纤维线密度仪	太仓宏大方圆电气有限公司
51	FZ/T 54020 － 2009	聚对苯二甲酸丙二醇酯（PPT）弹力丝	太仓市金辉化纤实业有限公司
52	FZ/T 54021 － 2009	聚对苯二甲酸丙二醇酯（PPT）预取向丝	太仓市金辉化纤实业有限公司
53	FZ/T 98001 － 2009	电容式条干均匀度仪	太仓宏大方圆电气有限公司
54	FZ/T 98003 － 2009	电子清纱器	太仓宏大方圆电气有限公司
55	FZ/T 95012 － 2010	单层拉幅定型机	太仓市万龙非织造工程有限公司
56	FZ/T 50017 － 2011	涤纶阻燃性能试验方法——氧指数法	太仓市金辉化纤实业有限公司
57	FZ/T 54038 － 2011	有光异形涤纶低弹丝	太仓市方圆质量技术检测中心
58	FZ/T 93047 － 2011	针刺机	太仓市双凤非织造布设备有限公司
59	FZ/T 98007 － 2011	电子单纱强力仪	纺织电子仪器太仓质量监督检测中心
60	FZ/T 98009 － 2011	电子单纤维强力仪	太仓纺织仪器厂有限公司
61	FZ/T 98010 － 2011	通风式纺织烘箱	太仓纺织仪器厂有限公司
62	FZ/T 98011 － 2011	原棉回潮率测定仪	苏州科慧电子技术研究所（有限公司）
63	FZ/T 54003 － 2012	涤纶预取向丝	江苏申久化纤有限公司
64	FZ/T 54046 － 2012	再生涤纶预取向丝	太仓市金辉化纤实业有限公司
65	FZ/T 54047 － 2012	再生涤纶低弹丝	太仓市光辉化纤实业有限公司
66	FZ/T 54048 － 2012	再生涤纶牵伸丝	太仓市金辉化纤实业有限公司
67	FZ/T 51007 － 2012	阻燃聚酯切片（PET）	苏州金辉纤维新材料有限公司
68	FZ/T 54059 － 2012	涤锦复合预取向丝	太仓荣文合成纤维有限公司
69	FZ/T 54061 － 2012	涤锦复合低弹丝	太仓荣文合成纤维有限公司
70	FZ/T 73020 － 2012	针织休闲服装	耐克体育（中国）有限公司
71	FZ/T 93062 － 2012	针刺法非织造布生产联合机	太仓市双凤非织造布设备有限公司
72	FZ/T 54066 － 2013	阳离子染料可染改性涤纶预取向丝	苏州金辉纤维新材料有限公司
73	FZ/T 50021 － 2014	化纤磷系阻燃产品 磷含量试验方法	大加利（太仓）质量技术检测中心 有限公司
74	FZ/T 97033 － 2014	针织圆机针筒	太仓市永发针织机械有限公司
75	GA/T 1145 － 2014	警用约束叉	太仓市友联电器有限公司
76	HG/T 2567 － 1994	工业活性沉淀碳酸钙	太仓碳酸钙厂
77	HG 2227 － 2004	水处理剂硫酸铝	太仓市新星轻工助剂厂
78	HG/T 2638 － 2004	搪玻璃设备质量分等	太仓天婷工业搪瓷有限公司
79	HG/T 2225 － 2010	工业硫酸铝	太仓市新星轻工助剂厂

续表 69

序号	标准号	标准名称	参与（负责）起草单位
80	HG/T 3684 － 2011	搪玻璃双锥形回转式真空干燥机	太仓新工搪玻璃有限公司
81	HG/T 2239 － 2012	环氧酯底漆	太仓市高分子材料研发中心有限公司
82	HG/T 2240 － 2012	潮（湿）气固化聚氨酯涂料（单组分）	太仓市高分子材料研发中心有限公司
83	HG/T 2730 － 2012	磁力驱动离心式化工流程泵	太仓市磁力驱动泵有限公司
84	HG/T 4337 － 2012	钢质输水管道无溶剂液体环氧涂料	太仓市开林油漆有限公司
85	HG/T 4341 － 2012	金属表面用热反射隔热涂料	太仓市开林油漆有限公司
86	HG/T 4343 － 2012	水性多彩建筑涂料	太仓市高分子材料研发中心有限公司
87	JB/T 9054 － 2000	离心式除尘器	太仓市除尘设备厂
88	JB/T 10240 － 2001	静电粉末涂装设备	太仓市静电设备厂
89	JB/T 8133.5 － 2013	电炭制品物理化学性能试验方法 第 5 部分：刷体与软接线联接处的联接电阻	苏州东南碳制品有限公司
90	JB/T 8133.6 － 2013	电炭制品物理化学性能试验方法 第 6 部分：电刷软接线的脱出拉力	苏州东南碳制品有限公司
91	JB/T 6492 － 2014	锥形异向双螺杆塑料挤出机	苏州杰威尔精密机械有限公司
92	JB/T 7599.1 － 2013	漆包绕组线绝缘漆 第 1 部分：一般规定	东特涂料（太仓）有限公司
93	JB/T 7599.2 － 2013	漆包绕组线绝缘漆 第 2 部分：120 级缩醛漆包线漆	东特涂料（太仓）有限公司
94	JB/T 7599.3 － 2013	漆包绕组线绝缘漆 第 3 部分：130 级聚酯漆包线漆	东特涂料（太仓）有限公司
95	JB/T 7599.4 － 2013	漆包绕组线绝缘漆 第 4 部分：130 级聚氨酯漆包线漆	东特涂料（太仓）有限公司
96	JB/T 7599.5 － 2013	漆包绕组线绝缘漆 第 5 部分：155 级聚酯漆包线漆	东特涂料（太仓）有限公司
97	JB/T 7599.6 － 2013	漆包绕组线绝缘漆 第 6 部分：180 级聚酯亚胺漆包线漆	东特涂料（太仓）有限公司
98	JB/T 7599.7 － 2013	漆包绕组线绝缘漆 第 7 部分：200 级聚酰胺酰亚胺漆包线漆	东特涂料（太仓）有限公司
99	JB/T 7599.8 － 2013	漆包绕组线绝缘漆 第 8 部分：240 级芳族聚酰亚胺漆包线漆	东特涂料（太仓）有限公司
100	JB/T 7599.9 － 2013	漆包绕组线绝缘漆 第 9 部分：155 级聚氨酯漆包线漆	东特涂料（太仓）有限公司
101	JB/T 7599.10 － 2013	漆包绕组线绝缘漆 第 10 部分：180 级聚氨酯漆包线漆	东特涂料（太仓）有限公司
102	JB/T 7599.11 － 2013	漆包绕组线绝缘漆 第 11 部分：聚乙烯醇缩丁醛自粘漆包线漆	东特涂料（太仓）有限公司
103	JB/T 7599.12 － 2013	漆包绕组线绝缘漆 第 12 部分：聚酰胺自粘漆包线漆	东特涂料（太仓）有限公司
104	JB/T 7599.13 － 2013	漆包绕组线绝缘漆 第 13 部分：芳族聚酰胺自粘漆包线漆	东特涂料（太仓）有限公司
105	JB/T 7599.14 － 2013	漆包绕组线绝缘漆 第 14 部分：环氧自粘漆包线漆	东特涂料（太仓）有限公司
106	JB/T 9180.1 － 2014	钢质冷挤压件 第 1 部分：公差	江苏保捷锻压有限公司

续表 69

序号	标准号	标准名称	参与（负责）起草单位
107	JB/T 9180.2 － 2014	钢质冷挤压件 第 2 部分：通用技术条件	江苏保捷锻压有限公司
108	JB/T 11909 － 2014	农用万向节传动轴	太仓市项氏农机有限公司
109	JC/T 2090 － 2011	聚合物水泥防水浆料	太仓市恒洋实业有限公司
110	JC/T 2186 － 2013	室内墙面轻质装饰板用免钉胶	江苏大力士投资有限公司
111	JG 149 － 2003	膨胀聚苯板薄抹灰外墙外保温系统	慧鱼（太仓）建筑锚栓有限公司
112	JG/T 438 － 2014	建筑用真空绝热板	苏州维艾普新材料有限公司
113	JT/T 560 － 2004	船用吸油毡	太仓市经贸特种滤材厂
114	QB/T 1399 － 1991	香菇罐头	太仓罐头食品厂
115	QB/T 2958 － 2008	服装用聚氨酯合成革	江苏东泰合成革有限公司
116	QB/T 4341 － 2012	抗菌聚氨酯合成革——抗菌性能试验方法和抗菌效果	江苏东泰聚合物材料有限公司
117	QB/T 4548 － 2013	高尔夫球鞋	耐克体育（中国）有限公司
118	SN/T 3518 － 2013	石油产品运动黏度的测定斯塔宾格黏度计法	中石油华东润滑油厂 中国江苏出入境检验检疫局
119	YS/T 669 － 2013	同步器齿环用挤制铜合金管	苏州撼力铜合金材料有限公司
120	YS/T 909 － 2013	电真空器件用无氧铜管材	江苏仓环铜业股份有限公司
121	YS/T 911 － 2013	铜及铜合金 U 型管	苏州富瑞铜业有限公司
122	YS/T 998 － 2014	Al2O3 弥散强化铜棒材和线材	苏州金江铜业有限公司
123	YS/T 999 － 2014	铜及铜合金毛细管涡流探伤方法	苏州龙骏无损检测设备有限公司
124	YY/T 1304.1 － 2014	时间分辨荧光免疫检测系统 第 1 部分：半自动时间分辨荧光免疫分析仪	苏州新波生物技术有限公司
125	YY/T 1304.2 － 2014	时间分辨荧光免疫检测系统 第 2 部分：时间分辨荧光免疫分析定量测定试剂（盒）	苏州新波生物技术有限公司

2015 年太仓市私营企业、个体工商户登记注册统计表

表 70

登记类型	项目	单位	2015 年发展		年末实有	
			数量	较上年（%）	数量	较上年（%）
私营企业（不含分支机构）	户数	户	3100	27.57	17442	19.30
	注册资本	亿元	119.1	60.98	768.96	22.39
	从业人员	人	20900	23.73	22905	3.84
个体工商户	户数	户	6904	28.73	40967	14.09
	资金总额	亿元	6.07	33.52	26.97	21.02
	从业人员	人	8686	22.60	57051	11.79

2015 年各镇（区）私营企业、个体工商户发展情况统计表

表 71

镇（区）	私营企业								个体工商户					
	户数（家）	较上年（%）	注册资本（万元）	较上年（%）	从业人数（人）	较上年（%）	2014 年增减资（老企业）		户数（家）	较上年（%）	注册资金（万元）	较上年（%）	从业人数（人）	较上年（%）
							户数（家）	资本（万元）						
港　区（含浮桥镇）	529	28.40	176405.01	46.79	3615	20.62	85	77222.76	807	32.51	7184.80	37.35	828	30.60
新　区	1038	37.81	407358.06	145.11	6530	39.81	151	90835.34	1531	41.01	11076.30	58.21	2815	51.61
（开发区）	949	40.6	385191.06	148.39	5915	39.74	136	76861.34	1304	38.87	9381.30	58.06	2575	51.56
（陆渡镇）	89	14.10	22167.00	98.79	615	40.73	15	13974.00	227	54.42	1695.00	58.71	240	51.9
城厢镇	804	30.94	355550.00	151.00	5389	41.56	116	61508.20	2322	51.47	18162.10	81.06	2389	43.48
沙溪镇	253	6.30	41067.00	−38.52	1850	5.77	47	26623.62	622	−22.44	6197.00	−20.42	668	−47.11
浏河镇	192	31.51	94467.00	19.01	1125	−4.01	36	16911.78	810	21.26	7363.30	6.93	826	21.11
璜泾镇	150	13.64	82632.00	−15.04	1223	−5.49	31	22113.39	512	44.63	8610.00	32.28	665	41.19
双凤镇	134	−0.74	33533.00	−50.95	1168	20.91	28	12167.69	300	−3.54	2290.00	13.48	516	0.58
全　市	3100	27.57	1191012.07	60.98	20900	23.73	494	307382.78	6904	28.73	60705.50	33.52	8686	22.60

（王艳新）

价　格

【概况】 2015年，太仓市价格工作落实《省政府关于进一步深化价格改革，切实加强价格监管的意见》，深化推进价格改革工作，调整部门价格行政权力清单；推进天然气价格改革，完成居民阶梯水价制度改革任务，深化医药价格综合改革，完善客运出租汽车运价政策；依法开展价格监督检查工作，实现稳物价促民生。

【价格调控监管】 2015年，太仓市价格工作落实《太仓市2015年价格调控目标责任制实施意见》，发挥价格调控工作领导小组办公室职能作用，细化分解价格调控各项任务。太仓市居民消费价格指数全年涨幅1.4%，分别低于全省、苏州0.3%和0.2%，创自2010年以来最低水平。完善价格监测预警机制，丰富价格调控手段，全年共落实183万元价格调节基金用于保供稳价补贴、平价商店考核奖励及补贴、平价商店监管系统平台建设。加大“晒价格”力度，每日定时采集公布主要农贸市场农副产品价格比对信息，定期采集公布食品、电器、药品、日用品等重要民生价格信息，为市民合理消费提供引导。推进价格监测信息平台建设，开发价格信息采集发布系统并通过评估，系统兼容价格采集、发布、应用、管理于一体。发挥平价商店稳价惠民作用，健全平价商店管理制度，淘汰7家。全年全市平价商店年销售平价蔬菜340万公斤、平价大米160万公斤、平价猪肉46万公斤、平价食用油18.5万公斤、平价鸡蛋53万公斤，较市场价优惠400余万元，受益群众192万人次。

11月24日，太仓市居民生活用水价格调整及实行阶梯式水价听证会在市行政中心举行　（市物价局供稿）

【价格改革】 天然气价格改革。市物价局根据国家发改委和省物价局统一部署，分别在5月21日和11月20日两次调整太仓市非居民用管道天然气销售价格，每立方米分别下调0.039元和0.70元。调整之后，太仓市非居民用管道天然气最高销售价格为每立方米3.207元；其他（公用事业）用管道天然气最高销售价格为每立方米3.027元。全市非居民用气单位每年预计减少支出约8950万元。11月20日，调整车用压缩天然气销售价格，由原先每立方米4.75元调整为每立方米4.05元。全市使用天然气的出租车辆每年预计减少支出约365万元。

居民阶梯水价改革。根据国家发改委、住建部关于加快建立完善城镇居民用水阶梯价格制度的指导意见和江苏省“十二五”水价改革意见精神，太仓市通过成本监审、价格听证、社会公示等程序，依法贯彻落实居民阶梯水价改革工作。市物价局坚持通过合理调整水价，合理弥补供水成本，保障供水企业正常运营需要；通过建立居民阶梯水价制度，增强全民节约意识，保护和合理开发水资源。11月24日，太仓市居民生活用水价格调整及实行阶梯式水价听证会在市行政中心举行，参加听证20人，其中消费者听证11人，政府部门、社会组织和其他相关人员9人。听证会上，调价方案陈述人就《太仓市居民自来水价格调整及实行阶梯式水价听证方案》进行陈述，成本监审人就《关于太仓市水处理有限责任公司城市供水定价成本监审报告》作说明。12月9日，太仓市调整太仓市居民生活用自来水价格并实行阶梯式水价制度，方案明确自2016年1月1日起调整全市自来水价格，居民生活用水、非居民生活用水、特种用水分别调整为2.95元／吨、3.75元／吨、5.3元／吨，并实行居民生活用水阶梯式价格，按居民家庭年度用水量划分3个阶梯，分别为2.95元／吨、3.75元／吨、6.15元／吨。

5月7日，市物价局到平价直销店开展价格督查　（市物价局供稿）

医药价格综合改革。根据《省物价局关于加强公立医院医药价格综合改革评估工作的通知》要求，完成县级改革医院的阶段性整体评估及后续工作，对全市县级公立医院实施阶段性整体评估，贯彻《苏州市公立医院医药价格综合改革实施方案》，市第一人民医院、市中医医院、市第三人民医院、市妇幼保健所等4家县级公立医院全面执行苏州市公立医院医药价格综合改革实施方案，执行二类医院的价格标准。沙溪人民医院、浏河人民医院、璜泾人民医院、港区医院、双凤人民医院5家乡镇医院的诊察费保持原价格水平不变，等级护理、床位费、康复、检验检查、检验基本组合执行二类公立医院改革后医疗服务价格，其他医疗服务价格按二类公立医院改革后医疗服务价格的90%执行。

出租车运价改革。5月，结合太仓市客运出租汽车行业实际情况，经市政府批准，市物价局、交通运输局制定《太仓市客运出租汽车运价油价联动机制》和《关于调整客运出租车运价和重新明确计费办法的通知》，应对成品油价格变动，维护经营者和消费者合法利益，促进客运出租汽车行业和谐发展。调整全市客运出租车运价并重新明确计费办法，6月1日起实施新运价和计费办法。市出租车起步价由原先9元调整为10元，每公里运价由1.9元调整为2元，取消原有燃油附加费。

【清费减负工作】 2015年，太仓市围绕价格改革和价格监管，加强和改进收费治理工作，为经济社会发展和民生改善提供价费支持。全年全市共取消收费项目21项，涉及金额1379.49万元；暂停收费项目6项，涉及金额690.72万元；降低收费标准项目13项，涉及金额719.12万元。市物价局落实收费目录清单管理制度，整理公布《太仓市实行政府定价、政府指导价的经营服务性收费项目目录》《太仓市行政事业性收费项目目录》《太仓市市级涉及机动车收费目录清单》《市级涉企行政审批前置服务收费清单》《太仓市市级实行政府定价、政府指导价的涉企经营服务性收费目录清单》等一批收费目录清单。

【公益性服务价格管理】 2015年，太仓市加强公办中小学、幼儿园伙食标准管理，完成对45所学校伙食标准的重新备案。严格价格调整机制，核定太仓市华顿外国语学校收费、太仓客运站至上海浦东机场航站楼旅客班车票价、浏河套闸船舶过闸费等收费标准。加强涉房价格管理，调整太仓市2015年度经济适用住房销售价格，核定城北青年公寓公租房租赁价格。

【价格专项检查】 2015年，太仓市开展商品房销售明码标价、药品市场价格行为监管、医药卫生服务价格、教育收费等专项检查，抽查房地产企业8家、制药企业1家、医药平台2家、学校5所，总体比较规范，对2家存在的违规收费行为单位实施行政处罚，经省物价局授权对1所学校存在的违规收费行为进行行政处罚。协助省物价局检查房地产企业2家、学校1所、电厂2家；协助苏州市物价局开展涉企收费专项检查。

【价格诚信建设】 2015年，太仓市以餐饮行业和商贸流通企业为重点，对全市范围所有餐饮经营单位巡查，发放提醒函2000余份。以规范明码标价为抓手，开展“明码标价诚信经营示范街（区、店）”活动，12家企业响应并签订任务责任书，新世界百货公司获得诚信经营称号。严格执行价格举报工作制度，市“12358”价格举报系统四级联网正式运行，全年共受理各类价格咨询、投诉和举报200余件，退款680元，处罚1.2万元。

【价格认定工作】 2015年，太仓市做好价格认定机构职能定位和机构转型工作，加强价格认定工作法治化、规范化、制度化建设。做好涉纪、涉案、涉税财物价格认定工作。搭建服务平台，完善价格争议调解工作机制。开展服务政府重大工程、重点项目、购买服务等领域的价格认定。完成涉案财物价格鉴定943件，标的额9100万元；涉纪财物价格鉴定2件，标的额2.8万元；社会各类价格评估52件，标的额近13亿元；涉税房地产价格认定3起，标的额1.2亿元。

【居民消费价格】 2015年，太仓市居民消费价格指数（CPI）较上年上涨1.4%，创6年新低（2010—2014年平均涨幅依次为3.2%、4.8%、2.1%、1.9%、1.8%），单月同比涨幅分别为1.3%、1.4%、1.4%、1.6%、1.3%、1.4%、1.5%、1.5%、1.3%、1.2%、1.5%、1.7%，总体呈现低位运行、温和上涨态势，每月环比走势呈6涨5跌1平格局，八大类涨跌幅呈7升1降格局。

2015年太仓市居民消费价格指数表

表72

时间	同期比(%)	累计比(%)	时间	同期比(%)	累计比(%)	时间	同期比(%)	累计比(%)
1月	101.3	101.3	5月	101.3	101.4	9月	101.3	101.4
2月	101.4	101.4	6月	101.4	101.4	10月	101.2	101.4
3月	101.4	101.4	7月	101.5	101.4	11月	101.5	101.4
4月	101.6	101.4	8月	101.5	101.4	12月	101.7	101.4

（陈智慧）

2015 年太仓市部分商品（服务）价格表

表 73

品名	规格等级	计价单位	市场价格（元）			
			第一季度	第二季度	第三季度	第四季度
面粉	特一	公斤	4.60	4.67	4.80	4.73
粳米	特等	公斤	4.60	4.60	4.53	4.60
切面	水面	公斤	6.00	6.00	6.00	6.00
菜油	一级散装	公斤	13.60	13.47	13.60	13.60
猪肉	去骨腿肉	公斤	25.27	23.80	28.13	27.73
鸡	活草鸡	公斤	21.07	20.33	21.60	22.47
鸡蛋	新鲜洋鸡蛋	公斤	11.27	9.73	10.27	10.27
带鱼	250 克以下	公斤	44.73	44.60	46.13	43.40
鲢鱼（花）	1000 克以上	公斤	15.07	15.67	17.00	15.07
草鱼	1500 克以上	公斤	16.00	15.53	16.20	15.07
鲫鱼	200 克左右	公斤	19.00	18.93	22.00	20.73
河虾	中等鲜活	公斤	126.40	97.73	115.53	114.07
鳝鱼	100 克左右	公斤	68.47	74.07	74.53	75.33
大白菜	鲜统	公斤	2.33	2.67	3.07	2.80
芹菜	鲜统	公斤	7.87	6.67	7.00	6.47
黄瓜	鲜统	公斤	9.33	6.00	6.60	7.27
萝卜	鲜统	公斤	3.80	3.60	4.07	3.87
豆腐	水豆腐	公斤	2.80	2.80	2.80	2.80
食盐	淮牌加碘 500 克	袋	1.40	1.40	1.40	1.40
食糖	太古白砂糖	公斤	7.90	7.90	7.90	7.93
卷烟	南京（金）	盒	20.00	21.33	22.00	22.00
绿茶	华顶一级龙井茶礼盒	200 克	94.80	94.80	94.80	94.80
苹果	一级	公斤	11.00	9.87	8.93	8.13
梨	一级	公斤	9.93	9.60	7.33	6.87
香蕉	一级	公斤	7.93	7.00	6.47	6.00
西瓜	一级	公斤	8.53	5.80	3.67	5.87
饼干	阿尔法营养饼干奶香型	袋	21.80	21.13	20.80	20.80
奶粉	光明 400 克袋装全脂奶粉	袋	42.80	42.80	42.80	42.80
肉包子	50 克	只	1.20	1.20	1.20	1.20
菜肉大馄饨	50 克	碗	11.67	12.00	12.00	12.00
爆鱼面	50 克	碗	12.00	12.00	12.00	12.00
洗衣机	美的 MB55－3006G（5.5 公斤）	台	898.33	898.00	898.00	848.00
电冰箱	美的 BCD－215TQME	台	1298.00	1298.00	1298.00	1298.00
毛毯	堂皇拉舍尔 230×200	条	1480.00	1480.00	1480.00	1480.00
床单	堂皇四件套 220×240	条	1980.00	1980.00	1980.00	1980.00

续表 73

品名	规格等级	计价单位	市场价格（元）			
			第一季度	第二季度	第三季度	第四季度
铁锅	爱仕达精致铁锅	只	95.67	99.00	99.00	99.00
洗衣粉	白猫 350 克袋装	袋	4.50	4.50	4.50	4.50
牙膏	中华健齿白清新薄荷 200 克	支	6.70	6.23	6.00	6.47
灯泡	RT－Mart 节能灯泡 8 瓦	只	9.90	9.90	9.90	8.84
金饰品	铂金 PT950	克	368.00	354.67	338.00	306.33
银翘解毒片	银翘解毒胶囊 0.4 克 ×24 颗	盒	17.20	17.20	17.20	17.20
板兰根冲剂	10 克 ×20 包	盒	10.80	10.80	10.80	10.80
胃药	胃苏颗粒 5g×3 袋	盒	8.70	8.70	8.70	8.70
止泻药	诺氟沙星胶囊 0.1g×40 颗	瓶	5.90	5.90	5.90	5.90
青霉素针剂	头孢曲松钠 1 克	支	10.00	10.00	10.00	10.00
课本	高中一年级语文	本	6.24	6.18	6.24	6.35
地方报纸	姑苏晚报	份	0.70	0.70	0.70	0.70
电视报	苏州广播电视报	份	1.00	1.00	1.00	1.00
砖头	85 砖	块	0.36	0.35	0.35	0.35
水泥	325 普通	袋	25.00	25.00	20.67	22.33
木材	花旗松板材 5×20 厘米以上	立方米	2000.00	2000.00	2000.00	2000.00
房租（公房）	居住砖混一等	平方米	4.10	4.10	4.10	4.10
自来水	民用	立方米	2.60	2.60	2.60	2.60
电	民用直供	千瓦时	0.53	0.53	0.53	0.53
天然气	民用	立方米	2.45	2.45	2.45	2.45
仔猪	头重 10 ～ 15 公斤	公斤	17.17	16.50	18.53	20.00
尿素	含氮 46%	吨	1870.00	1870.00	2000.00	1870.00
碳铵	含氮 17%	吨	750.00	720.00	900.00	900.00
农用柴油	0#	公斤	5.54	5.93	5.36	5.27
市内电话费	住宅	次	0.20	0.20	0.20	0.20
长途电话费	太仓—南京	元 /6 秒	0.07	0.07	0.07	0.07
平信邮寄	本埠	封	0.80	0.80	0.80	0.80
长途汽车费	—	人 / 公里	0.29	0.29	0.28	0.27
出租汽车费	起步价	3 公里	9.00	9.33	10.00	10.00
理发	男子一级全套	次	22.00	22.00	22.00	22.00
洗浴	普通男子大池	次	12.00	12.00	12.00	12.00
学杂费	初中学生杂费	学期 / 生	11.00	11.00	11.00	11.00
幼托费	公办幼托所（一级）	月 / 生	230.00	230.00	230.00	230.00
公园门票	南园	张	25.00	25.00	25.00	25.00
挂号费	乡镇医院普通门诊含诊疗费	次	10.00	10.00	10.00	10.00
注射费	肌肉注射	次	4.00	4.00	4.00	4.00
手术费	阑尾切除	次	520.00	520.00	520.00	520.00
住院费	二等病房	床 / 日	55.00	55.00	55.00	55.00

太仓市2015年全社会平均价格指数统计表

表74

类　别	平均价格指数（%）	类　别	平均价格指数（%）
居民消费价格总指数	101.40	二、烟酒	103.11
一、食品类	102.86	三、衣着	102.38
其中：（1）粮食	101.28	四、家庭设备及用品	101.45
（2）油脂	89.80	五、医疗保健和个人用品	100.26
（3）肉食及制品	106.04	六、交通和通讯	101.31
（4）水产品	100.89	七、娱乐教育文化用品及服务	99.49
（5）蛋	89.61	八、居住类	100.49
（6）鲜菜	111.50	农业生产资料价格指数	100.91
（7）干鲜瓜果	98.54	—	—

（鲁　云）

统　计

【概况】　2015年，太仓市统计工作继续深化“诚信永远、服务无限”品牌建设，落实“统计工作法制化、法制工作全局化”理念。年内，做好2015年全国1%人口抽样调查，抓好机构组建、“两员”（普查指导员和普查员）选聘，组织业务培训、入户登记工作，确保调查数据质量。推进固定资产投资统计制度方法改革，确保新旧两套制度执行顺畅、数据评估科学合理。推行城乡住户电子记账工作，利用互联网技术采集数据，提高城乡一体化住户记账质量。

【2015年1%人口抽样调查主体工作完成】　1月19日，市政府办公室印发《关于认真做好全市2015年1%人口抽样调查工作的通知》，明确2015年全国1%人口抽样调查的目的、对象、内容、时间，要求各抽中区镇、各有关部门密切配合，通力协作，落实人员经费，加强宣传引导，依法开展调查，确保调查数据质量。市政府成立太仓市2015年1%人口抽样调查领导小组，领导小组办公室设在市统计局，负责调查的组织实施和日常工作，部署落实各阶段主要工作，对镇（区）统计业务人员和调查指导员、调查员共70余人进行业务培训。各调查员分赴全市8个镇（区）21个调查小区开展入户登记调查。

【统计制度改革】　1月5日，市统计局召开一体化住户调查电子记账培训会议，明确电子记账工作是太仓市2015年住户调查的改革方向和工作重点。在《太仓日报》刊发《收支调查推行电子记账，实现即时传输》报道。完善住户调查辅助调查员电子记账管理制度、审核制度和住户综合服务平台管理使用册及电子记账评估验收管理办法等，明确辅助调查员责任义务。加强住户调查电子记账管理系统培训，对纸质记账与电子记账情况进行比对、分析、点评，确保原始数据真实。88户城乡住户实现一体化调查电子记账，占目标户比例80%。市统计局获评省级2015年住户调查基础工作示范点。1月30日，市统计局召开固定资产投资统计改革试点业务培训会议，动员部署投资统计改革任务。统计员深入基层调研，实地了解投资项目及统计状况，摸清基层投资统计难点，客观反映全市投资情况。完成5000万元以上投资项目核查，及时提供监测分析。

【统计调查】　2015年，市统计局完成各项年定报工作任务，贯彻各项统计报表制度，加强对核算、农业、工业、能源、投资、科技、贸易、城乡住户、劳动工资等方面统计数据质量的审核评估，各项统计年定报数据按时上报、如期公布，客观反映全市经济社会发展状况。完成各类统计调查任务，抽研新兴产业单位6家，完成新兴产业人才监测调查工作。做好工价权数调查工作，完成月度劳动力调查村级样本核实。组织开展2014—2015年外国专家在中国大陆工作统计调查。完成农产品电子商务调查、台资企业普查、作风效能建设调查等近十项专项调查任务。落实苏州市统计局“四上”（规模以上工业企业、资质等级建筑业企业、限额以上批零住餐企业、限额以上服务业企业）单位审批统计工作，完成“四上”企业统计入库管理工作。

【统计服务】　2015年，市统计局继续开展“诚信永远、服务无限”统计品牌建设。出版发行《太仓市情市力》《太仓统计年鉴》，发布《2014年太仓市国民经济和社会发展统计公报》。组织撰写统计分析54篇、参考文摘75篇。发布《太仓市第三次全国经济普查主要数据公报》，出

5月，市统计局组织统计员到浙江大学培训 （李孟阳 摄）

版《2013年太仓市经济普查资料汇编》。与中国矿业大学、江苏大学等高校联合完成调研课题9个，其中3个课题被编入《苏州市第三次经济普查研究报告汇编》。拓展统计服务渠道，申报建设统计数据移动应用项目，研发完成“数据太仓”移动应用项目，将统计数据和资料通过移动载体发布展示。加强统计监测预警。组织召开重点工业企业经济运行分析会、企业集团（上市公司、总部企业）调查培训会议，分析研判市场及发展趋势。

【统计法制教育】 2015年，市统计局对50家统计调查单位进行专业监审，下发结论书16份、建议书18份、责令改正书12份，查处统计违法案件4起。印发《2015年全市统计人员教育培训计划》，举报统计干部能力提升培训班、全市乡镇统计人员岗位知识培训班，组织统计人员参加“江苏省统计系统在线学习平台”学习。组织统计从业资格培训考试，全市227名统计人员参加；组织近2000名统计持证人员进行统计继续教育。在太仓普法刊物《太阳》开设“坚持依法统计，服务科学发展”主题宣传。在《太仓统计月报》刊登《统计法律法规知识问答》。在《太仓日报》开设统计宣传专版。举行广场普法宣传活动，发放《统计法》宣传册200多本，宣传纪念品300多份。

（席雅琴）

社会事务管理

民政事务

【婚姻登记】 2015年，太仓市共办理结婚登记3353对，较上年减少1对；办理离婚登记1021对，较上年增加54对；办理补领婚姻登记证1021对，较上年减少133对。根据国家民政部统一部署，自2015年9月16日起，除办理涉台和9个国家的公证事项外，婚姻登记机关停止出具婚姻登记记录证明。截至政策调整前，太仓市民政局婚姻登记处当年共出具婚姻登记记录证明3795份。

【收养登记】 2015年，太仓市建立收养家庭评估机制，制定收养评估实施方案，委托第三方专业机构实施评估，按照申请——预评估——评估——收养登记——回访的程序，评估机构通过与收养当事人约见面谈、家访查看、走访调查等方式，对收养申请人的收养动机、经济能力、健康状况、道德品行等评估内容逐项打分，形成评估报告。对收养评估特殊案例组织专家论证。根据评估结果，依法推进收养登记，全年共办理收养登记32件。

【殡葬管理】 2015年，太仓市加快推进殡葬改革，全市8座镇级公益性安息堂全部建成并投入使用，全市安息堂共建成格位21.28万个，截至年底，安放骨灰6673例。深化殡葬改革宣传，开展殡葬“主题宣传月、优质服务月和行风建设月”活动，倡导绿色文明殡葬。启动社会殡葬车辆规范管理工作，净化殡仪服务市场。市殡仪馆全年火化遗体4338具，免除基本丧葬费572万元。

【社工队伍建设】 2015年，太仓市制定社会工作实用人才计划，并被列入“娄东英才”计划体系。启动社会工作大学生资助项目，签约支持首批9名高中毕业生报考就读高校社工专业。印发《社工人才培养实施细则》，开发社会工作专业岗位。实施《社会工作专业岗位设置及薪酬待遇暂行办法》，对全市11家单位的25个社工

城厢镇安息堂——吴塘寝园 （2015年3月计海新 摄）

专业岗位提供最长3年、每年最高6万元的薪酬补助。全年全市有89人通过全国社会工作者职业水平考试，全市持证社工达450人。推进社工培养基地建设。明确扶助政策，新建志愿者、青少年、残疾人、戒毒及社工督导等社会工作实训基地5家，全市社工实训基地增至10家。市民政局与安徽大学等高校合作建立社工专业大学生实习基地和研究生培养创新基地，提升高层次社工人才培养能力。

（胡天立）

信　访

【概况】 2015年，太仓市信访工作继续保持平稳有序态势，市信访局发挥信访工作在化解矛盾纠纷方面的积极作用，维护信访人合法权益，制定《太仓市办理信访事项工作规程》，完善领导干部接访和机关干部下访长效机制，继续开展信访积案化解年活动，维护社会和谐稳定。全年全市受理来信来访1101件批，其中来信833件，来访268批3564人次（其中，来市集访125批3319人次），收到复查申请56件，受理14件，不予受理42件。

【“阳光信访”建设】 2015年，太仓市推进“阳光信访”工作模式，加大信访信息化建设。1月4日，“江苏阳光信访——苏州平台”信访信息系统试运行，与苏州、省、国家局互联互通，在全市贯通信访信息网络体系，实现信访数据网上流转。规范网上信访业务受理办理，推动“阳光信访”信息系统建设完善，打造便民、快捷、高效、公开的网络信访平台。

【信访积案化解】 2015年，太仓市将化解信访积案作为维护社会稳定的重要内容，落实领导包案机制。市委、市政府召开信访工作专题会议4次，专项排查信访突出问题，落实责任单位和责任人，确立“一名市领导包案，一套化解方案，一个工作专班一抓到底”工作机制。坚持“一案一策”具体化解措施，坚守法律政策和诉求问题底线，寻求解决信访积案的契合点，依法打击信访过程中的违法行为，合理维护群众合法权益。

【省委巡视期间信访工作】 8月12日—9月25日，根据江苏省委巡视工作领导小组部署，省委第一巡视组在太仓开展常规巡视。巡视组主要受理太仓市级领导班子及其成员和下一级领导班子主要负责人的举报和反映工作。巡视期间，市信访局配合巡视组工作，张贴《省委巡视组公告》，公开信访反映渠道，维护信访工作秩序；建立24小时信访值班制度，实行信访信息日报制度，梳理分析每日信访情况，向巡视组报送《工作日报表》，及时办理巡视组移交的信访工作，市信访局共收到省委第一巡视组移交的信访信件、邮件、短信及接访件共428件，涉及相关单位28家，经阳光信访信息系统转交各职能部门办结。至年底，428件信访件全部办结。

【信访工作改革】 2015年，太仓市围绕信访工作制度改革重点，立足便民为民，创新工作举措，零距离服务信访群众。狠抓依法逐级走访工作，落实依法逐级走访各项规定。加强复杂疑难信访问题的接待处置工作，统筹协调相关责任单位参与联合接访。推进诉访分离工作，建立涉法涉诉信访接待窗口，聘请法律专业人士参与涉法涉诉信访接待，对已经或者依法应当通过行政复议、仲裁、诉讼等法定途径解决的投诉请求，引导群众通过法定渠道表达诉求。建立信访简报和信访情况通报两项制度，明确责任单位主体责任，提高信访办结效率。

（顾慧玉）

5月14日，市信访局工作人员接待集访群众　（陆宇东　摄）

民族宗教事务

【概况】 太仓市是少数民族散杂居地区，截至2015年年底，全市有少数民族31个，常住少数民族910户1685人，其中以回族、满族和土家族居多。少数民族流动人口（公安居住登记）10573人，以土家族、苗族、彝族、回族等为主。太仓市是佛教、道教、天主教、基督教、伊斯兰教五教齐全的县级市之一，自1980年恢复开放第一个宗教活动场所（城厢基督教堂）以来，全市陆续批准开放活动场所34处，其中佛教活动场所9处，教职人员101人；道教活动场所14处，在观道士14人（佛教、道教信徒无法统计）；天主教活动场所5处，神父3人，修女3人，信徒约9000人；基督教活动场所5处，牧师2人，长老3人，信徒约5000人；伊斯兰教清真寺1座，阿訇1人，信徒约500人。五教均成立宗教团体，分别为市佛教协会、市道教协会、市天主教爱国会、市基督教三自爱国会、市伊斯兰教协会。各宗教团体在落实国家民族宗教政策、推动自身建设、服务社会方面发挥作用。年内，太仓市加大宗教事务依法管理力度，落实宗教主要教职人员社保全覆盖，同觉寺、海天禅寺、崇恩禅寺被认定为四星级宗教活动场所。发挥宗教界积极作用，在全市五大宗教团体、宗教活动场所开展“宗教慈善周”系列活动，共募集善款45余万元，用于扶贫、赈灾、助残、助学等公益慈善活动。广泛开展民族团结进步创建活动，打造社区民族工作特色、创建少数民族服务之家品牌，实施《关于进一步完善少数民族群众服务体系的意见》，健全少数民族管理服务体系。6月，市民宗局被授予“全省民族团结进步模范集体”称号。

【民族事务管理】 *少数民族群众服务体系完善。*为更好落实苏州市政府《关于进一步完善少数民族群众服务体系的意见》精神，市民宗局在开展政策研究与实际调研后，形成初步方案并报市政府。11月9日，市政府印发《关于进一步完善少数民族群众服务体系的意见》（以下简称《意见》），对全市少数民族服务体系建设进行任务分解，共分解具体任务45项，落实到市公安局、市教育局和市民政局等18家单位，市民宗局负责指导督促落实。该《意见》涵盖少数民族政治、经济、文化、教育、卫生以及尊重和保护少数民族风俗习惯等多个方面合法权益的保障，在少数民族流动人口实施子女入学、就业指导、卫生防治、纠纷处理、治安管理、法律援助、扶贫帮困等民生工程方面发挥积极作用。

*清真食品补贴发放。*2015年，市民宗局、市财政局、市商务局、市人社局联合印发《关于对回族等10个少数民族居民发放清真食品补贴的通知》，按照文件要求部署，全市各镇（区）清真食品补贴申报和发放工作有序开展，共有263人符合发放标准，每人每月15元，从2013年7月起执行，至年底全部发放到位。

*民族团结工作。*太仓市先后在城厢镇德兴社区举办“邻里互助情·欢乐春满园”迎春联欢会、“邻里亲·民族情”2015年少数民族文化才艺展示等多项活动，邀请部分少数民族代表参加，丰富全市少数民族群众的文化生活，提高法制意识，促进民族团结。

【宗教事务管理】 2015年，市民宗局依据《宗教事务条例》依法依规对宗教事务进行管理，全年共进行行政执法9次，其中涉及民族领域2起、宗教领域7起（宗教活动场所违法私搭乱建、违规进行工程建设5起，非法传教2起）。重点开展各宗教活动场所的消防、交通、活动、安全监管工作，与相关团体、场所签订安全责任书，提高宗教界人士法制观念，确保宗教活动安全、合法、有序开展。10月20日，长老高一平因年龄原因辞去市基督教三自爱国会副主席、城厢基督教堂堂务委员会主任职务，标志着市基督教教牧人员退休制度正式实施。年内，太仓市加强宗教活动场所建设。市民宗局共下拨维修资金50万元补助全市宗教活动场所15个维修项目，改善全市宗教活动场所面貌。其中，分别由场所自筹资金680万元、300万元、50万元的双凤玉皇阁玉皇大殿、浮桥龚泊庙、沙溪小市庙天王殿等项目相继举行落成及神像开光仪式。

【民族宗教政策法规学习宣传】 6月，市民宗局在全市范围开展以“发挥正能量·共筑中国梦”为主题的“民族宗教政策法规学习月”活动，编印《民族宗教相关政策法规手册》500份发放到各街道社区和各宗教活动场所。活动期间，全市民族宗教界共举办各类培训班8次，参训人员120余人次，发放学习书籍、宣传材料、期刊杂志900多份。6月17日，市民宗局组织市佛教、道教、天主教、基督教、伊斯兰教等5个宗教团体副秘书长以上人员赴苏州参加苏州市民宗局举办的以“国法与教规的关系”为主题的宗教政策法规知识培训活动，强化民族宗教界人士和群众的守法意识。

（颜礼宏）

综合事务管理

海　关

【概况】 2015年，太仓市完成外贸进出口总额127.71亿美元，较上年下降7.5%。太仓海关征收税款111.5亿元，较上年增长2.2%；审批进口减免税货值2575.8万美元，较上年下降25.4%；监管进出口货物3545.5万吨，较上年增长7.6%；监管货值217.6亿美元，较上年下降2.2%；监管集装箱61万箱次，较上年增长15.9%。监管集装箱货重546.7万吨，较上年增长13.5%；监管国际货运船舶5276艘次，较上年增长8.8%；加工贸易备案手册1411份，较上年增长3.1%；加工贸易备案金额9.7亿美元，较上年下降26.2%；受理办结报关单21.1万份，较上年增长19.9%。

【通关业务改革】 2015年，太仓海关推动保税仓库联网监管统一平台建设，实现L账册管理覆盖全部3家保税仓库；推广《海关企业信用管理暂行办法》，鼓励企业申请成为认证企业；推进加工贸易无纸化报核作业改革，覆盖率100%；全面推行通关无纸化、长江经济带海关区域通关一体化等改革，全程无纸化率超过90%；推进关检合作“三个一”，做好总署统一版客户端的上线准备工作；关检“三个一”一次申报5855票，一次查验38票，一次放行38票；推动行政审批一个窗口建设，对海关仅存12项行政审批项目进行公示并实施一个窗口受理（太仓海关涉及8项），方便企业业务办理。3月27日，太仓地区高级认证企业授牌仪式暨企业信用认证宣讲会召开，授牌高级认证企业15家。继续推动太仓港与上海港开展战略合作，推动长江经济带海关区域通关一体化，提升太仓港辐射力和竞争力。截至年底，太仓海关验放标准箱920个。6月4—5日，沪宁两关监管通关处在太仓研讨上海、太仓通关与物流一体化启动方案，双方共同研讨两地通关与物流一体化推进方案和出口业务操作流程，确定在6月19日前启动两地通关与物流一体化出口模式。上海海关、南京海关、太仓海关、太仓港口委相关负责人参加研讨。

【海关支持区域经济发展】 2015年，太仓海关明确“三贴近、三走进”

工作要求，坚持贴近属地市委、市政府决策部署，贴近重大项目、重点企业建设发展，贴近产业载体优化提升，开展走进区镇、走进园区、走进企业等活动调研。走访重点企业40余家，召开外贸企业座谈会16次。为重点企业提供个性化通关方案，通过“区域通关+免担保验放”新模式，为耐克体育（中国）有限公司每个销售季节约6天时间，进口量和销售额明显增长；通过“汇总征税”作业制度为舍弗勒（中国）有限公司、怡球金属资源再生（中国）股份有限公司缓解资金占用压力，降低经营成本。报送海关专报25篇，就争取太仓港“汽车整车进口口岸”、推进太仓港“单一窗口”建设试点工作等提出合理化建议，受到地方党政领导批示肯定6次，其中争取太仓港“汽车整车进口口岸”受到时任省委副书记、苏州市委书记石泰峰批示肯定。加快太仓港综保区建设，推动原保税物流中心与太仓港综保区有序对接，确保太仓港综保区封关运作平稳有序。6月5日，综保区首单测试成功。截至年底，共监管太仓港综保区货物14.05万吨，货值7.85亿美元，单位面积产出9.24亿美元/平方公里，入库税收1.42亿元，区内累计注册企业12家。支持加工贸易废料平台建设，新增注册企业303家，组织竞价会1445场，成交金额14151.44万元，成交率93.05%，增值率3.83%。

【启运港退税政策落实】 3月11日，太仓港实施启运港退税政策宣介会在苏州召开。会上，太仓港口管委会、太仓海关、苏州市国税局就太仓港启运港退税政策、海关操作及有关监管、退税操作及有关要求进行说明，160余人参加会议。3月13日，太仓港正式实施启运港退税政策，企业通过太仓港开展启运港退税业务后，在启运港船舶开航当天即可获得太仓海关签署的退税证明联，比原先需等洋山港母船离境后才能办理退税手续，平均退税周期缩短10～15天。启运港退税，指从启运港发往洋山港中转至境外的出口货物，一经确认离开启运港口，即被视同出口并可办理退税。根据财政部、海关总署、国家税务局《关于扩大启运港退税试点范围的通知》精神，自2014年9月1日起太仓港被批准列入扩大启运港退税试点港口之一。2015年2月13日，国家税务总局发布适用启运港退（免）税政策的24家运输企业及107艘运输船舶名单，太仓港11家运输企业、38艘运输船舶获批。截至年底，太仓海关共签发出口退税证明联3021份，出口货值2.7亿美元，享受优惠政策企业140余家。

【走私稽查】 2015年，太仓海关打击固体废物入境和加强红木监管，协作破获固体废物入境案件2起，查获固体废物违规入境案件1起。立案刑事案件2起、行政案件206起，共计案值2068.8万元，罚没收入102.1万元。

（黄兴春）

3月11日，太仓港实施启运港退税政策宣介会在苏州召开　（束晨辉　摄）

检验检疫

【概况】 2015年，太仓检验检疫出入境货物3.5万批、63.48亿美元，批次较上年增长6.67%；实施进出境船舶检疫3249艘次、船员检疫6.26万人次；集装箱检疫监管3万批、76.2万标箱；出入境人员体检6024人次。签发各类优惠原产地证书1.53万份、8.5亿美元，为企业争取进口国关税优惠2833万美元。检出不合格货物2944批，涉及货值12.43亿美元。其中不合格进口食品、化妆品2478批、1.13万吨，涉及货值3524万美元。帮助木材进口商索赔1314.6万美元。检出梅毒、病毒性肝炎等传染病19例，成功防控中东呼吸综合征疫情，确保无一例从太仓港传入辖内。截获各类动植物有害生物621种、2.25万种次，其中全国首次截获23种。年内，太仓出入境检验检疫局获2014年度江苏检验检疫系统文明单位、全省系统绩效工作先进单位、全省系统口岸埃博拉防控和青奥卫检保障工作先进集体等称号。

【检验检疫服务】 2015年，太仓检验检疫局对接“一带一路”战略，助力多家企业装备产品、优势产能出口至“一带一路”沿线国家；服务港口扩能增量，帮扶美锦码头拓展矿产新业务，理顺万方码头进口铬矿检验流程，支持华能港务码头对外开放。6月30日，联合太仓海关开展服务外贸“百企走访、千企座谈、万企征询”行动企业座谈会，走访服务对象71家，帮助解决企业问题51个。推广入境货物检验检疫无纸化查验，进口危化品、出口玩具、竹木制品等3个试点品种的企业覆盖率和批次覆盖率均达到90%，在全省率先试行口岸检疫和卫生处理全程无纸化。7月，在太仓口岸探索实施“双随机”综合查验机制，建成一线查验人员和二线技术专家队伍，统一现场查验作业规范，进行职能和流程重组再造。截至年底，

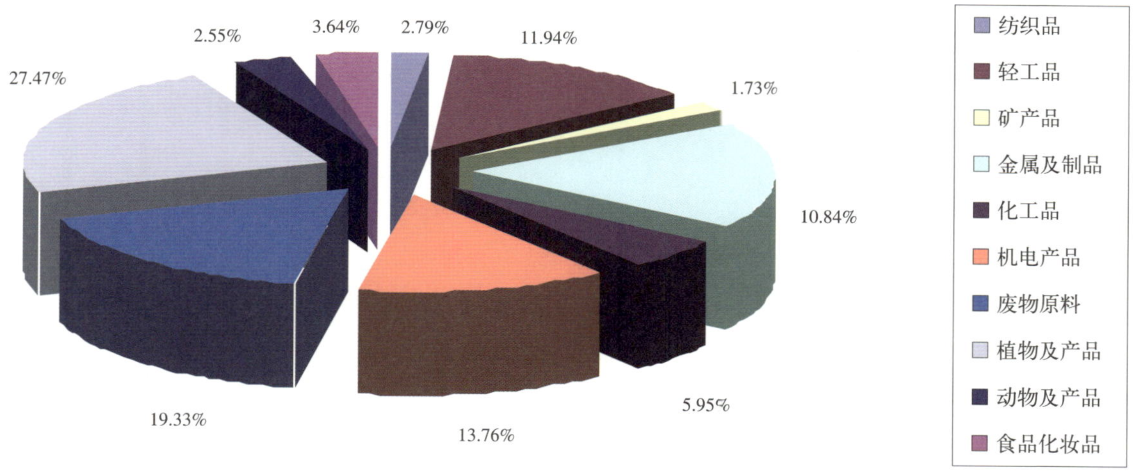

图 7　2015 年太仓检验检疫出入境货物品种组成图（批次）

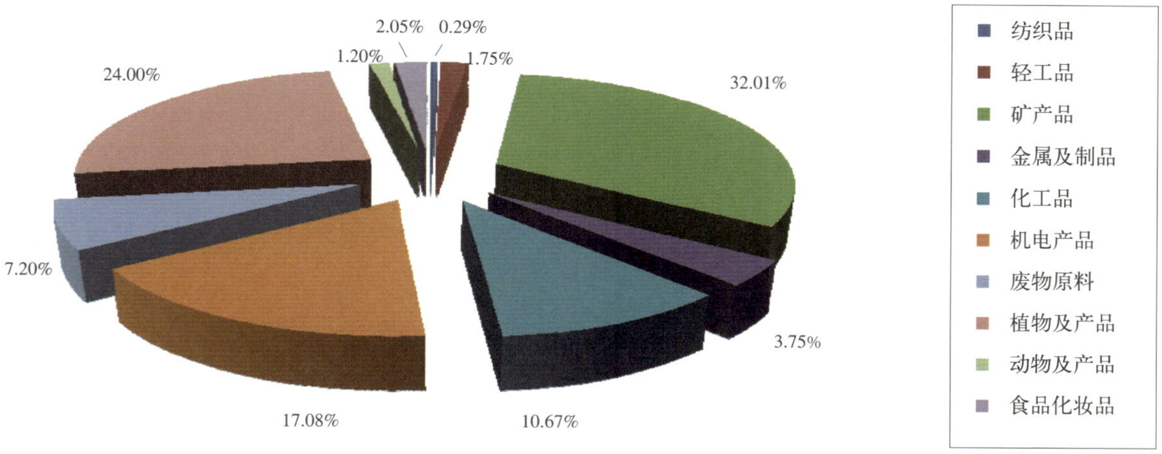

图 8　2015 年太仓检验检疫出入境货物品种组成图（金额）

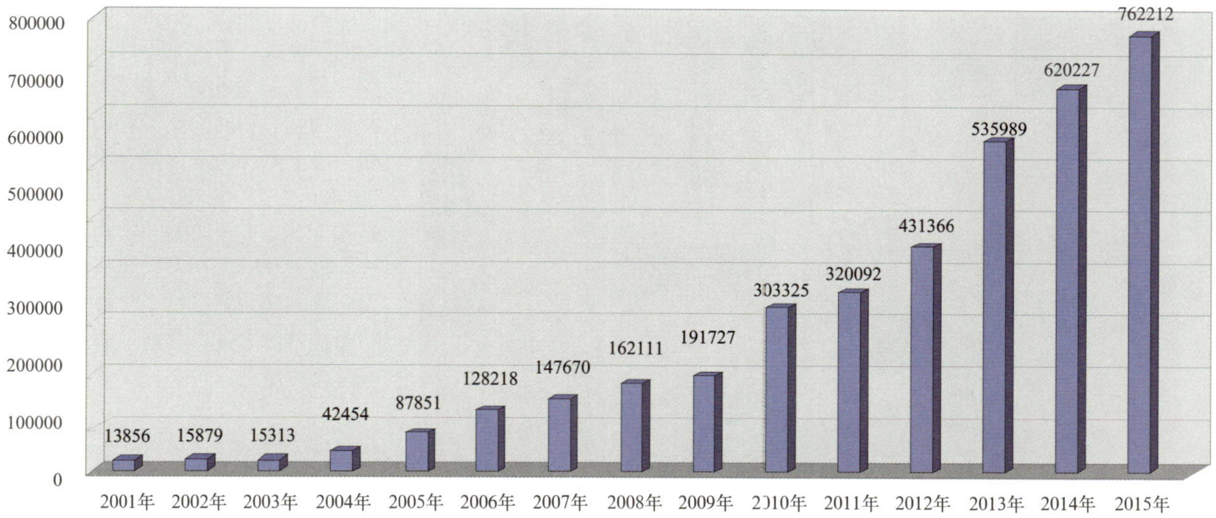

图 9　2001—2015 年太仓地区经检验检疫的出入境集装箱量统计图（标箱）

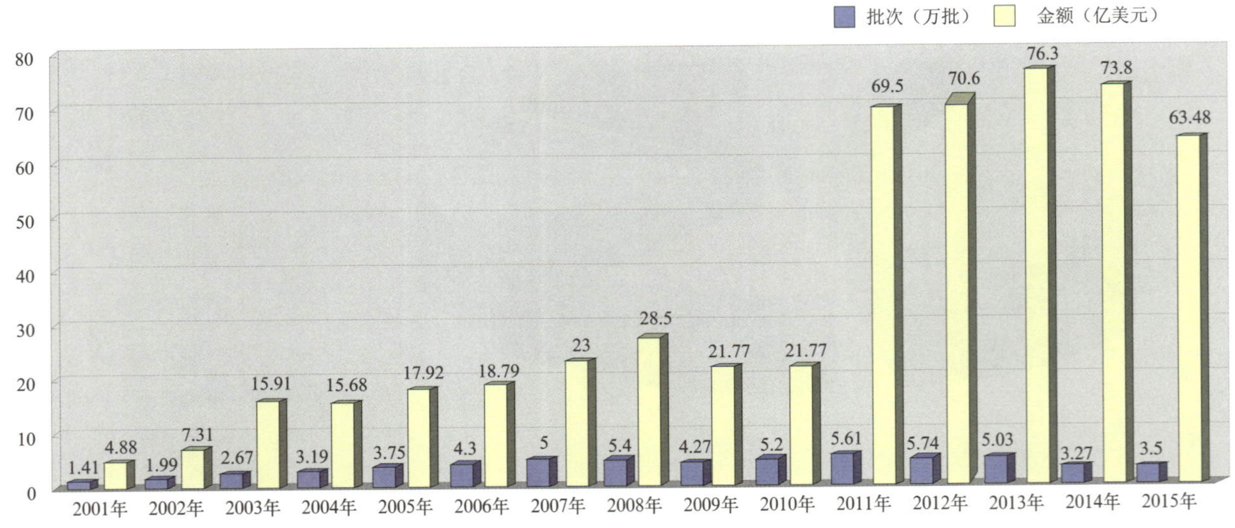

图 10　2001—2015 年太仓地区经检验检疫的出入境集装箱量统计图

批次查验率较上年下降 14.24%，箱量查验率较上年下降 29.68%，疫情截获率较上年增长 64.46%。8 月 28 日，江苏口岸中东呼吸综合征应急处置演练在太仓举行。演练现场模拟检验检疫部门在境外交通工具上发现中东呼吸综合征病例后，按照口岸突发公共卫生事件联防联控工作机制，联合地方卫生部门采取隔离救治措施，防范境外疫情疫病传入。

【“e 检口岸”建设】　2015 年，太仓改革试点建设“e 检执法平台”和“单一窗口”，合力打造“e 检口岸”。运用“互联网”思维，应用现代信息技术，创新检验检疫现代化执法体系，建设智慧执法平台，实现区域通关一体化、执法全程无纸化、精准监管智慧化，检验检疫移动化，企业服务智能化。同时，运用大数据技术，精准确定查验对象，降低查验比例，提高通关效率；应用“e 检通”移动执法终端，实现现场“即查即放”。太仓口岸在全省率先建设国际贸易“单一窗口”，企业通过单一平台，一次性提交标准化的数据和单证，同时满足多家监管部门要求，实现“一次申报、信息共享、并联办理”，深化推进“一次申报、一次查验、一次放行”，实现关检“三个一”。太仓创新实现“零门槛申报、智能化报检、告知式执法”模式，企业申报“零专业门槛、零距离时限、零平台费用”。“单一窗口”对接“e 检执法平台”，实现口岸物流、政企信息流、监管业务流、生产服务流高度融合，依托互联网，物流运输、港口装卸、政府监管、企业生产等高度协同，合力打造“e 检口岸”，推进太仓港从传统口岸向“智慧口岸”转变，促进“互联网 + 物流”进程。12 月，“e 检执法平台”上线运行。

8 月 28 日，江苏口岸中东呼吸综合征应急处置演练在太仓举行

（太仓检验检疫局供稿）

【检验检疫区域一体化】　2015 年，太仓检验检疫局发挥省内一体化苏南运维中心作用，实施区域一体化 1523 批、10.09 亿美元，放行集装箱 4407 标箱。以创建海港口岸标准化建设样板点为抓手，以开放口岸定期核查为切入点，创建“船岸一体化”船舶检疫新模式；基本建成口岸“一核多点”集装箱关检联合查验中心；“外贸货物监管和国际船舶管理”运行顺利。与上海洋山局协商建立检验检疫“沪太一体化”机制，实施 93 家企业、4340 批次、1.7 亿美元货物的出口直放，提速 60%。初步实现从洋山港至太仓港的集装箱货物一次性监管，成功对接“沪太港口共建”合作，促进口岸通关便利。

【食品检验检疫】　2015 年，太仓检验检疫局做好进口水生动物检疫工作，建成进口水生动物查验场地，完善水质处理设施和动物保障措施；完善湖源制度。太仓港进口水生动物最快可在2小时内放行，加快港口物流运转速度。4月3—6日，太仓口岸分别检验检疫日本产虾夷扇贝2批次，共计10万余只，总重量10.4吨，这也是江苏口岸首次进口活扇贝。扶持进口肉类指定口岸建设，做好进口肉类指定口岸建设的人力、物力、技术储备工作。9月，质检总局发函同意在太仓港筹建进口肉类指定口岸，相关建设工作进入实质性阶段。9月18日，监督销毁变质阿根廷进口真鲷鱼27吨，货值6.52万美元，是江苏口岸近年来单次销毁重量最大的一批进口不合格冷冻水产品。指导创建出口农产品省级示范基地，从产品外向化、基地规模化、技术标准化、管理规范化等方面，指导美林蓓园艺公司完成出口农产品省级示范基地的建设和申报工作。12月10日，由江苏省农业委员会、江苏出入境检验检疫局、江苏省海洋与渔业局专家组成的联合考核组现场验收通过。

【进口木材业务全国第一】 2015年，太仓进口木材844.8万立方米，较上年增长3%，继续保持全国进口海运木材第一。累计在进口木材中截获各类动植物有害生物621种、2.25万种次，其中全国首次截获23种。在进口木材稳步增长基础上，调控扶持汇大红木产业园投产运营，填补太仓港高端木材业务空白。

【太仓中药材首次出口德国】 2月，太仓检验检疫局为德生堂医药有限责任公司提供政策和技术支持，指导企业核准欧盟中药材相关法规和标准要求，指导公司完善内控检测体系。梳理中欧检疫法规及中药材法规和标准要求，制定《出口中药材开验策划》，明确检验程序和要求。5月，该公司首批出口的3种中药材在德国通关放行，这是太仓地区首次成功出口中药材。

（武　超）

海　事

【概况】 2015年，太仓海事局保障船舶安全进出港10.01万艘次，较上年增长20.24%。其中：国际航行船舶5087艘次，较上年增长7.48%；国内航行船舶进出港9.49万艘次，较上年增长21.01%，台湾海峡两岸直航船舶进出港342艘次，较上年增长15.54%。维护太海汽渡安全渡运2.17万艘次，保障车辆安全过江24.7万台次、38万余人次。安全监管太仓港货物吞吐量2.03亿吨，较上年增长29.75%；集装箱吞吐量370.61万标箱，较上年增长21.24%；外贸货物6680万吨，较上年增长25%。征收国家规费3.31亿元，其中港建费2.93亿元，较上年增长13.94%。办理船舶登记35艘次。开展各类船舶安检689艘次，其中：PSC（港口国监督检查）92艘次、滞留5艘次；FSC（船旗国监督检查）679艘次、滞留3艘次。电子审批船载危货申报17561艘次，货物适运申报1.05万艘次。通航水域水上水下活动许可31件。危险货物集装箱查验451箱次，查处危险货物谎报瞒报2起。办理海事行政处罚483件，较上年增长24.5%。海巡艇累计巡航时间9228.5小时，巡航里程8.64万海里。年内，辖区发生一般等级水上交通事故1起，发生小事故16起，死亡2人，船舶沉没3艘。

【海事安全监管】 2015年，太仓海事局完成重大活动期间水上安保，做好“中国—中东欧16+1会晤”期间环境质量保障工作。加强对太仓市应急水源地、渡运渡线等重点区域巡航巡查，加强对客汽渡船、危化品船、超大型船舶等重点船舶监督管理。宣传落实《内河渡口渡船安全管理规定》，建立南通、太仓、常熟三地汽渡联合监管制度。密切同港口、渔政、水利、航道、公安等相关涉水管理部门合作。开展水上交通安全大检查，深化打非治违和专项整治、船舶AIS（船舶自动识别系统）和船名标识专项整治等活动。强化辖区水上交通安全隐患治理，排查安全隐患99项，将客汽渡船抗风等级等4项重大安全隐患专题报告属地政府部门。保障太仓港船舶进出港作业安全和长江太仓段畅通，打捞出水沉船“新锦盛”轮，沉船船长120米，船高20米，吨位1.4万吨，刷新长江航段120米沉船整体打捞纪录。出动海巡艇6艘，协调拖轮、工程船等船舶19艘，人员100余人次。1月，江苏海事局表彰太仓海事局创建“安全畅通文明航区”先进单位，海巡06862艇“巡航救助示范船艇”称号。

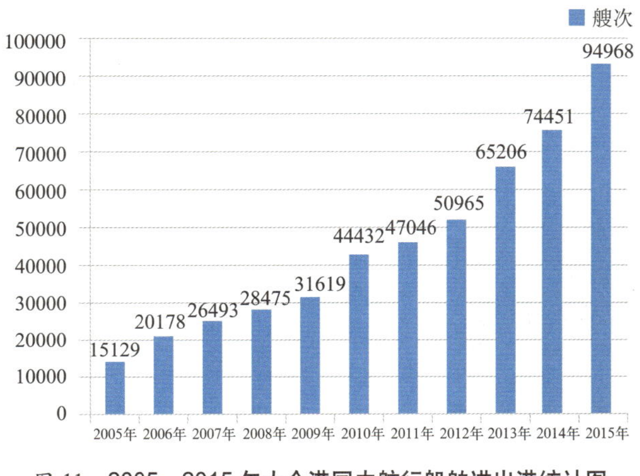

图11　2005—2015年太仓港国内航行船舶进出港统计图

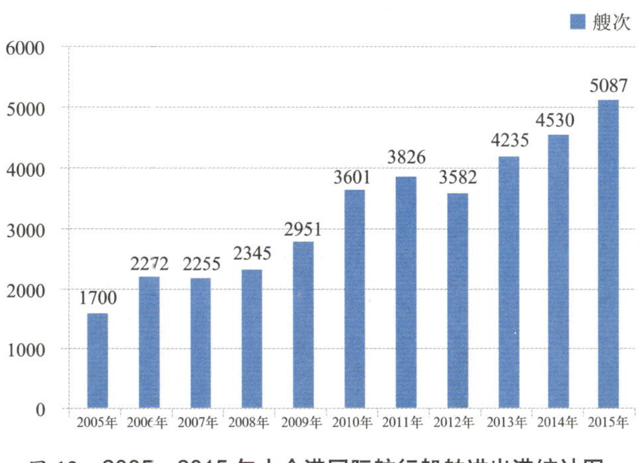

图12　2005—2015年太仓港国际航行船舶进出港统计图

【海事服务口岸】 2015年，太仓海事局持续优化监管服务，构建和谐口岸，安全保障超大型船舶进出港1447艘次，较上年增长11%。与海关、国检联合开展集装箱开箱查验。与俄罗斯PSCO（船舶安全检查官）及验船师等开展船舶安检交流。保障协鑫—阳鸿码头岸线整治工程、太仓鑫海煤炭码头工程、太仓润禾码头工程、华能港务码头清淤工程等重点项目顺利推进。10月1日，取消船舶港务费等7项水运涉企收费，每年减少进出港船舶营运成本约5000万元。指导太仓首家游艇建造企业开展游艇登记申请。

【水上搜救】 2015年，太仓海事局成功组织应对大风（东南风5级以上，其他风向6级以上）、能见度严重不良（能见度1000米以下）等恶劣天气80余天，应对“灿鸿”“苏迪罗”等对太仓辖区造成明显影响的台风，共发布预警信息9100余条，劝离船舶1.5万余艘次。开展水上搜救行动79次，救助成功遇险人员819人，成功率99.8%；救助遇险船舶93艘，成功率96.9%。协助搜寻“东方之星”号客轮翻沉事故失踪人员。

【水域环保】 2015年，太仓海事局采取陆域、水上、电子等多种手段，累计对取水口、应急水源地等开展巡查1.2万次，保护长江饮用水源地安全。监管900多万吨危险货物安全进出，其中散装危化品808万吨。对26家污染物接收单位、21家供油单位开展资质备案与检查核查，审批防污染作业2541起。开展船舶污染物全过程监管，监管船舶污染物无害处置8551.95吨。5月19日，太仓、张家港、常熟、南通海事局在江苏海事局太仓监管救助基地召开长江苏州南通段防治船舶污染监管联席会议。建立太仓、张家港、常熟、南通四地“3+1”联合监管模式，提高供油、防污染作业监管水平。开展船舶燃油质量专项检查128艘次，查处违章行为4起。1月，太仓海事局执法支队获江苏省“基层执法示范站点”称号。

【海事技术设施建设】 2015年，太仓海事局建成江苏海事系统内首个船员自助服务站。建成长江太仓段LTE海事4G无线专网，实现长江太仓段水上移动办公和应急救助移动指挥中心全覆盖。推进太仓璜泾和浏河海事趸船浮码头工程建设，璜泾码头引桥主体完工，浏河码头完成引桥灌注桩施工。2艘80米趸船完成主体部分并成功下水。水上搜救中心璜泾和浏河应急基站项目完成招标。

（许文华）

长江引航

【概况】 2015年，太仓引航站安全引领中外籍船舶6555艘次，引航船舶较上年增长8.9%，总吨1.6亿吨，净吨8949.6万吨，载重吨2.73亿吨。年内，太仓引航站坚持服务发展、服务企业、服务群众，组织开展水上安全知识进校园活动，为中小学生讲解水上救生与自救知识。为重点物资船舶开辟“绿色通道”，涉及煤、电、油等船舶进江时，第一时间安排引航员登轮引领，确保百姓日常生活不受影响。全年未发生因引航因素造成的压船压港现象。

（刘　源）

8月11日，太仓海事局成功救起遇险船员3人　（太仓海事局供稿）

气　象

【概况】 2015年，太仓市按照“气象业务现代化、气象服务社会化、气象工作法治化”要求，推进基层气象现代化建设，提高气象监测预报预警能力，加快城乡一体化气象灾害防御体系建设，做好各项公共气象服务保障工作，完成全年各项目标任务。

【气象现代化设施建设】 2015年，市气象局颗粒物监测仪、激光雷达、大气成分监测仪、微波辐射计等现代化设备投入运行，在大气环境监测方面形成时空一体的监测网，提升对重污染天气的监测、预报和预警能力；机房改造和网速提档升级在汛期来临前完工，规范现有业务网络，提高运行速度和传输质量；三维闪电定位仪在金仓湖新站安装调试完成，投入运行；完成便携式自动站和云高仪等设备的政府采购；完成预警中心改造设备采购的招投标；完成沿江生态观测站基本建设和配套市政设施建设。

【气象防灾减灾】 2015年，为强化气象灾害防御工作，太仓市先后两次召开全市性气象灾害防御工作会议，要求有关部门和各镇区增强气象灾害防御的责任意识，提升气象灾害防御能力。为加强气象灾害防御组织体系建设，市政府调整市气象防灾减灾领导小组，印发《太仓市气象灾害应急预案》，加强全市气象灾害监测、预报预警等工作，健全气象灾害应急响应机制，提高应对气象灾害的综合管理水平和应急处置能力。根据气象灾害防御工作的要求和2015年城乡气象灾害防御完备率考核指标（85%），全市各镇区均成立气象防灾减灾工作领导小组，明确各镇副镇长负责气象灾害防御工作，镇农技站站长为气象协理员。气象防灾减灾组织体系从市级层面逐渐向全市各镇、街道（区）和74个村、74个居委会铺开。市气象防灾减灾工作领导小组成员单位与市气象局建立应急联动机制，在防汛抗台、水上搜救、关键农事季节和社会活动气象保障、重污染天气应对、方便城乡群众日常生活等方面信息共享、应急联动。与水利、环保、海事、民政、农委等部门实现信息共享，拓展气象灾害防御信息的获取渠道，并开展多方位、多形式合作。

【公共气象服务】 公众气象服务。2015年，受厄尔尼诺现象影响，太仓市天气复杂多变。6月15日入梅，7月13日出梅，梅雨量486.9毫米，列历史第4位，梅雨期间平均气温23.4℃，较常年同期偏低2.0℃，为1999年以来同期最低值，“冷黄梅”特征明显。全年共出现强降雨过程5次，11月出现连续阴雨天气。面对频发的灾害性天气，市气象局加强对极端天气事件的监测、预报和服务，除常规发布媒体外，拓宽发布渠道，气象微信平台进电台直播室，扩大气象灾害信息传播面，缩短发布时效；实施“进村入户”工程，全年发布重大气象灾害信息7条、42.6万人次；新一代气象信息屏覆盖面扩大至粮食系统、驻太部队、危化企业、学校、养老院等单位，使群众更便捷、及时地获取天气预报和灾害性天气预警信息。决策气象服务。全年市气象局制作发布专题服务材料131期、重要天气报告5期，发布各类预警信号37次，发送预警短信82条、3.26万人次。春运期间，向春运办发送《春运专题气象服务》40期，向市委、市政府和相关部门发送《专题气象服务》3期、《气象旬报》4期、预警短信3966人次。2015年国际田联竞走挑战赛太仓站比赛期间，市气象局就赛事安排开展赛前天气预测、赛中短临监测等针对性的气象服务。11月，第四次中国—中东欧国家领导人会晤在苏州举行，期间，市气象局定期给环保部门提供天气趋势和空气质量变化趋势分析。农业气象服务。市气象局把“三农”服务专项工作作为创新气象服务工作、提高气象服务水平、推进提质增效、提升部门形象的载体，以璜泾镇为示范点，完善组织体系，加强与涉农部门合作，打造农村气象灾害预警发布平台，加深气象防灾减灾科普宣传力度，强化农村气象防灾减灾能力建设，建立健全农村气象灾害防御体系，基层气象灾害防御建设工作取得阶段性成果，得到省气象局验收组肯定。加强与农委作栽站、植保站等部门沟通合作，在春耕春播、小麦赤霉病防治关键期、夏收夏种、秋收秋种等关键农事期间，加强对关键性、转折性、灾害性天气预测，制作发布农业气象服务专题材料35期。专业气象服务。8月，市气象局与市交通管理处签订合作协议，为交通显示屏提供天气预报和预警信息。加强与保险部门合作，每次灾害天气过后，及时为各保险公司和投保人员出具保险理赔证明，开展露天林果、蔬菜保险气象理赔指数研究。深化与海事部门水上安全保障合作，在台风、寒潮、大雾、雷雨大风等重大水上灾害性天气防范方面建立应急响应通道，完善信息发布、监测预警、资源共享联络机制，确保长江太仓段的航运安全。

（杨小丽）

群众组织

群众团体

太仓市总工会

【概况】 2015年，太仓市新建工会组织308家，其中独立工会82家；新增工会会员10611人。全市累计建立工会组织12980家，其中独立建会2172家；工会会员324779人。新增农民工会员14906人，增长18%。全市建会率98%，其中25人以上企业建会率96%。市总工会推进“模范职工之家”建设，推荐获评全国模范职工之家2个，全国模范职工小家1个，江苏省模范职工之家3个，江苏省职工小家1个，江苏省十佳职工小家1个。5月，市总工会、港区总工会、双凤镇总工会获评2014年度苏州市工会干部教育培训工作优胜单位。

【职工劳动技能】 2015年，太仓市各级工会开展重点工程劳动竞赛35场，参赛职工2.27万人次；开展技术练兵、技能竞赛及各种劳动竞赛538场，参赛职工7.45万人次，晋升技术等级人数381人。联合市人社局、商务局等单位举办电动装卸机械司机操作技能竞赛等全市性劳动竞赛10场，全市216家企业、2853名职工参加。开展“安康杯”竞赛，全市300家单位、3000多个班组、6万余名职工参加。全市职工提出技术革新、技术攻关、创造发明2130项，创造经济效益5.18亿元，申请国家专利4664个，获批国家专利2353个；基层职工提出合理化建议1.32万条，采纳实施7109条，创造效益3.21亿元。

【和谐劳动关系构建】 2015年，太仓市各级工会强化职代会、厂务公开、集体协商、职工董监事等基层民主制度，保障职工知情权、参与权、表达权、监督权。1810家单独建会企业建立职代会和厂务公开制度，建制率99%，其中百人以上445家，建制率100%。全市应签集体合同企业1810家，到期续签382家。工资专项集体合同应签1810家，签约率95%。推荐企业获评苏州市劳动关系和谐企业31家。全市建立劳动法律监督组织1575家，建制率98%。发挥工会劳动关系调处主导作用，全市建立劳动争议调解委员会1719家，建制率95%。166个区域工会建立劳动争议调解委员会，覆盖企业7242家。全市1511家企业建立劳动争议预警制度，劳动关系预警联络员2290人。市总工会全年共接待群众到访30人次；“12351”职工服务热线接听电话投诉咨询38起；直接参与劳动人事集体争议裁决、调解21起，涉及职工数319人，深入企业调解处理劳动争议案件9起，参与法院审理、合议、听证案件34起，劳动争议调解率95%。

4月30日，太仓举行工会会员服务卡首发仪式　　（陈玉磊　摄）

【劳动者保护】　2015年，市总工会完善劳动保护监督检查员网络，新建片区服务站 8个。开展职工劳动安全卫生知识普及教育状况调研，历时3个月，调查企业40家、职工3000余人。开展职工安全隐患“随手拍”活动,4个案例入选《江苏省职工“安全隐患随手拍”优秀案例选编》。市各级工会“送清凉、送安全、送法律”活动走访企业和工地302家，开展监督检查活动57次，发放防暑降温用品价值31万元，走访慰问农民工6832人次，提供健康体检5630人次、心理咨询350人次，督促企业整改危害农民工身心健康和生命安全的事故隐患63处，向广大职工发放各种宣传资料2万份。配合相关部门监督检查企业职业卫生安全20余次。

【职工素质提升】　2015年，市总工会推荐获选全国劳动模范1人、苏州市劳动模范20人，江苏省五一劳动奖状1家、江苏省五一劳动奖章1人、江苏省五一劳动荣誉奖章1人、江苏省工人先锋号3家。新建“劳模创新工作室”6家。围绕情绪管理、班组建设、企业管理、产品质量、节能减排、安全作业等开展班组长订单式培训，共组织培训30场，参训班组长3920人。开展春、秋两季全市职工才艺培训，共4000余人参加。各镇区、条线、企业自办技能培训班332班次，2.07万人次参加。提升职工再就业能力，依托市职工业余学校开展学历教育4期，举办电焊工、育婴师、家政服务、营养学、摄影等培训，3000余人参加。推动职工文化建设，培育健康文明职工文化。建成符合全国总工会读书屋标准的“职工读书站”179家、太仓市级“职工读书点”368个。其中，获全国“职工书屋”称号12个,获省“职工书屋”称号16个，获苏州市“职工读书站”称号95个。

【工会法治文化活动】9月21日，太仓市工会阳光法律志愿者服务队成立。志愿服务队伍由市法律援助中心3名公职律师和11家律师事务所的23名专职律师组成，志愿服务内容包括劳动法律法规宣传；提供法律咨询，参与审查、修改、起草各种法律事务文书；提供法律援助服务，包括调解、仲裁、代理诉讼等。市总工会开展法治宣传教育活动，发放普法资料3万余册。开展微信平台法律知识竞赛活动，举办工会“六五”普法回顾图片展和“职工心中的娘家人”征文活动。举办元宵民俗文化展演、职工书画摄影集邮展、职工大合唱、职工篮球赛、趣味运动会和职工联谊会等活动，参与人数6万余人。

【工会帮扶】　2015年，市总工会推动帮扶网络建设向村（社区）和规模以上企业发展。全市规模以上企业建成职工服务中心（站、点）32家。开展“冬送温暖”活动，走访慰问特困职工79户、困难职工家庭290户、困难工会干部家庭23户、机关党员挂钩困难家庭29户和困难党员24户，发放慰问金和慰问品共计90.22万元；为369户困难职工家庭送“温馨年夜饭”大礼包。“金秋助学”活动为146名困难、特困职工子女发放助学金18.5万元。“互助互济工程”为72名患重大疾病的特困职工家庭提供帮扶医疗救助资金21.6万元。工会爱心超市为324户在职困难职工家庭提供优惠购物服务。“春风行动”等就业援助服务帮助108名下岗失业人员实现再就业。

【工会会员服务】　2015年，市总工会以“大数据、云计算”为基础，在全省率先建设工会综合服务管理平台

9月21日，太仓市工会阳光法律援助志愿者服务队成立　　（陈玉磊　摄）

（简称 URP 平台），采集汇总全市各级工会以及职工信息。通过“工会信息管理、工会业务管理、工会会员服务”三大模块，为各级工会会员提供教育培训、法律援助等服务。平台采集录入工会组织信息 1952 家，覆盖企事业单位 4425 家，录入职工总数 19.53 万人，占太仓全市职工总数 90%，其中会员数 18.1 万人。以工会会员服务卡为载体，依托微信公众号，工会会员均等享受工会服务。协商全市 136 家单位搭建工会会员消费优惠平台。开展“五一请职工看电影”、微信“签到有礼”等活动。在全市创建“妈妈驿站”试点单位 6 家，为孕期、哺乳期女职工在工作单位和公共场所提供人性化服务。在各镇区、各大银行、城区城管岗亭建立“安康驿站”40 家，为环卫职工、交巡警等特定职业人群提供应急求助等便利。市总工会和镇（区）、产业（条线）、基层工会组织举办各类培训、讲座 56 期，7153 人次工会干部参加岗位业务学习，全市工会干部培训率 85%。

（毛玉霞）

【太仓国际海员俱乐部概况】 2015 年，太仓国际海员俱乐部依据《国际海事公约》和《国际海员俱乐部工作条例》，为抵达太仓港的各国海员提供接待服务宣传，维护口岸形象。做好业务用车及垃圾处理和伙食供应特种车辆的维护、保养和检验。坚持垃圾回收业务规程操作标准化，根据实际情况配备人手和专业设备，确保业务处理流程规范有效，避免污染事故发生。全年接待服务抵港船舶 535 艘次，中外海员 1000 余人，妥善接收和处理 109 艘次船舶垃圾合计近 155 立方米，未发生 1 起安全污染事故。

（王　静）

中国共产主义青年团太仓市委员会

【概况】 2015 年，太仓市各级共青团组织围绕“服务发展大局上有新贡献、凝聚团员青年上有新作为、加强自身建设上有新气象”开展工作，扩大和提升团组织覆盖面和影响力。年内，成立主城区青年工作共建委员会，探索区域化联动工作模式。改建“青少年之家”2 个，其中“璜泾镇青少年之家”获评 2015 年度江苏省示范性青少年综合服务平台。加强基层团组织建设，成立市国资团工委、市卫计委团委、市市场监管局团委和舍弗勒团委。加强共青团干部队伍建设，完成“选派乡镇团委编制外副书记”工作，全市 9 名银行金融机构优秀青年兼任乡镇团委编制外副书记，配齐配强基层团干部队伍。举办全市基层团干部、少先队辅导员、青年文明号争创集体负责人等各类培训班 5 场。开展青年大讨论、大走访等活动，密切团员青年关系。至年底，全市共有各级团组织 2828 个，其中基层团委 100 个，基层团工委 6 个，团总支 50 个，团支部 2672 个；共有团员 40236 人；有专职团干部 11 人，兼职团干部 2009 人。年内，《共青团志》完成修改，原内容由 80 万字减至 50 万字，并基本完成全书修编工作。该书内容主要包含组织机构、重要会议、主要工作、人物荣誉、专记、附录、后记等部分。

2015 年太仓市共青团组织情况统计表

表 75

内容		团组织（个）				团员（人）	团干部（人）	
		基层团委数	基层团工委数	团总支数	团支部数	团员数	专职团干部数	兼职团干部数
公办学校	高校	1	—	8	159	4831	3	7
	中学	7	—	13	276	6693	1	128
	中职	1	—	6	99	1482	1	2
民办学校	高校	—	—	—	—	—	—	—
	中学	—	—	—	1	4	—	1
	中职	—	—	—	—	—	—	—
国有企业		9	1	16	59	1654	—	97
非公企业		62	1	2	1805	13057	—	1434
机关事业单位		19	3	5	133	1773	6	188
社会组织		—	1	—	5	564	—	6
农　村		1	—	—	75	4840	—	86
城市社区		—	—	—	60	5338	—	60
总　数		100	6	50	2672	40236	11	2009

5 月 28 日，共青团太仓市第二十次代表大会在市行政中心召开
（团市委供稿）

【共青团太仓市第二十次代表大会】 5 月 28 日，共青团太仓市第二十次代表大会及第二十届委员会第一次全体会议在市行政中心召开，团市委书记张皓作题为《高举团旗跟党走，勇担使命当先锋，努力在谱写中国梦的太仓篇章中建功成才》工作报告，市委书记王剑锋、苏州团市委副书记万利参加会议并讲话。大会选举产生共青团太仓市第二十届委员会委员。第二十届委员会第一次全体会议选举产生共青团太仓市第二十届委员会书记、副书记、常委。

【青少年思想引领】 2015 年，团市委主动对接上海群团改革，引导机关干部重心下移，解决基层实际问题，与市委组织部共同开展“我是共产党员”全市青年党员主题演讲比赛，增强青年干部党性修养。做好纪念“五四”运动主题团日活动，开展“我的中国梦”、纪念抗日战争胜利 70 周年、少先队建队节等主题活动，坚定青少年理想信念。举办“源圆两岸交流汇”青年论坛，签署两岸青年交流合作意向书，搭建两岸青年互动交流平台。

【青少年文化引领】 2015 年，团市委开展“快乐成长节”系列活动，丰富学生课余生活，传播积极向上的校园文化。以“我是向上向善好队员、童声嘹亮给党听”太仓市纪念少先队建队 66 周年主题队日活动为契机，促成太仓市少先队与贵州玉屏县少先队结对。开展“红领巾寻访抗战足记”等活动。举办“青春风向标”全市微电影大赛，评选出《女教师的日常》等优秀作品 6 部。打造青年文化品牌，深化“青享惠”“青春向上”等青少年文化品牌建设，引领青少年文化新风尚。

【青年创新创业】 2015 年，太仓市加强对青年创新创业工作的研究，制定《太仓市青年创新创业工作五年规划纲要》，融入中德合作元素，启动首届“郑和杯”青年精英创新创业大赛。实施 2015 年度太仓市创新人才培育计划，100 名企业创新人才获命名。举办“对话青商——走进法院、科技局”等活动，帮助青商企业解决发展问题。开展“号、手、岗”青年岗位建功争创活动，联合市安监局开展“青年安全生产示范岗”创建活动，引导青年投身安全生产。联合市旅游局举办旅游业青工技能竞赛，帮助青年搭建职业技能切磋交流平台。培育青年职业农民和家庭农场，与市农委、市委农办共同举办“走进委培生 80's—90's 传帮带”活动，培训新型青年职业农民 200 人。

【青年志愿者活动】 2015 年，太仓市各级团组织主动服务文明城市创建。团市委发布太仓青年志愿者服务品牌“太 young”，统筹谋划全市青年志愿者工作。联合市委政法委举办青年政法干警“以案说法故事会”，成立青年志愿者法治宣讲团。联合市文明办、市残联召开阳光助残行动推进会，成立阳光助残青年志愿者团队，打造助残志愿者阵地。完成“一带一路”与新时期中德合作对话会等重大活动的志愿服务工作。以“青春有爱·携手玉屏”青年歌手大赛为载体，与贵州玉屏县构筑援建桥梁。深化保护母亲河行动，以植树节、世界水日等活动为契机，动员全市青年参与和开展植树护绿活动 30 余次，种植树木 500 余株。

【青少年合法权益维护】 2015 年，太仓市发挥预防青少年违法犯罪工作

9 月 28 日，青年志愿者法治宣讲团成立　（团市委供稿）

领导小组办公室和未成年人保护委员会办公室职能，深化“成长护航工程六大行动”（对不良行为青少年开展管护行动，对闲散青少年开展牵手行动，对流浪乞讨未成年人、服刑强戒人员未成年子女、流动留守儿童分别开展回归行动、阳光行动和关爱行动）。开展重点青少年群体信息“大摸排行动”。组织青少年自护、法治宣传教育等活动，联合市教育局、市红十字会发放自护书签近4万份，提高青少年自护和法治意识。

【青少年服务】 2015年，太仓市举办团员青年专场招聘会，服务青年就业。开展太仓籍大学生暑期夏令营、中小学“七彩夏日”等活动，服务青少年5000余人次。依托启航中心，开展爱心暑托班、“四点半”学校等公益活动，推进青少年事务服务。开展“共青团与人大代表、政协委员‘面对面’”“两会青年之声”微征集等活动，畅通青年诉求渠道。开展“圆梦大学”“暖冬行动”“接地气、察实情、解民忧”等帮扶活动，服务困难青少年600余人。指导启航青少年事务服务中心设计“青春作伴”行为失范青少年预防及矫正项目，该项目获评江苏省社会工作优秀项目三等奖。

【宣传阵地建设】 2015年，团市委继续办好“七彩阳光·青春偕行”微信公众号，全年推送微团刊121期，阅读数22万人次。通过增设互动版块，强化与青少年互动交流。微信关注人数2.9万人。完善市级网宣员管理机制，新建立网络文明志愿者队伍4500人。

（吕　乔）

太仓市妇女联合会

【概况】 2015年，太仓市各级妇女组织落实党的群团工作会议精神，引导妇女创业就业，切实维护妇女儿童合法权益，推进妇女儿童实事项目建设，各项工作取得新进展。截至年底，全市共有镇（区）妇联（妇工委）9个，村（社区）妇代会147个，机关部门妇工委（妇委会）23个。

【妇女宣传教育】 2015年，市妇联拓展宣传教育载体，举办“和谐娄城·幸福家庭”第六届家庭文化艺术节，围绕七大主题，开展“美昀记录者”微摄影作品评选、第七届家庭运动会、“低碳生活·我在行动”微故事比赛、“清风荷韵”勤廉书法作品征集展示、“家在太仓·寻找太仓最美家庭”等活动，征集微摄影作品近百件、微故事2000多篇、勤廉书法作品54件。推进“美丽家园”“家庭道德建设”“家庭教育”3个示范点建设，召开互看互学推进会，开展“万盆月季进家庭”、“最美庭院·诗意阳台”评比、“最美家庭”讲堂、家风家训评选、好家风好家训优秀文艺作品征集展演等活动50多场次，培育“美丽家园”示范点6个、“家庭道德建设”示范点14个、“家庭教育”示范点9个，评选示范户2000多个。举办第三届“感动太仓”十大优秀女性颁奖仪式、“最美家庭”表彰大会，培树最美家庭、五好文明家庭、书香家庭、勤廉家庭、健康家庭等各类典型300多个，选树苏州市“三八”红旗集体4个、苏州市“三八”红旗手10名，2户家庭获评苏州市“最美家庭”提名奖。

【妇女创业就业】 2015年，市妇联举办农用技术专题讲座、农村妇女“网上行”培训，组织女能手外出参观学习，培育和引导女能手参与农家乐和电商产业发展。开展“相约春天”主题联谊、政企对接等活动，引导女企业家在依法依章参与市场竞争中做优做强。组织女企业家与女能手、女大学生牵手结对活动，为女大学生提供就业训练、创业项目推介和经验分享等服务。年内，选树省百名巾帼科技创新典型人物1个、苏州创新创业巾帼科技之星4个、太仓市“巾帼创业新星”10名，命名市级巾帼示范基地10个，城厢镇电站生态园农产品产销专业合作社被命名为省巾帼专业合作组织。市妇联联合市交运局、市旅游局等部门，开展客运行业站务员、旅游饭店服务员技能竞赛，选树巾帼岗位能手17个。召开“巾帼建功”“双学双比”工作会议，举办文明岗风采展示文艺会演，激励行业女性岗位成才。太仓市人民法院城厢法庭被授予“全国巾帼文明岗”荣誉称号，全市新增全国岗1个、省岗5个、苏州岗8个、太仓岗21个，培树苏州市“巾帼建功”先进集体1个、标兵2个。依托巾帼职业培训学校、家庭服务业培训实训基地，举办家政、月嫂、家宴嫂、育婴师等各类免费培训班22期，帮助500多人次妇女实现就业再就业。市巾帼职业培训学校被命名为“全国巾帼家政培训示范基地”。

【妇女儿童合法权益维护】 2015年，市妇联联合市委农办印发《关于在农村土地承包经营权确权登记颁证工作中保护好农村妇女土地权益的意见》，

11月20日，太仓市举办第六届家庭文化艺术节闭幕式暨“好家风、好家训”优秀文艺作品展演。图为“家风家训微故事”十佳作品获奖者上台领奖

（市妇联供稿）

及时跟进土地确权登记工作，从源头上保障农村妇女依法享有土地权益。开展走进《政务直通车》、“一村一讲”法律巡讲、广场普法宣传等活动16场次，举办依法治国专题讲座，宣传《中华人民共和国反家庭暴力法》草案等保障妇女儿童权益的法律法规，创作编排独角戏《家庭的毒瘤》，演出30多场次，帮助妇女尊法、学法、守法、用法。推进落实家暴告诫制度，完善妇女议事会、婚姻家庭纠纷案件诉调对接等制度。市妇联本级全年共接待来信来访79件次，调处成功率95%以上。实施“‘护航婚姻·幸福家庭’”婚姻指导志愿服务项目，依托“幸福家庭婚姻指导中心”“七夕缘”驿站等维权阵地，发挥妇女维权法律顾问团、巾帼心理志愿者协会等队伍作用，提供维权咨询、婚姻指导等服务600余人次，成功调解80多对。该项目获“文明江苏”志愿服务行动创新案例二等奖。深化“平安家庭”创建，成立科教新城“舞爸舞妈”平安志愿者队伍、双凤镇新闾村“护村嫂”队伍，征集“平安家庭”微故事152个，评选表彰“平安家庭”示范户50个。

【妇女儿童实事项目】 2015年，太仓市加快推进“十二五”妇女儿童发展规划收官工作，召开全市妇儿工委（扩大）会议、“两规”（妇女发展规划、儿童发展规划）终期评估座谈会，加大重点难点指标督查、评价和推进力度，印发《实施2015年妇女儿童8件实事任务分解和职责分工的通知》，接受苏州市妇儿工委到太仓评估督导。启动新一轮农村妇女“两癌”筛查工作，覆盖妇女3万多人，落实全国妇联“贫困母亲两癌救助”公益金1万元。继续实施“家在太仓·姐妹缘”——五关爱项目，针对特困母亲、流动儿童、困境儿童、空巢老人等群体，建立长效帮扶机制，开展走访慰问、圆梦行动等活动，新结对“希望儿童”70人，帮助红旗小学120多名学生完成价值3万元的微心愿。建设运作市级妇女儿童活动中心阵地，开展陶艺制作、艺术插花等优雅女性沙龙活动30余场，开办瑜伽、拉丁舞等培训班102期，发挥科学育儿、亲子活动、创业就业培训实训、优雅女性沙龙4大基地作用，受益妇女儿童近2万人。

【儿童家庭教育】 2015年，市妇联实施“播撒幸福种子，打造阳光家庭”家庭教育工作项目，把社会主义核心价值观融入家庭教育指导服务中。设立专项资金2万元，支持家教研究会开展课题研究，形成《新型家校合作模式的研究》等优秀课题成果14个。开展“好爸好妈”父母沙龙、“教育在四季——爱的交响”家教巡讲等活动20余场次，组织“快乐我和你”“幸福时光”等亲子沙龙活动15期，征集评选家风家训微故事236篇，赠送家教指导手册、家教杂志等学习资料3000余份，受益家庭6000余户。深化“星级家长学校”创建，强化分类指导和跟踪服务，新命名“星级家长学校”42个。截至年底，全市学校、村（社区）三星级以上家长学校233家，创建率100%。举办第六届“畅想童年·放飞梦想”阶梯成长主题活动，开展“小手编织中国梦”传统手工艺创意制作大赛等活动，评选表彰“优秀小公民”53人。

【巾帼志愿服务】 2015年，市妇联印发《太仓市巾帼志愿服务工作方案》，从队伍管理、项目服务、星级奖评等三个方面加强巾帼志愿者管理，推动志愿服务常态化、项目化、专业化发展。推广“勿忘我”巾帼志愿者团队培育计划，组建市级示范队，重点结对帮扶31位空巢老人，提供日常关爱、免费体检等志愿服务。评选表彰“十佳”巾帼志愿者，举办事迹宣讲会，开设“巾帼志愿者”微信公众平台宣传专栏，弘扬志愿服务精神。

【妇联组织建设】 2015年，市妇联建立健全机关干部基层联系点制度和调研制度，举办基层妇女干部培训班、社工培训班，开展“下基层、访妇情、办实事”等活动。探索建立新区软件园妇女工作站，延伸妇联工作手臂。加强官方微博、微信和网上妇联等新媒体平台建设，发布信息150多条，开展“为太仓最美家庭”点赞、“为幸福护航——好家风、好家训微博抢楼”等活动56场次，近万人次关注并参与互动。实施《关于进一步加强女性社会组织建设的意见》，成立女性社会组织创业园，为入驻的8个女性社会组织提供能力提升、项目运作支持等服务。开展第二届太仓市妇女儿童家庭公益服务项目微创投活动，提升服务妇女儿童和家庭的专业化水平。

（顾　燕）

太仓市科学技术协会

【概况】 2015年，太仓市共有区镇科协9家、社区（村）科协145家、企业科协28家、高校科协1家、市级学会34家，注册科普志愿者5000人，科普教育基地50个，其中国家级1个、省级7个、苏州市级5个，城区主要公共场所市级科普画廊74座。全市科协系统获国家级荣誉表彰3项、省级荣誉表彰17项、苏州市级荣誉表彰23项。新增苏州华一新能源科技有限公司科协、苏州东南碳制品有限公司科协、苏州创泰电子有限公司科协、江苏长乐纤维科技有限公司科协和太仓市室内设计研究会等科协组织5家，指导特种设备学会、水利学会和老科技工作者协会换届。年内，太仓市获评全国科普示范市、江苏省科普示范市；城厢镇梅园社区获评全国科普示范社区。

【科学知识普及】 2015年，太仓市构筑科普传播载体集群、科普活动品牌集群和科普示范典型集群。全年在各媒体开展科普宣传，其中电视台100期、电台300期、报纸专刊24期、科普画廊12期，惠民（农）服务站发放科普折页24万册，社区科普直通车科普内容天天新，推送科普微信1000条。举办“科普宣传周”“全国科普日”“科普进万家”等十大科普活动品牌，组织开展各类科普活动近800项，累计受益人数50万人次。新增全国科普示范社区等一批科普示范典型。5月19日，太仓市第27届科普宣传周暨上海国际与科学艺术展太仓巡展开幕式在市图书馆举行。该届科普宣传周活动包括2015年上海国际科学与艺术暨上海国际自然保护周主题摄影展太仓巡展活动、太仓市“美丽科幻·缤纷未来”科幻画作品展览活动、科普教育基地开放日活动、科普大讲堂“五进”系列活动、太仓市第2届“科普达人秀”作品征集活动、太仓市首届科技创意模型比赛、2015年中国机器人大赛暨RoboCup公开赛、科技养老新模式研讨会等重点活动。全民科学素质各成员单位和全市125家单位组织策划科普宣传活动364场，参与人数30万人次。

6月25日，中国科协创新驱动助力工程苏州示范市（太仓）对接会在太仓举行 （牛春艳 摄）

【科普服务】 2015年，太仓市实施“科普惠农兴村计划”“社区科普益民计划”和科普设施提升计划。对接兴农富民项目10个，新建科普惠农服务站10家。按照“八有”标准建设社区科普惠民服务站，举办科普讲座126场，其中在社区举办74场。建成科普设施项目15个，提档改造市区科普画廊。强化科普工作规划机制、科普工作考核机制和科普工作组织机制，制定《2015年全民科学素质工作百项行动计划》。把实施全民科学素质工作纳入各级党政领导机关目标责任考核体系，命名表彰2014年度科普志愿者团体、个人“双十佳”、科普示范体系。科普讲师团增至202人，志愿者人数5000人，建立社区科普学校70家，成立太仓市农村专业技术协会联合会。指导机器人学会等3家基层科协组织建成“科技工作者之家”。8家学会通过AAA级以上等级评估。开展“科技社团组织建设调研月”活动，新建企业科协4家、科技社团1家。组织学会开展2015中国机器人技术与应用论坛等高层次、综合性学术活动7项、软课题项目23项。开展“厂会协作”“双杯奖”竞赛项目申报，联合开展“讲理想、比贡献，奋力实现中国梦·太仓篇章”主题活动，表彰奖励科技创新、献计攻关项目21项，优秀团队5个，优秀科技工作者10人，先进集体3个。

【科技工作者服务平台搭建】 2015年，太仓市制定《中国科协海智计划太仓基地工作站管理办法（试行）》，新建海智工作站5个；建设海智资源共享平台，完善海智网站建设，发布更新政策、项目、技术、人才等需求信息。组织参加省科协海智分赛、第3届中国江苏创新创业大赛及省海智创新产品成果展，共获表彰3项。继续共建自动化技术协同创新服务示范基地，举办中国科协创新驱动助力工程苏州示范市（太仓）首次对接活动。中国自动化学会、市科协、市科技创业园暨留学人员创业园签订中国自动化学会太仓服务站合作框架协议，建立全国自动化学会太仓服务站，确立学会与地方产业长效对接。中国自动化学会、中国仪表学会、中国复合材料学会8位专家和相关对接企业负责人等参加对接活动。开展专利数据库推广应用服务，为10余家企业工艺改造、产品研发、新专利申请提供决策咨询服务。深化太仓市科技工作者科技信息服务机制，举办“医药信息查询和利用”专场科技信息培训，推出生物医药产业信息监测简报。举办“大众创业万众创新”沙龙（企业家专场）、2015年太仓市创新人才沙龙活动和“一个好产品是怎样炼成的”等企业研发管理系列培训。

（牛春艳）

5月19日，太仓市举办第27届科普宣传周活动 （牛春艳 摄）

太仓市文学艺术界联合会

【概况】 2015年，市文联以“为提升太仓城市品位抒写，为提高娄东民

4月20日，中国——土耳其摄影交流活动在土耳其举行　　（市文联供稿）

生品质放歌”为目标，发挥组织引领作用，团结带领全市文艺工作者，开展各项文艺工作，坚持服务大局、服务群众、服务文艺会员，弘扬社会主义核心价值观，推动“中国梦”主题文艺创作。年内，市文联、市摄影家协会、市音乐家协会获评苏州市文联先进集体。各文艺家协会会员总数超1000人，其中国家级会员92人，江苏省级会员296人，苏州市级会员542人。

【文艺惠民】 2015年，市文联开展群众性文艺活动，探索文艺志愿者服务机制，发挥文艺惠民亲和力。评审奖励各文艺家协会申报的重点文艺活动，调动集中文艺资源，繁荣文艺成果，丰富百姓精神文化生活。围绕进社区、进企业、进机关、进学校、进部队，举办万幅楹联进万家活动；组织昆曲、古琴、丝竹等传统民乐进社区活动；组织《大地情》《天空总是蓝的》等戏曲在各镇、村现场演出；连续第6年举办太仓音乐家新年音乐会，弘扬江南丝竹文化。全年举办“太仓乐坛”“舞林会友”等文艺惠民活动100余项，惠及市民群众近10万人次。娄东文艺大讲堂等公益性文艺培训工作累计400余课时。10月10日，市戏曲家协会第100期“娄东戏台”在太仓大剧院举办，太仓票友与京剧、沪剧、昆剧、越剧等戏曲名家同台献艺。

【文艺交流】 2015年，市文联巩固拓展对外文艺交流成果。与中国作协联合主办诗歌研讨、朗诵会。“诗梦江南·沙溪雅集——中韩诗歌对话会”和“青春回眸”诗会分别在沙溪镇和浏河镇举行。5月，苏州大学中国传统文化工作坊、文化沉浸教育基地在沙溪镇揭牌；搭建中外学生共同参与、无障碍文化交流平台。开展中国——土耳其摄影交流活动；与海门市文联共同举办“江风海韵——太仓、海门两地书画联展”；与吴江区文联开展“江枫湖影——太仓、吴江两地书法交流展”。

【文艺人才培养】 2015年，市文联革新创作生产机制，科学制定符合文艺人才特点的考核评价体系和激励办法。配合市委宣传部、市人才办制定《太仓宣传文化人才计划实施细则（试行）》，探索以文化项目建设带动文艺人才培养的机制，争取到首批资助金。邀请摄影家梁达明、李建惠和戏剧表演艺术家顾芗、茅善玉、马莉莉等到太仓授课，拓宽文艺工作者艺术视角。举办《中国书法兰亭奖作品展》解读会、文学作品研讨会、小戏小品创作培训班等；选送会员参加省作协青年作家读书班、全国少儿舞蹈创作高级研修班等，提高会员艺术修养。全市共有省级以上中青年会员234人，新增会员63人；会员朱振新、任雪英晋级国家级会员，37名会员加入省文艺家协会，63名会员成为苏州市级会员。

【文艺阵地建设】 2015年，市文联修订“月季花奖”奖励办法，试行文艺奖项评委制度。9月，推出《太仓市文学艺术月季花奖奖励办法（试行）》及《太仓市文联文艺奖项评审委员会制度（试行）》。推行“月季花开满园春”文艺创作行动；在苏州市级以上报刊发表作品500余件，获奖逾100项，出版文艺作品60本。全年编印《金太仓》杂志6期，每月编印《娄东文艺》2期。结合纪念抗日战争暨世界反法西斯战争胜利70周年，举办系列文艺纪念活动，通过戏曲专场、书画笔会、灯谜展猜、楹联朗诵会等主题活动，弘扬爱国主义精神。指导乡镇文联主办《南园》《古港潮》《青藤架》

8月10日，纪念抗战胜利70周年戏曲专场在市文化馆演出　（市文联供稿）

等文艺刊物。引导扶持恒发摄影艺术馆、高式熊艺术馆等民间艺术馆。太仓市江南丝竹协会、太仓市楹联协会入选苏州首批特色文艺创作基地。年内，太仓美术馆收藏国画作品10件、书法作品65件，馆藏各类当代艺术作品累计230余件，接待观众3万余人次。举办“娄东画派”仿真、临摹作品陈列展等展览18场，引进全国书法名家作品展、“师生四王”作品全国巡回展（太仓展）等书画展。

【“中国梦·太仓梦·我的梦”活动】 1月23日，全市文艺工作座谈会在太仓美术馆召开。市委书记王剑锋希望文艺工作者创作更多具有娄东气派的文艺精品，提升太仓文化软实力。年内，市文联组织开展“中国梦·太仓梦·我的梦”文艺创作系列行动，共征集文学、歌曲等12种文艺体裁的主题作品3000余件，生动阐述“中国梦”的深刻内涵，号召太仓人民追求国家富强、民族振兴、人民幸福的圆梦之路。1—2月，“中国梦·我的梦”城厢镇百姓摄影沙龙优秀作品展展出，吸引摄影爱好者450人次参与。2—3月，太仓市践行社会主义核心价值观楹联书法作品展在市美术馆展出。市楹联学会在全国范围内征集作品824幅，市书法家从获奖作品中挑选58幅楹联作品进行创作再展出。5月21日，市文联表彰文联系统先进集体和个人，颁发“中国梦·太仓梦·我的梦”优秀文艺作品奖、组织奖及第6届“月季花”文学艺术奖等。9月30日，太仓市第十届美术书法作品展在太仓美术馆举行，征集围绕“中国梦”“社会主义核心价值”为主题的书画作品250余件，评选出入展作品110件，优秀作品20件。11月，市福彩爱心艺术团女声小合唱《太仓双凤民歌——采桑》在中央电视台播出，并获得“群文杯”第3届全国合唱、舞蹈、器乐展评活动合唱组铜奖第一名。

2015年太仓市文联“月季花”奖获奖作品一览表

表76

月季花奖次	获奖作者	作品名称	体　裁	创作成果	主办单位
一等奖	龚　璇	《与你相遇》	诗歌	《诗刊》发表	中国作家协会
一等奖	龚　璇	《鱼祭》等	诗歌	《诗刊》发表	中国作家协会
一等奖	龚　璇	《凝固的记忆》	诗歌	《中国作家》发表	中国作家协会
一等奖	凌鼎年	《烽火记忆》	短篇小说	《雨花》发表	江苏省作家协会
一等奖	凌鼎年	《百年校庆》	小说	《小说选刊》发表	中国作家协会
一等奖	凌鼎年	《智者》	小说	《小说选刊》发表	中国作家协会
一等奖	梁延峰	《偶尔怀乡》	散文	《散文选刊》发表	散文选刊杂志社
一等奖	黄　辉	《陆俨少〈上柏山居图〉题跋》	书法理论	《中国书法》发表	中国书法家协会
一等奖	黄　辉	《南浔小莲庄两部刻帖的流传、内容和题跋》	书法理论	《书法》发表	中国书法家协会
一等奖	王奉振	《打针》	戏剧小品	第六届全国小戏小品展演优秀剧目	中国戏剧家协会
一等奖	刘永泉	《花朵的心愿》	歌曲	《儿童音乐》发表	中国音乐家协会
一等奖	刘永泉	《小海丫》	歌曲	《儿童音乐》发表	中国音乐家协会
一等奖	宋义勇	《驻足》	摄影	第25届全国摄影艺术展优秀作品	中国摄影家协会
二等奖	吴利明 高雪峰	《风争艳》	丝竹与爵士	苏州市音乐“吴韵奖”荣誉特别奖	苏州市文联
三等奖	奚旭初	《国门卫士之歌》	报告文学	出版	中国质检出版社
三等奖	凌鼎年	《纸短话长》	随笔	出版	上海科技文献出版社
三等奖	凌鼎年	《微小说林林总总》	随笔	出版	中国方正出版社
三等奖	凌鼎年	《天下第一剑》	微型小说	出版	石油工业出版社
三等奖	凌鼎年	《幽灵船》	微型小说	出版	石油工业出版社

续表 76

月季花奖次	获奖作者	作品名称	体　裁	创作成果	主办单位
三等奖	龚　璇	《江南》	诗集	出版	上海文艺出版社
三等奖	端木向宇	《时光阡陌，你未曾走远》	小说	出版	华中科技大学出版社
三等奖	蔡萌萌	《山高水长图》	中国画	“重温经典”第2届娄东（太仓）全国中国画（山水）作品展优秀作品奖	中国美术家协会 中共太仓市委宣传部
三等奖	蔡萌萌	《中国画名家作品集蔡萌萌细笔山水》	画集	出版	北京工艺美术出版社
三等奖	王　斌	《一方水土·夏》	中国画	“重温经典”第2届娄东（太仓）全国中国画（山水）作品展优秀作品奖	中国美术家协会 中共太仓市委宣传部
三等奖	王　斌	《大家气象王斌作品》	画集	出版	北京工艺美术出版社
三等奖	邢少兰	《医俗》	中国画	“高洁品性·兰蕙人生”全国中国画作品展	中国美术家协会
三等奖	邢少兰	《邢少兰艺术馆藏品集》	画集	出版	天津人民美术出版社
三等奖	靳慧慧 黄　辉	《北朝墓志隶书浅论》	书法论文	首届“鲜于璜碑”全国隶书学术论坛优秀论文	中国书法家协会
三等奖	仲崇学	《阅读》	摄影	《大众摄影》发表	中国摄影家协会
三等奖	王　青	《妆》	摄影	《大众摄影》发表	中国摄影家协会
三等奖	陆文忠	《金丝桃》	摄影	《中国摄影》发表	中国摄影家协会
三等奖	纪昌盛	《门神迎宾》	摄影	“运河重镇——世界文化遗产地南浔”全国摄影大展铜质收藏作品	中国摄影家协会
三等奖	王大经	《影海浪花中国名摄人王大经作品集》	摄影集	出版	华夏国学出版社
三等奖	陈丽丽	《抗日战争中的朱氏兄弟》	电视纪录片	“让记忆照亮未来”国家公祭原创微视频大赛二等奖	中共江苏省委宣传部 新华报业集团等

2015年太仓市部分文艺著作出版情况表

表 77

书　名	作　者	体　裁	出版社
《国门卫士之歌》	奚旭初	报告文学	中国质检出版社
《纸短话长》	凌鼎年	随笔集	上海科技文献出版社
《微小说林林总总》	凌鼎年	随笔集	中国方正出版社
《天下第一剑》	凌鼎年	微型小说集	中国石油工业出版社
《幽灵船》	凌鼎年	微型小说集	中国石油工业出版社
《江南》	龚　璇	诗集	上海文艺出版社
《时光阡陌，你未曾走远》	端木向宇	小说	华中科技大学出版社
《中国画名家作品集蔡萌萌细笔山水》	蔡萌萌	画集	北京工艺美术出版社
《大家气象王斌作品》	王　斌	画集	北京工艺美术出版社

续表 77

书 名	作 者	体 裁	出版社
《邢少兰艺术馆藏品集》	邢少兰	画集	天津人民美术出版社
《影海浪花中国名摄人王大经作品集》	王大经	摄影集	华夏国学出版社
《浏河诗咏》	汪放、张炎中选编	诗集	文汇出版社
《太仓史话》(中国社科院策划、主编的《中国史话》大型丛书)	凌鼎年	文史集	社会科学文献出版社
《法律与良知》	凌鼎年主编	微型小说选	中国方正出版社
《中国第一套抗战题材微型小说选》4 卷本	凌鼎年主编	微型小说选	敦煌文艺出版社
《中国微经典悦读系列》,有《谢志强卷》《刘国芳卷》《秦德龙卷》《相裕亭卷》《李金安卷》等 8 本	凌鼎年主编	微型小说选	中国石油工业出版社
《太仓、太仓》三卷本	陆静波	散文集	中西书局
《娄东风情》(娄东文化丛书)	陆静波	随笔集	中国文史出版社
《沙溪兄弟两知府》(娄东文化丛书)	陈 健	文史集	中国文史出版社
《狄君武传》(娄东文化丛书)	凌微年	人物传记	中国文史出版社
《王锡爵家族》(娄东文化丛书)	高 琪	文史集	中国文史出版社
《傅焕光传》(娄东文化丛书)	凌君洋	人物传记	中国文史出版社
《婚战》上、下册	周勇伶	长篇小说	台海出版社
《触摸热闹后的苍凉——莫言小说创作论》	邓全明	评论集	中国文联出版社
《尊严》	王前恩	小说	三联中文出版社
《遍地是狼》	王前恩	小说	三联中文出版社
《留住乡忆》	夏肇中	散文集	文汇出版社
《我的静思居》	朱根源	散文集	《文化养老系列丛书》
《插队岁月》	徐 尔	随笔集	《文化养老系列丛书》
《芦苇飘雪》	徐志功	散文集	《文化养老系列丛书》
《迟开的鲜花》	徐志功	散文集	《文化养老系列丛书》
《猫咪事务所》	孙 莹	系列童书	新疆青少年出版社
《粉笔字帖》	王 浩	书法字帖	江苏人民出版社
《硬笔楷书—励志诵读篇》	王 浩	书法字帖	苏州大学出版社
《硬笔行楷—名家名作篇》	王 浩	书法字帖	苏州大学出版社
《全国书法考级指导》	王 浩	书法字帖	苏州大学出版社
《优秀古诗楷书字帖》	王 浩	书法字帖	江苏人民出版社

续表 77

书　名	作　者	体　裁	出版社
《书法培训教材—楷书》	王　浩	书法字帖	江苏人民出版社
《书法培训教材—行楷》	王　浩	书法字帖	江苏人民出版社
《欧阳询楷书临写与创作》	王　浩	书法字帖	苏州大学出版社
《花鸟画谱》	闵文彬	画册	上海人民美术出版社
《漆语江南—张志强漆画集》	张志强	画册	上海人民美术出版社
《新娄东画派作品集—邢少兰》	邢少兰	画册	江苏凤凰美术出版社
《新娄东画派作品集—蔡萌萌》	蔡萌萌	画册	江苏凤凰美术出版社
《新娄东画派作品集—朱强》	朱　强	画册	江苏凤凰美术出版社
《新娄东画派作品集—王斌》	王　斌	画册	江苏凤凰美术出版社
《新娄东画派作品集—邢曦峰》	邢曦峰	画册	江苏凤凰美术出版社
《新娄东画派作品集—陆涌生》	陆涌生	画册	江苏凤凰美术出版社
《新娄东画派作品集—张宏》	张　宏	画册	江苏凤凰美术出版社
《新娄东画派作品集—王慧》	王　慧	画册	江苏凤凰美术出版社
《新娄东画派作品集—沈国宏》	沈国宏	画册	江苏凤凰美术出版社
《儿童吉他启蒙》	朱　伟	教材	上海音乐出版社

（蒋喜桔）

太仓市残疾人联合会

【概况】 2015 年，太仓市围绕实现残疾人全面小康、实施残疾人幸福工程目标，完成“十二五”残疾人事业发展纲要各项任务，加强残疾人社会保障和服务体系建设，适应经济发展新常态，推动全市残疾人事业转型升级、持续健康发展。截至年底，全市持证残疾人 9327 人，其中肢体残疾 5131 人，智力残疾 1186 人，视力残疾 912 人，听力残疾 303 人，言语残疾 45 人，精神残疾 1246 人，多重残疾人 504 人。

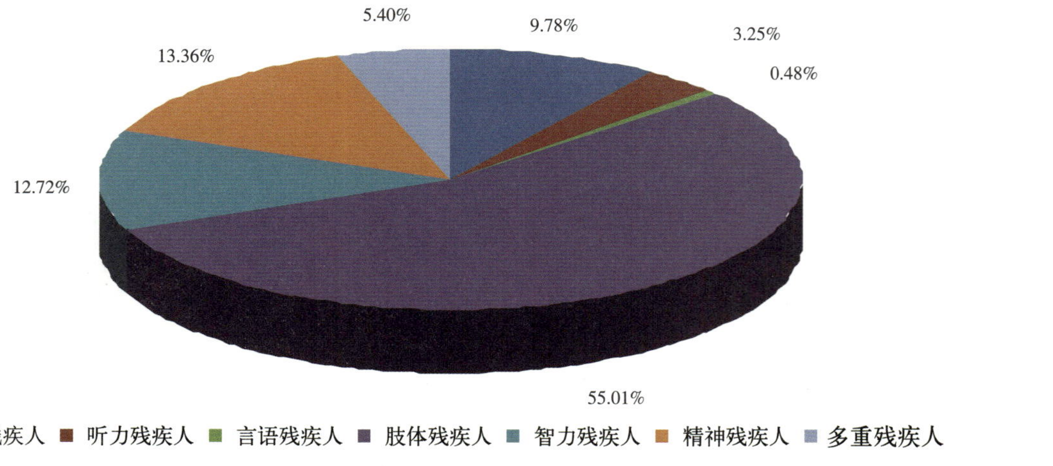

图 13　2015 年太仓市持证残疾人比例图

2015 年太仓市残联惠残补贴统计表

表 78

序号	类　别	人数（人）	金额（万元）
1	城乡重度无业残疾人免费参加城镇职工基本养老保险	1073	250.72
2	城乡重度无业残疾人享受特惠政策参加城镇职工基本医疗保险	933	86.15
3	低保家庭中重度残疾人重残补贴金	227	27.14
4	精神、智力（三、四级）无业残疾人享受特惠政策参加城镇职工基本养老保险	160	21.55
5	精神、精神（三、四级）无业残疾人享受特惠政策参加城镇职工基本医疗保险	232	20.32
6	就业年龄段残疾人和托养机构人员免费参加团体人身意外伤害商业保险	6722	26.89
7	智力、精神（三、四级）成年残疾人生活救助	446	315.11
8	用人单位（非福利企业）按比例补贴和超比例安置奖励	138（家）	78.96
9	福利企业超比例安置奖励	21（家）	26.89
10	听力和言语残疾人短信信息费补助	241	7.23
11	下肢残疾人代步机动（电动）轮椅车购置补贴	8	1.40
12	残疾学生和低保重残家庭子女助学补贴	127	19.50
13	残疾人自主创业补贴	3	0.90
14	残疾人托养护理费补贴	146	74.85
15	残疾人机动轮椅车燃油补贴	192	4.90
16	残疾人免费乘坐市内公交车（爱心卡）	4009	74.85
17	0～14 岁残疾儿童康复训练补贴	49	123.34
18	听障青少年免费配发助听器	4	3.04
19	听力障碍人员人工耳蜗植入手术费用补贴	3	18.00
20	贫困精神残疾人免费体检	312	3.45
21	贫困精神残疾人免费服药	327	1.06
22	辅具器具配发	636	65.70
23	成年残疾人配发助听器补贴	7	0.92
24	肢体残疾人安装假肢矫形器补贴	26	8.40
25	残疾人家庭无障碍建设	16	1.77

5月15日，市残联举办2015年全国助残日“我运动、我快乐”沙弧球赛
（市残联供稿）

【残疾人就业】 2015年，针对国家扶持小微企业政策，太仓市实施《太仓市残疾人保障金征缴暂行办法》，落实《中共江苏省委组织部等七部门单位关于促进残疾人按比例就业的实施意见》，开展全市机关事业单位在职持证残疾人调查统计，推动党政机关、事业单位及国有企业带头招录和安置残疾人就业。加大公益性助残岗位购置力度，为残疾人提供更多就业岗位。落实《江苏省用人单位按比例安排残疾人就业补贴和超比例奖励办法（试行）》，鼓励用人单位吸纳更多残疾人就业。提升残疾人就业服务水平，加强残疾人就业服务机构规范化建设，完善就业服务制度，健全就失业登记、信息咨询、职业能力评估、职业培训、职业指导、职业介绍等“一体化”服务功能。针对就业较为困难的智力、精神残疾人，以市托养中心残疾人庇护工场为典型，推进庇护就业型托养机构建设。年内，德国巴符州代表团、以北京大学社会学系副教授程为敏为首的中国残联“十二五”纲要评估组、中国残联就业服务指导中心副主任李强、苏州市人大等先后到太仓参观调研残疾人就业工作，并给予肯定。浮桥镇残疾人创业孵化基地新建工疗站，与埃克森美孚（太仓）石油有限公司合作开展“爱心花卉园”项目。太仓市承办苏州市残疾人庇护就业型残疾人托养机构建设现场会。德国企业在中国建立的首家残疾人福利工厂——太仓中德善美实业有限公司在太仓软件园成立。《环球时报》《中国日报》《新华日报》和中国新闻社、江苏卫视等媒体先后就残疾人就业工作进行专题报道。市残联组织6名选手参加2015年度苏州市残疾人职业技能比赛，1名听障人获“苏州技术能手”荣誉称号。联合市人社局举办“阳光助残，放飞爱心”残疾人招聘专场2场。联合浮桥镇残联在该镇残疾人创业孵化基地举办花卉养殖和蛋糕烘焙培训班，采用理论加实践方式，帮助残疾人掌握实用技术技能。举办浮桥镇第二届残疾人创业（SIYB）培训班，18名残疾人通过考核，获得合格证书。璜泾镇举办残疾人就业岗前培训2期，分别有28名残疾人和78家企业雇主参加。

【残疾人康复】 2015年，市残联指导双凤、浏河、沙溪、璜泾4家镇级医院新增康复科，新建社区康复服务站1家，全市共有村级康复服务站56家。年内，组织312名精神残疾人分批次体检、更换药方，发放体检报告、政策告知单和救助卡。落实贫困精神残疾人免费基本用药实施办法，实现医保报销、医疗救助、专项救助相衔接的“一站式”服务，保证贫困精神残疾人优先免费服用救助范围内的二代抗精神病药物。全年共有327名精神残疾人享受该政策。扶持启悦儿童康复中心，举办“大手牵小手”儿童肢体康复训练家长学校培训班。联合市艺术幼教中心团支部组织“暖冬行动”、“爱耳日”健残儿童联欢活动、“六一”科技节亲子活动、“共建互学”评优课观摩等活动；联合市图书馆举办读书会、读书日活动。2名听障儿童顺利毕业进入普通幼儿园。为省残联制定《江苏省残疾人辅助器具适配补贴暂行办法》提供参考依据，在娄东街道、沙溪镇开展残疾人辅助器具需求调查，了解试点地区2075名肢体、视力、听力言语类残疾人对辅助器具种类、数量的需求情况，为推算全市残疾人辅具需求总量及所需辅具适配经费提供参考依据。升级改造市级辅

3月26日，德企在华首家残疾人福利工厂太仓中德善美实业有限公司开业
（市残联供稿）

助器具展示厅，先后赴省辅具中心、美利驰医疗器械（苏州）有限公司、康辉医疗器械有限公司学习展示厅的设计与布置，年内基本完成装修改造。组织辅具适配员赴上海参观康复无障碍生活博览会，联合美利驰医疗器械（苏州）有限公司举办辅具适配知识培训班。在《太仓日报·百姓问政》栏目刊登“特殊孩子能享受哪些优惠政策”等内容。

【残疾人文体活动】 2015年，在全国助残日和国际残疾人日等重大纪念日期间，太仓市举办形式多样的残疾人文体活动，丰富残疾人精神文化生活，先后开展“我运动、我快乐”残疾人文体活动比赛、太仓吴江两地肢残人门球联谊赛、南区社区“健残双向”服务、残疾人读书活动、残疾人法律维权知识讲座、爱心企业轮椅捐赠等活动。城厢镇开展“残疾预防”广场宣传义诊服务活动，浮桥镇组织专职委员参观城市规划展示馆，沙溪镇开展残疾人趣味运动比赛，浏河镇举办残疾人歌唱比赛。市残联联合太仓名人馆举办第三期手语公益培训班。市残疾人门球代表队在苏州市第三届残疾人门球锦标赛上获团体第二名和“道德风尚”奖，在“全民健身日”门球比赛中获优秀奖。浮桥镇新建残疾人门球队。2名选手参加苏州市2015年残疾人游泳锦标赛，顾喜中获下肢男子组50米自由泳第二名、100米自由泳第四名；张建平获上肢男子组50米自由泳第六名、100米自由泳第五名。征集6名残疾人的14幅书画、剪纸作品参加“姑苏梦·西湖梦”苏杭两地残疾人书画作品联展开幕式。组织听障人舞蹈队参加苏州市第二届社区型残疾人文体活动兴趣团队展演活动。联合市文明办、团市委举办2015年度太仓市青年志愿者表彰暨阳光助残行动推进会，共同打造助残志愿者阵地——“阳光助残”青年志愿者之家，首批成立“听”心手语志愿者团队等“阳光助残青年志愿者”团队5支。太仓市选送的沙溪镇退休教师邱蓉芬获“苏州市优秀助残志愿者”称号，沙溪镇香塘艺术团获“苏州市优秀助残志愿服务组织”称号。联合太仓主流媒体，做好常规活动报道，在《苏州日报》刊登专版1个、《太仓日报》刊登专版3个，在《相逢演播厅》录制专题节目，开展“2015年度太仓市残疾人工作十大新闻”评选活动，制作户外公益广告，通过电子政务平台在助残日当天发送宣传短信，营造关心、支持残疾人事业发展的舆论氛围。市残联选送的微视频《指尖上最美的舞蹈》获“家在苏州、志愿有我”微视频创意大赛三等奖。一些爱心企业加入扶残助残活动，美利驰医疗器械（苏州）有限公司捐赠儿童轮椅和看护型轮椅50辆。太仓中升奔驰汽车服务有限公司邀请3名残疾人参加试乘试驾体验活动，宁波银行太仓支行将蒲公英爱心基金送进贫困残疾人家庭。市残联网站扩容改版，建立市残联微信公众号，升级残疾人管理服务平台。

（陆　静）

太仓市归侨侨眷联合会

【概况】 2015年，太仓市归侨侨眷联合会继续坚持以侨为本、为侨服务宗旨，接待接访侨界人士47人次，走访侨界群众、海归创业者、海归科学家、社区干部46人次，慰问侨界人士22人次；依法维护归侨、侨眷和海外侨胞在国内的合法权益。围绕基层侨联工作、老侨实际需求、侨资企业发展、新侨人才创业等课题开展走访调研。团结动员全市5000余名归侨侨眷和海外侨胞，服务经济发展，加强侨联外宣工作，拓展海外联谊。参政议政，建言献策。太仓“两会”期间，侨界人大代表、政协委员提交人大代表建议案6件、政协委员提案4件。

【侨界文化宣传】 2015年，太仓市继续推送市情月报，定期编写《故乡的云——太仓市情月报》，每月以邮件形式推送给海外华侨华人。3月6日，组织归侨侨眷和社区干部30余人观看由中国侨联和省侨联主办的“亲情中华·欢聚苏州”慰问演出。5月4日，省侨联《关于进一步做好“华侨华人文化交流基地”命名工作的意见》正式批复，同意将吴健雄故居增补并入2013年审批的基地——吴健雄陈列馆（2个单位同属1个“江苏省华侨华人文化交流基地”，挂2块牌匾）。6月26日，中国侨联批复《关于确认中山园陵等12个单位和机构为“中国华侨国际文化交流基地”的通知》，确认吴健雄陈列馆为“中国华侨文化交流基地”。

【侨界海外联谊】 2015年，太仓市加强侨务资源深度开发和利用，动员海外专业人士为家乡发展做贡献。4月，建立“太仓人在海外”微信群，成员70余人。8月，建立太仓侨界胞之家微信群，侨联委员和苏州侨界代表13人入群。建立“仁者神归”朋友圈，成员40余人。1月，侨界志愿者编织“爱心围巾”赠送侨界空巢老人。5月13日，市侨联走访慰问海外博士眷属家庭5户。年内，接待来访的美国夏威夷大学博士黄学新，澳籍华人画家、澳华土著艺术研究会主席、俄罗斯科学艺术院荣誉院士、中国马业协会高级艺术顾问姚迪雄，旅法物理学家兼国际跨文化研究所总秘书长邵亮，旅日博士黄斌，美国弗吉尼亚联邦大学终身副教授、博士生导师陈雪明等专业人才。

（时海炜）

太仓市哲学社会科学界联合会

【概况】 2015年，太仓市社科联围绕改革开放和现代化建设实际，开展理论研讨、课题研究、学术交流、社科宣传等活动，推动全市哲学社会科学开创新局面，为太仓经济社会建设发展提供理论支撑和精神动力。年内，抓好全市社团建设工作，定期召开学会秘书长工作会，加强各社科团体间的联系沟通。组织市审计学会和市计生协会参加苏州市社科类学会秘书长培训班。市图书馆获评“苏州市社会科学普及示范基地”，“弘扬法治精神·践行司法为民”等5项活动被列为2015年度太仓市社科普及资助项目，市人力资源和社会保障学会等5家学会被评为2015年度太仓市社科系统先进社科团体。

【理论学习】 2015年，太仓市社科联组织全市社科界学习中共十八大和十八届三中、四中、五中全会精神以及习近平系列重要讲话特别是视察江苏重要讲话精神。全市社科团体和社科工作者落实中央群团工作会议精神，抓好理论研究。利用“娄东大讲堂”系列讲座、《太仓日报·理论笔谈版》、“太仓发布”政务微信“娄东视点”专栏等阵地力量，从不同层面、不同角度解读中央重大理论创新成果，帮助广大干部群众领会会议的精神实质和具体要求。年内，市社科联被省社科联评为2014年度“工作创新奖”，名列全省县级市、区第三。

【社科研究】 2015年，太仓市社科联围绕全市经济社会发展中的重大理论与现实问题，印发《关于征集2015年度太仓市哲学社会科学研究课题的通知》，确定重点课题5个、一般课题40个。组织申报2015年度“江苏省社科应用研究精品工程（市县专项）”课题，重点立项1个；组织申报苏州市第二届“社科应用研究精品工程”优秀成果奖，获二等奖1个、三等奖2个；组织申报2015年度苏州市社科规划课题（应用对策类），立项课题5个；组织申报的“感悟吴文化魅力参观活动”被评为“2015年度社科普及1+1活动优秀项目”。年内，市社科联分别在《人民周刊》杂志第8期和《群众》杂志省“两会”宣传特刊上组稿刊发题为《贯彻四个全面要求，建设现代田园城市》《全面开启太仓“十三五”发展新征程》的文章，在《群众》杂志第3期、第5期分别发表题为《太仓“政社互动”：基层治理现代化的有益探索》《努力在高原上造峰》的文章，在《江南论坛》杂志第11期发表题为《推进社会主义核心价值观大众化的太仓实践》的文章。组织编辑《娄东文化丛书》第四辑及《太仓样本》《执梦前行——太仓中德合作示范区》，修改《太仓史话》文稿。

【社科普及】 9月，太仓市举办以“弘扬法治精神，传播法治文化”为主题的第10届社科普及宣传周活动，组织市税务学会、市法学会、市预防协会等16家学会、协会、研究会及市图书馆、新华书店等单位开展现场咨询服务，共展示法治宣传展板50多幅，提供咨询200多人次，发放宣传资料2000多份以及宣传袋、图书、地图等实物800多份。组织理论社科学者走基层活动，邀请市司法局、市医疗系统专家到县府社区就法律知识、医疗保健等方面开展讲座，受益群众近百人。在社会组织服务中心开设社科窗口，提供咨询服务，开展学术交流。出版《太仓日报·理论笔谈版》12期；开设“娄东大讲堂”系列讲座60余期；出版《太仓社科论坛》3期，刊发理论性、应用性文章50多篇。

（王　业）

9月22日，太仓市第十届社科普及宣传周开幕　（市社科联供稿）

太仓市无党派知识分子联谊会

【概况】 2015年，太仓市无党派知识分子联谊会（以下简称市联谊会）有会员68人，会长1人，副会长6人，其中1名副会长兼秘书长，理事18人。联谊会下设城乡建设组、社会事业组、财经组和新阶层组4个界别组，每个界别组设组长1人，由理事兼任。会员中苏州市人大代表1人，苏州市政协委员1人，太仓市人大代表4人（人大常委会委员1人），太仓市政协委员21人（政协常委8人）。

【参政议政】 2015年，市联谊会参加市委统战部组织的安全生产情况、城乡公交优化提升工程情况、城乡公共法律服务均等化建设情况、企业科技创新促转型升级工作情况等通报会。加强与对口联系部门联系，4名会员受聘市城管局行风政风监督员，为太仓城市管理、小区物业等难题出谋划策。联谊会新阶层组关注民营企业发展，走访调研会员企业，为加快企业发展献计献策；财经组围绕加快社区股份合作社股权改革，形成《加快社区股份合作社股权改革，推动太仓农村改革发展再上新台阶》调研报告，在市政协十三届五次会议上作大会发言；城乡建设组重视美丽乡村建设，形成《构建现代农业产业，建设美丽田园乡村》调研报告；社会事业组形成《加强中德中心建设，为太仓经济转型服务》调研报告。按照市委统战部开展的党派领题调研活动要求，领题调研“加快发展乡村旅游”。会同市政协城乡建设委围绕加强环保执法工作开展调研。在政协大会发言中提出《关于推动政府向社会组织购买服务的建议》；组织提交关于制定生物医药产业发展的优惠扶持政策、加强农产品质量监管、加强对建筑企业税法知识指导、加强消防队伍建设、在公职人员中加强法治思维和法治方式养成教育、在太仓实施“人伤道路交通事故一体化处理机制”、试点设立破产管理人基金等7件集体提案和11件个人提案。其中集体提案《关于加强我市消防队伍建设的几点建

11 月，市无党派知识分子联谊会在太仓市新区第二小学捐赠图书
（金庆苏　摄）

议》、个人提案《关于做好太仓全民阅读工作的建议》《关于进一步规范我市土地流转的建议》获评 2015 年度优秀提案。

【服务社会】 2015 年，市联谊会开展各类公益活动，连续两年向对接学校捐赠图书。继续与城厢镇胜泾村开展结对共建活动，连续第 2 年资助胜泾村，共计 6 万元用于村级道路、桥梁维修等实事工程建设。11 月，联谊会走访调研胜泾村农村股份合作社运营情况，为村合作社经营发展献计献策。联谊会会员立足本职，在各自专业领域发挥表率作用，1 名会员获评 2015 年苏州市劳动模范

（金庆苏）

太仓市关心下一代工作委员会

【概况】 2015 年，太仓市关心下一代工作委员会坚持服务青少年的正确方向，加强青少年思想道德建设，引导青少年树立践行社会主义核心价值观，支持帮助青少年成长成才，团结教育广大青少年，弘扬“五老”（老干部、老战士、老专家、老教师、老模范等离退休老同志）忠诚敬业、关爱后代、务实创新、无私奉献精神。全市有镇（区）关工委 8 个，有市级机关、政法、教育、农委、民营企业等系统关工委 5 个（其中市级机关有基层关工委 42 个，政法系统有基层关工委 5 个，教育系统有基层关工委 70 个，农委系统有关工小组 7 个，民营企业有基层关工委 1034 个），社区（村）基层关工委 144 个。“五老”志愿者 2831 人，包括关爱团 114 个、1406 人；宣讲团（包含法治报告团）69 个、宣讲员 509 人；网吧游戏机房义务监督员 155 人。全市建立校外教育辅导站电子阅览室 139 个，占比 96.5%。6 月，市关工委表彰 8 家单位为创建“五有五好”（有班子、有队伍、有阵地、有经费、有制度，领导班子建设好、“五老”作用发挥好、制度健全执行好、积极探索创新好、活动经常效果好）基层关工委优秀组织奖、42 家单位为“五有五好”基层关工委先进集体、64 人为“五有五好”基层关工委先进个人荣誉称号、31 家单位为“太仓市优秀校外教育辅导站”、53 人为“太仓市优秀校外教育辅导员”，纪念中国关心下一代工作委员成立 25 周年。

【法制帮教】 7 月，市关工委会同市综治办、市预防办召开未成年人零犯罪社区（村）创建工作推进会，联合印发《关于深入推进未成年人零犯罪社区（村）创建工作的实施意见》《为了明天——开展“结对帮教、引领人生”活动的意见》。拟订《关于建立健全关工委成员单位联席会议协调制度的实施意见》，与团市委、市教育局等部门联合拟定《太仓市未成年人“成长导师制”方案》。9 月 16 日，市关工委组织 8 名“五老”对 25 名服刑、拘役青年开展帮教。举办法制讲座 20 余场，听讲青少年 3500 余人次。组织法制副校长进学校讲课 48 场，听课学生 2.45 万人次。市关工委把结对帮教作为“五老”参与“零犯罪”创建工作的关键环节，组织“五老”进行结对帮教，预防减少未成年人违法犯罪。全市 144 个村（社区）均建立 3 人以上“五老”参加的结对帮教小组，共有 512 名“五老”参与。全市 25 名失足青少年中有 22 人通过帮教得到转化，转化率 88%。10 月 16 日，第 3 届“关爱明天 • 普法先行”——青少年普法教育活动动员会召开，现场选聘 2015—2017 年中小学、幼教中心法制辅导员 51 人。

9 月 16 日，市关工委组织“五老”志愿者，到市看守所对服刑、拘役青年开展帮教活动
（市关工委供稿）

【校外教育】 2015 年，全市共有 1257 名“五老”骨干、267 名在职教师、130 余名大学生村干部组织 20.2 万人次青少年开展校外教育活动 2558 次。市关工委讲师团共宣讲 54 课时，听课学生人数 1.15 万人次。1 月，市关工委组织 6 名“五老”骨干编印《学习党的十八届四中全会精神辅导材料专辑》（青少年思想道德教育宣讲材料之十四）2500 本和《“五老”风采》（续集一）。3 月，市关工委开展四大主题教育活动（学法守法、崇德立德、争做美德好少年，关爱明天、普法先行，纪念抗战胜利 70 周年和文明礼仪教育活动）。市关工委与市委老干部局邀请 11 名抗战老兵开展抗战革命传统教育宣讲；与市文明办、市教育局等部门在全市青少年中开展“八礼四仪”文明养成教育。5 月，与市文明办合作编印《中华美德经典小故事》《践礼修德八礼篇》《纪念抗日战争胜利 70 周年》专辑。订阅《中共中央关于制定国民经济和社会发展第十三个五年规划的建议（辅导读本）》《中共中央关于全面推进依法治国若干重大问题的决定》《党的十八届四中全会〈决定〉学习辅导百问》《中华人民共和国预防未成年人犯罪法》等读本，发至各中小学、各社区（村）校外教育辅导站。全市《关心下一代周报》订阅数 3.44 万份，较上年增长 7.5%，《中国火炬》订阅数 454 份，较上年增长 0.4%。6 月，市关工委与市教育局联合开展阳光少年网系列活动，征集征文 1885 篇。7 月 9 日，市委老干部局，市关工委、市教育局联合推进“听故事、看红书、征佳文”系列活动，向洪泾小学赠红书 400 册。与团市委、市文明办、市教育局、市妇联联合创办公益爱心暑托班，组织 10 名“五老”讲师为 90 余名民工子女讲课。

【校外监督】 8 月 12 日，市关工委、市文广新局联合举办全市网吧和电子游戏机房“五老”义务监督工作培训班，对义务监督组组长进行学习培训。要求 155 名“五老”网吧义务监督员按照“三定”（定组、定人、定网吧）“三有”（有证照、有记录、有汇报）制度，每周对网吧、游戏机房巡查 1 ~ 2 次，在节假日期间增加巡查次数。在全市 89 家网吧和 38 家游戏机房杜绝未成年人进入。

【帮困助学】 2015 年，市关工委帮困助学共计 142.47 万元，帮困助学人数 1623 人，其中市关工委帮困助学 320 人，计 11.44 万元。全年赠送外地民工子女《关心下一代周报》2200 份，计 1.1 万元。“六一”国际儿童节期间，慰问 8 所外地民工子弟学校及爱心学校贫困学生 70 人、智障儿童 50 余人，发放助学金 2.5 万余元。离休干部戴干向关心下一代基金捐赠 1 万元，累计捐赠 3 万余元；离休干部胡国芬通过关工委资助结对归庄庄西村贫困学生 2000 元；退休干部吴兰颖结对帮困一名学生 2000 元，离休干部彭肇楠结对帮困一名学生 2000 元；抗战老兵、离休干部葛天民向关心下一代基金捐赠 1325 元。

（陶陵夏）

5 月 27 日，市关工委在太仓市新华小学发放帮困助学款　（市关工委供稿）

太仓市红十字会

【概况】 2015 年太仓市红十字会贯彻“人道、博爱、奉献”红十字精神，以“三救三献”（救护、救灾、救助和造血干细胞捐献、遗体器官捐献、献血）核心业务为主线，开展人道主义救助各项工作。全年共接收捐赠款物 29.9 万元（含下拨），发放救助款物 28 万元；完成市民应急救护培训 1.06 万人次；新募集造血干细胞志愿者 137 人，新增遗体器官捐献志愿者 14 人，无偿献血 5824 人（次），献血量 1532.96 升。

【“三救”工作】 2015 年，市红会为企业职工、社区居民、公安干警、老师、高一新生、大学新生、小学生与家长、机关干部等进行公益性应急救护培训 1 万余人，发放市民读本与救护员指南 1 万余册、便携式救护包 4000 余个。春节期间慰问困难家庭 109 户，发放慰问金 10.9 万元。向在市第三人民医院接受治疗的病患捐赠棉外套 242 件；与四川省隆昌县红十字会合作开展“爱心助学工程”，资助隆昌县贫困学生助学金 40 余万元，受助学生 301 人。持续与市卫计委联合开展“心系百姓健康·温暖送至千家”项目，在 11 家医疗单位建立志愿者服务队伍，开展义诊 25 场，服务 2000 余人次；开展扶贫帮困活动，助学 11 人，救助住院病人及困难家庭 47 人。实施“红十字生命健康安全教育”项目，完成救护员培训 33 场 1240 人；开展防空、火灾、防震等应急疏散演练和救护技能演示 8 场，提高市民应对灾害自救能力；开展救护亲子讲座 5 场，发放市民读本、小学生安全读本、小急救包、三角巾绷带盒等应急材料；开展学生安全教育与体验活动，发放《学生安全教育读本》，提高学生应急防范意识。组织全市 19 家中小学校 5000 名学生参加“全国青少年应急救护知识大赛”。

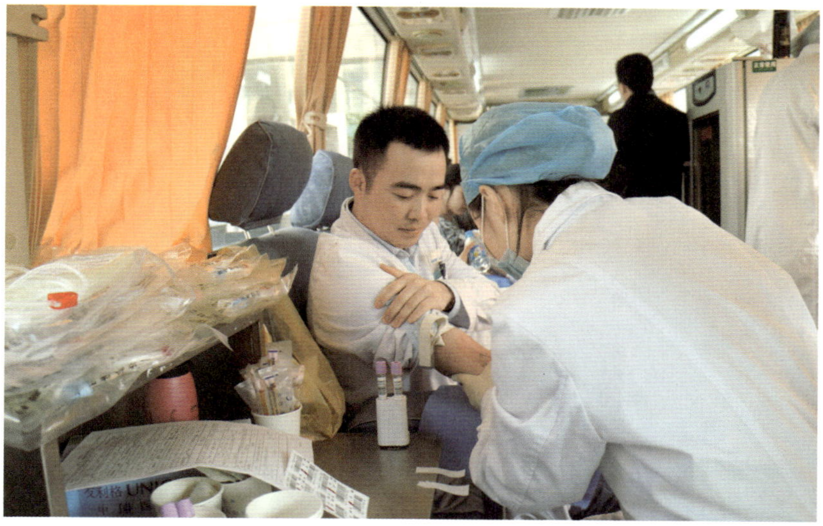

2月11日，市第一人民医院组织医务人员无偿献血　（市红十字会供稿）

【"三献"工作】 2015年，市红十字会组织机关干部开展无偿献血捐髓活动；组织金融系统志愿者到市中心血站参加献血活动；组织卫生计生系统人员开展无偿献血捐髓活动。全市现有造血干细胞捐献志愿者1334人，成功捐献7人；与太仓电视台合作拍摄造血干细胞捐献公益宣传短片。遗体器官等捐献志愿者118人，成功捐遗 16人，成功捐献眼角膜2人。组织捐献家属33人参加苏州市红十字会捐献纪念园举行的第9届遗体（器官、角膜）捐献集体悼念仪式。

（张　燕）

基层自治组织

【概况】 截至2015年年底，太仓市共有村民委员会74个，村民小组2912个，社区居民委员会74个，居民小组1938个。年内，太仓市以制订社区专项公约为抓手，推进社区协商民主建设，全市148个村（居）全部完成社区专项公约制定。全市各村（居）在1月10日和7月10日均组织开展民主决策日暨政社互动面对面活动。为减轻村（居）负担，全面梳理由村（居）盖章事项，对无法律法规明确规定、当前已无盖章必要及村（居）委会确实无法掌握情况的部分盖章事项予以取消，共取消盖章事项38项。实施社区建设"以奖代补"资金项目化管理，推动社区治理项目实体化运作，共投入300万元，补助社区建设、治理和服务项目82个。开展省级和谐社区创建，6个社区通过省级验收。加强村（居）干部队伍建设，组织开展社区工作者实务能力训练班、社区治理现代化专题培训班，增强社区干部运用新方法、新技能做好社区工作的能力。依托社区干部网络课堂、社区干部论坛等平台，加强村（居）干部日常培训，提升能力素质。

2015年太仓市居民委员会一览表

表79

镇（街道、区）	居委会名称												数量
娄东街道	惠阳	东郊	太平	洋沙	朝阳	香花桥	太东	太胜	华盛园	滨河	娄江	陆渡	16
	东城	景瑞	城北	珠江									
科教新城	群星	太安	利民	南郊	常丰	鹊桥	学苑						7
城厢镇	南区	西区	梅园	德兴	康乐	西郊	东区	中区	南园	县府	府东	桃园	16
	弇山	新毛	伟阳	太丰									
沙溪镇	东市	西市	利泰	新北	直塘	岳王	归庄	沙东					8
浏河镇	复兴	渔村	新塘	河北	闸北	紫薇苑	东方						7
浮桥镇	浮桥	牌楼	九曲	时思	老闸	茜泾	马北	和平花园	六尺	建红	新城花园	浮南	13
	新港花苑												
璜泾镇	银杏	西塔	王秀	玉影山									4
双凤镇	双凤	湖川桥	新川苑										3
合　计	—												74

2015 年太仓市村民委员会一览表

表 80

镇（街道、区）	村委会名称												数量
娄东街道	花北	小桥	岳南	红庙	横沥	洙泾	陆渡						7
城厢镇	电站	万丰	东林	胜泾	新农	永丰							6
沙溪镇	涂松	印北	洪泾	半泾	中荷	泥桥	虹桥	泰西	胜利	松南	凡山	香塘	20
	渠泾	项桥	庄西	太星	岳星	新建	塘桥	岳镇					
浏河镇	东仓	何桥	新闸	闸北	浏南	万安	张桥	新塘					8
浮桥镇	浮桥	七丫	新邵	丁泾	茜泾	马北	时思	浪港	方桥	绿化	三市		11
璜泾镇	新华	新联	荡茜	永乐	王秀	孙桥	荣文	孟河	杨漕	新海	新明	长洲	13
	雅鹿												
双凤镇	庆丰	凤中	黄桥	勤力	泥泾	维新	新湖	新卫	新闯				9
合计	—												74

（胡天立）

社会组织

【概况】 2015 年，太仓市通过量化发展指标、扩大发展范围、简化优质社会组织登记手续等措施，促进社会组织发展，全市新增社会组织 102 家，其中社会团体 7 家，民办非企业单位 95 家。截至年底，全市登记社会组织总数达 796 家，其中社会团体 212 家，民办非企业单位 583 家，基金会 1 家。年内，太仓市加强对重点社会组织扶持力度，对具有专职人员的新注册重点领域社会组织给予每家 3 万元的一次性开办补贴，共有 19 家组织享受补贴。对 526 家社会组织管理、财务、活动情况进行年检，年检合格率 95.3%。推进社会组织等级评估，提升社会组织规范化水平。截至年底，全市获评等级的社会组织共 245 家，其中 AAAA 级社会组织 25 家，AAA 级社会组织 94 家，AA 级社会组织 82 家，A 级社会组织 44 家。开展第四届社会组织公益创投，投入 250 万元公益金资助 107 家社会组织的公益项目，受益群众 4 万人次。

太仓市等级社会组织统计表

表 81

序号	单位	等级	获评时间	序号	单位	等级	获评时间
1	太仓市慈善总会	AAAA	2010 年	12	太仓市三港小学	AAAA	2012 年
2	太仓市卉贤小学	AAAA	2010 年	13	太仓市五洋丝竹乐团	AAAA	2012 年
3	太仓市老年协会	AAAA	2010 年	14	太仓市耀华学校	AAAA	2012 年
4	太仓市三之三幼儿园	AAAA	2010 年	15	太仓市义工联合会	AAAA	2012 年
5	太仓市房地产业协会	AAAA	2011 年	16	太仓市英联韵琳外语培训中心	AAAA	2012 年
6	太仓市浮桥镇颐悦园	AAAA	2011 年	17	太仓市总工会职业培训学校	AAAA	2012 年
7	太仓市璜泾镇商会	AAAA	2011 年	18	太仓市常青藤老干部协会	AAAA	2013 年
8	太仓市私营个体经济协会	AAAA	2011 年	19	太仓市诺贝儿教育培训中心	AAAA	2013 年
9	太仓市新希望才艺培训中心	AAAA	2011 年	20	太仓市特种设备学会	AAAA	2013 年
10	太仓市福建商会	AAAA	2012 年	21	太仓市工业经济联合会	AAAA	2014 年
11	太仓市老年人体育协会	AAAA	2012 年	22	太仓市建筑行业协会	AAAA	2014 年

续表 81

序号	单位	等级	获评时间	序号	单位	等级	获评时间
23	太仓市浙江商会	AAAA	2014 年	56	太仓市新华小学	AAA	2012 年
24	太仓市安徽商会	AAAA	2015 年	57	太仓市预防医学会	AAA	2012 年
25	太仓市启航青少年事务服务中心	AAAA	2015 年	58	太仓市自强服务社	AAA	2012 年
26	太仓市服装服饰行业协会	AAA	2010 年	59	太仓市足球俱乐部	AAA	2012 年
27	太仓市工业经济联合会	AAA	2010 年	60	太仓企盟信息技术俱乐部	AAA	2013 年
28	太仓市化工医药协会	AAA	2010 年	61	太仓市城厢镇东林爱心服务社	AAA	2013 年
29	太仓市食品行业协会	AAA	2010 年	62	太仓市城厢镇居家养老服务中心	AAA	2013 年
30	太仓市楹联研究会	AAA	2010 年	63	太仓市钓鱼协会	AAA	2013 年
31	太仓市红旗小学	AAA	2011 年	64	太仓市璜泾镇残疾人托养服务中心	AAA	2013 年
32	太仓市洪泾小学	AAA	2011 年	65	太仓市家庭教育研究会	AAA	2013 年
33	太仓市汽车流通行业商会	AAA	2011 年	66	太仓市交通运输协会	AAA	2013 年
34	太仓市桥牌协会	AAA	2011 年	67	太仓市粮食经济研究会	AAA	2013 年
35	太仓市沙溪镇社会福利中心	AAA	2011 年	68	太仓市律师协会	AAA	2013 年
36	太仓市顺宝斋钟表博物馆	AAA	2011 年	69	太仓市青年商会	AAA	2013 年
37	太仓市消费者权益保护委员会	AAA	2011 年	70	太仓市人才学会	AAA	2013 年
38	太仓市城厢镇人民政府福利院	AAA	2012 年	71	太仓市 E 月新职业培训学校	AAA	2013 年
39	太仓市浮桥镇残疾人托养服务中心	AAA	2012 年	72	太仓市若水教育培训中心	AAA	2013 年
40	太仓市横沥小学	AAA	2012 年	73	太仓市物流协会	AAA	2013 年
41	太仓市化纤行业协会	AAA	2012 年	74	太仓市向阳惠民服务社	AAA	2013 年
42	太仓市欢欣燕爱心陪护中心	AAA	2012 年	75	太仓市象棋协会	AAA	2013 年
43	太仓市璜泾镇福利院	AAA	2012 年	76	太仓市心航社工服务社	AAA	2013 年
44	太仓市江信职业培训学校	AAA	2012 年	77	太仓市星光灿烂公益艺术团	AAA	2013 年
45	太仓市巾帼职业培训学校	AAA	2012 年	78	太仓市足球协会	AAA	2013 年
46	太仓市篮球协会	AAA	2012 年	79	太仓市“三社联动”促进会	AAA	2014 年
47	太仓市浏河镇颐悦园	AAA	2012 年	80	太仓市城厢镇东区社区东港戏曲社	AAA	2014 年
48	太仓市陆渡镇幼托园	AAA	2012 年	81	太仓市浮桥镇小博士幼儿园	AAA	2014 年
49	太仓市美中博乐幼儿园	AAA	2012 年	82	太仓市福彩爱心艺术团	AAA	2014 年
50	太仓市门球协会	AAA	2012 年	83	太仓市光辉矫正社工事务所	AAA	2014 年
51	太仓市烹饪餐饮行业协会	AAA	2012 年	84	太仓市璜泾镇环境卫生管理所	AAA	2014 年
52	太仓市人大工作理论研究会	AAA	2012 年	85	太仓市集体用餐配送业协会	AAA	2014 年
53	太仓市双凤镇福利院	AAA	2012 年	86	太仓市价格协会	AAA	2014 年
54	太仓市亭宾武术搏击俱乐部	AAA	2012 年	87	太仓市金属加工行业协会	AAA	2014 年
55	太仓市武术协会	AAA	2012 年	88	太仓市酒类流通协会	AAA	2014 年

续表81

序号	单位	等级	获评时间	序号	单位	等级	获评时间
89	太仓市梅园社区红梅邻里互助服务社	AAA	2014年	118	太仓市新雅顿文化艺术团	AAA	2015年
90	太仓市南区社区红枫爱心服务社	AAA	2014年	119	太仓市楹联学会	AAA	2015年
91	太仓市人力资源和社会保障学会	AAA	2014年	120	太仓经济开发区商会	AA	2012年
92	太仓市韦博语言培训中心	AAA	2014年	121	太仓市农村经济研究会	AA	2012年
93	太仓市信鸽协会	AAA	2014年	122	太仓市财政研究会	AA	2013年
94	太仓市阳光心理服务中心	AAA	2014年	123	太仓市双凤镇居家养老服务中心	AA	2013年
95	太仓市医学会	AAA	2014年	124	太仓市城厢镇东区社区阳光舞蹈艺术团	AA	2014年
96	太仓市艺雅幼儿园	AAA	2014年	125	太仓市城厢镇府东社区红霞艺术团	AA	2014年
97	太仓市悦心南山养老配套服务中心	AAA	2014年	126	太仓市城厢镇中区社区阳光爱心服务站	AA	2014年
98	太仓市城市管理协会	AAA	2015年	127	太仓市浮桥镇浮南社区服务中心	AA	2014年
99	太仓市城厢镇梅园社区红梅艺术团	AAA	2015年	128	太仓市浮桥镇浮桥社区社会事务工作站	AA	2014年
100	太仓市城厢镇南区社区老年人日间照料服务中心	AAA	2015年	129	太仓市浮桥镇和平花园社区事务工作站	AA	2014年
101	太仓市城厢镇中区社区阳光艺术团	AAA	2015年	130	太仓市浮桥镇建红社区法律咨询工作站	AA	2014年
102	太仓市纺织服装行业协会	AAA	2015年	131	太仓市浮桥镇九曲社区服务中心	AA	2014年
103	太仓市璜泾镇残疾人创业就业促进会	AAA	2015年	132	太仓市浮桥镇老闸农村便民社区服务中心	AA	2014年
104	太仓市机器人学会	AAA	2015年	133	太仓市浮桥镇六尺社区事务工作站	AA	2014年
105	太仓市巾帼心理协会	AAA	2015年	134	太仓市浮桥镇牌楼社区事务工作站	AA	2014年
106	太仓市连心家园关爱服务中心	AAA	2015年	135	太仓市浮桥镇三市村事务工作站	AA	2014年
107	太仓市浏河镇社会组织服务中心	AAA	2015年	136	太仓市浮桥镇时思社区社会事务工作站	AA	2014年
108	太仓市娄东红娘婚恋家庭服务中心	AAA	2015年	137	太仓市浮桥镇新城花园社区事务工作站	AA	2014年
109	太仓市娄东民间中医流派研究会	AAA	2015年	138	太仓市高式熊艺术馆	AA	2014年
110	太仓市女性社会组织指导服务中心	AAA	2015年	139	太仓市璜泾西塔文化艺术团	AA	2014年
111	太仓市乒乓球协会	AAA	2015年	140	太仓市璜泾镇荡茜村社区服务中心	AA	2014年
112	太仓市沙溪镇童乐幼儿园	AAA	2015年	141	太仓市璜泾镇孙桥村社区服务中心	AA	2014年
113	太仓市室内装饰行业协会	AAA	2015年	142	太仓市璜泾镇王秀村社区服务中心	AA	2014年
114	太仓市体育舞蹈运动协会	AAA	2015年	143	太仓市璜泾镇新海村社区服务中心	AA	2014年
115	太仓市皖江红新市民计划生育服务中心	AAA	2015年	144	太仓市璜泾镇新联村社区服务中心	AA	2014年
116	太仓市网球协会	AAA	2015年	145	太仓市璜泾镇雅鹿村社区服务中心	AA	2014年
117	太仓市欣诚社会工作服务社	AAA	2015年	146	太仓市璜泾镇长洲村社区服务中心	AA	2014年

续表 81

序号	单位	等级	获评时间	序号	单位	等级	获评时间
147	太仓市康乐社区“老沈在线”党员志愿者工作室	AA	2014 年	174	太仓市浮桥镇时思村社区服务中心	AA	2015 年
148	太仓市立立语言培训中心	AA	2014 年	175	太仓市浮桥镇新港花苑社区服务中心	AA	2015 年
149	太仓市浏河镇居家养老服务中心	AA	2014 年	176	太仓市海阳社区养老服务中心	AA	2015 年
150	太仓市浏河镇新闸村农村社区服务中心	AA	2014 年	177	太仓市璜泾镇孟河村社区服务中心	AA	2015 年
151	太仓市浏河镇渔村社区社会事务工作站	AA	2014 年	178	太仓市璜泾镇荣文村社区服务中心	AA	2015 年
152	太仓市娄东街道东城社区阳光少年成长服务中心	AA	2014 年	179	太仓市璜泾镇王秀管理区老年人日间照料服务中心	AA	2015 年
153	太仓市沙溪镇东市社区古镇公益服务中心	AA	2014 年	180	太仓市璜泾镇王秀社区事务工作站	AA	2015 年
154	太仓市沙溪镇新北社区银色年华志愿者公益服务中心	AA	2014 年	181	太仓市璜泾镇新华村社区服务中心	AA	2015 年
155	太仓市沙溪镇直塘社区金色年华公益服务中心	AA	2014 年	182	太仓市璜泾镇新明村老年人日间照料中心	AA	2015 年
156	太仓市双凤镇凤中村社区服务中心	AA	2014 年	183	太仓市璜泾镇新明村社区服务中心	AA	2015 年
157	太仓市双凤镇湖川桥社区服务中心	AA	2014 年	184	太仓市璜泾镇杨漕村社区服务中心	AA	2015 年
158	太仓市双凤镇黄桥村社区服务中心	AA	2014 年	185	太仓市璜泾镇银杏社区事务工作站	AA	2015 年
159	太仓市双凤镇泥泾村社区服务中心	AA	2014 年	186	太仓市璜泾镇永乐村老年人日间照料服务中心	AA	2015 年
160	太仓市双凤镇庆丰村社区服务中心	AA	2014 年	187	太仓市璜泾镇永乐村社区服务中心	AA	2015 年
161	太仓市双凤镇双凤社区服务中心	AA	2014 年	188	太仓市浏河镇何桥村农村社区服务中心	AA	2015 年
162	太仓市双凤镇维新村社区服务中心	AA	2014 年	189	太仓市浏河镇河北社区事务工作站	AA	2015 年
163	太仓市双凤镇新湖村社区服务中心	AA	2014 年	190	太仓市浏河镇新塘村农村社区服务中心	AA	2015 年
164	太仓市双凤镇新卫村社区服务中心	AA	2014 年	191	太仓市娄东街道滨河社区戏曲兴趣社	AA	2015 年
165	太仓市新区阳光宝贝幼儿园	AA	2014 年	192	太仓市娄东街道东城六园社区工作站	AA	2015 年
166	太仓市城厢镇东区社区老年人日间照料服务中心	AA	2015 年	193	太仓市娄东街道娄江社区“心系娄江、情暖万家”志愿者服务站	AA	2015 年
167	太仓市城厢镇府东社区老年人日间照料服务中心	AA	2015 年	194	太仓市娄东街道陆渡村老年人服务站	AA	2015 年
168	太仓市城厢镇桃园社区日间照料爱心服务社	AA	2015 年	195	太仓市娄东街道太胜社区健康教育服务站	AA	2015 年
169	太仓市城厢镇中区社区老年人日间照料服务中心	AA	2015 年	196	太仓市沙溪镇东市社区乐荫互助养老服务站	AA	2015 年
170	太仓市浮桥镇方桥村社会事务工作站	AA	2015 年	197	太仓市沙溪镇东市社区社工工作室	AA	2015 年
171	太仓市浮桥镇居家养老服务中心	AA	2015 年	198	太仓市沙溪镇利泰社区老年人日间照料服务中心	AA	2015 年
172	太仓市浮桥镇六尺社区社工室	AA	2015 年	199	太仓市双凤镇湖川桥社区社工室	AA	2015 年
173	太仓市浮桥镇七丫村便民服务站	AA	2015 年	200	太仓市双凤镇双凤社区日间照料中心	AA	2015 年

续表 81

序号	单位	等级	获评时间	序号	单位	等级	获评时间
201	太仓市双凤镇新川苑社区服务中心	AA	2015 年	224	太仓市双凤镇新闻村社区服务中心	A	2014 年
202	太仓市经济开发区华盛园社区事务工作站	A	2014 年	225	太仓市浮桥镇新邵村社区服务中心	A	2015 年
203	太仓市浏河镇复兴社区社会事务工作站	A	2014 年	226	太仓市璜泾镇西塔社区社会事务工作站	A	2015 年
204	太仓市浏河镇新塘社区社会事务工作站	A	2014 年	227	太仓市浏河镇浏南村农村社区服务中心	A	2015 年
205	太仓市浏河镇闸北村农村社区服务中心	A	2014 年	228	太仓市浏河镇万安村农村社区服务中心	A	2015 年
206	太仓市浏河镇闸北社区社会事务工作站	A	2014 年	229	太仓市娄东街道朝阳社区滨河舞蹈团	A	2015 年
207	太仓市浏河镇紫薇苑社区社会事务工作站	A	2014 年	230	太仓市娄东街道红庙村老年人服务中心	A	2015 年
208	太仓市娄东街道滨河社区太极拳操社	A	2014 年	231	太仓市娄东街道陆渡社区广场舞蹈团	A	2015 年
209	太仓市娄东街道朝阳社区太极拳操俱乐部	A	2014 年	232	太仓市娄东街道太东社区太极拳操俱乐部	A	2015 年
210	太仓市娄东街道惠阳社区太极拳操俱乐部	A	2014 年	233	太仓市娄东街道香花桥社区事务工作站	A	2015 年
211	太仓市娄东街道陆渡社区事务工作站	A	2014 年	234	太仓市沙溪镇沙东社区社工工作室	A	2015 年
212	太仓市娄东街道太东社区长青艺术团	A	2014 年	235	太仓市沙溪镇胜利村社工工作站	A	2015 年
213	太仓市娄东街道太平社区计划生育服务站	A	2014 年	236	太仓市沙溪镇新北社区社工室	A	2015 年
214	太仓市娄东街道太胜社区志愿服务站	A	2014 年	237	太仓市沙溪镇印北村老年人日间照料服务站	A	2015 年
215	太仓市娄东街道香花桥社区心理咨询中心	A	2014 年	238	太仓市沙溪镇岳王社区老年人日间照料站	A	2015 年
216	太仓市娄东街道洋沙社区青少年励志服务中心	A	2014 年	239	太仓市沙溪镇岳星村老年人日间照料站	A	2015 年
217	太仓市沙溪镇半泾村绿色家园公益服务中心	A	2014 年	240	太仓市沙溪镇直塘社区老年人日间照料站	A	2015 年
218	太仓市沙溪镇归庄社区事务工作站	A	2014 年	241	太仓市沙溪镇直塘社区社工工作室	A	2015 年
219	太仓市沙溪镇沙东社区新颐公益服务中心	A	2014 年	242	太仓市双凤镇凤中村社工室	A	2015 年
220	太仓市沙溪镇胜利村妇女儿童之家	A	2014 年	243	太仓市双凤镇庆丰村日间照料中心	A	2015 年
221	太仓市沙溪镇岳王社区乐助公益服务中心	A	2014 年	244	太仓市双凤镇维新村日间照料中心	A	2015 年
222	太仓市双凤镇勤力村社区服务中心	A	2014 年	245	太仓市双凤镇新湖村日间照料中心	A	2015 年
223	太仓市双凤镇新川苑社区服务中心	A	2014 年	—	—	—	—

2015年太仓市新增社会团体统计表

表82

序号	登记证号	名 称	登记日期	业务主管
1	太民社证字362	太仓市南园大还阁茶文化研究会	2015年1月22日	市旅游局
2	太民社证字363	太仓市轮滑运动协会	2015年2月13日	市体育局
3	太民社证字364	太仓市诗词协会	2015年3月06日	市文联
4	太民社证字365	太仓市室内设计研究会	2015年9月16日	市科协
5	太民社证字366	太仓市汽车摩托车运动协会	2015年10月13日	市体育局
6	太民社证字367	太仓市沙溪镇球类运动协会	2015年12月3日	市体育局
7	太民社证字368	太仓市机关足球协会	2015年12月23日	直接登记

2015年太仓市新增民办非企业单位统计表

表83

序号	名 称	证号	登记日期	业务主管
1	太仓市沃尔得语言培训中心	010043	2015年1月7日	市教育局
2	太仓市培德堂孝文化传播中心	110095	2015年1月8日	试行直接登记
3	太仓市德颐善社会工作发展中心	070250	2015年1月23日	试行直接登记
4	太仓市璜泾镇圆梦残疾人服务中心	070251	2015年2月1日	试行直接登记
5	太仓市浮桥镇时思村爱老敬老志愿者队	070252	2015年2月9日	试行直接登记
6	太仓市浮桥镇牌楼社区老年人日间照料服务站	070253	2015年2月9日	试行直接登记
7	太仓市浮桥镇绿化村科普惠农服务站	070254	2015年2月9日	试行直接登记
8	太仓市浮桥镇时思社区居家养老志愿者服务队	070255	2015年2月9日	试行直接登记
9	太仓市羽溪羽毛球俱乐部	050058	2015年3月3日	市体育局
10	太仓市梧桐树青少年健康成长服务中心	110096	2015年3月3日	试行直接登记
11	太仓市娄东医派中医药展示馆	030061	2015年3月3日	市文广新局
12	太仓市浮桥镇和平花园社区日间照料中心	070256	2015年3月17日	试行直接登记
13	太仓市浮桥镇九曲社区老年人日间照料中心	070257	2015年3月17日	试行直接登记
14	太仓市浮桥镇六尺社区日间照料中心	070258	2015年3月17日	试行直接登记
15	太仓市浮桥镇建红社区日间照料中心	070259	2015年3月17日	试行直接登记
16	太仓市浮桥镇茜泾村日间照料中心	070260	2015年3月17日	试行直接登记
17	太仓市浮桥镇山水一方公益坊	070261	2015年3月17日	试行直接登记
18	太仓市浮桥镇茜泾社区文体活动推广站	070262	2015年3月18日	试行直接登记
19	太仓市城厢镇彩霞艺术团	070263	2015年3月19日	试行直接登记
20	太仓市海布社会工作服务中心	110097	2015年3月24日	试行直接登记
21	太仓市七彩阳光健康咨询服务社	110098	2015年3月31日	试行直接登记
22	太仓市源禾社会事务发展服务中心	070264	2015年4月10日	试行直接登记
23	太仓市璜泾镇王秀社区事务工作站	070265	2015年4月10日	试行直接登记
24	太仓市璜泾镇王秀管理区老年人日间照料服务中心	070266	2015年4月10日	试行直接登记

续表 83

序号	名　称	证号	登记日期	业务主管
25	太仓市暖阳阳养老服务中心	070267	2015 年 4 月 16 日	试行直接登记
26	太仓市增一岁居家娱乐养老服务中心	070268	2015 年 4 月 16 日	试行直接登记
27	太仓市浩蓝社工服务中心	110099	2015 年 4 月 21 日	试行直接登记
28	太仓市小城大爱慈善中心	110100	2015 年 4 月 21 日	试行直接登记
29	太仓市梧桐树文化艺术培训中心	010044	2015 年 5 月 05 日	市教育局
30	太仓市瑞恩社会工作发展研究中心	110101	2015 年 5 月 12 日	试行直接登记
31	太仓市城厢镇吴塘寝园殡仪服务中心	070269	2015 年 5 月 27 日	试行直接登记
32	太仓市全优教育培训中心	010045	2015 年 5 月 27 日	市教育局
33	太仓市夕阳养老服务中心	070270	2015 年 6 月 5 日	试行直接登记
34	太仓市华顿外国语学校	010046	2015 年 6 月 5 日	市教育局
35	太仓市禾文化艺术培训中心	010047	2015 年 6 月 15 日	市教育局
36	太仓市康乐文化养老服务中心	070271	2015 年 6 月 15 日	试行直接登记
37	太仓市健雄应急救护志愿者服务中心	110102	2015 年 6 月 16 日	市红十字会
38	太仓市璜泾镇永乐村老年人日间照料服务中心	070272	2015 年 6 月 18 日	试行直接登记
39	太仓市璜泾镇荡茜村老年人日间照料中心	070273	2015 年 6 月 18 日	试行直接登记
40	太仓市璜泾镇新华花园老年人日间照料服务站	070274	2015 年 6 月 18 日	试行直接登记
41	太仓市候鸟湾养老服务中心	070275	2015 年 6 月 18 日	试行直接登记
42	太仓市江南鹊桥婚恋服务中心	110103	2015 年 6 月 18 日	试行直接登记
43	太仓市滨河社区日间照料服务中心	070276	2015 年 7 月 1 日	试行直接登记
44	太仓市阅未来亲子阅读发展中心	030062	2015 年 7 月 6 日	市文广新局
45	太仓市璜泾镇玉影山社区老年人日间照料服务中心	070277	2015 年 7 月 9 日	试行直接登记
46	太仓市海头仙庭骨灰寄存中心	070278	2015 年 7 月 15 日	试行直接登记
47	太仓市印象才艺培训中心	010048	2015 年 7 月 27 日	市教育局
48	太仓市方克艺术培训中心	010049	2015 年 7 月 30 日	市教育局
49	太仓市璜泾镇丽洁社区事务服务站	070279	2015 年 8 月 6 日	试行直接登记
50	太仓市源控消防服务中心	110104	2015 年 8 月 6 日	试行直接登记
51	太仓市百川源源足球俱乐部	050059	2015 年 9 月 6 日	市体育局
52	太仓市渣土管理服务中心	110105	2015 年 9 月 11 日	市城市管理局
53	太仓市娄东公益发展促进中心	110106	2015 年 9 月 16 日	试行直接登记
54	太仓市沙溪镇久陵憩园殡葬服务中心	070280	2015 年 10 月 19 日	试行直接登记
55	太仓市颐悦护理院	070281	2015 年 10 月 19 日	市民政局
56	太仓市沙溪镇松南村日间照料站	070282	2015 年 10 月 19 日	试行直接登记
57	太仓市沙溪镇太星村老年人日间照料服务站	070283	2015 年 10 月 19 日	试行直接登记
58	太仓市沙溪镇项桥村老年人日间照料服务站	070284	2015 年 10 月 19 日	试行直接登记
59	太仓市沙溪镇香塘村老年人日间照料服务站	070285	2015 年 10 月 19 日	试行直接登记
60	太仓市沙溪镇东市乐荫老年日间照料服务站	070286	2015 年 10 月 19 日	试行直接登记

续表 83

序号	名　称	证号	登记日期	业务主管
61	太仓市双凤镇湖川桥社区社工室	070287	2015 年 10 月 19 日	试行直接登记
62	太仓市双凤镇凤中村社工室	070288	2015 年 10 月 19 日	试行直接登记
63	太仓市双凤镇新川苑社区社工室	070289	2015 年 10 月 19 日	试行直接登记
64	太仓市双凤镇新湖村日间照料中心	070290	2015 年 10 月 19 日	试行直接登记
65	太仓市双凤镇双凤社区居家养老中心	070291	2015 年 10 月 19 日	试行直接登记
66	太仓市双凤镇庆丰村日间照料中心	070292	2015 年 10 月 19 日	试行直接登记
67	太仓市双凤镇维新村日间照料中心	070293	2015 年 10 月 19 日	试行直接登记
68	太仓市璜泾镇孟河村老年人日间照料中心	070294	2015 年 10 月 30 日	试行直接登记
69	太仓市璜泾镇新联村老年人日间照料中心	070295	2015 年 10 月 30 日	试行直接登记
70	太仓市浏河镇东方社区老年人日间照料中心	070296	2015 年 10 月 30 日	试行直接登记
71	太仓市浏河镇东方社区社工工作室	070297	2015 年 10 月 30 日	试行直接登记
72	太仓市浏河镇新塘村居家养老服务站	070298	2015 年 10 月 30 日	试行直接登记
73	太仓市浏河镇闸北社区老年人日间照料中心	070299	2015 年 10 月 30 日	试行直接登记
74	太仓市浏河镇复兴社区居家养老服务站	070300	2015 年 10 月 30 日	试行直接登记
75	太仓市浏河镇河北社区居家养老服务站	070301	2015 年 10 月 30 日	试行直接登记
76	太仓市浏河镇河北社区老年人日间照料中心	070302	2015 年 10 月 30 日	试行直接登记
77	太仓市浏河镇张桥村居家养老服务中心	070303	2015 年 10 月 30 日	试行直接登记
78	太仓市浏河镇浏南村居家养老服务站	070304	2015 年 10 月 30 日	试行直接登记
79	太仓市浏河镇浏南村老年人日间照料中心	070305	2015 年 10 月 30 日	试行直接登记
80	太仓市浏河镇何桥村老年人日间照料中心	070306	2015 年 10 月 30 日	试行直接登记
81	太仓市浏河镇万安村居家养老服务站	070307	2015 年 10 月 30 日	试行直接登记
82	太仓市浏河镇新闸村居家养老服务站	070308	2015 年 10 月 30 日	试行直接登记
83	太仓市浏河镇闸北村居家养老服务中心	070309	2015 年 10 月 30 日	试行直接登记
84	太仓市浏河镇新塘社区老年人日间照料中心	070310	2015 年 10 月 30 日	试行直接登记
85	太仓市浏河镇东仓村居家养老服务站	070311	2015 年 10 月 30 日	试行直接登记
86	太仓市浏河镇东仓村老年人日间照料中心	070312	2015 年 10 月 30 日	试行直接登记
87	太仓市璜泾镇永乐村爱心服务社	070313	2015 年 10 月 30 日	试行直接登记
88	太仓市思源公益服务中心	110107	2015 年 11 月 23 日	市交运局
89	太仓市城厢镇光辉志愿者之家	090001	2015 年 12 月 8 日	市司法局
90	太仓市邢少兰艺术馆	030063	2015 年 12 月 15 日	市文广新局
91	太仓市浮桥镇新港花苑社区社工室	070314	2015 年 12 月 21 日	试行直接登记
92	太仓市浮桥镇茜泾社区社会工作室	070315	2015 年 12 月 21 日	试行直接登记
93	太仓市浮桥镇时思社区社工室	070316	2015 年 12 月 21 日	试行直接登记
94	太仓市蜗牛童声合唱团	030064	2015 年 12 月 21 日	市文广新局
95	太仓市飞羽羽毛球俱乐部	050060	2015 年 12 月 23 日	直接登记

（胡天立）

法　治

人大法律监督

【《中华人民共和国科技进步法》实施情况检查】 2015年，太仓市人大常委会成立执法检查组，制定执法检查方案，组织开展《中华人民共和国科技进步法》(以下简称《科技进步法》)执法检查，推动《科技进步法》全面贯彻执行。8月，举办《科技进步法》专题讲座，听取市人民政府关于《科技进步法》贯彻实施工作汇报。8月24日，执法检查组分两个小组赴各镇区，重点检查法律宣传普及、知识产权保护、自主创新政策落实、研发机构建设、加速科技成果转化及苏南国家自主创新示范区创建等情况。9月，市人大常委会第26次会议审议通过《科技进步法》执法检查报告。执法检查组肯定市人民政府在贯彻实施《科技进步法》、全面提升科技创新能力方面采取的措施和取得的成效，建议政府加快苏南国家自主创新示范区创建步伐，破除体制机制障碍，加快政府职能转变，坚持市场导向，促进创新要素集聚，探索特色化发展新路；强化企业主体意识，加大研发投入，提高研发水平，加快人才引育，增强企业自主创新能力；强化科技金融服务，构建多元化服务体系，支持科技型中小企业发展；强化载体平台建设，高标准推进孵化器和研发机构建设，提升科技创新承载能力。

【依法行政推进】 2015年，太仓市人大常委会举办《中华人民共和国宪法》《中华人民共和国预算法》等法律讲座，对法治太仓建设进行视察，建议政府强化宪法意识，弘扬宪法精神和法治精神，推进法治政府、法治市场、法治社会一体化建设，提高依法行政水平和公正司法能力，抓好法治宣传教育和法治文化建设，打造法治建设先导区。围绕推进依法行政工作，专题听取代表意见建议。视察平安太仓建设，建议政府做好规划，完善落实社会稳定风险评估和矛盾纠纷排查调处工作机制，加快构建立体化现代化治安防控体系，解决治安突出问题，落实安全生产责任，保障群众生命财产安全。视察公安工作，督促公安部门加强信息化建设，推动公安警务机制改革，提高民警科技素质，推动公安科技信息更好地转化为现实战斗力。做好规范性文件备案审查工作，全年备案审查规范性文件8件。

【司法公开推动】 2015年，太仓市人大常委会调研市人民法院和市人民检察工作，专题审议法院司法公开和检察院检务公开情况报告。建议法院按照市委重要决策部署，发挥审判职能作用，为地方经济社会发展提供司法保障；深入推进司法改革，加强诉讼服务体系和信息化建设，提高队伍素质，丰富公开内涵，提升司法公开效果和群众满意度。建议检察院依法履行好打击、预防、监督等职责，对涉及生态文明建设的案件，在加大办案力度的同时，注重法律效果和社会效益的统一；以提升能力水平为目标，深化检务公开制度改革，确保检察权在阳光下运行，确保检务阳光便民工作落到实处。

（皇甫丹丹）

8月24日，市人大常委会举办《科技进步法》讲座暨听取市政府关于实施《科技进步法》情况汇报会　（高海明　摄）

政法委及综治

【概况】 2015年，太仓市对照新一轮平安法治发展规划，推进平安法治各项目标任务取得新成效，公众安全感和法治满意度持续走在苏州、全省前列，为建设“强富美高”新太仓、谱写好中国梦的太仓篇章提供坚实的政法保障。

【法治太仓建设】 *法治政府建设。*2015年，太仓市印发《全面推进法治太仓建设的实施意见》，明确争创法治政府、法治市场、法治社会“三位一体”的法治建设先导区的目标任务，制定下发《法治太仓建设指标体系》及责任分工方案等配套文件。修订完善《太仓市法治政府建设指标体系》，制定公布政府权力清单、行政审批事项目录清单、政府部门专项资金管理清单和行政事业性收费目录清单“4张清单”。推动实施政府法律顾问制度，成立市政府法律顾问委员会，制定《政府法律顾问委员会工作规则》和《政府法律顾问制度实施意见》。推进行政执法体制改革，加快实施综合执法和执法权向镇下移，深化沙溪镇和交运、商务系统等综合执法试点工作。加强规范性文件制定和监督管理工作，审查清理市政府规范性文件167件。推进行政审批制度改革，推行“一照一码”登记服务，实行企业登记“一表申请、一窗收件、并联审批、核发一照”审批服务。

*公正司法。*落实司法改革举措，建立法院院庭长审判管理机制，落实

陪审员、司法辅助人员选用制度，推行立案登记制度。推进诉审流程公开、裁判文书公开、执行信息公开，法院庭审“三同步”（同步录音录像、同步记录、同步显示庭审记录）率100%，全年网上发布裁判文书6940份，完成拍卖程序183件；检察院公开终结性法律文书848份，公开重大案件信息29条。建立防止领导干部干扰司法办案报告登记、全程留痕等制约机制。搭建“两法衔接”（行政执法和刑事司法）工作平台，建立协作、监督、预防“三位一体”机制，全年相关行政执法部门移送公安机关涉嫌食品药品、环保等领域违法犯罪案件57件，立案侦查31件。健全完善行政执法监督机制，加大行政案件日常评查，对市公安局、城管局等单位63件卷宗进行抽查通报。深化相对集中行政复议权工作，全年受理行政复议案件40件，法定时限审结率100%。

法治文化建设。太仓市健全法治宣教机制，全年组织“政法讲坛”5期，举办依法治市培训班和基层综治干部培训班，开设“平安法治课堂”“与法同行”“光辉太仓”等栏目，开展第二届“中国·太仓”杯全球法治微小说大赛。建成府东社区“法治书场”等基层公共法治文化示范点4个和太仓市朱棣文小学等特色法治学校10所。组织开展“小手拉大手”创平安法治家园、青年政法干警“以案说法”故事会、“法律六进”（进机关、进乡村、进社区、进学校、进企业、进单位）等系列活动，“六五”普法工作圆满完成。选举产生新一届市法学会组织机构，推动法学研究深入开展。组织第9轮“关爱民生法治行”活动，镇村公益律师岗位全覆盖等10个市级项目和新市民法治俱乐部等28个镇级项目全部初见成效。

【社会大局保持稳定】 2015年，太仓市严打大要恶性案件，现行命案全部告破。部署开展“反电信网络诈骗”、打击非法集资等专项斗争，电信网络诈骗打防绩效全省领先。集中开展欠薪隐患专项排查整治行动，排查出隐患企业41家，涉及职工1600余人，针对性开展清欠化解工作。突出危化品、交通运输、安全生产等重点行业监管，对67处隐患进行“三级挂牌督办”整改。健全社会稳定风险评估机制，选聘61人成立稳评专家库，完成市镇两级重点项目风险评估60个。常态化开展市镇村“124”矛盾纠纷三级排查（每个月市级1次、镇级2次、村级4次，常态化开展矛盾纠纷排查）和报告制度，推行由综治干部、社区民警、挂钩律师、调解组织和威望群众组成的“五位协同”矛盾调处工作机制，城厢镇“老张”调解工作室、浏河镇“闵阿姨”调解工作室、新区“好阿姨”调解工作室、沙溪镇“古镇”调解工作室、璜泾镇“乡音”调解工作室等形成“一镇一品”第三方调解品牌，全市矛盾纠纷调处成功率98%以上。

【综合治理深入推进】 2015年，太仓市推进“技防镇街、技防小区、技防单位、技防入户”建设和社会面道路监控“打补丁”工程，新建高清监控1483个，改造高清监控960个，改造技防小区29个。探索特殊人群社会化帮教管理，实施特殊人群“阳光屋”示范点项目。加强青少年违法犯罪预防工作，开展成长护航工程，深化“启航＋笑果”“社工＋义工”等专业服务，全市青少年违法犯罪率下降14.05%，未成年人零犯罪村（社区）创建率97.26%。健全易肇事肇祸精神障碍患者定期排查和分级分类动态管控机制，落实救治救助制度，建立帮控小组推进“三清三落实”（底数清、病情清、去向清，治疗落实、监护落实、康复落实）。加强市镇村三级综治中心规范化建设，配齐人员力量，统一规范设置，为群众提供便捷服务。推动综治平安区域协作，加强与嘉定、宝山、昆山等周边区市沟通协作，建立完善治安信息联通、突出问题联治、跨区矛盾联调、重点人员联控、综治平安会商机制，推动实现区域情报信息共享、执法办案无缝对接和“关城门”联动响应。

【平安创建持续深化】 2015年，太仓市印发《关于深入推进平安太仓建设的实施意见》，布局谋划平安太仓法治工程、社会矛盾化解工程、社会治安防控工程、公共安全监管工程、人口服务管理工程、社会协同共建工程、平安太仓文化工程、基层基础提升工程“八大工程”，打造平安建设布局高地、平安法治融合高地、综治优势集成高地、体制机制创新高地、现代科技应用高地、社会共治示范高地、基层基础固本高地、平安绩效品质高地“八个高地”。市综治委制定任务分解配套方案，细化任务举措。开展“六有六无”（“六有”指有综治组织机构、有矛盾化解力量、有人防技防物防、有多元服务管理、有网格信息数据、有规范保障机制，“六无”

9月28日，太仓市举行“平安志愿者志愿创平安”启动仪式
（市委政法委供稿）

指无重大治安和民转刑案件、无进京非访越级集访、无社区矫正和刑释解教人员重新犯罪、无违法犯罪活动场所、无公共安全事故、无“两委”主要负责人违法犯罪）平安村居和平安校园、平安工地、平安家庭等平安创建系列活动20项，形成共建共享平安良好局面。启动“平安志愿者志愿创平安”活动，成立市平安志愿者联合会，制定平安志愿者队伍建设规划，用3年时间打造一支覆盖城乡、形成规模、组织严密、富有成效的平安志愿者队伍。实施“车轮上的平安”项目，开展城市交通综合治理、重点车辆源头管理、电三轮（四轮）车整治和静态交通治理专项行动，全力压降交通安全事故。

（刘天成）

法治政府建设

【概况】 2015年，太仓市完善政府法制工作制度设计，创新依法行政工作举措，为全市经济社会发展提供法治保障。

*重大行政决策程序规范。*执行《太仓市重大行政决策程序规定》，全市9个决策事项纳入2015年度重大行政决策目录并向社会公布。指导督促部门重大行政决策程序的落实，提高重大决策的合法性、科学性和民主化。

*行政复议应诉。*全年全市共收到行政复议申请52件，受理40件。受理案件中，维持24件，驳回复议申请1件，终止15件，涉及行政处罚、行政确认、不依法履行职责等类型，法定时限审结率100%。改进审理方式，对部分争议较大的行政复议案件实施听证，全年举行听证4次，提高行政复议公信力。全年以市政府和部门、镇区为被告的行政诉讼案件47件，均积极应诉。4月，全市行政诉讼案件研判会召开，就行政诉讼案件反映的问题、执法风险防范等方面展开探讨。

*规范性文件制定。*太仓市连续第7年实施市政府规范性文件制定计划制度，2015年共有20件规范性文件纳入计划。文件印发实施前通过召开座谈会、网上征求意见、征询法咨委成员意见、市政府常务会议集体审议等方式，提升文件制定质量。全年清理全市规范性文件167件。

*行政执法监督水平提升。*行政执法案卷继续实行一季一抽查、一案一反馈，全年共抽查单位20家、案卷90件，指出问题200多项。对于案卷评查及行政复议审理中发现的问题，制发行政执法监督意见书2份。与苏州大学、苏州健雄职业技术学院联合举办为期一年的行政执法人员法律知识培训班结业，全市14个部门的84名执法人员取得结业证书。组织全市94名新任行政执法人员、4名行政执法监督人员参加苏州市法制办的统一培训考试并申领证件。

*政府法制改革事项推进。*市政府法制办做好行政权力清单、责任清单梳理的合法性审查工作，配合市编办推进沙溪镇强镇扩权等工作。重新梳理并公布全市行政执法主体名单，其中法定行政执法机关87家，法律法规授权组织20个。发挥政府法制参谋作用，为重大合同等提供法律咨询服务。制定实施政府法律顾问制度实施意见，推动各镇（区）、政府各部门普遍实施法律顾问制度。

【涉诉行政执法案件跟踪查纠制度建立】 2015年，太仓市实施《太仓市涉诉行政执法案件跟踪查纠办法》(以下简称《办法》)，建立涉诉行政执法案件报备制度、市政府涉诉案件汇报机制、涉诉部门自我分析制度、行政机关涉诉案件评估制度、涉诉案件信息定期通报制度等，及时动态掌握诉讼案件信息，从源头上查找败诉原因，督促相关部门防范化解诉讼风险，减少败诉案件产生。该《办法》自2015年6月1日施行以来，共有8家行政执法机关对39个案件的67件材料进行21次报备。市政府法制办就行政诉讼败诉案件向市政府专题报告2次。

【市政府法律顾问委员会组建】 12月，太仓市成立市政府法律顾问委员会，下设工作小组7个，结合市政府领导分工实行分组挂钩，相对固定和常态化开展法律服务。法律顾问委员会作为市政府涉法事务的参谋和助手，在市政府重大行政决策、重要规范性文件、行政复议应诉、重大行政合同、重大经济合同等事务处理中发挥专业优势，提供高质量的法律意见。

（史　玲）

政社互动

【概况】 2008年起，太仓市在全国率先启动“政社互动”（指政府行政管理与基层群众自治互动衔接）探索实践。从城厢镇和双凤镇试点开始，到全市范围内推开，到苏州范围内推广，再到江苏省内试点推行，经历6年多时间。多年来的实践，“政社互动”成为了解民情民意、化解社会矛盾的抓手，成为促进基层自治活力释放、政府行为规范的推力，成为创新社会治理的品牌。2014年5月19日，《人民日报》头版刊发《政社勤互动，百姓多参与》文章，肯定“政社互动”实践经验。同年11月，“政社互动”实践项目获第三届“中国法治政府奖”。2015年6月6日，中央电视台《新闻联播》播发题为《江苏苏州：让法治成为核心竞争力》的新闻，报道苏州全面推行“政社互动”社会治理新机制经验，新闻镜头聚焦“政社互动”发端地——太仓。央视记者以璜泾镇两条商业街升级改造在“政社互动”实施前后的不同做法，以及所形成的迥异结果和影响，彰显太仓乃至苏州在全面依法治国进程中，开展“政社互动”，让治理主体从政府包揽向政府主导、社会共同治理转变，让政府调控同社会协调互联，政府行政同社会自治互补，构建法治政府、法治市场、法治社会“三位一体”的法治建设先导区。

【“政社互动”深化提升】 2015年，太仓市拓展“政社互动”工作内涵，提升“政社互动”工作成效，促进“政社互动”深化提升。*项目化推进“政社互动”重点任务。*2015年年初，太仓市确定“政社互动”重点工作21项，包括制定政府购买社会服务实施细则、强化“政社互动”载体建设、加强镇（区）社会组织服务中心建设

2015年“政社互动”工作项目安排表

表84

序号	项目名称	工作目标	主要措施
1	召开“政社互动”工作碰头会议	做好回顾总结，研究部署2015年工作	分析推进过程中存在问题，研究2015年深化工作思路，各成员单位提出有关工作建议和项目
2	完成履职履约两份指导意见和2015年度协议签约工作	按照要求和工作实际，完成签约工作	根据《关于政社互动履职履约考评指导意见》和两份清单，分别制发2015年履职履约指导意见；根据指导意见，制订村（居）个性化协议书并完成签约
3	制定“政社互动”工作规范指南	对创新实践工作进行系统回顾和全面规范	提升各界对“政社互动”的关注和了解，促进“政社互动”创新实践深化和完善，为做好“政社互动”工作提供规范指南
4	制定政府购买社会服务实施细则	研究制定具体实施细则，提升公共服务水平	制定实施细则，明确政府购买服务的具体范围、实施程序、监督等内容
5	制定2015年度镇（区）“政社互动”考评办法	明确“政社互动”工作年度任务、考核要求	通过制定考评办法，明确考评的指导思想、考核内容、评分标准、考核方式
6	开展“政社互动”工作年中督查	抓好阶段性工作的落实、督查	结合法治太仓建设年中督查，开展督查工作，听取工作汇报、查看相关资料
7	推进社区公益微创投	增强社区社会组织承接能力，提升社区公共服务水平	鼓励社会组织积极参与公益创投，满足社区居民多样化的服务需求
8	强化“政社互动”载体建设	打造议事有形平台，提升社会参与度	在全市设立市、镇、村（居）三级“政社互动”议事平台。村（居）一级，借助党员议事平台，设立“政社互动议事间”，动态化、常态化与村（居）民开展面对面的日常互动。市政府各部门要通过电话、网站等载体，畅通民意沟通和接受社会监督的渠道，发挥“政社互动”主体作用
9	做好“政社互动”培训工作	提升各级干部社会治理能力和水平	在村（居）干部等培训中组织做好村民委员会组织法等法律及苏州市等相关文件的学习，切实重视“政社互动”宣讲工作，进一步促进“政社互动”工作法治化、规范化
10	开展基层执法单位评议工作	切实加强基层执法规范化建设，提升群众满意度	围绕规范执法和优质服务两个重点，通过组织群众评议团测评等方式，继续开展执法评议活动，强化群众执法监督
11	梳理承接政府购买服务的社会组织目录	根据政府转移职能的事项和要求，明确承接服务的社会组织	结合政府职能转移情况和社会组织发展现状，梳理承接政府购买服务的社会组织目录名单
12	加强镇（区）社会组织服务中心建设	提升镇（区）社会组织服务中心服务能力和水平	针对各镇（区）社会组织服务中心实际情况，明确建设规范和要求，加强从业人员专业能力建设，提升服务辖区群众工作水平
13	组织镇（区）“政社互动”工作考评	促进镇（区）切实重视、抓好“政社互动”工作	将考评纳入年度镇（区）落实科学发展观工作综合考评之中
14	强化镇（区）行政管理过程中的公众参与	促进镇（区）依法行政工作水平的提升	推动镇（区）在实施政府实事工程、重大行政决策、制定规范性文件等工作中，主动听取群众意见和建议，提升依法行政工作水平
15	深化基层民主法治建设实践	夯实“政社互动”社会基础	推进以民主法治村（社区）、诚信守法企业为重点的基层民主法治建设，加强全民法治观念教育，引导村（居）群众主动参与村（居）治理，促进企业诚信守法经营
16	促进社会组织加快发展	引导社会组织参与社区服务管理	推进社会组织登记制度改革，加强社会组织孵化培育，促进社会组织加快发展

续表 84

序号	项目名称	工作目标	主要措施
17	推进“三社联动”工作	实现社区、社会组织、社工三者之间有效联动	实施第四届百个公益创投项目，实施社会组织能力提升计划，打造不少于2个社工培训基地，新建不少于20个社区社工室（“三社联动”工作坊），完善“三社联动”网站信息平台建设
18	创新探索基层协商民主形式	完善协商形式，提升互动成效	完善基层政府与村（居）协商民主形式，探索基层政府与社会组织间协商民主形式
19	发挥社会规范治理作用	有效发挥社会规范在社会治理中的积极意义	鼓励和支持社会各方面参与社会治理，发挥市民公约、村规民约、行业规章、团体章程等社会规范在社会治理中的积极作用
20	培育“政社互动”各类典型，发挥示范效应	典型示范，以点带面，提升实践成效	加强工作指导，与基层实践相结合，加大典型培育，发挥示范引领，提升实践成效
21	加强工作研究、指导、督查	发挥互动办各成员单位作用	通过召开联席会议、理论研究会议、实地调研、督查考核等形式，有效解决推进“政社互动”中的各种问题

等。各区镇、各单位对照项目安排，因地制宜，务实推进，将“政社互动”作为一项常规工作部署落实，形成党委政府高度重视、分管领导亲自抓、民政办具体抓的工作格局。城厢镇在城市社区中全面运行智慧社区协同服务平台；璜泾镇依托“互联网＋政府服务”理念，打造“璜泾微云”；双凤镇在工作中引入民生大巡防工作机制；浮桥镇设立年度“社会治理创新奖”，打造“政社互动”典型；科教新城运用社区协商议事制度落实重大事项决策等。根据第三方独立调查，2015年全市“政社互动”村居为民服务满意率为92.10%，当地政府及工作人员依法依政策为群众办事满意率为90.30%。

全局化推进“政社互动”深化提升。2月，省委副书记、苏州市委书记石泰峰到太仓调研“政社互动”工作，肯定太仓实践成效，要求太仓在实践中努力破解新难题，解决新问题，创造新经验，把“政社互动”品牌擦得更亮。6月，市委书记王剑锋调研“政社互动”工作，提出在新形势下深化提升的要求。市政社互动办制定实施《关于在推进四个全面战略布局中深化提升“政社互动”实践的意见》，明确深化提升“政社互动”工作的指导思想和基本原则，谋求“政社互动”工作全面深化拓展。意见提出，在推进区镇与所在辖区村（居）常态化互动的基础上，拓展互动范围，“政”的一头，从基层政府到市镇两级政府及部门；“社”的一头，从侧重村（居）到兼重社会组织和人民团体，推进市镇两级政府与基层群众自治组织、社会组织、人民团体等社会主体的有效沟通、良性互动，加快构建政府治理、社会调节、公众参与、居民自治的现代社会治理体系。根据深化提升实践要求，调整充实全市政社互动推进工作领导小组成员，进行扩容，将有关政府部门、国有企业纳入其中。11月，全市深化提升“政社互动”动员会议召开，要求政府相关部门、人民团体调整完善相应推进工作机构，根据各自职责，排出任务推进表，使文件的规定成为可操作的办法，落实到各单位常态化工作中，形成工作合力。

制度化巩固“政社互动”既有成效做法。常规工作落实到位，各区镇与村（居）协议书签订率均达100%，协议书签订前通过村（居）民代表大会讨论通过，个性化履约情况较好。双向评估有效开展，并与村（居）干部实现报酬挂钩。全年强化制度建设：组织编印《太仓市“政社互动”工作规范指南》，将近年来“政社互动”实践进行系统梳理、价值阐述和制度盘点，推进实践工作规范和完善。完善“民主决策日”暨“政社互动面对面”制度。1月10日、7月10日，太仓市分别开展“民主决策日”暨“政社互动面对面”活动，受到村（居）群众欢迎，年内组织若干单位进行现场分组观摩和督查。推进城乡社区协商制度建设。印发《关于推进社区协商民主建设深化“政社互动”的意见》，以制订社区专项公约为抓手，开展社区协商工作。实施社会组织和社会工作扶持政策。印发《太仓市加强资金支持促进社会组织和社会工作发展暂行办法》，增加财政预算500万元。在全省率先推出《太仓市社会工作专业岗位设置及薪酬待遇暂行办法》的社会工作人才政策意见，营造社会组织和社工队伍发展的良好政策环境。

机制化落实村（居）减负工作。太仓市落实《关于推进工作、人员、经费、信息、考核整合，促进社区减负增效的若干意见》等文件，减少会议、减少创建、精简台账、减少印章使用。区镇与村（居）签订行政责任书并进行多头考核的现象基本消除，基本取消创建工作台账，村（居）负担有所减轻。通过与单位沟通、村（居）座谈、实施审查等方式对村（居）盖章事项进行梳理。对无法律法规明确规定、无盖章要求及村（居）确实无法掌握情况的部分盖章事项予以取消并向社会公布，其中涉及单位盖章事项33项，涉及个人盖章事项5项。

常态化实施督查指导。结合社区规范化建设组织自查。针对社区硬件设施、功能设置、规范挂牌、服务项目、上墙制度等方面进行自查。结合法治太仓建设进行督查。组织开展年中督查活动和年末考核工作，制发年中督查通报。结合文件落实组织工作调研。为贯彻落实市委、市政府《关于在推进四个全面战略布局中深化提升“政社互动”实践的意见》，10月，分别由市委组织部、市委政法委、市民政局、市法制办等单位带队深入21家单位开展工作调研。4个组分别带着不同课题开展调研。在调研的基础上，提请市委办公室、市政府办公室印发《深化提升“政社互动”实践若干配套工作安排》，对政府部门、人民团体深化提升“政社互动”工作提出指导意见；研究确定“政社互动”典型示范项目30个，推进“政社互动”规范化、法治化、制度化、具体化。首次开展市级机关（单位）“政社互动”满意度测评，市民政局等10家单位位列测评前10名。

2015年太仓市深化提升“政社互动”实践典型示范项目安排表

表85

序号	单位	示范项目	联系单位
1	科教新城管委会	重大行政决策征求自治组织意见	市法制办
2	城厢镇政府	社区社会组织培育	市民政局
3	沙溪镇政府	完善签约、履约、双向评估考核机制	市民政局、市法制办
4	双凤镇政府	重大行政决策公众参与	市法制办
5	新区世纪苑社区	提升物业管理水平	市委政法委
6	城厢镇梅园社区	社区社会组织培育	市民政局
7	沙溪镇泥桥村	基层民主协商	市委组织部
8	浏河镇紫薇苑社区	在社区日常管理中更好调动发挥居民集体智慧作用	市法制办
9	浏河镇新塘村	“政社互动”议事平台	市委政法委
10	浮桥镇三市村	发挥村规民约对古村落的保护作用	市法制办
11	璜泾镇王秀村	村党组织对政社互动的领导	市委组织部
12	双凤镇庆丰村	发挥公德评议团示范作用	市民政局
13	市教育局	强化与教育协会互动，更好提升教育工作水平	市民政局
14	市司法局	科学划分职能部门与律师协会权责边界	市法制办
15	市财政局	政府购买服务工作	市民政局
16	市人社局	加强与劳动保障协会互动，妥善处理工伤认定等问题，促进用工和谐	市民政局、市法制办
17	市交运局	促进交运主管部门与交通运输等协会互动，促进交通事业改革发展	市民政局、市法制办
18	市安监局	在安全生产监管领域发挥化工协会等行业协会自律与参与作用	市民政局、市法制办
19	市市场监管局	促进食品安全监管、特种设备安全监管与相应行业协会的互动	市民政局、市法制办
20	市残联	“中德善美”智障服务	市法制办
21	市政管办	“12345”便民服务热线、“民情e路通”手机客户端服务	市法制办
22	市总工会	更好发挥工会组织在解决劳动争议中的作用	市委组织部
23	团市委	发挥青年志愿者作用	市委组织部
24	市工商联	推进企业诚信建设	市委政法委
25	太仓瑞恩社会工作发展研究中心	培育专业社工队伍	市民政局

续表 85

序号	单位	示范项目	联系单位
26	太仓市义工联合会	做好公益慈善事业	市民政局
27	太仓市德颐善社会工作发展中心	社会养老服务工作	市民政局
28	太仓市浙江商会	促进商会与企业党建工作互动联系	市委组织部
29	太仓市化工医药协会	督促企业履行安全生产主体责任	市委政法委
30	太仓市电子 电器有限公司	党建助推企业发展	市委组织部

（徐林峰）

公　安

【概况】 2015 年，太仓市违法犯罪警情总体平稳可控，全年共破获刑事案件 1789 起，较上年上升 27.8%，其中“八类”（杀人、纵火、投毒、抢劫、强奸、绑架、爆炸、故意伤害）案件 140 起，较上年上升 26.1%，连续五年命案全破；抓获刑事作案人员 1878 名，较上年上升 14.8%。全市社会面治安大局保持稳定，全年未发生重大惊扰性案（事）件。市公安局被省委、省政府评为“全省人民满意的政法单位”，记一等功。

【违法犯罪打击】 2015 年，市公安局坚持严打大要恶性、多发性侵财、经济犯罪、黄赌毒等各类违法犯罪活动，年内发生的 6 起现行命案（撤销案件 3 起）全部告破，大要案件破案率继续保持高位；摧毁涉黑涉恶团伙 36 个，打击处理 113 人，破案 48 起；打掉盗窃团伙 34 个，抓获嫌疑人 859 人，较上年上升 19.1%，带破案件 905 起，较上年上升 35.1%，追回赃款赃物价值 240 余万元；摧毁系列电信网络诈骗团伙 10 个，抓获犯罪嫌疑人 61 人，破获案件 54 起，追回赃款 176 万元；破获毒品案件 359 起，其中公安部督办案件 1 起、省厅督办案件 2 起，共抓获涉毒违法人员 480 人，缴获各类毒品 4000 余克。年内，市公安局对全市 13 处社会治安重点地区实施“一处一方案”集中整治，通过整治，苏州市级、太仓市级的致和塘街、南门街治安突出问题得到有效整治。严打环食药领域违法犯罪，与市市场监管局、市农委、市环保局等部门联合执法捣毁黑窝点、黑作坊 120 余处，侦破公安部督办的“10•13”生产、销售假药案，抓获犯罪嫌疑人 6 人，查获肉毒素、麻膏等假药 5000 余件，涉案金额 500 余万元；集中力量严打严防利用网络实施的违法犯罪行为，侦破公安部督办的“4•10”跨境赌博案，抓获违法犯罪嫌疑人 23 名，查获涉案资金 900 余万元。

【治安防控】 2015 年，市公安局继续依托大巡防工作机制，做强城区大巡防和派出所专业巡防，年内城区违法犯罪类警情较上年下降 2.6%；加强 24 个省市级卡口和 50 多个村级卡口建设和实体化运作，借助微信平台建立城区、东片 2 个“微信防控圈”，促进巡防高效运作。全年巡防检查可疑车辆 51.6 万辆次、盘查可疑人员 78.9 万人次，抓获各类违法犯罪嫌疑人 127 人；强化区域警务联防联动，健全与上海嘉定、宝山等地警方的治安防控联席会议机制，互换共享各类行动性情报信息 270 余条，及时发现跨区域涉稳矛盾 11 起，破获跨区域流窜作案 89 起，并以值班局身份筹办苏浙沪 15 市（区、县）第 65 次警务合作会议；继续加强“天网”建设，提升技防覆盖面，共新建道路高清监控 1483 个，更换模拟监控 960 个，改造技防小区 29 个，新增高清抓拍点位 12 个、覆盖车道 49 条，更换 45 个高清抓拍点位设备主机，完成“320”高清抓拍平台升级改造。

【公共安全监管】 2015 年，市公安局以“车轮上的平安”社会管理创新项目建设为抓手，推进交通安全隐患

8 月 29 日，市公安局侦查民警在浮桥勘查一起故意伤害致死案件现场

（市公安局供稿）

11月26日，苏浙沪15市（区、县）第65次警务合作会议在太仓召开（市公安局供稿）

"大排查、大整治"专项行动，共依法查纠交通违法行为50.6万起，查处醉驾人员335人，全年未发生重特大交通事故，事故死亡人数较上年下降7.3%。推行消防安全属地、网格化管理，整治消除一批消防隐患，全年火灾事故数较上年下降117.5%。排查水电油气、学校、医院、金融行业等重点单位内部安防隐患，督促落实整改，年内共检查重点单位5590余家次，整改各类安全隐患279处，对51家存在严重治安隐患的单位进行行政处罚。严格监管易爆、剧毒等危化物品的生产、经营、运输、储存、使用、销毁等环节，加强检查，督促隐患整改，确保安全。

【安全保卫】 2015年，市公安局落实大型活动安全保卫主体责任，严格执行风险评估、应急预案、现场控制等安保措施，全年累计出动警力4.1万人次、警车2.3万辆次，完成抗战胜利70周年纪念活动、中国—东欧国家领导人"16+1"会晤活动、苏州世乒赛、国际田联竞走挑战赛等16项大型活动、重大赛事的安保任务。

【办证服务】 2015年，市公安局简化办证手续，推出省内居民申请办证无需提交户口本和异地申请办证无需提交暂住证或社保证明的便民服务新举措；完成派出所出入境分理点建设，分理点共办理出国境证件526件次，占办证总业务的15%；落实窗口业务"一次告知、二次办结"，全市户籍窗口共受理业务9万余起，其中当场办结率95%，二次办结率100%。深化"短信告知"提醒服务，将交通违法、车驾管牌证到期、交通事故处理等全部纳入其中，全年累计发送各类交通提示短信52万余条；完善轻微交通事故快速处理和人民调解机制，最大限度便利群众、保障道路畅通。

【社会管理】 2015年，市公安局组织推进"五进走访送平安"（主要宣传电信网络诈骗）活动，成功阻止电信网络诈骗案件46起，减少群众损失537余万元。开展人、房基础信息采集第二轮专项整治，累计登记流动人口68.8万人，较上年上升6.69%，登记房屋出租户7.39万户、23.36万间。全年受理出国(境)3.4万人次，较上年上升24%，办理境外人员签证（注）2663人次，登记临时到太仓的境外人员2.2万人次。

【警用基础信息建设】 2015年，市公安局加强和完善基础信息化建设，提升信息化服务实战效能，开发"视综平台"（用于视频侦查工作）二期项目，完成公安网、视频网2套网络的万兆升级工程和12个派出所的网络升级改造，实现监控视频流从视频网向公安网的万兆传输，全年通过视频图像研判破获各类案件2650余起。优化移动接处警系统二期开发，对全市48辆移动图传巡逻车进行4G网络改造，推动智能指挥调度更高效、更便捷。"太仓微警"公安微信公众号建成上线，促进和谐警民关系建设。升级完善太仓版巡防盘查系统，实现与PGIS（警用地理信息系统）全面对接，满足公安巡防工作需求。

【执法规范化建设】 2015年，市公安局组织执法突出问题专题培训班16期，联合华东政法大学举办法制培训班2期，组织344名民警参加年度基本级、中级和高级执法资格等级考试，夯实民警的执法基础。开展一线执法所队等级评定，2家单位被评为一级所队，7家单位被评为二级所队，10家单位被评为三级所队。健全轻微刑事案件快速办理机制，全年共办结轻微刑事案件43件。完成派出所案件管理室建设，推进涉案财物管理和执法办案"两个中心"建设。推进监管场所各项改造，保障监所管理和在押人员安全，市公安局看守所保持连续55年安全无事故，被省公安厅荣记集体二等功。

（唐晓平）

检　察

【概况】 2015年，太仓市人民检察院批准逮捕案件402件521人，案件数较上年上升8.7%，提起公诉案件993件1251人，案件数较上年上升3.8%。依法办理非法吸收公众存款、传销等涉众型经济犯罪案件2件19人，涉案金额3亿余元。贯彻宽严相济刑事政策，对主观恶性较小、情节轻微的犯罪，依法不批准逮捕248人，不起诉64人。立案查办贪污贿赂犯罪案件11件12人、渎职侵权犯罪案件2件3人，其中科级干部5人，通过办案追缴赃款赃物320万余元。在刑事立案、侦查和审判活动监督中，监督侦查机关应当立案而不立案1件1人，对遗漏罪犯追加起诉1人、单位1家，对侦查机关发出书面纠正违法通知书2份，对法院发出再审检察建议1份，被采纳并决定再审。在刑罚执行和监管活动监督中，办理羁押必要性审查案件23件25人，经建议变更强制措施16件18人，开展特赦检察监督3件3人。依法对监管违法行为提出纠正意见1件，发出检察建议1份。强化社区矫正检察监督，及时纠正监外罪犯脱漏管现象，对1名已不符合条件的监外执行人员、3名违反社区矫正管理规定的缓刑罪犯督促收监执行。在民事行政诉讼活动监督中，依法受理民事行政申诉25件，向同级法院发出再审检察建议2件，法院裁定再审2件，改判2件。对苏州市中级人民法院二审生效判决，建议苏州市检察院提请抗诉3件，依法改判1件。发出检察建议督促履行职责1件。与市公安局联合查处一起诉讼标的为400万元的虚假诉讼案件，并依法改判。

【职务犯罪预防】 2015年，市人民检察院加强个案预防和行业预防，剖析涉农补贴、国企、税务等领域职务犯罪的发案原因、制度漏洞，举办案因剖析会2场，制发预防调查报告、专项报告和检察建议8份。总结重点领域职务犯罪预防工作情况，形成年度专题报告。推进行贿犯罪档案查询工作，开通网上查询功能，拓展查询范围，全年共提供查询服务1799批次。创新加强预防职务犯罪宣教工作，倡导弘扬崇廉拒腐、廉洁从政之风。8月8日，市人民检察院和市邮政局共同召开预防职务犯罪邮路工作启动会，利用邮政系统73条邮路，将预防职务犯罪工作与邮政通信服务融合，形成覆盖城乡的职务犯罪预防网络。成立邮政“预防邮路”志愿者服务队，下设市区、沙溪、浏河、浮桥、璜泾和双凤6个分队，在部分邮政投递部、营业网点，建立“预防邮路”工作室，设置预防职务犯罪图书角，传播预防职务犯罪知识。“预防邮路”包括“八个一”系列活动：一本手册，“预防邮路”志愿者投送宣传手册、画册、廉政杂志等宣传材料；一部电影，深入基层播放预防职务犯罪宣传片和微电影；一句箴言，发布预防职务犯罪宣传语和警示教育海报；一场邮展，举办预防职务犯罪专题集邮巡展；一张封片，印制廉政警示教育明信片；一场培训，组织“预防邮路”志愿者培训；一堂讲座，在邮政系统举办专题讲座；一次调查，开展预防职务犯罪问卷调查活动。

【公益律师进驻看守所】 2015年，太仓市深化刑事法律援助工作，保障在押人员合法权益、维护刑事诉讼的公平正义，组建刑事法律援助服务团。3月，市人民检察院与市公安局、市司法局联合制定《太仓市律师驻看守所值班制度》及相应的工作流程，具体明确公、检、司三部门在值班制度运行过程中的职责分工和工作衔接以及值班律师的服务范围和工作纪律，加强对律师驻所值班全过程的把控监督。帮助在押人员开展权利义务告知、接受法律咨询、转交法律援助或控告申诉申请等，保障在押人员合法权益。累计解答在押人员法律咨询67件，解决在押人员诉求7件，依法为1名在押人员变更强制措施。

8月8日，太仓市预防职务犯罪邮路工作启动会议召开　　（市检察院供稿）

【平安太仓建设】 2015年，市人民检察院参与整顿和规范市场经济秩序，依法打击非法吸收公众存款、合同诈骗、非法经营、制假售假等犯罪，突出加大对生态环境、食品药品安全、知识产权、金融创新等领域的司法保护力度。依法严厉打击涉暴、涉恐、涉黑等严重犯罪，突出打击盗窃、诈骗等多发性犯罪活动，注重惩治发生在网购、快递、物流业等新兴领域犯罪，遏制刑事犯罪高发态势，加强对社会稳定形势的分析研判，推进社会治理现代化。加强刑事案件流程监管，制定《刑事案件流程监管暂行办法》，设置流程监管员并厘清其职责，明确刑事案件流程监管的重点案件及事项，强调刑事案件流程监管的责任追究，建立流程监管定期通报制度，从内部加强对刑事案件的程序性监督。探索行政违法行为的法律监督机制，开展环境保护检察工作。4月15日，太仓市人民检察院驻市环保局检察工作室挂牌，市人民检察院派员驻点工作室开展工作，与市环保局建立重大案件协商、日常案件通报、联席会议和联络员制度，定期通报工作情况，在案件调查、证据收集、法律适用等方面相互协调，实现执法信息资源互通共享。以支持起诉方式办理太仓市首例环境保护公益诉讼案件，请求苏州市中级人民法院追究该食品公司的环境修复责任，促使涉事企业对被污染河道进行清理，维护司法公正，保护公共利益。撰写专题调研报告《太仓市亟待设立环境保护公益组织》，推动太仓市设立环境保护公益组织。

【规范司法行为专项整治】 2015年，太仓市按照高检院统一部署，开展为期一年的规范司法行为专项整治工作。坚持问题导向，对2014年以来办理的2299件案件进行全面排查，重点围绕办案区使用、涉案财物管理、统一业务系统应用开展专项检查，梳理

4月15日，太仓市人民检察院驻市环保局检察工作室揭牌

（市检察院供稿）

问题，剖析症结。坚持开门评检察，通过走访调研、调查问卷等方式，向人大代表、政协委员、律师、基层群众等社会各界人士征求意见。坚持边查边改、立查立改，制定整改落实方案，建立健全司法规范化长效机制。以深化检察官办案责任制改革、规范内设机构设置、完善案件管理机制等三个方面，加强与公安机关、人民法院在诉讼活动中的相互监督制约，依法保障律师执业权利，健全检察权规范运行机制。

【检务公开】 2015年，市人民检察院建立检务公开信息中心，统筹推进检务公开大厅实体平台、传统媒体平台、新媒体平台“三个平台”建设。整合来访接待、律师阅卷、行贿犯罪档案查询等职能，建成检察为民服务中心，提供窗口服务。全年共接待来访群众76批98人，提供案件信息查询服务527人次，释法答疑156人次。推进案件信息公开工作，在人民检察院案件信息公开网上公开不起诉决定书和生效判决起诉书848份，发布重要案件信息29条。通过检察门户网站、官方微博和微信公众号等新媒体平台，发布检察动态信息464篇。以案件信息公开为核心，完善“开放、动态、透明、便民”的阳光检察机制，提升司法公信力。

【检查监督】 2015年，市人民检察院坚持与人大代表、政协委员的常态性联络工作机制，采取专题报告、通报情况、邀请视察、举办“检察开放月”等活动，接受人大监督、政协民主监督和社会各界监督，加强改进检察工作。发挥人民监督员、特约检察员监督司法办案的作用，人民监督员共监督职务犯罪案件13件。探索建立社会评议员制度，探索由社会评议员以表决、听证、评议等方式对具体检察工作进行客观评价，同步落实意见收集、结果运用、监督检查等措施，推动外部监督转化为内部制约。市人民检察院选任社会评议员10人，对46件拟不起诉案件开展监督评议，采纳评议员意见1件。

（曹春英）

法　院

【概况】 2015年，太仓市审判工作围绕“让人民群众在每一个司法案件中都感受到公平正义”的目标，坚持司法为民、公正司法工作主线，履行审判职责，推进司法改革，全年共受理各类案件13548件（含旧存1799件），审结11633件，较上年分别增长12.25%和13.34%，解决争议标的46.76亿元，为全市经济社会健康发展提供司法保障。

【刑事审判】 2015年，市法院新收刑事案件1007件，审结993件，较上年分别上升11.27%和14.14%。坚持宽严相济刑事审判政策，依法审结寻衅滋事、聚众斗殴和“两抢一盗”（抢劫、抢夺和盗窃）等严重侵害人民群众人身财产安全犯罪案件457件609人；对具有法定从轻、减轻情节的被告人，依法从宽处理，判处非监禁刑308人，非监禁刑适用率24.21%。依法惩治腐败，审结贪污、受贿等职务犯罪案件9件9人。同时，积极推进以审判为中心的诉讼制度改革，强化证据审查，发挥庭审功能，与公安、检察机关形成相互配合、相互制约的工作机制，提高刑事案件审判质量。因事实不清、证据不足判决无罪案件1件。

【民事审判】 2015年，市法院新收普通民事案件5054件，审结4909件，较上年分别上升22.34%和18.75%。注重运用调解手段处理婚姻家庭、邻里纠纷等传统民事案件，调解撤诉率77.03%，有效化解社会矛盾，促进社会和谐。完善与劳动仲裁部门裁审对接机制，审结劳动争议案件232件，构建和谐劳动关系。健全与建筑行业协会共建机制，审结建设工程合同纠纷、商品房预售合同纠纷等案件388件，促进房地产市场健康发展。准确理解和适用民间借贷新司法解释，审结民间借贷案件755件，引导和规范民间融资健康发展。

【商事审判】 2015年，市法院新收商事案件1891件，审结1878件，较上年分别下降2.12%和0.63%。依法裁判商事纠纷，发挥商事审判的评价引领功能，审结买卖、加工承揽等合同类案件1642件，维护和规范市场交易秩序。健全与银行、保险等金融机构的诉调对接机制，审结金融借款、保险等案件708件，涉案金额11.27亿元，依法保障金融安全。依法受理企业破产案件9件，审结4件，发挥破产程序在规范市场主体退出机制中的作用。

【知识产权审判和涉外商事审判】 2015年，市法院新收涉知识产权案件85件，审结85件，较上年分别上升118.42%和129.73%；新收涉外商事案件4件，审结7件（含旧存3件）。健全知识产权刑事、民事、行政“三审合一”审判机制，依法打击侵犯知

11月10日，市人民法院举行民间借贷案件审理情况新闻发布会
（郑金硕　摄）

识产权行为，促进经济创新发展。加强与公安、检察、知识产权行政执法等单位沟通协调，开展知识产权普法活动，营造良好的知识产权保护法治环境。坚持平等保护原则，依法审理涉外商事案件，优化投资发展环境。

【涉少审判】　2015年，市法院新收涉少刑事案件17件，审结21件（含旧存4件）；新收涉少民事案件432件，审结450件（含旧存18件）。涉少刑事审判中，健全完善“三步诊疗法”、外地未成年犯本市社区矫正、犯罪记录封存等工作机制，依法保障未成年被告人合法权益。涉少民事审判中，加大调解工作力度，探索在涉少离婚案件中引入未成年子女抚养第三方评估机制，最大限度保护未成年人合法权益。开展“共沐法治阳光”系列活动，加强对青少年普法宣传教育。

【行政审判】　2015年，市法院新收行政诉讼案件19件，审结12件，较上年分别下降64.15%和55.56%；新收非诉行政审查案件59件，裁定准予执行59件。贯彻新行政诉讼法和行政案件相对集中管辖制度，强化对被诉行政行为的司法审查，依法监督和促进行政机关依法行政。推进行政机关首长出庭应诉工作，实现行政首长出庭应诉率连续8年保持100%。通过发送行政审判年度报告、召开联席会议、司法建议等形式，促进行政执法与行政审判良性互动，提升案件处理效果。

【案件执行】　2015年，市法院新收执行案件3583件，执结3607件（含旧存24件），较上年分别增长6.19%和15.46%。开展“转变执行作风、规范执行行为”专项活动，健全案件分配、规范结案等管理制度，案件执行工作机制进一步完善。建成执行指挥中心，具备远程指挥、联动网络查控、快速反应处置等功能，提高案件执行工作效率和效果。完善网上司法拍卖机制，共上传拍品205件，成交88件，成交金额1.32亿元。加大失信被执行人名单信息公开力度，公开曝光失信被执行人2423人，发挥信用惩戒作用，促进社会诚信体系建设。

【司法为民】　2015年，市法院推进诉讼服务中心建设，建成集立案登记、涉诉信访、导诉咨询等多项功能为一体，诉讼服务大厅与诉讼服务网同步运行的综合性诉讼服务平台，诉讼服务更加高效便捷。调整设立太仓港经济技术开发区人民法庭，依法及时化解辖区矛盾纠纷。加大小额诉讼程序适用力度，减轻当事人诉累，提高案件审理效率。开展巡回审判活动，选取典型案件走进社区，就地化解矛盾，提升法制教育效果。

【司法救助】　2015年，市法院完善司法救助制度，依法保护弱势当事人正当权益，体现司法人文关怀。全年共缓减免交诉讼费7.93万元，特困刑事被害人和未成年人救助经费25.40万元，发放执行救助款100万元，缓解当事人经济困难。

【司法公开】　2015年，市法院依托审判流程公开、裁判文书公开和执行信息公开“三大平台”，及时公开立案、审理、执行各流程节点信息，保障当事人知情权、参与权、监督权。实施科技法庭高清技术改造，提升庭审同步录音录像、同步记录、同步显示庭审记录效果。推进网上办案和案件卷宗同步数字化工作，落实办案全程留痕要求，规范法官司法行为。通过召开新闻发布会、官方微博微信等方式，及时发布法院工作信息，增强法院工作透明度，提升司法公信力。

【司法改革】　2015年，市法院实施立案登记制改革，对依法受理的案件，做到有案必立、有诉必理，保障当事人诉权。推进城厢法庭审判权运行机制改革试点，优化审判团队审理模式，健全法官会议、院庭长监督管理等工作机制，案件审判质效得到提升。深化院庭长办案，明确院庭长办案数量和办案类型，发挥院庭长办案的示范引领作用。推进人民陪审员制度改革试点，落实人民陪审员自主管理、参审者随机选取等工作机制，吸收人民陪审员组成大合议庭，对部分疑难案件试行法律审与事实审相分离等改革内容，完善人民陪审员参审机制。

（郑金硕）

司法行政

【概况】　2015年，太仓司法行政“光辉工程”五年目标任务完成。市司法局履行法治宣传、法律服务、矛盾纠纷调解、特殊人群管理等工作职责，整体工作呈现良好发展态势，在维护社会大局稳定、促进社会公平正义、保障人民安居乐业方面取得明显成效。市司法局在全省率先实现公共法律服务全覆盖基础上，推进公共法律服务均等化进程。形成“四

12月4日，太仓市在万达广场举行大型公益法治宣传活动 （张婷　摄）

纵三横”公共法律服务网，以市、镇、村、户四级法律服务资源有效配给，政府、社会、市场三者法律服务资源统筹的公共法律服务网。年内，市司法局被司法部授予集体一等功，获评2015年度全省司法行政系统绩效评价优秀单位。

【公共法律服务】 2015年，市司法局在全省率先实现公共法律服务全覆盖基础上，推进公共法律服务均等化进程。在全省率先实施《公共法律服务标准（试行）》，对市、镇、村三级公共法律服务平台、队伍建设、服务规范、管理制度等作出标准化规定，为公共法律服务规范化建设提供制度依据。《中国司法》刊登《构建覆盖城乡公共法律服务体系的实践与思考》，具体介绍太仓在公共法律服务体系建设经验。继续开展“暖阳一号”“五月的阳光”等公共法律服务专项活动。14项市镇两级司法惠民实事工程顺利完工。全年全市法律服务行业享受市政府财税扶持100万元，较上年增长22%；全年全市律师行业办理各类案件2618件，较上年增长1.39%，业务收费5021.66万元，较上年增长8.23%；基层法律服务行业办理各类案件1112件，较上年增长26.8%；业务收费603万余元，较上年增长19%

【法治宣传教育】 2015年，太仓市举行首届全球华文法治微小说大赛“光辉奖”，获奖作品集《法治与良知》出版发行。全市10家单位分别与10所学校挂钩共建特色法治学校，完成市法治宣传教育中心提档升级和4个村（社区）公共法治文化基础设施示范点建设。开展“与太阳同行”系列法治校园行、法治文化大快展等活动。新增省级民主法治示范村10家，苏州市法治文化建设示范点7个，市公共法律服务中心入选“省级法治文化建设示范点”。12月4日，太仓市开展“让宪法成为全社会共同信仰”主题法治宣传日活动，全市27家单位开展设摊宣传相关法律法规、大型法治宣传图片快展、现场法律知识抢答、法治文艺专场演出、法治春联现场秀等活动，吸引400余名市民参与。

【社区矫正】 2015年，太仓市累计接收社区服刑人员202人，衔接刑满释放人员305人。截至年底，太仓市在册社区服刑人员207人，刑满释放人员1160人。9月，省司法厅印发《关于深化安置帮教工作改革的试点方案》，太仓作为苏州地区试点城市，制定《关于深化安置帮教工作改革试点实施方案》，推行衔接前置制度，深化分类安置帮扶，完善社会支持系统，建立提前解除帮教动态调整机制；加强罪犯回归指导工作，完善刑释人员衔接管理，优化安置帮扶工作模式，深化安置帮教平台建设，改进跟踪帮教管理机制，加大社会力量引入力度。市司法局制定《太仓市社区服刑人员请销假制度规范》，强化请销假管理，确保对社区服刑人员监管到位，杜绝发生外出人员脱管、漏管、重新犯罪现象。推进社区矫正信息化建设，加大信息化装备投入，利用现代科技加强对社区服刑人员的监管力度。配备面向社区矫正工作人员的“矫务通”执法终端设备35部，实现现场执法业务（外网运行）与社区矫正管理平台（专网运行）数据链接，对社区服刑人员进行实时信息查询、数据上报、定位管控等。配置指纹人脸识别仪及电子腕带。对不遵守社区矫正日常规定受到处分的社区服刑人员佩戴电子腕带，实施手机和电子腕带双定位，加大定位监控的力度。购买指纹人脸生物技术识别一体机9台，配备市镇两级社区矫正机构，保证社区服刑人员报到、集中教育、社区服务等活动签到率。强化信息指挥中心建设，建立信息采集、分析研判、实战勤务、督导评估“四项机制”，实时在线开展执法管理、视频指挥、巡查督查、应急处置、监督管理、教育矫正和社会适应性帮扶等工作。太仓市沧江楼法治文化书苑建成，社区服刑人员定期在该地接受法治教育。组织开展市、镇两级矫正机构执法人员及专职社工实务培训，提高社区矫正信息化工作水平。创新就业政策、基地建设、机制衔接“三齐步”工作法，优化自主创业就业环境，破解刑释人员就业难题，加快刑释人员回归社会步伐。启动“阳光照进失依家庭，关爱服刑人员未成年子女成长”的阳光关爱项目，首批选定16户18个在册社区服刑、刑满释放和服刑三类人员未成年子女实施帮扶。完成社区服刑人员互助管理机制等7个2015年度矫正项目和3个村（社区）特殊人群管理“阳光屋”示范点建设。开展循证矫正和全省深化安置帮教工作改革试点，做好3名社区服刑人员报请特赦工作。年内，市司法局获评“2011—2014年全省刑满释放人员安置帮教工作先进集体”。太仓市光辉矫正社工事务所和城厢镇司法所获评江苏省社区矫正工作先进集体。太仓市光辉矫正社工事务所获评AAA级社会组织。

【法律援助】 2015年，太仓市法律援助中心累计办理各类法律援助案件1063件，其中刑事案件173件，大厅接待咨询2751人次，接听“12348”电话咨询2621个，网上咨询解答37次，群众满意率100%，无一起投诉。太仓市在市总工会、乡镇司法所建立援助站的基础上，在村（居委会）设立法律援助联络员，形成市、镇、村三级职工法律援助网络，在援助案件方面建立完善受理援助申请、及时审批、优先指派办理、及时反馈情况等职工法律援助工作制度，打造“一站式”公共法律服务，实现“应援尽援，能援多援”法援服务。加快法律援助信息化建设，实现法律援助案件网上申请、网上受理、网上实时监控服务和案件动态监督管理。创新推行实施风险告知制度，促使受援人理性参与诉讼或仲裁，避免或减少诉讼或仲裁风险，最大限度维护困难群众和弱势群体的合法权益。深化刑事法律援助工作，保障在押人员合法权益、维护刑事诉讼公平正义，组建刑事法律援助服务团，确定首批23名律师为服务团正式成员。深化公共服务平台建设，“12348”法律服务热线与上海百事通信息技术股份有限公司（法宝网）签订非工作时段法律咨询服务协议，非工作时间段的法律咨询服务转由上海百事通公司“法宝”平台安排律师解答咨询，弥补非工作时段为群众提供法律咨询和法律援助的时间空白。加强援助案件办理质量监管，落实法律援助案件质量跟踪管理制度，启动事前预防、事后监督、事中跟进的监管模式。太仓市法律援助中心申报的16件案例获省法律援助基金会资助奖励；1件案例入选江苏省法律援助“十大优秀案例”；1件案例入选苏州市法律援助“十大优秀案例”。市法律援助中心获评“江苏省青少年维权岗”称号。

【人民调解】 2015年，市司法局会同各镇（区）开展“一镇一品”第三方调解机制建设，打造各镇（区）调解特色品牌，彰显特色调解品牌效应。选聘责任心强、法律素质高、调解技巧好的人为骨干，培养以调解能手为原型的调解服务团队，建立第三方调解工作室。6月，全市各镇（区）7个以个人命名或具有当地传统文化内涵名称的特色调解服务品牌全部挂牌成立。分别是浏河镇“闵阿姨”调解工作室、城厢镇“老张”调解工作室、璜泾镇“乡音”调解工作室、娄东街道“好阿姨”调解工作室、浮桥镇“老舅妈”调解工作室、沙溪镇“古镇”调解工作室与双凤镇“惠民”调解工作室。完善矛盾纠纷排查调处全覆盖工作体系，推进专业调解组织向重点领域延伸，建立行业性专业调委会。6月，市司法局联合苏州市公安局、地方海事处挂牌成立太仓市渔船民纠纷人民调解委员会，主要负责调处发生在浏河港边防派出所管辖区域内的渔民、船民之间，以及渔民、船民与其他公民之间的矛盾纠纷。整合社会调解资源，做好矛盾纠纷排查分析和防激化工作，对区域渔船民纠纷实行统一受理和统一调处。全年全市各类人民调解委员会及两级调处中心共组织纠纷排查6900次，调解纠纷8163件，调处成功率100%

【公证服务】 2015年，太仓市公证处发挥公证机构服务、便民、证明、监督的社会作用，为维护全市社会和谐稳定提供法律服务。全年共办理各类公证4000余件，收取公证费380万余元。做好企业公证顾问，为顾问单位的日常业务合同、劳动合同、商业秘密保护、竞业禁止方面的协议书提供代书及公证服务，并提供相关法律意见。服务重点工程项目建设，与市国土资源局、住建局、工商局等部门建立快速沟通机制，公证人员参与重点工程、项目建设招投标等公证业务。探索新型公证，为中小企业办理货物清点、受损索赔、信函送达、电子证据保全等公证，促进中小企业转型升级。服务拆迁安置工作，公证员到港区、科教新城区、城厢镇等各乡镇为拆迁安置分房抽签活动办理现场监督公证，共计服务百余次、涉及安置户万余户。参与经济适用保障性住房公开摇号活动，现场监督摇号活动。实施“法律服务·光明万家”行动，开辟公证法律服务“绿色通道”。10月20日，市司法局、公证处联合镇洋律师事务所到太仓市陆渡敬老院，提供专业法律咨询服务，满足老年人群体对公证法律服务的需求，实现公证法律服务的供需对接。坚持公证惠民，贯彻《苏州市公证法律援助实施办法》，八大公证事项减收或免收公证服务费，包括领取抚恤金或劳工赔

8月，太仓市沧江楼法治文化书苑建成 （市司法局供稿）

偿金、救济金、劳动保险金；办理赡养、扶养、抚养协议的证明或涉及请求给付赡养费、抚养费；进城务工人员请求支付劳动报酬；救灾、扶贫、遗体捐赠等公益活动；请求国家赔偿；申办低保困难家庭、残疾人和五保户；申请见义勇为者、革命伤残烈属；立遗嘱人死亡后，法定继承人查询公证遗嘱信息等。

（陈　虹）

武　装

人民武装

【概况】 2015 年，太仓市人民武装工作坚持依法从严治军，围绕军事斗争准备中心任务，创建“全国双拥模范城”，加快推进人民武装现代化。按照“抓武装转变发展理念、抓建设促进转型升级、抓双拥打造特色品牌”思路，坚持党管武装，军地共筑“强军梦”，实现全市经济社会与国防建设同步发展。年内，市人武部被江苏省军区表彰为军事训练先进单位；苏州健雄职业技术学院人武部被江苏省人民政府表彰为征兵工作先进单位。

【思想政治建设】 2015 年，市人武部围绕“高举旗帜，听党指挥”夯实思想政治建设根基。强化理论武装，组织学习习近平关于国防和军队建设的重要指示精神，全面落实强军目标重大战略思想，围绕军民融合发展，强化党管武装工作意识，及时研究解决国防和后备力量建设上的重大问题，做好新形势下党管武装工作。通过军地领导的密切配合和共同努力，做好民兵预备役建设、国防动员、军民融合等工作，把党管武装各项任务和要求落到实处。组织专题教育，开展“依法治军，从严治军”教育活动，依法治军做法获省军区肯定。加大国防宣传力度，拓展国防教育形式内容，深入学校、基层开展宣传教育；加大国防后备力量建设和双拥工作宣传力度。8 月 17 日，《中国国防报》头版头条报道太仓双拥工作纪事，肯定太仓拥军优属、拥政爱民工作。

【军事斗争准备工作】 2015 年，市人武部做好专职人民武装干部和民兵营连长训练。3 月，组织专武干部参加全市专武干部集训，提升专武干部综合能力素质。5 月，组织全市部分民兵营连长集训，加强民兵营连长队伍建设。提高民兵情报信息工作质量。组织参加全省民兵情报信息站站长集训；贯彻全市民兵情报信息工作会议精神，制定《太仓市民兵情报信息员（组长）集训计划》，完善民兵情报信息系统，组织民兵情报信息员集训 2 期，新增海上民兵情报信息员队伍。组织苏州市工程防护分队训练，依托国防训练基地，担负苏州市民兵工程防护分队基地化训练试点任务。强化民兵队伍的组织意识和军事技能，提高全区民兵工程防护分队遂行任务能力。10 月，落实专武干部跟班跟训，实行全程封闭式管理和训练中的后勤保障。组织民兵应急分队实施实战化课目训练，在省军区组织的比武竞赛中获苏州片区综合第一名。

6—7 月，市人武部在国防训练中心承接全区民兵工程防护分队训练。图为装药捆包训练　（庄明霞　摄）

【国防动员建设】 7 月，太仓市调整征兵工作领导小组成员，组织全市 50 多名工作人员集中开展业务培训和纪律教育，设立举报电话、举报箱，严格兵役登记、严把征兵关口、完善优抚政策。印发征兵政策规定宣传画册 1000 余份，深入各院校加强兵役征集、军校和国防生招生宣传，现场解读热点问题。多渠道宣传征兵工作，动员适龄青年报名，激发应征入伍热情。严格审批定兵，确保新兵质量；坚持全程阳光操作，提高征兵工作公信力，确保无一例退兵，无一起举报电话和举报信。2015 年，兵员中高中以上学历占征集总数 97.2%，大专以上学历占征集总数 44.8%。协调驻地部队出动近千名官兵，开展高校、中学生军训，“十二五”期间累计完成军训任务 3.8 万余人次。

（肖　洋）

武　警

【概况】 中国人民武装警察部队苏州市支队太仓市中队（以下简称市武警中队）隶属武警江苏省总队苏州市支队，由军分区和公安机关双重领导。职能任务主要负责太仓市看守所外围武装警戒，担负处置突发事件、抢险救灾等临时性勤务。2015 年，市武警中队坚持从严治警方针，加强部队正规化建设，强化部队管理，继承发扬尊干爱兵、官兵一致优良传统，确保部队的高度稳定和集中统一。坚持把军事训练作为和平时期提高部队战斗力的主要途径，按照《军事训练大纲》科学组训，提高官兵军事训练素质和应急处置能力。年内，开展应急综合训练，提升反恐处突和遂行多样化任务能力。

【思想政治教育】 2015 年，市武警中队探索思想政治工作新特点、新规律和新方法，围绕“坚定信念，铸牢

4月，市武警中队开展军事训练　（市武警中队供稿）

军魂，永远做党和人民的忠诚卫士”政治目标，结合官兵思想实际，制订教育计划。强化思想政治建设首位意识，校正官兵人生观、世界观和价值观，筑牢拒腐防变的思想防线。开展密切内部关系教育、法纪教育、爱装管装教育、时事政策教育、心理健康教育、执勤教育、爱国奉献主义等教育活动，坚定官兵理想信念，激发爱岗敬业精神。

【拥政爱民】 2015年，市武警中队继承发扬部队拥护政府、爱护人民的优良传统，开展警民共建活动，促进军地双方共同发展。开展“把驻地当故乡，视人民为父母”拥政爱民活动，为驻地群众排忧解难、支援建设、抗洪抢险。配合市公安局做好演练、汇报表演工作。利用节假日看望慰问驻地孤寡老人，参加“送温暖、献爱心”和无偿献血等活动，促进警政警民关系和谐。

（蒋攀峰）

边防检查

【概况】 2015年，太仓边检站检查出入境（港）船舶5100艘次、员工9.98万人次，较上年分别增长7.75%、8.53%，边检绿色通道救助9人次，破获各类案件43起，检查船舶500余艘次，查找整改安全隐患70余处，挽回经济损失500余万元。完成抗战胜利70周年纪念活动等重大安保任务，获评江苏省文明口岸先进单位。

【边检服务】 2015年，太仓边防检查站升级服务机制，推行“边检告知单”和“一证通”，完善办证流程和告知程序，参与“三互”（监管互认、执法互助、信息互换）大通关建设，将电子口岸建设成为共同的口岸管理共享平台，简化和统一单证格式与数据标准，实现申报人通过“单一窗口”向口岸管理相关部门一次性申报，口岸管理相关部门通过电子口岸平台共享信息数据、实施职能管理，执法结果通过“单一窗口”反馈申报人。为辖区企业定制优质高效通关模式，试点推行“V通关”和边检电子勤务日志，提升边检管理服务智能化水平。启用“一证通”服务机制，持证人可登江苏省任一对外开放口岸靠泊的国际航行航船，简化原先异地登轮需重复申领证件的手续。推出“三区两厅一所一中心”(3个驻企警务区、3个报检服务厅、1个边防派出所、1个实战型指挥中心)，明确手续办理、巡查巡防、情报调研、案件查处、救助服务等职责，实行“指挥中心统一调度、科所队分片、分类负责具体实施”的勤务指挥模式，提高码头企业工作效率，实现“10分钟边检服务圈”构想。8月19日，“中国边检·阳光国门”中国边检服务品牌集中推介会在港区港务大楼举行。推介会上，太仓边检站组织官兵开展现场解答、播放边检宣传片、媒体发布等推介活动，加强窗口服务建设，凸显太仓港整体优势和综合竞争力。

【口岸辖区稳定】 2015年，太仓边防检查站健全专业规范的安保体系，分区域分时段进行视频巡查和实地巡查，实现错位互补，对口岸限定区域、边防辖区进行全时段、全方位管控。开展成品油走私专项治理行动，成功侦办首起非法买卖成品油案，维护辖区成品油市场秩序。开展百日集中打防管控专项行动，维护社会治安。建强应急处突队伍，定期演练，提升突发事件实战应急处置效能。与海事、海关、国保、公安等部门建立口岸联防联控、信息通报等合作机制。联合

8月19日，太仓边防检查站向驻地群众宣传推广边检服务品牌　（顾俊　摄）

市司法局、市公安局在浏河港边防派出所挂牌成立太仓渔船民纠纷调解委员会，填补太仓市没有渔船民民事损坏赔偿机构的空白，这也是江苏省首个水上司法调解机构，有效加强渔船民矛盾纠纷预防、处置和化解工作，维护水上生产秩序。

（顾　俊）

海　警

【概况】 江苏省海警支队是江苏省唯一一支担负海上执勤执法任务的现役部队。支队下辖海警大队4个，主要担负江苏省黄海海域及长江口水域的治安接处警，防范和打击海上偷渡、走私、贩枪、贩毒、抢劫等违法犯罪活动，维护国家领海主权和海洋权益等。2015年，完成海警32011艇中修和32102舰、32021艇、32022艇、32031艇排修工作，做好海警32089艇中修和挖泥船维修准备工作；做好海警32101舰和32102舰南海巡逻监管任务保障工作，解决装备故障30余项，配发物资15项70余件；规范海关820艇报废处理工作。年内，海警32102舰、海警32019艇和机动中队被中国海警局评为“基层建设先进单位”；海警32101舰被江苏省海防委评为“全省海防工作先进单位”。

【海上辖区安全稳定】 2015年，海警支队共出动舰艇146艘次、207航次，累计出动警力4127人次、航时1943小时、航程2.08万海里，检查船舶1956艘次，渔船民8829人次。参与“冬季海上综合执法”“春季净海”“夏季清海”“扫海警戒”及“创建平安海区、服务沿海开发”等专项行动，保护海洋渔业资源和生态环境。指导舰船加强海上辖区管理力度，重点巡查整治海州湾渔场、吕泗渔场和长江口161、162渔区等治安敏感区域，维护涉外渔业生产秩序。坚持海陆联动，下沉警力至沿海渔村、作业区一线，跟踪调研分析沿海辖区治安形势，注重海上矛盾纠纷源头管理，搭建矛盾纠纷三级调解平台，紧密依靠地方党委政府、村民自治组织和公安、边防、渔政等职能部门，形成管理合力。管理工作向沿海腹地推进，在连云港赣榆县下口村设立执勤点，发挥固定执勤点阵地作用。针对连续发生的前三岛海域苏鲁渔船民越界作业纠纷、秦山岛海域紫菜养殖户作业区划分纠纷、徐圩海域航道与养殖区纠纷以及长江口鳗鱼苗养殖区矛盾纠纷，派遣4个工作组进驻矛盾纠纷当事双方所在渔村，组织召开集体调解7场、化解矛盾纠纷19起、解决渔船民实际困难23件、向上级相关部门提交群众诉求意见3份，遏止海上矛盾纠纷。融入海洋综合执法大局，创新开展海上渔业、交通、环境监管工作，加强与相关涉海部门的协作配合，持续加大海上巡航检查和联合执法工作力度。高度关注连云港、南通海域养殖区内的矛盾纠纷，派遣舰船进驻矛盾纠纷多发海域蹲点执勤，重点排查养殖区周边的生产作业、航道通行和出海围捕秩序。5月14—22日，派遣海警32019艇、海警32021艇和海警32031艇赴吕泗渔场小黄鱼银鲳国家级水产种质资源保护区开展集中行动，重点驱离非法捕捞船舶，规范保护区作业秩序。共派出舰艇6艘次，警力107人次，累计航时136小时，检查渔船38艘次、渔船民129人次。6—9月，北纬35度线暨海洋伏季休渔联合执法行动期间，参与辖内渔业专项行动3次，出动舰艇21航次，警力137人次，与南通渔政站和沿海渔业部门联合执法15次，检查渔业船舶63艘，扣押移交违规船舶3艘，劝返伏季非法作业船舶120艘，维护海洋渔业生产秩序和国家休渔制度。加强海上救助能力建设，协助搁浅船舶脱困14艘次，护送船舶返港避风33航次，打捞海上浮尸2具，处置海上生产作业非正常死亡事件7起。

3月5—24日，海警支队参与江苏2015年春季“净海”专项行动

（王子伟　摄）

【海域治安管理】 2015年，海警支队打击海上违法犯罪接报警情113起，查处治安行政案件18起，破获刑事案件6起，打击处理犯罪嫌疑人13名，收缴违法所得2000余万元。严厉打击海上走私犯罪，斩断非法利益链条，针对江苏沿海成品油走私犯罪持续高发态势，与连云港、南通等地海关缉私、国安及公安部门签订打击海上成品油走私犯罪合作协议，建立打私共建联席研讨制度，加强情报互助和信息共享，铲除非法利益链条，保障国家油料经营管理正常秩序。查破非法运输、走私成品油案件4件，移交海关3起，缴获成品油4672吨。关注沿海渔业生产，严惩海上渔匪渔霸，防范由海上渔事纠纷引发的违法犯罪行为，联合涉海部门执法机构，建立完善联合办案机制，共同组织开展海上执法执勤专项行动，净化海上治安秩序，维护海上生产作业安全。侦破江苏首例特大非法捕捞水产品案

件，抓获犯罪嫌疑人5人，缴获非法捕捞渔货132吨；移交办理治安案件4起，防范矛盾纠纷升级。

（洪滢滢）

3月26日，省民防局局长钱国超（前右二）到太仓调研。图为钱国超参观太仓民防科普教育馆　（市民防局供稿）

人民防空

【概况】 2015年，太仓市民防工作探索防空防灾一体化建设长效机制，抓好人防工程建设，提升平战结合功能转换能力，以建立和完善结构合理、功能多样的防护工程为重点，优化完善人防工程布局。人防工程增设“人防工程平面标注图”等标牌，使民防设施功能表达更清晰直观，便于广大市民识别和科学使用。加强指挥通信建设，完善指挥所功能，优化警报器材布局，落实人防专业队整组训练，提升应急救援能力。巩固和发展基层民防工作，通过民防工作室进基层、应急防护器材进基层、应急预案进基层、民防应急标识进基层、警报信息进基层、应急训练活动进基层，提升基层民防工作水平。截至年底，全市累计建成民防专业队伍7支、新型专业队伍4支。4月，太仓市民防局被江苏省民防局评为县（市、区）民防工作先进单位。

【民防应急演练】 2015年，市民防局加强人防指挥通信建设，提升民防队伍建设水平，开展各项应急演练。4月底，在城厢镇电站村组织近300名居民进行民防应急疏散演练；5月13日，结合警报试鸣日，组织全市各镇共1800名社区居民进行防空疏散演练；9月23日，为进一步检验重要经济目标空袭后果应急处置能力，组织开展长江石化消除空袭后果应急演练。所有演练均达到预期效果，高质量完成人防训练工作任务和《信息防护知识》课程视频授课任务。年内，《太仓市人民防空袭方案》修订完成，报上级民防局备案。在已有的7支民防专业队和2支新型专业队的基础上，新组建引偏诱爆、心理防护新型专业队2支，形成“7+4”民防局专业队11支，专业队人员从354人增加到394人。

9月23日，太仓市举行长江石化空袭后果处置应急演练　（市民防局供稿）

【民防宣传教育】 2015年，市民防局围绕防空防灾、应急避险、自救互救等内容，组织开展一系列贴近实际、贴近生活、贴近公众的科普活动，取得良好效果。“江苏省科普教育基地”——太仓民防科普教育馆免费向市民开放，提供优质讲解和示范服务，为广大市民提供一个集参观学习、体验互动为一体的平台。编印内容涵盖自然灾害、事故灾难、社会安全等六大方面的《居民防灾应急手册》，免费发放给市民。在机关和社区开展“关注安全·关爱生命”志愿服务活动，制作融知识性、趣味性于一体的PPT课件，穿插配备视频影像资料，讲解演示公共场所拥挤踩踏防范、心肺复苏演练、心理抚慰等防空防灾知识。在市中心广场设置咨询台，解答市民提问，讲解人防政策、法规知识和防空防灾常识，帮助市民增强国防观念和民防意识。改版升级太仓民防门户网站，增设视频新闻、在线访谈、网上办事、网上咨询、网上调查等栏目，使网站布局更加合理。8月1日，在太仓广播电台录制和播出《政务直通车》节目，帮助广大群众了解民防、关心民防、参与民防。与苏州健雄职业技术学院、太仓市第一中学和太仓市第二中学等单位合作，多次组织专家进行集中拍摄素材和会审，制作完成中学生民防多媒体教材，由南京大学出版社负责在全省范围出版发行。

（董　波）

公共安全

食品药品安全

【食品安全监管】 10月1日，《中华人民共和国食品安全法》(以下简称新《食品安全法》) 施行。太仓市加大宣传培训力度，组织全系统干部职工以及食品生产经营者10批次、389人次学习新《食品安全法》。推进省级食品安全城市创建工作，召开全市创建工作动员会，制定创建食品安全城市实施方案，分解创建任务，落实创建责任。组织开展桶装饮用水、月饼糕点、冷冻肉品和学校食堂、集体用餐配送单位等9专项整治为重点的食品安全"放心行动"。做好许可工作，完成824户食品经营户登记、许可和餐饮许可证和食品流通许可证"二证合一"工作，完成50家食品生产企业63个许可单元的换发证工作，其中新增食品生产企业20家；继续推进乳制品经营单独审核，全市乳制品经营户新增178户，许可证有效的经营户总量升至794户。加强食品安全风险监测，对国家、省、苏州市及本级抽检不合格食品严格执行下架、召回及依法查处等有关处置规定。完成食品抽检3639批，合格率98.85%，千人抽检率5.13%;开展各类快检1.8万批次，合格率99.93%。开展以乳制品、食用油、肉类、酒类、冷饮、儿童食品等为重点的专项整治，规范食品生产经营者主体资格、食品生产经营者的采购活动、食品包装标签标识管理、食品生产经营过程。按照食品分类、企业分级、监管分等的"三分监管"要求，对122家生产企业进行监督检查，立案查处涉嫌伪造生产日期的企业1家；加大小作坊整治力度，取缔无证无照小作坊8家，处理涉及小作坊的各类投诉举报50余起。全面接管餐饮服务环节安全监管职能，累计出动监管人员2110人次，开展各类餐饮单位检查660户次，抽检各类食品、餐用具326份，下发责令改正书130份，处理各类举报投诉41件，完成重大活动餐饮服务食品安全保障。

【药械安全监管】 2015年，太仓市受理药品以及器械行政许可药品经营企业235家次，受理从业人员许可150人次，完成二类医疗器械经营备案113家，医疗器械出口备案2家，一类器械产品备案16个。弘森药业2个原料药品种、东港气体医用氧通过省级GMP（药品生产质量管理规范）认证；2家批发企业和2家药品零售连锁企业通过省级GSP(药品经营质量管理规范)认证。强化药品经营和生产企业日常监管，开展全市医疗机构药品使用安全信用等级评定，重点加强中小学和幼儿园药品安全监管；制定《太仓市家庭过期失效药品回收管理办法》，开展家庭过期药品定点回收工作；按时完成药品流通环节电子监管任务，所有药品批发企业，零售连锁企业均入网开展核注核销，单体零售药店密钥领取率100%；健全监测网络，全年收集药品不良反应报告398例，医疗器械不良事件251例。组织"医疗器械五整治""药品安全大排查大整治""中药饮片整治""无菌和植入类医疗器械专项整治"等专项整治行动，打击和查处违法违规行为。

（王艳新）

安全生产

【概况】 2015年，太仓市共发生各类安全生产事故667起，死亡155人，事故数较上年上升3.25%，死亡人数较上年下降4.32%。其中，道路交通事故533起，死亡141人，事故数较上年上升17.92%，死亡人数较上年下降5.37%；工矿商贸事故14起，死亡14人，事故数较上年上升16.67%,死亡人数较上年上升7.69%;火灾事故120起，未发生亡人火灾事故，事起数较上年下降34.07%。全年未发生较大以上和有重大影响的生产安全事故，安全生产形势持续平稳。

【安全生产责任体系健全】 2月，市委、市政府印发《太仓市安全生产"党政同责、一岗双责"实施细则》，落实各级各部门安全生产监管责任。各镇(区）在此基础上分别制定"党政同责、一岗双责"实施细则,实现市、镇（区）、村（社区）三级安全生产责任体系全覆盖。12月，市政府印发《关于进一步健全安全生产监管体系实施意见的通知》，明确进一步加强市、镇两级安监部门机构能力建设，完善安全监管工作机制，落实安全生产经费与岗位待遇，在港区、新区、沙溪镇设立3个监察中队。按照《省政府关于切实加强全省开发区安全生产监管监察能力建设的意见》，太仓港经济技术开发区成立安全生产和环境保护局，明确安全监管执法人员不少于9人。

【重大隐患三级政府挂牌督办】 2015年，太仓市共有三级政府挂牌督办隐患67处。至年底，苏州市级挂牌隐患10项全部完成整改，共投入整改资金6480万元；太仓市级挂牌督办隐患20项完成整改19项，共投入整改资金6050万元；镇（区）级挂牌督办隐患37项全部完成整改，共投入整改资金6037万。2014年，太仓市有2项跨年度苏州市级重大隐患挂牌督办项目，其中太仓新湖工业用气有限公司的整改完成期限为2015年11月，按期整改完成。

【安全生产大检查】 天津"8•12"事故发生后，太仓市在全市范围开展安全生产大检查，深化"打非治违"和专项整治工作。市安委会下发《关于印发〈全面开展安全生产大检查深化"打非治违"和专项整治工作方案〉的通知》。8月24日，市委召开第77次常委会，传达中央领导重要指示批示精神及国务院、省、苏州市会议精神，部署大检查工作。各镇（区）、各部门采取"四不两直"（国家安全生产监督管理总局建立的安全生产暗查暗访制度，是"不发通知、不打招呼、不听汇报、不用陪同接待，直奔基层、直插现场"的简称)、明察暗访、突击检查、回头检查、交叉检查等方式，开展全市安全生产大检查，对事故易发多发的企业和重点行业领域开展反复检查，依法打击非法违法生产经营建设行为。8—12月，各镇（区）、各行业（领域）主管部门共检查各类企业单位（场所）4567家次，发现各类隐患5531处，其中重大隐患12处；打击非法违法行为220起，责令停产、停业整顿企业12家，处罚金额143.04万元。

【危险化学品安全监管】 2015年，太仓市对化工企业、加油站点、危化品生产、使用企业、带储存经营单位等不同行业领域开展各类专项检查，检查企业361家次。关停化工区外不符合安全生产要求的化工生产企业3家。对全市涉及油气等危险化学品罐区进行排查摸底，统计到各类危化品储罐939个、存放介质种类63种、特种作业人员3722人、安全管理人员614人。开展危险化学品和易燃易爆物品专项整治，检查涉及易燃易爆化学品的化工企业178家次。推进油气管道隐患治理，年内全市11处隐患整改完成10处。

【职业卫生监管】 2015年，太仓市完成工作场所职业病危害因素检测473家次，检测10151项次；完成职业健康体检469家次，体检人数43534人次；完成建设项目职业卫生“三同时”（建设项目职业病防护设施必须与主体工程同时设计、同时施工、同时投入使用）审查（备案）企业35家次；完成职业病危害现状报告备案企业39家；新增职业病危害项目网上申报企业698家。对全市7148家用人单位开展职业病现状摸底调查。对50家太仓市职业病危害专项整治重点企业开展动态检测和专项检查。开展有机溶剂和电焊烟尘企业专项治理，经治理，18家有机溶剂使用重点治理企业中仅2家出现甲苯、3家出现甲醇超标现象，电焊烟尘重点治理企业中仅1家出现电焊烟尘超标情况。

【存在粉尘爆炸危险企业专项治理】 太仓市原有涉爆粉尘企业165家，2015年开展三轮“回头看”检查，通过多频次、多部门联查、夜查及停止供电等措施，关闭关停不具备安全生产条件、未经整改验收擅自恢复涉爆粉尘抛光打磨作业企业48家，取消工艺企业23家，工艺改进企业94家。根据新规范目录和指南，重新排查后，至年底，全市共有涉爆粉尘企业81家。

【烟花爆竹安全监管】 2015年，在春节销售旺季及夏季高温季节，对全市烟花爆竹经营零售点及批发企业开展隐患排查，共排查零售点及批发企业278家次。市安监局、市公安局、市城管局等部门开展烟花爆竹联合“打非”，查处非法储存、经营烟花爆竹行为4起，查获非法储存、经营烟花爆竹约2万箱。开展烟花爆竹零售点“两关闭”（关闭存在“下店上宅”“前店后宅”等形式与居民居住场所设置在同一建筑物内的零售点；关闭与人员密集场所和重点建筑物安全距离不符合条件、集中连片经营、在超市内销售、未按规定专店（或专柜）销售的零售点）专项治理，至9月底，全市属于“两关闭”范畴的185家烟花爆竹零售点全部关闭。

7月，太仓市捣毁一处烟花爆竹非法储存点　　（张苗　摄）

【冶金等工贸企业安全监管】 2015年，太仓市将全市19家存在金属熔融作业、14家有色冶炼企业作为重点，开展冶金企业安全专项检查，并对2家金属冶炼企业进行专项执法检查。开展有限空间作业场所专项检查，检查有限空作业场所48家次。开展造纸和酱腌菜生产企业有限空间作业条件确认重点工作专项检查，排查出造纸企业4家，企业辨识有限空间作业场所357个、有限空间作业人员130人，组织有限空间作业人员培训230人次，张贴有限空间警示标识357个。全市原有涉氨化工企业16家、液氨使用工业企业12家、涉氨制冷企业19家，通过开展突击检查、联合检查以及第三方设计，关闭企业2家，1家企业停止使用液氨，21家企业进行重新设计、改造或由第三方机构出具安全现状评价，7家企业淘汰液氨制冷工艺，1家液氨带储存经营企业放弃液氨储存业务。针对涉氨制冷企业集中的长江口旅游度假区（浏河镇）开展专项宣传，对该区14家涉氨制冷企业进行“点对点”宣传，邀请省级安全生产专家举办涉氨制冷企业安全培训班。

【企业安全生产标准化建设】 2015年，太仓市新增创建规模以上三级标准化企业30家，全市规模以上企业累计完成三级达标1050家、二级达标6家、一级达标1家。新增创建小微企业标准化75家，全市小微企业累计完成达标359家。开展标准化达标企业“回头看”，检查达标企业334家。对2015年到期的65家化工企业、183家规模以上企业开展复审；不符合要求的6家企业不再授牌，纳入整改名单。开展化工企业标准化互查互评，完成互查互评企业65家。

【“智慧安监”信息平台建设】 2015年，太仓市投入专项资金37万元建设“智慧安监”信息平台，经过政府采购、招投标、建设等环节，10月，该平台基本建成，在沙溪镇、双凤镇进行试运行，沙溪镇完成录入1001家工业企业基础信息。

【安全生产专业化服务体系】 2015年，太仓市投入专项资金130多万元，以政府购买服务方式，聘请安全评价、检测、培训等第三方服务机构及专家队伍，对涉爆粉尘、危化品、职业危害、涉氨制冷等重点领域开展风险评估、动态监测、安全评价和专项培训；聘请专家参与日常检查，排查高危行业领域隐患，提高监督检查专业化水平。

【安全生产执法处罚】 2015年，太仓市依法查处各类安全生产事故，共立案查处各类安全生产亡人事故14起，共计处罚金额433.15万元。市安全生产监察大队围绕企业未落实安全生产主体责任及安全生产领域非法生产、经营、储存、持证上岗等违法违规行为，进行事前执法处罚，立案处理29起，处罚金额84.9万元。

【生产安全应急演练】 2015年，太仓市编制完成《太仓市生产安全事故应急预案（修订）》。各镇（区）、各部门分别组织综合实战演练，先后开展道路运输安全应急综合演练、游乐设施应急救援预案演练、建筑施工安全应急消防综合演练、公路突发事件应急演练、消防应急安全演练、电梯困人应急救援演练等一系列演练，提升安全生产应急处置能力。

【安全生产宣传教育】 2015年，市安监局邀请省安监局为各镇（区）安监人员和企业负责人讲解新《中华人民共和国安全生产法》（以下简称《安全生产法》）5次。开展《安全生产法》知识竞赛普及教育，发放竞赛试卷1万份，发放《安全生产法》职工普及学习读本、《全国职工安全健康知识普及教育》等5000多本，开展《安全生产法》学习研讨征文活动。组织开展全国第14个“安全生产月”活动，在企业、社区组织安全生产文艺巡演9场次，举办“安全生产宣传咨询日”活动，各镇（区）、各行业主管部门组织开展道路交通安全、旅游景点安全、消防安全、建筑施工和房屋安全、特种设备安全、燃气安全等专题宣传。市安监局、团市委、港区管委会共同举办“青年安全生产示范岗”创建活动，动员和组织全市广大团员青年投身安全生产实践。市安全生产管理培训中心全年举办培训班210期，培训企业负责人、安全生产管理员和特种作业人员等10834人次。

2月，市领导督查安全生产工作　　（市安监局供稿）

【消防安全管理】 2015年，市公安消防大队以预防和遏制重特大火灾尤其是群死群伤火灾事故为关键，以夏季消防检查、冬春火灾防控等为重点，加强消防工作和队伍建设，保持全市火灾形势基本平稳和队伍安全稳定，维护消防安全环境。加强社会防控火灾各项能力建设，提升全市抵御火灾能力。投入2000余万元用于消防装备更新换代。城西消防站动工建设，洛阳路消防站原址改建。开展消防志愿者和消防义警队伍建设，开展常态化消防安全“网格化”巡防；推行社会单位消防安全“户籍化”管理，加大社会单位消防安全“明白人”队伍培育力度，以“明白人”带动整个单位“户籍化”工作，助推单位消防安全“四个能力”提升。深化消防社会化宣传工作，消防网格化管理员、社区防火宣传队、消防志愿者服务队等消防宣传队伍发放各类消防宣传单和宣传手册近8万份，张贴《消防安全告知书》3万余份。投入70余万元配备专业消防宣传车1辆，定期在全市各社区、广场等人流密集场所开展宣传工作。受理消防行政项目225个，消防设计备案抽查125项，竣工验收备案抽查77项，消防安全检查22项。

【消防监督演练】 2015年，市消防队伍针对港口石油化工企业等重大危险源，做好危化品事故处置各项准备工作。对各类人员密集场所、“九小场所”（小学校或幼儿园、小医院、小商店、小餐饮场所、小旅馆、小歌舞娱乐场所、小网吧、小美容洗浴场所、小生产加工企业）定期开展“六熟悉”演练，确保熟悉消防队责任区的交通道路、水源情况；熟悉责任区内重点单位的分类、数量及分布情况；熟悉责任区内主要灾害事故处置的对策及基本程序；熟悉责任区内重点单位建筑物使用及重点部位情况；熟悉重点单位内部的消防设施情况；熟悉重点单位的消防组织及其灭火救援任务分工情况。全年各消防中队共开展“六熟悉”演练175次、实战演练55次，制定、修订灭火预案217份。在节假日和重大活动期间，提前制定消防安全保卫工作方案，开展消防监督检查，做好社会面火灾防控。全市共有消防重点单位497家，其中消防大队列管267家，公安派出所列管230家。推进重大火灾隐患单位整改，分别是众华电子科技、希恩碧电子、舒适家具3家单位和中区社区、浏泾工业园和小商品市场3个区域性火灾隐患场所。全年开展消防安全检查单位3924家，整改火灾隐患6514处，下发责令改正通知书2936份，查封106家，责令“三停”21家，罚款125.9万元，拘留15人。各公安派出所下发处罚决定书446份，受案436起。8月，对港区危化品企业开展拉网式消防安全大检查，围绕火灾事故扑救，调研易燃易爆危险品场所。

（顾婷婷　叶　奕）

中共太仓市委员会

重要会议

【中共太仓市第十二届十次全体（扩大）会议】 2015年7月25日召开，全会贯彻中共十八大、十八届三中全会和十八届四中全会及习近平总书记系列重要讲话精神，按照省委、苏州市委要求，回顾总结上半年工作，研究部署下半年任务。

全会由市委常委会主持。出席会议的有市委委员31人、候补委员4人。市有关负责人，市纪委委员，各镇、太仓港经济技术开发区、新区、科教新城、旅游度假区、娄东街道有关负责同志，市委各部委办局、市各委办局、市各人民团体有关负责同志，各直属单位、健雄学院、各驻太部队及有关方面负责人和代表列席会议。会议邀请太仓港口管委会有关领导参加。

全会听取并审议通过市委书记王剑锋代表市委常委会作的题为《加快改革发展、全面从严治党，为完成全年目标任务而努力奋斗》的报告，肯定上半年全市经济社会发展所取得的成绩，强调下半年要重点抓好五个方面工作：一是加强运行调节，扩大有效投入，强化服务保障，保持经济稳定增长；二是加快制造业升级，做优现代服务业，繁荣创新型经济，加快产业向中高端迈进；三是更大力度推进改革，主动融入“一带一路”，增强发展活力动力；四是加强城市建设管理，加速城乡一体步伐，加大环境治理力度，加快建设田园城市；五是强化民生保障，加强文化建设，推进依法治市，保持安定有序，确保社会和谐稳定。要在精准把握总体要求、注重彰显时代特征、突出抓好重大事项、充分吸收意见建议的基础上，做好“十三五”规划编制工作。

全会审议通过《中共太仓市委关于推动全面从严治党迈上新台阶的意见》（以下简称《意见》），要求按照《意见》部署，做到“八个从严”（思想教育从严、党内生活从严、干部管理从严、作风改进从严、组织强化从严、制度治党从严、惩治腐败从严、落实责任从严），做到管理更严格、纪律更严明、干部更清正、政治更清明，为建设“现代田园城、美丽金太仓”提供坚强政治保证。

【中共太仓市第十二届十一次全体（扩大）会议】 2015年12月21日召开，全会贯彻落实中共十八大和十八届三中、四中、五中全会精神，以习近平总书记系列重要讲话特别是视察江苏重要讲话精神为指引，按照省委十二届十一次全会和苏州市委部署要求，总结全年工作，研究部署2016年及“十三五”发展目标任务。

全会由市委常委会主持。出席会议的有市委委员33人、候补委员6人，市有关负责同志、市纪委委员、各地各部门负责人和部分代表列席会议。

全会听取和讨论市委书记王剑锋代表市委常委会作的题为《践行新理念、激发新动能，为实现“十三五”良好开局而努力奋斗》的报告，审议通过《中共太仓市委关于制定太仓市国民经济和社会发展第十三个五年规划的建议》。全会肯定2015年全市经济社会发展所取得的成绩和“十二五”时期太仓经济社会发展取得的重大成就，认为过去五年是太仓发展史上综合实力提升最快、转型发展进展最大、人民群众得到实惠最多的时期之一。“十三五”时期，太仓市仍处于可以大有作为的重要战略机遇期。2016年是实施“十三五”规划的开局之年，做好2016年工作，必须把握六个方面重点：一是全力稳定增长，致力调整结构，奋力推进创新，不断提升经济发展质量效益；二是打好全面深化改革攻坚战，发展更高层次开放型经济，做好“以港强市”“融入上海”“对德合作”3篇文章，切实增强发展动力活力；三是强化城镇建设管理，深化城乡一体发展，优化生态宜居环境，争当全国中小型城市开发建设的典范；四是抓好富民保障工作，提升公共服务水平，强化社会治理创新，持续增强人民群众获得感和幸福感；五是加强先进思想文化引领，促进文化事业文化产业繁荣发展，不断提升公民文明素质和社会文明程度，加快推动文化建设迈上新台阶；六是加强法治政府、法治市场、法治社会建设，全面提升依法治市水平。

全会强调，要坚持不懈推进全面从严治党，巩固提升“三严三实”专题教育和省委巡视意见整改落实成果，强化思想引领，坚定正确政治方向；狠抓队伍建设，提升干部能力素质；夯实基层基础，构筑坚强战斗堡垒；保持勤政廉政，彰显共产党员本色，提高党的建设科学化水平，为实现“十三五”发展良好开局提供坚强保证。

（顾鸿飞）

组　织

【概况】 2015年，太仓市组织系统学习贯彻中共十八大和十八届三中、四中、五中全会精神，坚持党要管党、从严治党，围绕全国、省市组织部长会议和市委各项部署要求，推进“三严三实”（严以修身、严以用权、严以律己，谋事要实、创业要实、做人要实）专题教育，做好选干部配班子、抓基层打基础、聚人才建队伍等各项工作。

【“三严三实”专题教育】 2015年，太仓市按照中央“三个见实效”（在深化“四风”整治、巩固和拓展党的群众路线教育实践活动成果上见实效；在守纪律讲规矩、营造良好政治生态上见实效；在真抓实干、推动改革发展稳定上见实效）的目标要求，精心谋划“三严三实”专题教育，抓好有关工作的落实推进。做好“四专题一强化”（讲好专题党课，抓好专题学习研讨，高质量开展专题调研，高质量召开专题民主生活会和组织生活会，强化整改落实和立规执纪）规定动作，市委主要领导带头上党课，结合“三访三促”（访基层企业、促转型升级，访基层组织、促创先争优，访基层群众、促改善民生）开展专题调研，高标准组织开展好市委常委会3次学习研讨和专题民主生活会。根据市委统一部署，组织开展以“强党性、勇担当、比贡献”为主要内容的“我是共产党员”专项教育活动，聚焦忠诚、干净、担当，开展“佩党徽、亮身份、树形象”“重温岗位职责、落实工作责任”等系列活动19项，使党员干部在党性、思想、作风等方面受到全面系统的教育锤炼。坚持发挥典型引路作用，先后举办全市先进典型事迹报告会2场，分层分批组织开展巡讲宣讲、媒体宣传和警示教育，遴选50个先进典型事迹编印《身边的共产党员》宣传材料，广大党员的身份意识、组织意识和表率意识进一步增强。坚持问题导向，始终聚焦“党员不像党员”“为官不为”“慵懒散拖”等突出问题，查摆问题、列出清单、即知即改，党群干群关系进一步凝聚，形成助推经济社会发展的动力。“我是共产党员”专项教育活动获上级组织部门肯定。

【各级领导班子换届考察】 2015年，市委组织部做好乡镇换届考察工作，对21家市级机关开展领导班子考察，理清领导职数、班子结构、运行情况等，开展领导班子综合分析研判，重点掌握党政正职、年轻干部、优秀干部名单，提出干部优化调整建议。着眼换届年轻干部近期远期配备目标，推进“A730培养计划”，开展竞争性选拔6名镇党政副职工作，通过“双向挂职”[着眼优秀年轻干部交流培养，深化拓展年轻干部一线工程，在挂职锻炼岗位安排上考虑双向性、工作延续性和人岗相适等原则，市级机关部门选派的挂职干部一般安排到村（社区）以及镇拆迁办、信访办等部门挂职，镇（区）选派的挂职干部一般安排到市级机关部门挂职]和“挂实职”等手段推动年轻干部“墩墩苗”。对照换届班子配备需要，指导镇区做好点人头、压担子、抓培养等各项工作，督促各地各单位超前做好股级干部梯次配备。结合换届部署，做好2015年底2016年初人大政协例会人事调整。

【干部宏观管理】 2015年，市委组织部抓好以《党政领导干部选拔任用工作条例》为核心的选人用人新精神学习宣传，坚持严格标准和程序，营造正确的选人用人导向和风清气正的选人用人风气。结合实际制定《太仓市“动议比选任用”科级领导干部实施办法》及配套细则，落实动议审核、任用纪实等规定。全年共调整干部4批次248人次，其中轮岗交流89人，提拔52人。对照从严管理干部“五个要”（管理要全面、标准要严格、环节要衔接、措施要配套、责任要分明），健全《太仓市党政领导干部“三责告知”办法（试行）》《干部谈心谈话制度实施办法》等监督管理制度，加大对干部的提醒和关爱，对6家单位进行“三责联审”（按照干部管理权限和部门职能分工，由市委组织部会同市编委办、市审计局等同步实施党政领导干部选人用人责任审查、机构编制责任审核和任期经济责任审计）、16家单位进行经济责任审计、15人进行“三责告知”（按照干部管理权限和部门职能分工，由市委组织部会同市编委办、市审计局等对党政领导干部在履职前进行“用人、用编、用财”工作责任的告知）和离任“阳光交接”。加强对下级党委组织的选人用人督查，落实干部任免预报审核和列席旁听制度。

【干部选拔任用整改整治工作】 2015年，市委组织做好省委第一巡视组到太仓巡视的各项联络配合工作，专题汇报干部选拔任用工作情况，梳理提供干部名册、干部档案等材料。推进巡视意见整改落实，制定《日常了解领导班子和领导干部实施办法（试行）》《定期综合分析研判领导班子和领导干部实施办法（试行）》等政策文件13个。持续推进超职数配备干部问题专项治理，按照要求时限完成所有科职领导干部超配消化任务，抓好下级党委选人用人职数预审，严防新的“三超两乱”（超职数配备干部、超机构规格提拔干部、超审批权限设置机构，擅自提高干部职级待遇、擅自设置职务名称）情况发生。规范干部个人有关事项报告抽查核实工作，对47名正科职、40名拟提拔对象核实个人有关事项报告。同时，抓好干部因私出国（境）专项治理和干部人事档案专项审核工作。

【干部教育培训】 2015年，市委组织部突出理想信念和党性教育重点，实施《关于在干部教育培训中加强党性教育和理想信念教育的意见》，开展中共十八大和十八届三中、四中、五中全会精神及习近平系列重要讲话精神学习培训，把新常态、新理念纳入各类主体班次必修内容，开展“菜单式”讲座8期，开展各类培训、专题讲座500多期，参训干部3万人次。强化分层分类培训，与有关专业机构合作，开展“坚定理想信念”“年轻干部党性锻炼”“党务干部党性修养”等专题班次，聚焦经济社会发展，开展“接轨上海自贸区”“创新社会治理能力”等干部履职能力培训班7个，提升党员干部党性修养和专业能力。优化“领题导读”工作，规范选题和导读流程，开展党性教育专题“领题导读”，发挥“领题导读”学以致用、学用相长的效果。“领题导读”工作在苏州市干部教育工作领导小组（扩大）会议上作交流发言，得到上级组织部门肯定。

【基层党建工作责任制落实】 2015年，太仓市以基层党建工作责任制为龙头，强化制度刚性约束，市委印发《2015年度镇（区）党（工）委书记抓基层党建工作责任清单》等4个责任清单，召开落实基层党建工作责任制工作推进会和全市党委（党组）书记抓基层党建工作述职评议会，健全“三级联述联评联考”[“三级联述”，即市（县、区）、镇（街道）、村（社区）三级党组织书记就抓基层党建工作情况向上级党组织进行专项述职；“三级联评”，即组织基层党组织、党员和群众代表对市（县、区）、镇（街道）、村（社区）党组织抓党建工作情况进行评议；“三级联考”，即把抓基层党建工作情况作为市（县、区）、镇（街道）领导班子、领导干部和村（社区）“两委”班子及成员年度考核的重要内容］工作机制。抓住“带头人”这个重中之重，组织开展村（社区）、非公企业党组织书记培训班，抓好培训、管理、督查、关怀等各项工作，推动基层党建工作责任层层落实。年内，推进村级“四有一责”（有持续稳定的集体收入，有功能齐全的活动阵地，有先进适用的信息网络，有群众拥护的双强带头人，强化村党组织领导责任）、社区“三强一化”（整合功能强、承载功能强、服务功能强，实现信息化）建设，开展“两新”组织（指新经济组织和新社会组织。新经济组织是指私营企业、外商投资企业、港澳台商投资企业、股份合作企业、民营科技企业、个体工商户、混合所有制经济组织等各类非国有集体独资的经济组织。新社会组织是指社会团体和民办非企业单位）党建工作摸底调研和项目化管理工作。深化区域化党建工作，优化区域党建工作站设置和功能，做好专职工作人员选配工作，区域党建工作站综合服务功能得到提升。巩固扩大整顿帮扶软弱涣散基层党组织成果，按照上级部署，选派5名优秀机关干部到村任“第一书记”，以落实“四个一”帮扶（一名市领导联系、一个市级机关帮扶、一家企业单位共建、一个发展项目支撑），推动实现精准扶贫。深化党员关爱帮扶行动，向2680户困难群众发放党员关爱基金340多万元。推进党建工作信息化建设，丰富《太仓党建》电视频道栏目，围绕学习中共十八届四中、五中全会精神和“三严三实”专题教育等主题，优化内容设置，开展巡礼、展播等集中宣传，营造党员创先争优氛围。

【“365服务工程”品牌拓展建设】 2015年，太仓市丰富和拓展“365服务工程”内涵（“365服务工程”是对农村、市级机关、事业单位党组织开展的“365服务”的统称。在农村党组织中开展“365服务体系”建设，即三全、六服务、五保障，三全指“服务时间全天候、服务内容全方位、服务形式全过程”；六服务指服务核心、服务队伍、服务阵地、服务载体、服务机制、服务业绩；五保障指“思想、组织、资源、经费、责任保障”。在市级机关、事业单位中开展“365服务工程”建设，即三个目标、六项措施和五项保障，三个目标指“全心全意为群众服务、尽心尽意为群众办事、称心称意让群众满意”；六项措施指“开展我是人民勤务员主题活动，开展党旗飘扬示范活动，常规服务保姆式，疑难问题诊询办，服务群众连心桥，群众满意风向标”；五项保障指思想、组织、队伍、机制、责任保障），市委常委会专题研究并印发《关于深化农村党组织“365服务工程”的意见》，进一步完善“民生大巡访”（在党的群众路线教育实践活动中，开展“机关干部回家乡”、深化“红色1+3”主题实践、深化领导干部下基层“三访三促”等活动，要求广大机关干部、市级机关和领导干部找准找实服务群众方面存在的突出问题，以问题为导向，真心实意为群众办实事解难题，让群众切身感受到开展教育实践活动的实效）和“四步循环工作法”（以“联系零距离、服务全天候、评价开门化、固本强基础”为四步，四个步骤相互衔接、循环往复，形成一个环状动态螺旋上升的模式，推进365服务工程的自我运转）等制度配套，集中开展总结、宣传、推广工作，“365服务工程”品牌区域影响力得到提升。

【法治型党组织创建】 2015年，太仓市着眼于推动法治型党组织创建与基层民主自治结合，实施《关于推进基层法治型党组织建设的意见》，推出基层党组织“法治专题宣讲月”“百名律师结百村（社区）”等十项载体建设，召开法治型党组织建设专题推进会。太仓市务实推动法治型党组织“落地生根”有关举措获上级组织部门肯定，并推荐给周边县市借鉴。

【德企党建工作】 2015年，太仓市立足服务中德合作战略，深化“德企党建服务联盟”建设，拓展德企“红色沙龙”、党建工作服务站等平台建设，推动党建工作与德企发展相得益彰、互惠共赢，有关做法获评第三届“全国基层党建创新案例征集评选优秀案例”。

【党员规范管理】 2015年，市委组织部落实发展党员规划，坚持“入口严”，深化发展党员“提质工程”，建立发展党员标准化培训制度，提升发展党员质量。坚持“出口严”，开展党员队伍普查，及时清理空挂党组织673个，组织处置问题党员21人。推动党员教育管理规范化、制度化，将每月10日固化为党组织“统一活动日”，搭建“红色讲堂”常态学习教育平台，统筹各级各类党员学习教育

6月8日，太仓市召开全市党员常态化教育工作推进会

（市委组织部供稿）

资源，开展“党章学习日”“重温入党誓词”等活动，拓展组织生活形式，提升组织生活实效，推动“三会一课”（定期召开党支部党员大会、支部委员会、党小组会，按时上好党课）等常规制度落实。深化“立足岗位争先锋”“党旗飘扬示范团队”等争创活动，引导全市党员发挥先锋模范作用。

【人才队伍管理】 2015年，太仓市制定“娄东英才”工程实施意见及科技、教育、卫生等一系列人才子计划，形成覆盖面广、梯度分明的新一轮人才政策体系。创新人才管理机制，管控资金风险，首次探索以政府购买服务方式对26个人才项目开展中期绩效评估；首次对各支人才队伍开发资金实行归口管理，年末聘请5家专业机构对使用部门人才专项资金进行绩效审计。强化考核激励，修订太仓市人才工作目标责任制考核体系，提高年底考核评分区分度，强化考核“指挥棒”作用。同时，实施区镇双月汇报会、部门季度分析会等8项制度，定期了解各项人才指标进展情况。至年底，全市人才总量14.07万人，高层次人才8464人，分别较上年增加9.41%和9.38%。评选本级科技领军人才26人，全市累计196人；首次开展文化创作人才评选，评出新一批卫生学科带头人、中小学学科建设领军人才、高技能人才和企业创新人才培育对象。项目申报质效提升，在上级人才计划入选数连年压缩情况下，完成市委、市政府年初下达的入选上级领军人才项目20个的年度工作目标，其中入选国家“千人计划”1人，累计24人；入选省创新团队1支（领军人才4人）；入选省“双创”计划5人；入选姑苏科技领军人才计划10人，列苏州各版块同类指标4～6名。人才企业贡献凸显，全市“人才带动企业、企业带动产业”呈良性发展态势。1—11月，全市105家人才企业实现销售、纳税总额7271万元，其中25家企业销售额超1000万元，15家企业纳税额超100万元。

【招才引智平台拓展】 2015年，太仓市开拓引才渠道，借力“海创智库”平台，举办“‘千人计划’专家发现太仓”活动，吸引国家“千人计划”专家20人到太仓对接考察，引进中千联医疗科技一体化解决方案服务平台；启动首届“郑和杯”青年精英创新创业大赛，搭建青年创客展示交流和项目孵化平台。探索推进社会化引才，制定《太仓市社会化引才激励实施细则（试行）》，激励引导引才机构、个人等社会资源发挥桥梁纽带作用，引进推荐优质人才资源。推进特色载体建设，新增太仓高新区科技企业孵化器、太仓生物医药企业孵化器等省级以上科技企业孵化器2家，获批国家级博士后科研工作站2家，实现全市自2008年以来的新突破。中科院上海硅酸盐研究所苏州研究院落户太仓，太仓市生物医药产业园获评国家“火炬计划”特色产业基地，成为苏州唯一一家获评国家“火炬计划”的特色产业基地。深化政产学研合作，举办科技人才“双百”对接会，做好第七、第八批科技镇长团期满考核和选派工作，举办苏州市级产学研对接活动“华东理工大学产学研对接会”等各类对接活动28次。

【人才发展环境优化】 2015年，太仓市拓展人才金融服务，发挥“科才通”创业贷款基金效应，新增用于人才企业后期支持资金1000万元，7家领军人才企业享受专项贷款787.5万元，8家企业进入第三批产业投资基金项目审批环节。优化人才创业环

6月5日，太仓市举办“海创智库”（千人计划）太仓创新创业服务中心揭牌仪式暨国家“千人计划”专家发现太仓活动　（市委组织部供稿）

境，举办第七届“人才宣传服务月”系列活动，开展市领导走访人才企业活动，实地解决企业发展难题。开展第三届“娄东英才奖”评选活动，完成领军人才联谊会换届选举工作。提高人才生活待遇，实施《太仓市城北青年公寓租赁管理办法》，启动城北青年公寓网上申请，至年底，共申请入住人才320人。成立高层次人才生活待遇审核小组，完善人才生活待遇审核流程和监督体制。

（王维峰）

宣 传

【思想理论武装】 2015年，太仓市组织宣讲团深入基层宣讲中共十八届三中、四中、五中全会精神，开展讲座近150场。制定《2015年全市党委（党组）中心组专题学习计划》，安排学习专题8个。制定印发《关于开展2015年党委（党组）中心组学习旁听抽查工作的通知》《关于进一步加强和改进全市党委（党组）中心组学习的实施意见》《关于进一步加强和改进全市党委（党组）中心组学习督查旁听工作的通知》等文件，每月抽查旁听2～3家单位。市委宣传部与市委办、市委组织部、市委党校合作，举办市委中心组专题学习报告会8期。组织“新党章微信学堂”活动，共有机关、企事业单位150余家参加，参与党员5000余人次。开展2014—2015年基层党员干部冬训工作，太仓市获2014年度全省基层党员冬训工作示范县（市、区），璜泾镇获2014年度全省基层党员冬训工作示范乡（镇、街道）。申报苏州市基层党校“争先创优”活动优秀项目，璜泾镇党校“红色文化，绿色田园”主题教育项目获评一类项目，双凤镇党校“让我来说”——双凤镇党员说书会获评二类项目，沙溪镇党校“打造党员教育三课堂·凝聚沙溪发展正能量”获评三类项目。

【社科理论研究】 2015年，太仓市印发《关于征集太仓市哲学社会科学2015年度研究课题的通知》，经过自行申报和专家评审，确定并公布社科应用研究课题45个，其中重点资助课题5个，一般课题40个。上报《群众》杂志社约稿文章《文化建设迈上新台阶》1篇。出版《太仓社科论坛》3期，刊发理论性、应用性文章50多篇。组织申报2014年度“江苏省社科应用研究精品工程奖”、2015年度“江苏省社科应用研究精品工程”课题、2015年度“省社科应用研究精品工程”市县专项课题、苏州市第二届“社科应用研究精品工程”优秀成果、苏州市哲学社会科学界第八届学术大会征文等。协助苏州市社科联规划立项课题“创新推动与中小企业发展”的南大课题组到太仓调研。组织编辑《娄东文化丛书》第四辑和《太仓样本》，修改《太仓史话》文稿。市社科联获省社科联授予的2014年度“工作创新奖”称号，位列全省县级市、区第三。

【社科宣传教育】 2015年，太仓市在政务微信“太仓发布”开设“娄东视点”栏目，刊发各类文章100余篇。组织开展“弘扬法治精神，传播法治文化”为主题的第10届社科普及宣传周活动。出版《太仓日报·娄东大讲堂》12期。开设“市民课堂”系列讲座50期、“娄东女性大讲堂”4期。组织理论社科走基层活动，邀请市司法局、市医疗系统专家到县府社区就法律知识、医疗保健等方面开展讲座，近百名群众参加活动。召开2014年度社科联理事会，表彰一批先进社科团体和优秀成果。召开政研会年度工作总结会，印发《关于开展2015年思想政治工作课题调研的通知》。

【新闻宣传】 2015年，太仓市围绕全市中心工作，把握对外宣传窗口期，做好新闻点的挖掘、策划、推介。全年重点策划海上丝绸之路上的太仓、政社互动、中德企业合作、深度对接上海等新闻采访主题，先后在《人民日报》、中央电视台、新华社、《光明日报》、《中国日报》、《新华日报》、《苏州日报》等中央和省市级主流媒体组织重点报道，其中新华社《半月谈》刊登《再建一个德国中心——江苏太仓德资企业的中国选择》，中央电视台《新闻联播》播出“太仓市中德投资并购会”及社会管理创新类报道——《江苏苏州：让法治成为核心竞争力》，《朝闻天下》报道《江苏太仓：深化中德两国经济合作》，《新华日报》头版头条刊登《执着太仓，“小而强”沙场执牛耳》。全年，《苏州日报》头版头条报道太仓新闻5篇，其中《德国中心落户太仓·助推4.0“风口”智能制造》受到广泛关注。全年全市共组织中央和省市级主流媒体重点报道100多篇，配合新华社内参调研3篇，主题宣传重点突出，新闻外宣成果显著。

【社会正能量弘扬】 2015年，太仓市专题策划“你我他的精彩人物”外宣活动，发动全社会重点挖掘和传播身边的平民英雄和凡人善举故事、新老太仓人创业成长故事。新华社、中央人民广播电台报道《“小秀才555”，顾文忠4年帮100多个家庭找到亲人》的故事。《人民日报》以《“菜场诗人”的文学梦》为题报道新太仓人王佃恩的故事，加上之前省级媒体多次报道的“送水哥”姚彩亚、“打杂哥”张新文等3位“草根作家”太仓圆梦的故事，均在社会和网络上迅速“火”起来。通过推出凡人小事，为太仓改革发展稳定凝聚正能量，让社会主义核心价值观宣传教育更加通俗化、具象化、大众化，为普通百姓所接受。

【新闻发布】 2015年，太仓市在原有每年一次外出集中培训基础上，与苏州大学合作新增二期新闻发布培训，培训范围扩大到基层执法单位、窗口单位等政府、企事业单位，植入“互联网＋”媒介意识思维。深入基层开展新闻发布指导工作，新闻发布工作触角从政府延伸到企业，从市级层面发展到基层乡镇，从政治经济发展到体育、旅游、文化等各方面，丰富新闻发布内涵。同时，拓宽微博、微信发布平台，完善“互联网＋”发布渠道，占领新媒体发布阵地。

【境内外宣传】 2015年，太仓市继续深化中德合作，拓宽合作领域。年内，举办“一带一路”与新时期中德合作对话会、全球第8家德国中心落户太仓新闻发布会、太仓第一家德企克恩—里伯斯三期投产新闻发布会、德国巴伐利亚州州长访问太仓、中德投资并购（太仓）论坛等新闻活动。围绕以上合作新成果，市委宣传部加大新闻报道力度，在央视《朝闻天下》和《新华日报》等媒体刊发报道，提升太仓“德企之乡”知名度和美誉度。举办“一带一路”沿线国家媒体看太仓活动，邀请泰国、尼泊尔、巴基斯坦、西班牙、马来西亚、韩国、菲律宾、乌兹别克斯坦、越南、老挝、孟加拉、缅甸等12家境外媒体到太仓采访，《新华日报》报道《外媒点赞江苏将给世界带来惊喜》，《中国日报》刊登《“一带一路看江苏”，近30位境外媒体记者聚焦江苏》，进一步提升太仓城市影响力。同时，制作完成《太仓概览（2015）》和城市形象宣传片《留忆太仓》《活力太仓》等。协助中央电视台记录频道拍摄大型电视纪录片《世纪丝路》太仓部分。魅力太仓英文网站改版上线，为外国读者提供关于太仓的最新资讯，推介太仓基本信息和各类服务信息。

【精神文明创建】 2015年，太仓市完善文明创建体制机制，调整市文明委成员，确立以市委书记、市长为文明委主任的“双主任”制。召开太仓市文明委全体扩大会议暨社会主义核心价值观推进大会，启动新一轮文明城市创建工作。制定《太仓市创建全国文明城市三年行动计划（2015—2017）》。发动市民广泛参与，组建文明城市创建市民巡访团，配备专用设备，利用“12345”和“城市E管家”网络平台，建立24小时监督网络，全年处理各类问题约1000个。加强网络文明传播，建设“中国文明网太仓联盟站”，优化“文明太仓”微博、微信平台。以《全国县级文明城市测评体系》为导向，做好创建迎检工作。先后召开创建工作推进会、测评迎检部署会，发放《测评工作操作手册》和《创建文明城市宣传手册》，由市领导带队实地督查分解任务，明确进程，解决难点问题。8月，“全市百村乡风文明岗活动”现场观摩会在璜泾镇雅鹿村召开，雅鹿村乡风文明主题公园开园，打造农村精神文明建设工作亮点，会上表彰优秀乡风文明示范岗25个、优秀金乡邻志愿岗15个。12月上旬，省文明办对太仓市文明城市创建情况进行实地测评。华能太仓电厂、城厢镇分别通过“全国文明单位”和“全国文明镇”复评，雅鹿村获评“第四批全国文明村”。全市69家单位、5个镇、21个村、12个社区分别获评2012—2014年苏州市文明单位（标兵）、文明村（标兵）、文明社区（标兵）。12月底，太仓市召开全市文明单位创建工作推进会，对文明单位工作专题培训，部署2016年省级文明单位创建工作。

【思想道德建设】 2015年，太仓市着力培育和践行社会主义核心价值观，在主要媒体和主要道路、车站、工地围挡等载体上投放“社会主义核心价值观”公益广告，开设“文明太仓365”“培育和践行社会主义核心价值观”等专题专栏近10个，制作《培育和践行社会主义核心价值观——太仓籍先进典型人物》读本。组织开展“幸福太仓——讲文明树新风”公益广告征集活动、“我推荐、我评议身边好人”活动，全年寻访“身边好人”60人，巡访挖掘乡贤21人。梁雪芳入选苏州市2015年度精神文明建设十佳新人候选人，7位市民入选“苏州好人”，12户家庭入选苏州市农村文明户标兵。实施公民道德建设“双百工程”（道德模范宣讲100场，宣传道德模范100人），各镇区、各单位开展“身边好人”基层巡讲巡演、道德讲堂等活动120多场次。开展“公民道德宣传日”活动，市委书记王剑锋慰问“中国好人”等道德模范。开设核心价值观特色课程，在新区第三小学试点推广。围绕“阅读，让太仓更美丽”主题开展第10届太仓阅读节，组织“书香溢娄城”全民阅读百村行等重点阅读项目97项，各单位开展讲座、展览、故事会等活动200多场次，参与者3.5万人次。评选表彰十佳书香机关、书香企业、书香校园、书香社区（村）和百家书香家庭等。

【社会志愿者】 2015年，太仓市实施志愿服务常态化工程，定制太仓市志愿者驿站展示柜，在全市人群密集场所开展常态化宣传。组织实施志愿者实训工作，对全市100多个志愿团队负责人开展专业培训，提升志愿服务管理组织能力。强化志愿服务阵地建设，新建市妇幼保健所等“太仓市志愿服务实践基地”10个。开展“家在太仓·情暖娄城”志愿服务“百千万工程”，培育特色化志愿服务团队100个，开展志愿服务活动1000余次，注册志愿者1万余人。以“三关爱”为主题，开展“关爱失独家庭”、六小行业党员志愿服务、“尊重红绿灯、礼让斑马线”等志愿服务重点项目30项。举行“12·5”国际志愿者日主题纪念活动，表彰2015年太仓市优秀志愿者团队20个、优秀志愿者55人、优秀志愿服务项目20个以及十佳文明出租车、十佳公交车驾驶员等。参加苏州市“志愿有我”志愿者微视频大赛，3件作品获奖。市妇联“护航婚姻·幸福家庭”婚姻指导志愿服务项目获“文明江苏”志愿服务行动创新案例二等奖，何逸获评苏州市十佳青年志愿者，成立业等10位志愿者获评苏州市优秀星级志愿者。

【未成年人思想道德建设】 2015年，太仓市提高未成年人思想道德建设水平，开展“践行核心价值观、做一个有道德的人”主题活动，编印《践礼修德八礼篇》等读本，开展“四仪”（入学仪式、成长仪式、青春仪式、成人仪式）创新案例评选，明德初级中学青春仪式获省二等奖。结合“缤纷冬日”“七彩夏日”等主题教育活动，各镇区、中小学组织活动200多场。组织“童诗里的中国梦”优秀童谣诗歌征集活动，36件优秀作品获奖。评选表彰太仓市“优秀小公民”52人和优秀文明小义工20人。命名第二批太仓市未成年人实践基地7个，开展“你我同行·共筑梦想”综合社会实践活动，组织“我行我秀”优秀乡村少年宫成果展示。召开全市未成年人思想道德建设工作现场推进会，加强校园文化建设，对社会实践基地和“优秀乡村学校少年宫”进行授牌，表彰“七彩夏日”优秀活动项目。举办中小学心理节，开展特色心理团体辅导课，举办“绿丝带”危机干预专业讲座19场，举办家庭教育等专题讲座34场次，开展心理现场咨询活动20多场次。开展“护苗2015”专项行动，净化未成年人成长环境。

（金　钰）

统　战

【概况】 2015年，太仓市贯彻落实中央、省、苏州市委统战工作会议精神和《中国共产党统一战线工作条例》，围绕全市改革发展和现代化建设目标任务，发挥统战优势，服务大局，凝心聚力，全市统一战线工作呈现良好局面。年内，农工党太仓总支成立，民进太仓总支更名为民进太仓市基层委员会，民革太仓市委、民建太仓市委分别成立大学科技园支部。市委统战部做好党外后备人才物色培养，规范有序发展新成员。全年共发展民主党派成员37人，知联会成员3人，其中新社会阶层人士17人。党派服务中心办公条件持续改善，内部管理规范化、制度化，逐步适应新形势下党派工作需要。各民主党派和无党派人士开展各类活动，服务社会。民革太仓市委深化“博爱·牵手”系列活动；民建太仓市委与城厢镇中区社区“同心共建和谐社区”，持续开展“思源工程——生育关怀”活动；民进太仓基层市委结合“社会服务主题年”，倡导“服务就在身边，人人可参与”微公益理念；农工党太仓总支在双凤镇建设农业扶贫基地；九三学社太仓直属小组在常丰社区多次开展义诊；民盟太仓直属小组开展“联合帮教春风行动”；市无党派知识分子联谊会开展“书香进校园”等活动。各民主党派和无党派服务社会系列活动受到基层群众和社会关注，成为构建社会和谐的积极力量。

【统战系统思想政治引领】 2015年，市委统战部向市委常委会专题汇报中央、省委统战工作会议精神，组织召开全市统战成员学习会、座谈会等，学习传达中央统战工作会议及习近平重要讲话精神，引导全市统一战线认清新形势新任务，坚定“三个自信”（道路自信、理论自信、制度自信），坚持走中国特色社会主义政治发展道路。加强思想政治引领，协助各民主党派、无党派开展好坚持和发展中国特色社会主义学习实践活动，指导市工商联加强非公经济人士理想信念教育。开展社会主义核心价值观教育，加强民主党派、无党派人士思想政治引领，引导民主党派增强中国特色社会主义参政党新定位的认识。

【统战系统主题教育活动】 2015年，太仓市在统战系统开展“高举旗帜、同心同行”系列读书活动，主题教育暨读书活动连续三年获评阅读节优秀活动奖。“纪念抗战胜利70周年”读书活动、“读会史颂伟业，学会章树新风”主题征文活动等在统战成员中受到欢迎。每季度组织“统战课堂”专题讲座，邀请专家学者讲授统战理论及国学思想，统战成员参与人数800余人次。深化“同心”思想实践。完善城厢镇“党外人士学习实践基地”建设，新增璜泾镇、双凤镇等“党外人士之家”，成为党外人士听取社情民意、做好课题调研、开展社会服务的载体。继续推进各党派（团体）结对村（社区）活动，依托结对共建平台，开展双向服务。

【统战成员参政议政】 2015年，市委统战部协助市委召开民主座谈会、政治协商会，为市委重大决策、重要工作部署、人事安排等提出意见建议。完善市委常委联系各界代表人士交友制度和特约人员制度。每季度组织各界人士召开情况通报会，对政府部门涉及安全生产、公共法律服务均等化等工作提出专题性意见建议150多条。加强党派与政府部门对口联系工作，各民主党派、市工商联、无党派与21个政府部门对口联系工作实现全覆盖。组织开展党派领题调研活动，与“点题式”民主监督活动相结合，聚焦经济社会新常态，为全市改革发展和“十三五”规划建言献策。

【党外代表队伍建设】 2015年，市委统战部进一步落实与市委组织部在推荐选拔任用党外干部工作上的协作配合机制，推进政府部门和司法机关等党外干部实职安排。落实“副科级以上党外干部联系走访制度”，全年走访全市79名党外干部所在单位主要领导及本人。协助民主党派做好领导班子后备干部建设，并向组织推荐。加强党外代表人士教育培训。组织党派领导班子成员赴重庆社会主义学院开展为期6天的专题学习培训，联合举办党外干部、女干部培训班及首期太仓市民营企业新生代传承与创新实战研修班，每季度开展党派成员和党外代表人士菜单式培训，提升统战成员思想政治意识和参政议政水平，提升理论文化素养。年内，共举办各类培训7次，培训800余人次。加强党外代表人士管理。完善党外代表人士信息库，推进党外代表人士综合评价体系建设，逐步建立科学合理、人岗相配、年龄梯次结构合理的党外干部梯队。加大党外代表人士人才储备，参与太仓市“A730”培养计划，在“522”工程和“千人计划”“省双创”及大学生村干部等人才工程中发现和储备一批党外人才。

【基层统战工作】 2015年，市委统战部将区镇社区统战工作与社区管理体制改革相结合，主动参与“政社互动”，推进社区统战工作争先创优，开展多样性“双向服务”活动，基层统战服务品牌影响力得到提升。年内，城厢镇举办农村新型社区睦邻节，开展“邻里亲、民族情”系列活动，开设统战课堂，发动统战成员参与“全民阅读、健康生活”及各类志愿者活动。沙溪镇开展文化兴侨活动，“亲水侨家”影响力扩大，“我们的节日”系列活动起到团结侨界人士家庭作用。浏河镇关心帮扶少数民族青年创业，利用锡伯书吧阵地举办各类公益微活动，以细致入微的服务彰显统战工作影响力。新区落实“五必到”工作法（每月至少一次必到侨属侨眷中了解民情；来电反映问题必到现场掌握第一手情况；侨属侨眷等生病必到家中看望；邻里纠纷必到现场调解矛盾；有困难需要帮助必到家中排忧解难），组织统战志愿者互帮互助，“三送社区行”等统战服务行动受到好评。璜泾镇将统战工作融入“云服务”体系，与中心工作互动。浮桥镇引导非公经济人士投身光彩事业，举办“邻里文化节”，参与“感恩”行动。双凤镇开展“情暖双凤、阅读圆梦”阅读节等统战系列活动，邀请统战成员参与镇重要事项策划协调会。科教新城将统战工作与人才战略相结合，经常性开展高科技海归人才茶话会、领军秀、文体联谊活动等，为统战事业发展储备党外人才。

（黄建锋）

市委调研

【概况】 2015年，市委围绕“牵头抓总、营造氛围”开展调研工作。抓关注点调研。紧扣市委和市委主要领导关注的重点工作，把服务发展、服务决策作为工作切入点，参与谋划事关太仓发展的重要工作、重要政策。配合做好“一带一路”专题调查研究，在全国县级市率先制定《关于贯彻落实“一带一路”战略规划的实施方案》。协助省委研究室就对德合作相关问题进行专题调研，形成《关于设立中德产业园区的建议》，在省委研究室刊物刊发。专题调研工作。开展市领导重点调研，确定重点课题16个，由相关市领导牵头开展调查研究，形成一批调研成果。开展全市面上调研，组织开展“适应新常态、实现新作为”专题调研，在全市范围营造“大调研”的良好氛围。活动共收集调研文章44篇，部分优秀调研文章在《调研参考》等刊物上刊发。日常调研工作。全年编发《调研参考》24期，其中《多元背景下机关干部思想建设的思考》《新常态下太仓市工业经济发展的思考》得到市委主要领导批示。完成苏州市委研究室《苏州发展蓝皮书》稿件组稿等系列工作。

（王伟刚）

机构编制

【概况】 2015年，太仓市强化机构编制管理，转变政府职能，推进事业单位分类改革，完善机构编制管理和服务，加强机构编制监督检查。1月23日，全市政府职能转变和机构改革工作动员会议召开，标志着太仓市政府机构改革进入全面实施阶段。改革涉及市级政府部门组织机构调整事项6个（市政府办公室增挂市政府研究室牌子、组建市卫生和计划生育委员会、市信访局由市政府工作部门调整为市委部门管理机构、市政府国有资产监督管理办公室由市财政局的挂牌机构调整为市政府工作部门、市市级机关事务管理局更名为市机关事务管理局），职责调整3个（原市人口和计划生育委员会的研究拟订人口发展战略、规划及人口政策职责划入市发展和改革委员会；市商务局的生猪定点屠宰监督管理职责划入市农业委员会；土地登记、房屋登记、林地登记、草地登记等不动产登记职责整合到市国土资源局）。调整后，市政府工作部门设置为32个。完成机关事业单位中文域名注册工作，新注册中文域名65个，全市425家机关事业单位共注册中文域名427个（政务77个，公益350个）。

【政府职能转变和机构改革】 2015年，太仓市贯彻落实中央和省、市体制改革重大部署，落实市政府职能转变“517”框架（建立5张清单，完善1个平台，推进7项配套改革措施）和具体工作措施，整合优化市政府组织结构，规范政府机构设置。太仓市加快形成权界清晰、分工合理、权责一致、运转高效、法治保障的地方政府机构职能体系。推进简政放权，全面深化行政审批制度改革，建立行政审批事项目录清单，建立政府行政权力清单，制定投资审批“负面清单”，建立政府部门专项资金管理清单，建立行政事业性收费目录清单；完善政务服务体系，打造阳光便捷的服务平台；配套推进相关改革，推进监管执法体制改革，加快推进全市社会组织健康发展，推行政府购买服务制度，全面推行政府绩效管理制度，健全责任追究机制。按照苏州市批准的太仓市政府职能转变和机构改革的工作方案，组织做好有关政府机构的组建、整合和职能调整工作，重点实施工商、质检、食品药品监督管理体制调整、卫生和计生整合、国有资产管理和综合性检验检测机构的组建等各项改革工作，推进不动产登记职责调整、畜禽屠宰行业监管职责划转等的职能、机构和编制调整工作。4月2日，太仓市卫生和计划生育委员会、太仓市市场监督管理局成立。经苏州市编委办批准，整合太仓市质监、食品药品监管、农业、粮食等部门资源，组建综合性检验检测机构，命名为太仓市检验检测中心。5月，沙溪镇行政管理体制改革试点工作通过苏州市编委办组织专家组评估验收。

【政府部门责任清单编制】 2015年，经市政府领导同意，市编办会同市发改委、市政府法制办等部门研究制定政府部门责任清单编制工作实施方案；10月，召开政府部门责任清单编制工作布置会，正式启动政府部门责任清单编制工作。政府各部门按照有关工作要求，梳理上报本单位的“部门职责清单、职责边界清单、公共服务事项清单、部门职责对应的权力事项清单、权力运行中涉及的中介、盖章、收费清单”等5张清单，经审核论证后向社会公布。

【行政审批制度改革】 10月，太仓市开展行政审批事项动态调整工作，政府各部门在2014年行政审批事项调整基础上，对照国家、省、苏州市取消下放的行政审批事项进一步清理精简，不再保留非行政许可审批事项。各部门对本单位的非行政许可项目进行认真排查，逐项研究提出取消、转移、调整的具体意见、具体监管措施，行政审批事项动态调整完成上报、审核工作。制定太仓市《关于深化行政审批制度改革加强事中事后监管的实施意见》，推进行政机关工作重心从事前审批向事中事后监管转变。

【简政放权】 4月，太仓市政府职能向社会转移工作启动，对市政府各部门和群团组织下发梳理上报政府部分

1 月 23 日，全市政府职能转变和机构改革工作动员会议召开

（钱峰　摄）

职能向社会转移的通知，组织市政府各工作部门及相关群团组织梳理、上报可向社会转移的职能事项，全市纳入上报范围的 44 个部门全部进行梳理上报，除 27 个部门经梳理确认暂无转移事项外，市发改委等 17 家单位梳理上报拟转移给社会承接的职能事项 109 项，涉及经济发展、城市建设、环境保护、民生福利等多领域。对各职能事项与“三定”（定部门职责、定内设机构、定人员编制）职责进行逐一对照确认审核。首批《太仓市政府向社会转移职能事项目录》经市政府常务会议审核通过并向社会公布，包括市发改委、市民政局、市住建局、市卫计委、市残联等 5 个部门的 41 项职能。11 月 6 日，市编办召开市级机关部门绩效考核特邀评议员座谈会，做好市级机关部门绩效考核相关工作。

【事业单位新一轮编制“三定”工作】 2015 年，市编办加强对全市事业单位机构编制管理，重新理顺事业单位分类后机构、职能和人员编制关系。9 月，印发《关于全面梳理事业单位职能做好“三定”工作的通知》，启动全市新一轮事业单位“三定”规定的编制工作，探索建立事业单位职能事项目录。全市各级各类事业单位（部分医院、学校除外）全部提交“三定”规定初稿。在进一步梳理、审核的基础上逐批发文公布事业单位“三定”规定。对事业单位职能事项进行结构化管理，实现职能管理精细化、编制使用合理化和监督考核科学化。

【机构编制实名制管理】 2015 年，市编办结合机构编制年报、月报工作，强化机构编制人员信息系统维护和实名制管理。全市机关、事业单位全部纳入机构编制实名制管理范围。按照“用编先审批”原则，对机关、事业单位用编严格审批，坚决杜绝超编进人，对有关单位出现的人员增减情况及时变更。对经人社部门正规招录以及组织任命的人员及时入库，及时更新信息，推进全市机构编制信息化管理工作，提高机构编制管理水平。

（张凌淏）

机关党建

【概况】 2015 年，太仓市机关党建工作以“服务中心、建设队伍”为核心任务，狠抓机关思想建设和组织建设，深化学习型、服务型、创新型、法治型党组织建设，开展机关作风效能建设和绩效管理考核工作，发挥机关党组织和广大党员的战斗堡垒和先锋模范作用，为加快建设经济强、百姓富、环境美、社会文明程度高的新太仓提供思想组织保证。年内，太仓市委市级机关工委被评为江苏省“巾帼建功先进集体”。12 月，省委省级机关工委书记王立平到太仓调研，听取太仓机关党建工作汇报，考察市级机关优质服务品牌创建情况，并对近年来太仓机关党建工作取得的成绩给予肯定。截至年底，市级机关党工委共有党总支 23 个，党支部 130 个（其中直属党支部 37 个），党员 2371 人（含在职党员 1773 人），其中年内发展党员 27 人，转正预备党员 36 人；有工会组织 59 个，共青团组织 23 个。

【机关党的思想建设】 2015 年，市委市级机关工委围绕机关党的思想建设，开展多项活动。*机关党员干部思想动态调查*。在市级机关各部门及直属单位全体在职党员中开展思想动态在线调查，了解市级机关党员干部的思想动态，市级机关共有 71 家机关单位的 2192 名党员干部参与调查活动。市委市级机关工委在对调查问卷进行数据分析后，形成多篇调研文章，其中《多元化背景下机关党员思想动态分析》被市委调研参考录用，市委书记王剑锋作出批示。

“我是共产党员”专项教育活动。根据市委统一部署，开展以“强党性、勇担当、比贡献”为主要内容的“我是共产党员”专项教育活动，通过“佩党徽、亮身份、树形象”活动、“重温入党誓词、共过政治生日”活动、“我是共产党员”大讨论活动、“重温岗位职责、落实工作责任”活动、业务技能练兵、“学典型 · 争一流”等 19 项子活动，推动机关党员增强党性意识，坚定理想信念，改观精神风貌，提高工作效能，提升工作实绩，成为立足本职岗位、创造一流业绩的表率。

党务干部党性修养专题培训班。会同市委组织部在焦裕禄干部学院举办党务干部党性修养专题培训班，通过主题教学、现场教学、音像教学、访谈教学、专题讲座等形式，对 55 名机关党务干部进行党性修养、理想信念、群众路线、廉洁从政、焦裕禄精神等方面的教育，引导机关党务干部加强党性修养、树立坚定的理想信念、提升群众工作能力。

机关党员轮训。会同市委组织部和市委党校制定《2015—2017 年太仓市级机关中层及以下党员轮训规划》，

5月18日，太仓市市级机关党务干部党性修养专题培训班在焦裕禄干部学院开班
（杨志栋 摄）

在加强学习型党组织建设，建立健全党员常态化教育机制的基础上，对基层在职党员进行轮训。2015年度机关党员轮训活动以“强党性”为主题，通过理论教学、实践培训、身边典型宣讲等形式，加强机关党员的理想信念和责任担当，年内共举办培训4期，参训人员483人。

开设太仓机关党建微信公众平台。开通机关党建微信公众平台，结合“三严三实”“从严治党”等党员学习重点、热点及难点和“我是共产党员”专项教育活动等重点内容，完善微信期刊栏目规划和内容设计，拓展机关党员思想教育领域，为党员利用好碎片时间加强学习提供条件。太仓机关党建微信公众号全年共编辑发送内容48期。

【机关党的组织建设】 2015年，市委市级机关工委围绕机关党的组织建设，开展各项工作。落实书记抓党建责任清单。与各党总支（支部）书记签订《市级机关“强基工程”责任书》，印发《2015年度机关党委各总支（支部）书记抓基层党建工作责任清单》，明确基层党组织书记在谋划党建工作、落实管党责任、加强班子建设、强化政治功能、严格党员管理、规范组织生活、密切联系群众、丰富党建载体、加大党建投入、注重舆论宣传等10个方面的党建任务，强化党组织书记抓党建工作的责任意识，增强基层党组织的凝聚力、战斗力和创造力。

基层党组织规范化建设。制定《市级机关基层党组织规范化建设实施意见》，明确基层党组织领导班子、党员队伍、活动组织、作风建设等“四项规范”建设要求；完善机关党建制度，建立落实机关基层党组织活动经费保障制度、机关基层党组织“统一活动日”制度和党员“政治生日”制度等3项制度，整理、编辑《机关党建工作制度汇编》，通过规范化、制度化，推动机关基层党组织建设的常态化、长效化。

法治型党组织建设。年内举办党章专题学习、法治文化阵地参观和“尊法学法守法用法”在线学习及答题等活动，开展“法治型党组织建设”专题调研，召开法治型机关党组织建设座谈交流会，并将26篇优秀调研论文汇编成册，发放至各级党组织交流学习，引领机关各党组织和党员干部养成自觉在法治轨道上和纪律约束下开展工作的思维方式和行为习惯。

试行发展对象“谈认识、谈理想、谈责任”活动。完善发展党员质量保障体系，试行发展对象在党委扩大会上谈对中国共产党的认识，谈入党的动机和理想信念，谈如何履行党员职责义务和有作为勇担当，把党委找谈话环节深化为一堂教育课。发展对象“谈认识、谈理想、谈责任”活动是市级机关实施发展党员“提质工程”的一项重要举措。

“党旗飘扬”示范团队创建活动。组织已命名的“党旗飘扬”示范团队开展互学活动，通过参观学习、交流讨论等形式，发挥典型示范作用，推动团队建设走向深入。组织开展2015年度市级机关、事业单位“党旗飘扬”示范团队争创活动，突出党员的先锋模范作用和团队的战斗堡垒作用，打造一批“政治坚定、勤于学习、爱岗敬业、改革创新、服务群众、廉洁奉公”的团队。经评审验收，市公安局看守所等10个团队被命名为2015年度市级机关、事业单位“党旗飘扬”十佳示范团队，市经信委经济运行和行业发展规划科等12个团队被命名为2015年度市级机关、事业单位“党旗飘扬”优秀团队。

【市级机关作风效能建设和绩效管理考核】 2015年，太仓市深化市级机关作风效能建设暨绩效管理考核工作，试行《2015年度市级机关作风效能建设暨绩效管理工作实施意见》，突出绩效管理思维，推进市级机关作风效能建设暨绩效管理考核工作，实现主题教育活动考核与绩效考核有效衔接和平稳过渡。组织实施“适应新常态、实现新作为”主题教育活动，引导广大机关党员干部重点当好四个“表率”（讲政治守规矩的表率、惠民生优服务的表率、敢担当重责任的表率、保本色尚廉洁的表率），实现“六个新作为”（在坚定理想信念上实现新作为、在提升能力素质上实现新作为、在推进依法治市上实现新作为、在提高效率效能上实现新作为、在改进工作作风上实现新作为、在严肃督查问责上实现新作为），提升市级机关作风效能建设整体水平。依据《2015年度市级机关部门绩效管理考核评价细则》，对87个机关部门、条线单位进行综合考评，36家单位被评为2015年度市级机关绩效管理“优胜单位”。

机关科室（窗口）“作风效能建设示范点”和机关优质服务品牌建设。制定《关于印发〈太仓市市级机关作风效能建设示范点管理办法（2015年修订）〉的通知》和《关于进一步深化机关科室（窗口）“作风效能建

6月30日，太仓市党员志愿者专业服务队成立　　（缪斌　摄）

设示范点”创建活动的意见》，完善机关科室（窗口）作风效能建设示范点管理办法，年内命名表彰四星级示范点3个、三星级示范点22个、二星级示范点12个、一星级示范点4个。加强机关优质服务品牌分类指导，完善服务品牌体系建设，将机关单位服务子品牌创建纳入市级优质服务品牌创建活动中，启动四星级机关优质服务品牌创建，命名表彰四星级服务品牌7个、三星级服务品牌15个、二星级服务品牌12个、一星级服务品牌2个。开展群众最满意的机关优质服务品牌和三“十佳”评选活动，经过社会各界的公开投票评选，太仓市城市管理局“城管家”等10个服务品牌被评为“群众最满意的机关优质服务品牌”，孙小峰等10人被评为“十佳先进个人”，太仓市招生办公室等10个窗口单位被评为“十佳示范窗口”，太仓市教育局高等教育与职社教育科等10个科室被评为“十佳先进科室”。

“开门评机关”活动。组织开展“机关开放日”活动，邀请机关、村（社区）、企业等社会各界代表走进市气象局、市国土局、市国税局、市粮食局等机关单位，与机关单位负责人面对面沟通交流，监督机关作风。深化“千人千企评机关”“作风效能大家评”活动，开展“啄木鸟行动”，招募义务监督员24人，通过明察暗访、参与测评、课题调研等方式，帮助机关部门查找作风效能建设上存在的突出问题。在《太仓日报》开辟“啄木鸟在行动”专栏，12个政府职能部门向社会公开答复基层和群众反映强烈的问题25条，提升机关作风建设的群众满意度。

【机关党员志愿服务】 建立党员志愿者专业化服务团队。2015年，太仓市建立“文化送温暖”“助农支农”“义务献血服务”等党员志愿者专业服务队8支，突出党员主体地位，实现志愿者自我管理、自主服务，“文化送温暖”党员志愿者团队被评为2015年度太仓市优秀志愿者团队。集中举行“树品牌形象·展优质服务”广场志愿服务、“无偿献血我先行、我为党旗添光彩”义务献血活动和“关心身边‘六小’行业、营造健康生活环境”等活动，组织机关党员干部1600余人次进农村、进企业、进社区、进社会开展义务植树、河道保洁、关爱特殊儿童、当一天农民、文化送温暖等特色志愿服务活动，党员志愿者“四进”系列活动被评为2015年度太仓市优秀志愿服务项目。

建立入党对象参加社会志愿服务制度。市委市级机关工委制定《关于建立全市入党对象参与社会服务活动的实施意见》，对入党对象参加社会志愿服务活动进行制度规定，并作为审核入党对象入党的重要依据之一，推动机关入党积极分子、发展对象及预备党员加强党性实践和锻炼，以志愿服务践行党员服务承诺。

开展“绿色出行·机关先行”系列活动。市级机关开展机关干部“绿色出行·机关先行”签名活动，发放倡议书，将每周二定为机关“绿色出行日”，每月第一个星期一定为“交通文明劝导日”，倡导“135”（1公里步行，3公里骑车，5公里坐公交车）绿色出行方式。开展“绿色出行·机关先行”志愿者环城骑行活动，发放公共自行车宣传资料、办证须知、绿色出行倡议书等资料3000余份。举办交通法规和文明安全行车知识讲座，开展公共自行车办证志愿服务活动，服务居民1000余人次。

【机关党风廉政建设】 2015年，市委市级机关工委加强机关党风廉政建设，落实党风廉政建设责任制，制定4份“责任清单”，推进“两个责任”（党委负主体责任，纪委负监督责任）落到实处；加强机关勤廉文化建设，申报创建省级廉政文化示范点和苏州市级廉洁文化示范点，在机关党建网、机关党建微信公众平台发布《中国共产党廉洁自律准则》和《中国共产党纪律处分条例》及相关学习材料，向广大机关党员及时发送各类勤政廉政学习资料和信息；配合市纪委完成第60期勤廉聚焦电视专题片拍摄工作；组织参加“守纪律、讲规矩、促发展”勤廉微型党课比赛、“学思践悟”大家谈等活动，做好市级机关参加第五届“520（我爱廉）”宣传教育系列活动的发动工作。

【机关文化建设与群团工作】 2015年，太仓市启动书香机关创建活动。市委市级机关工委引导市级机关各单位结合学习型党组织建设，开辟阅读阵地，提供多种阅读载体，开展经常性阅读活动，营造浓厚的读书学习氛围。开展党建综合知识网络竞赛和“新常态、新作为、新发展”微征言征集评选活动，推动机关党员干部加强自主学习、提升学习兴趣、把握学习重点。年内，市人民检察院等10家单位被评为“书香机关”。机关“新常态·新作为”专题阅读活动先后获评2015年第10届苏州阅读节活动奖和2015年第10届太仓阅读节优秀活动奖。同时，加强机关基层工会组织建设，完成机关2554名工会会员实名制信息采集工作，成立市级机关劳模分会，开展各类劳模关爱行动；规范工会会费收缴工作，开展会员互助救济，向机关工会会员赠送互助金、电影票等，落实会员关爱工作；组织工会会员参加2015年太仓职工文化展演月及“五月风・托起你我的梦——阅读与梦想齐飞”读书征文等活动，获大合唱二等奖和读书征文前三名；举办市级机关办公技能大赛、易筋经培训班和第二期市级机关干部书画培训班，开展市级机关公益性应急救护培训班、科普讲座等，提升会员素质，服务机关工作。全年共组织开展“机关干部岗位练兵技能竞赛”活动1次，机关40家单位的120名干部职工参加；举办浅述大数据与云服务科普讲座1次，180名机关党员干部参加；举办易筋经培训班、第二期市级机关干部书画培训班及市级机关公益性应急救护培训班等，累计培训机关党员干部近400人次。

（缪　斌）

台湾事务

【概况】 2015年，太仓市办理报批非公职人员赴台24批（次）、26人次，办理公职人员赴台7批(次)、28人次。全市登记台属116人。在太仓投资台企390余家，其中规模以上企业140余家。太仓市对台工作围绕两岸关系和平发展主题，密切与台湾重点行业协会、台资密集区、两地企业家和关联产业、台湾经贸界代表人士等领域联系，拓展经贸合作新资源。太仓市台协会会员单位270余家，协会秉承团结、服务、交流、发展的宗旨，在服务台企，发展太仓经济，增进两岸交流以及发展社会公益慈善事业等方面发挥积极作用。

【对台交流】 7月，“设计融合、万众创新”第2届江苏青年设计大赛暨第5届海峡两岸大学生设计营在江苏(太仓)LOFT工业设计园启动。台湾云林科技大学、台南应用科技大学等院校近百名师生共聚太仓，推进文

8月20日，“源圆两岸交流汇”合作意向书签约　（单晓风　摄）

化创意和设计服务与相关产业融合发展。8月19—23日，“源圆两岸交流汇”暨“共寻愿景”——海峡两岸青年学子交流论坛活动在太仓市举行。活动以太仓市青年联合会名义与财团法人民主文教基金会签署“源圆两岸交流汇”交流合作意向书，国民党青年部副部长、两岸青年交流推动小组副召集人刘灯钟，中共太仓市委书记王剑锋出席签约仪式并致辞。双方希望此次活动能够成为太仓与台湾两地青年互访新机制，为两地青年增进了解、交流合作提供新平台。太仓市青年联合会主席张皓与民主文教基金会两岸青年交流部主任高国绾签署合作意向书。近20位台湾青年与太仓在校大学生、青年台商参加论坛，两岸青年就“中国兴起的前景”“中华传统文化在台湾的传承”“弘扬中华文化创造力”“台湾社区营造探析及启示”“令人惊艳的快速成长与发展”等进行讨论。继续做好太仓、台湾两地青年交流工作，推进台协青联会工作，策划台协青联会与太仓市青联搭建活动平台。

【对台经济】 1月，台商高阶主管经营研习会在太仓举行，会议邀请台湾区电机电子工业同业公会讲师郭立中为全市台资企业负责人及中层管理人员70余人作“改变的力量：提问力——创造百倍企业力的学问”专题讲座，帮助企业实现转型升级发展。5月，第14届苏州电子信息博览会在苏州国际博览中心举行，市委台办做好招展工作，落实4家台资企业7个展位。11月，协助台企境外参展工作，组织有意愿台资企业报名参加中国品牌商品非洲展和拉美展。在全市开展台资企业普查工作，建立完善台资企业数据库，健全台资企业动态管理长效机制。

【对台服务】 2015年，市委台办践行“心系台胞・情注发展”服务品牌宗旨，提升对台服务工作力度。协调涉台纠纷，处理涉及台商子女就学、商标侵权、台湾人意外死亡、企业经济纠纷和台胞证签注等，维护台商、台企合法权益。举办台资企业安全生产讲座，全市近100家台资企业共140余人参加。发挥太仓市台湾同胞投资企业协会平台作用，举办各类政策宣讲；鼓励会员企业参与太仓慈善事业及教育事业，继续发放奖励全市高考前十名考生的“高考优秀奖”，每人获奖励金6000元。

（单晓风）

侨　务

【概况】 2015年，市侨办顺应基层侨务工作“淡化行政、优化服务”的新常态，推进“华侨事务”向“为侨服务”转变。围绕归侨侨眷身份认定审批的行政权限，依据相关法律法规，起草《归侨侨眷身份证明申办规定》《归侨侨眷身份证明办理工作程序》《归侨

侨眷身份证明办理流程图》等工作规范和制度（草案），聘请北京市中银（上海）律师事务所律师为政府法律顾问，协助处理有关法律事务，提高依法决策能力，促进依法行政。市侨办参加"国家宪法日暨全国法制宣传日"公益法律宣传活动和"六五"普法图片展，发放涉侨法律法规宣传资料，扩大社会各界对《中华人民共和国归侨侨眷权益保护法》的认知。全年办好每月一期的《故乡的云——太仓市情月报》和每周一期的微信订阅号《太仓特写》，定期发布太仓社会发展和文化生活专题资讯。开展与海外华文媒体、华人作家的合作，在美国"世界名人网"太仓资讯专栏发布专题网页宣传太仓。至年底，太仓市共接待华侨华人 29 人次，处理涉侨信访 7 件，慰问归侨侨眷 15 人次，上门走访回乡探亲的太仓籍海外重点人士 8 人。

【为侨服务】 4 月，市侨办为侨资企业苏州伊莱茨流体装备有限公司与张家港沙钢集团就节能减排技术合作牵线搭桥，双方初步达成合作意向。6 月，市侨办对太仓市空巢侨眷家庭情况进行调研，形成 4000 余字的调研报告，分别被省侨办《江苏侨务通讯》2015 年第 11 期、市委研究室《调研参考》2015 年第 7 期和市委党校《实践》2015 年第 4 期录用。市侨办配合市人才战略，向海外发布第十五届华侨华人创业发展洽谈会、第十八届北京科博会邀请函，委托海外友好侨团、海外华文媒体帮助推广，吸引海外华侨华人高层次人才回国创业，促进招才引智。同时加强侨界文化交流，年内，继续推进沙溪古镇"海外华文文学馆"建设，至年底，共收到海外华文文学作品 1000 余册。4 月 29—30 日，澳大利亚籍华人画家、中国马业协会高级艺术顾问姚迪雄到太仓访问，并将一幅精心创作的绘有 53 匹骏马的《群马图》捐赠给苏州第 53 届世乒赛组委会。8 月，泰国《中华日报》文学副刊主编、著名华人作家梦凌到太仓参观访问，为支持太仓市"海外华文文学馆"建设，捐赠多部著作，包括微型小说集、散文集、诗集及新创办的《汉纳》杂志等。10 月，美国洛杉矶华文作家协会首任会长、著名华人女作家蓬丹到太仓访问。12 月 12—14 日，新西兰著名侨领、太平绅士、新西兰中华文联主席、大洋洲华文作家协会会长冼锦燕到太仓参观访问。应意大利华人文化社团邀请，太仓市推荐青年画家徐东参加佛罗伦萨双年展，与海外华人艺术家进行交流。

【侨界联谊活动】 4 月 25—26 日，市侨办、市侨联、市级机关党委、市科协举办"青春有约·缘聚五月"户外拓展联谊活动。来自太仓部分侨资企业的单身青年和太仓科创园、大学科技园的部分单身海归青年，与市镇机关和基层科协的单身青年共 90 多人参加活动，取得较好效果。5 月 8 日，"太仓人在海外"微信群建立，共有群成员 70 人。12 月，市侨办、市侨联共同举行部分在太仓的海归创业者平安夜联谊会，市侨办、市侨联与海归专家们欢聚一堂、共迎圣诞。

（朱承飞）

保密工作

【概况】 2015 年，太仓市保密工作以技术防范为突破口，完善基础制度，落实工作责任，加大保密宣传教育培训和检查督查力度，提升全市保密工作标准化管理水平。年内，完成保密工作统计数据上报和市级部门财政专项支出预算公开保密审查，做好保密日常管理工作，主要有：做好各类国家级考试的保密管理，维护国家级考试安全；强化对涉密项目设备采购的服务、指导，为市公安局采购涉密项目设备提供指导服务；继续做好全市范围内保密销毁服务，全年共销毁各类纸质文件资料 100 多吨，计算机 200 多台套，其他办公设备 100 多台套。

【保密宣传教育培训】 2015 年，市保密局加强与市委组织部、市人社局、市委党校沟通合作，将保密教育培训纳入党委中心组学习计划、干部教育培训计划，为公务员初任和任职培训等为期一周以上的培训班进行保密知识教育和保密警示教育。按照上级保密委统一部署，组织 2 人参加苏州市保密局在南京大学举办的保密干部研修班培训，提高保密专兼职干部素养。做好"六五"保密法制教育总结验收工作。对 5 年来保密法制宣传教育总结验收进行量化考核评分，并将结果报苏州市保密局。

【保密检查督查】 2015 年，太仓市加大保密检查督查，落实各项保密制度。加强网络保密管理，强化对涉密网络分级保护工作的督促指导，提升涉密网络保密监管水平。加强对电子政务外网和互联网的保密监管，严格机关单位互联网门户网站、政务微博、微信等信息公开保密审查。加强对智能手机等移动终端和无线局域网使用保密管理，查处利用互联网、移动通信网等公共信息网络存储、传输涉密信息行为。健全保密检查长效机制。严格执行《苏州市保密检查工作暂行办法》，完善综合检查与专项检查相结合、定期检查与随机抽查相结合、保密部门检查与机关单位自查相结合的常态化保密检查机制，拓宽保密检查覆盖面。开展保密自查自评。年内转发《关于进一步做好机关、单位保密自查自评工作的通知》，要求各单位做好自查自评工作，特别是加强对涉密计算机违规外连和 USB 移动存储介质管理系统监管情况及涉密网络安全保密防护和管理情况的检查，发现问题，立即整改。

【保密工作统计数据上报】 2015 年，市保密局做好保密工作统计数据上报。按照《关于开展全市保密普工作的通知》及《太仓市保密普查工作实施方案》，对普查目标、对象、工作方法、步骤要求等作出安排。印发《关于报送 2014 年度保密工作统计数据的通知》，确保每一位普查人员熟悉普查要素，掌握普查软件，了解普查工作要求。年内，市保密普查领导小组进行数据审核、数据录入和数据报送，按时、保质完成保密普查工作。

【市级部门和财政专项支出预算公开保密审查】 2015 年，太仓市印发《关于做好市级部门预算和财政专项支出预算公开保密审查有关事项的通知》，确定保密审查责任主体，明确保密审查工作程序、保密审查法定依据及保密审查时序要求，为全市市级部门预算和财政专项支出预算公开工作提供保障工作。

（顾鸿飞）

老干部工作

【概况】 2015年，太仓市共有离休干部213人、市管退休干部1039人。年内，市委老干部局推动各部门、各单位落实老干部的政治、生活待遇；协助有关部门做好老干部医疗保健工作；组织、指导老干部开展文化、体育等娱乐活动；负责重大节日和经常性的走访慰问工作及全市老干部工作的协调管理，发扬全国文化养老示范基地建设内涵。

【老干部政治待遇】 2015年，市委老干部局召开全市经济社会发展情况通报会2次，组织参观考察3次，举办专题讲座4场，召开座谈会5次。4月22日，市颐悦园成立临时老干部党支部，推选临时党支部负责人。3—9月，开展七项“红色”系列活动纪念抗战胜利70周年，激发全市老干部爱党爱国爱乡情怀，自觉担当党的科学理论宣传员、支持改革的带头人、社会主义法制的崇尚者、社会主义核心价值观的火炬手、党的优良作风和中华民族传统美德的弘扬者。活动包括红色宣传留经典、红色之旅忆峥嵘、红色帮扶显真情、红色宣讲话传承、红色关爱送温暖、红色展演抒情怀、红色座谈壮雄心等7项系列活动。9月23—25日，举办太仓市离退休干部党员三年轮训第三期培训班，离退休干部中80%老党员参加培训。全年共组织“常青藤”宣讲团在基层开展宣讲27次，受教党员群众2000余人次。“常青藤”艺术团开展慰问演出等活动7次。

【老干部生活待遇】 2015年，市委老干部局在全市老干部家庭开展“孝老爱亲”主题实践活动，评选表彰“敬老孝亲好儿女”“美德育人好长辈”“伉俪情深好夫妻”“和谐幸福家庭”各12人，树立孝典型、倡导孝文化，营造敬老爱老氛围。5月5日，太仓市老干部综合信息服务平台开通运行，平台运用现代化、信息化、智能化服务管理手段，打造信息化、数字化服务管理体系。平台具备基础信息“一图展示”“一图管理”，出入院信息“一图提示”，活动情况“一图统计”“一图分析”，短信通知“一键发送”，应急救援“紧急定位”等功能。继续深化“双三心”服务品牌内涵，走访慰问老干部573人次，探望生病住院老干部106人次，做好老干部健康体检工作，接待老干部来信到访14件（次），走访慰问市属26名抗战离休干部并送上纪念奖章和慰问金。11月，市委老干部局“双三心”服务品牌晋升“四星级”机关优质服务品牌。

5月5日，太仓市老干部综合信息服务平台启动

（王林志 摄）

【老干部学习活动阵地】 2015年，市委老干部局改善提升老干部学习活动条件。组织“常青藤”协会各分会开展活动200余次，累计参加人数3000余人次。5月5日，第十届“走进春天”文体活动月在市文化馆小剧场启动，至6月3日结束，活动分为“春之展、春之讲、春之行、春之赛”4个主题。9月23日，第5届“庆国庆、迎重阳、展风采”老干部艺术节在市委老干部局常青藤报告厅举行开幕式。活动主题“体现党的关爱、体现科学安排、体现从严治党、体现时代主题、体现文化养老”，包括文艺、棋牌、书画、摄影、吟诗、座谈、专题讲座、现场教学等多种形式。10月21日，在市文化馆小剧场举行闭幕式。400余名离退休干部欢聚庆祝全国第3个法定老年节，江苏省第28个敬老日。市委老干部局为全市85周岁老干部送“寿”字牌匾。

（王林志）

党校教育

【概况】 2015年，市委党校进一步做好“干训阵地、资政智库”服务品牌，党校事业呈现健康发展的良好局面。干部培训。全年共举办各类培训班次45期，参训学员7839人次，其中主体培训班次22期，参训学员2041人次，联合培训班次15期，参训学员981人次，全市领导干部理论知识讲座8期，参训干部4817人次。服务基层。组织中共十八届四中、五中全会精神和习近平系列重要讲话精神宣讲，开展“微型党课送基层”和“我是共产党员”专项教育活动“优秀党课送基层”及“红色讲堂”宣讲活动，全年累计送课上门近100场次，服务对象约5000人次。科研资政。全年出版社科期刊《实践》4期，刊发反映太仓经济社会发展的文章59篇，其中多篇稿件被省市级有关刊物转载。全年完

2015年太仓市领导干部理论知识讲座一览表

表86

序号	讲座名称	日期	主讲人	人数（人）
1	国内外金融形势及热点分析	3月27日	周世俭	732
2	新时期领导干部的理想、价值与胸怀	4月28日	刘书林	670
3	全球创新态势与我国自主科技创新战略	5月15日	吴贵生	690
4	以干部素质为核心 推进党风廉政建设	6月26日	孙晓莉	575
5	我国社会事业的改革与创新	7月31日	王振耀	660
6	国际形势与周边热点问题分析	8月20日	金灿荣	645
7	工业4.0，德国制造业的崛起对中国企业的借鉴意义	9月25日	李工真	490
8	十八届五中全会精神解读	11月7日	黄苇町	355

2015年市委党校（行政学校）干部培训主体班次一览表

表87

序号	班次	日期	联办单位	人数（人）
1	太仓市依法治市专题培训班	4月20日—4月24日	市委组织部 市法治办	71
2	太仓市创新社会治理能力提升培训班	5月13日—5月16日	市委组织部	47
3	太仓市党员发展对象标准化培训班（第一期）	5月19日—5月21日	市委组织部	60
4	太仓市党员发展对象标准化培训班（第二期）	5月27日—5月29日	市委组织部	103
5	太仓市党员发展对象标准化培训班（第三期）	6月3日—6月5日	市委组织部	112
6	太仓市第五期党外干部、女干部培训班	6月19日—6月26日	市委组织部	39
7	太仓市党员发展对象标准化培训班（第四期）	7月22日—7月24日	市委组织部	96
8	太仓市党政领导干部坚定理想信念专题研修班	9月6日—9月11日	市委组织部	25
9	太仓市市级机关党员轮训班（第一期）	9月15日—9月16日	市委组织部 市级机关工委	123
10	全市培训者能力提升培训班	9月16日—9月17日	市委组织部	115
11	太仓市市级机关党员轮训班（第二期）	9月17日—9月18日	市委组织部 市级机关工委	122
12	太仓市市级机关党员轮训班（第三期）	9月22日—9月23日	市委组织部 市级机关工委	115
13	太仓市市级机关党员轮训班（第四期）	9月24日—9月25日	市委组织部 市级机关工委	113
14	2015年全市新党员标准化培训班（第一期）	10月19日—10月21日	市委组织部	116
15	2015年全市新党员标准化培训班（第二期）	10月22日—10月24日	市委组织部	122
16	2015年全市新党员标准化培训班（第三期）	10月26日—10月28日	市委组织部	96
17	2015年全市新党员标准化培训班（第四期）	11月5日—11月7日	市委组织部	34
18	太仓市2015年新录用公务员初任培训班	11月9日—11月20日	市委组织部 市人社局	56
19	2015年公务员基础知识培训班（第一期）	11月23日—11月24日	市人社局	157
20	2015年全市非公企业和社会组织党务干部素质提升示范班	11月25日—11月26日	市委组织部	44
21	2015年公务员基础知识培训班（第二期）	11月26日—11月27日	市人社局	158
22	太仓市2015年事业单位新录用人员岗前培训班	12月1日—12月4日	市人社局	117

5月28日，苏州党校系统党性教育研讨会在太仓召开　（张明康　摄）

成科研课题10个，其中，年度重点科研课题《浅谈当前我市接轨上海的形势与对策》在市委《调研参考》第5期上全文刊登，《构建新型农业经营体系引领现代农业发展——以太仓市东林村合作农场为例》入选2015年中国浦东干部学院“现场教学转化为案例”名单。

【苏州党校系统党性教育研讨会在太仓召开】 5月28日，苏州党校系统党性教育研讨会在太仓党校召开，来自苏州市委党校和各县（市、区）委党校的领导及有关人员参加研讨。会上，太仓市委党校、常熟市委党校、昆山市委党校、姑苏区委党校、相城区委党校等10家党校代表围绕新形势下如何加强党性教育，结合党校工作实际进行交流探讨，对党性教育中如何突出时代性、把握规律性、激发自觉性、着眼长效性做深入研讨。会议认为，加强党性教育是党校落实中央协调推进“四个全面”（全面建成小康社会、全面深化改革、全面依法治国、全面从严治党）战略布局的具体举措，是党校工作的主业，是衡量党校工作的重要标准。

【太仓市党政领导干部坚定理想信念专题研修班】 9月6—11日，市委党校与市委组织部联合举办太仓市党政领导干部坚定理想信念专题研修班，全市部分市级机关、镇（区）和企事业单位的25名党政主要负责同志参加培训。研修班以提高干部队伍思想政治素质和党性修养、坚定理想信念为主题，在江西干部学院进行全脱产、封闭式培训，利用井冈山地区丰富的革命斗争历史资源，将课堂讲授与现场教学、体验式教学、访谈式教学、情景教学有机结合，使学员们广泛接受革命传统教育和理想信念教育，深刻领会“坚定信念、艰苦奋斗、实事求是、敢创新路、依靠群众、勇于胜利”的井冈山精神。培训结束后，参训学员共撰写心得体会25篇，形成《太仓市党政领导干部坚定理想信念专题研修班学习成果汇报》。

【党员发展对象和新党员标准化培训】 2015年，市委党校按照《中国共产党发展党员工作细则》和《2014—2018年全国党员教育培训工作规划》要求，对全市党员发展对象和新党员实施不少于3天（或不少于24学时）集中标准化培训，从内容要求、组织形式、结业考试三个方面明确标准。培训课程包括基础课程10学时、自主课程10学时、实践教育4学时，党校按照标准化教案对基础课程和自主课程进行授课。结业考试采用闭卷考试的形式，授课结束后当场组织培训对象参加考试，对准予结业的培训对象授予统一印制的结业证书。全年共完成发展对象培训4期，参训人数371人次，新党员培训4期，参训人数368人次。

【重点科研课题入选2015年中国浦东干部学院“现场教学转化为案例”名单】 5月12日，市委党校就《构建新型农业经营体系引领现代农业发展——以太仓市东林村合作农场为例》与中国浦东干部学院签订工作课题研究计划书，作为党校年度重点科研课题研究，组织科研力量展开课题攻关并完成案例研究。案例研究聚焦市东林村合作农场建设与发展，以案例形式梳理做法、总结经验、发现不足、提出对策，为向后开展现场教学提供支持。12月，经中国浦东干部学院教学研究部评审，《构建新型农业经营体系引领现代农业发展——以太仓市东林村合作农场为例》案例入选2015年中国浦东干部学院“现场教学转化为案例”名单。　（张曼娜）

9月6日，太仓市党政领导干部坚定理想信念专题研修班开班（张明康　摄）

太仓市人民代表大会

综　述

【太仓市人大常委会概况】 2015 年，太仓市人大常委会围绕全市改革发展大局，依法履职，为全市改革开放和经济社会发展做出积极贡献。全年共召开常委会会议 8 次、主任会议 15 次，听取和审议市人民政府、市人民法院、市人民检察院专项工作报告 31 项，作出决议 1 项、决定 9 项，组织执法检查 1 次、视察 4 次，依法任免国家机关工作人员 49 人次。截至年底，太仓市十五届人民代表大会共有代表 235 人，其中少数民族代表 1 人。在太仓的全国人大代表 1 人，在太仓的江苏省人大代表 3 人，在太仓的苏州市人大代表 40 人。

（皇甫丹丹）

重要会议

【市十五届人民代表大会第四次会议】 2015 年 2 月 10 日至 12 日召开。应到代表 231 人，实到 228 人。会议听取和审议市人民政府代市长沈觅作的《政府工作报告》；审查批准《太仓市 2014 年国民经济和社会发展计划执行情况与 2015 年国民经济和社会发展计划》《太仓市 2014 年财政预算执行情况和 2015 年财政预算》；听取和审议市人大常委会主任秦建明作的《太仓市人大常委会工作报告》、市人民法院院长赵新华作的《太仓市人民法院工作报告》、市人民检察院检察长杜建伟作的《太仓市人民检察院工作报告》。会议通过上述各项报告决议和《加快推进防洪设施建设，切实提高城区排涝能力》议案决议。会议决定接受秦建明因年龄关系辞去市人大常委会主任职务的请求，选举陆卫其为市人大常委会主任，选举沈觅为市人民政府市长。

2 月 10 日，太仓市第十五届人民代表大会第四次会议在市行政中心召开

（高海明　摄）

【市十五届人大常委会会议】 2015 年，市十五届人大常委会共召开常委会会议 8 次。

第 21 次会议。2 月 4 日召开。审议通过关于调整市十五届人民代表大会第四次会议召开时间的决定、关于市十五届人民代表大会第四次会议准备工作情况和意见的报告、市人大常委会工作报告、代表资格审查报告。决定接受杜小刚因工作变动辞去市人民政府市长职务的请求，决定任命沈觅为市人民政府副市长、代理市长。

第 22 次会议。2 月 12 日召开。审议通过市人大常委会 2015 年度工作要点。

第 23 次会议。4 月 13 日召开。听取和审议政府实事工程启动情况报告、工业经济转型和创新发展情况报告。决定接受浦绍兴、汤文英因工作变动辞去市人大常委会委员职务的请求，决定接受顾晓东因工作变动辞去市人民政府副市长职务的请求，决定任命徐志强为市人民政府副市长。通过市人大常委会、市人民政府、市人民检察院有关人事任免事项。

第 24 次会议。5 月 29 日召开。听取和审议 2014 年度财政审计报告和决算报告，作出相应决议；听取和审议司法公开情况报告。通过市人大常委会、市人民检察院有关人事任免事项。

第 25 次会议。7 月 31 日召开。听取和审议 2015 年上半年国民经济和社会发展计划执行情况报告、2015 年上半年财政预算执行情况报告、“大气污染防治行动计划实施方案”实施情况报告。

第 26 次会议。9 月 28 日召开。听取和审议市十五届人大四次会议议案实施情况报告，代表建议、批评和意见办理情况报告；审议通过《中华人民共和国科技进步法》执法检查报告。

第 27 次会议。11 月 30 日召开。审议通过关于召开市十五届人民代表大会第五次会议的决定；听取和审议检务公开情况报告、接轨上海工作情况报告。通过市人民法院、市人民检察院有关人事任免事项。

第 28 次会议。12 月 29 日召开。审议通过关于市十五届人民代表大会第五次会议准备工作情况和意见的报告、市人大常委会工作报告、代表资格审查报告。决定接受杨介仓辞去市十五届人大代表职务的请求；决定接受佟海英因挂职期满辞去市人民政府副市长职务的请求，决定任命袁欲彬为市人民政府副市长，挂职时间两年；决定接受秦建明因年龄关系辞去苏州市第十五届人大代表职务的请求，补选胡伟华为苏州市第十五届人大代表。

【市十五届人大常委会主任会议】 2015 年，市十五届人大常委会共召开主任会议 15 次。其中第 47 次、第

10 月 19 日，市人大常委会视察市政府实事工程——宏达热电公司烟气提标改造工程建设情况 （高海明　摄）

49次、第51次、第53次主要内容如下：

第 47 次会议。4 月 29 日召开。听取市服务业发展办关于全市服务业发展情况报告、市卫计委关于全市卫生系统绩效工资运行情况报告。

第 49 次会议。6 月 26 日召开。听取市财政局关于太仓市市级政府性债务情况报告、市教育局关于解决主城区教育资源紧缺问题的情况报告、市民族宗教局关于民族团结情况报告。

第 51 次会议。8 月 31 日召开。听取市委农办关于全市农村土地承包经营权确权登记颁证工作报告、市住建局关于推广绿色节能建筑情况报告。

第 53 次会议。10 月 29 日召开。听取市发改委关于“十三五”规划编制启动情况报告、市交运局关于沪通铁路（太仓段）建设情况报告。

（皇甫丹丹）

法律监督

（参见《社会管理·法治》）

工作监督

【经济工作监督】 2015 年，市人大常委会听取和审议 2015 年上半年国民经济和社会发展计划执行情况，建议政府按照“适应新常态、实现新作为”要求，合理确定发展目标，稳中求进，加快产业结构调整和转型升级，加强对外合作，推进城乡一体化，不断强化民生保障。听取和审议 2014 年财政决算和审计情况、2015 年上半年财政预算执行情况、2015 年财政预算执行情况和 2016 年财政预算主要内容、市级政府性债务情况等报告，依法审查批准市级财政决算。建议政府深化预算管理制度改革，实施规范、公开的全口径预算管理机制，创新和整合财政投入方式，完善绩效评价考核体系，发挥财政资金杠杆作用，助推经济转型发展；加强依法理财，深化政府、部门预决算及“三公”经费预决算公开工作，完善市、镇区财力与事权相匹配的财政分配制度，严格收支管理，提高财政资金使用效益；加强债务管理，建立良性举债机制和债务化解预案，防范政府性债务风险。听取和审议工业经济转型和创新发展、接轨上海、服务业发展等工作报告，建议政府把握机遇，加快推进体制机制创新，转变经济发展方式，优化产业结构，加快经济转型，提高经济质量和效益。组织“十三五”规划前期调研，听取和审议编制情况报告，建议政府准确定位，明确目标和战略重点，做亮太仓港、融入上海、对德合作等三大特色，彰显太仓“十三五”规划个性。组织视察港区石化区环境整治、新区水环境整治和科教新城建设情况。建议港区、新区坚持问题导向，加强工业废水、有机废气、固废危化品治理，落实政府主导和监管责任，正确处理好经济发展和环境污染之间的关系，实现区域经济和生态环境可持续发展。建议科教新城统筹抓好经济发展、老镇区改造和社会治理等各项工作，在资金保障、招才引智、环境整治等方面取得新进展。重视长江口旅游度假区建设，落实市委要求，建立主要领导、分管领导、相关工委共同参与的对口联系工作机制，组织现场办公，协调解决有关问题。

【民生工作监督】 2015 年，市人大常委会把政府实事工程建设列为监督重点，从项目确定、实施到建成进行全过程关注。制定督查意见，通过常委会领导分工负责、相关工委与实施部门联系互动、组织视察检查、听取汇报、现场督办、组织

6 月 19 日，市人大常委会视察太仓港经济技术开发区石化区环境整治工作 （高海明　摄）

协调等多种形式，督促政府及有关部门加强对实事工程建设的组织领导，强化目标管理，严格责任落实，及时解决项目推进过程中的具体问题，完成年内既定目标任务。把水环境整治列为重点工作，组织视察和专题调研，协调解决有关问题，推动政府及有关单位加强源头控制，加快截污纳管工程建设，提高污水收集处理能力；打通束水河段和断头浜，定期疏浚城区河道，增加河道水体总量和环境容量，提升河道引排水功能和水体流动能力；加强常态化管理，实现水动、水通和水清。听取和审议《太仓市大气污染防治行动计划实施方案》实施情况，建议政府加大防治力度，强化燃煤使用管控、挥发性有机物污染治理和扬尘治理，控制大气污染物排放总量。听取推广绿色节能建筑情况报告，建议政府谋划绿色节能建筑发展规划，明确发展目标任务，加强对建筑的规范化管理和专项资金保障，做好绿色节能建筑推广工作。听取解决主城区教育资源紧缺问题的情况报告，建议政府发挥教育设施布局规划的引领作用，加快新建项目建设进度，保障建设资金落实，确保教育资源按计划配置到位。听取全市卫生系统绩效工资运行情况报告，建议健全激励机制，深化分配改革，完善绩效工资制度，推动卫生事业健康发展。听取全市农村土地承包经营权确权登记颁证工作报告，建议政府强化农民主体意识，加强政策宣传和业务培训，健全工作、仲裁、协调机制，推进确权工作。听取沪通铁路（太仓段）建设情况报告、民族团结情况报告，提出工作建议。

（皇甫丹丹）

人事任免

【概况】 2015年，市人大常委会坚持党管干部和依法任免有机统一，认真行使人事任免权，任免市人大常委会及其工作机构9人次，市政府及其工作部门22人次，市人民法院、市人民检察院18人次。市十五届人大常委会第21次会议决定接受杜小刚因工作变动辞去市人民政府市长职务的请求，决定任命沈觅为市人民政府副市长、代理市长；第23次会议决定接受浦绍兴、汤文英因工作变动辞去市人大常委会委员职务的请求，决定接受顾晓东因工作变动辞去市人民政府副市长职务的请求，决定任命徐志强为市人民政府副市长；第28次会议决定接受佟海英因挂职期满辞去市人民政府副市长职务的请求，决定任命袁欲彬为市人民政府副市长（挂职），决定接受秦建明因年龄关系辞去苏州市第十五届人大代表职务的请求，补选胡伟华为苏州市第十五届人大代表。

（皇甫丹丹）

代表工作

【代表议案建议督办】 2015年，市十五届人大四次会议表决通过张俊华等10名代表提出的《加快推进防洪设施建设，切实提高城区排涝能力》为大会议案。市人大常委会加大对议案的督办力度，通过现场调研、听取建设情况、视察议案实施等形式，建议政府进一步统筹城市防洪排涝与城市发展、土地利用、生态环境保护等关系，科学制定规划，加快工程建设。

市十五届人大四次会议期间，代表提出书面建议、批评和意见122件，其中10名以上代表联名的议案转为建议、批评和意见的3件。其中，农业农村方面24件，工业环保方面4件，财税金融方面6件，交通运输方面9件，教育卫生方面18件，规划建设管理方面27件，政法民政方面12件，社会保障方面9件，文化体育方面4件，其他方面9件。对代表提出的建议，市人大常委会及时交办，确定重点建议6件，加强跟踪督办，听取办理情况，广泛征询代表意见，督促相关部门提高办理质量，推动代表提出的问题得到解决。截至年底，代表对建议办理表示满意106件，基本满意16件。市政府在政府门户网站代表建议栏公开建议办理情况，接受社会监督。

【代表联系】 2015年，市人大常委会坚持和完善常委会组成人员联系代表、代表接待选民、代表向选民述职等工作制度，推动代表深入基层，听取和反映群众意见。开展常委会主任接待代表日活动，围绕“发挥代表作用”“城乡一体化”“民生改善”等议题，广泛听取代表意见。开展代表接待选民日

2015年市人大常委会主任会议重点督办建议

表88

建议编号	建议名称	建议人
第6号	加强医保系统信息化建设，为基层单位创造良好服务平台	顾建华
第14号	提升物业管理企业服务质量，营造和谐社区	苏志勇
第16号	高度重视区域性教育资源紧缺问题	徐建芬
第50号	加强行政事业单位和市属国有企业资产管理	王文尉
第111号	落实监管主体责任，加强工地环境保护	华中兴
第112号	加强太仓市公共法律服务体系建设	杨巧明

活动，常委会全体组成人员参加接待活动，对群众提出的意见与建议进行逐条梳理和交办，推动有关问题解决。组织 69 名市代表向选民述职，密切代表与选民联系，督促和激励代表更好地履行职责，主动接受人民群众监督。

【代表活动】 2015 年，市人大常委会举办全面推进依法治国等专题讲座，引导代表以小组为单位开展学习，增强政治意识、法律意识和履职意识，提高代表依法履职能力。围绕政社互动、实事工程建设、动迁安置、工业经济和现代服务业发展、现代农业发展、农村生活污水治理等专题，组织代表开展调研，为有关方面改进工作提供参考。安排代表列席有关会议听取“一府两院”工作、参与视察检查，拓宽代表知情知政渠道。健全代表履职登记制度，加强代表履职服务，发挥“人大代表之家”阵地作用，促进代表活动制度化、规范化。

（皇甫丹丹）

重要工作

【概况】 2015 年，市人大常委会围绕加强乡镇人大工作、全市重点青少年群体关爱情况、经济领域民生热点难点问题、大气污染防治实施及对策建议、全市体育产业发展现状及努力方向、海归创业人才成长发展环境、“区政合一”等课题开展调查研究。加大对镇、街道人大工作的指导与联系，定期召开镇人大主席、街道工委主任工作例会，邀请镇人大主席列席常委会会议，市、镇人大代表联动开展视察检查、代表述职、接待选民等活动，推动市、镇两级人大工作同步提升。年内，组织参加江浙沪十一县（市、区）第 65 次、第 66 次人大工作交流会，就“地方人大在全面推进依法治国进程中如何发挥作用”“关于加强乡镇（街道）人大工作联系指导的实践与思考”主题作交流发言。全年，市人大常委会受理接待涉法涉诉、拆迁、征地、医疗卫生、社会保障等方面群众来信来访 106 件次，依法解决群众合法诉求。

（皇甫丹丹）

太仓市人民政府

重要会议

【市政府全体（扩大）会议】 2015 年 3 月 6 日，市政府召开全体（扩大）会议，贯彻落实中共十八大和十八届三中、四中全会精神及习近平总书记系列重要讲话精神，落实市委十二届九次全体（扩大）会议和市“两会”精神，动员全市上下解放思想、振奋精神，改革创新、真抓实干，确保完成年度各项目标任务。

8 月 6 日，市政府召开全体（扩大）会议，深入贯彻中共十八大和十八届三中、四中全会精神及习近平总书记系列重要讲话精神，落实市委十二届十次全体（扩大）会议精神，总结上半年工作，部署下半年工作任务，动员全市上下进一步坚定信心，提振精神，紧盯目标，突出重点，真抓实干，全力完成全年和“十二五”各项目标任务。

【市政府常务会议】 2015 年，太仓市人民政府共召开常务会议 7 次（即第 18 次至第 24 次常务会议）。

第 18 次常务会议。2 月 28 日召开，讨论《太仓市审计结果公告办法》《关于进一步加强审计整改工作的意见》《太仓市征地补偿和被征地农民社会保障办法》《关于对天镜湖私募基金创业基地发展的政策意见》《中国科学院上海硅酸盐研究所——太仓市政府全面合作协议》《关于原法院地块退还部分土地及调整规划方案的说明》《太仓市消火栓管理办法》和《太仓市教育布局规划(2014—2030)》。

第 19 次常务会议。4 月 24 日召开，讨论《2015 年区镇科学发展观工作实绩综合考评办法》《太仓市商务发展专项引导资金使用管理办法（修订）》《太仓市促进开放型经济转型升级若干政策意见》《关于上海中锐教育发展公司租用原北上海地块资产办学的情况汇报》和《太仓市科技创新创业市长奖、太仓市科技合作贡献奖推荐人选》。

第 20 次常务会议。7 月 17 日召开，讨论《关于加快民办教育发展的实施意见》《关于进一步加强全市政府专职消防队伍建设的实施意见》《关于推进苏南国家自主创新示范区建设的实施意见》《关于设立太仓市产业扶持资金进一步推进经济转型升级的政策意见》和《太仓市物业服务收费管理实施细则》。

第 21 次常务会议。9 月 10 日召开，讨论《太仓科技领军人才计划实施细则》《太仓市政府向社会购买服务实施细则（试行）》《太仓市生态补偿资金管理办法（暂行）》《太仓市主城区老旧片区改造管理工作方案》《太仓市城市绿化养护管理实施办法》《太仓市城区水环境综合整治提升工作（2016—2018）实施方案》《太仓市企业应急转贷资金管理办法》。

第 22 次常务会议。10 月 13 日召开，讨论《关于向国开行申请棚户区改造项目贷款的方案》。

第 23 次常务会议。11 月 25 日召开，讨论《关于进一步完善居民养老保险制度的意见》《关于深化医养融合发展的实施意见》《关于进一步健全安全生产监管体系的实施意见》《关于推行全市新增工业项目用地联合预审管理的实施意见（试行）》《关于贯彻落实〈江苏省大气污染防治条例〉，进一步强化大气污染防治工作的实施意见》《关于确定具备承接政府职能转移和购买服务资质的社会组织目录的实施办法》《太仓市 2015 年度政府向社会转移职能事项目录》和《太仓市政府投资项目生成机制实施意见》，研究新区管委会收购外贸创业园相关事宜。

第 24 次常务会议。12 月 24 日召开，讨论《关于全面深化市属国资国企改革发展的意见》《关于加快推进城乡公交一体化发展的实施意见》《太仓市区镇新建中小学、幼儿园专项资金管理办法》《关于太仓市 2015 年预算执行情况与 2016 年预算草案的报告》《中科院上海硅酸盐研究所太仓园区建设中相关情况报告》《太仓市经济社会发展主要指标2015年完成情况预计及2016年计划安排》《太仓市“十三五”规划纲要指标体系》和《政府工作报告》，通报政府规范性文件清理工作情况。

【全市性重要会议】 全市教育工作会议。2月28日召开。

全市安全生产工作会议。3月5日召开。

全市依法行政工作会议。3月5日召开。

全市国资工作会议。3月6日召开。

市政府全体（扩大）会议。3月6日召开。

全市经济工作会议。3月11日召开。

全市环境保护工作会议。3月18日召开。

全市征兵工作会议。7月9日召开。

市政府全体（扩大）会议。8月6日召开。

全市国土资源管理工作会议。12月10日召开。

（朱自元）

实事工程

【概况】 2015年，太仓市安排政府实事工程10项。截至年底，10项实事工程全部启动，26个子项目中有19个子项目基本完成，7个子项目持续推进。

【城区防洪排涝改造工程】 该工程由市水利（水务）局负责实施。主要任务是建设老城区、西城区防洪包围圈，新建排涝闸站7座、改建3座，新建节制闸1座、维修1座，以及部分挡墙加高、出水口处理等。工程总投资6000万元，分两年实施。2015年度项目为新建排涝闸站4座、改建2座，新建节制闸1座。年内，各项工程抓紧建设，预计2016年5月底完工；2016年度项目前期工作先行开展。

【住宅小区物业管理提升工程】 该工程由市城管局负责实施。主要任务是开展老城区住宅小区长效管理工作，建设数字物业管理平台，加快小区综合整治等。年内，制定《太仓市商品住宅专项维修资金管理实施细则》《太仓市物业服务收费管理实施细则》。完成主城区城管进社区试点工作，建立物业纠纷人民调解委员会。做好城区11个封闭式老小区以奖代补考核和23个开放式老小区日常应急抢修及基础性物业服务外包工作。物业管理信息化平台一期工程通过验收，物管通APP上线试运行。启动物业管理信息平台二期工程建设。恒隆世家、君悦豪庭、彩虹天下、华侨花园、高尔夫湖滨花苑等5个试点小区物业提升项目（包括技防监控、消防设施及电梯黑匣子安装维护等）进入招标阶段。

【交通便民优化工程】 该工程由市交运局负责实施。主要任务是新建上海（虹桥）太仓航站楼及旅游集散中心，扩建沪太快线朝阳路站停车场，购置插电式混合动力新能源公交车20辆，推出60～69周岁老人乘车5折优惠等。年内，上海（虹桥）太仓航站楼和市旅游集散中心新址于2月10日正式启用，并先后开通至上海虹桥机场、浦东机场专线巴士；购置插电式混合动力新能源公交车20辆并投运；结合“太仓假日游”产品推出旅游观光专线；60～69周岁老人乘车5折优惠于9月1日正式实施；沪太快线朝阳路停车场扩建工程加快施工；新增133路等公交线路3条，调整201路等公交路线13条，加密210路等公交班次3条；开通港区至上海美兰湖直达快线，沪浏快线、科教新城至虹桥枢纽直达快线进入客流量调查摸底工作阶段。

【城区教育资源缓解工程】 该工程由市教育局、新区负责实施。主要任务是启动太仓市实验中学、太仓市朱棣文小学扩建工程，新建太仓市镇洋小学及幼儿园。年内，市实验中学扩建工程土建招标完成，桩基试桩结束，消防设计图、施工图图审基本完成。市朱棣文小学扩建工程进入施工图审查和标底编制阶段。市镇洋小学及幼儿园新建工程完成场地清理和桩基招标工作。

【网络通讯提升工程】 该工程由太仓电信公司、太仓移动公司、太仓联通公司负责实施。主要任务是三大运营商通过增加基站等工程建设，提升网络覆盖率，实现4G网络全覆盖；推进光纤接入改造工程，提升全市光宽带接入能力。至年底，该工程项目全部完成。

【民生综合信息服务工程】 该工程由人民银行太仓支行、农商行太仓支行、市人社局负责实施。主要任务是建立覆盖全市各村的综合化金融服务站；建设政府民生信息发布平台，实施劳动保障“村村通”提档升级工程。至年底，该工程项目全部完成。

【医疗服务惠民工程】 该工程由市卫计委、市人社局负责实施。主要任务是家庭医生移动随访包采购和软件开发、全科医生诊疗仪和全科医生工作室建设等。至年底，初步建立移动随访和以双向转诊为核心的分级诊疗信息化系统；新（迁）建社区卫生服务站5个、家庭医生工作室9个；各基层医疗卫生机构组织698名医务人员建立家庭医生服务团队152个；签约居民5万余户，覆盖全市35%户籍人口；门诊大病医疗保险制度顺利推行；建立灵活就业人员职业伤害保险制度。

【大气污染防治重点整治工程】 该工程由市环保局、市公安局负责实施。主要任务是建成华能太仓电厂至璜泾地区30公里供热管网，完成太仓宏达热电有限公司1台锅炉脱硫脱硝改造，新建大气自动监测站3个，淘汰黄标车1600辆。至年底，华能太仓电厂热电联产改造工程供热管网建成通气；太仓宏达热电有限公司备用炉烟气提标改造工程完成除尘、脱硫、脱硝改造，正式投运；3个大气自动监测站建成投入试运行；超额完成黄标车淘汰任务，共淘汰黄标车5171辆。

【养老服务推进工程】 该工程由市民政局、璜泾镇和科教新城负责实施。主要任务是新建养老机构2家，新增床位550张。至年底，璜泾镇养老院完成立项和施工图设计，进入图审、办理施工许可证及施工招投标。科教新城养老院完成项目方案报批、初步设计和原址建筑物拆除、土地平整，进入初步设计审查阶段。

【农村天然气入户工程】 该工程由市住建局、苏创公司负责实施。主要任务是完成1万户农村用户天然气接入。至年底，该工程项目全部完成。

（朱自元）

外事工作

【概况】 2015年，太仓市调整市委外事领导小组和全市处理涉外事（案）件领导小组成员，审核因公出国（境）团组31批88人次，其中自组团14批62人次，上组团17批26人次。针对3批3人次不符合要求的团组，明确不同意出访的2批2人次，调整人员的1批1人次。全年接待外宾团组30批612人次，主要有“一带一路”沿线国家和地区驻沪总领事、德国巴伐利亚州财政部部长、美国安大略市市长、美国沙泉市教育代表团、“中韩诗歌对话会”韩国代表团、摩尔多瓦政治局常委、荷属库拉索首相、中联部“一带一路”中德对话会嘉宾、英国威勒尔市友好代表团、德国巴符州州长、科特迪瓦商务代表团等团组。

【友好交流】 2015年，太仓市推动发展友好城市、友好学校、友好单位的交流，深化友城工作，丰富友城内涵。加强全方位交流和平友谊，搭建多层次友城交流网络，多形式多渠道发展人文交流，扩大太仓对外友好交流工作。9月，英国威勒尔市议会议长菲利普·戴维斯访问太仓。9月8日，菲利普·戴维斯与太仓市人大常委会主任陆卫其在弇山园共同栽下象征两市友谊长存的桂花树。9月9日，太仓市委书记王剑锋在娄东宾馆会见菲利普·戴维斯。双方在推动经贸、环保、文化教育等多领域开展全方位交流。太仓市工商业联合会与威勒尔市商会签订《建立合作伙伴关系协议书》。10月，韩国庆上北道青松郡政府代表团访问太仓，并与太仓市签署友好交流城市关系协议书。10月20日，卢韩作家沙溪创作交流中心在太仓市文化江南会馆揭牌，太仓市文化江南会馆与韩国庆上北道青松郡的客主文学馆签订建立友好合作关系协议，促进两地文学艺术界的交流，通过文化先行，彰显“一带一路”文化魅力。10月24日，德国巴符州州长温弗里德·克莱驰曼率代表团访问太仓，了解德企在华投资发展动态，赴苏州健雄职业技术学院开展双元制教育实施情况交流。德国驻沪总领事罗腾，巴符州副州长、财政与经济部部长尼尔斯·施密特，中国人民外交学会前会长、前驻德国大使卢秋田参加访问。12月，太仓友好代表团访问英国威勒尔市与德国弗赖堡市，双方就如何进一步做好双方城市经贸、文化、教育等方面的交流与合作进行探讨。

【友好学校建设】 2015年，全市累计有22所中小学与境外学校结为友好学校，其中7所与澳大利亚维州有关学校结对，7所与英国有关学校结对，3所与德国有关学校结对，2所与美国有关学校结对，3所学校分别与日本、新加坡、加拿大有关学校结对。结对学校经常开展文化交流活动，感受不同教育理念。4月，美国亚特兰大沙泉市北泉查特高中师生访问太仓，与太仓市明德高级中学师生开展为期2周的学习体验活动；9月30日—10月10日，太仓市明德高级中学师生访问团回访美国乔治亚洲亚特兰大沙泉市查特高中。5月，太仓市中小学校长代表团赴英国威勒尔市5所姐妹学校进行友好交流。10月19—21日，英国威勒尔市博肯海德中学22名师生到太仓市实验中学开展为期3天的友好交流活动，这是自两校建立友好学校关系以来的首次到访。

【外事服务企业】 2015年，市外事办持续开展“送服务到企业”活动，服务太仓企业发展，推荐苏州海兴远洋渔业有限公司申报2015年度中国—东盟海上合作基金项目，参与国家“一带一路”和蓝色海洋经济发展战略，促进太仓市与东盟国家的合作往来。继续做好APEC商务旅行卡的宣传和推介工作，累计办理APEC商务旅行卡61张。全年审批办理外国人来华邀请函162家204人次。市外事办鼓励太仓企业走出国门，参与国际合作和交流，已有太仓企业在南美洲、中东、中亚等地区投资。11月，科特迪瓦商务代表团到太仓举办科特迪瓦商务投资说明会，科特迪瓦投资促进中心、企业家联盟以及太仓企业家代表共计60人出席，科特迪瓦邀请太仓企业家赴西非考察投资。11月，太仓市商务代表团赴捷克参加“2015中国投资论坛”活动，捷克总统、总理政商界代表400余人出席活动。

【“一带一路”建设】 2015年，太仓市作为21世纪海上丝绸之路和长江经济带两大战略的交汇地，贯彻执行《推动共建丝绸之路经济带和21世纪海上丝绸之路的愿景与行动》，利用长三角区位优势，传承发扬郑和文化，搭建对外交流合作平台。3月，“一带一路”沿线国家乌兹别克斯坦、马来西亚、泰国、哈萨克斯坦、匈牙利驻沪总领事、领事官员一行12人访问太仓。6月1日，“一带一路”与新时期中德合作对话会在太仓市召开，中外政界、工商界、智库、媒体等各界嘉宾共120余人出席对话会。中共中央对外联络部副部长周力，德国社民党前主席、前国防部长鲁道夫·沙尔平出席开幕式并致辞。该对话会标志由中国经济联络中心打造的“一带一路”工商界对话会平台的正式启动，太仓市是中国经济联络中心颁布的全国唯一一个“一带一路”工商界对话活动试点城市。7月，“一带一路”中国—马来西亚工商界对话会在北京举行，太仓市举办专场港口物流合作论坛。11月，马来西亚巴生港代表团访问太仓，与太仓港正式缔结为姐妹港，双方计划在航线、物流、信息、人才等领域展开合作，共同服务“21世纪海上丝绸之路”建设。

（朱为民）

2015年太仓市外宾接待情况表（部分）

表89

序号	日期	国家（地区）	主要来宾	人数（人）	到访内容
1	3月31日	德国	巴伐利亚州财政部部长马库斯·索德尔、德国驻沪总领事彼得·罗腾	17	德国中心落户太仓签约
2	4月14日	美国	加州安大略市市长保罗·莱恩	7	再生能源合作考察
3	5月19—21日	摩尔多瓦	摩尔多瓦民主党政治局常委、议会对外政策委员会主席伊戈尔·科尔曼，摩尔多瓦驻华大使阿纳托利·乌列基安	13	签署《关于在葡萄酒贸易文化领域开展互惠交流合作的意向备忘录》
4	5月26日	荷属库拉索	首相伊瓦·阿舍斯	7	港口建设、风能发电考察
5	5月30日—6月2日	德国	鲁道夫·沙尔平	120	“一带一路”与新时期中德对话会
6	7月3日	科特迪瓦	驻华大使多索·阿达马	2	邀请太仓企业赴科投资
7	9月8—10日	英国	威勒尔市议长菲利普·戴维斯	5	巩固友好城市合作，《建立合作伙伴关系协议书》签订
8	9月9日	德国	亿迈齿轮董事会主席考克斯·卡斯滕	12	考察太仓投资环境
9	9月23—24日	德国	战略咨询交流有限公司董事长鲁道夫·沙尔平	4	洽谈水处理项目
10	10月19—22日	韩国	青松郡郡长韩东洙	13	签订友好交流城市协议
11	10月24日	德国	巴符州州长温温弗里德·克莱驰曼、德国驻沪总领事罗腾	130	考察德企投资发展动态和双元制教育培训情况，
12	11月22—24日	科特迪瓦	驻华大使多索·阿达马	23	邀请太仓企业赴非投资

机关事务工作

【概况】 2015年，太仓市机关事务工作深化“平安行政中心”创建，开展“主动服务，规范引导，热情周到”主题教育活动，组织消防反恐演练，做好安全保卫工作，全年未发生安全方面重大事故。协助信访部门接疏上访群众290余批（次），接待群众6万余人（次）、外来车辆5万余车（次）。推进《党政机关厉行节约反对浪费条例》《机关事务管理条例》和《江苏省机关事务管理办法》落实，为全市机关运转提供后勤保障，服务满意度98.47分。

【后勤服务保障】 2015年，市机关事务后勤服务工作继续完善“原料采购工作规程”内控机制，提供工作用餐50万人次。提升会务服务质量，实施个性化服务。全年接待会议1000余场次，会议满意度100分。完善资产管理，定期检查相关设备、翻看工程报修维修单、设备机房巡查记录等，确保设施设备运行正常。规范财务管理，与25家服务单位签订委托财务服务协议书，规范双方权利义务，健全规范财务手续、支出结构。分发报刊杂志信函文件等192万份，设置快递定点收发点；累计发放门禁卡400余张。

【公务用车制度改革】 2015年，太

11月9日，市行政中心组织消防演练　（市机关事务局供稿）

仓市对全市现有公务车辆、经费及司勤人员等相关基础数据进行审核、汇总、分析、测算，完成全市公务用车节支率测算工作。制定《太仓市公务用车制度改革方案》及配套办法。12月29日，召开全市公务用车制度改革布置会议，部署全市公车改革工作。12月31日，对拟取消的一般公务用车20辆、执法执勤车221辆全部封存。

（顾秋艳）

政　协
太仓市委员会

综　述

【政协委员和组织机构概况】 2015年，政协太仓市十三届委员会共有界别21个，包括中共界别、民革界别、民建界别、无党派界别、工商联界别、工会界别、共青团界别、妇联界别、科协界别、文体新闻和艺术界别、科学技术界别、教育界别、医药卫生界别、社会福利和社会保障界别、经济界别、农业和农村界别、侨联界别、台联界别、少数民族界别、宗教界别、特邀人士界别等，共有委员237人，其中中共界别97人，其他界别140人。在太仓的江苏省政协委员2人，苏州市政协委员14人。政协设常务委员会，有主席1人、副主席5人、秘书长1人、常委40人。政协机关内设办公室、研究室和提案委、经济科技委、社会事业委、城乡建设委、港澳台侨（民族宗教）委、学习文史委等专委会6个。2015年，太仓市政协牢牢把握团结民主两大主题，动员和依靠参加政协的各党派团体、全体委员和社会各界人士，围绕太仓改革发展和现代化建设履行政治协商、民主监督、参政议政职能，发挥协商民主重要渠道作用，为太仓经济社会发展发展做出应有贡献。

（徐玉婷）

重要会议

【政协太仓市第十三届委员会第四次会议】 2015年2月9—11日，市政协十三届四次会议召开。会议应到委员237人，实到212人。中共太仓市委书记王剑锋在开幕式上作题为《为共同谱写中国梦的太仓篇章而团结奋斗》的讲话。会议听取和审议市政协主席宋建中作的《中国人民政治协商会议太仓市第十三届委员会常务委员会工作报告》和副主席朱薇圆作的《中国人民政治协商会议太仓市第十三届委员会第三次会议以来的提案工作情况的报告》。委员们列席太仓市第十五届人民代表大会第四次会议，听取和讨论市委副书记、代市长沈觅作的《政府工作报告》以及其他有关报告。会议选举邱震德为市政协第十三届委员会主席，高扬为市政协第十三届委员会副主席，增补毛华乾、周瑛、展建良为市政协第十三届委员会常务委员。会议通过《中国人民政治协商会议太仓市第十三届委员会第三次会议决议》。会议听取并审议通过提案审查情况的报告。大会表彰2014年度优秀提案、提案先进承办单位。收到大会发言材料20篇，10篇材料作大会交流发言，2名委员作大会自由发言。

【政协太仓市委员会常务委员会会议】 2015年，政协太仓市第十三届委员会共召开常务委员会会议7次。

十三届十七次常委会。2月10日召开。中共太仓市委书记王剑锋到会作候选人提名说明。市政协主席、大会执行主席宋建中主持会议。中共太仓市委常委、组织部部长张彪宣读市委关于市十三届政协主席、副主席、常务委员候选人的推荐书。会议协商决定增补邱震德为市十三届政协委员；讨论并通过宋建中因年龄关系辞去市十三届政协主席职务的决定；讨论《选举办法》（草案）；酝酿协商市十三届政协主席、副主席、常务委员候选人建议人选。大会执行主席吕寅、朱薇圆、朱凤兰、高扬、陆静波等参加会议。

十三届十八次常委会议。2月11日召开。朱薇圆主持会议。会议听取分组讨论情况及候选人协商情况汇报；通过《选举办法》（草案）、候选人正式名单和选举工作人员名单，并决定提交市政协十三届四次会议第三次全体会议通过后进行选举；审议市政协十三届四次会议决议（草案）。大会执行主席宋建中、吕寅、朱凤兰、高扬、陆静波等参加会议。

十三届十九次常委会。2月11日召开。会议审议并原则通过《市政协十三届委员会常务委员会2015年工作要点》。市政协主席邱震德主持会议并讲话。原十三届政协主席宋建中，副主席郑银林、吕寅、朱薇圆、朱凤兰、高扬等参加会议。

十三届二十次常委会。5月13日召开。会议专题学习习近平关于“四

2月9日，政协太仓市第十三届委员会第四次会议开幕　（姚建平　摄）

12 月 22 日，市政协十三届二十三次常委会召开　　（董志军　摄）

个全面”（全面建成小康社会、全面深化改革、全面依法治国、全面从严治党）总方略论述精神。苏州市委党校、苏州行政学院行政管理教研室副主任、副教授刘建芳进行专题辅导。会议通过董志军为市政协办公室副主任，王俭飞为市政协提案委副主任，徐卫岗为市政协学习文史委副主任，闻诣昉为市政协港澳台侨（民族宗教）委副主任。因为年龄关系杨志宏不再兼任市政协社会事业委副主任职务，王战超不再担任市政协港澳台侨（民族宗教）委副主任职务。市政协主席邱震德，副主席郑银林、吕寅、朱薇圆、朱凤兰、高扬等出席会议。

十三届二十一次常委会。8 月 6 日召开。市委副书记、市长沈觅出席会议并通报全市经济社会发展情况。市政协主席邱震德主持会议并回顾总结上半年工作，部署安排下半年工作。原十三届政协主席宋建中，副主席吕寅、朱薇圆、朱凤兰、高扬等出席会议。部分政协常委围绕经济转型升级、民营企业发展、推进依法治市等方面协商建言。会议还听取市政府关于办理市政协提案情况的通报。会上龚秋健、高冬华、周建明等作履职交流。

十三届二十二次常委会。10 月 19 日召开，会议就市“十三五”规划纲要编制进行决策前专题协商。听取关于“十三五”规划纲要起草情况及主要内容说明。副市长赵建初出席会议并讲话。市政协副主席郑银林主持会议。副主席吕寅、朱薇圆、朱凤兰、高扬等出席会议。

十三届二十三次常委会。12 月 22 日召开。会议听取市委常委、副市长朱大丰关于政府工作情况的通报。会议审议通过关于召开市政协十三届五次会议的决定，审议通过市政协十三届五次会议的其他事项。增补曹丹丹为太仓市十三届政协委员，会议决定王敏、陈桂平不再担任政协委员。会议传达中共太仓市委十二届十一次全体（扩大）会议精神。市政协主席邱震德主持会议。副主席郑银林、吕寅、朱薇圆、朱凤兰、高扬等出席会议。

【政协太仓市委员会主席会议】 2015 年，政协太仓市第十三届委员会共召开主席会议 7 次。

十三届四十五次主席会议。4 月 21 日召开。会议专题视察全市企业上市工作情况。听取副市长赵建初通报企业上市工作情况及下一步打算。市政协主席邱震德出席会议并讲话。副主席郑银林、吕寅、朱薇圆、朱凤兰、高扬等出席会议，

十三届四十六次主席会议。5 月 21 日召开。会议对全市医药卫生体制改革情况进行专题民主监督。听取市卫计委负责人关于医改情况通报。市政协主席邱震德出席会议并讲话。市政协副主席郑银林、吕寅、朱薇圆、朱凤兰、高扬等出席会议。

十三届四十七次主席会议。6 月 10 日召开。会议调研视察“大众创业、万众创新”工作情况，先后实地视察大学科技园、太仓中科信息技术研究院、睿昕汽车配件有限公司和昂科生物医学技术（苏州）有限公司，听取市科技局有关情况通报。市政协主席邱震德出席会议并讲话。副主席郑银林主持会议。副主席吕寅、朱薇圆、高扬等出席会议。

十三届四十八次主席会议。7 月 15 日召开。专题调研市场监督管理工作，听取市场监督管理局关于市场监督管理局体制改革后的情况介绍、实际工作中遇到的突出问题及下一步工作计划。市政协主席邱震德出席会议并讲话。副主席郑银林、吕寅、朱薇圆、高扬等出席会议。

十三届四十九次主席会议。8 月 26 日召开。会议专题视察科教新城经济社会发展情况，先后视察海运堤二期、大学科技园、南郊社区等，听取科教新城党工委主要负责人作有关情况通报。市政协副主席郑银林、吕寅、朱薇圆、朱凤兰、高扬出席会议。

十三届五十次主席会议。10 月 30 日召开。会议围绕环保综合执法工作开展专题协商，听取市环保局关于太仓市环保综合执法和环保司法联动有关情况通报。副市长徐志强出席会议并讲话。市政协副主席郑银林、吕寅、朱薇圆、朱凤兰、高扬等出席会议。市人民法院、市人民检察院、市公安局、市环保局等部门有关负责人参加会议并进行专题讨论。

十三届五十一次主席会议。11 月 25 日召开。会议调研视察港区、新区经济社会发展情况，分别听取市委常委、太仓港经济技术开发区党工委副书记、管委会副主任顾晓东，副市长、新区管委会主任朱万里关于港区、新区经济社会发展情况通报。先后实地参观新区日立数据系统制造有限公司、中德中小企业工业园、博格华纳汽车零部件（江苏）有限公司、佳格公司、中德（太仓）合作成果展示馆，港区中石油润滑油复合添加剂项目、五洋滨江广场项目、太仓港进口商品直销中心、太仓生物港、依科赛生物科技（太仓）有限公司。市政协副主席郑银林、吕寅、朱薇圆、高扬等出席会议。与会人员分别就大力发展平

台经济、创新招商引资方式、加强资本经营运作等方面提出意见建议。

（徐玉婷）

政治协商

【政协为太仓市“十三五”规划纲要编制建言】 2015年，市政协把“十三五”规划纲要编制作为常委会专题协商议题。围绕科学制定战略规划、目标任务，推动创新发展、协调发展等方面提出协商意见50余条，并将协商意见以专报形式报送市委、市政府。市委书记王剑锋在协商意见专报上作出“认真学习，积极采纳委员们的合理建议”的批示。在《太仓日报》以《政协之窗》专栏形式，组织委员围绕“适应新常态、实践新理念”主题，贯彻落实中共十八届五中全会精神，为太仓“十三五”规划编制建言献策。

（徐玉婷）

参政议政

【重点课题调查研究】 2015年年初，政协主席会议围绕太仓改革发展全局性、战略性问题，确定加快推进“融入上海”战略、推动“大众创业、万众创新”、大力发展“互联网+”产业、完善基层行政服务中心建设等重点课题10个，由分管主席牵头、专委会负责、委员共同参与开展调查研究，通过《政协调研专报》等形式，向市委、市政府和有关部门报送调研成果12篇。根据市委主要领导意见，组织课题组对太仓贯彻落实“一带一路”战略实施开展专题调研，形成并报送《太仓融入“一带一路”战略的思考与建议》。按照市委书记王剑锋批示“结合建议拟定全市贯彻落实‘一带一路’战略工作意见，汇总整理后一并报市委、市政府研究”的要求，代拟形成《关于贯彻落实“一带一路”战略规划的实施方案（草案）》，经市委常委会议审议通过并成文印发。（徐玉婷）

民主监督

【委员提案】 2015年，市政协十三届四次会议后共收到委员提案203件，经审查，立案195件，其中集体提案78件，委员提案114件，界别小组提案3件；转型发展类提案25件，深化改革类提案28件，依法行政类提案18件，改善民生类提案78件，城乡一体类提案46件。从195件立案提案中选择10件提案为重点提案。为加强重点提案办理协商，课题组进一步深入调研，收集基本情况，完善提案建议，通过提案办理民主协商会和“回头看”等形式，推动委员合理化建议的采纳落实。同时，将督办提案活动与各专委会和界别组的调研视察、对口协商相结合，扩大提案办理协商的参与面和实效性。

【政协为深化改革发展监督建言】 2015年，市政协以主席会议形式开展专项民主监督2次，就新一轮医疗卫生体制改革围绕优化公共医疗资源合理配置、加强医疗人才队伍建设、完善绩效考核机制等方面提出监督意见报送市委、市政府。市委书记王剑锋针对监督意见报告作出“将有关建议吸收到我市医改工作方案中”的批示；就环保综合执法围绕提升环保检测技术、完善综合执法机制、推进区域联动执法等方面提出监督意见。主席会议、各专委会、界别组还通过调研座谈、视察监督、听取情况通报等会议和活动形式，围绕市场监督管理、企业上市工作、法治政府建设、“非遗”项目传承、民营企业转型发展、科技创新等方面建言献策。在《苏州日报》、太仓电视台以《委员之声》专栏围绕“融入上海”战略创新、规范教育市场管理、推动政府购买公共服务等方面，邀请委员通过媒体发表意见建议。

太仓市政协十三届四次会议重点提案名单

表90

立案号	提案者/单位	案　由	类　别
3号	工商联	关于引导发展工业旅游，促进二三产融合发展的建议	转型发展类
8号	袁蕴玉	关于进一步规范太仓市土地流转的建议	深化改革类
44号	黄卫东、何永林	关于优化太仓市联保信贷体系的建议	深化改革类
50号	郭红玲	关于提升乡镇医院医疗服务能力的建议	民生改善类
54号	民革太仓市委五支部	关于太仓传统文化衍生品设计策略与开发的建议	文化繁荣类
121号	市无党派知识分子联谊会	关于加强太仓市消防队伍建设的建议	民生改善类
122号	毛华乾	关于加强太仓市青少年社工人才队伍建设的建议	其　他　类
130号	民进太仓总支	关于规范整顿太仓市教育培训市场的建议	依法治市类
133号	民建太仓市委	关于依法行政，建设法治政府的建议	依法治市类
170号	孙建国	关于对“类低保”困难群体实施救助的建议	民生改善类

【社情民意信息收集报送】 2015年，市政协发挥渠道畅通优势，收集、整理和报送政协会议发言、专题协商、视察走访中委员反映的问题、情况和建议。报送《社情民意专报》和《社情民意信息》12期共300余条。市委副书记、市长沈觅对关于推进镇区便民服务中心建设的《社情民意专报》作出“不断规范、提升镇区便民服务中心建设，真正实现高效、便捷、便民”的批示。

（徐玉婷）

重要活动

【各界人士中秋茶话会】 9月25日，市政协办、市委统战部联合举办各界人士中秋茶话会。市委副书记张彪出席会议并代表市委向各民主党派、工商联、无党派人士、人民团体和社会各界人士及港澳台同胞、海外侨胞表达节日的问候和祝福。市政协主席邱震德主持茶话会。市人大常委会副主任、民革太仓市委主委嵇永宁，市政协副主席郑银林、吕寅、朱薇圆、朱凤兰、高扬等参加茶话会。茶话会上，民革太仓市委、民建太仓市委、民进太仓总支、民族宗教界、台商等各界人士代表作交流发言。

【政府实事工程视察】 12月1日，市政协组织全体委员视察2015年政府实事工程项目建设情况。市政协主席邱震德出席活动，副市长徐志强通报2015年政府实事工程建设情况。市政协副主席郑银林、吕寅、朱薇圆、朱凤兰、高扬等参加视察活动。委员们实地察看城区教育资源缓解工程、城区防洪排涝工程古塘河东闸站、大气污染防治重点整治工程等政府实事工程项目建设现场。

【“履职为民、服务百姓”系列活动】 2015年，市政协全体委员和各参加单位、各专委会、各镇（区）政协工委（联络委）结合自身实际，持续开展“履职为民、服务百姓”系列活动，全年开展捐资助学、扶贫帮困、送医送药、社区法律服务、捐赠文化体育设施等活动，各类捐款捐物价值100多万元。年内，市政协把“三访三促”活动与提升联系群众能力相结合，先后走访联系点20多个，共有委员100多人次参与，收集报送各类信息50余条。活动中，委员们深入在太仓的德企以及化纤纺织、食品加工、机械制造等民营企业，就如何应对严峻复杂的宏观经济形势，加快技术创新、人才引进、品牌建设等方面提出意见建议，就人才、土地、税收等政策执行中企业面临的具体问题与有关部门沟通协调。

（徐玉婷）

团结联谊

【政协联谊工作】 2015年，市政协邀请各党派、无党派代表人士参加会议发言、联合调研、专题协商等活动，先后召开政协常委、各界别组组长、各参加单位主要负责人和部分党政部门主要负责人座谈会，征求政协工作意见。深入各民主党派和无党派知识分子联谊会办公地点了解情况，协调解决工作中的实际问题。定期召开各镇政协工委主任会议，邀请列席政协常委会议等重要会议。支持各镇区“委员之家”建设。密切联系港澳台同胞、海外侨胞和归侨侨眷，走访在太仓的台资企业。持续关注宗教教职人员社会保障，协商建言非法宗教活动场所整治。邀请新社会阶层参加政协会议和活动。支持联谊会、工作研究会开展各项活动，完成联谊会和工作研究会换届工作。

（徐玉婷）

文史工作

【刊物编印】 2015年，市政协编印出版《太仓文史》第30期、《太仓政协》会刊6期（总31期）、《太仓政协简讯》13期（总85期）。市政协牵头的太仓港口经济发展研究会围绕推进区港联动和太仓港综合保税区发展课题，深入调研，开展“加快太仓港物流业发展”主题征文活动，将24篇优秀征文汇编成册，编印出版《支招港口物流》。（徐玉婷）

12月1日，市政协组织委员视察政府实事工程建设情况 （董志军 摄）

中共太仓市纪律检查委员会

综 述

【概况】 2015年，太仓市纪检监察机关在贯彻落实中共十八大和中共十八届三中、四中、五中全会精神，在全面从严治党新常态下坚持推进党风廉政建设和反腐败工作，为全市经济社会持续健康发展提供有力保证。全年注重抓好党风廉政建设，把落实“两个责任”（落实党风廉政建设责任制，党委负主体责任，纪委负监督责任。下同）作为推进党风廉政建设和反腐败工作的关键环节；加强机关作风和效能建设，推动作风建设常态化、长效化；加强纪律审查工作，做到执纪必严、违纪必究；强化监督检查工作，督促职能部门勤廉履职；注重源头预防和治理腐败工作，加强党员干部日常教育监督管理。2月7日，中共太仓市第十二届纪律检查委员会第五次全体会议召开，回顾总结2014年全市党风廉政建设和反腐败工作情况，部署2015年工作任务。市委书记王剑锋出席会议并讲话。市委常委、市纪委书记顾金泉代表市纪委常委会作题为《适应全面从严治党新常态，坚定不移推进党风廉政建设和反腐败工作》的工作报告，明确2015年党风廉政建设和反腐败工作任务，要求全市纪检监察机关严明纪律，加强党的纪律建设；严守责任，推进纪律检查体制改革；严肃正风，加强作风建设；严惩腐败，保持查办案件高压态势；严格管理，打造忠诚干净担当的纪检监察队伍。

（孙方金）

党风廉政建设

【党委主体责任落实】 2015年，市纪委协助市委制定党风廉政建设主体责任和监督责任清单，明确市委30项责任，市委书记和市委领导班子成员各20项责任以及市纪委28项责任，把责任细化、量化、具体化。将清单制度延伸到基层，督促各级党组织对照市委清单，制定上报个性化责任清单。在30家重点部门确定39个主体责任重点项目，实行项目化管理。制定责任清单的有关做法被省纪委网站登载。制定《关于党委（党组）及其主要负责人报告履行党风廉政建设主体责任和廉洁从政情况的实施办法（试行）》，明确报告时间、内容和形式，推动主体责任落实。召开落实主体责任专题汇报会，市委2次专门听取各区镇和重点部门主体责任落实情况汇报。在市十二届纪委五次全会上，市委与各地各部门党组织签订党风廉政建设责任书，明确责任内容、责任考核和责任追究。

【纪委监督责任落实】 2015年，按照党委主体责任、纪委监督责任和部门具体工作责任的要求，市纪委协助市委把全年的党风廉政建设任务进行责任分解，共计五大类18项工作任务，明确到各地各部门。督促各地各部门党组织书记与分管领导、下属单位签订党风廉政建设责任书，对责任制落实情况加强监督检查，定期上报工作推进情况。开发建设党风廉政建设责任制过程管理信息系统，探索运用信息化手段，对党风廉政建设责任制落实情况开展痕迹管理、实时监控和过程考核。年中，对沙溪镇、双凤镇、水利局等单位“两个责任”清单落实情况开展抽查。年底，协助市委开展党风廉政建设责任制检查考核工作，由市委常委、党员副市长带队对全市镇区、部分机关部门共18家重点单位落实党风廉政建设责任制情况开展检查考核，与18名主要负责人进行廉政谈话，提出整改建议55条。制定《关于在纪律审查工作中实施“一案双查”的暂行办法（试行）》，对主体责任、监督责任落实不力，造成分管范围内出现重大腐败问题等10种情形严肃问责。制定纪检监察系统内部监督办法和履行监督责任追究办法，推动监督责任落实。制定纪检监察系统落实监督责任评估办法和实施细则，对7大类30项内容量化评估，强化结果运用，督促各纪检监察组织将监督责任清单落到实处。

【纪律检查体制改革】 2015年，市纪委协助市委制定《太仓市党的纪律检查体制改革实施方案》，细化2015—2017年40项重要改革任务，逐项明确责任单位和完成时限。对2015年36项重点任务，明确由市委常委负责跟踪督促，市纪委每月督查进度，推动各项任务按照序时进度落实。严格落实中央纪委“两个为主”要求（查办腐败案件以上级纪委领导为主，线索处置和案件查办在向同级党委报告的同时必须向上级纪委报告；各级纪委书记、副书记的提名和考察以上级纪委会同组织部门为主），制定问题线索规范移送和管理办法，实行全市纪检监察组织向市纪委报告线索处置、案件查办情况制度。对17个市级机关部门在原有领导职数的基础上另行核定专职纪委书记、纪检组长，保障各纪检监察组织深化“三转”（转职能、转方式、转作风）、聚焦主业。制定乡镇纪委书记、副书记提名考察办法，研究制定市纪委派驻机构统一管理意见。加强市纪委机关建设，完成市纪委机关第二轮内设机构改革，撤销执法和效能监督室、预防腐败室，设立第三纪检监察室、纪检监察干部管理监督室。从事执纪监督的科室占比80%，人员占比84.2%，进一步聚焦主责主业。

【省委巡视组巡视反馈意见整改落实】 2015年，市纪委配合市委做好省委巡视组巡视苏州和太仓期间各项工作，根据省委巡视组反馈意见，协助市委制定整改落实巡视反馈意见分工方案和具体工作方案，将省委巡视组反馈苏州的4个方面主要问题分解为18项任务74项具体整改措施，反馈太仓的4个方面主要问题分解为15项任务91条整改措施，每项整改措施明确牵头市领导、牵头单位和责任单位，明确整改时限和目标要求，确保每个整改事项都有结果。对市纪委监察局牵头的整改措施，按照项目管理、方案管理、过程管理的思路，对内明确责任领导和责任科室，确保每项任务责任到人、时限明确、措施实在；对外加强组织协调和监督检查，督促有关责任单位制定具体实在的行动落实到位。协助市委对各区镇和市级机关责任单位整改落实工作进行督查，对没有按照要求进行整改的、不能按时完成任务的严肃问责追究。

（孙方金）

作风建设

【作风建设监督检查】 2015年，市纪委建立健全作风建设监督检查“五步法”（严查、快纠、反馈、跟进、立制）和签字背书制度，紧盯省委巡视期间、节假日等重要节点开展“清风行动”，发挥部门职能作用，巩固作风建设成果，防止“四风”（形式主义、官僚主义、享乐主义、奢靡之风）问题反弹。全年共开展集中督查8次，集中督查部门68个，检查车辆封存单位74家，抽查金融单位8家，检查走访宾馆、酒店、商场、超市、旅行社等场所93个，发出党风廉政建议书7份，提出整改意见47条，诫勉谈话6人，立案查处违规违纪问题3个。开展党政机关干部收受购物卡、借单位内部食堂奢侈浪费、公款购买香烟高档酒等系列专项整治，督促整改发现的问题。严格落实苏州市纪委《关于开展查处群众身边“四风”和腐败问题专项督办工作的实施方案》要求，排查收集在土地征收流转、“三资”管理、惠农补贴等6个方面存在的问题线索，处分党员干部12人。

【作风效能警示教育】2月25日，太仓市召开全市作风效能建设动员暨主题教育活动动员大会，部署2015年全市作风效能建设，市委书记王剑锋要求全市党员干部当好“四个表率”（当好讲政治守规矩的表率，当好惠民生优服务的表率，当好敢担当重责任的表率，当好保本色尚廉洁的表率），实现“六个新作为”（在坚定理想信念上实现新作为，在提升能力素质上实现新作为，在推进依法治市上实现新作为，在提高效率效能上实现新作为，在改进工作作风上实现新作为，在严肃督查问责上实现新作为）。10月10日，召开全市作风建设警示教育大会，市四套班子全体领导，各镇区、各有关部门主要负责人，各村（社区）党组织书记，基层站所负责同志代表和重点部门中层干部代表等参加会议，集体观看由市纪委、监察局拍摄制作的警示教育片，通过身边的违纪违法典型案例警示教育全市党员干部，做到警钟长鸣，自省自律。市委书记王剑锋要求全市党员干部忠于党性，夯实守纪律讲规矩的根基；止于敬畏，增强守纪律讲规矩的意识；慎于用权，养成守纪律讲规矩的习惯；严于律己，强化守纪律讲规矩的自觉。

【作风建设制度保障】2015年，市纪委协调相关职能部门在经费管理、公务接待、会议活动等方面进一步细化执行标准，完善配套制度。年内，制定《关于规范领导干部办理婚丧嫁娶事宜的暂行规定》，从制度上防止领导干部在办理婚丧嫁娶事宜中奢侈浪费、借机敛财等现象发生。编印《太仓市党员干部勤廉从政提醒》，摘编制度规定，列举典型案例，加强教育提醒。

（孙方金）

纪律审查

【纪检监察信访举报】2015年，市纪委监察局畅通信访举报渠道，优化群众来信来访和“12388”专线电话等基础性信访举报受理体系，加大信访举报网上受理力度，制作发放《纪检监察信访举报指南》1.3万余份，建立“信、访、网、电、短信”五位一体的信访举报网络。推进信访监督工作，针对信访调查中发现的党政机关和党员领导干部存在的一般性、苗头性问题及时提醒、批评和纠正，全年共实施信访监督15件次，其中诫勉谈话10人次。制定《太仓市纪委监察局问题线索规范管理办法（试行）》，按照线索管理五类处置标准，建立健全问题线索登记保管、评估研判、分流交办、跟踪督办、了结归档等流程制度，确保问题线索得到及时、有效查处。全年全市纪检监察机关共收到信访举报210件次，较上年上升51%，为案件提供线索30件。依纪依规调查核实省委巡视组下转信访件，共查纠问题7个，立案处理5人，批评教育5人。

【纪律审查】2015年，市纪委监察局改进纪律审查方式，坚持用纪律要求衡量党员干部行为，注重抓早抓小，快查快结，快进快出，对存在“破纪”行为的党员干部及时处理。全年全市共立案审查党员干部违纪案件138件，较上年增长46.81%；给予党纪政纪处分139人，涉及乡科级干部14人，移送司法机关8人，挽回经济损失1755.98万元。重点对太仓经济开发区基建领域暴露的问题进行集中整治，查处开发区规划建设和环境保护局4名党员干部受贿案件。

【办案协作机制完善】2015年，市纪委监察局制定《关于加强和改进市委反腐败协调小组及其办公室工作的实施意见（试行）》《太仓市反腐败大要案查处办理工作规程》《太仓市反腐败大要案协调工作组关于案件研判和线索移送工作制度》等文件，深化与市人民法院、市人民检察院、市公安局、市审计局等部门的沟通联系和协作配合，整合纪律审查资源，凝聚纪律审查合力。建立区镇片区协作办案制度，统筹协调基层办案力量，加强基层办案业务指导，破解基层办案难题。

【纪律审查保障】2015年，市纪委监察局重新修订《太仓市纪委监察局纪律审查安全工作细则（试行）》《太仓市纪委驻点医疗保障方案》《办案点突发事件应急预案》等制度，落实纪律审查安全工作责任。制定《太仓市纪检监察机关办案人员纪律规定》《太仓市纪委监察局防止干扰执纪办案情况报告登记制度》《太仓市纪委监察局办案纪律承诺书》等规定，严格工作纪律、保密纪律等，防止跑风漏气，办人情案、关系案。

（孙方金）

监督检查

【政府投资项目监管】2015年，市纪委监察局采用抽查方式，对民生综合信息服务项目、省中专教学楼新建工程和港区长江大道等8条道路景观绿化工程、平江路道路绿化工程等政府实事工程、重点项目进行监督，发现并整改问题8个。加强区镇政府投资项目监督检查，采用飞行检查方式，对沙溪、浏河、浮桥、璜泾4镇6个在建项目进行督查，下发监察建议书7份。开展重点督查，联合市政府办、市发改委等部门对城区防洪排涝改造工程、城区教育资源缓解工程和养老服务推进工程等3项政府实事工程进行重点督查，推动政府实事工程有序实施。

【重点领域监督检查】 2015年，市纪委监察局开展生产安全领域“四严查、四问责”（严查事故报告环节，对负有责任的相关人员严肃问责；严查事故调查环节，对负有责任的相关人员严肃问责；严查事故处理环节，对负有责任的相关人员严肃问责；严查事故背后的腐败问题，对负有责任的相关人员严肃问责）专项检查，梳理昆山“8•2”事故以来太仓市发生的亡人事故，调阅事故卷宗，重点检查监管责任、领导责任缺失以及责任追究落实不到位问题，对涉事单位3名党员责任人予以党纪处理，对生产安全事故发生频率较高的2个区镇3名责任人进行诫勉谈话。开展生态文明建设立项监察工作，梳理2014年以来太仓市生态文明建设方面群众投诉和举报信息，对2014年以来256件环保执法办件随机抽取13个办件进行执法件检查，发现问题4个，对环保执法涉事的企业法人党纪立案4人，对市环保局2名相关责任人实施诫勉谈话。加强政府有形市场监督检查，随机抽取10宗土地交易办件，对交易各环节进行分析，发现整改问题5个。

【机关效能督查】 2015年，市纪委监察局在全市108家单位中确定重点服务项目330个，年初向社会公开承诺项目要实现的目标，年中跟踪督查项目进展情况，年底向社会公开展示项目完成情况。会同市绩效办联合印发《关于做好2015年度“机关优质服务品牌”创建工作的通知》《关于做好2015年度金融系统“优质服务品牌”创建工作的通知》《太仓市市级机关作风效能建设示范点管理办法》和《关于进一步深化机关科室（窗口）“作风效能建设示范点”创建活动的实施意见》等文件，做好品牌和示范点的检查考核命名工作。经申报推荐、综合考评、社会公示，共命名优质服务品牌52个、作风效能建设示范点41个。

（孙方金）

源头预防和治理腐败

【勤政廉政半月谈】 2015年，市纪委监察局每2个月开展一次半月谈，由市委、市政府、市纪委、市委组织部、市人大相关领导组成谈话组，与随机抽签产生的谈话对象就近半个月来的工作情况、廉洁自律情况、8小时以外活动情况，进行谈心交流，对党员领导干部早教育早提醒，抓早抓小，体现严管厚爱。年内，市级层面开展勤政廉政半月谈活动5批次，参加谈话的科级以上领导干部26人，其中单位主要领导18人，市委书记王剑锋担任主谈人2次。同时，在全市全面推行半月谈制度，各单位共开展谈心谈话600余人次。

【勤廉文化宣传教育】 2015年，太仓市举办第五届“520（我爱廉）”宣传教育系列活动，组织开展勤廉楹联进万家、新任职领导干部集体廉政教育、“守纪律、讲规矩、促发展”微型勤廉党课比赛和勤廉家庭评选、“正气之歌”勤廉文艺巡演等活动，扩大反腐倡廉宣传教育的覆盖面和影响力。组织开展“学思践悟大家谈”系列活动，面向全市党员干部征集学思践悟主题征文107篇，面向全市纪检监察干部征集“聚焦中心、深化三转”手记、随笔55篇，面向全社会开展网友互动交流活动，其中征文在苏州市评选中荣获二等奖2篇、三等奖2篇和优秀奖1篇。推进廉政文化示范点和廉政基地创建工作，申报省级廉政文化示范点1家、苏州市级廉洁文化示范点4家、苏州市级廉政教育基地1家。市委专题学习新的《中国共产党廉洁自律准则》和《中国共产党纪律处分条例》，向全体党员干部发放《中国共产党廉洁自律准则》和《中国共产党纪律处分条例》提醒卡3万张。联合市公安局建成市警示教育基地，全年为各地各部门上警示教育、纪律教育专题党课20余次。

【岗位抽查】 2015年，市纪委监察局采用随机确定抽查对象、随机确定抽查组成员的方式，组建抽查组3个，随机抽取市招商局、市卫计委、市委党校3家被查单位，通过听取被查人员汇报、现场调阅资料、开展个别访谈、进行集中研判等方式，对被查单位党员干部守岗尽责、勤廉履职等情况进行再监督，共发现并反馈问题24个，督促相关部门立即纠正，举一反三、建章立制。市纪委监察局跟进调查核实相关问题，对1名违纪干部进行党政纪处分。

【防止利益冲突抽查】 2015年，太仓市建立市纪委、市委组织部、市公安局、市市场监管局和税务部门等共同参与的防止利益冲突常态化抽查工作机制。重点围绕领导干部是否参与工程建设、经商办企业、投资非上市公司等情形，首次抽查领导干部14人，防止领导干部利用权力影响为特定关系人从事经济活动打招呼、拉关系，谋取不当利益等现象。

【权力运行监督制约】 2015年，市纪委监察局开展惩防体系制度建设“回头看”工作，督促各部门对所有的权力事项和已形成的制度进行梳理，突出制度执行检查和查漏补缺。组织专家对农村拆迁安置、公租房及经济适用房保障等权力相对集中、群众关注度高的6项制度开展廉洁性高效性评估，确保制度有效管用。会同市国资委、市发改委等部门推进国有资产信息管理平台建设和政府投资项目信息化管理平台建设，运用科技手段加强资金和项目监管。推进市广电总台惩防体系建设，围绕8个方面重点项目建制度、建规程，规范权力运行。

（孙方金）

纪检监察干部队伍建设

【概况】 2015年，市纪委监察局进一步加强自身监督管理，注重对纪检监察干部开展学习教育，引导全体干部加强党性修养和党性锻炼，教育全体干部认识反腐败斗争形势，坚守责任担当。举办纪检监察干部能力素质提高班，提升履职能力。年内，将确定的落实“两个责任”、作风建设、纪律检查体制改革等七大类工作内容细化为30个项目，在市纪委各室内部分解责任；确定15项压力传递重点工作项目，向各部门交“任务清单”；通过自查、抽查、督办、问责等方式，推动任务落实。健全内容督查制度，包括每周重点工作督查、每月重点工作督查、领导批示专项工作督查、年度重点工作项目督查等4个方面，提高全体纪检监察干部执行力。强化纪检监察干部监督管理。围绕信访调查、纪律审查等重点权力，制定完善信访举报信件办理、防止干扰执纪办案情况报告登记等制度规范，严明办信、办案纪律，把监督执纪问责权关进制度笼子。在纪检监察系统开展勤政廉政半月谈，随机抽取5名纪检监察干部作为谈话对象，由市纪委书记亲自主谈。通过听取谈话对象汇报近半个月来的工作、廉洁自律和8小时以外的情况，了解掌握干部工作、生活状态，及时发现纠正干部工作、思想、生活上的苗头性、倾向性问题，维护纪检监察干部队伍的纯洁性。

（孙方全）

民主党派·工商联

民主党派

中国国民党革命委员会太仓市委员会

【概况】 2015年，中国国民党革命委员会太仓市委员会（以下简称民革太仓市委）下辖支部8个，新发展党员11人，共有党员98人。其中本科学历占比91%，中高级职称占比92%，硕士以上学位占比24%，其中博士学位7人。江苏省特级教师2人，“省333工程高层次人才”3人，省“双创人才”1人，“姑苏人才”3人。省人大代表1人；苏州市人大代表、政协委员3人，政协常委1人；太仓市人大代表、政协委员23人，政协常委5人。11月19日，民革太仓市委会大科园支部成立，支部党员9人，其中博士4人，“姑苏领军人才”2人，省“双创人才”1人。12月，按照民革苏州市委统一部署，报市委统战部批准，民革太仓市委会完成各支部换届工作。

11月19日，民革太仓市委员会大科园支部成立大会在市大学科技园举行
（张建民　摄）

【学习实践活动】 民革太仓市委按照中央统战部和民革中央要求，连续3年在党派内开展坚持和发展中国特色社会主义学习实践活动。2015年，以纪念抗战胜利70周年为契机，加强爱国主义理想信念教育。组织抗战胜利70周年读书征文活动，收到文章30余篇，6篇被省委统战部《挚友》杂志和《江苏民革》《苏州民革》《太仓日报》选登。组织“观故居，走多党合作之路”活动，加强民革党史教育。各支部分别赴宋庆龄故居和中共庐山会议纪念馆等地，接受革命传统教育。

【参政议政】 2015年，民革太仓市委按照市委、市政府提出的“适应新常态，实现新作为”工作要求，形成《关于太仓传统文化衍生品设计策略与开发建议》等30余件提案。其中，《关于进一步加强全省公共法律服务体系建设的建议》被列为江苏省人大2015年重点议案；《关于高度重视区域性教育资源紧缺问题的建议》等3件议案被市人大列为2015年重点督办建议。成立“关于加强我市公共法律服务体系建设”领题调研小组，调研新时期公共法律服务工作。组成4个调研组深入市交运局、住建局、环保局、国土资源局等开展编制“十三五”规划前期调研工作。

【服务社会】 2015年，民革太仓市委继续以“博爱慈善协会”为平台，通过设立博爱励志奖学金、博爱互助基金等项目开展“博爱·牵手”系列社会服务活动。组织“关注骨髓捐献者、移植者健康行动”“义诊服务进社区”等公益活动，引导民革党员发挥自身优势，服务社会。10名中考贫困生获“博爱励志奖学金”1万元。设立“党员互助金”，为党员创业、创新提供资助。

（张建民）

中国民主同盟苏州市委太仓学习小组

【概况】 2015年，中国民主同盟苏州市委太仓学习小组（以下简称民盟太仓直属小组）共有成员12人，其中本科以上学历10人，硕士学历1人，博士学历1人；中级职称3人，高级以上职称5人；苏州市人大代表1人，太仓市政协常委1人。5月21日，与市司法局联合开展“光彩人生·黄丝带”帮教活动，赴宜兴丁山监狱看望太仓籍服刑人员，捐赠图书80册。举行“同舟之旅”学习教育活动，探寻盟史。10月14日，组织成员赴苏州吴江区参观费孝通江村纪念馆，学习费孝通“各美其美，美人之美，美美与共，天下大同”社会理想和“出主意、想办法，做实事、做好事”参政议政理念。

（黄建锋）

中国民主建国会太仓市委员会

【概况】 2015年，中国民主建国会太仓市委员会（以下简称民建太仓市委）发展会员13人，共有会员138人。其中本科以上学历104人，大专学历28人，初高中学历6人。高级职称28人，中级职称60人，初级职称21人。江苏省政协委员1人，苏州市人大代表1人，太仓市人大常委会委员1人，苏州市政协常委1人，太仓市政协委员28人（其中常委7人），享受国务院特殊津贴2人。民建太仓市委下设支部9个，专门工作委员会6个。7月22日，民建太仓市委大科园支部成立。

【学习实践活动】 2015年，民建太仓市委纪念中国民主建国会成立70周年，组织会员赴教育基地开展学习实践活动，参观黄炎培故居、冷遹纪念馆。开展"读会史颂伟业，学会章树新风"主题征文活动，《牢记血泪仇，实现强国梦》获苏州市纪念抗战胜利70周年征文特等奖。

【参政议政】 2015年，民建太仓市委被民建苏州市委评为参政议政工作二等奖。太仓市政协十三届四次会议期间，民建太仓市委递交个人、集体提案40余篇。提案《关于从源头上确保食品安全的建议》《关于推进太仓律师行业发展的建议》《规范民间借贷防止市场风险》等获评2014年度优秀提案。组织会员提高理论政策水平与政治把握能力，形成一批优秀调研报告、社情民意，提升参政议政能力。调研文章《以效用为导向，优化科技创新评价指标》作为民建省委在省政协主席会议发言材料。调研文章《以持续的普惠政策推动中小企业技术创新与转型发展》被列为江苏省政协主席督办提案。

【服务社会】 2015年，民建太仓市委继续开展服务社区建设、扶贫帮困、收集社情民意等社会服务。与城厢镇中区社区结对共建，协同开展"同心共建和谐社区"活动。5月14日，"同心共建和谐社区"在城厢镇中区社区居委会揭牌，组织江苏孙剑良律师事务所和城厢镇中区社区在社区居委会联合开展"助残扶残送关爱"等纪念全国助残日活动，走访慰问社区内贫困残疾人家庭，帮助解决中区社区一名残疾居民住房困难。继续开展思源工程——生育关怀活动，结对贫困学生20余人。 （瞿金龙）

中国民主促进会太仓市总支部委员会

【概况】 2015年，中国民主促进会太仓市总支部委员会（以下简称民进太仓总支）发展会员11人，转入会员1人，共有会员90人。新设经济支部，共有文化、教育、高教、医卫、综合、经济等支部6个。其中，文化艺术界占比20%，教育界占比31%，医药卫生界占比21%，其他界别占比28%；中高级职称67人，占会员总数76%。担任各级人大代表、政协委员16人(次)。

【参政议政】 2015年，民进太仓总支组织委员提交提案46件，其中总支集体提案5件，支部集体提案12件。《关于规范整顿太仓市教育培训市场的建议》《关于提升乡镇医院医疗服务能力的建议》被列为重点提案。《关于规范整顿太仓市教育培训市场的建议》《关于挖掘建筑绿化空间，增强反霾力度的建议》《关于提升乡镇医院医疗服务能力的建议》获优秀提案。开展"关于提升基层医疗机构服务水平"领题调研，形成调研报告《关于提高基层医疗机构服务能力的建议》。综合支部调研组提交调研报告《关于优化处置太仓市生活垃圾的调研报告》，高教支部提交调研报告《太仓产学研协同创新的现状、问题与对策》。

【服务社会】 2015年，民进太仓总支继续开展"双岗建功"活动，鼓励会员在"本职工作岗位上建功、在履行会员职能上建功"。医卫支部获"省社会服务工作先进集体"称号。宣传"服务就在身边，人人可参与"微公益理念，参与民进中央"书香彩虹"捐赠图书公益活动，向对口帮扶的贵州省金沙县沙土镇中小学校捐赠图书853册。组织会内书画家、医生在结对的洋沙社区开展"民进全国迎新春——进社区、送春联、义诊活动"。在新区中学爱心班颁发"民进爱心奖学金"，慰问贫困学生。12月18日，民进江苏省委在太仓召开2015年江浙沪民进企业家联谊会联席会议，江浙沪三地100余名企业家会员参与，北京大学客座教授李庚其作《国学在现代企业管理中的应用》专题报告。（邢丽萍）

2月11日，民进太仓总支在洋沙社区开展"民进全国迎新春——进社区、送春联、义诊活动"
（民进太仓总支供稿）

中国农工民主党太仓市总支部委员会

【概况】 2015 年，中国农工民主党太仓市总支部委员会（以下简称农工太仓总支委）新发展党员 5 人，迁入 1 人，共有党员 30 人。下设支部 3 个。其中本科以上学历 24 人；高级职称 8 人，中级职称 11 人，初级职称 2 人；太仓市政协委员 3 人(其中常委 1 人)。12 月 30 日，中国农工民主党太仓市总支部委员会成立，并选举产生总支委员 5 人，成立卫生环境支部、经济科技支部、社会法制支部。

（黄建锋）

九三学社苏州市委太仓直属小组

【概况】 2015 年，九三学社苏州市委太仓直属小组（以下简称九三学社太仓直属小组）共有社员 14 人，社员主要由从事科学、技术工作以及高等教育、医药卫生等方面的高、中级知识分子组成。其中副高级职称以上 10 人，40 岁以下社员均拥有硕士以上学历，太仓市政协委员 1 人。4 月 19 日，九三学社太仓直属小组组织 13 名社员在常丰社区开展义诊活动，服务居民 280 人次。9 月 8 日，组织 14 名社员参加纪念九三学社创建 70 周年学习读书活动，回顾学社发展历程，缅怀先辈业绩，继往开来，履行参政议政、民主监督、政治协商职能，服务社会发展。

（黄建锋）

工商联

【概况】 2015 年，太仓市工商业联合会筹建发展各类商会组织 27 家，其中镇区商会 7 家，街道商会 5 家，行业商会 12 家（其中镇级行业商会 2 家），异地商会 3 家。全年新发展会员 280 余人。市工商联坚持创建“五好”（领导班子好、会员发展好、商会建设好、作用发挥好、工作保障好）商会，筹建成立江西商会、双凤新材料行业分会，助推全市民营经济创新发展。年内，获评省“五好”县（市、区）工商联。

【参政议政】 2015 年，太仓“两会”期间，市工商联集体提案《关于重视推进太仓市传统产业新兴化的建议》获评优秀提案，《关于发展太仓工厂店的建议》《关于实施品牌战略做强民营经济的建议》《关于引导发展工业旅游，促进二三产融合发展的建议》被市政协列为 1、2、3 号提案，并在政协全会作《实施品牌战略，做强民营经济》大会发言。围绕“探索太仓市开展工业旅游的新路径，促进二、三产融合发展”这一主题开展调研，调研市食品行业协会、纺织服装协会及璜泾镇商会，了解工业旅游在食品、服装、家具行业开展的可行性，撰写《2014 年度太仓市民营经济发展报告》，客观反映全市民营经济发展现状、存在问题，提出对策建议。

【服务企业】 2015 年，针对璜泾部分化纤企业贷款到期等资金困难现状，市工商联协调璜泾镇商会，由太仓市璜泾中小企业互助担保有限公司负责筹措资金，建立企业贷款应急周转金。4—12 月，累计为 180 余家企业解决贷款 1740 笔、金额 2.73 亿元。加强与金融机构沟通合作，促进银企对接。联合市人才办、市经信委开设娄东企业发展论坛 2 期，邀请专家、教授作讲座，帮助会员企业把握经济新常态，加快转型升级。4 月，市工商联联合市人才办等部门组织 40 周岁以下“创二代”与自主创业者，举办首期太仓市民营企业新生代传承与创新实战研修班，提升民营企业新生代素质，推动全市民营企业持续健康发展。8 月，邀请市科技局围绕高新技术企业的申请及高新技术项目经费的申请两项内容进行相关政策介绍，引导企业争创市级、省级、国家级高新技术企业。11 月，联合市科技局等部门举办“大众创业，万众创新”企业家沙龙，相关企业负责人、企业研发负责人共 60 余人参加。

【服务社会】 2015 年，市工商联动员基层商会、会员企业开展扶贫帮困、捐资助学等公益活动。3 月，双凤镇商会企业家筹集 3.5 万余元资助患癌学生，17 家企业为新湖小学图书馆募捐 20 万元。经济开发区商会为 25 名贫困生发放助学金 3.65 万元。酒类行业协会成立“久爱行动公益基金”，募捐资金 1.71 万元用于社会公益事业。通过“太仓市工商业联合会”微信公众号宣传各级优惠政策及各商会、会员企业活动信息，累计推送信息 45 期 140 次。做好《太仓工商联》杂志编印发行工作，累计刊发 13 期。成立太仓市企业家俱乐部，发展企业家会员 63 人。5 月，苏州市工商联成立 60 周年暨苏州市首届工商业摄影作品展太仓站巡展在太仓美术馆举办，展出作品 160 幅。

（施燕秋）

8 月 26 日，市工商联召开十一届三次常委会 （仇春意 摄）

城厢镇

【概况】 城厢镇位于太仓市域西南部，西接昆山，南临上海，镇域面积52.95平方公里，辖6个村、2个“村改居”社区、14个城镇社区，户籍人口8.3万人，流动人口6.2万人。2015年，城厢镇实现地区生产总值133.9亿元；公共财政预算收入9.02亿元；全社会固定资产投资45.5亿元；城镇居民和农民人均可支配收入分别为50134元和28401元，较上年均增长8%。

【经济发展】 2015年，城厢镇完成工业总产值111亿元，新增规模企业10家，规模以上工业完成产值83亿元，实现利税5.04亿元，两新产业集聚发展，规模高新技术企业产值增长7.2%，占比60.6%，位列全市第一。全年完成工业投资21.5亿元，新增注册外资2865.3万美元、内资注册资本12.8亿元，实际利用外资3233.2万美元。服务外包园“乐创空间”获批国家级众创空间。年内金仓湖旅游片区开发建设速度加快，创国家AAAA级景区通过苏州验收。

【载体建设】 2015年，太仓市科技产业园规划建设全面推进，功能形态持续优化。福地欧美工业园以高端制造业和欧美优质项目为主导的“园中园”集聚效应逐渐显现。芬兰欧博诺（中国）新型管材、比利时瑞铁数控机床等一批项目签约。中科院上硅所太仓园区、福地欧美工业园二期等7个列入省、苏州和太仓市的重点项目开工建设。福地欧美工业园一期开园，德国亿迈齿轮、富乐压铸和英国卡柯洛塑胶科技等4家欧美企业入驻投产；辛柏机柜、阿美泰克工业设施、佳电飞球电机等一批项目建成投产。

【城乡统筹】 2015年，城厢镇完成新农、胜泾、电站3个村453.33公顷省国土厅土地整理项目。新建扩建永丰村、万丰村、东林村粮食烘干中心，全镇日烘干总能力达600吨。东林村羊肉食品加工、有机肥料发酵和机库中心等项目建设完成，以秸秆综合利用为核心的循环农业产业链初步形成，获省太湖流域治理项目支持；万丰村休闲基地、食用菌生产基地等项目建成；永丰独溇小海生态农业园区完成主要道路硬化及绿化种植，建成高标准鱼池73.33公顷，获批苏州市现代农业园。继续推进农村土地向村集体经济组织流转，新增流转土地26.2公顷。抓好村级“两个平台”（农村集体财务监管平台和资产交易管理平台）规范运作。启动苏州市土地“三优三保”（优化建设用地空间布局保障发展，优化农用地结构布局保护耕地，优化镇村居住用地布局保护权益）规划编制试点工作。推进城市老旧片区改造，编制西城区环境综合整治改造计划。

【社会治理】 2015年，太仓市弇山小学建成启用，太仓市第二中学篮排球场地、太仓市城厢第一小学活动场地改造及太仓市城厢第四小学校园文化建设项目完成。基层医疗卫生重心下移，东林佳苑、盛园小区卫生服务站扩容提质，新增西郊、梅园等社区家庭医生工作室7个，建立家庭医生上

10月24日，福地欧美工业园一期开园　　（城厢镇供稿）

太仓市弇山小学　　（2015年12月摄　城厢镇供稿）

门签约服务制度。南郊片区农业基础设施工程、文体惠民工程、公共自行车布点等民生实事完成建设。公共文化服务纵深推进，举办金仓湖龙舟赛、新型农村社区睦邻节等大型文体活动10余场次；建成新毛、城西、城北等全民健身活动中心3个。“群言会”获评太仓市十佳新事。深化“政社互动”，推进以社区为基础、社会组织为载体、专业社会工作者为骨干的“三社联动”机制。居家养老和社区养老覆盖面不断扩大，新增县府、新毛、盛园老年人日间照料服务中心（站）3个。

【特色村庄】　电站村。城厢镇电站村位于太仓市区北端、金仓湖西延区，辖区面积3.2平方公里，耕地面积212公顷，有村民小组30个，总农户583户，在册农业人口2080人。村党委下设党支部6个，有党员128人。电站村先后获全国农业旅游示范点、国家级生态村、中国特色农庄、江苏省最具魅力休闲乡村、苏州市十大美丽乡村等几十项荣誉。2015年，村级可支配收入1412万元，农民人均纯收入30600元。全村形成三大版块，即工业集聚区、生态林果休闲区和农民集中居住区。

工业集聚区。电站工业小区2003年初开始基础设施建设，经过十多年发展，工业小区内建有工业用房40万平方米，其中由电站村和其他村、社区集体投资建造的标准厂房6万多平方米，实现抱团式发展。工业小区的建成和发展为农民提供就业岗位2600多个，带动农村劳动力转移，就业职工人均年收入3万多元。标准厂房出租和土地租赁收益成为村级集体经济的重要增长点。

生态园林果休闲区。林果种植区占地66.67公顷，主要种植葡萄、翠冠梨、黄桃等特色林果及火龙果、猕猴桃、蓝莓等优质热带水果。园区内建有农耕文化风情园、开心农场、竹种科普园、花卉大世界等旅游景点及设施。以村丰沃合作联社为营运主体，设生态园农产品产销专业合作社、田展农场专业合作社、田园劳务专业合作社、香莱食品公司、旅游发展公司等，打造“电站生态园”品牌，做大林果产业。

农民集中居住区。2010年7月，电站村启动城乡一体化工作，推进农民集中居住。电站花苑安置小区总占地面积8.95万平方米，总建筑面积20.89万平方米，总投资约7亿元，项目于2011年3月启动，2012年11月主体完工，2013年9月交付使用。安置小区的建成，实现农民向居住小区集中。根据城厢镇政府要求，于2014年4月由电站村进行属地管理。至2015年年底，小区入住1332套，共3286人，其中电站村832套、东林村192套、万丰村308套。

东林村。城厢镇东林村位于太仓市区以北，东枕石浦塘，西临半泾河，南起苏昆太高速，北延杨林塘，苏昆太高速公路、新港公路、太沙公路、杨林塘穿域而过。国家水利风景区“金仓湖”亦坐落在区域内，具有水陆交通便捷的区域优势及土地资源丰富等特点。东林村辖区面积7平方公里，耕地面积208公顷，全村农户816户，在册人口2863人，常住人口3600人，有村民组42个，党员162人。2015年，村级经济从2004年合并时的70万元增长到2142万元，村级总资产超亿元，全年实现农民人均收入30212元。

2007年，东林村利用金仓湖区域开发建设机遇，加快推进城乡一体化建设，至2015年，全村实现“三集中、三置换”（“三集中”指农户向农村新型社区集中，承包地向规模经营集中，工业企业向园区集中；“三置换”指集体资产所有权、分配权置换社区股份合作社股权，土地承包权经营权置换基本社会保障，宅基地使用权置换城镇住房）。东林村作为城乡一体化试点村，先后成立劳务合作社、农场专业合作社、生态养殖专业合作社、农机专业合作社、金仓湖生态果蔬园、苏州金仓湖农业科技股份公司等部门，建造标准厂房及物业用房6万平方米，全部招租。

2010年，东林村完成整村拆迁工作，原有农户通过“三置换”全部集中安置。东林佳苑安置小区内道路、绿化、景观、水、电、通讯、有线数字电视、污水管网等基础设施基本完备，绿化覆盖率40%以上。配备新型社区服务中心3500平方米，融合社区党建、事务受理、劳动保障、文化、治安、卫生、环境、老龄等“八位一体”公共服务，设有行政办公、卫生服务站、党员活动室、图书室、警务站、便民超市、文体活动等场所。

至2015年年底，东林村连续7年进入太仓市村级经济十强村、苏州市村级经济百强村，先后获全国美丽乡村试点村、全国基层妇代会组织建设示范村、全国计划生育工作示范村、全国绿色生态产业化示范单位、国家地震安全示范社区、全国农机合作社示范社、江苏省文明村、江苏省民主法治村、江苏省最美乡村、江苏省最具魅力休闲乡村、江苏省卫生村、江苏省生态村、江苏省平安家庭建设示范村、江苏省社会主义新农村建设先进村、江苏省科普示范村等荣誉。

2015年城厢镇主要经济社会指标表

表91

项目	单位	数值	项目	单位	数值
地区生产总值	亿元	133.9	三产增加值	亿元	93.73
财政收入	亿元	20.48	镇村主干道	公里	80
耕地面积	公顷	1919	电话普及率	部/百人	29
农业总产值	亿元	3.89	科技人员	人	19200
粮食总产值	万吨	1.58	中小学校	所	6
农机总动力	万千瓦	2.02	在校中小学生	人	7338
出栏生猪	万头	1.2	在职教师	人	446
出栏家禽	万羽	891	开通有线电视	万户	4.11
工业企业	家	880	医院	家	21
工业销售收入	亿元	111	卫生室	个	10
工业利税	亿元	7.5	农民人均可支配收入	元	28401
实际利用外资	万美元	3233.2	农民人均住房	平方米	68
出口创汇	亿美元	3.9	—	—	—

2015年城厢镇各村基本情况表

表92

村名	党组织书记	村委会主任	村集体收入（万元）		人均可支配收入（元）	设立时间	面积（平方公里）	户籍户数（户）	户籍人口（人）	总资产（万元）
			总收入	可支配						
伟阳	朱炳良	郑玉良	1285	1275	27530	2005年	8.0	1702	5974	11284
太丰	张　健	浦文瑶	1340	1150	28200	2004年	4.7	847	3121	7239
新农	吴储彬	何晓东	1193	488	26065	2004年	5.7	865	3090	1496
胜泾	薛文明	虞炳华	1066	895	27010	2004年	4.9	678	2647	4524
永丰	吴　平	钱志刚	1852	1059	29845	2004年	8.8	1039	3856	3844
电站	王义平	陶志强	2332	1412	30600	2004年	3.2	583	2080	6856
万丰	吴玉兰	钱凤华	1671	643	28130	2004年	6.0	822	2743	4762
东林	苏齐芳	张耀忠	5922	2142	30212	2004年	7.0	816	2863	13801

2015 年城厢镇骨干企业基本情况表

表 93

企业名称	法人代表	销售收入（万元）	利税总额（万元）
苏州隆祥电子有限公司	风野晋滋	73726	4476
苏州克劳斯光电科技有限公司	孙自强	36017	2256
上海连成集团苏州股份有限公司	张锡淼	31430	3120
资勇五金制品（太仓）有限公司	陈建昆	27368	4203
苏州东帝士纤维地毯有限公司	郑寿全	26399	4822
苏州金纬机械制造有限公司	何海潮	25490	3479
苏州良林金属制品有限公司	戴兴丰	24973	58
苏州杰威尔精密机械有限公司	何海潮	19061	3589
太仓肇丰电器有限公司	许美玉	17808	2322
太仓市南丰特种有色合金	沈忠华	17139	223
苏州维艾普新材料股份有限公司	周介明	16798	2177
太仓汇丰化学肥料有限公司	成凤鸣	15955	–112
苏州英丰电器有限公司	陈玉溪	15196	1138
亿迈齿轮（太仓）有限公司	STEVEI-CHUEH HWANG	14381	18
太仓南郊冶炼厂	耿金华	13942	357
太仓市华盈电子材料有限公司	陈永红	13224	755
太仓制药厂	许建新	12596	519
敬得（苏州）科技有限公司	刘兴台	12130	1597
美利驰医疗器械（苏州）有限公司	郑明权	11832	1542
太仓金煜电子材料有限公司	刘晓萍	11206	1292
太仓市新毛涤纶化工有限公司	陆振新	10958	1672
太仓康源化建医药有限公司	徐建青	10510	639
新中联物流设施（苏州）有限公司	TAN HOCK SENG	9918	1773
捷赛机械（苏州）有限公司	刘　枫	9629	738
苏州久和砼有限公司	周文斌	9320	322
苏州诺伊曼实业有限公司	王伟卫	9181	416
太仓市嘉峰涂装有限公司	陈春生	9139	123
太仓市永丰有色金属合金有限公司	顾培新	9023	227
苏州岩谷金属制品有限公司	室留宏行	8183	703
苏州宝鼎玉盛砼业有限公司	曹继忠	7958	394

续表 93

企业名称	法人代表	销售收入（万元）	利税总额（万元）
苏州睿昕汽车配件有限公司	岳胜桥	7522	105
苏州东伸汽车地毯有限公司	中川恒靖	7303	–292
太仓华庆涂装有限公司	黄华平	7144	1057
苏州佳电飞球电机有限公司	林玉钢	7096	–3166
苏州鸿仁窗饰有限公司	黄介仁	6800	–583
苏州汇洋实业有限公司	朱建刚	6787	–1305
太仓市南丰汽车附件有限公司	张绍芳	6317	–454
太仓荣宇混凝土制品有限公司	倪建荣	6306	–675
太仓市锦澄混凝土有限公司	朱建荣	6289	187
联禾厚普（太仓）精密机械有限公司	杨文奎	6183	906
苏州上研化肥科技发展有限公司	陈隆隆	6122	106
苏州天和砼有限公司	朱雄飞	5989	169
太仓亿乐包装材料有限公司	林乃敏	5745	170
苏州金韦尔机械有限公司	辛文胜	5597	1396
邓元水处理器材（太仓）有限公司	邓忠荣	5420	642

说明：收录销售收入5000万元以上企业

（张怡亮）

沙溪镇

【概况】 沙溪镇东与港区、浮桥镇相连，西与双凤、昆山市周市镇接壤，南与城厢镇毗邻，北接璜泾镇和常熟市支塘镇，镇域面积132.14平方公里，辖20个村、8个社区居委会，户籍人口8.36万人，常住人口14.55万人。2015年，沙溪镇实现地区生产总值123.28亿元，较上年增长1.45%；公共财政预算收入5.78亿元，较上年增长0.54%；完成全社会固定资产投入44.03亿元，较上年增长0.96%。年内，沙溪古镇获评全国特色景观旅游名镇，并通过国家卫生镇复查。昭衍（苏州）新药研究中心有限公司入选“2015中国服务外包成长型企业”名单；生物医药产业园获评国家火炬计划特色产业基地；岳王卫生院获评省示范乡镇卫生院。

【经济发展】 2015年，沙溪镇完成工业总产值305.48亿元，其中规模以上企业工业产值229.01亿元。项目建设推进顺利。金盟生物、景卓生物技术试生产，丽婴房二期、顺惠有色金属、花仙子环保科技二期竣工，太仓宏田工业科技开工建设。转型升级步伐加快。推动企业加强资本运作，天宇电子进入股改环节，金普诺安、悠远环境等5家企业开展“新三板”上市筹备工作。利泰纺织厂抓住“一带一路”机遇，在新疆维吾尔自治区和乌兹别克斯坦共和国设立生产基地。拓展古镇旅游业发展空间，和同程、携程2家旅游电商及上海集散中心等20家旅行社签订合作协议，全年接待游客70余万人次。全年完成服务业增加值52.07亿元，较上年增长1.23%。扩大开放合作成效。生物医药产业园核心配套区土建竣工，平谦现代产业园一期工程基本完成。逢璟新材料、景卓生物、布莱史塔粉末冶金等一批优质项目签约落户，生物医药创业园引进中小型生物医药企业7家，意大利气动元件、美国医疗器械、瑞士紧固件等一批优质项目进入洽谈环节。全年引进重大外资项目3个、内资项目11个；完成注册外资3180.56万美元，实际利用外资3432.04万美元；新增注册内资8.33亿元，实际利用内资13.17亿元，分别较上年增长45.74%、21.79%。完成外贸进出口总额5.97亿美元。现代农业发展创新，绿阳蔬果合作社控股的农产品电子商务平台“菜玩家”运行顺利。科技创新持续深化。促进产学研合作，实现授权发明专利157件。新增高新技术企业4家。金盟生物科技获评省“双创计划”团队。

8 月，太仓市生物医药产业园被认定为“国家火炬特色产业基地” （徐盛兵 摄）

【城乡统筹】 2015 年，沙溪镇完善基础配套。南部新镇区“五纵四横”（“五纵”即印溪东路、经三路、姚泾路、起码浜路、经一路，“四横”即纬四路、纬五路、镇南路、纬六路）主干道全线贯通，生物医药产业园主要道路基本建成。直塘虹桥路南段拓宽工程完工。沙南东路拓宽提档工程接近尾声。洞星路、茜国线、归项线等农路提档升级。完成杨林塘、新戚浦、特高压、沪通铁路等国家、省市重大项目征地拆迁及建设配合工作。抓好小区建设和农村建房管理。白云花园 510 家农户安置工作完成。10 个农民集中小区的基础完善、绿化提档工程有序开展。半泾村、中荷村完成会所建设及配套工程。镇域保留自然村落规划设计完成，渠泾、塘桥、香塘 3 个村通过三星级康居乡村验收。规范农房建设管理，严格执行“四到场”（一是选址到场，对申请人的建房条件、选址是否符合规划和相关规定及四邻界址进行现场审核确认；二是放样定位到场，按照批准要求到现场进行实地丈量放样，确定四界；三是开工砌基到场，建房户动工挖基时到场，检查监督是否按照放样定位挖槽埋基；四是竣工验收到场，农民房屋建成后，进行实地检查验收，办理相关竣工手续）、“两验收”（农民住房建设验线、农民住房竣工验收），审批原宅翻建 244 户。富民和强村协调并进。新农村建设示范村实施重点项目 21 个，投资总额 9075 万元，开工率 70%。金溪标准厂房竣工，入住承租企业 4 家。村集体资产股份量化固化推进顺利，10 个改革试点村完成股权配置。年末实现村级总资产 9.1 亿元，村均可支配收入 670.5 万元，农民人均纯收入 30947 元。推进“美丽城镇”建设第三阶段行动，查处各类违章建筑 2.04 万平方米，垃圾容器化覆盖率 100%，通过国家卫生镇复查。持续优化生态环境。完成宏达热电脱硫、脱硝改造工程。加强污染防治，取缔无证无牌污染企业 5 家，淘汰燃煤锅炉 30 台。建成农村生活污水点 21 个，惠及 1224 家农户。建成污水管网 62.85 公里、独立污水处理设施 15 座。镇建筑垃圾填埋场基本完工。新增林地、绿地 8 公顷。

【公共服务】 2015 年，沙溪镇推进行政管理体制改革，行政管理体制改革试点工作通过评估验收。“两办、七局、一中心”（太仓市沙溪镇党政办公室、太仓市沙溪镇组织人事和社会保障局、太仓市沙溪镇政法和社会管理办公室、太仓市沙溪镇经济发展和改革局、太仓市沙溪镇财政和资产管理局、太仓市沙溪镇建设局、太仓市沙溪镇农村工作局、太仓市沙溪镇社会事业局、太仓市沙溪镇综合执法局、太仓市沙溪镇便民服务中心）建立工作规程，协调能力和工作效能持续提升。13 个条线、部门进驻镇便民服务中心并开设窗口，承接和规范行使第二批下放权限 30 项，全年受理服务事项 5948 件，办结率 100%。镇综合执法局依托数字城管二级平台，整合城管、建设、土地等部门集中办公、联合巡查执法。

【社会治理】 2015 年，沙溪镇着力促进就业保障。举办招聘会 168 期，提供工作岗位 5100 个。新增城镇保险扩覆 6586 人，完成基本医疗保险扩覆 6102 人，住房公积金扩面 1198 人。健全养老服务体系，28 个居家养老服务中心（站）通过第三方考评，新增松南、半泾、洪泾、中荷、项桥、东市社区日间照料服务站 6 个。持续优化公共服务。长寿新村老小区改造完成，受益居民 520 户。沙溪第三小学、东安幼儿园修缮等一批校舍安全升级改造工程完成。新沙溪人民医院进入医技设备安置阶段。促进文化繁荣发展，开展“诗梦江南，沙溪雅集——中韩诗歌对话会”等主题文化活动 8 项、56 场次。注重历史文化传承与弘扬，启动沙溪古镇“世界文化遗产”申报工作，完成《沙溪镇志》资料征集工作。加强社会治理。深化“政社互动”“三社联动”，加快政府职能事项向社会转移。推进平安沙溪建设，新增社会面治安监控 60 台、农民集中居住小区监控 420 台。健全矛盾大调解机制，各类矛盾纠纷化解成功率 99.8% 以上。建立安全生产网格化监管体系，“智慧安监”信息化监管平台试运行，开展粉尘涉爆、化工等重点行业企业专项检查整治。

【特色村庄】 半泾村。沙溪镇半泾村位于沙溪镇西首，东临半泾河，西至

10月20日，中韩作家沙溪创作交流中心在沙溪镇揭牌　（徐盛兵　摄）

盐铁塘，南与双凤镇庆丰村接壤，北靠戚浦塘。沙南公路横贯东西，因半泾河得名，距沙溪古镇1.5公里。半泾村总面积5.2平方公里，有村民小组33个，农户786户，在册人口2957人，外来人口约4000人。全村有耕地面积231.67公顷，粮食面积158.8公顷，经济作物62公顷，水产养殖7.53公顷，林地面积3.33公顷。有企业和个体工商户100多家，百年老厂利泰纺织、宏达集团、苏州制酶有限公司等规模企业均坐落村域内。2015年，半泾村实现集体总资产5126万元，净资产3288万元，村级总收入1101万元。近年来，先后获得江苏省卫生村、江苏省生态村、苏州市城乡一体化改革发展先进集体、苏州市文明村、苏州市先锋村、苏州市加强农村基层组织建设农村现代化建设示范村、苏州市村务公开民主管理示范村等荣誉称号。

现代农业发展。半泾村加快推进现代农业发展，创办绿阳蔬果合作社、绿源农场等农民专业合作组织，整合村域范围内闲置土地及富余劳动力。前者以蔬菜、瓜果种植为主，后者以水稻、小麦等粮食作物种植为主，两社合计流转经营土地80公顷，吸纳社员及富余劳动力200多人，辐射带动周边村庄333.33公顷蔬菜、粮食生产。

农村劳务整合。半泾村组织村级富余劳动力，开展相对应的技能培训，为该村及周边区域提供道路保洁、河道清理、垃圾清运、绿化养护、小区物业等服务。借助劳务合作社平台，实现农村社会管理创新，带动困难村民再就业。

乡村旅游产业发展。2015年11月，半泾村以75%的股份入股村域内的天竹园生态农庄。利用天竹园的知名度及旅游基础，辐射带动半泾村沙南西路沿线集休闲观光、种植采摘、旅游度假为一体的乡村生态旅游产业。

社会事业发展。半泾村加快村级集中居住小区建设，整合资源，完善配套。2015年，半泾新村一期入住316户，入住率90%以上。经过近两年发展完善，小区配套设施、环境建设基本完善，村级喜事会所、老年人日间照料中心、户外健身场所等惠民工程投入使用。社区服务中心、医疗卫生室等相关工程开始筹建。

中荷村。沙溪镇中荷村位于沙溪镇南首，北与镇区相连，镇民营科技园区位于其中，太沙公路、双浮公路穿越该村。2004年4月，村区域合并调整，由原中荷村、大通村、夏桥村、杨桥村4村合并，更名为中荷村，辖区面积8.2平方公里。有村民小组61个，农户1012户。2015年，全村户籍人口4090人，外来人口3851人，耕地面积420公顷。中荷村党委下设党支部6个，有党员238人。2015年，村稳定性收入1489万元。近几年，先后获得江苏省卫生村、江苏省生态村、江苏省农村集体财务管理示范村、苏州市先锋村、苏州市新农村建设示范村、江苏省新农村建设示范村、苏州市村务公开与民主管理示范村、太仓市经济发展先进单位等荣誉称号。2007年被列入太仓市第二批新农村建设试点村。

经济发展。2015年，中荷村实现村级集体总收入1782万元，村级集体总支出1292万元，村级可支配收入1489万元，村级集体总资产8848万元，村级集体总负债2088万元。全村共有租赁企业59家、三产及门面房租赁43家，合同租赁费收入293.01万元，回收租金290.98万元。配合镇政府浦南市场搬迁，新建门面房22间、440平方米，新建标准厂房197平方米。改造原中荷老并线厂地块，拆除原有危险厂房，计划新建3幢行车厂房，配套市场发展，增加集体经济收入。

社会事业。中荷村继续落实村重大福利政策：住院病人慰问补贴制度，发放慰问金8.13万元；经民主决策日表决发放前期资产量化分红及惠农补贴47.46万元。全年社保亡故慰问42人次，重病慰问33人次，生日慰问127人次。灵活就业职业伤害登记12人次。居民医疗转基本医疗27人次，新办居民医疗32人次。做好低保调标工作，全村有低保户19户、低保边缘户19户、分散五保户1户、集中五保户2户、农村重残户17户、一户多残1户。做好村居家养老工作和日间照料工作。除做好84周岁以上老年人申报居家养老服务工作，该村对28位低保和低保边缘的孤寡老人、重度残疾（残疾为一级和二级）困难老人，开展每月上门打扫、洗衣、理发、剪甲、心理慰藉等送温暖服务。

城乡一体化工作。2015年，中荷村以中荷新村为规划点，结合美丽村庄整治，开展小区配套基建。社区服务中心（会所）工程竣工并投入使用。物业办公楼、北门卫土建工程基本完成。新村路灯和监控工程约完成工程量的60%。新村天然气开通使用；绿化、道路、侧石、强弱电、停车位等配套工程同步推进。抓好农房建设管理和物业管理，按照新一轮村镇总体布局规划，严控农房翻建。

2015 年沙溪镇主要经济社会指标表

表 94

项目	单位	数值	项目	单位	数值
地区生产总值	亿元	123.28	出口创汇	亿美元	4.34
财政收入	亿元	12.32	三产增加值	亿元	52.07
耕地面积	公顷	6154	乡镇公路里程数	公里	169
农业总产值	亿元	12.3	电话普及率	%	99
粮食总产量	万吨	4.06	科技人员	人	7990
农机总动力	万千瓦	2.95	中小学校	所	10
出栏生猪	万头	3.97	在校中小学生	人	10492
出栏家禽	万羽	672	在职教师	人	764
工业企业	家	2330	开通有线电视	户	41526
工业销售收入	亿元	294.03	医院	家	1
工业利税	亿元	11.07	卫生室	个	3
合同利用外资	万美元	3180.56	农民人均可支配收入	元	30947
实际利用外资	万美元	3432.04	农民人均住房	平方米	59

2015 年沙溪镇各村基本情况表

表 95

村名	党组织书记	村委会主任	村集体收入（万元）	人均可支配收入（元）	设立时间	面积（平方公里）	户籍户数（户）	户籍人口（人）	总资产（万元）
涂松	吴雪荣	王秋明	950	30747	1983 年 8 月	4.53	862	3605	5098
印北	陈利民	邹菊华	787	31912	1983 年 8 月	3.68	586	2254	4326
洪泾	王　健	孙燕红	716	28896	1983 年 1 月	4.20	642	2470	3556
半泾	王建宏	沈建国	1101	30200	1983 年 1 月	5.20	786	2957	5126
中荷	许建中	曹　锋	1782	31900	1983 年 9 月	8.20	1012	4090	8848
松南	魏　强	陈卫兵	1518	33300	1983 年 1 月	4.81	547	2332	10211
胜利	汤庆丰	徐立群	848	33493	1983 年 1 月	7.60	1142	4610	8702
泥桥	王建春	周丽娟	564	32303	2004 年 1 月	9.70	1491	5768	3499
泰西	彭　渊	陆建国	998	32650	1983 年 1 月	7.65	1073	3895	2072
虹桥	陈金元	周国清	442	27200	2004 年 4 月	7.11	1124	4092	1623
项桥	张永彬	苏利德	393	30620	1983 年 8 月	7.16	1040	3942	1401
庄西	苏庆丰	徐　健	902	30549	1983 年 8 月	9.20	1058	4017	2249
凡山	邱惠良	洪　庆	449	29688	1983 年 1 月	5.69	657	2630	2021
香塘	龚志昌	徐振兴	286	32849	1983 年 8 月	2.14	244	975	1900

续表 95

村名	党组织书记	村委会主任	村集体收入（万元）	人均可支配收入（元）	设立时间	面积（平方公里）	户籍户数（户）	户籍人口（人）	总资产（万元）
渠泾	奚卫明	王月明	562	31000	1983 年 3 月	6.24	832	3171	1470
太星	柳文彬	陆志豪	641	33250	1982 年 1 月	2.12	255	782	11744
岳星	陈国仪	周志杰	803	30660	2004 年 5 月	5.96	710	2487	3748
新建	丁卫清	钱建明	607	28181	2004 年 4 月	5.40	590	2272	2935
岳镇	阚伟民	何永良	1011	30636	1999 年 9 月	6.43	1043	3577	6072
塘桥	龚利锋	薛　元	791	29816	2004 年 4 月	7.90	924	3380	4368

2015 年沙溪镇骨干企业基本情况表

表 96

企业名称	法人代表	销售收入（万元）	利税总额（万元）
香塘集团有限公司	顾建平	510659	17916
江苏明辉化纤科技股份有限公司	朱月明	202692	3294
太仓利泰纺织厂有限公司	潘雪平	134071	–1371
苏州市宏达集团有限公司	黄耀臻	121647	7596
江苏德威新材料股份有限公司	周建明	107424	8515
太仓仲英金属制盖有限公司	刘　雄	61500	5844
宝利嘉集团有限公司	葛富春	56741	–4425
东又悦（苏州）电子科技材料有限公司	刘显模	50659	99
安佑生物科技集团有限公司	洪　平	31152	10993
中广核三角洲（江苏）塑化有限公司	魏建良	31067	6009
苏州英利汽车部件有限公司	林启彬	28883	4326
丰武光电（苏州）有限公司	田中肇	27616	3213
凡甲电子（苏州）有限公司	游万益	27234	3875
苏州上好佳食品有限公司	施学理	25395	2476
苏州勤益化纤纺有限公司	朱永明	22466	–2494
环琪（太仓）塑胶工业有限公司	蔡　环	22307	4209
太仓仓松金属制品有限公司	李嘉辉	20252	353
太仓市金世纺织有限公司	金　花	18572	894
创艺卫生用品（苏州）有限公司	山田菊夫	17276	714
爱克（苏州）机械有限公司	提莫•希尔顿	16287	1978
苏州明军化纤织造有限公司	朱月明	15054	73
苏州金辉纤维新材料有限公司	谈　辉	14965	2907

续表 96

企业名称	法人代表	销售收入（万元）	利税总额（万元）
瑞宏精密电子（太仓）有限公司	郑宝瑞	14585	−150
太仓天宇电子有限公司	王春飞	14067	219
太仓中博铁路紧固件有限公司	林　波	13797	603
群耀实业（苏州）有限公司	陈顺义	12856	133
太仓市开林油漆有限公司	徐锦明	12392	1844
苏州一井新型织物有限公司	高东贤	10986	461
苏州莱尔特清洁器具有限公司	支晓峰	10486	323
苏州金马纺织有限公司	万解平	10155	126
太仓长鸿工程塑胶有限公司	李培宏	9953	241
太仓市月生电镀有限公司	夏月生	9800	1529
苏州宝利来粮油集团有限公司	张全文	9543	74
太仓市骋贸纺织有限公司	张坤良	9206	226
苏州海铂晶体有限公司	刘金狮	8930	−3487
江苏斯穆一碧根柏金属制品有限公司	李东明	8742	856
亿鸿环保机械（苏州）有限公司	李伯仲	8503	1567
太仓沪试试剂有限公司	张　明	8343	1604
太仓市天普化纤有限公司	曹彐英	8302	49
太仓市海峰电镀有限公司	王海峰	8265	1816
苏州康辉纺织有限公司	王建康	8201	398
太仓久本机械科技有限公司	倪利平	7362	588
苏州市万松电气有限公司	洪焕松	7245	1119
太仓星盛汽车零部件制造有限公司	王　琳	7232	303
苏州花仙子环保科技有限公司	王珮诗	7075	199
太仓市弘海皮革制品有限公司	陈　健	6903	386
太仓双力面粉有限公司	孙艳春	6754	180
太仓梦伦日用化工有限公司	沈德兴	6352	215
苏州斯曼尔时装有限公司	GONG FAN	6199	355
太仓市泓隆化纤有限公司	夏　良	5988	47
太仓市永金纺织有限公司	吴晓刚	5941	290
苏州绿香源食品有限公司	胡兴兆	5806	24
苏州荣亿达化工有限公司	陈荣明	5750	407
伟克健身器材（苏州）有限公司	吴荣林	5672	536
苏州莱斯贝特化纤有限公司	龚雪萍	5658	195

续表 96

企业名称	法人代表	销售收入（万元）	利税总额（万元）
苏州顺唐化纤有限公司	唐雪明	5588	9
苏州亚田超市用品有限公司	林熙宰	5520	−187
太仓市新悦化纤有限公司（波悦）	华秋萍	5379	37
太仓市广泰纺织有限公司	吴林龙	5306	63
太仓市俊达塑化有限公司	龚　清	5278	324
优缔精细化工（苏州）有限公司	曾裕峰	5226	318
太仓市强弟印染有限公司	周小弟	5020	74
太仓市恒力纺织有限公司	滕国强	5019	113

说明：收录销售收入 5000 万元以上企业

（沈建中）

长江口旅游度假区

【概况】 长江口旅游度假区（浏河镇）位于太仓市东南部，东临长江，西连太仓主城区，南沿上海，北靠太仓港，距上海市中心 39 公里、虹桥机场 35 公里、浦东国际机场 70 公里、苏州 70 公里，苏昆太高速、沿江高速、沪太一级公路、338 省道、339 省道、浏翔公路直达境内。全区总面积 68 平方公里，辖 8 个村、7 个社区，总人口约 10 万人（其中户籍人口 4.87 万人）。2015 年，全区完成地区生产总值 84.77 亿元，公共财政预算税收收入 4.58 亿元，全社会固定资产投资 35.5 亿元。年内，举办江海河三鲜美食节、牡丹文化节、"妈祖缘、两岸情"海峡两岸文化交流、"一带一路"背景下当代诗歌座谈会等一系列文化旅游活动。通过"国家卫生镇"复审，获评"长三角最美乡村"；"浏河镇特色小城镇建设项目"获评"全国人居环境范例奖"。

城镇新貌　　（2015 年 8 月摄　长江口旅游度假区供稿）

【经济发展】 2015 年，全区完成完成工业总产值 130.43 亿元，较上年增长 3.24%，其中规模以上企业产值 97.79 亿元，较上年增长 3.75%。重点工业项目推进顺利，保捷传动、帝悦科技等项目注册落户，保捷传动国家级实验室、伊藤忠物流等市重点项目加快建设，三樱包装、环真装饰、凯宥电子等项目相继投产。全年新增注册外资 2063 万美元，实际利用外资 1834 万美元，引进内资 10.79 亿元，实现进出口总额 4.12 亿美元。年内，全区完成三产增加值 43.39 亿元，较上年增长 7.46%，占地区生产总值比重 51.2%，列统占比 8.2%。全社会研究与试验发展经费支出占地区生产总值比重 2.48%。新增授权发明专利 44 件。新认定省高新技术企业 5 家、省民营科技企业 8 家。新增省工程技术研究中心 1 家、省级研究生工作站 4 家。江苏保捷锻压有限公司等 3 家企业获国家火炬计划立项。苏州巨能发电配套设备有限公司、江苏宝泽高分子材料股份有限公司获省重点研发计划项目立项，苏州群鸿服饰有限公司"佛朗尼齐拉"品牌获评中国驰名商标。太仓海嘉车辆配件有限公司获苏州科技进步奖三等奖。

【城乡统筹】 2015 年，长江口旅游度假区滨江新城 31.2 公顷商住土地挂牌上市，碧桂园招商凤凰城开工建设。长江口假日酒店开业。浏河古镇文化商贸业态日益丰富，邢少兰艺术馆建成开放，娄江会馆完成土建。江滩湿地公园各项游乐设施和公建设施加紧配置，绿网围墙安装完成，芦苇湿地木栈道基本完工。全年全区完成高标准农田建设 181 公顷，发放各项涉农

12 月 19 日，邢少兰艺术馆落成开放　　（长江口旅游度假区供稿）

财政补贴 417.08 万元。农业综合机械化水平达 98%，秸秆综合利用率超过 95%。完成农户和企业签约动迁 169 户，自拆自建 81 户。滨江花园一期等安置房项目建设加快，完成公寓房安置 861 套。推进 4 个自建小区建设。开展农村土地承包经营权确权登记颁证工作，推进农村社区股份合作社股权固化量化。农村居民人均可支配收入 2.9 万元，较上年增长 11%。

【社会治理】 2015 年，长江口旅游度假区实施土地换保障新政。社会救助提标扩面，老人日间照料中心覆盖率 80%。老年大学建成开放。农村保留村庄和过渡区农房建设与管理工作稳步推进。实施浏河人民医院装修和市政配套工程，浏河人民医院由上海九院实行托管，成为上海九院分院。海头仙庭（安息堂）建成，明德初中体育馆和食堂综合楼工程、紫薇幼儿园装修工程等加快建设。东方社区党支部、居委会批准成立。推进“政社互动”“三社联动”，社会组织服务中心运行稳定，“青益坊”公益项目启动。公共法律服务中心组建运作，“太仓浏河普法”微信公众号开通。矛盾化解能力得到提升，社会大局和谐稳定。落实安全生产责任制，全年全区无重特大安全事故发生。

【特色村庄】 东仓村。东仓村位于长江口旅游度假区（浏河镇）西侧，1999 年由原东仓村和江沿村合并而成，村域面积 2.97 平方公里，东至镇区，西至何桥村，南至浏南村，北至新闸村，紧靠 339 省道，新浏河、郑和路横贯东西，沪浮璜公路纵横南北。全村耕地面积 117.47 公顷，有村民小组 23 个、农户 652 户、户籍人口 2397 人，有党员 100 人。村域范围内共有企业 25 家。村集体拥有企业 3 家，村级总资产 3.47 亿元。2015 年，农民人均可支配收入 30700 元。2010 年以来，先后获得国家人口和计划生育基层群众自治示范村居、江苏省“新农村新家庭计划”示范村、江苏省社会主义新农村先进村、江苏省人口和计划生育基层群众自治示范村（居）、苏州市科学发展“十佳”村、苏州市村级经济发展标兵村、苏州市城乡一体化改革发展先进集体和太仓市新农村建设示范先进单位等荣誉称号。

东仓村以发展工业、物业项目为主，东仓烟屑筛洗厂、不锈钢异型管材厂以及 2009 年建成的 3.80 万平方米物流项目，奠定村级集体经济基础。2006 年以来，先后建设 3 幢总面积为 1.30 万平方米的商住楼，改建门面房 20 套，建成总面积 1.40 万平方米的东仓大厦及辅楼，物业项目的建成、出租及出售，进一步奠定村级集体经济基础。

东仓村在经济发展的同时，注重增加村民收入和各项社会事业的发展。2009 年 4 月，成立东仓富民合作社，注册资金 1000 万元，全部由村民投资构成，资金用于投资村级物业项目建设，投资所得用于村民分红，让村民共享集体发展成果，6 年来累计向入股村民发放股金红利 828.5 万元。2015 年，东仓村有新村小区 6 个，住户 225 户。推进新村小区基础设施建设，完成 6 个小区的基础设施项目，区域内道路、绿化、河道、石驳岸等布局优美，同时建有村行政服务中心、卫生室等，具备就业社保、社区救助、卫生计生、文教体育、警务治安等服务功能。

闸北村。闸北村位于长江口旅游度假区（浏河镇）东首，面积 7.92 平方公里，东至长江湿地公园，西至闸北路，南至上海洋桥镇，北至浮桥镇茜泾村，镇区道路纵贯南北，水陆交通便利。2015 年，全村耕地面积 51.5 公顷，有村民小组 65 个、居民住宅区 3 个和外来人员居住区 1 个；共有农户 2120 户，在册人口 5950 人；有党支部 6 个、党小组 12 个，党员 259 人。村域范围共有企业 35 家。村级总资产 4767 万元。2015 年农民人均可支配收入 26420 元，村级可支配收入 394 万元。近年来，闸北村先后获得江苏省文明村、江苏省卫生村、江苏省民主法治村、江苏省社会主义新农村建设先进村和苏州市级村务公开民主示范村、苏州市“实践科学发展推进两个率先示范村”及太仓市“百村乡风文明岗十佳示范岗”等荣誉称号。

闸北村分别于 1999 年、2004 年、2007 年进行三次调整，由原来的闸北村、子泾村、钱泾村、东海村、海塘村、三井村合并组建而成。闸北村配合长江口旅游度假区开发建设和城乡一体化发展需要，推进拆迁工作，至 2015 年年底，共拆迁农户 1680 户，约占全村总户数 80%。闸北村调整产业结构，壮大村级经济，发展高效农业，农民合作组织怡源合作农场于 2013 年建成投运，耕作面积 30 公顷，水稻亩产 575 公斤（1 公顷 ≈ 15 亩，下同），小麦亩产 300 公斤，年收益 50 多万元。闸北村利用区位优势，自创村级企业和物业，整合利用拆迁过程中留下的厂房、物业用房、门面房等，帮助 5060 名失地农民再就业。

2015年长江口旅游度假区主要经济社会指标表

表97

项目	单位	数值	项目	单位	数值
地区生产总值	亿元	84.77	在校学生总数	人	4153
财政收入	亿元	13.32	出栏生猪	万头	2.40
耕地面积	公顷	3212	出栏家禽	万羽	7.60
农业总产值	亿元	4.01	工业企业	家	981
粮食总产值	万吨	1.33	工业销售收入	亿元	123.34
农机总动力	万千瓦	1.33	工业利税	亿元	7.23
实际利用外资	万美元	1834	合同利用外资	万美元	2063
三产增加值	亿元	43.39	在职教师	人	293
商品零售总额	亿元	1.16	开通有线电视	%	100
镇村主干道	公里	245	医院	个	2
电话普及率	%	100	卫生室	个	16
科技人员	人	5140	农民人均可支配收入	元	29000
中小学校	所	3	农民人均住房	平方米	81

2015年长江口旅游度假区各村基本情况表

表98

村名	党组织书记	村委会主任	村集体收入（万元）		人均可支配收入（元）	设立时间	面积（平方公里）	户籍户数（户）	户籍人口（人）	总资产（万元）
			总收入	可支配						
浏南	周忠兵	唐玉泉	684	523	28500	2007年1月	12.90	1913	5511	3368
东仓	仇仕良	仇　刚	2854	2833	30700	2007年1月	2.97	652	2397	34716
何桥	徐栋梁	陆　健	399	303	26600	2007年1月	8.50	970	3597	4172
新闸	李　伟	顾解龙	491	418	28200	2007年1月	9.80	1832	5145	3691
闸北	杨志刚	李宝良	439	394	26420	2007年1月	7.92	2120	5950	4767
万安	唐维青	严利明	797	410	25680	2007年1月	8.20	1206	3805	2047
张桥	陈宝国	马宏飞	814	554	30240	2007年1月	8.40	1560	5280	7859
新塘	顾红彬	沈建新	247	239	27700	2007年1月	2.60	621	1832	4563

2015年长江口旅游度假区骨干企业基本情况表

表99

企业名称	法人代表	销售收入（万元）	利税总额（万元）
苏州巨能发电配套设备有限公司	潘耀东	105156	10890
江苏保捷锻压有限公司	吕景林	97927	4168
太仓敬富塑胶制品有限公司	黄世彰	67307	5393

续表 99

企业名称	法人代表	销售收入（万元）	利税总额（万元）
苏州兴亚钉业有限公司	何永兴	32056	–472
星光印刷（苏州）有限公司	林光如	31426	3254
苏州双鸿服饰有限公司	黄丁其	29955	1084
苏州永丰装饰材料有限公司	张殿成	26385	348
苏州铃兰卫生用品有限公司	国枝靖弘	25464	2800
奇兴家居（太仓）有限公司	顾品兴	23480	1746
苏州久鋐电子有限公司	陈福良	20962	5591
太仓长顺纸业有限公司	白希国	19560	282
太仓美事得时装有限公司	于建林	18864	354
太仓海嘉车辆配件有限公司	张　晓	18046	1408
太仓科博尔精密铸业有限公司	潘显根	17291	–22
太仓市华鼎塑料有限公司	范兴华	16745	2214
江苏宇兆能源科技有限公司	王建安	14591	–1328
科益精密模塑（太仓）有限公司	曾荣源	13975	796
苏州东力机电工业有限公司	林义杰	13778	2341
太仓海祥家具有限公司	李德忠	13550	1052
太仓力九和塑胶工业有限公司	姚聪明	13548	2996
伊藤喜（苏州）家具有限公司	西谷和彦	13233	–344
太仓优尼泰克精密机械有限公司	夏源涛	12919	6174
苏州泰利电器照明制造有限公司	黄正明	11568	1021
苏州佛朗尼齐拉服饰有限公司	黄丁其	10680	329
苏州群鸿服饰有限公司	黄丁其	10652	149
苏州九鼎珍珠棉有限公司	俞春雷	9308	621
康峰（苏州）纸品有限公司	JOSE LUIS ARTIGA PEREZ	7820	643
苏州小松精密电子有限公司	吉村洋一	7275	1316
太仓乐盈纸业有限公司	陈永平	6956	8
苏州宝津塑业有限公司	徐培君	6907	–48
太仓市新星轻工助剂厂	卢钦能	6843	2516
太仓英硕空调材料有限公司	张靖敏	6292	761
平和（苏州）商业设备有限公司	黄太平	6172	126
苏州意友金属材料有限公司	徐旭东	6151	3
太仓华峰机电设备有限公司	毛建民	6015	341
铁王数控机床（苏州）有限公司	李炉堂	5721	–195
太仓市意欣塑胶有限公司	宣秋兴	5434	99
吉翔宝（太仓）离型材料科技发展有限公司	於险峰	5420	293

说明：收录销售收入5000万元以上企业

（傅锦花）

浮桥镇

【概况】 浮桥镇位于太仓市东部，枕江濒海，距太仓市区30公里，镇域面积144.44平方公里，设浏家港、金浪、时思3个办事处，辖11个村、6个纯社区、6个涉农社区，常住人口13.24万人。2015年，浮桥镇实现地区生产总值57.75亿元；完成公共财政预算收入3.37亿元，较上年增长11.6%。

【经济发展】 2015年，浮桥镇完成工业总产值104.5亿元，其中，83家规模以上企业实现产值73.8亿元，完成利税2.43亿元，分别占全镇比重70.6%和77.8%；完成固定资产投资8.72亿元，较上年增长8.89%；完成进出口总额8.2亿美元；完成第三产业增加值26.99亿元。37家企业产值超5000万元，23家企业产值超亿元。年内，华辰净化实现"新三板"上市，金三元照明在上海股权交易中心挂牌。招商态势良好，全年共引进企业项目241个，新增注册资本5亿余元。全年共申报认定高新技术企业6家，创历史新高；获批省民营科技企业8家；累计申报专利426件，其中发明专利212件；申报国际PCT（《专利合作条约》）专利7件；获批国家火炬计划1件；完成研发费用备案1.48亿元，较上年增长22.8%。

【城乡统筹】 2015年，围绕沪通铁路、新港城开发等重点项目，整合各方力量，实现动迁工作依法有序推进。全年共完成农户签约231户，腾房208户，完成工业企业（含个体工商户）签约26家，其中，沪通铁路动迁基本完成，杨林塘动迁进入扫尾阶段，和平路路面基本贯通，七丫路贯通工程稳步推进，核心区动迁平稳有序。落实分房安置工作，全年累计组织分房8批次，安置多层公寓638套、联体公寓4套、宅基地266户。做好被征地农民土地换保障工作，新增土地换保障144人，全年共发放安置费1123万元，惠及5076人。年内，完成杨林高标准农田三期建设186.67公顷。建成水稻高产增效万亩示范区666.67公顷，平均亩产达715公斤（1公顷≈15亩，下同），其中杨林二期最高亩产近800公斤，达到全市领先水平。推进现代农业机械化、专业化建设，投入378万元购置农机设备111台（套），组织各类农业技术培训19批次，参训人员近800人次。打造特色农业品牌，加大对冠嘉草莓、锦鑫黄桃、丁泾蟹稻米、三市火龙果等农产品宣传，扩大知名度。加大三家市周边乡村资源开发力度，农村休闲游初具雏形。农村土地承包经营权确权登记和股权固化工作试点顺利。新增合作经济组织5家，累计达140家，其中合作农场22家，绿化村旺绿劳务专业合作社经营收入超500万元，成为全市首家经营收入突破500万元的合作社。规范农房翻建，成立农房建设监管领导小组，制定《浮桥镇保留村庄农民自建房实施细则》，审批保留村庄建房农户350户，农户建房步入正轨。"两个平台"（农村集体财务监管平台和资产交易管理平台）运作规范。富桥公司发挥核心带动作用，引领村级经济抱团发展，村集体平均可支配收入430万元，较上年增长3.9%，农民人均可支配收入2.8万元，较上年增长8.2%。

【生态环境】 2015年，浮桥镇农村基础投入加大，年内，12座彩虹桥全部竣工，投资400余万元改造升级农路13公里，投资1000余万元建设三市、新邵、方桥等3个"三星级康居乡村"。"中小河流整治"项目持续推进，整治河道41.1公里，清淤疏浚土方43.3万立方米。农村生活污水治理有序开展，共接管1693户。通过"江苏省卫生村"复查考核，成功创建"苏州市乡村公路管养及安保工程示范镇"。推进"违法用地违法建设""违法经营"和"主干道沿线环境"整治工作。全年查处违法用地13宗，完成整治面积2.26公顷，查处各类违建61起，拆除违法面积6154平方米，做到长效管控。推进违法经营整治，查处违法运输泔脚10余吨，取缔违法经营点63处，整改废品回收点45家。开展镇容镇貌整治行动25次，取缔违设摊点3750人次，规范占道经营68户，拆除违规店招广告108处，清除乱贴乱画2800多处、横幅400余条。投资2000多万元对龙江路开展综合整治，对南环路沿线整修提档，镇区主干道面貌大幅改善。

【公共服务】 2015年，浮桥镇开展政府实事工程6项，至年底，社区日间照料中心全覆盖工程、镇区域公交优化工程按计划完成；自拆自建小区天然气入户工程完成80%，新港花苑社区进入施工阶段，牌楼小区、红星小区实现农户接管全覆盖；九曲社区会所工程、浏家港幼儿园新建工程完成方案设计项目申报；老闸七浦塘大桥重建工程有序推进。年内，做好社会保险扩覆，累计新增城保6700余人、医保近6300人，农村新型医疗参保率99%。推进就业保障，全年举办各类招聘会103场，累计入场约12万人次，提供岗位信息7万余条。完善社会救助体系，实施困难家庭动态化管理，共发放低保、低保边缘补助350万元，助残金184万元，弱势群体慰问金22.7万元。加强养老体系建设，实现社区日间照料中心全覆盖，全镇24家居家养老服务站运转良好，在全市范围内率先推行日间照料社会化管理。

【社会治理】 2015年，浮桥镇新登记社会组织11家，申报市级公益创投项目11个。探索村居管理新方式，开展民主决策、村（居）务公开等工作，细化"积分引导"项目全镇实施方案，提高社区和居民自治水平。推进绿化、时思、浪港等村的一站式服务大厅建设，建成镇社会治理服务中心，实现综治、司法等功能整合。全年完成重大项目风险评估6个，化解矛盾纠纷994起，办理市委书记（市长）信箱、"12345"便民服务热线、巡视组转办等各类来信819件，接待来访群众34批155人次，各类信访办结率97.8%，及时处置工程建设领域矛盾纠纷，年内无群体性事件发生。加强法制阵地建设，港区宪法主题公园、法治家苑等建成启用。重视技防建设，新增监控设备设施1072套，发案率持续下降。开展“邻里文化节”活动，组织“我们的节日——端午”活动，举办“道德讲堂”，发扬传统美德，弘扬社会正气。

【特色村庄】 三市村。浮桥镇三市村位于浮桥镇西部边缘，村域范围较广，面积约6.7平方公里，东至协星路，西至沙溪镇松南村，南至双浮路，北至浮桥镇老闸村戚浦塘，南北有柳双路、岳闸路、石头塘穿村而过，水陆交通便利。三市村于1999年进行第一次村域调整，由红丰村、三市村合并而成，2004年进行第二次村域调整，三市、柳园（1999年区域调整，红跃并入柳园）合并。2015年，全村耕地面积405.6公顷，有村民小组40个，农户789户，户籍人口2759人，外来人口638人，常住人口3397人。三市村党委共有党员164人（预备党员1人）。村域范围共有企业25家。村级总资产3276万元，农民人均可支配收入30845元，村级可支配收入384.2万元。先后成立三家市劳务专业合作社、三家市绿色农产品专业合作社、三市粮食生产专业合作社、鸿跃农机专业合作社、鸿昇农场专业合作社等合作社。近年来，三市村先后获江苏省“五好”农民专业合作社示范社、江苏省村庄环境整治工作先进集体、江苏省三星级康居乡村先进单位、苏州市村庄环境整治先进集体、苏州市美丽镇村建设示范村、苏州市文明村、苏州市先锋村、苏州市科普示范村等荣誉称号。

特色农业。三市村以农业为主，经过6年多的村合作农场建设，共从农户手中流转土地133.33公顷，浮桥镇连续五年在三市村创建水稻高产增效示范片核心区，2010年被列为省级高产增效创建示范方，2011年、2012年连续被列为部级高产增效创建示范方。水稻基地经营由村委会统筹，村合作农场进行统一流转和经营，遵循“大承包、小包干”原则，水稻基地种植面积逐年增大，单产逐年增加。三市村对土地资源进行重新整合，解决缺少劳动力的问题，增加农业产出和农民收入。

村庄建设。2008年，在三家市开展新建小型污水处理池工程、老街街面及雨污水管道改造工程、古村落道路修建工程、茜泾河道路整修工程等，共计投资148.5万元。2012年，开展一系列村庄整治工程，包括农宅洋瓦屋面工程、三家市路灯新建工程、三星级村庄整治工程、古街维修项目工程、三家市停车场新建工程、三家市东市稍配套道路建设工程等，共计投资385万元。2013—2014年，开展“美丽村庄”建设系列工程，包括三家市南北街及人行道新建工程、茶室天井改造工程、农家乐改造新增工程、廊桥新建工程、皮划艇新建工程、咖啡馆新建工程、农具展览馆新建工程以及桥头小店新建工程等，共计投资290万元。

2012年，对渔业村进行一星级康居乡村建设提档，包括新建公厕、污水处理管道、小屋立面改造、河道整治以及新增绿化等。2015年，对建元村自然村落进行三星级康居乡村建设提档，包括墙屋立面粉刷、主干道拓宽、河道疏浚、河岸整治，新建厕所、停车场、污水处理站、路灯、绿化、小游园等系列工程，提高村民生活标准的同时，为三家市古村落提供配套设施，扩大古村落旅游资源，逐步发展壮大乡村游。

民政事业。截至2015年年底，三市村有低保户10户，低保边缘户13户，重残户26户，集中五保户2户。共有享受居家养老服务老人112人，其中政府援助对象24人，政府补助对象88人。日间照料驻站签约老人51人，每天可进行棋牌、戏曲、阅览、保健等相关活动。残疾人94人。危房翻建农户165户。

三家市古村落位于老闸和岳王交界处，现保留古街区百余米，东西坐落，尚有清末民初建筑近10处，结构完好。街道中央保留原十字街口，转角处建筑完好，风貌独特。古村落涉及三市村4个村民小组，共62户农户、172人。古街区存在集体房屋资产约1400平方米。三家市旅游是集文化游、田园游、农耕游、亲子游、休闲游为一体的现代旅游。

丁泾村。浮桥镇丁泾村位于浮桥镇西南，东抵338省道，西和沙溪镇交界，南与浏河镇连接，北靠新港公路。2004年4月，村区域合并调整，由原凤星村、米场村、丁泾村、健心村4村合并，更名为丁泾村，全村区域面积6.7平方公里，可耕地面积352公顷，有村民小组47个，农户665户，常住人口2946人。丁泾村党委下设党支部4个，有党员201人。丁泾村先后获江苏省卫生村、江苏省农业生态村等荣誉称号。

经济发展。2015年，丁泾村实现村级集体总收入456.5万元，村级集体总支出195万元，村级可支配收入370.5万元，村级集体总资产3149万元，村级集体总负债1113万元。全村共有租赁企业30家，合同租赁费收入170万元。

社会事业。丁泾村继续落实住院病人慰问补贴制度，发放慰问金9.2万元；全年社保亡故慰问33人次，重病慰问68人次，生日慰问284人次。灵活就业职业伤害登记132人次。居民医疗转基本医疗25人次，新办居民医疗9人次。做好低保调标工作，全村有低保户4户、低保边缘户8户、集中五保户1户、农村重残户18户。做好村居家养老工作和日间照料工作。除做好84周岁以上老年人申报居家养老服务外，还对12位低保和低保边缘的孤寡老人、重度残疾（残疾为一级和二级）困难老人，开展每月上门打扫、洗衣、理发、配药、节日慰问等送温暖服务。

城乡一体化建设。结合美丽村庄整治，丁泾村开展村庄环境大整治，落实长效治理制度。抓好农房建设管理和物业管理，按照新一轮村镇总体布局规划，严控农房翻建。

特色农业发展。丁泾村集体合作农场开发“稻蟹共生立体生态种养”项目，2015年项目总面积36.67公顷。丁泾村蟹田米精选自绿苗农场，全程无农药种植，一地两用，提高土地利用率，创新发展生态种养新模式。增加农场收入和农民分红的同时，为周边失地农民提供就业岗位，提高农民科技种植技能。全年稻谷产量6万公斤，幼蟹产量200公斤／亩（1公顷≈15亩，下同），较传统养殖提高25公斤／亩，2015年稻蟹共生项目产值628万元，流转土地的农民得到分红300元／亩。

2015年浮桥镇主要经济社会指标表

表100

项目	单位	数值	项目	单位	数值
地区生产总值	亿元	57.75	镇村主干道	公里	49013
财政收入	亿元	6.60	电话普及率	部／百人	85
耕地面积	公顷	3813	科技人员	人	2015
农业总产值	亿元	10.57	中小学校	所	8
粮食总产量	万吨	3.98	在校中小学生	人	6980
农机总动力	万千瓦	2.49	在职教师	人	466
出栏生猪	万头	4.4	开通有线电视	户	24950
出栏家禽	万羽	58	医院	家	6
工业企业	家	1319	卫生室	个	25
工业销售收入	亿元	96.60	医保普及率	%	99.9
工业利税	亿元	3.11	年末存款余额	亿元	62.03
出口创汇	万美元	35987	人均储蓄存款	元	71252
三产增加值	亿元	26.99	农民人均可支配收入	元	27975
商品零销总额	亿元	27.10	农民人均住房	平方米	80

2015年浮桥镇各村（涉农社区）基本情况表

表101

村（社区）名称	党组织书记	村（居）委会主任	村集体收入（万元）		人均可支配收入（元）	设立时间	面积（平方公里）	户籍户数（户）	户籍人口（人）	总资产（万元）
			总收入	可支配						
浮桥村	石万良	沈建忠	267.9	242.9	27622	2012年11月	25.72	296	1269	12555
七丫村	展益峰	吴俊飞	434.8	389.8	27313	2012年	11.10	252	1100	8100
方桥村	陆叶青	龚月良	794.8	402.8	30890	2004年4月	6.00	506	1872	3825
时思村	李建秋	王　燕	562.7	369.7	28121	2004年	4.51	645	2242	2251
浪港村	冯建华	顾忠强	1007.3	678.3	27308	2012年12月	9.99	377	2518	6456
绿化村	陈志强	陆清平	1168.8	494.8	28183	2012年11月	8.36	572	2548	3155
三市村	陆建革	沈益飞	873.2	384.2	30845	2009年9月	6.70	789	2795	3276
茜泾村	苏云周	吴海雄	654.7	649.7	29907	2012年12月	12.00	1735	5275	6897
马北村	陶立平	闻国强	256.9	204.0	24303	1994年	5.00	587	2317	3367
丁泾村	张国红	谭幼锋	456.5	370.5	30166	2004年4月	6.70	665	2946	3149
新邵村	浦建初	支逢春	822.8	523.8	27144	2004年4月	10.40	796	2802	3091
九曲社区	王建明	张　耀	514.6	349.6	27047	2012年10月	15.60	1673	5773	7252

续表 101

村（社区）名称	党组织书记	村（居）委会主任	村集体收入（万元）		人均可支配收入（元）	设立时间	面积（平方公里）	户籍户数（户）	户籍人口（人）	总资产（万元）
			总收入	可支配						
时思社区	陆建忠	陆利平	638.3	326.3	27352	2012 年	8.10	1651	9600	2379
老闸社区	陆利兵	张　耀	418.0	331.0	24868	2012 年 12 月	5.65	710	3384	1699
建红社区	沈伟刚	费福康	519.6	488.6	24953	2009 年	2.50	1348	6846	3312
浮南社区	张群英	王　辉	458.2	455.8	24997	2012 年 10 月	5.60	2114	8870	2743
牌楼社区	苏建锋	苏建锋	1135.4	748.4	29577	2012 年	12.60	2713	8732	8650

2015 年浮桥镇骨干企业基本情况表

表 102

企业名称	法人代表	销售收入（万元）	利税总额（万元）
怡球金属资源再生（中国）股份有限公司	黄崇胜	156940	2268
太仓市金鹿电镀有限公司	支建明	32565	3337
苏州天和再生塑料制品有限公司	袁　飞	27991	64
太仓金汇再生资源有限公司	杨　柳	26872	–397
格瑞夫（太仓）包装有限公司	蔡志荣	19579	4010
太仓双胞胎饲料有限公司	邓书甄	17726	1176
鼎泰铝业科技（太仓）有限公司	洪玉环	16410	1870
太仓市华夏电镀有限公司	陈耀祖	16068	813
佳顺工程塑胶（太仓）有限公司	涂　敏	15881	–165
盛兴环保资源（太仓）有限公司	黄金练	15370	87
佳利塑业（太仓）有限公司	袁　英	13803	61
苏州天路薄板有限公司	朱卫民	10638	320
太仓上电混凝土制品有限公司	王学芹	10533	572
太仓市世佳实业有限公司	艾　迪	10468	94
太仓思成塑化有限公司	颜思达	10287	–451

（浦春燕）

璜泾镇

【概况】 璜泾镇位于太仓市东北部，镇域面积 83.55 平方公里，设王秀、鹿河 2 个管理区，辖 13 个村、4 个社区，常住人口约 8.6 万人，流动人口约 4 万人。2015 年，璜泾镇实现地区生产总值 109.39 亿元，完成公共财政预算税收收入 2.8 亿元，全社会固定资产投资 44.01 亿元，农民人均可支配收入 34403 元。年内，璜泾镇获评“苏州市文明镇标兵”，通过国家卫生镇复检。

【经济发展】 2015 年，璜泾镇经济发展稳中向好，全年规模以上企业产值 258.44 亿元。完成注册外资 3076 万美元，实际利用外资 1562 万美元。进出口总额实现 2.46 亿美元，其中出口总额 1.28 亿美元。实现第三产业增加值 34.62 亿元。全镇化纤产业运行良好，产销率保持在 95%。年内，4 个市级重点技改项目完成投入 2.83 亿元，完成率 100%。总投资 16.5 亿元的 6 个市级重点项目加快建设。嘉璜工业一期竣工，申久全涤家纺面料一期投产。友孚汽车零部件、盛源科技等项目落户镇内。雅鹿农村小额贷款公司、晓谕精密机械被认定为“新三板”拟挂牌企业。引进国家“千人计划”专家1人，新增省“双创”人才、”姑苏人才”、太仓创业创新领军人才各1人，实现省双创人才零突破。全年发明专利申请量408件。

【城乡统筹】 2015年，璜泾镇实施“东融港区、西兴三农、南建新镇、北强工业、中心提档”空间发展战略。南部新镇区加快建设，累计投入2.47亿元，动迁农户119户、企业19家，拓展核心区面积98公顷；“三横两纵”主干路网全面拉开，纬七路、纬八路、新城路、陈大港路、园林路5条道路建设基本完成，总长4557米，管网铺设、沿路绿化、路灯等配套设施同步实施，推进占地0.44平方公里的雁月湖湿地公园建设。现代农业园区配套功能日益完善，总占地面积1000公顷，累计投入1.87亿元，建成集农产品展销交易、物流配送、信息发布、旅游观光为一体的农产品直销中心。总投资5000万元的中小河流整治及小型农田水利项目完工。规划面积3.04平方公里的工业园区初具规模，累计入驻企业21家，年产值超55亿元。园区基础设施建设日益完善，推进220千伏变电站、华能电厂蒸汽管道集中供热等项目。老镇区路网不断优化，怀仁路提档改造成效明显，崇文路改造顺利推进。茂林尚街开街。派出所、城管中队、秩序办等新建、改建大楼启用。分别被列为苏州市及太仓市实事工程的鹿河幼儿园迁建及养老院新建项目开工。发挥农业生态功能，推进全镇2666.67公顷高效设施农业建设，强化功能配套，打造田园风光，提升环境质量和生态服务功能。加快实现“土地流转、高标准农田、合作农场”3个全覆盖，发挥现代农业园区引领带动作用，形成以“生态湿地、绿色休闲”为特色的发展业态。深化农业“一村一品”格局，加快从“璜泾种植”向“璜泾品质”迈进，提升“璜泾牌”农产品知名度与附加值。创建省级“美丽乡村”，支持各片区村级现代农业发展，打造一批全市现代农业发展新亮点。农民集中居住小区基础设施建设及提档升级工程加快实施，新华、荣文、新明等安置小区扩建扩容，王秀小区基础配套、荣文小区会所工程基本完成。民生福祉不断增强，农民增收成效显著，全镇农民人均可支配收入34403元。

【生态环境】 2015年，璜泾镇加强环境综合整治，推进生态系统的保护、修复、改造和建设，提升环境质量。建立生态补偿机制，探索多元利益主体合力参与的生态文明建设机制和环境污染第三方治理。落实农村环境长效管理机制，完善农村卫生基础设施，推进保留村庄整治提升。强化集中居住区的管理服务，构建和谐、优美的小区环境。年内实施农业生态项目15个，全方位提升优化璜泾生态环境。坚持低碳绿色发展。做优土地经营、盘活存量、占补平衡、“三优三保”文章，最大限度发挥土地效益。加强对重点行业企业排放监管，关停一批小电镀、小化工等落后产能。开展工业园区生态改造，推进华能电厂集中供热项目，淘汰一批燃煤锅炉，推进“蓝天工程”。发挥资源节约和环境保护对转型升级的倒逼作用，发展循环经济、低碳技术、环保产业。强化节能减排，推动形成有利于资源节约的生产方式。

10月，璜泾镇农业园直销中心建成　　(璜泾镇供稿)

【公共服务】 2015年，璜泾镇大力发展各项社会事业，向社会提供更多更好的公共服务。调整优化各类教育资源，做好鹿河幼儿园迁建、荣文学校校舍加固等工程，办好让群众满意的教育。做好璜泾医院改造、医疗设备采购等项目，提升卫生医疗服务水平。培育和践行社会主义核心价值观，推动传统文化、民企文化和法治文化建设有机融合，打造具有璜泾特色的文化品牌。继续优化农村各类公共资源配置，推动各类公共服务资源向村、社区延伸覆盖，推进公共服务均等化进程。

【社会治理】 2015年，璜泾镇推进社会救助工作，发放各类固定民政对象经费814.74万元。开展“连心家园”建设、“生育关怀服务到家”、流动人口一站式服务工作。西塔修缮完工。“云服务”网络平台建设完成，构建智能化、便民化服务体系。深化“政社互动”，推进“三社联动”，注重提升基层群众参与度和实际效益。加快社会组织服务中心建设，引导和培育社会组织承接政府服务、参与社会治理。推进“贤德文化园”“乡风文明主题公园”等社会治理项目14个，探索建立集中居住小区积分管理新模式。整合优化服务资源，持续提升农村乡风文明志愿服务、乡风文明田园坊建设水平。雅鹿村“乡风文明主题公园”开园。坚持依法行政，健全依法决策机制，推进政务公开透明。强化法治思维和法治方式，深化“平安璜泾”“法治璜泾”建设，提升群众

8月21日，太仓市举办"百村乡风文明岗"活动现场观摩会暨雅鹿村"乡风文明主题公园"开园仪式　（璜泾镇供稿）

安全感和社会治安满意度。加强安全生产工作监督，保障人民群众生命财产安全。

【特色村庄】 雅鹿村。璜泾镇雅鹿村位于璜泾镇东北侧，东临长江，北接常熟碧溪，面积6.8平方公里，耕地面积398公顷。有村民小组46个、农户1062户、人口3905人。2015年，全村有服装、加弹、针织等民营企业61家，年产值超20亿元。有全市最大的无公害露天蔬菜基地，受益农户200多户。璜泾镇现代农业园核心区基础建设逐步完善，合作农场规模日益扩大，千亩农田实现规模型、集约化经营。推进农民新居小区建设，实现1200户村民安居。建成3000平方米的村级综合服务大楼，为村民提供教育、医疗、文娱、健身等服务。雅鹿村建成标准化厂房6万平方米，为村级经济可持续发展打下基础。近年来，雅鹿村先后获全国文明村、江苏省社会主义新农村建设先进村、江苏省民主法治示范村、苏州市环境整治先进集体等荣誉称号。

2015年璜泾镇主要经济社会指标表

表103

项目	单位	数值	项目	单位	数值
地区生产总值	亿元	109.39	农业总产值	亿元	4.5
财政收入	亿元	5.48	粮食总产量	万吨	3.8
耕地面积	公顷	4385	农机总动力	万千瓦	2.35
出栏生猪	头	28909	科技人员	人	3085
出栏家禽	万羽	12.2	农技服务机构从业人员	人	27
工业企业	家	1126	中小学校	所	5
工业销售收入	亿元	328.21	在校中小学生	人	3793
工业利税	亿元	4.55	在职教师	人	267
实际利用外资	万美元	1562	开通有线电视	户	20332
进出口总额	亿美元	2.46	医疗卫生机构	个	23
出口总额	亿美元	1.28	执业（助理）医师	人	88
三产增加值	亿元	34.62	初保普及率	%	100
商品零售总额	亿元	16.53	全社会固定资产投资	亿元	44.01
镇村主干道	公里	101.5	农民人均可支配收入	元	34403
电话普及率	部/百人	172	农村居民最低生活保障人数	人	289

2015年璜泾镇镇各村基本情况表

表104

村名	党组织书记	村委会主任	设立时间	耕地面积（公顷）	户籍户数（户）	户籍人口（人）	工业总产值（万元）	人均可支配收入（元）	总资产（万元）
新华	胡庆丰	李冬梅	1999年	161	737	2502	302189	37800	2971
荣文	曹旭东	高　萍	2006年	452	1239	4127	238051	35712	2701
新联	黄耀清	朱锦芬	2006年	383	1099	4106	587101	42630	7693
荡茜	潘锦球	夏卫良	1982年	92	174	689	18900	30129	1983
永乐	倪伟峰	朱惠明	2004年	316	722	2810	456325	36850	3846
王秀	周陆彦	朱雪刚	2004年	205	777	2192	152144	35564	3144
孙桥	黄金明	王祖明	1999年	221	606	1977	20236	29635	3002
孟河	杨翠珠	吴建良	2006年	360	1034	3438	12820	32320	5374
杨漕	王旭聪	吴振清	2004年	391	1238	4197	12560	30800	3743
新海	曹孟栋	沈建林	1999年	191	471	1905	38363	29000	2206
新明	蒋婷婷	夏建国	2006年	267	993	3553	870817	37400	4328
长洲	高振球	费振尧	1999年	263	824	3070	53415	31211	2258
雅鹿	吴惠芳	顾爱东	2006年	398	1062	3905	657015	30050	7658

2015年璜泾镇骨干企业基本情况表

表105

企业名称	法人代表	销售收入（万元）	利税总额（万元）
雅鹿集团股份有限公司	顾振华	382156	23165
江苏申久化纤有限公司	周雪芳	235496	–7984
江苏长乐纤维科技有限公司	瞿振清	221096	2233
苏州荣文集团有限公司	管雪平	89695	3581
江苏锦凯集团有限公司	陈锦乐	52721	–2873
华伦皮塑（苏州）有限公司	高金岗	36376	–273
太仓鹿影包装材料有限公司	黄爱萍	36214	195
太仓市天丝利塑化有限公司	盛庆华	34056	3451
中润科技股份有限公司	高忠林	27700	–2249
太仓市新佳化纤有限公司	戚福明	21969	57
太仓市晨丰化纤有限公司	范明岐	19174	0

续表 105

企业名称	法人代表	销售收入（万元）	利税总额（万元）
太仓市美丽纱化纤有限公司	黄宏斌	18793	–103
太仓芳怡化纤纺织有限公司	苏建明	17085	–160
太仓市仓乐化纤厂	瞿建明	16997	–6
苏州东源化纺有限公司	狄丁元	16896	86
太仓市双达化纤有限公司	王锦明	16848	14
苏州长乐化纤有限公司	瞿振清	16770	294
太仓市中明化纤有限公司	顾学明	16276	314
太仓市信逸纺织化纤有限公司	顾耀明	15440	–37
苏州瑞昱华化纤织造有限公司	朱玉华	15133	–640
太仓市文胜化纤有限公司	王　文	14981	68
太仓市德隆化纤有限公司	黄惠琴	14974	219
太仓市三丰化纤有限公司	梁臻彪	14821	39
太仓市华乐化纤有限公司	倪惠忠	14431	31
太仓市新胜化纤有限公司	戴燕刚	14431	1
太仓市兰顺化纤有限公司	瞿国清	14404	170
太仓市晨禾化纤有限公司	浦国平	14313	–45
苏州宝联化纤有限公司	黄惠其	14197	–79
太仓市宏晖化纤有限公司	瞿庆红	13609	–16
太仓市锦飞电镀有限公司	陆建飞	13527	1082
苏州凌云化纤有限公司	高锦明	12587	32
苏州瑞恩化纺有限公司	冯玉龙	12422	19
太仓大顺纺织化纤有限公司	潘林娣	12225	30
太仓市利旺化纤有限公司	侯理球	12132	78
太仓明辉化纤有限公司	华宪良	12057	29
太仓市永发化纤纺织有限公司	陆建昌	11618	–129
太仓市晓晖化纤有限公司	史晓锋	11280	18
太仓市春吉化纤有限公司	宋雪芳	11235	–17
太仓市富宝化纤有限公司	朱晓东	11181	67

续表 105

企业名称	法人代表	销售收入（万元）	利税总额（万元）
苏州翔怡化纤有限公司	戴燕刚	11093	77
太仓隆顺化纤有限公司	范锦良	11066	28
太仓市宏亿化纤有限公司	陆国强	11005	328
太仓市嘉乐化纤有限公司	沈书舫	10811	13
太仓市华发化纤有限公司	戴惠芳	10754	28
太仓鼎业化纤有限公司	夏明元	10691	31
苏州同舟化纤有限公司	顾雪良	10665	22
太仓市恒润化纤有限公司	周建龙	10554	28
太仓市永宏化纤有限公司	陈惠标	10534	–20
太仓市华庆化纤有限公司	包坤林	10512	28
苏州欧凯化纤有限公司	高菊萍	10260	55
太仓市隆纺油剂有限公司	赵国良	10241	667
太仓市新艳化纤有限公司	戴惠良	10052	23
太仓市顺络化纤有限公司	杨瑞娥	9988	11
苏州晓谕精密机械股份有限公司	黄国平	9986	–905
太仓市东华化纤有限公司	张振明	9895	50
太仓市璜泾新丰化纤厂	徐耀明	9882	–2
太仓佩博实业有限公司	邹浩明	9866	–71
太仓市中江化纤厂	张振荣	9835	100
太仓市华昌化纤有限公司	周惠林	9785	36
苏州顺达化纤有限公司	张丁明	9573	33
太仓市银成化纤有限公司	郑继红	9572	14
苏州平元化纤有限公司	胡菊华	9478	–23
太仓市特灵化纤有限公司	张　青	9426	–4
太仓市宝宝化纤有限公司	仇宝民	9412	11
太仓市金宏化纤有限公司	徐耀红	9379	41
太仓市雅裕化纤有限公司	朱艳丽	9319	–23
太仓市锦艳纺织有限公司	李锦球	9253	223

续表 105

企业名称	法人代表	销售收入（万元）	利税总额（万元）
苏州精艺纺织有限公司	赵雪球	9081	74
苏州市富通达化纤有限公司	赵建国	9023	–20
太仓市鹰鹏化纤有限公司	后鹰岐	8904	–24
太仓市兰燕甲板敷料涂料有限公司	李月明	8477	1136
太仓市恒悦化纤有限公司	景利平	8471	–7
太仓市景泰化纺有限公司	陆云浩	8431	–180
太仓市雄瑞化纺有限公司	戴介直	8206	–124
太仓市耀祥化纤有限公司	徐国强	8005	–11
太仓市申江纺织化纤有限公司	蔡进岐	7950	36
太仓时代潮化纤有限公司	夏祖明	7941	181
苏州方奕金马服饰有限公司	沈燕良	7924	189
太仓市永通化纤有限公司	夏海青	7604	11
太仓市吉炜化纤纺织有限公司	周　丹	7574	83
太仓市维宏化纤有限公司	朱承维	7564	–12
苏州双宏纺织有限公司	钱永兴	7304	68
苏州兆龙化纤有限公司	顾兆岐	7288	253
太仓市明正化纤有限公司	黄喜明	7270	74
太仓市诚乐化纤有限公司	蔡一平	7095	0
太仓瑞怡化纤织造有限公司	戴建球	6830	–14
太仓市佳纺化纤有限公司	沈　健	6813	4
苏州市龙缘纺织化纤有限公司	倪红良	6732	–495
太仓市天航化纤有限公司	周庆丰	6557	378
太仓市新磊化纤有限公司	严国栋	6544	3
太仓市鑫海纸业有限公司	吴建中	6447	158
苏州肖氏化纤纺织有限公司	肖学秀	6373	126
苏州雅华化纤有限公司	朱月明	6032	57
太仓市万里化纤有限公司	盛洪兴	5984	–16
太仓同益化纤有限公司	霍惠峰	5754	133

续表 105

企业名称	法人代表	销售收入（万元）	利税总额（万元）
太仓市龙威化纤有限公司	戴志明	5690	–43
太仓市佳禄化纤纺织有限公司	曹瑞娟	5669	11
苏州市长海化纤有限公司	倪惠泉	5594	67
苏州银鹿服饰有限公司	钱仲良	5559	411
伟建实业（苏州）有限公司	周伟建	5474	584
太仓市雅苑化纤有限公司	朱燕红	5339	79
太仓乙全布料定型有限公司	张伟飞	5239	987
太仓市安顺化纤有限公司	吴晓良	5134	–61
太仓市南洋化纤有限公司	沈雪明	5130	–19
太仓市施美电镀有限公司	黄耀明	5096	428
太仓市恒丰化纤有限公司	李　刚	5045	–52

说明：收录销售收入 5000 万元以上企业

（姚巍峰）

双凤镇

【概况】 双凤镇位于太仓市西部，紧邻城区，204 国道、339 省道、苏昆太高速贯通全境，全镇总面积 62 平方公里，辖 9 个村、3 个社区，户籍人口 3.3 万人。2015 年，双凤镇实现地区生产总值 34.55 亿元，较上年增长 8.1%；完成公共财政预算收入 2.47 亿元，较上年增长 1.22%，其中国税收入首次突破 1 亿元，较上年增长 11%；全社会固定资产投资 31.4 亿元。年内，双凤生态农业湿地一期项目（亲子乐园）完成立项。双凤生态园获评江苏省三星级乡村旅游点。国家级垂钓中心举办各级比赛 39 场。举办"家在苏州 • 美丽双凤"三进城活动和第八届羊肉美食文化节，推广展示双凤特色农产品和美食文化。

12 月 20 日，第八届双凤羊肉美食文化节开幕　（双凤镇供稿）

【经济发展】 2015 年，双凤镇完成工业总产值 119 亿元、销售收入 111.86 亿元，分别较上年增长 8.2%、3.6%；其中规模以上工业产值 94 亿元，较上年增长 8%。利税总额 3.2 亿元，进出口总额 2.12 亿美元，分别增长 21%、22.7%，增幅居全市第一。引进注册外资 1260 万美元，实际利用外资 903 万美元。新增注册内资企业 60 家，累计总投资 6.69 亿元。新增个体工商户 300 家。39 家新兴企业实现产值 55.35 亿元，27 家高新企业实现产值 38.07 亿元，规模占比分别为 58.7% 和 40.4%。全年实现第三产业增加值 14.7 亿元，三产固定资产投资 7.6 亿元。7 个房地产项目销售商品房 2.8 万平方米，销售额 1.04 亿元。"口水娃"获"中国驰名商标"认定，食品网购服务平台会员超 178.2 万，网上销售额超 1 亿元。产业结构优化。特种新材料、汽车配件、休闲食品三大特色产业做大做强，62 家特种新材料企业实现产值 39.27

双凤新农村风貌　　（2015 年 4 月摄　双凤镇供稿）

亿元，24 家汽配企业实现产值 14.28 亿元，8 家休闲食品企业实现产值 4.6 亿元，分别较上年增长 18%、11% 和 5%。推进新材料产业集聚发展，成立新材料行业分会。完成企业清洁生产审中期评估 4 家。完成市级环保督办项目 4 个。新增企业天然气、蒸汽接管 6 家，关停落后产能企业 3 家，整治挥发性有机物企业 31 家、燃煤锅炉企业 14 家。对 16 家重点企业实施电力需求侧优化管理，规模以上企业万元产值能耗下降 16%。项目建设加快。数恒模具、创扬医药等总投资 15.15 亿元的 6 个重点项目竣工投产，三开电气、维港三期等总投资 12.17 亿元的 10 个在建项目加快建设。全年完成市发改委立项项目 56 个、经信委技改备案项目 21 个、环评审批项目 46 个，完成环保“三同时”验收项目 31 个。强龙电信引进上海竞帆、天津瑞恩鼎等项目 4 个。工业用地挂牌上市 27 宗、17.98 公顷，新增建设用地 20.65 公顷。逐步破解项目落地难题，盘活存量工业用地 16.73 公顷，闲置厂房嫁接 51 家。创新能力增强。年内兑现上年度科技奖励金 96.7 万元、工业各项奖励 161 万元。完成技改投入 16.5 亿元，27 家企业研发费用备案金额 1.41 亿元。申报国家星火计划 2 项、省市各级项目 41 个。新认定国家、省市级项目 22 个，省高企 6 家、省高品 12 件。发明专利申请 295 件，授权 47 件。推进企业与高校建立产学研合作，新增产学研项目 15 个。新增苏州市名牌产品 3 个。富瑞合金、宫德升降在上海股权交易中心挂牌，完成创扬医药、德能电机“新三板”挂牌前股改。

【城乡统筹】 2015 年，双凤镇加快规划建设步伐，村庄保留点、非保留村庄过渡区规划逐步调整完善，编制飞凤、黄桥、勤力 3 个保留村庄示范点详规。完成土地利用一般性规划修编。凤北路改造、栖凤路新建工程通过验收并投入使用，3 平方公里新镇区路网框架建成。投入 2100 万元建成凤中物业用房、凤中便民服务中心、农产品超市。投入 500 万元完成迎春路北延工程，实现建湖路与维新路贯通。广州路吴塘河大桥、八里桥和严林大桥建成通车。投入 140 万元修复镇级破损路面 1.10 万平方米。投入 160 万元实施 10 公里农村四级公路达标建设。投入 1100 万元铺设双湖路供水主管网 4 公里。投入 35 万元完成建新路徐泾河管涵建设。投入 70 万元安装大灰沟、武庄泾河道护栏。投入 50 万元完成双浮公路北侧中市路连接段道路、凤林路西段雨水管和双凤老菜场污水管接入工程。新增天然气支管网 10 公里。推进拆迁安置工作，完成评估 272 户，签约 185 户，安置 417 户。做好 359 户农房建设审批和监管工作。农业产业结构不断优化，完成新湖片区农业产业布局规划，农业产业片区化、规模化、园区化建设稳步推进。农村土地经营权有序流转，新增土地流转 74 公顷。完成现代渔业产业园水产科技精品园基础设施建设，被农业部授予“全国休闲渔业示范基地”称号。333.33 公顷省级高标准农田新建项目开工建设，凤中村 20 公顷无公害水稻、新卫金银花二期等项目建成投产，“一村一品”产业格局逐步形成。开展农超对接，拓宽农产品销售渠道，与苏报集团豹团网合作签约。农村集体产权制度改革稳步实施，新增农村专业合作社 1 家，完成黄桥、维新 2 个社区股份量化工作。全年镇抱团分红给各村 180 万元。强化土地管理，完成土地占补平衡指标 5.67 公顷和增减挂钩指标 14.73 公顷。复垦土地 93.67 公顷，落实上级复垦经费 873 万元。

【生态环境】 2015 年，双凤镇生态修复持续加强，年内完成“十三五”水系规划，凤中、黄桥、新闾 3 村成为省级“水美乡村”。新闾村创建省级生态村。完成河道整治 52 条，农村河道水质达标率超 90%。新增污水管网 4.2 公里，完成工业区企业生活污水接管 21 家，庆丰村农村生活污水独立设施示范点建成投用。实施工业区区域环评，新增空气质量自动监测站 1 个。开展农村环境综合整治，完成维新、新湖、黄桥保洁服务市场化运作试点。强化秸秆禁烧管控，秸秆还田及综合利用率超 90%，连续两年保持秸秆禁烧巡查零通报。完成农村改厕 409 个，新增压缩式垃圾中转站 1 座、垃圾清运车 3 辆、垃圾桶 1320 只，清运生活垃圾 3.1 万吨、建筑垃圾 0.75 万吨。调整全镇生态红线保护区 8.5 平方公里，发放生态补偿资金 248 万元。

【社会治理】 2015 年，双凤镇社会保障持续强化。各类社保覆盖率保持 99% 以上。城镇社会养老保险累计 7120 人、基本医疗保险 6971 人。完成土地换保障新老政策衔接，首批纳入社保 127 人。新设医疗保险报销窗口，结报各类医保 375 人次，报销医疗费 115.6 万元。举办招聘会 9 场，培训职业农民 130 人。新增住房公积金扩面800人。完善社会救助体系，完成88户低保户、115户低保边缘户和148户重残户调标工作，低保标准提高至每人每月750元。继续实施助学、助残、安居工程，全年发放各类救助款227万元。社会事业持续发展。深化“政社互动”“三社联动”，完成2014年度双向履职评估和2015年度政府与基层组织“政社互动”签约工作。开展“民主决策日”及“民生大巡访”活动，共巡访农户3881家次，收集社情民意1550条，帮助基层解决问题286件。推进农村新型社区管理，完善社区工作站考评机制，凤中雅苑试点智慧社区管理模式。完成新安苑老年人日间照料中心建设。投入37.2万元为84周岁以上老人提供居家养老社会化服务共计4637人次。新建社工工作室3个，申报公益创投项目6个。城镇管理规范。年内开展美丽城镇建设行动，对主要道路及菜场周边环境实施专项整治，在黄桥村建立占道经营疏导点。取缔夜排档、流动摊点等210处。强化综治、建管、土地、城管防违控违工作联动制度，建立巡查日报制度，制止违建119起，行政拆除89起，面积17230平方米。开展“一户两宅”整治，逐步减少存量，整治率超75%。开展违法养殖等专项整治，减少生猪存栏4000多头。取缔小塑料、无证食品作坊8家，电镀、化工作坊各2家。社会治理持续推进。抓好大调解、大防控和基层基础“三大建设”，开展“五位一体”村综治办规范化建设，整合309个监控终端，建立社会纠纷矛盾排查调处信息平台，数字监督指挥中心共处理案件8785起。妥善处理各类社会矛盾，共受理来信来访113件，答复率97%。成立惠民调解工作室，完成人民调解63起，提供法律援助15起。开展消防检查960次，办理消防案件13起。做好安全生产网格化管理监管，加大危化品及金属粉尘企业检查力度，开展重点领域专项整治，排查整改事故隐患436起。完成市、镇两级事故隐患挂牌督办整改项目6个。

【特色村庄】 庆丰村。双凤镇庆丰村位于双凤镇东部，东临沙溪镇，西接204国道，南至杨林河，紧靠盐铁塘，村域面积11.2平方公里，总耕地面积539公顷。全村共有农户1290户，有村民小组57个，户籍人口5338人。近年来，庆丰村在现代农业、集体经济、美丽村庄、民生福祉及党建文明等方面均取得长足进步，先后获得江苏省社会主义新农村示范村、苏州市先锋村、苏州市城乡一体化改革发展先进集体等荣誉称号。

现代农业加快推进。庆丰村按照优质、生态、高效原则，打造太仓现代水稻产业园双凤园区。组建富华、丰登2个合作农场，流转土地424.33公顷。水稻种植采用工厂化育秧、全程机械化种植模式，工厂化室内育秧1.50万平方米。园区内土地、道路、沟渠、闸站、桥梁、河道、农田基础设施基本完成，框架初步形成。

集体经济快速发展。规范土地管理，强化农村集体财务监管平台和资产交易管理平台建设，实现村级集体经济资产保值增值。通过盘活存量资产、合作农场经营，村级集体经济收入不断壮大，2015年总收入超千万元。

美丽村庄提档升级。全村道路全部硬化，村主要道路两侧及部分宅前屋后实施绿化、美化工程。村庄、河道保洁实现全覆盖。村主要道路旁设置小游园，供村民休闲。结合村庄保留点提档整治建设，农村生活污水处理改造工作顺利开展。庆丰村基本形成“田成方、路成网、林成行、沟相通、渠相连、水清澈”的美丽田园村庄风貌。

民生福祉日益和谐。每年向低保、低边、重残家庭送温暖，发放扶贫帮困慰问金超40万元。富华合作农场和村劳务合作社常年提供公益性岗位20个，季节性岗位100个，并通过股份制量化分红、发放土地流转费用等形式，使村民纯收入每年增加10%以上。

新湖村。双凤镇新湖村位于双凤镇新湖管理区，东濒吴塘河，西接昆山市，南临湖川塘，北至杨林塘，苏昆太高速东西穿村而过，村域面积7.5平方公里，有村民小组45个，农户总数913户，总人口3513人，耕地总面积351.8公顷。新湖村为太仓市第三批社会主义新农村建设示范村，先后获江苏省生态村、江苏省卫生村、江苏省民主法治示范村、苏州市建设社会主义新农村示范村、苏州市“实践科学发展推进‘两个率先’先锋村”、苏州市文明村、太仓市两个文明先进村、太仓市发展现代农业先进单位等荣誉称号。

设施农业发展。新湖村发展高效设施农业，高效农业用地面积288.73公顷，占比82%。2009年，成立太仓市惠民蔬菜专业合作社，配套建设蔬菜配送中心，引进上海易买得超市生鲜中心入驻，年增村集体收入53万元。在太仓建立蔬菜平价直销店4家，发挥蔬菜特色产业优势，带动农民增收致富。开展配送工作，将合作社成员生产的农副产品收购后直接配送至企事业单位食堂，实现产销结合，提升经济效益。

集体经济发展。新湖村以双凤五金机械（电镀）作业区为基础，成立双凤电镀污水处理有限公司，为周边电镀企业提供污水集中处理服务，做到环保与经济效益兼顾的良性循环，为村集体经济发展注入新活力。

村民生活。新湖村建成功能齐全的社区服务中心，包含村劳动社会保障服务站、医疗卫生服务站、居家养老服务站、未成年人校外教育辅导站、便民服务中心、文体活动中心、老年人活动中心等活动场所。一站式服务方便村民办理各类民生业务，定期开展文体活动，丰富村民业余生活，营造稳定和谐的社会环境。

乡风文明。2015年1月起，新湖村设立乡风文明监督岗，聘请在村里具有一定威望的老党员、老干部作为成员，驻村监督村干部工作，督促引导村民遵纪守法、文明礼貌、执行乡规民约，同时对来访村民做好指引服务工作。

村容村貌。新湖村按照“水乡明珠、美丽双凤”要求，推进“美丽新湖”建设。结合村实际，开展保留村庄基础设施建设，绿化工程、照明工程、停车场、公共厕所等工程相继完工，村容面貌一新。

2015 年双凤镇主要经济社会指标

表 106

项目	单位	数值	项目	单位	数值
地区生产总值	亿元	34.55	进出口总额	亿美元	2.12
财政收入	亿元	2.47	三产增加值	亿元	14.7
耕地面积	公顷	2808	人才资源库总量	万人	0.53
农业总产值	亿元	40015	中小学校	所	3
粮食总产量	吨	12512	在校中小学生	人	3927
农机总动力	千瓦	16834	在职教师	人	225
出栏生猪	万头	3.85	开通有线电视	户	8170
出栏家禽	万羽	25.3	卫生院	个	2
工业企业	家	748	卫生室	个	11
工业总产值	亿元	119	初保普及率	%	100
工业销售收入	亿元	111.86	农民人均可支配收入	元	30398
工业利税总额	亿元	3.2	农民人均住房	平方米	59
实际利用外资	万美元	903	户籍人口数	人	32943
新增注册外资	万美元	1260	总人口数	人	57184

2015 年双凤镇各村基本情况表

表 107

村名	党组织书记	村委会主任	设立时间	耕地面积（公顷）	村集体收入（万元）	人均可支配收入（元）	人均耕地面积（平方米）
庆丰	梁金龙	陆　奇	1983 年 7 月	539	1044	31270	1117.65
凤中	潘雪荣	张学军	1983 年 7 月	204	731	29953	536.24
黄桥	王解忠	曹彩华	1983 年 7 月	267	968	32155	675.27
勤力	朱庆兰	高树云	1983 年 7 月	267	427	29886	1005.15
泥泾	俞雪忠（1—6 月） 金　鑫（6 月— ）	顾雪良	2000 年 7 月	188	702	31845	823.53
维新	钱培忠	柏利青（1—10 月）	2000 年 7 月	158	820	29277	299.22
新湖	王国梁（1—6 月） 张建忠（副书记，6 月— ）	顾芳芳	2000 年 7 月	352	897	29087	955.25
新卫	方凤球（1—6 月） 张裕清（6 月— ）	张裕清（1—6 月） 高逸芳（副书记，10 月— ）	2000 年 7 月	230	748	31336	936.31
新闾	张建明	张建明（1—6 月） 张贤峰（副书记，10 月— ）	2000 年 7 月	324	527	29427	1067.85

2015年双凤镇骨干企业基本情况表

表108

企业名称	销售收入（万元）	利税总额（万元）	企业名称	销售收入（万元）	利税总额（万元）
太仓富豪铜业有限公司	54131	135	苏州国光机电工业有限公司	12650	171
羽田电子科技（太仓）有限公司	49128	1192	赛纳（苏州）安防用品有限公司	10143	217
太仓市再生资源有限公司	48876	−379	苏州巨莹玻璃有限公司	9391	92
苏州东南碳制品有限公司	42561	2506	苏州优金金属成型科技有限公司	9062	209
皇冠（太仓）胶粘制品有限公司	41569	924	太仓市双凤镇定准塑胶五金厂	8901	587
苏州口水娃食品有限公司	40073	3519	苏州剑派实业有限公司	8655	126
龙博士纺织印染（太仓）有限公司	37625	112	苏州圣雷动力机械有限公司	7938	191
太仓新锦表面处理有限公司	26220	1889	苏州德能电机有限公司	7792	839
国药集团致君（苏州）制药有限公司	25443	−888	太仓新奇乐婴儿用品有限公司	7638	591
江苏博众汽车部件有限公司	22262	492	太仓雪莉莱服装有限公司	7625	536
苏州贝斯特装饰新材料有限公司	20619	−139	苏州佳侣家用电器有限公司	7511	−12
太仓徐氏铜业有限公司	20201	−3	太仓新宏电子科技有限公司	7326	399
江苏群雄集团有限公司	19106	367	苏州维港包装有限公司	6888	355
伍享汽车配件（太仓）有限公司	17878	1622	太仓鸿恩电子科技有限公司	6395	142
雷瑞卡（苏州）汽车电器有限公司	17311	1790	太仓佳通金属制品有限公司	6361	79
太仓大东保健器有限公司	16982	685	苏州冠桢金属制品有限公司	6123	189
苏州富洲胶粘制品有限公司	16154	1107	苏州创扬医药包装科技有限公司	5909	777
苏州富瑞铜合金科技有限公司	15969	218	太仓市华鑫轧辊有限公司	5665	92
太仓市汇湖电镀有限公司	15809	1633	苏州扬信德汽车零部件有限公司	5610	−358
太仓浦源医药原料有限公司	13395	407	太仓群特电工材料有限公司	5260	−27
苏州考斯丹五金制品有限公司	12971	536	联冠（太仓）胶粘制品有限公司	5112	−16

说明：收录销售收入5000万元以上企业

（张　祎）

科教新城

【概况】 科教新城位于太仓市西南部，东、南至上海交界，西至204国道，北至新浏河。辖区面积12平方公里，户籍人口1.3万人，规划总人口约12万人。下辖群星、太安、利民、南郊、常丰、鹊桥、学苑7个社区。2015年，科教新城完成公共财政预算收入3.17亿元，较上年增长9.5%；全社会固定资产投资12.2亿元；引进内资项目75个，新增注册资本4.01亿元，较上年增长21.74%。年内，制定《科教新城设立产业扶持资金，进一步推进经济转型升级实施细则》。科技服务超市基本成形，入驻中介机构8家。新增国家“千人计划”1人、省“双创”1人、“姑苏人才”计划3人、本级科技（文化）领军人才6人。实施产学研合作项目21个。获评省高新技术企业1家、苏州市企业工程技术研究中心1个、省民营科技企业10家。太仓中科信息技术研究院获省创新能力建设计划项目（联合载体类）立项，苏州光蓝信息技术有限公司获省创新资金项目立项。全年完成专利申请225件，其中发明专利152件。年内，天镜湖私募基金创业基地成功建立，天镜湖文化科技产业园获评江苏省现代服务业集聚区。

【城乡统筹】 2015年，科教新城进一步优化城市建设，推进完善控制性详

科技信息产业园二期建设现场　　（2015年1月摄　科教新城供稿）

细规划修编和总体照明规划，开展环天镜湖地下空间利用和水美乡村水系规划。医疗养老服务中心、南郊小学、派出所消防站、南郊中学食堂建设方案通过论证，进行施工图设计。科技信息产业园二期、张江信息产业园等市重点项目建设序时进行。水务大厦建成投用。东仓五期、利民四期、城南二期、利民一期延续、群星三期三标等在建安置房项目加快实施。完成区内停车场、标志标线、交通信号灯、公共自行车站点等便民设施项目54个。新建道路1.2公里、各类管线8公里，新增绿化面积8.93公顷。启动老镇区功能性改造，结合城市整体规划，对老镇区实施分类提档改造，方案基本完成。启动桔园小区雨污分流提档改造工程。海运堤商业街运营管理水平提升，天镜湖公园生态休闲娱乐功能进一步显现。加大对区域内违法用地的督查，拆除各类违章违法建筑1.5万平方米，及时制止沿沪1.33公顷基本农田违法占用行为。上市经营性土地8.83公顷。依法开展动迁安置工作，全年动迁农户99户、企业7家，动迁面积3.1万平方米，完成沪通铁路科教新城段动迁任务。良辅路（老204国道—文治路段）动迁完成，南郊小学地块动迁基本完成。规范整组动迁、住房预拆迁工作流程。全年安置农户74户、84套安置房，安置面积1.03万平方米，及时分配安置小区车库，办理东仓一期等安置小区120户安置房土地证、房产证。做大做强社区集体经济，各社区农务合作社、农场管理水平和经营效益提升。各社区抱团发展项目社区配套服务中心建成。涉农社区股份专业合作社股权固化工作基本完成，同步开展不确权、缓确权登记颁证村组土地情况调查。“两个平台”（农村集体财务监管平台和资产交易管理平台）监管工作稳步推进。继续开展失地农民再就业培训。做好农民集中居住的“土地换保障”工作，发放失地补助1122人(次)、197万元。

【公共服务】 2015年，科教新城加强国资管理，整合、优化科教文化发展有限公司、大学科技园有限公司、兰海文化商旅有限公司、兰科投资有限公司等四大国资公司。开展科教新城国有资产清理核查。进一步明确大学科技园有限公司架构。科文公司发行债券14亿元。年内，继续加大教育软硬件投入，加快南郊小学等待建项目前期工作。海运堤体育公园、绿地商贸中心基本建成。开展居家养老服务工作，百余位老人接受上门服务。常丰社区老年人日间照料中心建成。鹊桥社区居民服务中心投用。开通夜间班车，方便居民出行。抓好社会救助、人口计生工作，全年累计发放各类救助金203.88万元。

【社会治理】 2015年，科教新城城市社区服务内容初步形成体系，服务水平得到提升。年内，制定《科教新城信访工作管理制度》，规范工作流程，信访形势基本平稳，重点对象稳控有力。印发《科教新城安全生产“党政同责、一岗双责”实施细则》，加大安全生产检查力度，检查各类企业、场所215家（次），排查隐患140条，整改83条。开展塑料粒子加工等重点领域、重点行业专项整治。制定《科教新城生产安全事故应急预案》，提高安全生产事故应急处置能力。

（陈　雯）

娄东街道

【概况】 娄东街道区域面积87平方公里，管辖区域与新区一致。2015年，娄东街道常住人口9.33万人，暂住人口（在册）11.47万人。管理娄江、太平、惠阳、滨河、陆渡、东城、景瑞、城北8个城市社区和朝阳、太东、洋沙、东郊、太胜、华盛园、香花桥、珠江8个村改社区及小桥、花北、岳南、红庙、陆渡、横沥、洙泾7个村。

【城乡统筹】 2015年，娄东街道完成恒通佳苑3201套安置房的分配结算，保障1406户家庭春节前大部入住新居。发展劳务合作社，总数达15个，其中洙泾村劳务合作社申报苏州市级示范点，另有3家被评为太仓市星级合作社。完善农业经营主体，实行集体经营，增加集体经济收入。推进村级经济抱团发展，合理利用村级闲置资金，实现村级经济保值增值。推进拆迁工程，东郊及东门老街地块完成拆迁1.45万平方米，沪通铁路沿线拆迁基本完成签约。抓好城市管理工作，整治城市顽疾，开展“啄木鸟”行动，对四通路、毛太路、兰州路、陆嘉北路等地段占道经营现象开展集中整治。开展废品回收行业整治行动，清理废品回收站点30余家。开展农贸市场周边环境整治，抓好车辆停放、马路市场、环境卫生的规范治理，做好景湖农贸市场关闭和临时菜场搭建工作。遏制私搭乱建，加大对东城花园、半泾西园、金海湾、梅花一园等重点区域违章建设的排查清理，拆除违法建设51起，面积约3000平方米。

【社会治理】 2015年，娄东街道全力维护社会稳定，信访案件办结率97%，便民服务系统（含寒山闻钟）办结率100%。保证各级重大活动期间的社会稳定。接待“家饰佳”业主来访百余人次，整体情况较为平稳。应对民工讨薪，协调解决向东岛、景瑞荣御蓝湾600多人的近千万元工程款。化解信访老户。落实重大决策社会稳定风险评估机制，建立“第三方”评估制度。做好矛盾排查摸底工作，定期召开矛盾排查会，实行重点信访信息日报制度，及时化解矛盾。年内，抓好民生事业，建立中德善美实业有限公司，为多名残障人员提供就业机会。投入110余万元，对华盛园、洋沙六村等安置房进行维修。做好低收入群体的社会救助，全年发放各类补助款、慰问金238.23万元。以群众所需为重点，推进民生工程建设，新建娄江幼儿园华源上海城办班点，缓解入学难问题。新建太平、滨河2家日间照料中心，在全市首创民营资本参与居家养老工程。推进“会所建设年”工程，新建朝阳、太东、恒通佳苑等会所。完成人口计生五年自查整改，开展计生“春风行动”、“5•15”国际家庭日“7•11”世界人口日等主题活动。举办“欢乐百村行”“百团大展演”等文化演出，组织广场舞、门球、羽毛球等各类比赛，丰富群众业余生活。

2015年娄东街道各村（涉及社区）基本情况表

表109

村（社区）名	党组织书记	村（居）委会主任	村集体收入（万元）		人均可支配收入（元）	户籍户数（户）	户籍人口（人）	总资产（万元）
			总收入	可支配				
朝阳社区	金解良	王利明	867.80	791.60	29906	345	1600	4936
太东社区	蔡国福	孙 琪	1100.20	460.13	31616	336	1429	6565
洋沙社区	金利锋	夏琳芳	741.00	686.00	29960	604	2769	8845
东郊社区	朱彩虹	杨菊华	447.93	317.95	29226	685	2468	4339
太胜社区	蔡建平	—	733.00	627.00	29146	650	2824	5470
华盛园社区	张建明	张建红	1876.00	1820.00	31167	1821	8386	17082
香花桥社区	蔡士兵	韩兴福	963.00	957.00	28899	1276	5153	13454
珠江社区	钱惠清	薛剑锋	1746.80	1468.11	28476	1048	3728	13116
小桥村	罗建华	罗建华	1786.00	837.00	24077	1095	3980	11801
花北村	孙建春	孙建春	595.00	451.89	26269	587	2517	7295
岳南村	王秋生	陈伟刚	849.00	484.00	24147	624	2686	6913
红庙村	张益民	—	711.00	492.00	31680	527	1625	7650
陆渡村	金亚其	陈海青	870.00	735.00	29718	1031	4189	9541
横沥村	管鸿嘉	蒋丽琴	640.56	545.39	29413	357	1721	7208
洙泾村	徐建刚	陆宝安	545.38	402.00	32594	236	821	3784

（王一鸣）

重要文献

重要报告

践行新理念　激发新动能　为实现“十三五”良好开局而努力奋斗

——在市委十二届十一次全体（扩大）会议上的讲话

王剑锋

2015 年 12 月 21 日

同志们：

这次会议的主要任务是：认真贯彻落实党的十八大和十八届三中、四中、五中全会精神，以习近平总书记系列重要讲话特别是视察江苏重要讲话精神为指引，按照省委十二届十一次全会和苏州市委部署要求，回顾总结今年工作，研究部署明年及“十三五”发展目标任务，动员全市上下践行新理念，激发新动能，全力推动“十三五”发展实现良好开局。

下面，我根据市委常委会讨论的意见，讲四个问题。

一、充分肯定今年以来的工作成绩。

今年以来，在中央、省委和苏州市委的坚强领导下，我们主动适应发展新常态，牢牢把握发展主动权，切实加强统筹协调，着力谋全局、抓大事，引领和推动各方面工作，经济社会实现平稳健康发展。重点抓了四件大事：

*一是认真贯彻落实习近平总书记视察江苏重要讲话精神。*把贯彻落实总书记视察江苏重要讲话精神作为首要政治任务，确保加深理解和自觉践行同步推进。加强学习吃透精神实质。市委常委会带头抓好精读深研、学深悟透，着力深化对重大理论和实践问题的理解把握。广泛开展培训轮训和宣传宣讲，推动全市党员干部群众深入学习，自觉作为思想引领和行动指南。把握内涵明确目标任务。加强对协调推进“四个全面”战略布局的阐释和落实，深刻理解把握“强富美高”丰富内涵，更加明确太仓“两个率先”的阶段性任务，引导全市上下切实增强使命感责任感。创新举措推动发展实践。围绕“五个迈上新台阶”要求，积极创新思路举措，扎实推进经济发展、现代农业发展、文化建设、民生改善和全面从严治党等工作，各项事业打开了新局面，取得了新成果。

*二是严格抓好“三严三实”专题教育。*牢牢把握中央“三个见实效”的目标要求，按照上级统一部署，科学制定《实施方案》和配套制度措施。创新开展“我是共产党员”专项教育活动，聚焦忠诚、干净、担当开展一系列活动，进一步增强党员党性意识和责任担当。市委常委会坚持以上率下，带头聚焦问题讲好专题党课、作动员，围绕“严以修身”“严以律己”“严以用权”三个专题开展学习研讨，结合“三访三促”“民生大巡访”活动开展专题调研，带头开展批评与自我批评。坚持把查改不严不实问题贯穿专题教育始终，动真碰硬强化问题整改落实，严密组织“三严三实”专题教育自查、抽查，列出“不严不实”问题清单 656 条，结合各级专项整治任务，切实抓好整改落实工作，取得良好成效。

*三是积极配合省委巡视工作，着力推动政治生态更加风清气正。*按照省委统一部署，今年 8 月开始，省委第一巡视组对我市开展为期一个半月的巡视工作。我们对省委巡视工作高度重视，积极配合巡视组各项工作，多次召开专题会议，强化组织保障，加大协调对接力度，为巡视组列席有关会议、开展个别谈话、查阅相关资料、实地考察调研、受理来信来访等创造便利条件。在省委

巡视组向我市反馈巡视意见后，市委常委会把落实巡视整改工作作为一项重要政治任务，及时成立整改落实工作领导小组，专门制定整改落实分工方案和工作方案，针对反馈意见中的重点领域和突出问题，明确4个方面15项91条整改措施，并把整改措施和责任落实到人、分解到事，做到反馈问题件件有着落、事事有回音。市委常委会还专门听取各专项小组和各区镇专题汇报，并派出3个督查组深入基层重点督查，确保巡视反馈问题整改到位。

四是认真学习贯彻党的十八届五中全会精神，科学谋划“十三五”发展。市委常委会认为，科学编制“十三五”规划，对于太仓率先全面建成更高水平小康社会、积极探索开启基本实现现代化新征程，具有极为重要的意义。从去年开始，围绕“十三五”发展的重大问题，深入开展专题调研，多次召开座谈会听取对“十三五”发展的建议。党的十八届五中全会闭幕后，我们迅速在全市兴起学习贯彻热潮。我们强调推动“十三五”时期经济社会发展，必须以党的十八届五中全会精神为指导，牢牢把握发展总体要求，明确未来发展前进方向；必须牢固树立并践行五大发展理念，以发展新理念引领新常态下发展新实践；必须推出一系列重大举措，联系实际谋划推进“强富美高”，努力把总书记为江苏勾画的美好蓝图在太仓率先变为现实。我们经过多次修改，凝聚各方智慧，形成了提请这次全会审议的《中共太仓市委关于制定太仓市国民经济和社会发展第十三个五年规划的建议（草案）》。

一年来，市委统筹经济社会发展各方面工作，努力研究新情况、解决新问题，主要做了以下工作：

（一）促进新常态下经济平稳运行。

千方百计稳增长、调结构、促转型，努力保持经济运行在合理区间。稳定经济增长。全年完成地区生产总值1100亿元，增长7%（预计数，下同）；公共财政预算收入114.46亿元，增长7.5%；规模以上工业总产值2656亿元；城乡居民人均收入分别增长8%、10%。加快产业升级。全面对接“中国制造2025”，深入实施“千企升级”、服务业三年提升行动计划，新兴产业产值占比达50%，服务业增加值占比达45.2%，天镜湖文化科技产业园获评省现代服务业集聚区。坚持创新驱动。积极推进创新型企业群体三年培育计划，高新技术产业产值占比达36.2%。启动建设中科院硅酸盐所，生物医药产业园获评国家火炬计划特色产业基地。中德先进制造技术国际创新园获评省创新型园区。深入实施“娄东英才”工程，国家“千人计划”人才累计达到21人，新增省“双创”人才5人、省创新团队1支、姑苏领军人才10人。顺利通过国家可持续发展实验区验收。

（二）加快改革开放步伐。

坚持以改革增动力、开放添活力，积极打造品牌特色、放大发展优势。狠抓改革任务。理顺并完善改革工作框架体系，沙溪镇经济发达镇行政管理体制改革试点工作通过苏州专家组评估验收，完成新一轮地方政府机构改革，成为国家深化基础设施投融资体制改革试点县、省级国家新型城镇化综合试点县（市）。大病医疗住院保险、农村土地承包经营权抵押贷款荣获省金融创新奖。扩大开放合作。制定出台融入“一带一路”实施方案。完成注册外资7亿美元、到账外资4.5亿美元；外贸进出口总额130亿美元，其中出口增长5.2%；中方境外投资协议额2亿美元。地区总部及功能性机构数、高新技术产品出口增幅和赴境外投资指标在苏州保持领先。全球第八家德国中心落户太仓，AHK中德双元制职业教育示范推广基地正式挂牌。综合保税区正式封关运作。上海（虹桥）航站楼暨旅游集散中心正式启用，引进沪上项目102个，新增注册资金22.89亿元，增长61.6%。

（三）进一步提升城乡发展一体化水平。

加大城乡统筹发展力度，不断提升城市功能品质。优化城市建设。“一市双城三片区”形态初显，老旧片区改造工程加快推进，数字城管系统通过省级验收，公共自行车系统一期建成投运，沪通铁路、杨林塘航道整治、七浦塘拓浚等重大工程进展顺利。统筹城乡发展。推动现代农业迈上新台阶，新建成高标准农田1.6万亩，累计达33.32万亩，占比达85%，市现代农业园区获评国家标准化“休闲农庄”和全国休闲农业与乡村旅游五星级园区。加快实施农村产权制度改革，社区股份合作社股权固化、土地承包经营权确权登记颁证工作稳步实施。着力培育壮大新型农业经营主体，新增专业合作社13家、家庭农场2家。完成镇村布局规划编制，全面梳理村庄布点。改善生态环境。持续推进美丽城乡建设，国家卫生城市通过复审，“931”行动督查考核成绩位列苏州各市（区）前茅，主要污染物排放量持续减少，关停城区热电厂，启动农村生活污水治理三年行动计划，慢行系统不断完善，绿色建筑示范市创建扎实推进。

（四）加大保障改善民生和创新社会治理力度。

认真做好新形势下民生工作，让群众共享发展成果、增强发展信心。办好民生实事。深入实施居民收入倍增计划，切实做好应届毕业生、农村富余劳动力等重点人群就业工作，城镇登记失业率控制在2.5%以内。建立门诊大病补充保险制度，率先推行灵活就业人员职业伤害保险制度。繁荣社会事业。教育设施布局不断优化，资源配置更加均衡，教育质量持续提升。公立医院综合改革持续推进。广泛开展社会主义核心价值观、中国梦的宣传教育，公共文化服务体系建设不断完善，上海交通大学太仓娄东文化研究院正式成立。成功举办国际田联竞走挑战赛等重大赛事，成为首批“江苏省公共体育服务体系示范区”。加强社会治理。全面深化“政社互动”“三社联动”，项目化实施21项重点工作，成为“全国和谐社区建设示范市”中的唯一县级市。全面部署法治太仓建设，出台全国首个公共法律服务标准。深入推进平安太仓建设，各类矛盾纠纷化解成功率达95%以上。切实加大安全生产检查力度，深入开展粉尘、危化品等重点领域专项整治。

（五）坚决落实全面从严治党要求。

制定实施推动全面从严治党迈上新台阶意见，党建科学化水平进一步提升。加强干部队伍建设。严格贯彻《干部任用条例》，实施“动议比选任用”科级领导干部办法，严格干部选拔任用各环节。加大年轻干部培养，深化“A730培养计划”，竞争性选拔、年轻干部“双向挂职”等工作顺利开展。提升基层党建水平。扎实推进“365服务工程”，服务型党组织建设不断深化，法治型党组织“十项载体”建设有序推进。健全党组织“统一活动日”“红色讲堂”等党员教育常态制度，有力推动基层党组织生活正常有序开展。抓好党风廉政建设。细化量化“责任清单”，“两个责任”有效落实。持之以恒深化作风建设，认真开展抽查监督、勤政廉政半月谈等工作，坚持抓早抓小，加大违纪案件查办力度，稳步推进纪律检查体制改革。

一年来，市委常委会支持市人大及其常委会围绕全市发展大局依法行使职能，支持人民政协依照政协章程履行政治协商、民主监督、参政议政职能，加强与各民主党派和无党派人士的合作共事。加强对工青妇等群团组织的领导，做好党管武装、双拥、统战、民族、宗教、侨务、对台、老干部、老龄和关心下一代等工作，凝聚社会各方力量，不断增强推动发展的强大合力。

回顾一年来的工作，这些成绩和成果的取得，是中央、省委和苏州市委正确领导的结果，是全市广大人民团结奋斗的结果，是广大党员、干部扎实工作的结果。在此，我代表常委会全体同志，向在座的同志们和广大党员干部群众表示衷心的感谢！

在总结工作的同时，我们也要清醒地看到当前发展中面临的挑战和存在的不足，主要是：经济下行压力加大，创新能力还不够强，部分企业生产经营困难，经济风险隐患有所凸显；制约发展的体制机制障碍仍然存在，改革举措落地需要下更大功夫；基本公共服务还需更加优化，城乡居民增收难度加大；社会稳定面临较大压力，安全生产形势依旧严峻；生态环境问题依然比较突出，持续改善环境质量任重道远；行政机关全面依法履职需要进一步强化，党员干部法治思维有待提升；全面从严治党的成效还是阶段性的，党员、干部先锋模范作用还需加强；扫除不良作风、推进党风廉政建设还需下更大力气。对此，我们必须高度重视，坚持问题导向，拿出责任担当，采取有效措施切实加以解决。

二、开创“十三五”发展新局面。

站在两个五年规划的交汇点上，向着新的更高目标迈进，我们必须始终坚定改革发展信心，准确把握形势任务变化，继续集中力量把太仓的事情办好，乘风破浪，争先率先，奋力开创“十三五”发展新局面。

（一）开创“十三五”发展新局面，必须肯定成绩坚定信心。

今天的努力是明天的基础。“十二五”时期是太仓发展很不平凡的五年。面对错综复杂的宏观环境和艰巨繁重的改革发展稳定任务，我们在中央、省委和苏州市委的正确领导下，深入实施“五大战略”，扎实推进“六个现代”，团结带领全市人民顽强拼搏、开拓创新，胜利完成了“十二五”规划确定的主要目标任务，经济社会发展取得了重大成就。我们办成了一系列事关全局方向的大事。始终坚持发展是第一要务，全力推动经济量质齐升，地区生产总值、公共财政预算收入和全社会固定资产投资等主要指标持续攀升，分别成功突破千亿、百亿和500亿大关。紧扣转变发展方式这一主线，统筹推进产业升级和载体建设，深入实施创新引领战略，产业协调优势不断放大，各级各类开发区和园区竞相绽放，科技创新的支撑作用更加明显。坚持党要管党、全面从严治党，始终保持了党的先进性和纯洁性，更好地发挥了党总揽全局、协调各方的领导核心作用。我们办妥了一系列打基础利长远的要事。统筹谋划全面深化改革，梯次推进重点领域和关键环节改革，市场活力、发展动力加速释放。不断放大开放优势，卓有成效地做好“以港强市”“接轨上海”两篇文章，对德合作不断拓展深化，在苏州、全省开放格局中的地位作用更加凸显。明确现代田园城市建设目标，全面拉开“一市双城三片区”框架，深入推进城乡发展一体化，一批重大基础设施项目竣工投运，城市功能品质持续提升。我们办好了一系列顺民意促和谐的实事。坚持把人民利益作为根本出发点和落脚点，不断强化富民保障，全面发展社会事业，“政社互动”、大病保险等亮点纷呈，成为全省首获长安杯县级市，人民群众幸福感和满意度不断提升。顺应人民群众对生态环境的新期待新要求，坚持铁腕治污、注重常态长效，持续开展环境治理行动，深入推进绿色太仓建设，人居环境质量不断改善。坚持以文化引领发展，成功举办纪念撤县建市20周年等大型系列活动，社会主义核心价值观、“精致和谐、务实创新”的城市精神深入人心，城市文明程度和市民归属感显著提升。五年来，我市综合竞争实力和影响力实现大幅提升，经济社会发展的稳定性、协调性和可持续性有效增强，广大党员干部积累了应对挑战、破解难题的经验和信心。这些都为“十三五”乃至更长时期发展奠定了坚实基础。

（二）开创“十三五”发展新局面，必须准确把握形势任务。

凡是过去，皆为序章。站在新的历史起点上，太仓面临着新的机遇和挑战。从国际看，世界经济在深度调整中曲折复苏，新一轮科技革命和产业变革蓄势待发，国际金融危机深层次影响在相当长时期内依然存在，外部环境不稳定不确定因素增多。从国内看，我国发展仍处于可以大有作为的重要战略机遇期，但其内涵已经发生了新变化，正在由原来加快发展速度的机遇转变为加快经济发展方式转变的机遇，由原来规模快速扩张的机遇转变为提高发展质量和效益的机遇。从太仓看，“一带一路”建设、长三角区域发展一体化及长江经济带建设等国家战略的实施，上海“五个中心”和自贸区加快建设，为我们提供了新的机遇。同时，宏观经济环境变化对处于沿海沿江开发一线的太仓经济的影响更为直接，带来的挑战更为严峻，新增长点支撑作用不足、体制机制障碍等问题也仍然存在。我们必须动态把握宏观形势与政策的变化，保持战略定力，抢抓发展机遇，因势利导，扬长补短，开拓创新，努力在新起点上实现更高质量、更有效率、更可持续的发展。

“十三五”时期，我们要紧紧围绕“四个全面”战略布局，始终牢记“两个率先”光荣使命，大力实施“改革创新、以港强市、融入上海、绿色发展、民生共享”发展战略，统筹推进经济建设、政治建设、文化建设、社会建设、生态文明建设和党的建设，率先全面建成更高水平小康社会，积极探索开启基本实现现代化新征程。综合实力方面。现代产业体系更加完善，创新发展能力显著增强，现代田园城市基本建成，经济国际化水平持续提升，提前实现地区生产总值和城乡居民收入比2010年翻一番。民生幸福方面。就业、社保制度更加完善，共同富裕迈出坚实步伐，教育卫生、养老救助等社会事业取得新进步，群众幸福感持续提升。生态环境方面。生产生活方式绿色、低碳水平上升，环境治理取得重要进展，绿色太仓建设深入推进，环保制度体系更加健全，建成更高水平的生态城市。文化建设方面。中国梦和社会主义核心价值观深入人心，社会文明程度和人民群众的思想道德素质、科学文化素质明显提高，文化事业文化产业繁荣发展，文化强市加快建成。社会治理方面。社会治理创新实践深化拓展，人民民主不断扩大，平安太仓、法治太仓建设扎实推进，公共安全水平明显提升。体制机制方面。重点领域和关键环节改革实现新的突破，有效理顺并优化各项体制机制，形成一批可复制可推广的实践经验，为苏州、全省乃至全国拔先引路。

（三）开创“十三五”发展新局面，必须践行五大发展理念。

理念是行动的先导。五中全会强调，实现“十三五”时期发展目标，破解发展难题，厚植发展优势，必须牢固树立并切实贯彻创新、协调、绿色、开放、共享的发展理念。我们要围绕“十三五”时期形势变化和目标任务，立足太仓发展的阶段性特征和现实基础，把五大发展理念贯彻落实到经济社会发展的各个领域和环节，努力探索实践出一条具有时代特征、符合太仓实际、群众广泛认可的改革发展新路。坚持创新发展。突出创新核心地位，围绕建设苏南国家自主创新示范区，主动接受苏沪两个“科创中心”辐射带动，集聚创新资源要素，完善创新政策体系，在推进理论创新、制度创新、科技创新、文化创新等各方面迈出更大步伐，加快形成以创新为主要引领和支撑的经济体系和发展模式。坚持协调发展。扎实推进城乡协调发展和三次产业协调发展，促进经济社会生态协调发展，积极推动沿江沿沪区域、区镇之间联系互动、共建共享，同步提升城市硬实力和软实力，不断增强发展的均衡性、整体性。坚持绿色发展。坚持从生产和生活两头入手、治理和保护两手齐抓、约束和激励两端发力，加快形成节约资源和保护环境的空间格局、产业结构、生产方式、生活方式，努力建设天蓝、地绿、水清的美好家园，进一步增强可持续发展能力。坚持开放发展。把太仓开发开放事业放在“一带一路”建设和长三角区域一体化的大局中谋划，坚持对外开放和对内开放并举，坚持进出口平衡、引进来和走出去并重、引资和引技引智结合，做好“以港强市”“融入上海”“对德合作”三篇文章，打造国际一流营商环境，不断提高经济国际化水平。坚持共享发展。坚持从最广大人民的根本利益出发，优化制度安排设计，加大民生投入力度，重点抓好困难弱势群体的扶贫保障工作，不断拓展社会治理创新的深度和广度，推动治理体系和治理能力现代化。

三、全力以赴做好明年各项工作。

明年是实施“十三五”规划的开局之年。我们要把握新形势、抢抓新机遇、践行新理念，全力以赴做好各项工作，为“十三五”发展开好局、起好步。

明年工作的指导思想是：**认真贯彻落实党的十八大和十八届三中、四中、五中全会精神，以习近平总书记系列重要讲话特别是视察江苏重要讲话精神为指引，按照“四个全面”战略布局的要求，牢固树立和贯彻落实创新、协调、绿色、开放、共享的发展理念，适应经济发展新常态，坚持稳中求进总基调，以提高经济发展质量和效益为中心，切实抓好稳增快转、改革开放、城乡统筹、民生改善、文化引领、依法治市等“六大任务”，持之以恒推进全面从严治党，积极推动经济社会持续健康发展，奋力实现“十三五”良好开局。**

明年经济社会发展的主要预期目标是：地区生产总值增长7.5%，公共财政预算收入增长7.5%，全社会固定资产投资完成500亿元，社会消费品零售总额增长10%，进出口总额增长与今年持平，城镇居民人均可支配收入增长8%，农村居民人均可支配收入增长10%，其他各项转型升级指标不低于苏州平均水平。着力抓好六个方面工作：

（一）坚持量质并举，提升发展质效。

把保持经济中高速增长的目标与转方式、调结构的要求紧密结合起来，巩固经济基本面，增强发展新动力，着力提升经济发展质量和效益。

1. 全力稳定增长。把投资作为稳定增长的关键举措，更加注重优化投向、提高投效，精心组织实施一批重大基础设施和重点产业项目建设，积极培育一批经济新增长点。更加重视实体经济发展，坚持市场导向、分类施策，推动政策服务更多地向实体经济倾斜、资源要素更多地向实体经济集聚，切实帮助企业降低成本，解决好生产经营、市场开拓等方面遇到的难题，增强企业发展的微观基础和活力。主动对接落实上级各项稳增长政策，结合实际采取针对性更强的工作措施，加强对重点行业企业的监测调研，有效防范和化解产能过剩行业、企业联保互保、房地产开发等领域出现的各种经济风险。

2. 致力调整结构。积极对接《中国制造2025江苏行动纲要》，进一步完善制造业转型升级政策意见，增创先进制造业发展新优势。突出高端装备、生物医药等重点，继续壮大战略性新兴产业，努力在引进区域总部、研发基地等方面实现新突破。积极推动工业化、信息化融合发展，抓好智能制造、机器换人等工作，力争完成技改投资130亿元。巩固提升现代物流、服务外包等产业，推动制造业与工业设计等生产性服务业深度对接，大力发展电子商务特别是跨境电商、农村电商，推进线上线下互动融合，提升服务业集聚区建设水平。积极稳妥推进企业优胜劣汰，实现市场出清。扎实推进“四个十万亩”主导产业落地，进一步完善农业基础设施和技术装备，巩固提升现代农业发展水平。

3. 奋力推进创新。更加注重创新驱动发展，推进大众创业、万众创新，加快打造经济发展新引擎。深入实施创新型企业群体三年培育计划，支持和引导企业加大技术创新投入，力争年内新增高新技术企业50家，规上工业企业研发机构建有率超30%。坚持招商引资与招才引智、直接引进与柔性引进相结合，精准实施人才政策，加快建成一批高层次人才培养基地，引进培育更多高端创新创业人才。推进大学科技园、中科院硅酸盐所、同高院等创新载体建设，出台扶持众创空间发展的相关政策，有效提升各类创新创业载体运作水平。加大对科技创新的扶持力度，完善科技金融等配套服务。力争早日获批省级高新区、国家级大科园，积极争创国家知识产权示范市。

（二）坚持改革开放，增强动力活力。

坚持推进重点领域改革，全面提升对内对外开放水平，为经济社会持续健康发展提供新动力、增添新活力。

1. 打好全面深化改革攻坚战。按照上级部署，着力加强供给侧结构性改革，提高供给体系质量和效率，实现社会生产力水平整体提升。继续推动简政放权，抓好财税体制、国有资产管理体制、政府性债务管理机制等改革，加大企业上市力度，培育多层次金融市场，不断激发市场活力。积极复制推广上海自贸区改革试点经验，深入推进国际贸易“单一窗口”改革。全面实施不动产统一登记。深化省经济发达镇行政管理体制改革试点，积极推进全国深化县城基础设施投融资体制改革试点工作，深化农村土地承包经营权抵押融资试点，进一步深化“政社互动”、“三社联动”、大病保险等工作，及时总结提炼改革做法和经验，形成一批制度性成果，积极打造具有太仓特色的改革品牌。稳妥推进司法体制改革。加强对改革任务的督查，建立完善项目化跟踪督查机制，确保各项改革保质保量实施到位。

2. 发展更高层次开放型经济。积极参与“一带一路”建设，抢抓丝路基金、境外资产抵押国内贷款等政策机遇，支持机械装备制造、化工、轻纺等本地龙头企业与沿线国家和地区开展国际产能合作。主动参与长江经济带建设，依托太仓港、港区实现同中上游地区的互动发展。加强招商选资，瞄准欧美、日韩等国家和世界500强企业、央企，积极引进在全球产业链、价值链中处于中高端的产业项目、先进技术，更有效地促进转型升级。持续改善投资环境，保护外资企业合法权益。提高传统优势产品出口竞争力，巩固出口市场份额，推动外贸向优质优价、优进优出转变。鼓励支持企业更大步伐“走出去”，加快培育一批跨国企业，增强利用两个市场、两种资源的能力。

3. 做好“以港强市”“融入上海”“对德合作”三篇文章。坚持港口、港区、港城三位一体发展，继续支持港口经济发展繁荣，持续加强基础设施建设，着力发展壮大绿色能源、智能装备、现代物流等临江产业，进一步完善港城集聚产业、集聚人口的服务功能。推动我市与上海的规划对接，积极引进上海产业项目、高端人才，推动基础设施共建共享，加强与上海“五个中心”、自贸区和虹桥商务区的对接合作，持续放大与上海的同城效应。充分发挥“两园、两办、两中心和一馆”七大对德合作平台作用，着力引进一批德国工业4.0代表性企业，加强与德国在技术、设备、信息化、人力资源、文化、环保等方面的交流合作，深化职业教育“双元制”本土化实践，推动太仓对德合作成为苏州继工业园区中新合作、昆山两岸合作之后又一个对外合作的新平台，加快打造中德合作典范。

（三）坚持城乡统筹，建设宜居家园。

加快新型城镇化和城乡一体化步伐，大力推进绿色发展，加快建设现代田园城市，争当全国中小型城市开发建设的典范。

1. 强化城镇建设管理。坚持规划引领，加强新一轮城乡建设规划研究，推进多规融合。按照“一市双城三片区”空间布局，加快推进主城区、港区、旅游度假区和中心镇的城镇建设。积极实施重大基础设施工程，加快建设城市快速路网，全力推进沪通铁路建设，加紧实施岳鹿路对接嘉定城北路工程。推进西城区、南郊老镇区、东门街等老旧片区改造。加快建设海绵城市。牢固树立“大城管”理念，完善城市管理全覆盖工作体系，落实城市管理主体责任，推进城市精细化管理，争创“江苏省优秀管理城市”。

2. 深化城乡一体发展。做好农村土地承包经营权确权登记颁证、社区股份合作社股权固化改革等工作，积极推动“政经分离”改革试点。完成保留村庄规划，分类有序推进农民集中居住。支持合作农场、专业合作社、家庭农场、农业企业等新型农业经营主体规范发展、联合合作、做大做强，加快培育新型职业农民。落实“一村二楼宇”政策，鼓励村级经济联合投资、抱团发展，大力扶持经济薄弱村。推进国家粮安工程示范市建设。继续抓好“两个平台”规范运作，提升农村集体“三资”监管水平。优化农村公共服务，全面加强农村教育、卫生、文化、体育软硬件建设。建立健全村庄长效管护机制，巩固美丽村庄建设成果。

3. 优化生态宜居环境。抓好生态空间管控与保护，加快划定农业空间和生态空间保护红线。实行最严格的节约集约用地制度，着力推进低效闲置用地再开发，全面开展“三优三保”行动。推动清洁能源生产，坚决完成节能减排任务。深化绿色太仓建设，加快建筑产业现代化步伐，实施生态保护和修复工程，加强盐铁塘湿地公园、绿色生态景观带等建设。不断强化环境综合治理，继续开展环境综合整治“931”行动，强力推进大气污染、水污染、土壤污染防治工作，协调解决与上海的跨区域环保问题。努力打造国家生态文明建设示范区，加快建成国家生态园林城市。

（四）坚持发展为民，增进民生福祉。

认真贯彻共享发展理念，按照“守住底线、突出重点、完善制度、引导舆论”的思路，扎实办好各项民生实事，推动民生建设迈上新台阶。

1. 抓好富民保障工作。深入实施居民收入倍增计划，持续增加城乡居民收入，逐步缩小收入差距。更大力度促进就业创业，抓好应届高校毕业生、农村富余劳动力等重点人群就业工作，完善大众创业扶持政策。推进新一轮扶贫帮扶工作，精准实施低收入农户脱贫致富工程。优化社会保障“太仓模式”，继续实施城乡社会保障一体化试点工作，落实被征地农民社会保障实施办法。深化大病保险政策，健全完善灵活就业人员职业伤害保险。推进机关事业单位养老保险制度改革。加快社会救助体系建设，建立健全“救急难”工作体系。推进住房保障和供应体系建设。

2. 提升公共服务水平。加快教育现代化步伐，实施一批教育设施新扩建工程，优化教育资源配置，健全完善教育体系。启动市公共卫生中心建设和港区医院迁建工程，加快分级诊疗制度建设，深化公立医院运行机制改革，扎实推进“健康促进试点县（市）”工作。认真实施一对夫妇可生育两个孩子政策。深入开展全民健身运动，继续推进“江苏省公共体育服务体系示范区”建设，承办好重大体育赛事。推进医养融合发展，加快养老设施建设和养老机构公建民营改革，提高居家养老服务人口比重。扎实推进公共法律服务均等化工作。

3. 强化社会治理创新。完善党委领导、政府主导、社会协同、公众参与、法治保障的社会治理体制，扎实推进“政社互动”“三社联动”和社区减负增效，完善基层群众自治制度和基层民主议事协商平台建设，引导社会组织健康有序发展，构建社会共治格局。完善社会矛盾纠纷防范化解机制，坚持重大决策、重点项目社会稳定风险评估制度，着力化解信访突出问题和积案。以完善立体化社会治安防控体系为主线，促使防控体系建设重点更加精准、建设机制更加完善、建设手段更加多元，积极打造“升级版”平安太仓新格局。坚持抓好安全生产、食品药品安全监管等工作，切实维护群众生命财产安全。

（五）坚持文化引领，建设文化强市。

顺应社会发展进步的需要，增强文化自信、加强文化创新，推动文化建设迈上新台阶，加快建设文化凝聚力和引领力强、文化事业和文化产业强、文化人才队伍强的文化强市。

1. 加强先进思想文化引领。坚持用邓小平理论、“三个代表”重要思想、科学发展观和习近平总书记系列重要讲话精神武装头脑，深化中国特色社会主义和中国梦宣传教育，推动党的理论创新成果深入人心，坚定道路自信、理论自信、制度自信。积极推进社会主义核心价值观建设，深入开展爱国主义、集体主义、社会主义教育，大力弘扬民族精神、时代精神和太仓城市精神，坚持和发扬党的光荣传统和优良作风，提升全社会精神追求。

2. 促进文化事业文化产业繁荣发展。以“五个一工程”为龙头，实施文艺精品创作工程，加强文化人才培养，力争推出更多优秀文艺作品。提升公共文化服务均等化水平，建立健全公共文化服务多元供给机制。大力实施文化惠民工程，继续做好“百团大展演”等文化惠民活动，争创书香城市。积极开展沙溪古镇申报世界文化遗产冲刺工作。加快文化产业结构调整，强化文化创意的引领功能，促进文化与科技、金融、信息、旅游等产业融合发展，鼓励新型文化业态发展，着力培育一批科技含量高的传统文化产业品牌和文化内涵丰富的新兴文化产业品牌。

3. 不断提升公民文明素质和社会文明程度。以群众性精神文明创建为重要抓手，抓好全国文明城市创建工作。深入开展文明交通、文明旅游、文明家庭、网络文明传播等主题活动，办好办活“中国文明网太仓站”。深化“八礼四仪”养成教育，强化未成年人思想道德建设。推进志愿者服务制度化，培育弘扬志愿服务文化。牢牢把握正确舆论导向，全面加强和推进互联网管理，强化网上思想文化阵地建设，提升新媒体格局下的价值引导力。

（六）坚持依法治市，夯实法治保障。

全面推进法治政府、法治市场、法治社会三位一体建设，真正让法治成为太仓继续保持率先发展核心竞争力的重要标志。

1. 加强法治政府建设。深入推进依法行政，坚持全面依法履职，依法行使权力、制约权力、监督权力，依法治理经济和社会事务，推行综合执法，建立健全行政执法与刑事司法无缝对接机制，实现政府活动全面纳入法治轨道。完善行政决策程序规定，明确重大行政决策范围，积极推进法律顾问制度区镇、部门全覆盖。坚持严格规范公正文明执法，制定行政执法争议协调机制，建立执法全过程记录制度。完善政府信息发布制度和监督保障制度，深入推进行政权力网上公开透明运行。

2. 加强法治市场建设。围绕产权保护、公平竞争、诚信体系、有效监管，进一步理顺政府与市场、政府与企业之间的关系，更好地发挥市场在资源配置中的决定性作用。完善产权保护制度，健全归属清晰、权责明确、保护严格、流转顺畅的现代产权制度，加强知识产权公共服务平台建设，严厉打击侵犯知识产权行为。深入推进行政审批制度改革、“先照后证”改革，降低市场准入门槛，增强市场活力。健全完善市场综合监管体系建设，运用法治化、信息化手段提升市场监管水平。

3. 加强法治社会建设。坚持把全民普法和守法作为依法治市的长期基础性工作，培育社会主义法治文化，组织开展“七五”普法宣传教育，在全社会形成良好法治氛围和法治习惯。继续实施一批法治惠民项目，突出抓好食品药品、环境保护、安全生产领域执法司法活动。完善法律援助制度，健全司法救助体系，强化基层法律服务力量，实现村（社区）法律顾问全覆盖。确保市级民主法治示范村（社区）全覆盖。

四、坚持不懈推进全面从严治党。

深入贯彻落实全面从严治党要求，巩固提升“三严三实”专题教育和省委巡视意见整改落实成果，扎实推进党的思想、组织、作风、反腐倡廉和制度建设，不断提高党的建设科学化水平，为实现“十三五”发展良好开局提供坚强保证。

（一）强化思想引领，坚定正确政治方向。

一是坚定理想信念。扎实推进学习型党组织建设，认真学习党的重大政治理论、政策方针，深入贯彻习近平总书记系列重要讲话精神，进一步坚定马克思主义、共产主义信仰，坚定中国特色社会主义信念。坚持以学促用、知行合一，把学习与转变干部的思维方式、工作方式、生活方式紧密结合起来，在学习教育和实践磨炼中更加坚定理想信念，补足共产党人精神上的“钙”。二是严明政治纪律。带头维护党中央的权威，在思想上、政治上、行动上始终与党中央保持高度一致。不断强化党章意识，把严守政治纪律和规矩作为第一位的要求，做到任何情况下政治信仰不变、政治立场不移、政治方向不偏。认真学习贯彻《中国共产党廉洁自律准则》和《中国共产党纪律处分条例》，加强教育监督、坚持敢抓敢管，对违反政治纪律和规矩的思想行为坚决制止、严肃处理。三是增强大局意识。各级党组织和广大党员干部要坚持从全市发展大局出发，与市委保持高度一致，确保政令畅通、执行有力。把本地区本部门的工作放到全市大局中统筹考虑、统筹谋划，坚决克服“小我思想”、摒弃短期思维，健全密切配合、相互支持的工作机制，凝心聚力推动发展。

（二）狠抓队伍建设，提升干部能力素质。

一是严格选拔任用。根据“二十字”好干部标准，强化“凭实绩、重德才”的选人用人导向，大力培养选拔信念坚定靠得住、为民服务有本领、勤政务实敢担当、清正廉洁有正气的干部。落实《干部任用条例》，完善“动议比选任用”、对事考察等机制，加强干部任前审核，从源头上防止“用人失察”“带病提拔”。认真抓好市镇两级换届工作，深化干部交流轮岗，抓好干部超职数配备专项治理。二是加强教育培养。健全干部教育培训机制，更加重视加强党校工作，发挥好干部培养主渠道作用，完善落实中心组学习、领题导读、专题培训等制度，广泛开展专家讲理论、典型讲事迹等活动。深化“A730培养计划”，多渠道培养年轻干部，搭建完善基层锻炼平台。三是从严管理监督。强化干部管理全覆盖，重点抓好领导干部这个“关键少数”。严格规范干部日常行为，抓好对干部“八小时外”的监督，净化“生活圈”“交往圈”“朋友圈”。完善工作考核体系，常态化开展干部谈心谈话，拓宽群众监督渠道。严格执行干部个人有关事项报告核查制度。正确处理好严格管理与真诚关爱的关系，严明制度规范、宽容工作失误、体谅干部困难，保护好干部干事创业的积极性。

（三）夯实基层基础，构筑坚强战斗堡垒。

一是加强基层组织建设。贯彻落实上级农村基层党建工作座谈会精神，制定实施专门意见，试点探索村级党组织评星定级，提升农村基层党建水平。抓好基层党组织“带头人”队伍建设，认真做好村（社区）两委换届工作，选优配强基层党组织书记。实施基层党建规范化行动，积极探索“两新”组织等新兴领域党建工作新模式新办法，做亮“党建引领、政社互动”、德企党建工作品牌，提升新领域党建工作水平。二是严肃党内政治生活。认真按照上级要求，组织开展好党员专题教育活动。严格执行党内政治生活制度规定，推进“三会一课”“统一活动日”“红色讲堂”等各项制度落到实处。认真贯彻民主集中制，落实“三重一大”事项集体决策等制度。用好批评和自我批评武器，经常性地开展积极健康的思想斗争，提升领导班子和党员干部发现和解决自身问题的能力。三是不断提高服务水平。突出抓好服务型党组织建设，推动工作重心转到服务发展、服务民生、服务群众、服务党员上来。深化“三访三促”、“民生大巡访”和“接地气、察实情、解民忧”等活动，扎实推进“365服务工程”，形成党员干部直接联系服务群众新常态。加强基层先进典型培育，引导广大党员发挥先锋模范作用。认真落实中央统战工作、群团工作会议精神，巩固发展最广泛的爱国统一战线，加强和改进工会、共青团、妇联等群团组织工作，在改革发展实践中汇聚起强大合力。

（四）保持勤政廉政，彰显共产党员本色。

一是持续改进作风。继续实施“严查、快纠、反馈、跟进、立制”作风建设“五步法”，深入开展“清风行动”，推动作风建设持续见效。紧盯“四风”新形式新动向，严管严查、寸步不让，加快形成作风建设新常态。二是提升效率效能。贯彻落实上级关于推动担当作为防治为官不为的政策意见，切实加大监督检查力度，有效解决“不担当”“不作为”“慢作为”等问题。加大行政审批事项“减、转、放、免”力度，简化审批程序，提高审批效率。深化机关优质服务品牌和作风效能建设示范点创建活动，不断提升服务质效。三是强化反腐倡廉。狠抓党风廉政建设责任传导、过程管理和责任追究等重点，推动“两个责任”“一岗双责”“责任倒查”等要求落到实处。坚持挺纪律在前，注重抓早抓小，落实好防止利益冲突、勤政廉政半月谈等制度，加强领导干部家风建设，推进审计全覆盖，防止干部由出现违纪苗头跌入违法深渊。坚持有腐必惩、有贪必肃，始终保持惩治腐败高压态势。

同志们，做好明年工作，任务艰巨、责任重大。让我们紧密团结在以习近平同志为总书记的党中央周围，高举中国特色社会主义伟大旗帜，坚持以邓小平理论、“三个代表”重要思想、科学发展观为指导，深入贯彻落实习近平总书记系列重要讲话特别是视察江苏重要讲话精神，锐意创新、团结拼搏，全力推动经济社会持续健康发展，奋力实现“十三五”发展良好开局，为谱写好中国梦的太仓篇章而努力奋斗！

政府工作报告

——2016年1月6日在太仓市第十五届
人民代表大会第五次会议上

市长 沈 觅

各位代表：

现在，我代表市人民政府向大会报告工作，请予审议，并请市政协委员和其他列席人员提出意见。

2015年工作及“十二五”发展回顾

过去的一年，面对极为复杂的国内外经济形势，在中共太仓市委的坚强领导下，全市人民认真贯彻落实党的十八大、十八届三中、四中、五中全会和习近平总书记系列重要讲话特别是视察江苏重要讲话精神，紧紧围绕“四个全面”战略布局，主动适应经济发展新常态，加快经济转型升级，破解改革攻坚难题，全市经济社会实现了平稳有序发展。全年实现地区生产总值1100亿元（可比价，预计数，下同），增长7%；公共财政预算收入114.46亿元，增长7.5%；全社会固定资产投资500亿元，完成年初目标；城镇居民人均可支配收入50180元，增长8.2%；农村居民人均可支配收入25735元，增长9.1%。

（一）注重以稳增快转推动发展，综合实力有效提升。

工业经济稳中有进。完成工业总产值2656亿元，增长1%；其中规模以上工业产值2116亿元，增长1.6%。生物技术和新医药、高端装备制造、智能电网和物联网等产业增长明显。新兴产业产值1058亿元，占规模以上工业比重达50%。百强企业完成产值1325亿元，增长3.5%。完成工业投资280亿元，其中技改投资175亿元。扬子江海工、海瑞恩二期等重点项目进展顺利。新增中国驰名商标3件、地理标志商标4件，我市企业主导或参与制定国家标准7项、行业标准23项。

服务业稳健发展。实现服务业增加值497亿元，占地区生产总值比重提高0.8个百分点。社会消费品零售总额增长9.5%。天镜湖文化科技产业园获评省现代服务业集聚区。荣获“2015中国物流城市最佳投资环境奖”，入围全国“电商百佳县”。新认定拉夏贝尔、佳格投资2家总部企业。旅游接待总人数、总收入分别增长7.8%、4.1%。苏创燃气等8家企业成功上市、挂牌。科文公司发行企业债券14亿元。新增创投企业、股权投资基金5家。金融机构本外币存贷款余额分别增长6.4%和3.5%。商品房新开工面积123.42万平方米、销售面积135.56万平方米。

自主创新成效明显。全社会R&D经费支出占地区生产总值比重达2.35%。新认定高新技术企业55家，高新技术产业产值占规模以上工业比重达36.2%。万人发明专利拥有量25件。通过国家可持续发展实验区验收，生物医药产业园获评国家火炬计划特色产业基地。中科院上海硅酸盐研究所太仓园区启动建设。“科技镇长团”作用明显。实施产学研合作项目205个。获评国家“千人计划”人才1个、省“双创”人才5个、省科技创新团队1个、省“双创博士”3个、姑苏领军人才10个。

现代农业扩面提效。新建高标准农田1.6万亩、设施农（渔）业1210亩，建成9个粮食高产增效万亩示范方和省级“菜篮子”工程蔬菜基地。粮食生产实现“十二连增”，新塘粮库改扩建工程完工。秸秆综合利用率达98%，成为苏州市唯一省秸秆综合利用示范县。市现代农业园获评国家标准化休闲农庄、全国休闲农业与乡村旅游五星级园区。国家级现代农业示范区测评蝉联全国第一。新型职业农民定向委培模式入选国家农业部“全国十大培训模式”候选名录。

（二）注重以改革开放增强动力，特色优势持续扩大。

综合改革全面推进。政府机构改革顺利完成。工商登记“一照一码”“先照后证”全面施行。设立产业投资基金、私募产业引导基金、应急转贷资金等。政府投资项目信息化平台基本建成。国资监管体系进一步完善，审批备案事项清单管理全面实行。政府债务结构明显优化。探索开展PPP合作试点，成功发行地方政府债券27.61亿元。被列入国家新型城镇化综合改革试点县（市），成为苏南地区唯一一家国家基础设施投融资体制改革试点县。沙溪镇行政管理体制改革试点工作顺利通过评估验收。

开放合作不断深化。新增注册外资7亿美元，增长22.8%；实际利用外资4.5亿美元，其中布莱特贸易、百家好事时装等4个项目投资超3000万美元，碧辟工业油品、皮尔金顿太阳能等20个项目增资超千万美元。实现外贸进出口总额130亿美元，其中出口64亿美元，增长5.3%。新增境外投资项目18个，中方境外投资协议额2亿美元，增长10.5%。服务外包接包合同额7亿美元，增长7%，离岸执行额3亿美元，增长5%，中美冠科和昭衍新药入选“中国服务外包成长型企业”。引进内资项目1259个，新增注册资本87亿元。获评“2015中国投资营商价值城市”。

“两篇文章”深入实施。太仓港正式实施“启运港退税”政策、“沪太通”模式、“单一窗口”试点，推行检验检疫一体化，完成集装箱吞吐量370万标箱、货物吞吐量2亿吨，分别增长21%和30%。与马来西亚巴生港缔结为姐妹港。沪太同城效应持续放大，积极对接上海自贸区，上海（虹桥/浦东机场）太仓航站楼建成投运。浏河人民医院委托上海九院管理。引进沪上项目105个，新增注册资本23.2亿元，实际到账资金39.2亿元。

对德合作积极拓展。新引进德企22家，14家德企增资。全球第八家、中国第三家德国中心成功落户，建成国家级中德企业合作基地出口精密机械产品质量安全示范区。国内首家德资智障残疾人福利工厂在太开业。中德合作成果展示馆对外开放。与省经信委共建江苏中小企业德国代表处。中德先进制造技术国际创新园获评省创新型园区。成功举办“一带一路”与新时期中德合作对话会、第八届德国—太仓日、中德投资并购大会、第十届啤酒节、太仓“隐形冠军”之家高级别对话会等活动，AHK 中德双元制职业教育示范推广基地正式挂牌，对德合作影响持续扩大。

（三）注重以融合发展统筹城乡，城市功能更趋完善。

规划建设步伐加快。实施城市总体规划中期评估和土地利用总体规划一般性修改，完成沪通铁路站点、涉铁通道等规划编制。长江口旅游度假区、沙溪和璜泾新镇区建设加快。争取国家棚改政策支持，樊泾村、西城区 2 号地块等棚户区改造有序推进，国家开发银行首期发放贷款 14.5 亿元。新小商品市场、城北青年公寓建成。岳鹿公路（江南路—太浏线）新建工程完工，沙南公路、浏双公路西延等工程加快推进。新建、改建农村公路 36.4 公里。杨林塘航道整治、七浦塘拓浚工程完工，盐铁塘、半泾河河道整治全面完工，十八港南枢纽等项目基本竣工。长江防洪工程体系达到国家级管护标准。1000 千伏特高压工程顺利推进，220 千伏寿安、110 千伏广丰等输变电工程完工。

城市管理更加精细。城市环境综合整治“931”行动深入推进，50 个整治项目完成。数字化城市管理系统通过省级验收。主城区城管进社区全面启动。餐厨垃圾无害化处理项目加快推进。城区环卫机械化作业率提升至 85%，市环卫处被评为全国环卫行业优秀集体。拆除违法建设面积 6.98 万平方米、违规高炮广告 12 块、户外广告 8000 平方米。完成智能诱导停车工程，城区新增停车位 1298 个。城区防洪排涝工程加快推进。公共自行车系统一期工程 71 个站点建成，投放自行车 1200 辆。新增新能源公交车 20 辆，新辟、优化 12 条公交线路，沪港快线开通。

农村发展稳步推进。完成 13 个试点保留村庄规划编制。57.7 万平方米的农民安置房竣工验收，新增集中居住 2995 户。实施第三批 10 个农民自拆自建小区提档升级工程。新增美丽村庄 1 个。新开工“一村二楼宇”物业面积 6.35 万平方米。农村土地承包经营权确权登记颁证工作顺利推进，完成社区股份合作社股权量化、固化 35 家。新增专业合作社 13 家、家庭农场 2 家。“两个平台”规范有序运作。完成增减挂钩和占补平衡项目 1875 亩，盘活闲置低效用地 2034 亩。完成农田水利设施产权制度改革全国试点工作。

生态保护持续加强。化学需氧量、氨氮、二氧化硫、氮氧化物削减率分别为 2.5%、2%、12.5%、13.3%。淘汰落后产能企业 77 家。完成 78 家企业有机废气治理。关停城区保利协鑫热电公司。新建供热管网 67 公里。璜泾、双凤、金仓湖 3 个大气自动监测站建成投用。港区化工园区“一企一管”改造、港区污水处理厂二期扩建工程完工。净水公园建成开放，盐铁塘绿道慢行系统建设继续推进。新增林地绿地 1613 亩、省市级村庄绿化示范村 7 个，城区绿化覆盖率达 42.4%。城区排水达标区加快建设。启动实施农村生活污水治理三年行动计划。完成中小河流治理重点县、农田水利重点县年度项目。新增省级“水美乡村”15 个。

（四）注重以保障民生促进和谐，人民生活日益改善。

社会保障持续强化。居民收入倍增计划深入实施。城镇职工社会保险、城乡居民养老保险和医疗保险覆盖率均保持在 99% 以上。大病门诊医疗保险、工伤保险新政启动实施，征地补偿和被征地农民社会保障工作有序推进。低保标准提高至每人每月 750 元。开展“阳光救助”专项行动。居家养老、社区养老覆盖面进一步扩大，开展养老机构公建民营改革试点。新增保障房 2022 套。新增住房公积金缴存职工 3.3 万人。

社会事业持续发展。医药卫生体制改革不断深化，璜泾、双凤人民医院投用，沙溪人民医院加快建设。家庭医生签约 5 万多户。失独家庭关爱帮扶内涵不断拓展。镇（区）安息堂全面建成。校舍升级改造工程继续实施，建成校舍 7 万多平方米，开工建设校舍 10 万多平方米，弇山小学建成，陆渡教育园、新湖小学投用。各学段教学质量不断提升，高考本二出线率再创新高。健雄学院被列为“江苏省示范性高等职业院校”建设单位。公共文化服务体系建设深入推进，举办文化惠民活动 3000 余场次。成功承办 2015 年国际田联竞走挑战赛暨全国竞走冠军赛等重大赛事。成功创建全国科普示范市、县级市首家“国家示范数字档案馆”和省首批公共体育服务示范区。通过国家卫生城市复核。获评省文明城市。雅鹿村获评全国文明村。

社会治理持续推进。“政社互动”“三社联动”不断深化，向社会转移政府职能事项 41 项，清理取消村（居）盖章事项 38 项，新登记社会组织及社工机构 102 家。社会征信系统加快建设。打造“平安太仓”升级版，严厉打击各类违法犯罪，社会治安综合治理不断加强。创新信访流程化和矛盾调处多元化工作机制，各类矛盾纠纷化解成功率超 95%。公共法律服务标准率先出台。食品药品监管力度不断加大。严格执行新的《安全生产法》，完善安全生产“党政同责、一岗双责”，进一步健全安全生产监管体系。工业企业安全生产网格化监管体系全面建成，组织开展各领域安全生产大检查、打非治违和专项整治活动，全市安全形势持续平稳可控，未发生较大及以上和有重大社会影响的生产安全事故。

（五）注重以改进作风提升效能，法治政府加快建设。

依法行政全面加强。编制了市政府部门权力清单。纳入重大行政决策目录事项 9 个，市政府制定规范性文件 8 件，清理规范性文件 167 件，行政复议法定时限审结率为 100%。制定出台市政府法律顾问制度，组建市政府法律顾问委员会。市镇村三级普遍建立公益律师岗。自觉接受市人大的工作监督、法律监督和市政协的民主监督，定期向市人大报告工作、向市政协通报情况。认真办理人大议案、代表建议 111 件和政协委员提案 179 件，满意、基本满意率 100%。

服务效能全面提升。取消、调整行政审批事项 57 项，全面取消非行政许可事项。行政审批事中事后监管进一步规范。移动政务平台建设、审批流程优化再造等加快推进，“全业务审批流转平台”优化升级，行政审批效率大幅提高。“12345”综合诉求平台全面升级，共受理、处理市民各类诉求24.2万余件。《娄东民生》《政务直通车》《太仓发布》等充分发挥服务民生和舆论监督作用。

机关作风全面优化。进一步巩固党的群众路线教育实践活动成果，深入开展“三严三实”“我是共产党员”专题教育活动，政府机关作风建设持续加强。严格执行改进工作作风、密切联系群众各项规定。进一步转变文风会风、精简文件。“三公”经费下降10%，减少因公出国（境）7批。加大作风建设督查力度，集中督查8批次、68个单位。深入开展党政领导干部勤政廉政半月谈工作。“三责联审”稳步实施。

同时，应急管理、机关事务、妇女儿童、残联、民族宗教、侨务、对台事务、双拥、兵役、民防、气象、盐务、邮政、电信等工作也取得了长足进步。

各位代表，“十二五”时期是我市发展史上综合实力提升最快、转型发展进展最大、人民群众得到实惠最多的时期之一。面对错综复杂的宏观经济环境和艰巨繁重的改革发展稳定任务，全市上下在中共太仓市委的坚强领导下，大力实施“创新引领、以港强市、接轨上海、城乡一体、可持续发展”五大战略，开拓创新、克难奋进，经济社会各项事业持续健康发展，呈现出许多新特点，涌现出许多新亮点，创造出许多新优势，较好地完成了“十二五”规划确定的主要目标任务。

——综合实力跃上新台阶。“十二五”以来，地区生产总值突破千亿元大关，年均增长9.8%，人均达15.5万元；公共财政预算收入突破百亿元大关，年均增长10.3%；全社会固定资产投资突破500亿元大关，年均增长8.3%。三次产业结构由“十二五”期初的3.7:57.4:38.9优化为期末的3.3:51.5:45.2。规模以上工业产值年均增长7.4%。新兴产业产值、高新技术产业产值占规模以上工业比重分别提高17.2个百分点、16.1个百分点。万元地区生产总值能耗下降20%；全社会R&D经费支出占地区生产总值比重提高0.42个百分点；新增国家“千人计划”人才21人。获评全国科技进步先进市、国家知识产权试点市。

——改革开放迈上新征程。“十二五”期间，政府机构、行政审批制度、国资管理、商事制度等改革深入推进。实施外商投资项目审批和注册资本登记制度改革。“营改增”试点工作全面启动。国有企业优化整合。太仓港经济开发区升格为国家级经济技术开发区。太仓港综合保税区封关运作。太仓港跃升为长江外贸第一大港、列全球百强集装箱港口第47位。全市累计实际利用外资30.7亿美元。新增内资注册资本437亿元。引进沪上项目新增注册资本约130亿元。新注册德企72家，累计230多家，总投资约20亿美元。被认定为全国首个中德中小企业合作示范区。与英国威勒尔市缔结为友好城市。

——城乡一体呈现新形态。确定了“现代田园城、美丽金太仓”的总体定位，“一市双城三片区”空间格局更趋优化，城市建成区面积新增20平方公里。全面完成历时八年、面积200万平方米的城区老旧小区综合整治。新区中央商务区加速建设，新港城道路框架拉开，科教新城城市功能逐步完善。数字城管系统建成运行。城市环境综合整治“931”行动成绩连续两年排名苏州第一。市域“六横七纵”交通骨架干线路网逐步完善，杨林塘航道整治、沪通铁路等工程相继实施。浏河水源地、第三水厂建成投用。高标准农田占比达85%，“粮食银行”全国推广。农村生活垃圾治理模式作为发达县市典型案例在全国推广。荣获中国人居环境奖，被评为国家节水型城市、国家现代农业示范区、全国农田水利建设先进单位。

——民生福祉得到新提升。城乡居民人均可支配收入年均增长10.5%和12.1%，城乡收入比降至2015年末的1.95:1。城镇登记失业率控制在2.5%以内。率先实现养老、医疗、低保城乡并轨，大病保险成为国家医改新政蓝本。新建、改扩建47所学校65万平方米校舍，通过“全国县域义务教育发展基本均衡县（市区）”评估认定。新人民医院建成投运并晋升为三级医院，建成全国慢病综合防控示范区。传媒中心、图书馆、博物馆、大剧院、文化馆等投用，获评全国公共文化服务体系示范区。成功承办国际田联竞走世界杯赛等重大赛事，荣获全国群众体育先进单位。行政村公交通达率达100%。成功举办纪念撤县建市20周年系列活动。成为“全国和谐社区建设示范市”中的唯一县级市。实现“省双拥模范城”五连冠，通过“全国双拥模范城”考核验收。蝉联全国“六星级慈善城市”。进入全国文明城市提名城市行列。连续4年获评中国最具幸福感城市。

——社会治理实现新突破。“政社互动”项目获“中国法治政府奖”。“政社互动”、“三社联动”实践、公共法律服务均等化经验在全国推广。在全省率先建设公共法律服务体系，荣获省法治建设示范县（市、区）。实现“全国村务公开民主管理示范单位”三连冠。平安太仓、法治太仓建设深入推进，连续11年获评“江苏省平安县（市）”，荣获全国“六五”普法中期先进县（市、区），成为全省首获“长安杯”的县级市。

各位代表，这些成绩的取得，是在中共太仓市委的正确领导下，全市人民齐心协力、扎实工作的成果。在此，我谨代表市人民政府向全体市民，向给予政府工作大力支持的人大代表和政协委员，向离退休老同志，向各民主党派、工商联、无党派人士，向各人民团体，表示最崇高的敬意！向驻太人民解放军、武警官兵和公安民警，向国家和省驻太单位，向所有参与、关心和支持太仓发展的海内外朋友，表示最衷心的感谢！

同时，我们也清醒地看到，经济发展进入新常态后，我市发展仍面临不少困难和问题：一是应对、引领经济发展进入新常态的任务仍然十分艰巨，有效投入后劲不足，经济运行的风险隐患仍然较多。二是创新发展的动力不足，自主创新能力、科技研发投入有待提高，对新技术、新产业、新业态的培育力度不够。三是环境承载压力加大，一些区域的环境治理进展较慢，群众关心的个别污染问题尚未得到根本解决。四是公共服务供给和经济社会发展不同步，教育、文化、医疗等优质资源不足，城乡之间公共资源分布不均衡。五是服务型政府、法治型政府建设与深化改革的要求存在差距，一些政府工作人员敢于担当、勇于作为的意识不强。我们将高度重视，采取有效措施切实加以解决。

“十三五”时期的战略构想

“十三五”时期，是我市率先全面建成高水平小康社会、积极探索开启基本实现现代化新征程的关键时期。提交大会的《太仓市国民经济和社会发展第十三个五年规划纲要（草案）》，为我市进一步深化改革、转型发展、普惠民生确立了新坐标、指引了新航向。

“十三五”的总体要求：**认真落实党的十八大和十八届三中、四中、五中全会精神，深入贯彻习近平总书记系列重要讲话特别是视察江苏重要讲话精神，紧紧围绕“四个全面”战略布局，牢固树立“创新、协调、绿色、开放、共享”的发展理念，按照中共太仓市委十二届十一次全体（扩大）会议部署，大力实施“改革创新、以港强市、融入上海、绿色发展、民生共享”战略，积极适应经济发展新常态，牢牢把握稳中求进总基调，以提高经济发展质量和效益为中心，统筹推进经济建设、政治建设、文化建设、社会建设、生态文明建设等各项工作，率先全面建成高水平小康社会，积极探索开启基本实现现代化新征程，全力谱写好中国梦的太仓篇章。**

“十三五”的发展目标：实现地区生产总值增速7%左右，第三产业增加值占地区生产总值比重达50%左右，高新技术产业产值占规模以上工业产值比重达40%。实现全社会R&D经费支出占地区生产总值比重达3%左右，科技进步贡献率达65%。城镇登记失业率控制在3.5%以内。城镇居民人均可支配收入和农村居民人均可支配收入年均增速均高于地区生产总值增速。城镇化率达70%。万元地区生产总值能耗下降率和主要污染物排放削减率均完成上级下达任务。

为了实现上述目标，“十三五”期间我们将坚持以下原则：一要践行创新发展理念，加快建设科技创新的示范区。把全面创新作为引领发展的第一动力，大力实施改革创新战略，持续培育发展新动力，加速形成以创新为主要引领和支撑的经济体系和发展模式。更加注重产业科技创新，精准实施供给侧改革，推进制造业能级提升、服务业业态创新和农业的现代化；更加注重制度创新和支撑体系建设，持续转变政府职能，激发市场活力和社会创造力，积极鼓励大众创业、万众创新，建设众创空间平台。二要践行协调发展理念，加快建设全面统筹的新高地。注重处理好发展中的重大关系，主动找差距、找短板，提升经济薄弱板块、产业载体的发展功能，加大城乡发展一体化统筹力度，健全农村基础设施投入、公共服务配套等长效机制，推动城乡、区域、三次产业和社会等各个方面更为协调地发展，建成全国文明城市。三要践行绿色发展理念，加快建设生态宜居的田园城。要将生态文明的理念、原则、目标融入经济和社会发展各个方面，坚持从生产和生活两头入手、治理和保护两手齐抓、约束和激励两端发力，加快形成节约资源和保护环境的空间格局、产业结构、生产方式、生活方式。丰富现代田园城市内涵，彰显江南水乡特色，优化提升城市功能，努力建成全国中小型城市开发建设的典范。四要践行开放发展理念，加快建设对外合作的桥头堡。主动融入国家全方位对外开放大局，积极参与国家“一带一路”战略、长江经济带战略，深化对外经贸合作、人文交流，拓展开发开放的广度和深度，进一步做好“以港强市、融入上海、对德合作”三篇文章，全力打造中德合作典范城市，不断拓展开放新空间，构建开放新体制，形成开放型经济新优势。五要践行共享发展理念，加快建设民生福祉的首善区。要突出重点、完善制度、引导预期、补齐短板，大力实施民生为本战略，从解决群众最关心最直接最现实的利益问题入手，优化提升医疗、养老等保障水平，增加教育、文化等公共服务供给，提高公共服务共建能力和共享水平。深化平安太仓、法治太仓建设，推进社会治理现代化，织牢民生安全网的“网底”，到2020年基本建成法治政府。

关于“十三五”规划的主要内容，《纲要（草案）》有比较详细的阐述，同时还有专门的附件说明，将提请本次大会审议，进一步听取各位代表、政协委员和其他列席人员的意见。

2016年主要目标和工作任务

2016年是“十三五”的开局之年。做好今年的工作，对于我市经济社会健康可持续发展具有十分重要的意义。全市上下要牢固树立“创新、协调、绿色、开放、共享”的发展理念，高起点谋划工作，高标准抓好落实，全力推进经济社会发展各项工作，努力为“十三五”打下良好基础。

今年主要预期目标：地区生产总值增长7.5%左右，公共财政预算收入增长8%左右，全社会固定资产投资完成500亿元，新兴产业产值占规模以上工业比重超50%，高新技术产业产值占规模以上工业比重达36.5%，服务业增加值占地区生产总值比重提高1个百分点，工业总产值、实际利用外资等指标保持正增长，进出口总额与上年持平，社会消费品零售总额增长10%左右，全社会R&D经费支出占地区生产总值比重达2.5%，城镇登记失业率控制在3%以内，城镇和农村居民人均可支配收入分别增长8%和10%，万元地区生产总值能耗及主要污染物减排等约束性指标完成上级下达任务。

为了实现上述预期目标，重点抓好以下八个方面工作。

（一）坚持创新发展，全力提升转型升级质效。

加快创新驱动。继续推进科技型企业群体三年培育计划，新增高新技术企业50家、省民营科技企业150家，规模以上工业企业研发机构建有率超30%。扎实推进载体平台提档升级，积极申报国家级高新区，加快中科院上海硅酸盐研究所太仓园区、大学科技园等载体建设，提升德国留学生创业园、生物港等发展层次。努力推进领军人才集聚，新增各级领军人才40名。有序推进协同创新，实施好“苏科贷”“科才通”“科贷通”等科技金融产品。发挥“科技镇长团”优势，开展“科技企业高校行”等活动。全年申请专利3600件，万人发明专利拥有量达28件，争创国家知识产权示范市。

加大有效投入。发挥投资对增长的关键作用，全力推进中广核、新大洲本田等67只重点项目建设，力争完成工业投资260亿元、服务业投资240亿元。跟踪服务好江苏宝洁、博泽汽配等65只工业经济新增长点项目。大力引导社会投资，优化投资结构，推进PPP模式和政府购买服务，超前谋划储备和实施一批战略性新兴产业和现代服务业项目，持续增强投资后劲。政府投资项目实行前期储备和年度建设分阶段管理，有效管控项目生成机制。完善政府投资项目信息化平台。

加速结构调整。积极对接“互联网+”、中国制造2025，重点发展高端装备、新材料、生物医药等新兴产业。全力推进智能制造，鼓励协鑫光伏、海嘉车辆配件等企业运用自动化、信息化手段改造提升生产设备。鼓励企业规模化发展，着力培育销售超100亿元工业企业1家、超50亿元工业企业3家。出台新一轮服务业提升发展三年计划和配套政策。加快推进天镜湖私募产业创业基地、生物医药产业园等载体建设。大力发展电子商务，推进线上线下互动融合，扶持电子商务平台及企业做大做强。积极培育中国服务业500强、省服务业百强企业。跟踪服务安佑科技等IPO，新增新三板挂牌企业5家，发行企业债券10亿元。规范、健康发展房地产产业。

加强企业服务。深入实施重点企业、重点项目挂钩联系制度，发挥好中小企业服务网络平台作用。综合应用产业投资基金、政策性资金、股权、债权等多种方式支持企业发展。完善各类产业扶持资金管理，建立风险预警机制，做大贷款风险资金池规模。稳定政银企合作，加大金融支持实体经济力度，维护金融生态稳定。推进工业用地供地方式改革，探索实行土地指标有偿使用制度。稳步推广工业企业土地产出绩效综合评价体系。

（二）深化改革开放，全力拓展经济发展空间。

做深综合改革。完善“区镇合一”体制机制，做好经济发达镇行政管理体制改革试点工作。深化行政审批制度改革，推进行政审批标准化、信息化、高效化，加强事中事后监管。深化国有企业管理体制改革，强化分类监管，规范公司法人治理结构。进一步整合国企资源，推进上市工作。深化政府性债务管理机制改革，合理安排新增政府投资项目。强化政府债券发行的对上争取和PPP的对外合作。实行土地、房屋等不动产统一登记。深化医药卫生体制、商事制度改革，推进机关事业单位人员养老保险改革。

做大开发开放。紧扣深耕德国、拓展欧美、紧盯日韩、集聚央企的理念，全力做好招商选资工作。积极引进在全球产业链、价值链中处于中高端的产业项目、先进技术，着力引进跨国公司功能总部、地区总部等，提高先进制造业、战略性新兴产业和现代服务业利用外资水平。深化外资“清单式审核、备案化管理”快速审批试点。提高传统优势产品竞争力，巩固出口市场份额，推动外贸向优质优价、优进优出转变。加快大宗商品交易平台建设，做大进口规模。鼓励服务外包企业抱团发展。支持本土企业开展国际产能合作。

做优“三篇文章”。深入实施“以港强市”战略。建成投运润禾码头。加密台湾、日本等航线，开辟东南亚航线，实现外贸航线覆盖近洋主要港口。推广“沪太通”物流新模式，推进国际陆海联运物流发展。着力发展壮大海工装备、现代物流等临江产业，完善港城支撑产业、集聚人口的服务功能，繁荣港口经济。深入实施“融入上海”战略。全力对接上海“五大中心”建设，复制推广上海自贸区改革试点经验，做实对沪区域联动发展机制。加快沪通铁路建设，加速岳鹿公路对接嘉定城北路，开通至上海迪士尼乐园旅游专线。积极利用上海优质医疗、教育、人才等资源。全面深化对德合作。高标准规划建设德资工业园二期，壮大汽车配件、精密机械等德资产业规模，新增德企不少于20家。加强与德国在科技、知识产权、人力资源、文化、环保等方面的交流合作，拓展职业教育“双元制”本土化实践，推动太仓对德合作成为苏州市继苏州工业园区中新合作、昆山两岸合作之后又一个对外合作的新平台。

（三）突出宜居宜业，全力打造现代田园城市。

优化布局形态。加强“十三五”城乡建设规划研究，实施“三优三保”行动，推进经济社会发展规划、城市总体规划、土地利用规划、生态环境保护规划等“多规融合”。加快东部新城区、港区核心区等控规编制。加速樊泾村地块等棚户区改造，启动西城区、东门街、南郊老镇区、浮桥镇区等地块提档改造。加快新区中央商务区运作，建设陆渡副中心。建成投运新港城五洋滨江商业广场。启动长江江堤外移工程。实施建设用地减量化战略，加快消化清理批而未供土地，强化低效用地二次开发。推进“绿色太仓”建设。探索推进建筑产业现代化，加快创建国家绿色建筑示范市、国家生态园林城市。

完善基础设施。加快建设城市快速路网，加速推进滨江大道北延、346国道大中修等工程，启动洛阳西路（柳园路—人民路）等道路改造工程，完成卖秧桥改造、武家桥新建工程。实施农村公路提档升级工程，创建省级“四好农村路”示范县。推广定制公交、快速公交和乡镇区域公交，加速沙溪、双凤客运站建设。实施公共自行车二期项目。积极探索“海绵城市”建设。深入开展城区水环境综合整治提升工作，完成樊泾河沟通致和塘工程，启动十八港北枢纽工程。继续开展城区排水达标区建设，全面完成城区防洪排涝改造工程。推进第二水厂取水改移工程。开工建设220千伏璜泾、110千伏高桥、110千伏双凤等输变电扩建工程。

细化城市管理。接续开展城市环境综合整治“931”行动，争创省优秀管理城市。完成数字城管监督指挥中心建设，拓展镇（区）二级平台使用的广度。建成投运生活垃圾无害化应急填埋场、餐厨垃圾无害化处理项目。启动生活垃圾综合利用扩建项目。加强渣土运输车辆管理，严厉打击跨区域偷倒渣土行为。推进生活垃圾分类试点工作，加强标准化示范社区建设，实施老旧小区物业分类管理。启动物业管理信息平台二期工程。投运城东洗车场。新增城区停车位800个。

（四）强化城乡协调，全力推进强农惠农富农。

壮大现代农业。扎实推进“四个十万亩”农业主导产业落地。严格划定和保护永久基本农田。加快推进现代水稻产业园建设，新建高标准农田2万亩。建设粮食供应链物流平台，打造国家粮安工程建设太仓样本。加快市现代农业园提档升级，深化省级“菜篮子”工程蔬菜基地和园艺标准园建设，推进生物农业科技平台建设，将双凤现代渔业精品园打造为全国休闲渔业示范基地。引导各类农业市场主体发展“互联网+”现代农业。推进农旅融合发展。强化地标农产品品牌建设，提升农产品质量安全水平，确保地产农产品监测合格率达98%以上。建设全省首个农作物病虫害监测预警信息化标准园。

推进农村发展。深化农村集体资产产权制度改革，全市80%的社区股份合作社完成股权量化、固化，试点“政经分离”改革。基本完成农村土地承包经营权确权登记颁证工作。拓展农村土地承包经营权抵押贷款业务。完善职业农民培育体系，培育新型职业农民。引导发展新型农业经营主体，鼓励农业经营主体联合发展，做大做强合作农场。推进城乡建设用地增减挂钩，盘活存量土地资源。规范有序流转农村土地。新开工建设“一村二楼宇”物业面积5万平方米。加大经济薄弱村的帮扶力度。

修复水乡风貌。完成103个保留村庄规划，构建全覆盖镇村规划体系。继续实施农民自拆自建小区提档升级和天然气入户、规划保留村庄整治提升等工程，健全村庄长效管护机制，新增三星级康居乡村21个、美丽村庄建设示范点1个。持续推进农村生活污水治理工程。全面完成全国中小河流治理重点县、第二轮小型农田水利重点县项目，启动第三轮农田水利重点县项目。建设七浦塘生态景观工程和港城绿地公园。大力推进“水美乡村”建设，实施农村河道畅流工程。建立镇（区）“河长制”。深入推进水生态文明城市建设。

（五）紧扣绿色发展，全力提升生态环境质量。

加大环境整治力度。加强大气污染防治管控，加快有机废气治理和锅炉淘汰工作，实施协鑫、国华、华能等电厂6台电力机组超低排放改造工程。推行建筑工地“绿色施工”，对码头堆场进行专项整治。铺设污水管网25公里，新增污水处理能力2万吨/日以上。加快综合材料生态处置项目建设。全面开展畜禽养殖污染专项整治，关停整治一批养殖场所、无证畜禽屠宰场，大力推进病死畜禽无害化处理中心建设。深入推进秸秆综合利用。

加大节能减排力度。加强化学需氧量、氨氮、二氧化硫和氮氧化物总量控制，确保污染物排放总量大幅下降。加快老、旧机动车淘汰工作，推进“油改气”“油改电”工程。规划建设公共停车场所新能源汽车充电设施，推广应用一批新能源车辆。深化“万家企业”节能低碳行动，新增三星级以上“能效之星”企业3家、苏州市循环经济示范企业3家、清洁生产审核企业25家。抓好港区化工园区“一企一管”工程的运行监管，确保企业污水接管率达100%。

加大控污治污力度。提高环境准入门槛，严格环保审批程序，深入开展环保大检查行动，重拳打击批建不符、超标排放、违法排污、危废违规处置等违法行为。加大高污染高能耗企业淘汰力度。严格控制用水计划和排污指标，依法核发排污许可证。推进网格化管理，实现城乡环境监察全覆盖。建立统一规范、动态更新的污染源监管信息平台。

（六）注重普惠共享，全力提升人民幸福指数。

健全社会保障制度。积极落实就业政策，促进高水平就业创业。推进社保全民参保登记，做好被征地农民社会保障。开展医疗保险付费方式改革。实施社会救助绩效评价，推进救助服务由户籍人口逐步向常住人口覆盖。完善流浪乞讨人员救助联动机制，加强未成年人救助保护和困境儿童生活保障等工作。加快璜泾、科教新城养老机构建设，迁建双凤福利院。深化养老机构公建民营改革，推进医养融合发展，抓好老年人日间照料中心建设和管理，健全居家养老服务体系。完善多层级住房保障体系。

优化公共服务供给。建立健全文明城市创建长效管理机制。继续推进校舍安全升级工程，完成实验中学、伟阳幼儿园等扩建，启动港城中专、镇洋小学、朝阳幼儿园等建设。实施“智慧教育”“智慧校园”工程。深化现代公共文化服务体系建设，抓好一批文化惠民活动。做好沙溪古镇联合申报世界文化遗产工作。实施“健康太仓”工程，加快现代化医疗服务体系建设。加强医疗卫生队伍人才建设，完善双向转诊服务机制，全面推行“家庭医生服务”。启动市公共卫生中心工程和港区医院迁建。扎实推进“健康促进试点县（市）”工作。认真实施一对夫妇可生育两个孩子政策。承办好国际田联竞走挑战赛等体育赛事，认真办好市第十五届全民运动会。做好双拥优抚工作。大力推进殡葬改革。

扎实办好实事工程。大力推进公共交通提升工程等十大政府实事工程，确保完成年度目标任务。

（七）创新社会治理，全力维护社会安定和谐。

不断释放社会活力。深化提升“政社互动”，积极发挥市镇两级政府及部门的主导作用和社会组织、社工人才等的多元主体作用，加强基层干部队伍建设，着力推进“政社互动”法治化、规范化、制度化。扎实推进“三社联动”，完善基层群众自治制度和基层民主议事协商平台建设。持续提升社区服务功能，完善社区网格化管理。大力培育社会组织，优化公益创投项目，推进政府部分职能向社会组织转移，引导社会组织健康发展。加强社工人才队伍建设，开展向专业社工机构购买服务试点。

强化社会综合治理。完善均等化公共法律服务体系，深入推进村（社区）法律顾问工作，完善法律援助协作机制。组织开展“七五”普法宣传教育。探索实施“互联网+社区治理”工程，加强市镇村三级社会治理服务中心规范化建设，确保市级民主法治示范村（社区）全覆盖。推进全省深化安置帮教试点改革工作。加强行业性、专业性人民调解组织建设。加快信访信息化建设，推进信访工作制度改革。

切实维护公共安全。纵深推进“平安太仓”升级版建设，实施好“六大行动”，完善立体化社会治安防控体系。严格落实政府监管责任，加快安全生产执法机构建设，在重点镇（区）成立安全生产执法监察中队。强化重点行业领域安全监管执法，全面开展安全生产大检查、打非治违专项整治，继续实施重大隐患政府挂牌督办。狠抓企业主体责任落实，推动安全生产标准化建设扩覆提档。加强特种设备等行业的安全监管，完成电梯应急救援指挥中心建设。强化应急管理体系建设，全力防范和压降各类事故。加强食品安全监管，严厉打击食品药品违法犯罪活动，积极创建省食品安全城市。

（八）改进作风效能，全力抓好政府自身建设。

提高依法行政水平。坚持依法行政，努力建设法治政府。严格落实重大行政决策目录管理制度、行政权力清单制度，推动镇（区）、政府组成部门健全政府法律顾问制度。强化规范性文件监督管理。推进行政复议规范化建设，提升复议应诉能力。强化行政执法与刑事司法衔接。加强行政执法规范化建设，健全行政裁量权基准制度。建立行政执法争议协调机制，加强行政执法监督。深化行政权力网上公开透明运行工作。加强政务公开工作机制建设，推进重点领域政府信息公开，及时回应公众关切。自觉接受市人大的工作监督、法律监督和市政协的民主监督，主动向市人大报告工作、向市政协通报情况，切实办理好人大议案、代表建议和政协建议案、提案。

提高为民服务水平。加快行政审批改革步伐，推进项目并联审批，再造审批流程。积极构建“互联网＋政务服务”模式，推广应用“太仓政务服务”微信公众号，推行“太仓移动政务”APP，加快网上政务服务平台建设。提升政务窗口服务能力和服务质量。深化机关优质服务品牌创建，提高群众满意度。加强公共资源交易统一集中管理，建立公共资源交易中心和电子交易平台。放大“12345”平台、“民情 e 路通”手机客户端的综合服务功能，提升为民办事服务能力。

提高勤政廉政水平。巩固党的群众路线教育实践活动、“三严三实”专题教育活动成效，坚持问题导向，认真抓好省委巡视组反馈意见的整改落实，深入开展对突出问题和重点领域的专项整改，构建长效管理机制。持续开展节点化、高频率、大力度的作风督查，切实解决“四风”问题，严控“三公”消费。认真贯彻《中国共产党廉洁自律准则》和《中国共产党纪律处分条例》，严格落实党风廉政建设责任制，扎实履行“一岗双责”，深入推进惩治和预防腐败工作。开发运用党风廉政建设责任制过程管理信息系统。深入开展党政领导干部勤政廉政半月谈，实施“一案双查”和责任倒查。狠抓巡查工作。加强领导干部“三责联审”。

各位代表！未来发展任重道远，嘹亮号角催人奋进。站在新的发展起点，让我们紧密团结在以习近平同志为总书记的党中央周围，在中共太仓市委的坚强领导下，锐意改革、奋发进取，全力推动经济社会持续健康发展，奋力实现“十三五”发展良好开局，为谱写好中国梦的太仓篇章而努力奋斗！

有关词、句及内容的说明

1. 全社会 R&D 经费支出：是指统计年度内全社会实际用于基础研究、应用研究和试验发展的经费支出。

2.“千人计划”：是指围绕国家发展战略目标，在国家重点创新项目、学科、实验室以及以高新技术产业开发区为主的各类园区等，引进 2000 名左右人才并有重点地支持一批能够突破关键技术、发展高新产业、带动新兴学科的战略科学家和领军人才来华创新创业。

3.“双创”：是指江苏省高层次创新和创业。

4.“一照一码”：是指通过“一口受理、并联审批、信息共享、结果互认”，将由原来三个部门（工商、质检、税务）分别核发的证照，改为由市场监管部门直接核发加载法人和其他组织统一社会信用代码的营业执照。

5.“先照后证”：是指《国务院关于取消和调整一批行政审批项目等事项的决定》（国发〔2014〕27 号、国发〔2014〕50 号、国发〔2015〕11 号）三份文件（同名），公共场所卫生等 134 项审批改为后置许可审批，申请人可直接申请办理营业执照后再到相关审批部门办理许可手续。

6.PPP 合作：是指政府和社会资本合作模式，政府为增强公共产品和服务供给能力、提高供给效率，通过特许经营、购买服务、股权合作等方式，与社会资本建立的利益共享、风险分担及长期合作关系。

7.“启运港退税”：是指对从启运地启运报关出口，并由符合条件的运输企业承运，从水路转关直航运输至上海洋山保税港区离境的集装箱货物，一经确认离开启运港口，即被视同出口并可办理退税。

8.“沪太通”：是指上海洋山港与太仓港之间通关与物流一体化。

9.“单一窗口”：是指主要依托上海电子口岸，实现贸易和运输企业通过单一平台一点接入、一次性递交满足监管部门要求的标准化单证和电子信息，监管部门处理状态通过单一平台反馈给申报人。

10.AHK：是指德国商会海外商会。

11. 双元制：是指德国职业教育的主要模式，“一元”指企业，“一元”指学校，是企业和学校共同培养职业技能人才的教育制度。

12.“931”行动：是指“九整治”“三规范”“一提升”为重点的城市环境综合整治。“九整治”指整治城郊接合部、城中村、危旧房小区（棚户区）、老旧小区、背街小巷、城市河道环境、低洼易涝易淹片区、建设工地、农贸市场；“三规范”指规范占道经营、车辆停放及运营、户外广告设置；“一提升”指提升城市长效管理水平、建立城市管理长效机制。

13.“一村二楼宇”：是指对村（社区）低效利用、零星分散的存量建设用地，鼓励通过增减挂钩和工矿废弃地盘活政策，化零为整，按规划用途开发建设，从而使每一个村（社区）集体经济组织拥有“二楼宇”，即社区服务用房、增加财产性收入的经营性物业。

14.“两个平台”：是指农村集体财务监管平台和资产交易管理平台。

15.“政社互动”：是指政府行政管理与基层群众自治互动衔接。

16.“三社联动”：是指社区、社会组织和专业社会工作者之间的联系互动。

17.“三责联审”：是指由组织部门、编制部门、审计部门联合对党政领导干部开展用人责任审查、编制责任审核和经济责任审计。

18.“六横七纵”：六横是指苏昆太高速、359省道（锡太公路）、339省道、浏双公路、双浮公路、浏昆公路；七纵是指沿江高速、204国道、346国道、太嘉公路、陆璜公路（协星公路）、太沙公路、滨江大道。

19.“粮食银行”：是指粮食企业借鉴银行业经营模式，利用自身仓储经营条件，代农户存储粮食，在通过契约方式保障农户粮食所有权的同时，将粮食经营权以“定期”或“活期”的形式让渡给企业，农民可按约定提取粮食（成品粮）或折现的新型粮食流通业态。

20.供给侧改革：是指从供给、生产端入手，通过解放生产力，提升竞争力促进经济发展。需求侧有投资、消费、出口三驾马车，供给侧则有劳动力、土地、资本、创新四大要素。供给侧结构性改革旨在调整经济结构，使要素实现最优配置，提升经济增长的质量和数量。政策手段上，包括简政放权、放松管制、金融改革、国企改革、土地改革、提高创新能力等。

21.IPO：是指股份公司首次向社会公众公开招股的发行方式。

22.“三篇文章”：“十二五”时期，太仓市以“以港强市”“接轨上海”作为“两篇文章”，随着经济社会不断发展，“十三五时期”，将“两篇文章”调整为“以港强市”“融入上海”“对德合作”三篇文章。

23.“五大中心”：是指上海建设的国际经济中心、国际金融中心、国际贸易中心、国际航运中心和科技创新中心。

24.“三优三保”：是指以优化建设用地空间布局保障发展，以优化农用地结构布局保护耕地，以优化镇村居住用地布局保护权益。

25.346国道：即市境内原338省道。

26.“海绵城市”：是新一代城市雨洪管理概念，是指城市在适应环境变化和应对雨水带来的自然灾害等方面具有良好的“弹性”，下雨时吸水、蓄水、渗水、净水，需要时将蓄存的水“释放”并加以利用。

27.“六大行动”：是指“视频监控网再升级、大巡防机制再优化、城市外围防控再牢固、场所行业防控再精细、社区农村防控再严密、虚拟社会防控再主动”六大行动。

28.“民情e路通”：是我市继电话、网络、微博之后开发的一款以“12345”平台为基础的移动受理平台，把现有的“12345”热线服务延伸到手机应用上，构建手机端服务，有效实现诉求入口、受理权限、办理要求三方面统一。

29.“一岗双责”：“一岗”就是一个领导干部的职务所对应的岗位；“双责”就是一个领导干部既要对所在岗位应当承担的具体业务工作负责，又要对所在岗位应当承担的党风廉政建设责任制负责。

30.“一案双查”：是指严格执行问责机制，既要追究当事人责任，又要倒查追究相关领导责任，包括党委和纪委的责任。

文件辑存

关于推进城乡发展一体化迈上新台阶的实施意见

一、总体要求

深入贯彻党的十八大、十八届三中、四中全会和中央、省农村工作会议精神，认真落实习近平总书记在江苏调研时的重要讲话精神，紧紧抓住苏州列为国家城乡发展一体化综合改革试点的新契机，围绕加快转变农业发展方式、深化农村产权制度改革、开展美丽镇村建设等重点，不断提升现代农业建设水平、持续推动强村富民、着力改善农村人居环境，推进太仓市城乡一体化迈上新台阶。

二、工作重点

（一）加快转变农业发展方式，不断提升现代农业建设水平。

1．加快培育新型农业经营主体。因地制宜、因业而异发展农业企业、合作农场、合作社、家庭农场等新型农业经营主体，引导规范发展，鼓励各类主体间加强联合与合作，建立健全利益联结机制，充分发挥各自优势和作用，提高农业管理效率与经营效益。支持发展多种形式的农业混合所有制经济。进一步扶持壮大村集体合作农场，鼓励和支持有能力的合作农场跨村跨镇区发展。加快培育新型农业社会化服务主体，启动水稻生产科技服务中心、农机化服务中心建设，扶持成立社会化农业生产专业服务合作社。加快新型职业农民培训，强化定向委培生实践性教学环节，培养和造就一批“下得去、用得上、留得住”的新型职业农民，继续实施百名农村基层农技员、技术骨干脱产培训及千名职业农民技术技能培训。

2．加快提升农业物质装备和技术水平。统筹实施农田水利、综合开发、土地整理等项目，制定出台新一轮高标准农田建设目标任务及扶持政策，计划新增高标准农田面积 3.2 万亩。巩固提高粮食生产全程机械化水平，积极发展大中型、高性能、智能化绿色农业机械，优化农机装备结构，拓宽作业领域，计划发展大马力、高性能机械 100 台，新建机库 10 个，综合机械化水平达到 88%、秸秆综合利用率达 98%；抓好农机服务体系建设，加快建成农机 4S 超市。继续推进千亩粮食生产综合展示基地建设，启动百亩露地蔬菜全程机械化示范基地建设，深化良种良法、绿色防控、生态改良等技术的创新集成。加快推进 5000 平方米市级农业科技创新平台建设。

3．加快特色农业园区建设。围绕“四个十万亩”主导产业规划布局，在市现代农业园区进一步提档升级的基础上，重点培育具有太仓特色和优势的现代农业产业园区，确保全市农业园区建设面积达 20 万亩。强化各镇特色产业发展，加快推进 3 万亩现代水稻产业园、省级“菜篮子”工程基地、双凤现代渔业精品园和新港路沿线万亩林果产业基地建设，逐步形成一批特色产业村，集中打造“四大产业”发展典型，示范带动面上农业发展。强化生态生产融合发展，重点打造独溇小海生态产业园等特色园区，力争新申报苏州市级农业园区 3 ～ 4 个，推动农村一、二、三、产业融合发展。

4．强化农产品品牌建设和质量安全监管。整合地产农产品品牌资源，加快地标农产品商标申报，培育优质地产农产品品牌，力争获得“太仓大米，太仓白蒜，太仓牛踏扁毛豆，太仓毛板青蚕豆”4 件地理标志证明商标；大力发展农产品精深加工、储藏保鲜、仓储运输，结合运用物联网技术，打造农产品销售电商平台。强化粮食等主要农产品安全保供，继续推进粮食万亩高产创建示范方和现代水稻产业园建设，完善种养循环生态农业产业链，建成辐射全市的粮食生产服务综合体。加快推进粮食仓储设施提档升级工程和智慧粮食建设。启动建设“太仓市农产品质量安全数字化监管指挥平台”，建成农产品质量安全网格化管理体系，深化农产品生产、检测、监管“三位一体”质量安全体系建设，实现农产品全方位、立体化、多层次监管。加快出台畜禽养殖总体规划，探索畜禽养殖准入制度，推进病死畜禽无害化收集处理体系，建设一个年处理能力达万头的全市集中处理点。

（二）深化产权制度改革，充分释放农村改革红利。

5．推进土地承包经营权确权登记颁证。坚持依法依规的原则，以二轮承包工作为基础，按照规定内容和程序，通过确权确地、确权确利相结合的方式，全面组织开展土地承包经营权确权登记颁证，依法赋予农民更加充分而有保障的土地承包经营权。双凤镇作为试点镇今年要全面开展，其余区镇今年 50% 的村开展确权登记工作，2016 年全市总体完成。工作中坚持时间服从质量，扎实稳妥推进。工作经费暂按 40 元／亩纳入市财政预算。

6．加快农村集体资产产权制度改革步伐。全面开展以清产核资、资产量化、股权管理为主要内容的集体产权股份合作制改革，力争三年时间总体完成改革任务，赋予农民对集体资产股份占有、收益、有偿退出以及抵押、担保、继承权。位于城郊接合部、城市建城区内的村（社区）和集中居住率较高的村（社区），稳妥推进股权固化改革。不断健全社区股份合作社运行机制，规范管理，鼓励村民增资扩股，巩固壮大集体经济，提升集体资产经营效益，正确处理好积累与分配的关系，逐步提高农民的分红收益。探索开展“政经分离”试点，建立农村公益性、公共性支出财政合理负担机制。

7．积极探索农村金融制度创新。创新金融产品和服务模式，扩大农村有效抵押物的范围，探索建立“三农”融资担保制度和贷款风险补偿机制，加强“银社对接”，稳步推进土地经营权抵押贷款，积极探索集体土地使用权、农民住房所有权等抵押贷款，促进金融资源向“三农”倾斜。

（三）健全增收机制，持续推进强村富民。

8．推进集体经济联合发展。创新落实“一村二楼宇”政策，加快落实和建设一批以现代服务综合体、政府实事载体为重点的项目，2015 年计划新开工“一村二楼宇”项目 10 万平方米，增强村级集体经济发展后劲。巩固壮大村集体合作农场，建立健全运营机制、与农户的二次分配机制，提升集体经营效益，力争合作农场自主经营面积稳定在 12 万亩以上。加强市农村合作经济发展实业有限公司的有效运作，优选投资项目，增加村集体投资性收益。

9．加强集体“三资”的监督管理。进一步完善软件系统功能，健全集体财务监督管理平台和资产交易管理平台，抓好“两个平台”的规范有序运作。完善交易项目登记、交易信息发布等基础性工作，推进集体资产按交易办法、规定程序进场交易，实现集体资产最大限度保值增值，2015 年力争集体资产经营效益在原有基础上提高十个百分点。

10．建立健全集体经济薄弱村帮扶机制。落实苏州市生态补偿条例，调整完善生态补偿政策，确保粮食种植区域内的村有稳定的收入。鼓励通过“部门挂钩”“村企挂钩”“强村挂钩”等方式，开展多主体、多形式的结对帮扶活动，帮助经济相对薄弱村尽快脱贫转化。

11．发展壮大村劳务合作社。强化农村劳动力的信息化管理，吸引更多的农民加入劳务合作社，引进适量专业技术、管理人才，加强先进劳动工具的配备，提升合作社整体实力。不折不扣落实劳务合作社发展政策，对政府和行政村（社区）负责的道路养护、绿化管护、环卫清洁、河道保洁等公益性项目，要发包给农村劳务合作社，并按规定纳入公益性岗位管理，享受财政补贴。加快区镇农村劳务合作社职业技能培训基地建设，围绕市场需求，加大对农民就业技能的培训力度，突出针对性、实效性，不断提高农民的就业水平和就业质量。

（四）开展美丽镇村建设，着力改善农村人居环境。

12．有序推进农民集中居住。加快启动拟建安置房的规划选址、房型设计等工作，提升安置房设计水平，过程中要充分征求和听取农民的意见，适当增加大平层、复式房等房型，供农民选择，以满足不同农民群体的需求。加快在建安置房的建设进度，加强建设工程质量监管，确保早开工、早建成、早分房、早入住，2015 年新竣工安置房面积不少于50万平方米，力争用两至三年时间解决已动迁农民的住房安置。加快自拆自建农民集中居住区建设，加速建设用地指标的周转，用足用好“三优三保”政策，实现土地的空间置换，保障农民集中居住区用地。加快自拆自建小区扩容提档，优化房型设计，提升节约集约用地水平，引导规划区外非保留村庄的农户自拆自建进入集中居住小区。

13．强化规划保留村庄建设。抓紧确定并公布新一轮镇村布局规划的重点村、特色村、一般村的村庄名录。启动开展重点村、特色村修建性详细规划的编制或修编工作。抓紧设计并统一提供既美观实用，又体现江南水乡特色的房型图纸，供农民选择。严格执行《加强和规范农村保留村庄规划建设管理的指导意见》，控制建房标准，完善申报和审批程序，强化管理，督促指导规划保留村庄范围内农民按照规定翻建农房，使村庄保留江南水乡的特色，妥善解决好农村建房问题。

14．加强农村生活污水治理工作。抓紧制定太仓市农村生活污水治理专项规划。坚持政府主导、突出重点、因地制宜的原则，选择适合的技术工艺，在各管理区和规划保留点内全面推进农村生活污水治理工作，确保建成的设备设施能有效运行。2015年完成80个村庄、5个管理区的治理任务，新增受益农户9000户。用3年时间完成规划保留点内近2万户农户、16个管理区的治理任务，实现农村生活污水处理率达到80%。加强对区镇生活污水处理设施建设、运行的监督，提高建管水平，全面推行农村生活污水处理设施运行的市场化管理。

15．扎实推进美丽镇村建设。持续推进浏河、沙溪两个美丽城镇示范镇第二阶段建设，注重提升建设质量。坚持因村制宜、尊重民意、科学规划、分步推进的原则，启动开展第三批10个自拆自建农民集中居住小区提档升级和10个自然保留村庄整治提升，实现整体风貌协调、环境整洁卫生、基础设施完善、公建设施配套的目标。扎实开展美丽乡村示范点建设，积极培育“一村一品”“一村一业”，鼓励因地制宜发展各具特色的乡村旅游业，重点培育1个基础相对较好的保留村庄，创建苏州市级美丽村庄建设示范点。积极推进农旅融合发展，串点成线，努力培育若干条农村休闲旅游精品线路。

三、保障措施

各级各部门要从加快推进太仓市现代化建设的战略高度出发，进一步加强对城乡发展一体化工作的领导，主动适应新常态，增强改革创新意识和法治思维，全力推动政策措施落地生根、开花结果。要切实加强农村基层党组织建设，不断增强农村基层服务型党组织的创造力、凝聚力和战斗力。创新落实上级关于加快城乡发展一体化工作出台的各项政策，整合相关涉农资金，健全“三农”投入稳定增长机制，努力形成人往基层走、钱往基层投、政策往基层倾斜的良好导向。调整完善相关考核指标，实行严格的目标管理责任制，确保目标任务按时序进度完成。

摘自《中共太仓市委、太仓市人民政府关于推进城乡发展一体化迈上新台阶的实施意见》（太委发〔2015〕18号）

关于贯彻落实“一带一路”战略规划的实施方案

一、总体思路和主要目标

1．*总体思路*。全面贯彻党的十八大和十八届三中、四中全会精神，以邓小平理论、“三个代表”重要思想、科学发展观为指导，深入贯彻落实习近平总书记系列重要讲话精神，主动适应经济发展新常态，全面贯彻落实国家对外开放总体战略的关键举措，充分发挥沿江沿沪等多重优势，以加快经济转型升级为主线，以深入实施“以港强市”“融入上海”“经济国际化”为战略重点，全方位推进基础设施、经贸产业、人文交流等领域开放合作，促进形成互利共赢、安全高效的开放性经济型体系，建设经济强、百姓富、环境美、社会文明程度高的新太仓，努力在“一带一路”建设大局中发挥应有作用。

2．*基本原则*。发挥优势，主动融入。把握全方位开放大趋势，服务国家大战略，充分发挥地处“一带一路”战略交汇点和对外开放重要门户区域的综合优势和太仓港港口、中德合作、沿江沿沪等经济地理优势，根据沿线国家和地区与太仓市经贸关系发展现状和特点，突出重点方向、重点线路、重点国家、优先领域、关键项目，集中资源和力量，主动融入、加快对接，力争把太仓打造成为苏南地区融入“一带一路”国家战略的重要支点。市场运作，创新驱动。充分发挥市场配置资源的决定性作用，以市场化方式运作“一带一路”建设项目，以各类企业为主体，充分调动各方积极性，整合社会资源参与建设，加快“引进来、走出去”步伐。坚持把改革创新贯穿于参与和推进“一带一路”建设的各领域各环节，大胆实践，先行先试，积极探索区域合作的新途径、新机制，坚持内外并重，促进国际国内要素自由流动、资源高效配置、市场深度融合。互利共赢，共同发展。秉持开放包容、合作共赢精神，统筹把握利益结合点和平衡点，抢占发展新机遇，积极促进发展战略和产业布局的有效对接，构筑合作新平台，培育合作新支柱，打造合作新亮点，全面推进与沿线国家和地区在基建、贸易、投资、人文等领域的合作交流。

3．*主要目标*。近期，通过3～5年时间，在全市基础设施的互联互通、经贸产业的开放合作、人文交流的深入开展等重点领域取得实质性进展。中期，通过10年左右时间，加快打造对内对外开放新高地，适应高标准全球经济规则的法制化国际化营商环境。远期，太仓市融入“一带一路”战略大局的远景目标全面实现，实现与国内外的政策沟通、设施联合、贸易畅通等领域深度融合。

二、强化基础设施互联互通

1．*加强港口集疏运体系建设*。按照连接21世纪海上丝绸之路重要港口和长江黄金水道的重要枢纽标准，围绕建成公铁水综合运输枢纽和物流中心目标，以完善市域交通网络系统为基础，推进与“一带一路”战略要求相适应的综合运输体系建设。借省内围绕打造长江南京以下江海联运港口的目标，编修沿江港口规划布局、资源整合和功能优化之机，主动参与全省沿江港口一体化改革有关方案设计，加强港口专业化、规模化和现代化建设，力争形成南接上海洋山港、北通连云港南北呼应、相互倚重、全面对接“一带一路”的重要港口城市。以区域性航运物流中心和主要港口为目标，加快铁路、高等级公路与港区的连接，强化集疏运服务功能，提升货物中转能力和效率。大力发展港口现代物流及江海河、海铁、公水等多式联运业务。加强与“一带一路”沿线省份的合作，在无锡、常州等长三角地区探索建设内陆无水港和物流场站，积极推进与中西部地区港口合作。推动太仓港集装箱航线开辟和加密，积极推进开辟东南亚直航的集装箱班轮航线和件杂货航线，进一步打开与“海上丝路”沿线国家和地区的互联互通。加大太仓港集装箱四期码头建设项目力度，尽早落实项目开工；主动争取上海外高桥码头功能转换的承接配套;加强长江口岸、杨林塘、浏河塘等水道疏浚和扩展建设，完善通江达海航道网络，提升江海河联运能力；增设游轮码头，探索建设邮轮母港，完善配套旅游服务功能，大力发展海上旅游。

2. *打造区域一体化交通体系*。深化“一带一路”与长江经济带、沿海开发战略的联动融合，以建设区域快速交通网为重点，推进太仓与上海、长三角城市群和长江经济带的城际轨道、公路、水路的全面对接。加强市域交通重大项目建设，推进与上海、苏州、无锡等地的快速路项目建设，构建功能明确、级配合理的城市道路网络系统。围绕建成公铁水综合运输枢纽和物流中心的目标，以完善市域交通网络系统为基础，加强各种运输方式的高效衔接，加快推进“沪通快速铁路”建设，加密航运班次并运作好上海国际机场太仓航站楼，形成综合运输网络，进一步强化太仓区域性交通枢纽功能。

3. *提升智能化水平和综合服务保障能力*。统筹推进能源、通信、物流基础设施建设，利用物联网技术和现代通讯技术，建立健全信息化、智能化系统和综合服务平台，提高综合配套水平。加快建设“智慧城市”，加快信息基础设施和数据中心建设，推动互联网、物联网以及电信网、广电网、无线宽带网的相互融合，实现智慧技术、智慧人文、智慧产业、智慧生活为主要内容的城市发展新模式。重点打造集港口贸易、口岸管理、社会服务、市场信息等多种服务功能一体的公共信息平台。加强与“一带一路”沿线国家在基础设施规划、技术标准体系、运输协调机制等方面的合作，逐步实现港口共用、政策共享、园区共建、产业共育。促进港口管理部门与涉港部门的协调合作，推进港口与口岸联检单位“监管互认、执法互助、信息互联”，实现“一次申报、一次查验、一次放行”的关检合作。依托港口、布局园区、建设城镇，推进产城融合发展，以现代城市标准，加大港城道路交通、社会事业等基础设施建设力度，不断完善港城功能，打造港城新形象。

三、加强经贸产业投资合作

1. *放大中德经贸合作效应*。以深化中德合作领域、放大中德合作品牌优势为着力点，拓展太仓与欧美等国家的开放合作领域，为融入“一带一路”建设增加新的动力。不断完善太仓港经济技术开发区新区、科教新城载体功能，依托太仓驻德国办事处、太仓德国中心、太仓走进德国大学等重要活动平台，持续引进集聚一批带研发机构、带高技术人才的创新型德资项目和一批旗舰型、税源型先进制造业企业，形成德企集群式发展的产业格局。抓住德国力推“工业 4.0”的机遇，进一步完善中德（太仓）中小企业工业园运营，同时按照规模化、专业化、品牌化、生态化的发展方向，推进“中德先进制造技术国际创新园”建设，努力建立国内领先的以自动化、智能化生产为主导的制造业基地。发挥“德国留学生创业园”平台效应，加强对德国科技人才、德国留学生的引进力度，吸引德国留学人员带成果、带项目、带资金来区创业，孵化一批信息技术、新材料、精密机械、环保科技等高科技创业企业。联合德国弗劳恩霍夫协会等科技团体搭建中德技术研究平台，开展新品研发、客户培训、技术展示和推广活动。鼓励太仓市民营企业根据自身实际，积极尝试与德国优势中小企业开展并购重组或产业合作。

2. *推动对外投资产能合作*。“引进来”和“走出去”并重，深化对“一带一路”沿线国家和地区的投资和产能合作，全面对接沿线国家和地区建设发展需求，拓展深化产业投资和产能合作，构建投资合作和产能转移平台。以天顺、利泰、大力士等企业为重点，引导和鼓励纺织、食品、化工、机械等太仓传统优势行业开展境外和国际产能合作，构建跨国产业链合作机制。争取亚投行、丝路基金、金砖国家开发银行等金融机构以及境外资产抵押国内贷款政策支持，鼓励具有实力、上规模和有富余产能的本地龙头企业开展“一带一路”沿线的国际布局。积极参与“一带一路”沿线国家基础设施互联互通建设，探索以资源、工程、融资捆绑方式开展境外投资合作，鼓励太仓市龙头企业积极对接央企、联合市内中小企业组成投资联合体与沿线国家中小企业互动，采取 BOT（建设—经营—转让）、EPC（工程总承包）等形式，承揽建设沿线国家和地区的重大基建工程项目。支持太仓市纺织轻工、食品加工、现代农业、建材化工等大型企业积极参与沿线国家的产业园区建设发展，重点导向新亚欧大陆桥、中蒙俄经济走廊上中国经贸集聚区等国家重点建设领域。力争作为县级城市率先与沿线地区合作共建产业园区，并在条件成熟时将其上升到国家合作层面。

3. *拓展贸易合作领域和方式*。深化与沿线国家和地区商会、协会和会展机构交流合作，支持太仓市企业积极参与沿线国家和地区举办的展览会、博览会等活动，积极筹建“中国—东盟中小企业国际博览中心”。鼓励太仓市有自主知识产权和自主品牌的企业在沿线交通枢纽和节点建立自主营销网络、售后服务中心、仓储物流基地和分拨中心。延伸放大综合保税区功能，促进海关特殊监管区向高端制造、物流、研发、维修、销售、结算一体化方向转型发展，积极开展保税展示交易、委内加工（保税区企业接受非保税区企业委托加工）和返区维修业务（指综保区内企业将销售至国内的货物运回区内进行维修以大幅降低维修周期及成本）。推动港口运营管理国际合作，探索与沿线国家或海外港口城市共构产业链、供应链、价值链、创新链、服务链，共建“中国太仓港国际物流贸易合作示范区（基地）”平台，提升太仓港的国际化水准和经济带动力。扩大来自中亚、西亚、东盟、南亚等国家的油气、矿产、橡胶、木材、水果等能源资源类产品进口，进一步做大做强“渤商所太仓中心”“太仓广保交易中心”等大宗产品交易市场。争创“全国流通创新发展试点基地”和“江苏省进口商品交易中心”。借力知名日企使用太仓港日本航线和日本著名物流企业集聚港口的优势，打造“太仓港日本商品贸易基地”新平台。把握互联网＋时代机遇，大力发展跨境电子商务，积极争创“国家跨境贸易电子商务试点区”，大力推动“综保区电商产业园”“华东电子商务产业园”和“阳鸿化工商品交易平台”建设。加强与上海等长江经济带城市以及新疆、甘肃、内蒙古、黑龙江、广西、云南等省份的合作，争取跨区域共建产业园区或物流贸易基地。充分利用“苏满欧”跨境铁路大通道，促进跨国贸易链的直接对接，推动中欧贸易的快速发展。

4．提高临江产业的国际化水平。依托长江黄金水道和太仓港国际航线航班，创新对外区域合作机制，融入世界经济体系，持续提升经济国际化水平。面向欧美，充分放大欧美企业集群特色，对接重点企业、接轨重点城市、引进海归人才，带动企业国际化、城市国际化、人才国际化，争创美资企业集聚区，塑造对外开放新特色。立足港口，坚持高技术、高附加值、节能环保标准，进一步升级建设相关科技服务平台，形成以海工成套装备为核心、以基础部件为支撑、以工程服务为延伸的较为完整的产业链，培育长江入海口国际化的海洋工程装备产业集群。布局境外，积极鼓励、协助企业境外投资，布局光伏电站、风电场等，形成以太仓为中心的研发、生产、销售、工程设计、维修服务的总部基地，向境外辐射延伸至东南亚、印度、日本、欧洲、美国等地区，打造长江入海口国际化的新能源产业集群。力争建成具有国际影响力的光伏产品研发和制造、光伏系统集成、电站工程设计、管理、金融服务为一体的光伏产业基地；建成以大型海上风电为核心的风电叶片、塔筒和风电整机装配的风电产业基地。

四、创新开展对外人文交流

1．深化文体领域的交流合作。放大“郑和”品牌和江海文化对接海上丝绸之路的文化影响力。积极与沿线城市缔结友好城市，共建若干文化交流基地，以“郑和文化”为主题推动与沿线国家和地区建立双边互信与认同，从双方经济文化发展的特点出发，寻求旅游、教育、文化等多元化合作与交流。依托郑和公园，组织开展“海上丝绸之路文化艺术展览”相关活动，打造太仓文化领域的新亮点。积极融入文化部“海上丝绸之路”文化产业带建设，支持将“江海文化产业园”和“天境湖文化产业园”上报文化部，争取太仓成为“海上丝绸之路”的重点基地。梳理整合“一带一路”历史文化遗存和特色文化资源，推动郑和文化、娄东文化、江南丝竹等文化资源的挖掘和产业发展。重点筹建“太仓—国际港口文化节”等专题活动，积极寻求国家交通部支持；办好一年一度的“太仓日”“啤酒节”“足球友谊赛”等对德文化交流活动。深化体育领域的交流合作，创办“太仓—海上丝路国际竞走赛、乒乓球赛”等体育赛事项目，推动国际重大体育赛事落户太仓，鼓励本市各类体育协会参与国外友好城市的各类体育竞赛。

2．深化教育领域的交流合作。充分利用教育国际合作与交流平台促进与友好学校教育交流合作常态化，打造与“一带一路”沿线国家的教育合作新平台。定期举办“太仓学生国际文化艺术节”，推进中小学国际化特色学校建设。进一步寻求基础教育合作，积极设立更多国际幼儿园、中小学，不断提升华顿国际学校办学能力，着力解决在太国际化人才的子女教育问题。共享教育和人才资源，积极引入国内外名校名院来太设立独立学院和分支机构。对接沿线国家职业教育和技能本土化人才需求，进一步探索中高职教育与产业协同创新模式，以“双元制”本土化实践与研究为样本，通过加快引进德国双元制大学、高水平建设苏州健雄职业技术学院等途径，建立面向沿线国家的办学和培训基地。加强“史太白太仓中心”建设，为企业提供硕士及以上层次的研发、技术、管理人才培训、培养服务。

3．深化医卫领域的交流合作。依托CTC——中国生殖健康家庭保健培训中心为平台，扩大与沿线国家在家庭健康、生殖养育和妇幼保健领域内的交流合作，利用国际化平台扩大太仓影响力，探索建立“太仓国际妇幼保健和生殖健康产业园”。以市三级医院为项目技术支持单位，积极参与江苏省组织的与坦桑尼亚、桑给巴尔、马耳他的卫生合作项目。积极促进与东南亚地区中医药诊疗、研发、生产和销售的互利合作、人员培训，在各自法律允许的范围内进行交流合作。

4．深化旅游领域的交流合作。积极推动与沿线国家和地区互为目的地的旅游推广活动，与沿线城市合办旅游推广周、推广日和宣传月活动。在境内外旅游促销活动中将“中国航海节太仓港启航仪式”融入“重走海上丝绸之路”或者“重走郑和下西洋之路”等主题，探索发展“郑和下西洋”路线的邮轮产业，充分挖掘“海上丝绸之路”沿线的旅游资源，尝试启动郑和下西洋实景演绎项目。与沿线国家或重点城市合作开发旅游产品，探讨共同营销机制，实现互通互联、互惠互利。积极促成摩尔多瓦葡萄酒旅游贸易项目落地。以“古港老镇、江海特色、休闲度假”为主题，打造以高端休闲娱乐、特色餐饮、文化体验、旅游地产、国际交流等为主要功能，区域一流、国内知名的旅游度假区。

五、切实完善保障机制措施

1．建立健全组织领导机制。成立参与“一带一路”建设工作领导小组，加强对全市“一带一路”建设全局性长远性重大问题的研究决策和组织协调。领导小组办公室设在市发改委，具体负责规划管理、政策研究、统筹推进和考核评估等工作。建立绩效评估机制，明确各地各部门的任务分工和时限要求，加大工作目标开展和督办力度。

各地各部门要按照国家、江苏省“一带一路”战略规划及本实施意见要求，认真履行职责，建立健全工作和协调推进机制，把参与“一带一路”建设作为新常态下太仓市新一轮对外开放、全面提升开放型经济水平的重点工作加以实施。建立健全推进“一带一路”建设的舆论引导机制，加强媒体互动，搞好新闻宣传，营造社会各界积极参与的良好氛围。

2. *加强法治环境建设*。适应对外开放不断深化新形势，坚持重大开放举措要于法有据，营造规范的法治环境。发挥法治的引领和推动作用，加快形成高标准的贸易投资规则体系。主动对接“上海自贸区”建设，争取投资管理机制、贸易监管机制改革举措以及扩大航运、商贸、文化、社会等服务业开放的先行先试，在创新体制机制上下功夫，先行复制、推广“上海自贸区”经验，构筑对外开放合作新平台，以制度复制赢得开放新优势，打造开放性经济“升级版”，推动转型升级，逐步营造与国际惯例、国际规则接轨的投资贸易环境。逐步建立与“一带一路”建设和太仓深度开放相配套的国际服务环境，包括引进国际水平的法律服务机构、会计事务所、咨询机构、专利事务所、国际保险机构等。以保护产权、维护契约、统一市场、平等交换、公平竞争、有效监管为基本导向，提升对内对外开放的执法和司法能力建设。强化涉外法律服务，维护市民、法人在海外及外国公民、法人的正当经济权益。加快转变政府职能，完善经济管理机制，建立权力、责任清单制度，加强知识产权保护和反垄断机制建设，清理妨碍统一市场和公平竞争的各种规定和做法，保证各类企业公平公正参与市场竞争、同等受到法律保护。

3. *改善科技创新环境*。加快实施创新驱动发展战略，积极融入全球创新网络，全面提高太仓市科技创新的国际化合作水平，更多更好地利用全球创新资源。着力构建以企业为主体、市场为导向、产学研相结合的技术创新体系，健全技术创新激励机制，支持企业参与全球创新资源配置，在开放合作中提高自主创新能力。完善引进消化吸收再创造机制，鼓励企业加强技术研发国际合作，加快新技术新产品新工艺研发应用。积极参与和开展多层次、多领域、多形式的国际科技合作。不断完善和提升同高院、科技创业园、大学科技园、德国留学生创业园等科技创新载体平台的基础设施和配套服务水平，增强国际化合作能力。

4. *实施更加积极的人才举措*。加强人才培养、健全高层次人才和留学回国人员“一站式”服务平台，开通引进高端人才绿色通道。争取“江苏省百名现代服务业人才出国培训计划”名额，积极申报江苏省“外专百人计划”评选，为外国专家提供优质服务。鼓励企业用好 CEPA（内地与香港关于建立更紧密经贸关系安排）、ECFA（海峡两岸经贸合作框架协议）相关协议，引进港澳台地区国际经营人才，营造吸引海外高层次人才的良好工作、生活环境。充分发挥智库作用，在全市范围内建立“一带一路”专家库。探索在苏州健雄职业技术学院与国内外高校联合办学或设立分校，培养海洋经济、国际物流贸易等领域应用型、技能型人才。

5. *完善经济安全保障体系*。大力加强对外开放安全工作，在扩大开放的同时，健全系统完备、科学高效的开放性经济安全保障体系和机制。加强外商投资国家安全审查，建立与负面清单管理模式相适应的外商投资国家安全审查工作机制。建立“走出去”风险防控体系，加强对外投资贸易合作的国际法规、国际惯例的宣传解释和信息服务工作，提升企业境外风险防控能力和意识。健全涉及国家安全和社会公共利益的进出口管理物安全认证和风险评估机制，严格执行进出口管制的有关法律法规。鼓励支持企业主动应对反倾销、反补贴等各类贸易摩擦，积极运用贸易补救措施，保障产业安全。

摘自《中共太仓市委、太仓市人民政府印发〈关于贯彻落实“一带一路”战略规划的实施方案〉的通知》（太委发〔2015〕30号）

关于在推进“四个全面”战略布局中深化提升“政社互动”实践的意见

一、统一思想，充分认识深化提升“政社互动”实践的重要意义

（一）深化提升“政社互动”实践是贯彻落实党的十八大和十八届三中、四中全会精神的必然要求。十八大报告指出，要围绕构建中国特色社会主义社会管理体系，加快形成党委领导、政府负责、社会协同、公众参与、法治保障的社会管理体制，加快形成政社分开、权责明确、依法自治的现代社会组织体制。十八届三中全会指出，坚持系统治理，加强党的领导，发挥政府主导作用，鼓励和支持社会各方面参与，实现政府治理和社会自我调节、居民自治良性互动。十八届四中全会提出，坚持系统治理、依法治理、综合治理、源头治理，提高社会治理法治化水平。发挥市民公约、乡规民约、行业规章、团体章程等社会规范在社会治理中的积极作用。推进“政社互动”深化提升，是贯彻落实党的十八大和十八届三中、四中全会精神的必然要求，有利于转变政府职能、推动简政放权，正确处理好政府与市场、政府与社会的关系，把政府工作重点转移到创造良好发展环境、提供优质公共服务、维护社会公平正义上来。有利于深化行政体制改革，建设人民满意的服务型政府。有利于改进政府治理方式，充分发挥各类社会主体参与社会治理的基础作用。

（二）深化提升“政社互动”实践是助推太仓社会治理体系现代化的重要举措。社会治理体系建设是国家治理体系建设的重要方面。太仓市的“政社互动”创新实践，经过全市上下的共同努力，取得了良好成效。但同时存在着行政事务违规下派、基层群众自治组织负担较为繁重、衔接互动机制不够顺畅、社会主体活力不够等问题。当前，“政社互动”实践到了需要克服难点、突破瓶颈的关键时期，需要不断适应新形势新任务新要求，破解新难题，解决新问题，创造新经验。需要拓展内涵，深化提升，更好地促进政社职能归位，更好地发挥各类社会主体参与社会治理的作用，实现党委领导、政府主导下的多元治理，走出一条互动共赢的路子，实现在较高平台上的实践深化，将太仓“政社互动”这个社会治理品牌擦得更亮。

（三）深化提升“政社互动”实践是太仓统筹落实“四个全面”战略布局的内在需要。“全面建成小康社会、全面深化改革、全面依法治国、全面从严治党”四个全面的提出，是实现中华民族伟大复兴的战略布局。推进“政社互动”深化提升，要将“政社互动”上升到一种执政、施政理念高度，按照“四个全面”战略布局，与太仓深化改革、依法治市、从严治党等工作统筹推进，贯穿于全市经济社会发展的各领域。太仓建成更高水平小康社会的过程也是持续深化“政社互动”的过程。完成健全基本公共服务体系、提升社会治理科学化水平、加大环境保护和生态建设力度、构建可持续的生产方式和消费模式等全面建成小康社会重要指标任务，需要政社共同努力，需要社会的广泛参与，也需要公众的充分认可。深化改革需要政府作为，更需要社会参与，要将“政社互动”的理念融入到太仓各项改革之中，与推进政府职能转变、加快行政审批制度改革、培育发展社会组织等工作有机结合，精准聚焦改革难点，有效对接社会需求，倾心听取群众呼声，发动群众积极参与改革，支持改革，为改革出谋划策，切实增强改革合力。“政社互动”实践是在法治框架下的社会治理实践，是法治太仓建设的重要内容。深化“政社互动”实践，可以更好地理顺政府行政职能，改进行政管理方式，调整社会治理结构，做好事前沟通协商、强化事中事后监管、注重政府绩效评估，可以更好地培育公众的法治意识和参与意识，从而实现政府治理和社会自我调节、居民自治的良性互动。推进“政社互动”与全面从严治党是一脉相承的。深化“政社互动”实践，要与践行“三严三实”紧密结合，有利于强化政社之间平等协商的沟通机制，构架起密切党群干群关系的连心桥，是坚持群众路线、改进工作作风、化解社会矛盾、增进民生福祉、夯实基层基础的有效方式。

二、注重引领，认真把握深化提升“政社互动”实践的基本原则

（一）坚持党建引领，扩大社会参与。在推进“政社互动”过程中，党组织始终处于领导和核心地位，对“政社互动”提供组织保障和思想保障。各级党组织要坚持严格依法办事和充分发扬民主的统一，把握正确发展方向，同时充分发挥政府在推进“政社互动”中的主导作用，着力构建“党委领导、政府负责、社会协同、公众参与、法治保障”的工作体系。

（二）坚持法治思维，树立程序正义。强调法治原则、运用法治方式，秉承法治思维、树立程序正义，实施互动要回归法律，遵循法理，推进“政社互动”规范化、制度化、法治化。按照“四个全面”战略布局，把“政社互动”和法治政府、法治社会建设一体推进，通过法治政府和法治社会建设不断丰富实践内涵，提升实践水平。

（三）坚持整体联动，实现全面覆盖。着力推进“三社联动”，建立健全社区、社会组织和社会工作机构围绕社区建设、社区治理、社区服务协商合作的联合机制，形成以群众需求为导向，以社区为平台，以社会组织为主体，以专业社工为骨干，社区居民和志愿者广泛参与的社区治理新格局。发挥市、镇、村等主体作用，推进纵向联动到村入户，全面提升“政社互动”的价值认同和行动自觉，形成“市镇村整体推进、党政群有效联动”的格局。

（四）坚持以人为本，注重群众受益。以群众得实惠，以增进民生幸福为出发点，把创新基层社会治理与满足居民群众需求紧密结合起来，强化改革创新，促进社会和谐，全面提升公共服务均等化水平，使人民群众有更多的获得感。

三、总结提炼，普及推广“政社互动”实践的已有经验做法

（一）动态调整两份清单。《基层群众自治组织协助政府管理工作事项》和《基层群众自治组织依法履职事项》两份清单是实现政社分开的政策依据，要根据法律法规的立、改、废等情况，做好动态梳理和公布工作。

（二）完善落实一份协议。签订“一揽子协议书”，要在明确项目要求、工作任务、经费支付等内容的基础上，完善落实协议，提升履约质量。对于法定之外需要由基层群众自治组织协助政府办理的事务，原则上政府应与基层群众自治组织通过签订“项目协议书”等方式予以落实。

（三）切实发挥评估效用。要注重发挥履约评估的结果运用，推进双向评估真正成为党委政府对下属部门考核的重要依据和村（居）工作的主要授誉标准。着力改变传统考评机制，重点解决多头考核、重复考核等问题，推进村（居）考评工作的科学化、规范化。

（四）固化成功做法经验。系统总结社区事务进入制度、签约机制、年中督查、年底考评、联席会议制度、政社互动“面对面”活动等已有成功经验和做法，使其制度化和规范化，并不断在实践中完善提高。

四、务实拓展，全面推进“政社互动”实践深化提升

（一）优化互动格局，更好发挥“政”的主体作用。实施行政权力清单制度。全面梳理行政权力并公布执行，实施动态调整。科学界定政府职能，做到法定职权必须为、法无授权不可为。积极转变政府职能。推进政府部分职能转移，为社会组织承接创造条件，并实施有效引导，切实提升社会组织承接政府转移职能的能力。按照上级部署，积极稳妥推进行业协会、商会与行政机关脱钩，加强综合监管。正确处理好政府与社会关系，加快实施政社分开，推进社会组织明确权责，依法自治，发挥作用。要推进政府与社会团体的互动合作，激发社会主体活力。完善政府购买服务机制，明确购买服务原则、购买主体、承接主体、实施范围、购买方式、操作程序、过程监管等制度。创新政府购买方式，弥补单一政府采购模式的不足。要以服务效率提高、服务对象满意、行政成本减低等作为衡量指标实施绩效评价。推动日常互动常态化。组织对行政管理过程中法定互动事项的梳理工作。对于日常行政管理工作，镇（区）、市政府各部门要在重大行政决策实施、规范性文件制定、惠民工程推进、社会救助发放、廉租房配租及其他涉及民生资源配置等工作中，严格落实公众参与要求，切实提升工作成效。对于容易引发矛盾纠纷的征地拆迁、小区改造、物业管理、环境污染、劳资纠纷等领域，要通过健全对话协商机制、利益协调机制等，充分听取意见和建议，尊重合理合法诉求，妥善解决矛盾纠纷。对于相关经济社会政策的制定实施，出台前要充分听取基层群众自治组织、行业协会、商会、人民团体及其他利益相关方的意见和建议，使多元利益主体都有表达意见建议的渠道。出台后要加强政策宣传解读，有效引导社会舆论，把政策精神讲透彻，把制度措施讲清楚，把利益安排讲明白，最大程度凝聚社会共识。同时要做好重大政策实施评估工作，注重实施效果，发挥最佳效应。要重点围绕有更好的教育、有更稳定的工作、有更满意的收入、有更可靠的社会保障、有更高水平的医疗卫生服务、有更舒适的居住条件、有更优美的环境等民生重要领域，切实尊重民生权利，更加注重民意沟通，扎实办好民生实事。要依托信息技术手段，结合智慧社区等平台建设，打破信息壁垒，推进部门之间信息共享，着力打造“互联网＋为民服务”品牌，及时有效解决群众的困难和问题，提升服务群众水平。

（二）健全互动制度，更好夯实实践基础。推进工作流程简化。按照“贴近基层、简单易行、群众认可”的原则，进一步简化工作流程，突出核心环节和关键节点，形成可推广、可复制的制度和做法。严格公众监督制度。健全行政决策制度体系，完善重大行政决策论证、听证、评估、反馈等制度。健全法治政府建设绩效评价制度，科学设定评价指标，更加注重社会和公众评判。主动接受群众监督，完善群众利益诉求表达机制、权益保障机制、举报投诉机制，通过电话、网站、微博微信等载体，让广大群众对政府工作发表意见、质询和投诉，有效监督政府工作，依法保障人民群众对行政行为实施监督的权利。实施公共服务多元投入机制。实现政府公共服务结构的优化和公共服务市场化、社会化，建立以政府供给为主，其他主体共同参与的多元公共服务供给体制，通过公建民营、民办公助等多种形式，吸纳社会资金参与教育、科技、文化、卫生、体育、社会福利等事业。

（三）充实互动平台，更好凸显群众主体作用。完善社区平台建设。将人、财、物等下沉到社区，优化社区公共资源的城乡配置，推动形成以社区党组织为核心、社区居委会为基础、社区事务工作站或服务中心为平台、社会组织为补充以及驻区单位协同配合、群众广泛参与的管理服务机制。打造交流互动平台。打造服务质量好、群众认可度高、可交流、可互动的平台。在全市设立市、镇、村（居）三级“政社互动”议事平台。村（居）一级，借助党员议事等平台，设立“政社互动议事间”，动态化、常态化与村（居）民开展面对面的日常互动。推进协商民主平台建设。健全民情恳谈、民意征询、民主评议等机制，探索协商民主在基层的实现形式。采取民情信箱、网络议事、居民论坛等方式，扩大民情 e 路通、娄东民生•连心桥、公德评议团等品牌效应，畅通民意诉求，提高群众参与热情。切实发挥老党员、老干部、村（居）民小组长等群体作用，注重发挥年轻群体参与社区事务的积极性，搭建沟通平台，共同推进社区治理。

（四）激发互动活力，更好促进社会组织发展。加大社会组织培育孵化力度。按照“统筹兼顾、重点扶持、孵化成长、规范发展、激发活力”的原则，在全市推出一批近期需要重点孵化的项目。经信、教育、民政、司法、人社、住建、交运、文广、卫生计生、体育、环保、民宗、市场监管（食药监）等部门要结合自身实际和资源优势，充分运用市场化机制和手段，助推相应领域的社会组织发展壮大。要健全社会组织法人治理机制，明确社会组织社会责任，完善社会组织自律、信息公开、评估等制度，促进社会组织健康发展。要在充分发挥本地社会组织作用的同时，强化政策扶持，积极创造条件，引进一批机制成熟、服务优良、公信度高的专业社会组织。推进社区公益创投活动，增强社区社会组织承接能力，提升公共服务水平。着力培育社工队伍。认真执行《太仓市社会工作岗位设置及薪酬待遇暂行规定》《太仓市社会工作专业人才计划实施细则》等文件，通过实施岗位开发、薪酬设置、规范评价、强化培训、实施激励等措施，力争通过 5 年左右的努力，形成一支规模适当、结构合理、专业凸显、服务优良的社会工作人才队伍。着力发挥市义工联合会、瑞恩社会工作发展研究中心等社会组织典型引领作用，着力加强企业社工、社区社工等队伍建设，积极发挥志愿者作用，通过成立“睦邻会”“护村会”“帮扶会”等社区志愿者互助会等形式，提倡社区群众自助和互助服务。建立义工（志愿者）服务点，发挥在助老、助困、助残、助学、助医等方面的作用。

（五）深化互动内涵，更好发挥社会规范作用。发挥市民公约、乡规民约、行业规章、团体章程等社会规范在社会治理中的积极作用。注重实现市民公约在诚信建设、文明创建、社会公益等领域的作用，强化市民公民意识，提高市民文明素质，提升城市道德内涵和文明程度。发挥村规民约在实施基层群众自治，弘扬村风民俗等方面的作用，增强村（居）自我约束、自我教育、自我管理能力，提升社会治理水平。发挥行业协会行业规章规范市场行为，为企业提供专业化服务等方面的作用，增强企业抵御市场风险能力，协调各类市场主体关系，更好地维护企业利益，弥补政府管理和市场调节的不足和缺陷。引导企业诚信守法经营，鼓励企业履行更多社会责任，更好地促进地方经济社会发展。发挥团体章程作用，作为党和政府联系人民群众的桥梁和纽带的总工会、团市委、妇联、科协、文联、工商联、残联、侨联等人民团体，要通过团体章程紧密联系群众，发挥职能优势，做群众利益的代表者和维护者，引导群众积极参与社会事务，发挥社会建设的主体作用。

（六）注重互动效果，更好提升治理水平。提供精细化服务。按照居民需求，开展预约服务、上门服务、代步等服务；创新服务方式，通过协同包户、设点服务、联网服务等多种方式，拓展服务功能，提升服务精细化水平；着力做好老、弱、病、残、孤等弱势群体、特殊群体及流动人口服务工作。切实推进社区减负。严格落实《关于推进工作、人员、经费、信息、考核整合，促进社区减负增效的若干意见》等上级文件，切实减少会议、减少创建、精简台账、减少印章使用等，推动社区减负取得实效。聚焦社区治理难点。村（居）要切实做好社情民意的收集整理、综合研判等工作，为政府决策提供参考。要针对不同类型社区的特点，着力解决好影响群众切身利益的现实问题。政府相关部门要有强烈的担当意识和责任感，坚持问题导向，推动开展“听民声、解民忧、办实事”等系列活动，从解决停车难、物业收费、小区规划、违章建设、破墙开店、侵占绿化、违规装修、动物饲养等社区管理和服务的难题入手，主动查找自身工作不足和问题，建立健全常态化矛盾解决机制，同时充分依靠群众的智慧，发挥自治能力，共同促进和谐社区建设。

五、强化保障，切实加强深化提升“政社互动”实践的组织领导

（一）切实加强党的领导。要坚持党的领导，着力发挥领导核心作用，以建设法治型党组织为引领和保障，确保“政社互动”各项工作始终在党的领导下有序推进。市委每年听取全市“政社互动”实践情况专题汇报。各镇（区）党组织要认真研究推进“政社互动”深化提升的措施、方法，每年听取本地区推进“政社互动”情况汇报不少于两次。健全党组织领导下的充满活力的基层群众自治机制，深入开展以村（居）民会议、议事协商、民主听证为主要形式的民主决策实践；以自我管理、自我教育、自我服务为主要目的的民主管理实践；以村（居）务公开、民主评议为主要内容的民主监督实践，全面推进基层群众自治制度化、规范化、程序化。坚持社会组织建设与党组织建设同步建设、同步推进，更好地发挥党员的先锋模范作用，激发各类社会组织的正能量。

（二）切实强化督查考评。将镇（区）“政社互动”工作情况继续纳入科学发展观考核，将有关市级机关“政社互动”工作情况纳入机关绩效考核加分项目。各镇（区）政社互动办公室要经常开展督查活动，邀请人大代表、政协委员视察“政社互动”工作。经常听取管理相对方、社会组织及社区群众对“政社互动”工作的意见和建议，并形成相应制度安排。纪检监察部门要加强监察检查，对行政机关违反法律规定，干预自治领域事务，侵犯基层群众自治组织权利、损害其他社会主体利益等行为，依法依纪进行处理。要重视舆论监督，充分发挥新闻媒体的作用，支持对违法违规行为进行曝光。

（三）切实理顺工作推进机制。市政社互动推进工作领导小组要在市委、市政府的统一领导下开展工作，市政社互动办公室具体负责“政社互动”整体规划、制度设计、指导协调及“政社互动”有关市级机关督查考评等工作；纪委负责“政社互动”过程中违纪行为的查处工作；组织部负责“政社互动”深化提升实践中加强党的领导工作；宣传部负责“政社互动”宣传及对外报道工作；政法委负责“政社互动”镇（区）督查考评工作；编委办负责政府转移职能梳理工作；市委研究室牵头推动“政社互动”理论研究工作；发改委负责“政社互动”中关于体制机制改革工作；经信委负责“互联网＋为民服务”的信息技术建设推进工作；民政局负责基层民主自治、村（居）减负、社会组织培育、社工队伍建设、推进“三社联动”“政社互动”相关具体工作落实、基层典型培育及村规民约、社会团体章程等社会规范作用发挥等工作，落实好上级民政部门关于“政社互动”工作的各项要求；财政局负责指导政府购买服务的具体实施工作；法制办做好政府职能转移目录、政府购买服务制度等合法性审查工作，负责推动“政社互动”规范化、制度化、法治化建设工作；总工会、团市委、妇联、科协、文联、工商联、残联、侨联等人民团体负责做好各自联系群体的作用发挥工作；其他相关部门要按照各自职责做好相应的指导、推进工作，加强协调配合，形成齐抓共管的工作合力。

（四）切实发挥典型示范作用。各镇（区）、各部门要始终把推进“政社互动”深化提升摆上重要位置，切实予以重视，确保有人抓、不松劲、可持续、能拓展。要积极稳妥、循序渐进，因地制宜，注重实效，从太仓实际出发，结合《太仓“政社互动”100例》典型案例，进行总结提炼和经验复制，实现镇（区）多典型、部门重示范、制度可互鉴、经验能推广，着力发挥典型示范作用。要增强干部群众的法治观念，把政府行为规范、村（居）负担减少、群众得到实惠、社会主体活力增强等作为衡量“政社互动”成效的重要标准，不断提高依法依规管理社会事务、协调利益关系、开展群众工作、处理矛盾纠纷、维护社会稳定的本领。

（五）切实提高社会认知。建立太仓市“政社互动”社会观察团，扎实做好实地调研、课题研究、提出建议等工作，促进深化提升。要加强对政府各部门、镇（区）干部的业务培训，树立依法行政理念，强化社会治理创新意识，提升工作能力水平。加大对村（居）干部、社会组织负责人的培训工作，提高其自我管理及参与社会治理的能力水平。要充分发挥报刊、广播、电视、网络等媒体的宣传、引导作用，向社会大力宣传推广“政社互动”的意义、做法和典型，在全市范围进一步形成共识，积极营造全社会关心、支持、参与“政社互动”的舆论氛围。

摘自《中共太仓市委、太仓市人民政府关于在推进“四个全面”战略布局中深化提升“政社互动”实践的意见》（太委发〔2015〕34号）

太仓市政府向社会购买服务实施细则

（试行）

第一条 为贯彻落实《苏州市政府向社会购买服务实施意见》（苏委办发〔2014〕48 号），加快政府职能转变，改革和创新政府服务供给机制和购买方式，全面规范和推进政府向社会购买服务工作，根据《苏州市政府向社会购买服务实施细则（试行）》（苏府办〔2014〕225 号）等文件精神，结合太仓实际，特制定本实施细则。

第二条 太仓市各级机关、事业单位作为购买主体，使用财政性资金向社会承接主体购买服务的活动，适用本实施细则。

第三条 政府向社会购买的服务范围包括政府及各部门为保证自身正常运转需要，或为履行市场监管、社会管理等职能需要向社会购买的服务，以及政府向社会公众提供的公共服务。

第四条 市机构编制、发改、市场监管、物价、民政、财政、监察、审计、法制等部门根据各自职责，负责太仓市政府向社会购买服务相关工作的组织、指导和监督。各业主管部门负责本单位、本行业、本系统政府向社会购买服务工作的组织、指导与监督。

第五条 承接主体包括依法在市场监管部门登记的企业、个体工商户；行业主管部门登记成立的机构；依法在民政部门登记成立或经国务院批准免予登记的社会组织；依法设立的事业单位；基层群众自治组织；具有独立承担民事责任能力的自然人。

第六条 承接主体应具备的基本条件：

（一）各类法人、其他组织作为承接主体应具备：依法成立，能独立承担民事责任；治理结构健全，内部管理和监督制度完善；具有独立的财务管理、会计核算和资产管理制度；具备提供公共服务所必需的设施、人员和专业技术能力；在参与政府向社会购买服务竞争前三年内无重大违法违规记录，社会信用与商业信用记录良好；法律法规规定的其他条件。

（二）个体工商户、自然人作为承接主体应具备：能独立承担民事责任，具备提供公共服务所必需的设施和专业技术能力；在参与政府向社会购买服务竞争前三年内无重大违法违规行为，社会信用与个人信用记录良好；法律法规规定的其它条件。

第七条 行业主管部门与财政部门负责研究确定行业内通用购买项目承接主体的统一标准要求，并制定规范的合同范本。

承接主体的具体条件由购买主体依据法律法规规定，会同行业主管部门、财政部门，根据购买服务项目的类别、内容、特点、标准和要求确定，并在相关采购文件中明示。

第八条 购买主体应加强向社会购买服务需求标准的内控管理，可以委托采购代理机构代理相关操作事项。购买主体、采购代理机构应明确相关岗位的职责和权限，确保项目需求制定与内部审批、采购文件准备与履约验收等不相容岗位分设。

第九条 政府向社会购买服务实行目录管理。

购买主体根据市机构编制部门制定的政府转移职能事项目录与对接目录，对照《苏州市城市综合服务标准》等要求，制定拟向社会购买服务的项目内容与具体需求标准，由行业主管部门审核后报财政部门审定。

财政部门根据审定的购买需求，编制《政府向社会购买服务指导目录》，将符合政府采购条件的服务项目纳入政府采购目录。

民政部门负责编制《承接政府向社会购买服务的社会组织目录》。

以上各项目录一般每年公布一次，根据实际情况进行调整，并向社会公布。

第十条 政府向社会购买服务实行部门预算管理。购买主体在编制年度部门预算时，依据《政府向社会购买服务指导目录》及政府采购目录，按照履行职能需要和社会公众需求等情况，梳理基本支出、项目支出明细内容，确定本部门政府购买服务具体项目，编制本单位向社会购买服务项目预算，连同本单位其他部门预算内容一并报财政部门审核。项目申报材料包括购买服务项目申报书、项目实施办法、项目绩效评价办法等资料。

第十一条 经人大批准后，财政部门将政府向社会购买服务项目预算与单位其他部门预算同步批复给购买主体。购买服务项目年度预算追加、调整事项，按照相关财政项目资金预算管理规定执行。

第十二条 逐步建立完善政府向社会购买服务信息公开制度。购买主体在不同阶段应及时向社会公布以下内容：购买的服务项目、承接主体的具体条件、购买服务具体要求、定价标准、绩效评价方法及监督考核办法；履约情况及日常监督考核情况；履约验收情况与绩效评价结果。

第十三条 政府购买服务的方式可分为政府采购和定向委托。

第十四条 政府购买服务原则上应通过政府采购方式实施采购。对政府采购目录以内的或者采购限额标准以上的项目，购买主体应委托代理机构，按照《政府采购法》规定的方式组织采购活动；对采购限额标准以下的项目，购买主体可以参照相关法律法规规定，自行确定采购方式后组织采购活动。

对因严重自然灾害和其他不可抗力事件所实施的紧急采购以及涉及国家安全和秘密的采购，根据国家相关法律法规规定实施。

第十五条 对尚不具备政府采购条件但直接关乎民生的，每次实施期限不超过两个月，年度内发生次数在两次及以上，且全年合同标的累计金额 10 万元以下的服务项目，经主管部门审核、财政部门审定后，可以采取一次性定向委托方式，委托合同期限为一年。

具有行业专业特殊的非竞争性服务项目，经行业主管部门审核、财政部门审定后，可以采取定向委托方式。委托合同期限一般为一年，如一年内无法完成服务目标的，经财政部门审定，可以适当延长。

第十六条 物价部门会同行业主管部门及时向社会公布政府定价、政府指导价的经营服务性收费项目、收费标准。对政府购买服务达到或超过一定金额的，采用邀请招标、竞争性谈判、询价、单一来源等政府采购方式的非竞争或适度竞争项目，经购买主体委托，物价部门依照相关规定实施成本规制。

对于补贴政策比较明确的项目，沿用原有定价办法；对于有市场参考价格的项目，依据市场价格水平合理定价；对于以人力成本为主的项目，本着略有盈余的原则，参考社会平均成本定价；由原事业单位提供服务的项目，可参考事业单位经费核算标准定价。

第十七条 政府向社会购买服务项目实行合同管理。确定承接主体后，购买主体应及时与其签订购买服务书面合同，明确购买服务的范围、标的、数量、质量要求及项目金额、服务期限、资金支付方式、日常跟踪监管、权利义务、违约责任、绩效目标和绩效评价标准等内容。书面合同需经购买主体的法制机构会同法律顾问审核确认。

政府采购项目的采购合同自签订之日起七个工作日内，购买主体应将合同副本报财政部门备案。

第十八条 政府向社会购买服务项目合同履行期限一般为一年。其中经常性服务项目，经财政部门审核同意后，合同履行期限可适当延长。

第十九条 承接主体应严格履行合同义务，保质、保量、按时履行服务内容，严禁服务转包、分包行为。

第二十条 购买主体是政府购买服务项目履约验收的责任主体，应按照采购合同规定组织履约验收，并出具验收报告，验收报告应包括每项服务标准的履约情况及履约结果的运用情况。

运行保障类和民生服务类服务项目，验收时可以邀请第三方评价机构参与并出具意见，验收报告应当及时向社会公布。

管理咨询类服务项目，承接主体的服务成果应当在购买主体内部公开。

第二十一条 政府向社会购买服务项目的资金实行国库集中支付。

第二十二条 财政部门负责制定政府向社会购买服务绩效评价管理制度，并组织实施相关工作。

第二十三条 按照政府主导、部门负责、社会参与、共同监督的原则，逐步建立完善政府统一领导、财政部门牵头、职能部门履职、监督部门保障的全过程跟踪管理体制。

第二十四条 审计部门强化审计监督职能，把政府向社会购买服务的资金使用情况、实际履约情况等列入日常审计工作范围；监察部门强化监督、执纪、问责，受理人民群众的投诉举报和有关部门移送的线索，依纪依法查处政府购买服务过程中的各种违法违规行为。

机构编制、发改、市场监管、物价、民政、财政、法制等职能部门按照职责分工，将政府购买服务各方履约主体的行为纳入执业评估、执法检查、绩效考核与信用考评等监管体系。

第二十五条 由财政性资金作为经费主要来源的群团组织，参照本实施细则执行。

第二十六条 本实施细则自发布之日起试行。

摘自《市政府关于印发〈太仓市政府向社会购买服务实施细则（试行）〉的通知》（太政发〔2015〕60号）

年度文件目录

中共太仓市委文件

1.	2015年3月3日	太委发〔2015〕1号	关于贯彻落实党的十八届四中全会决定全面推进法治太仓建设的实施意见
2.	2015年2月3日	太委发〔2015〕2号	中共太仓市委、太仓市人民政府关于表彰2014年度农业农村工作先进单位和先进个人的决定
3.	2015年2月6日	太委发〔2015〕3号	中共太仓市委员会、太仓市人民政府关于进一步加强城乡社区建设的意见
4.	2015年2月6日	太委发〔2015〕4号	中共太仓市委员会、太仓市人民政府关于加强社会工作人才队伍建设推进社会工作发展的意见
5.	2015年2月16日	太委发〔2015〕5号	中共太仓市委、太仓市人民政府关于表彰2014年度主题教育活动、“双赢杯”竞赛活动先进集体、先进个人的决定
6.	2015年2月16日	太委发〔2015〕6号	中共太仓市委员会、太仓市人民政府关于表彰2014年度区镇落实科学发展观工作实绩综合考评先进单位的决定
7.	2015年2月16日	太委发〔2015〕7号	中共太仓市委、太仓市人民政府关于表彰2014年度太仓市人才科技工作先进奖、创新进步奖的决定
8.	2015年2月16日	太委发〔2015〕8号	中共太仓市委、太仓市人民政府关于印发《太仓市安全生产“党政同责、一岗双责”实施细则》的通知

9.　2015年2月27日　太委发〔2015〕9号　中共太仓市委、太仓市人民政府关于印发《2015年“文明太仓”市民大行动实施意见》的通知
10.　2015年2月27日　太委发〔2015〕10号　关于转发《太仓市人大常委会2015年度工作要点》《政协太仓市第十三届委员会常务委员会2015年工作要点》的通知
11.　2015年3月3日　太委发〔2015〕11号　中共太仓市委、太仓市人民政府关于表彰2014年度全市开放型经济工作先进单位的决定
12.　2015年3月6日　太委发〔2015〕12号　中共太仓市委、太仓市人民政府关于表彰2014年度工业销售十强企业、工业纳税十强企业、十佳管理创新企业的决定
13.　2015年3月6日　太委发〔2015〕13号　中共太仓市委、太仓市人民政府关于表彰2014年度十大高新产值企业、十佳研发型企业、十佳专利示范企业的决定
14.　2015年4月1日　太委发〔2015〕14号　关于印发《2015年全市党委（党组）中心组专题学习计划》的通知
15.　2015年4月1日　太委发〔2015〕15号　关于印发《太仓市党的纪律检查体制改革实施方案》的通知
16.　2015年4月1日　太委发〔2015〕16号　印发《关于开展巡查工作的意见》的通知
17.　2015年4月1日　太委发〔2015〕17号　关于市委常委会全面贯彻执行民主集中制的意见
18.　2015年4月2日　太委发〔2015〕18号　中共太仓市委、太仓市人民政府关于推进城乡发展一体化迈上新台阶的实施意见
19.　2015年4月21日　太委发〔2015〕19号　中共太仓市委、太仓市人民政府关于表彰2014年度信访工作先进集体和先进工作者的决定
20.　2015年4月22日　太委发〔2015〕20号　关于市委常委分工的通知
21.　2015年4月30日　太委发〔2015〕21号　印发《关于深化农村党组织“365服务工程”的意见》的通知
22.　2015年5月4日　太委发〔2015〕22号　关于1978年至2012年党内规范性文件的清理决定
23.　2015年5月15日　太委发〔2015〕23号　批转团市委《关于召开共青团太仓市第二十次代表大会的请示》的通知
24.　2015年6月2日　太委发〔2015〕24号　印发《关于党委（党组）及其主要负责人报告履行党风廉政建设主体责任和廉洁从政情况的实施办法（试行）》的通知
25.　2015年6月2日　太委发〔2015〕25号　中共太仓市委、太仓市人民政府关于印发《太仓市市级机关部门作风效能建设暨绩效管理考核工作实施意见（试行）》的通知
26.　2015年6月13日　太委发〔2015〕26号　中共太仓市委、太仓市人民政府关于表彰2012—2014年度全国文明城市创建长效管理工作先进集体的决定
27.　2015年6月17日　太委发〔2015〕27号　中共太仓市委员会、太仓市人民政府关于2015年度区镇科学发展绩效考核办法
28.　2015年6月30日　太委发〔2015〕28号　中共太仓市委、太仓市人民政府印发《关于实施“娄东英才”工程，服务经济转型升级的若干意见（2015—2020）》的通知
29.　2015年7月14日　太委发〔2015〕29号　中共太仓市委、太仓市人民政府关于深入推进平安太仓建设的实施意见
30.　2015年7月23日　太委发〔2015〕30号　中共太仓市委、太仓市人民政府印发《关于贯彻落实“一带一路”战略规划的实施方案》的通知
31.　2015年8月5日　太委发〔2015〕31号　关于推动全面从严治党迈上新台阶的意见
32.　2015年8月26日　太委发〔2015〕32号　印发《关于开展以“强党性、勇担当、比贡献”为主要内容的“我是共产党员”专项教育活动的实施方案》的通知
33.　2015年10月10日　太委发〔2015〕33号　中共太仓市委、太仓市人民政府关于推进苏南国家自主创新示范区建设的实施意见
34.　2015年10月29日　太委发〔2015〕34号　中共太仓市委、太仓市人民政府关于在推进“四个全面”战略布局中深化提升“政社互动”实践的意见
35.　2015年12月18日　太委发〔2015〕35号　中共太仓市委常委会议事决策规则

太仓市人民政府文件

1.	2015年1月8日	太政发〔2015〕1号	印发《关于进一步加快技术创新体系建设的若干政策意见》的通知
2.	2015年1月15日	太政发〔2015〕2号	关于认真做好2015年春节期间拥军优属工作的通知
3.	2015年1月15日	太政发〔2015〕3号	关于调整太仓市打击侵犯知识产权和制售假冒伪劣商品工作领导小组的通知
4.	2015年1月28日	太政发〔2015〕4号	关于暂停全市活禽交易的公告
5.	2015年1月29日	太政发〔2015〕5号	印发《关于引导和促进我市房地产市场平稳健康发展的若干意见》的通知
6.	2015年2月16日	太政发〔2015〕6号	关于加强区镇政府投资项目管理的通知
7.	2015年2月26日	太政发〔2015〕7号	关于市政府领导工作分工的通知
8.	2015年2月26日	太政发〔2015〕8号	关于成立太仓市“十三五”规划编制工作领导小组的通知
9.	2015年2月28日	太政发〔2015〕9号	市人武部关于表彰2014年度基层武装工作先进单位和个人的通报
10.	2015年3月2日	太政发〔2015〕10号	关于下达2015年全市主要经济指标工作目标的通知
11.	2015年3月2日	太政发〔2015〕11号	关于印发《太仓市2015年度重点项目建设意见》的通知
12.	2015年3月3日	太政发〔2015〕12号	关于确定2015年太仓市级重大事故隐患“挂牌督办”整改单位的通知
13.	2015年3月3日	太政发〔2015〕13号	印发《2015年太仓市推进依法行政工作要点》的通知
14.	2015年3月3日	太政发〔2015〕14号	关于分解落实2015年政府各项主要工作任务的通知
15.	2015年3月4日	太政发〔2015〕15号	关于印发《2015年3•15国际消费者权益日活动方案》的通知
16.	2015年3月12日	太政发〔2015〕16号	关于表彰全市2014年度污染物总量减排工作先进集体和先进个人的决定
17.	2015年3月16日	太政发〔2015〕17号	关于成立太仓市农村生活污水治理工作领导小组的通知
18.	2015年3月16日	太政发〔2015〕18号	关于成立太仓市小型水利工程管理体制改革工作领导小组的通知
19.	2015年3月21日	太政发〔2015〕19号	印发《关于推进天镜湖私募基金创业基地发展的政策意见》的通知
20.	2015年3月24日	太政发〔2015〕20号	关于印发《太仓市2015年价格调控目标责任制实施意见》的通知
21.	2015年3月26日	太政发〔2015〕21号	下达2015年度市级政府投资项目计划的通知
22.	2015年3月26日	太政发〔2015〕22号	关于做好国家卫生城市、镇和省级卫生村复审迎检工作的通知
23.	2015年4月1日	太政发〔2015〕23号	印发《关于进一步提高经济发展质量和效益的意见》的通知
24.	2015年4月3日	太政发〔2015〕24号	印发《关于进一步加强审计整改工作的意见》的通知
25.	2015年4月3日	太政发〔2015〕25号	关于印发《太仓市审计结果公告办法》的通知
26.	2015年4月9日	太政发〔2015〕26号	印发关于加快转变政府职能建设服务型政府的意见的通知
27.	2015年4月17日	太政发〔2015〕27号	印发《关于实行最严格水资源管理制度实施意见》的通知
28.	2015年4月19日	太政发〔2015〕28号	关于调整太仓市政府性债务管理领导小组成员的通知
29.	2015年4月21日	太政发〔2015〕29号	关于市政府领导工作分工的通知
30.	2015年4月21日	太政发〔2015〕30号	关于印发《太仓市小型水利工程管理体制改革实施方案》的通知
31.	2015年4月25日	太政发〔2015〕31号	关于颁发2014年度太仓市科学技术奖的决定
32.	2015年4月28日	太政发〔2015〕32号	市政府、市人武部关于做好2015年度民兵整组工作的通知
33.	2015年5月11日	太政发〔2015〕33号	关于调整市防汛防旱指挥部成员的通知
34.	2015年5月14日	太政发〔2015〕34号	关于认定拉夏贝尔服饰（太仓）有限公司等单位为太仓市总部企业的决定

35.	2015年3月25日	太政发〔2015〕35号	关于成立太仓市创建江苏省优秀管理城市工作领导小组的通知
36.	2015年3月25日	太政发〔2015〕36号	关于印发《太仓市创建江苏省优秀管理城市工作实施方案》的通知
37.	2015年6月1日	太政发〔2015〕37号	关于调整太仓市安全生产委员会成员的通知
38.	2015年6月1日	太政发〔2015〕38号	印发《太仓市促进开放型经济转型升级若干政策意见》的通知
39.	2015年6月1日	太政发〔2015〕39号	印发《太仓市商务发展专项引导资金使用管理办法》的通知
40.	2015年6月1日	太政发〔2015〕40号	关于表彰2014年度节能工作先进单位、优秀能管员的决定
41.	2015年6月3日	太政发〔2015〕41号	印发《关于进一步调整完善生态补偿政策意见》的通知
42.	2015年6月4日	太政发〔2015〕42号	关于确认行政执法证有效的公告
43.	2015年6月15日	太政发〔2015〕43号	关于调整全市处理涉外事（案）件领导小组的通知
44.	2015年6月18日	太政发〔2015〕44号	关于调整市政府残疾人工作委员会成员的通知
45.	2015年7月7日	太政发〔2015〕45号	关于表彰2014年度征兵工作先进单位和个人的通报
46.	2015年10月7日	太政发〔2015〕46号	关于转发《苏州市政府关于组织开展全市老楼危楼安全排查工作的通知》的通知
47.	2015年7月16日	太政发〔2015〕47号	关于认真做好“八一”期间拥军优属工作的通知
48.	2015年7月21日	太政发〔2015〕48号	关于成立长江沿线环境整治工作领导小组的通知
49.	2015年7月23日	太政发〔2015〕49号	印发《关于设立太仓市产业扶持资金，进一步推进经济转型升级的政策意见》的通知
50.	2015年8月3日	太政发〔2015〕50号	印发《关于加快民办教育发展实施意见》的通知
51.	2015年8月3日	太政发〔2015〕51号	印发《太仓市建筑企业外来务工人员工伤保险暂行办法》的通知
52.	2015年8月10日	太政发〔2015〕52号	关于印发《进一步加强全市政府专职消防队伍建设的实施意见》的通知
53.	2015年8月20日	太政发〔2015〕53号	关于调整市服务业工作领导小组的通知
54.	2015年8月20日	太政发〔2015〕54号	关于调整太仓市水上搜救中心组成人员的通知
55.	2015年8月27日	太政发〔2015〕55号	关于成立太仓市重点项目、实事工程协调推进工作领导小组的通知
56.	2015年9月1日	太政发〔2015〕56号	关于成立太仓市“三优三保”行动计划工作领导小组的通知
57.	2015年9月11日	太政发〔2015〕57号	关于印发《太仓市企业应急转贷资金管理办法》的通知
58.	2015年9月16日	太政发〔2015〕58号	关于公布全市行政执法主体名单的通知
59.	2015年9月16日	太政发〔2015〕59号	关于调整太仓市数字化城市管理监督指挥中心的通知
60.	2015年9月17日	太政发〔2015〕60号	关于印发《太仓市政府向社会购买服务实施细则（试行）》的通知
61.	2015年9月18日	太政发〔2015〕61号	关于印发《太仓市主城区老旧片区改造管理工作方案》的通知
62.	2015年9月21日	太政发〔2015〕62号	关于成立太仓市经营性土地上市工作领导小组的通知
63.	2015年9月21日	太政发〔2015〕63号	关于印发《太仓市生态补偿资金管理办法（暂行）》的通知
64.	2015年9月28日	太政发〔2015〕64号	关于印发《太仓市城区水环境综合整治提升工作（2016—2018年）实施方案》的通知
65.	2015年10月9日	太政发〔2015〕65号	关于调整中央财政小型农田水利重点县项目工作领导小组的通知
66.	2015年9月30日	太政发〔2015〕66号	关于印发《2016—2018年中央财政小型农田水利重点县建设资金整合工作实施方案》的通知
67.	2015年10月10日	太政发〔2015〕67号	关于成立太仓市新能源汽车推广应用工作领导小组的通知
68.	2015年10月26日	太政发〔2015〕68号	关于调整太仓市社会信用体系建设领导小组成员的通知
69.	2015年11月3日	太政发〔2015〕69号	关于公布政府行政权力清单的通知
70.	2015年11月9日	太政发〔2015〕70号	关于进一步完善少数民族群众服务体系的意见
71.	2015年11月13日	太政发〔2015〕71号	关于调整市履行《禁止化学武器公约》工作领导小组的通知

72. 2015年11月10日 太政发〔2015〕72号 关于调整我市高污染排放机动车区域限行规定的通告
73. 2015年11月16日 太政发〔2015〕73号 关于印发《太仓市鼓励客运黄标车提前淘汰专项引导补助实施方案》的通知
74. 2015年11月16日 太政发〔2015〕74号 关于扩大老旧机动车提前淘汰补助范围并实施奖励的通告
75. 2015年11月23日 太政发〔2015〕75号 关于进一步规范和加强房地产业监督管理的通知
76. 2015年12月2日 太政发〔2015〕76号 关于成立太仓市永久基本农田划定工作领导小组的通知
77. 2015年12月2日 太政发〔2015〕77号 关于深化行政审批制度改革加强事中事后监管的实施意见
78. 2015年12月2日 太政发〔2015〕78号 关于印发《太仓市政府投资项目生成机制实施意见》的通知
79. 2015年12月8日 太政发〔2015〕79号 印发《关于推进完善医养融合发展的实施意见》的通知
80. 2015年12月8日 太政发〔2015〕80号 关于确定2015年度太仓科技领军人才的通知
81. 2015年12月8日 太政发〔2015〕81号 印发《关于进一步健全安全生产监管体系的实施意见》的通知
82. 2015年12月9日 太政发〔2015〕82号 印发《关于推行全市新增工业项目用地联合预审管理的实施意见（试行）》的通知
83. 2015年12月15日 太政发〔2015〕83号 关于建立政府法律顾问制度的实施意见
84. 2015年11月15日 太政发〔2015〕84号 关于成立市政府法律顾问委员会的通知
85. 2015年12月15日 太政发〔2015〕85号 关于公布太仓市行政规范性文件制定主体名单的通知
86. 2015年12月16日 太政发〔2015〕86号 关于建立市畜禽养殖整治专项行动工作领导小组的通知
87. 2015年12月16日 太政发〔2015〕87号 关于印发《畜禽养殖整治专项行动实施意见》的通知
88. 2015年12月22日 太政发〔2015〕88号 关于认真做好第三次全国农业普查工作的通知
89. 2015年12月23日 太政发〔2015〕89号 关于调整太仓市供水安全保障体系建设工作领导小组的通知
90. 2015年12月29日 太政发〔2015〕90号 印发《关于建立健全粮食安全责任制实施意见》的通知
91. 2015年12月30日 太政发〔2015〕91号 关于公布行政规范性文件清理结果的通知
92. 2015年12月31日 太政发〔2015〕92号 关于袁欲彬同志工作分工的通知
93. 2015年12月31日 太政发〔2015〕93号 关于命名2014年度太仓市重合同守信用企业的决定

中共太仓市委办公室文件

1. 2015年1月7日 太委办〔2015〕1号 印发《关于切实改进学风的实施意见》的通知
2. 2015年1月15日 太委办〔2015〕2号 市委办公室、市政府办公室关于开展2015年春节“扶贫帮困送温暖”活动的通知
3. 2015年1月21日 太委办〔2015〕3号 关于明确社会稳定风险评估工作有关事项的通知
4. 2015年1月26日 太委办〔2015〕4号 市委办公室、市政府办公室关于印发《太仓市党政领导干部“三责告知”办法（试行）》的通知
5. 2015年1月26日 太委办〔2015〕5号 市委办公室、市政府办公室关于做好2014年度农业、农村工作先进单位和先进个人推荐申报工作的通知
6. 2015年2月4日 太委办〔2015〕6号 市委办公室、市政府办公室关于印发《太仓市关心下一代工作委员会2015年工作要点》的通知
7. 2015年2月4日 太委办〔2015〕7号 市委办公室、市政府办公室 印发《关于规范领导干部办理婚丧嫁娶事宜的暂行规定》的通知
8. 2015年2月4日 太委办〔2015〕8号 市委办公室、市政府办公室关于印发《太仓市加强资金支持促进社会组织和社会工作发展暂行办法》的通知
9. 2015年2月25日 太委办〔2015〕9号 关于印发《太仓市“动议比选任用”科级领导干部实施办法（试行）》和相关配套实施细则的通知
10. 2015年3月10日 太委办〔2015〕10号 关于进一步加强重要紧急信息报告工作的通知

11.	2015 年 3 月 10 日	太委办〔2015〕11 号	市委办公室、市政府办公室关于做好 2015 年各界人士情况通报会有关工作的通知
12.	2015 年 3 月 16 日	太委办〔2015〕12 号	市委办公室、市政府办公室关于印发《2015 年法治太仓建设工作要点》的通知
13.	2015 年 3 月 19 日	太委办〔2015〕13 号	市委办公室、市政府办公室关于做好清明节期间烈士纪念活动的通知
14.	2015 年 3 月 31 日	太委办〔2015〕16 号	市委办公室、市政府办公室关于表彰全国社会主义新农村建设档案工作示范县创建活动先进集体和先进个人的决定
15.	2015 年 3 月 31 日	太委办〔2015〕17 号	印发《关于新形势下进一步完善党员干部直接联系群众制度的实施办法》的通知
16.	2015 年 3 月 31 日	太委办〔2015〕18 号	印发《关于深化“四风”整治、巩固和拓展党的群众路线教育实践活动成果的实施办法》的通知
17.	2015 年 3 月 31 日	太委办〔2015〕19 号	印发《关于健全完善党员领导干部民主生活会和基层党组织组织生活会制度的实施意见》的通知
18.	2015 年 4 月 1 日	太委办〔2015〕20 号	市委办公室、市政府办公室关于转发《太仓市档案馆收集档案范围实施细则》的通知
19.	2015 年 4 月 2 日	太委办〔2015〕21 号	市委办公室、市政府办公室印发《关于加强和创新群众工作促进信访突出问题得到解决的意见》的通知
20.	2015 年 4 月 12 日	太委办〔2015〕22 号	市委办公室、市政府办公室关于转发《太仓市人才开发专项资金管理使用办法（试行）》的通知
21.	2015 年 4 月 22 日	太委办〔2015〕23 号	关于印发市委全面深化改革领导小组专项小组和市委改革办成员名单的通知
22.	2015 年 4 月 27 日	太委办〔2015〕24 号	市委办公室、市政府办公室关于印发《太仓市 2015 年改革工作要点》的通知
23.	2015 年 5 月 7 日	太委办〔2015〕25 号	转发《中共苏州市委关于深入开展向汪明如同志学习活动的通知》的通知
24.	2015 年 5 月 19 日	太委办〔2015〕26 号	印发《关于在县处级以上领导干部中开展“三严三实”专题教育的实施方案》的通知
25.	2015 年 5 月 26 日	太委办〔2015〕27 号	市委办公室、市政府办公室关于调整太仓市深化医药卫生体制改革领导小组的通知
26.	2015 年 5 月 27 日	太委办〔2015〕28 号	市委办公室、市政府办公室关于开展 2015 年度农业农村工作考核的通知
27.	2015 年 5 月 27 日	太委办〔2015〕29 号	关于进一步做好市领导挂钩联系区镇、村（社区）、重点企业（项目）和结对帮扶困难家庭工作的通知
28.	2015 年 6 月 1 日	太委办〔2015〕30 号	市委办公室、市政府办公室印发《关于落实〈中共太仓市委贯彻落实党的十八届四中全会决定全面推进法治太仓建设的实施意见〉各项任务的分工方案》的通知
29.	2015 年 6 月 2 日	太委办〔2015〕31 号	市委办公室、市政府办公室关于进一步加强和完善政府部门与民主党派、工商联和无党派知识分子联谊会对口联系的意见
30.	2015 年 6 月 5 日	太委办〔2015〕32 号	市委办公室、市政府办公室印发《关于进一步做好工程建设领域农民工工资支付工作的意见》的通知
31.	2015 年 6 月 10 日	太委办〔2015〕33 号	市委办公室、市政府办公室印发《关于加强和改进新形势下全市档案工作实施意见》的通知
32.	2015 年 6 月 24 日	太委办〔2015〕34 号	市委办公室、市政府办公室印发《关于推进农村社区股份合作社股权固化改革的实施意见（试行）》的通知
33.	2015 年 6 月 25 日	太委办〔2015〕35 号	市委办公室、市政府办公室关于成立太仓市沙溪古镇申报世界文化遗产工作领导小组的通知
34.	2015 年 6 月 30 日	太委办〔2015〕36 号	市委办公室、市政府办公室印发《关于深入推进 " 娄东英才 " 工程的实施办法（试行）》的通知
35.	2015 年 7 月 14 日	太委办〔2015〕37 号	印发《省委第一巡视组〈对苏州市巡视情况的反馈意见〉太仓整改落实分工方案》的通知
36.	2015 年 7 月 20 日	太委办〔2015〕38 号	市委办公室、市政府办公室关于开展“慈善一日捐”活动的通知
37.	2015 年 7 月 21 日	太委办〔2015〕39 号	关于调整太仓市未成年人保护委员会组成人员的通知

38. 2015 年 7 月 21 日 太委办〔2015〕40 号 关于召开中共太仓市委十二届十次全体（扩大）会议的通知
39. 2015 年 7 月 29 日 太委办〔2015〕41 号 关于建立党内规范性文件事前审查制度有关事项的通知
40. 2015 年 7 月 31 日 太委办〔2015〕42 号 关于印发《省委第一巡视组〈对苏州市巡视情况的反馈意见〉太仓整改工作方案》的通知
41. 2015 年 8 月 13 日 太委办〔2015〕43 号 市委办公室、市政府办公室印发《关于深入推进平安太仓建设实施意见重点任务分工方案》的通知
42. 2015 年 8 月 14 日 太委办〔2015〕44 号 市委办公室、市政府办公室关于切实做好当前安全生产工作的紧急通知
43. 2015 年 8 月 19 日 太委办〔2015〕47 号 市委办公室、市政府办公室印发《关于培育壮大新型农业经营主体的意见》的通知
44. 2015 年 8 月 19 日 太委办〔2015〕48 号 关于调整市农村土地承包经营权确权登记颁证工作领导小组的通知
45. 2015 年 8 月 26 日 太委办〔2015〕49 号 关于市人大十五届四次会议第 121 号建议的答复
46. 2015 年 8 月 26 日 太委办〔2015〕50 号 关于市政协十三届四次会议 80 号提案的答复
47. 2015 年 8 月 26 日 太委办〔2015〕51 号 市委办公室、市政府办公室关于印发《2015 年度市级机关部门绩效管理考核评价细则》的通知
48. 2015 年 9 月 11 日 太委办〔2015〕52 号 市委办公室、市政府办公室关于印发《法治太仓建设指标体系（试行）》的通知
49. 2015 年 9 月 11 日 太委办〔2015〕53 号 关于印发《中共太仓市委全面深化改革领导小组工作规则》《中共太仓市委全面深化改革领导小组专项小组工作规则》《中共太仓市委全面深化改革领导小组办公室工作细则》的通知
50. 2015 年 9 月 14 日 太委办〔2015〕54 号 市委办公室、市政府办公室印发《关于加强和改进市委反腐败协调小组及其办公室工作的实施意见（试行）》的通知
51. 2015 年 9 月 15 日 太委办〔2015〕55 号 关于印发《中共太仓市委全面深化改革领导小组第二次会议纪要》的通知
52. 2015 年 9 月 16 日 太委办〔2015〕56 号 市委办公室、市政府办公室关于调整太仓市公务用车制度改革领导小组的通知
53. 2015 年 9 月 16 日 太委办〔2015〕57 号 市委办公室、市政府办公室关于进一步加强专职武装干部和民兵干部队伍建设的实施意见
54. 2015 年 9 月 16 日 太委办〔2015〕58 号 市委办公室、市政府办公室关于成立太仓市主城区老旧片区改造管理工作领导小组的通知
55. 2015 年 9 月 24 日 太委办〔2015〕59 号 关于进一步强化责任担当自觉落实党风廉政建设党委（党组）主体责任的通知
56. 2015 年 10 月 15 日 太委办〔2015〕60 号 市委办公室、市政府办公室关于印发《太仓科技领军人才计划实施细则》的通知
57. 2015 年 10 月 20 日 太委办〔2015〕61 号 市委办公室、市政府办公室关于印发《太仓市民生信息发布平台管理办法（试行）》的通知
58. 2015 年 10 月 28 日 太委办〔2015〕62 号 印发省委第一巡视组《关于对太仓市巡视情况的反馈意见》和王剑锋同志在情况反馈会上的讲话的通知
59. 2015 年 10 月 29 日 太委办〔2015〕63 号 关于印发《省委第一巡视组〈对太仓市巡视情况的反馈意见〉整改落实方案》的通知
60. 2015 年 10 月 30 日 太委办〔2015〕64 号 市委办公室、市政府办公室关于做好《太仓年鉴（2015）》发行工作的通知
61. 2015 年 11 月 5 日 太委办〔2015〕65 号 关于印发《首届“郑和杯”青年精英创新创业大赛活动方案》的通知
62. 2015 年 11 月 9 日 太委办〔2015〕66 号 关于印发《省委第一巡视组〈对太仓市巡视情况的反馈意见〉整改工作方案》的通知
63. 2015 年 11 月 23 日 太委办〔2015〕67 号 市委办公室、市政府办公室关于调整村主要干部基本报酬标准的通知
64. 2015 年 11 月 24 日 太委办〔2015〕68 号 市委办公室、市政府办公室关于深化提升“政社互动”实践若干配套工作安排的通知
65. 2015 年 12 月 4 日 太委办〔2015〕69 号 市委办公室、市政府办公室转发《关于建立健全国家机关“谁执法谁普法”责任制的意见》的通知

66.	2015年12月16日	太委办〔2015〕70号	关于召开中共太仓市委十二届十一次全体（扩大）会议的通知
67.	2015年12月16日	太委办〔2015〕71号	市委办公室、市政府办公室关于开展2015年度党风廉政建设责任制检查考核工作的通知
68.	2015年12月28日	太委办〔2015〕72号	市委办公室、市政府办公室关于做好元旦、春节和“两会”期间信访工作的通知
69.	2015年12月29日	太委办〔2015〕73号	市委办公室、市政府办公室关于做好2016年元旦春节期间有关工作的通知

太仓市人民政府办公室文件

1.	2015年1月6日	太政办〔2015〕1号	关于报送2015年度太仓市重大行政决策项目的通知
2.	2015年1月6日	太政办〔2015〕2号	印发《关于新区华源上海城三期验收交房问题的会议纪要》的通知
3.	2015年1月8日	太政办〔2015〕3号	关于调整全市乡村医生基本报酬标准的通知
4.	2015年1月8日	太政办〔2015〕4号	印发《关于樊村地块改造工程项目集体土地上房屋协议拆迁工作的会议纪要》的通知
5.	2015年1月9日	太政办〔2015〕5号	印发《关于市检察技侦大楼整改协调会议的会议纪要》的通知
6.	2015年1月9日	太政办〔2015〕6号	关于转发《苏州市水美乡镇片区河网水系规划编制大纲》的通知
7.	2015年1月10日	太政办〔2015〕7号	关于开展2014年度全市政府网站测评活动的通知
8.	2015年1月13日	太政办〔2015〕8号	关于全市养老机构安全检查情况的通报
9.	2015年1月14日	太政办〔2015〕9号	关于成立太仓市义务教育改薄工作领导小组的通知
10.	2015年1月14日	太政办〔2015〕10号	关于转发《太仓市2014年度本级财政预算执行及其他财政收支情况审计工作方案》的通知
11.	2015年1月16日	太政办〔2015〕11号	关于下达太仓市“十三五”重点专项规划编制计划的通知
12.	2015年1月19日	太政办〔2015〕12号	关于进一步加强和改进政府系统值班工作的通知
13.	2015年1月19日	太政办〔2015〕13号	关于认真做好全市2015年1%人口抽样调查工作的通知
14.	2015年1月21日	太政办〔2015〕14号	关于成立太仓市见义勇为人员权益保护工作协调小组的通知
15.	2015年1月16日	太政办〔2015〕15号	印发《关于市行政服务中心设立房地产交易服务窗口事宜的会议纪要》的通知
16.	2015年1月30日	太政办〔2015〕16号	关于进一步加强涉企收费管理减轻企业负担的通知
17.	2015年2月3日	太政办〔2015〕17号	关于调整全市春运工作领导小组的通知
18.	2015年2月11日	太政办〔2015〕18号	关于落实沪通铁路太仓段拆迁安置用地选址的紧急通知
19.	2015年2月15日	太政办〔2015〕19号	关于2014年度太仓市政府网站测评结果的通报
20.	2015年2月16日	太政办〔2015〕20号	关于开展2015年市政府规范性文件评估工作的通知
21.	2015年2月13日	太政办〔2015〕21号	关于下达2015年财政收入任务的通知
22.	2015年2月13日	太政办〔2015〕22号	关于开展穿越沪通铁路基础设施建设前期工作的通知
23.	2015年2月25日	太政办〔2015〕23号	关于加强政府网站信息内容建设的通知
24.	2015年2月27日	太政办〔2015〕24号	印发《太仓市第二次全国地名普查实施方案》的通知
25.	2015年3月6日	太政办〔2015〕25号	关于印发《太仓市太湖流域水环境综合治理省级专项资金使用和项目管理实施细则（试行）》的通知
26.	2015年3月12日	太政办〔2015〕26号	关于印发《太仓市环境保护大检查工作方案》的通知
27.	2015年3月13日	太政办〔2015〕27号	关于转发《苏州市政府办公室关于开展突出环境问题挂牌督办、重点区域环境综合整治及重点环境问题集中整治工作的通知》的通知
28.	2015年3月13日	太政办〔2015〕28号	关于印发《2015年大气污染防治工作任务计划安排》的通知
29.	2015年3月16日	太政办〔2015〕29号	关于开展废品回收行业突出问题专项整治工作的通知

30.	2015年3月16日	太政办〔2015〕30号	转发《苏州市政府关于进一步加强乡镇政府、街道办事处依法行政工作的意见》的通知
31.	2015年3月17日	太政办〔2015〕31号	印发《太仓市2015年全民科学素质百项行动计划》的通知
32.	2015年3月23日	太政办〔2015〕32号	关于成立太仓市环境保护大检查工作领导小组的通知
33.	2015年3月26日	太政办〔2015〕33号	关于转发《苏州市公共信用信息归集和使用管理办法（试行）》的通知
34.	2015年3月26日	太政办〔2015〕34号	关于转发《苏州市社会法人失信惩戒办法（试行）》的通知
35.	2015年3月26日	太政办〔2015〕35号	关于转发《苏州市自然人失信惩戒办法（试行）》的通知
36.	2015年3月26日	太政办〔2015〕36号	印发《2015年太仓市政府规范性文件制定计划》的通知
37.	2015年3月30日	太政办〔2015〕37号	关于开展河道长效管理工作市级检查考核的通知
38.	2015年4月1日	太政办〔2015〕38号	关于公布《2015年度太仓市重大行政决策目录》的通知
39.	2015年4月2日	太政办〔2015〕39号	转发苏州市政府办公室关于开展2014年度土地矿产卫片执法监督检查工作的通知
40.	2015年4月3日	太政办〔2015〕40号	关于印发《协调原北上海国际学校补办房产证工作专题会议纪要》的通知
41.	2015年4月7日	太政办〔2015〕41号	关于开展太仓市第二十七届科普宣传周活动的通知
42.	2015年4月8日	太政办〔2015〕42号	关于印发《2015年接轨上海工作要点》的通知
43.	2015年4月9日	太政办〔2015〕43号	关于转发推动政府部分职能向社会转移的工作意见的通知
44.	2015年4月13日	太政办〔2015〕44号	关于切实做好小麦穗期病虫防治工作的紧急通知
45.	2015年4月13日	太政办〔2015〕45号	关于调整太仓市政策性农业保险工作领导小组的通知
46.	2015年4月13日	太政办〔2015〕46号	关于认真做好第一次全国政府网站普查工作的通知
47.	2015年4月13日	太政办〔2015〕47号	关于开展全市规范性文件清理工作的通知
48.	2015年4月20日	太政办〔2015〕48号	关于调整市评模工作领导小组的通知
49.	2015年4月21日	太政办〔2015〕49号	关于下达2015年度城乡生活污水治理工作任务的通知
50.	2015年4月21日	太政办〔2015〕50号	印发《璜泾镇养老机构建设协调会议纪要》的通知
51.	2015年4月23日	太政办〔2015〕51号	关于成立石油天然气输送管道保护工作领导小组的通知
52.	2015年4月29日	太政办〔2015〕54号	关于成立市涉农资金专项整治行动领导小组的通知
53.	2015年4月30日	太政办〔2015〕55号	关于加强农房建设监督管理的通知
54.	2015年4月30日	太政办〔2015〕56号	关于印发《2015年度太仓市农业保险工作专题会议纪要》的通知
55.	2015年4月30日	太政办〔2015〕57号	印发《关于上海中锐教育发展有限公司租用原北上海地块资产办学会议纪要》的通知
56.	2015年5月5日	太政办〔2015〕58号	关于做好2015年防灾减灾日有关工作的通知
57.	2015年5月7日	太政办〔2015〕59号	关于印发《市十五届人大四次会议一号议案办理工作实施方案》的通知
58.	2015年5月8日	太政办〔2015〕60号	印发《关于市市场监督管理局与市检验检测中心有关机构、人员调整和办公用房调剂等事项协调会议纪要》的通知
59.	2015年5月18日	太政办〔2015〕64号	印发《关于太仓市棚危改一期项目的会议纪要》的通知
60.	2015年5月18日	太政办〔2015〕65号	关于印发《太仓市棚户区改造安置购买管理暂行办法》的通知
61.	2015年5月19日	太政办〔2015〕66号	关于明确2015年度棚户区改造一期项目安置房购买有关事项的通知
62.	2015年5月18日	太政办〔2015〕67号	关于成立太仓市中小学校长职级制改革领导小组的通知
63.	2015年5月18日	太政办〔2015〕68号	关于调整市招生委员会和高等教育自学考试委员会组成人员的通知
64.	2015年5月21日	太政办〔2015〕69号	关于结合环境保护大检查开展污染源普查的通知
65.	2015年5月26日	太政办〔2015〕70号	关于下达《2015年中小学和职业类学校招生计划》的通知

66. 2015年5月26日 太政办〔2015〕71号 关于调整市妇女儿童工作委员会的通知
67. 2015年5月26日 太政办〔2015〕72号 关于切实加强养老服务机构安全管理的通知
68. 2015年5月27日 太政办〔2015〕73号 关于调整市农药集中配送工作领导小组的通知
69. 2015年5月27日 太政办〔2015〕74号 关于调整市再生资源回收利用网络体系建设领导小组的通知
70. 2015年5月27日 太政办〔2015〕75号 关于调整太仓市秸秆禁烧工作督查组的通知
71. 2015年5月27日 太政办〔2015〕76号 关于开展秸秆综合利用和秸秆禁烧专项督查的通知
72. 2015年5月26日 太政办〔2015〕77号 关于印发《太仓市涉诉行政执法案件跟踪查纠办法》的通知
73. 2015年5月26日 太政办〔2015〕78号 关于贯彻实施行政诉讼法进一步加强依法行政工作的意见
74. 2015年5月29日 太政办〔2015〕79号 关于下达《2015年度生态文明建设目标任务书》的通知
75. 2015年5月30日 太政办〔2015〕80号 关于转发《2015年太仓市高效设施农业保险保费补贴比例情况表和夏季保淡绿叶菜价格指数保险实施意见》的通知
76. 2015年5月30日 太政办〔2015〕81号 关于集中开展夏季消防安全检查的通知
77. 2015年6月1日 太政办〔2015〕82号 关于印发《海运堤体育公园补充纪要》的通知
78. 2015年6月3日 太政办〔2015〕83号 转发关于我省夏季第一起秸秆焚烧火点情况通报的通知
79. 2015年6月3日 太政办〔2015〕84号 关于建立土地执法监管工作联席会议制度的通知
80. 2015年4月6日 太政办〔2015〕85号 转发《太仓市2015年度审计项目计划》的通知
81. 2015年6月4日 太政办〔2015〕86号 印发《太仓市节能与循环经济专项资金管理办法》的通知
82. 2015年6月10日 太政办〔2015〕87号 印发《太仓市残疾人就业保障金征缴实施意见（试行）》的通知
83. 2015年6月15日 太政办〔2015〕88号 关于调整市农村妇女"双学双比"竞赛活动领导小组的通知
84. 2015年6月25日 太政办〔2015〕89号 关于调整市"巾帼建功"活动领导小组成员的通知
85. 2015年6月25日 太政办〔2015〕90号 关于印发《太仓市第二水厂水源地关停方案专题协调会议纪要》的通知
86. 2015年6月26日 太政办〔2015〕91号 关于部分调整夏季消防安全检查行业部门牵头分工的通知
87. 2015年6月25日 太政办〔2015〕92号 印发《关于全面加强特种设备安全监管工作的意见》的通知
88. 2015年7月1日 太政办〔2015〕93号 印发《关于建立完善校舍安全保障长效机制意见》的通知
89. 2015年7月3日 太政办〔2015〕94号 印发《太仓市2015年度依法行政工作考核内容和评分标准的通知
90. 2015年7月3日 太政办〔2015〕95号 关于调整有关社会保障对象生活救助（补助）标准的通知
91. 2015年7月9日 太政办〔2015〕97号 关于切实做好第9号台风"灿鸿"防御工作的紧急通知
92. 2015年7月10日 太政办〔2015〕98号 印发《太仓市社会工作岗位设置及薪酬待遇暂行办法》的通知
93. 2015年7月8日 太政办〔2015〕99号 关于成立市政府推进职能转变协调小组的通知
94. 2015年7月13日 太政办〔2015〕100号 层转关于开展第三届"关爱明天、普法先行"——青少年普法教育活动的通知
95. 2015年7月13日 太政办〔2015〕101号 关于进一步加强财政支出预算执行管理的通知
96. 2015年7月15日 太政办〔2015〕102号 关于做好地方企业征信系统信息采集扩面工作的通知
97. 2015年7月16日 太政办〔2015〕103号 印发《关于双凤镇景秀江南房产项目问题的会议纪要》的通知
98. 2015年7月15日 太政办〔2015〕104号 关于成立太仓市非法营运整治工作领导小组的通知
99. 2015年7月17日 太政办〔2015〕105号 关于调整2015年度住房保障相关政策的通知
100. 2015年7月21日 太政办〔2015〕106号 关于转发《太仓市2015年食品安全工作意见》的通知
101. 2015年7月21日 太政办〔2015〕107号 关于调整市食品安全委员会组成人员的通知
102. 2015年7月20日 太政办〔2015〕108号 关于印发《太仓市住宅小区物业管理专项资金管理办法》的通知
103. 2015年7月24日 太政办〔2015〕109号 印发《关于2015年城市环境综合整治项目的会议纪要》的通知

104．2015年7月27日　太政办〔2015〕110号　关于印发《长江沿线环境整治工作方案》的通知
105．2015年7月27日　太政办〔2015〕111号　关于转发《太仓市耕地占补平衡周转资金管理试行办法》的通知
106．2015年7月29日　太政办〔2015〕112号　关于印发《浏河闸引排水、船舶通航安全整治实施方案》的通知
107．2015年7月27日　太政办〔2015〕113号　关于成立太仓市政府办公室绩效管理考核领导小组的通知
108．2015年8月5日　太政办〔2015〕114号　关于进一步细化落实防汛各项准备工作的的通知
109．2015年8月4日　太政办〔2015〕115号　关于调整太仓市住房公积金扩面工作领导小组的通知
110．2015年8月5日　太政办〔2015〕116号　关于印发《太仓市创建省级食品安全城市活动工作方案》的通知
111．2015年8月18日　太政办〔2015〕117号　关于印发《太仓市生态红线区域保护监督管理考核暂行办法》的通知
112．2015年8月18日　太政办〔2015〕118号　关于印发《太仓市生态红线补偿转移支付资金管理暂行办法》的通知
113．2015年8月19日　太政办〔2015〕119号　关于印发《太仓市瓶装燃气市场专项整治工作方案》的通知
114．2015年8月24日　太政办〔2015〕120号　关于印发《太仓市生产安全事故应急预案（修订）》的通知
115．2015年8月31日　太政办〔2015〕121号　关于调整太仓市覆盖拉网式农村环境综合整治试点工作领导小组的通知
116．2015年9月1日　太政办〔2015〕122号　关于成立太仓市农贸市场长效管理领导小组的通知
117．2015年9月11日　太政办〔2015〕123号　关于印发《太仓市覆盖拉网式农村环境综合整治试点项目建设管理办法》的通知
118．2015年9月11日　太政办〔2015〕124号　关于印发《太仓市覆盖拉网式农村环境综合整治试点项目验收办法》的通知
119．2015年9月14日　太政办〔2015〕125号　关于调整太仓市农民工工作领导小组成员的通知
120．2015年9月15日　太政办〔2015〕126号　关于调整市语言文字工作委员会的通知
121．2015年9月21日　太政办〔2015〕127号　关于印发《关于进一步强化港区化工园区环境综合整治工作的实施方案》的通知
122．2015年9月21日　太政办〔2015〕128号　关于成立太仓市港区化工园区环境整治工作领导小组的通知
123．2015年9月23日　太政办〔2015〕129号　关于进一步加强规范性文件制定和监督管理工作的意见
124．2015年10月8日　太政办〔2015〕131号　关于转发太仓市新能源汽车推广应用市级财政补贴实施细则的通知
125．2015年9月25日　太政办〔2015〕132号　关于调整太仓市新型职业农民培育工程领导小组的通知
126．2015年9月25日　太政办〔2015〕133号　关于调整市招生委员会和高等教育自学考试委员会的通知
127．2015年9月30日　太政办〔2015〕134号　转发《关于建立完善苏州市中小学幼儿园校舍安全保障长效机制意见》的通知
128．2015年10月10日　太政办〔2015〕135号　印发《关于港区四项事情协调会议纪要》的通知
129．2015年10月13日　太政办〔2015〕136号　关于开展政府部门责任清单编制工作的通知
130．2015年10月14日　太政办〔2015〕137号　关于调整太仓市气象防灾减灾工作领导小组的通知
131．2015年10月14日　太政办〔2015〕138号　关于切实抓好秋收秋种工作的通知
132．2015年10月16日　太政办〔2015〕139号　关于报送2016年度太仓市国有土地上房屋征收计划的通知
133．2015年10月19日　太政办〔2015〕140号　关于印发《太仓市棚户区改造项目国开行专项贷款资金管理办法》的通知
134．2015年10月23日　太政办〔2015〕141号　关于切实做好2015年秋季秸秆综合利用和秸秆禁烧专项督查的通知
135．2015年11月3日　太政办〔2015〕142号　关于调整市社区教育工作领导小组的通知
136．2015年11月2日　太政办〔2015〕143号　关于印发《太仓市2015年第四季度及重要敏感时段环境空气质量管控方案》的通知
137．2015年11月9日　太政办〔2015〕144号　关于印发《太仓市能源消费总量、煤炭消费总量控制目标责任管理实施意见》的通知
138．2015年11月9日　太政办〔2015〕145号　关于印发《太仓市2015年煤炭消费总量控制目标实施方案》的通知

139．2015年11月9日 太政办〔2015〕146号 关于印发《太仓市2015年煤炭消费总量控制目标考核办法》的通知
140．2015年11月11日 太政办〔2015〕147号 关于开展“中国—中东欧国家领导人16+1会晤活动”环境质量保障工作的通知
141．2015年11月11日 太政办〔2015〕148号 印发《关于进一步加强和规范市政基础设施工程项目建设管理的意见》的通知
142．2015年11月11日 太政办〔2015〕149号 关于补划调整“四个百万亩”用地任务的通知
143．2015年11月12日 太政办〔2015〕150号 关于成立太仓市政府和社会资本合作（PPP）工作领导小组的通知
144．2015年11月13日 太政办〔2015〕151号 关于开展医疗保险医疗服务行为评审工作的通知
145．2015年11月26日 太政办〔2015〕152号 关于印发《太仓市2015年度政府向社会转移职能事项目录》的通知
146．2015年11月26日 太政办〔2015〕153号 关于仲海涛等同志职务任免的通知
147．2015年11月27日 太政办〔2015〕154号 关于印发《采用政府购买服务方式实施第二水厂取水改迁移项目专题会议纪要》的通知
148．2015年11月27日 太政办〔2015〕155号 关于印发《采用政府购买服务方式实施太仓市农村生活污水治理工程专题会议纪要》的通知
149．2015年11月30日 太政办〔2015〕156号 关于印发《2015年度太仓市政府信息公开工作考核方案》的通知
150．2015年12月1日 太政办〔2015〕157号 关于进一步完善居民养老保险制度的意见
151．2015年12月1日 太政办〔2015〕158号 印发《关于确定具备承接政府职能转移和购买服务资质的社会组织目录的实施办法》的通知
152．2015年12月2日 太政办〔2015〕159号 关于做好城市环境综合整治行动接续实施方案相关编制工作的通知
153．2015年12月2日 太政办〔2015〕160号 关于成立太仓市土地储备规划（2016—2020）编制工作领导小组的通知
154．2015年12月3日 太政办〔2015〕161号 关于成立太仓市防控和化解房地产领域矛盾调处工作领导小组的通知
155．2015年12月4日 太政办〔2015〕162号 关于印发《科教新城相关土地上市协调会议纪要》的通知
156．2015年12月4日 太政办〔2015〕163号 关于落实支持农民工等人员返乡创业工作的通知
157．2015年12月4日 太政办〔2015〕164号 关于下达2015—2016年冬春水利河道疏浚整治计划任务的通知
158．2015年12月8日 太政办〔2015〕165号 关于转发《苏州市社会救助实施办法》的通知
159．2015年12月8日 太政办〔2015〕166号 关于进一步加快社区微型消防站建设的通知
160．2015年12月10日 太政办〔2015〕167号 关于印发《太仓市棚户区改造二期项目四项审批的会议纪要》的通知
161．2015年12月9日 太政办〔2015〕168号 关于印发《太仓市保障第二届世界互联网大会环境质量工作方案》的通知
162．2015年12月15日 太政办〔2015〕169号 转发《关于进一步督促企业落实安全生产主体责任的工作意见》的通知
163．2015年12月15日 太政办〔2015〕170号 关于印发《太仓市气象灾害应急预案》的通知
164．2015年12月16日 太政办〔2015〕171号 关于印发《雅鹿集团联合授信会议纪要》的通知
165．2015年12月17日 太政办〔2015〕172号 关于印发《长江沿线环境整治工作安排》的通知
166．2015年10月9日 太政办〔2015〕173号 关于印发《太仓市政府购买棚户区（危旧房）改造服务管理办法》的通知
167．2015年12月18日 太政办〔2015〕174号 关于印发《太仓市城市照明管理实施办法》的通知
168．2015年12月18日 太政办〔2015〕175号 印发《关于明确主城区建设管理若干职责的会议纪要》的通知
169．2015年12月23日 太政办〔2015〕176号 关于实施2015年第四季度环境空气质量强化管控措施的通知
170．2015年12月29日 太政办〔2015〕177号 2015年度太仓市政府信息公开工作考核结果通报
171．2015年12月29日 太政办〔2015〕178号 关于转发《苏州市落实〈生产安全事故报告和调查处理条例〉实施办法》的通知
172．2015年12月31日 太政办〔2015〕179号 关于印发《太仓市科技型中小企业技术创新基金后补助项目管理办法（暂行）》的通知

（市委办、市政府办）

年度荣誉

先进集体名录（部分）

表 110

序号	获奖单位	荣誉称号	授予单位
1	太仓市	国家可持续发展实验区	科技部
2	太仓市	2016—2020 年全国科普示范县（市、区）	中国科协
3	太仓市	2015 年中国物流城市最佳投资环境奖	第 12 届中国国际物流节组委会
4	太仓市	2015 年中国投资营商价值城市	新华社、瞭望周刊社
5	太仓市	2015 年长三角县域商业十强县（市）	长江三角洲城市市场信息协作网
6	太仓市	第 15 届全国县域经济与县域基本竞争力百强县第 4 位	中郡县域经济研究所
7	太仓市	2015 年福布斯中国大陆最佳县级城市第 6 位	《福布斯》中文版
8	太仓市	全国“电商百佳县”	阿里研究院
9	太仓市城厢镇梅园社区	全国科普示范社区	中国科协、财政部
10	太仓市供电公司	2014 年度全国“安康杯”竞赛活动优胜单位	中华全国总工会、国家安监总局
11	太仓市司法局	集体一等功	司法部
12	太仓市璜泾镇司法所	全国先进司法所	司法部
13	太仓市璜泾镇雅鹿村	全国文明村镇	中央精神文明建设指导委员会
14	太仓市交通运输局	全国农村公路养护与管理先进集体	交通运输部
15	太仓市经信委	第 14 届中国国际装备制造业博览会优秀组织奖	中国国际装备制造业博览会组委会
16	太仓市人力资源和社会保障局	新闻宣传工作先进集体	人社部
17	太仓市人民法院城厢人民法庭	巾帼文明岗	中华全国妇女联合会
18	太仓市沙溪镇	第 3 批全国特色景观旅游名镇示范	住建部、国家旅游局
19	太仓市社会保险基金管理结算中心	2013—2014 年全国青年文明号	共青团中央
20	太仓市社会福利服务中心	全国五一巾帼标兵岗	中华全国总工会
21	太仓市生物医药产业园	国家火炬特色产业基地	科技部火炬中心
22	太仓市数字档案馆	全国示范数字档案馆	国家档案局
23	太仓市现代农业园区	全国休闲农业与乡村旅游五星级园区	农业部农村社会发展中心
24	太仓市现代农业园区	国家标准化休闲农庄	全国休闲标准化技术委员会
25	江苏海警支队海警 32019 艇	基层建设先进单位	中国海警局
26	江苏海警支队海警 32102 舰	基层建设先进单位	中国海警局
27	江苏海警支队机动中队	基层建设先进单位	中国海警局
28	太仓市公安局	全省人民满意的政法单位，记一等功	省委、省政府
29	苏州健雄职业技术学院人武部	江苏省普通高等学校征兵工作先进单位	省政府、省军区

续表 110

序号	获奖单位	荣誉称号	授予单位
30	太仓市民族宗教事务局	全省民族团结进步模范集体	省政府
31	太仓市人武部	军事训练先进单位	省军区
32	太仓市政府办公室	2014 年度全省政务信息工作先进单位	省政府办公厅
33	太仓市发改委	2014 年度全省政务信息工作先进单位	省政府办公厅
34	太仓市	2016—2020 年度江苏省科普示范县（市、区）	省科协
35	太仓市	2014 年度全省基层党员冬训工作示范县（市、区）	省委组织部、省委宣传部
36	太仓市	第一批“江苏省公共体育服务体系示范区”	省体育局
37	太仓市政府办	2014 年度全省政务信息工作先进单位	省政府办公厅
38	太仓市发改委	2014 年度全省政务信息工作先进单位	省政府办公厅
39	太仓市人民法院	江苏省高院第九届“金法槌”杯案例工作组织奖	省高级人民法院
40	太仓出入境检验检疫局	2014 年度江苏检验检疫系统文明单位	江苏出入境检验检疫局
41	太仓出入境检验检疫局	2014 年度进出境动植物疫情检疫防控工作先进单位（植检）	江苏出入境检验检疫局
42	太仓出入境检验检疫局	2014 年度全省系统“认证监管特别奖”	江苏出入境检验检疫局
43	太仓出入境检验检疫局	2014 年度全省系统绩效工作先进单位	江苏出入境检验检疫局
44	太仓出入境检验检疫局	2014 年度全省系统新闻宣传工作先进集体三等奖	江苏出入境检验检疫局
45	太仓出入境检验检疫局	2014 年度全省系统口岸埃博拉防控和青奥卫检保障工作先进集体	江苏出入境检验检疫局
46	太仓出入境检验检疫局港办查验科	2014 年度江苏检验检疫系统“十佳文明窗口”	江苏出入境检验检疫局
47	太仓海关办公室	南京关区先进集体	南京海关
48	太仓海事局执法支队	基层执法示范站点	中共江苏海事局党组
49	太仓海事局	创建“安全畅通文明航区”先进单位	中共江苏海事局党组
50	太仓海事局海巡 06862 艇	巡航救助示范船艇	中共江苏海事局党组
51	太仓市工商联	江苏省“五好”县(市)工商联	省工商联
52	太仓市总工会	江苏省工会新闻宣传工作优秀单位	省总工会
53	太仓市科协	江苏省科协创新发展综合示范县级科协	省科协
54	太仓市科协	江苏省科协系统先进集体	省人社厅、省科协
55	太仓市浏河镇	江苏省科普示范乡镇	省科协
56	太仓市城厢镇中区社区	江苏省科普示范社区	省科协
57	太仓市璜泾镇荣文村	江苏省科普示范村	省科协
58	太仓市郑和纪念馆	江苏省科普教育基地	省科协、省科技厅、省教育厅

续表 110

序号	获奖单位	荣誉称号	授予单位
59	太仓市明德高级中学机器人创新工作室	江苏省科普教育基地	省科协、省科技厅、省教育厅
60	太仓市浏河镇何桥村	江苏省科普惠农服务站	省科协、省财政厅
61	太仓市明德初级中学	江苏省科学教育特色学校	省教育厅、省科协
62	太仓市明德高级中学	江苏省青少年科学工作室	省教育厅、省科协
63	太仓市司法局	2014 年全省司法行政系统宣传工作先进集体	省司法厅
64	太仓市城厢镇司法所	全省社区矫正工作先进集体	省司法厅
65	太仓市光辉矫正社工事务所	全省社区矫正工作先进集体	省司法厅
66	太仓地税局	省五一劳动奖状	省总工会
67	太仓市国土资源局	江苏省节水型单位	省住建厅
68	太仓市供电公司	2014 年度安全生产先进集体	省电力公司、省电力公司工会
69	太仓市供电公司	2015 年度“安康杯”竞赛优胜企业	省电力公司、省电力公司工会
70	江苏海警支队海警 32101 舰	全省海防工作先进单位	省海防委
71	太仓市经信委	2015 中国江苏中小企业创新创业大赛优秀组织奖	省经信委、省中小企业局
72	太仓市经信委	十四届中国国际装备制造业博览会优秀组织奖	中国国际装备制造业博览会组委会
73	太仓市墙改办	2014 年度全省墙材革新工作考核二等奖	省墙体材料改革办公室
74	太仓市经信委	2015 年度全省小微企业运行监测工作优秀单位	省经信委
75	太仓市璜泾镇	2014 年度全省基层党员冬训工作示范乡（镇、街道）	省委组织部、省委宣传部
76	太仓市双凤镇泥泾村	江苏省第十批省级“民主法治示范村”	省依法治省领导小组
77	太仓市浏河镇新闸村	江苏省第十批省级“民主法治示范村”	省依法治省领导小组
78	太仓市娄东街道花北村	江苏省第十批省级“民主法治示范村”	省依法治省领导小组
79	太仓市璜泾镇长洲村	江苏省第十批省级“民主法治示范村”	省依法治省领导小组
80	太仓市璜泾镇永乐村	江苏省第十批省级“民主法治示范村”	省依法治省领导小组
81	太仓市城厢镇德兴社区	江苏省第十批省级“民主法治示范社区”	省依法治省领导小组
82	太仓市浮桥镇和平花园社区	江苏省第十批省级“民主法治示范社区”	省依法治省领导小组
83	太仓市娄东街道东城社区	江苏省第十批省级“民主法治示范社区”	省依法治省领导小组
84	太仓市璜泾镇王秀社区	江苏省第十批省级“民主法治示范社区”	省依法治省领导小组
85	太仓市科教新城常丰社区	江苏省第十批省级“民主法治示范社区”	省依法治省领导小组
86	太仓市双凤镇新闻村	江苏省生态村	省环保厅
87	太仓市作物栽培指导站	江苏省农业丰收奖一等奖	省农委
88	太仓市植保植检站	2015 年江苏省专业化统防统治先进单位	省植物保护站

续表 110

序号	获奖单位	荣誉称号	授予单位
89	太仓市水产指导站	江苏省水产技术系统信息工作先进集体	省渔业技术推广中心
90	太仓市沙溪镇岳王卫生院	江苏省示范乡镇卫生院	省卫计委
91	天镜湖文化科技产业园	江苏省现代服务业集聚区	省发改委
92	太仓市浏河镇	第5批江苏省创新型试点乡镇	省科技厅
93	太仓市公安局车管所	全国优秀县级车辆管理所，记集体二等功	省公安厅
94	太仓市公安局看守所	连续30年以上安全无事故，记集体二等功	省公安厅
95	太仓市治安大队三中队	抗战胜利70周年纪念活动安保工作成绩突出集体	省公安厅
96	太仓市财政局	2014年度法治财政标准化建设先进单位	省财政厅
97	太仓市财政局	2015年财政信息工作考评优秀单位	省财政厅
98	苏州健雄职业技术学院	2015年省级示范性高等职业院校立项建设单位	省教育厅、省财政厅
99	太仓海事局执法支队	基层执法示范站点	江苏海事局党组
100	太仓海事局	创建“安全畅通文明航区”先进单位	江苏海事局党组
101	太仓海事局海巡06862艇（原海巡0892艇）	巡航救助示范船艇	江苏海事局党组
102	太仓市知识产权局	2015年度知识产权宣传培训执法工作先进集体	省知识产权局
103	太仓市粮食局	江苏省粮食系统先进集体	省人社厅、省粮食局
104	太仓市民防局	江苏省县（市、区）民防工作先进单位	省民防局
105	太仓市人社局	全省第4批省级社会保险经办服务示范窗口	省人社厅
106	太仓市社会保险基金管理结算中心	全省城乡居保“四个不出村”工作成绩突出单位	省人社厅
107	太仓市生物医药产业园	省级科技企业孵化器	省科技厅
108	太仓团市委	2014年度江苏省银行业金融机构优秀青年干部赴县级团委挂职工作先进单位	团省委、江苏银监办、农行江苏分行、省农村信用社联合社
109	太仓团市委	2015年度全省团属报刊宣传工作先进单位	团省委
110	太仓市城管局团委	2014年度“江苏省五四红旗团委”	团省委
111	太仓市机关事务管理局团总支	2014年度“江苏省五四红旗团总支”	团省委
112	苏州健雄职业技术学院	2014年全省大中学生培育和践行社会主义核心价值观“先进单位”	团省委
113	江苏省太仓中等专业学校机械专业部模具制造技术二年级模具1352班	江苏省先进班集体	省教育厅、团省委
114	江苏省沙溪高级中学高二（14）班团支部	2015年度全省大中专学校“魅力团支书、活力团支部”风采展示十佳团支部	团省委
115	太仓市文广新局	江苏省2015年度农家书屋提升工程试点工作先进集体	省财政厅、省新闻出版广电局
116	太仓市人民法院	2014—2015年江苏政法新闻报道先进集体	法制日报社

（各单位）

先进个人名录（部分）

表 111

序号	姓　名	单　位	荣誉称号	授予单位
1	朱庆兰	太仓市双凤镇勤力村党委	2015 年度中国乡村旅游致富带头人	国家旅游局
2	王义平	太仓市城厢镇电站村党委	2015 年度中国乡村旅游致富带头人	国家旅游局
3	苏齐芳	太仓市城厢镇东林村党委	2015 年度中国乡村旅游致富带头人	国家旅游局
4	卓　琳	太仓市沙溪天竹园农庄	2015 年度中国乡村旅游致富带头人	国家旅游局
5	郑建明	太仓出入境检验检疫局	2014 年度优秀员工	中国检验认证（集团）有限公司（CCIC）
6	陆春林	太仓市关工委	全国关心下一代先进个人	中国关心下一代工作委员会
7	王建宏	太仓市沙溪镇半泾村党委	“科普惠农兴村计划”农村科普先进带头人	中国科协、财政部
8	张世红	太仓地税局	通报表扬	国家税务总局督查内审司
9	李　革	太仓移动	中央企业青年岗位能手	中央企业团工委
10	魏宗友	太仓市农委	2015 年度中国商业联合会科学技术奖一等奖	中国商业联合会
11	何新谊	江苏省沙溪高级中学	2015 年度全国“最美中学生”	团中央学校部、全国学联秘书处、中国青年报社
12	姚雪球	太仓市璜泾镇农技站	第 7 届江苏省农业技术推广奖	省政府
14	陈思啸	太仓市政府办	2014 年度全省政务信息工作先进个人	省政府办公厅
15	龚秋健	太仓市科协	江苏省科协系统先进工作者	省人社厅、省科协
16	陈　骏	太仓市经贸小学	2015 年度省优秀中小学科技辅导员	省科协、省教育厅
17	沈　锋	太仓市明德初级中学	2015 年度省优秀中小学科技辅导员	省科协、省教育厅
18	顾潇军	太仓市司法局	全省司法行政系统先进工作者	省人社厅、省司法厅、省公务员局
19	杨炜炜	太仓市司法局	青年“创客行动”三等奖	省司法厅
20	王永新	太仓市司法局	全省社区矫正工作先进个人	省司法厅
21	张世红	太仓地税局	通报表扬	省地税局
22	沈敏洁	太仓地税局	2015 年度参加省局局大企业税收风险管理工作先进个人	省地税局
23	凌伟东	太仓地税局	2014 年度省局稽查局重点税源企业稽查先进个人	省地税局
24	袁　伟	太仓地税局	江苏省第三次全国经济普查先进个人	省第三次全国经济普查领导小组
25	王　健	太仓地税局	按比例安排残疾人就业工作优秀个人	省残疾人工作委员会
26	陆　颖	太仓地税局	省级“首席办税员”	省地税局
27	马怡红	太仓地税局	省级“首席办税员”	省地税局
28	李　革	太仓移动	江苏省五一创新能手	省总工会
29	金晓东	江苏海警支队	全省海防工作先进个人	省海防委
30	姚雪球	太仓市璜泾镇农技站	江苏省农业丰收奖一等奖	省农委

续表 111

序号	姓 名	单 位	荣誉称号	授予单位
31	高 威	太仓市农委	江苏省农业丰收奖一等奖	省农委
32	魏宗友	太仓市农委	江苏省农业丰收奖二等奖	省农委
33	高清清	太仓市农委	江苏省农业丰收奖二等奖	省农委
34	袁艳丹	太仓市农委	农机安全监理先进信息员	省农业机械安全监理所
35	陆文浩	太仓市农委	江苏省水产技术推广系统先进个人	省渔业技术推广中心
36	时 勤	太仓市农委	江苏省水产技术系统信息工作优秀个人	省渔业技术推广中心
37	甄惠惠	太仓海事局	2014 年度新闻宣传报道工作先进工作者	江苏海事局
38	尹 敏	太仓海事局	2014 年度新闻宣传报道工作优秀通讯员	江苏海事局
39	张 伟	太仓海事局	2014 年度新闻宣传报道工作优秀通讯员	江苏海事局
40	高晓婷	太仓市科技局	2015 年度知识产权工作先进个人	省科技厅、省知识产权局
41	王 辰	太仓市人社局	全省城乡居保“四个不出村”工作成绩突出个人	省人社厅
42	王顺风	太仓市人社局	全省劳动人事争议仲裁委员会调解员业务能手	省人社厅
43	吴 卉	太仓市人社局	全省被征地农民社会保障资金会计核算办法培训班优秀个人	省人社厅
44	吴 卉	太仓市人社局	全省城乡居保经办人员业务技能培训班优秀个人	省人社厅
45	邢 晔	太仓市人社局	全省城乡居保经办人员业务技能培训班优秀个人	省人社厅
46	王 慧	太仓市人社局	全省城乡居保经办人员业务技能培训班优秀个人	省人社厅
47	王建宏	太仓团市委	2015 江苏好青年百人榜“最敢创业奖”	团省委
48	刘伟华	太仓团市委	2015 江苏好青年百人榜“最乐奉献奖”	团省委
49	丁铁锋	太仓团市委	2014 年度江苏省优秀共青团干部	团省委
50	顾思文	太仓团市委	2015 年度全省团属报刊宣传工作先进个人	团省委
51	陆 珂	太仓市实验中学	2015 年度全省大中专学校“魅力团支书、活力团支部”风采展示魅力团支书	团省委
52	陆红一	太仓市人民法院	第 2 届江苏省中等职业学校在校生模拟法庭大赛“优秀指导老师”	团省委
53	徐云飞	江苏省太仓中等专业学校	第 2 届江苏省中等职业学校在校生模拟法庭大赛“优秀模拟诉讼参与人”	团省委
54	陈 晨	太仓市明德高级中学	2015 年普通高中省级“优秀学生干部”	省教育厅、团省委
55	董 欢	太仓市城厢镇第三小学	江苏省优秀少先队辅导员	团省委、省教育厅、省少工委
56	潘金虎	太仓出入境检验检疫局	2014 年度全省系统进出口商品检验监管工作先进个人	江苏出入境检验检疫局
57	钱 震	太仓出入境检验检疫局	2014 年度全省系统进出口商品检验监管工作先进个人	江苏出入境检验检疫局
58	严荣良	太仓出入境检验检疫局	第 2 届夏季奥林匹克运动会检验检疫保障工作先进个人	江苏出入境检验检疫局
59	顾忠盈	太仓出入境检验检疫局	2014 年度江苏检验检疫系统“十佳勤政廉政优秀干部”	江苏出入境检验检疫局
60	吕 飞	太仓出入境检验检疫局	2014 年度进出境动植物疫情检疫防控工作先进个人	江苏出入境检验检疫局

续表111

序号	姓　名	单　位	荣誉称号	授予单位
61	吕　飞	太仓出入境检验检疫局	2014年度全省系统政务信息工作先进个人	江苏出入境检验检疫局
62	朱向阳	太仓出入境检验检疫局	2015年度全省系统新闻宣传工作先进个人	江苏出入境检验检疫局
63	武　超	太仓出入境检验检疫局	2015年度全省系统新闻宣传工作先进个人	江苏出入境检验检疫局
64	胡姚斌	太仓出入境检验检疫局	2014年度进出境动植物疫情检疫防控工作先进个人	江苏出入境检验检疫局
65	夏维一	太仓出入境检验检疫局	2014年度全省系统认证监管先进工作者	江苏出入境检验检疫局
66	殷　鸣	太仓出入境检验检疫局	2014年度全省系统出口商品注册优秀评审员	江苏出入境检验检疫局
67	黄坚辉	太仓出入境检验检疫局	2014年度全省系统卫生注册优秀评审员	江苏出入境检验检疫局
68	陈　建	太仓出入境检验检疫局	2014年度全省系统卫生注册优秀评审员	江苏出入境检验检疫局
69	丁志强	太仓出入境检验检疫局	2014年度全省系统认证行政执法先进个人	江苏出入境检验检疫局
70	丁志强	太仓出入境检验检疫局	2014年度全省系统法制、绩效、体系督查工作先进个人	江苏出入境检验检疫局
71	夏维一	太仓出入境检验检疫局	2014年度全省系统法制、绩效、体系督查工作先进个人	江苏出入境检验检疫局
72	唐迎春	太仓出入境检验检疫局	2014年度全省系统信息化工作先进个人	江苏出入境检验检疫局
73	江红星	太仓出入境检验检疫局	2014年度全省系统通关业务改革创新工作先进个人	江苏出入境检验检疫局
74	殷　鸣	太仓出入境检验检疫局	2014年度全省系统通关业务工作先进个人	江苏出入境检验检疫局
75	李　韬	太仓出入境检验检疫局	2014年度全省系统通关业务工作先进个人	江苏出入境检验检疫局
76	严荣良	太仓出入境检验检疫局	2014年度全省系统口岸埃博拉防控和青奥卫检保障工作先进个人	江苏出入境检验检疫局
77	陈开涵	太仓出入境检验检疫局	2014年度全省系统进出口食品安全工作先进个人	江苏出入境检验检疫局
78	吕　飞	太仓出入境检验检疫局	全省系统“科技兴检”先进个人	江苏出入境检验检疫局
79	奚菊芬	太仓出入境检验检疫局	全省系统离退休干部先进个人	江苏出入境检验检疫局
80	王　睿	太仓海关	南京关区先进个人	南京海关
81	刘　艳	太仓海关	南京海关2012—2014年先进工作者	南京海关
82	蒋永平	太仓市供电公司	2014年度保卫专业劳动竞赛先进个人	省电力公司、省电力公司工会
83	苏　红	太仓市供电公司	2014年度电费回收先进个人	省电力公司、省电力公司工会
84	崇春林	太仓市供电公司	2015年度先进农电员工	省电力公司、省电力公司工会
85	钱学新	太仓市供电公司	省电力公司2014年度纪检监察先进个人	省电力公司
86	张　勇	太仓市供电公司	2014年度安全生产先进个人	省电力公司
87	陆伟强	太仓市供电公司	2014年度安全生产先进个人	省电力公司
88	李　莉	太仓市供电公司	2014年度财务工作先进个人	省电力公司
89	余小毛	太仓市供电公司	2014年度特高压工程建设先进个人	省电力公司
90	陈鹏飞	太仓市供电公司	省电力公司2015年度优秀班组长	省电力公司

（市委办、市政府办、各单位）

统计资料

太仓市社会经济主要指标

表 112

指　标	单　位	2011 年	2012 年	2013 年	2014 年	2015 年
年末户籍人口	万　人	47.04	47.26	47.45	47.74	47.96
#非农业人口	万　人	20.13	20.27	26.55	27.27	34.41
地区生产总值（当年价格）	亿　元	867.53	955.12	1002.28	1065.33	1100.08
第一产业	亿　元	30.88	33.61	36.84	35.24	37.21
第二产业	亿　元	485.72	520.36	532.46	556.65	564.53
第三产业	亿　元	350.93	401.15	432.98	473.44	498.34
农业总产值	亿　元	53.00	57.52	63.10	66.30	70.13
工业总产值	亿　元	2320.91	2436.09	2564.36	2630.27	2655.58
全社会固定资产投资	亿　元	410.08	472.04	520.00	530.42	500.01
#房地产开发	亿　元	87.10	69.47	67.79	71.74	64.23
财政收入（预算内）	亿　元	226.45	230.17	262.37	244.15	250.57
#公共财政预算收入	亿　元	85.41	90.15	100.13	106.47	114.54
财政支出（预算内）	亿　元	149.30	146.93	169.86	138.60	144.77
#公共财政预算支出	亿　元	80.51	86.16	92.36	97.63	109.07
金融机构存款余额（人民币）	亿　元	890.23	1018.88	1145.18	1172.26	1269.17
住户存款余额（人民币）	亿　元	328.44	377.17	420.82	450.61	486.49
金融机构贷款余额（人民币）	亿　元	749.49	863.41	994.92	1068.03	1139.46
外汇收入	亿美元	52.36	54.47	55.97	80.36	76.32
外汇支出	亿美元	50.61	53.80	62.32	80.25	80.01
城镇居民人均可支配收入	元	34887	39422	43010	46377	50134
农村居民人均可支配收入	元	17201	19411	21605	23590	25643
居民消费价格指数	%	104.8	102.1	101.9	101.8	101.4
全社会客运量	万人次	3112	3479	1915	2059	2245
全社会旅客周转量	亿人公里	13.30	14.98	6.48	7.01	7.62
全社会货运量	万　吨	2145	2250	2257	1670	1618
全社会货物周转量	亿吨公里	22.03	23.67	24.45	28.88	27.69
港口航线	条	99	108	114	168	177
港口货物吞吐量	万　吨	10254	12262	13003	15721	20397
港口集装箱吞吐量	万标箱	306	401	327	306	371
全社会用电量	亿千瓦小时	77.93	81.00	89.54	90.05	90.97
#工业用电量	亿千瓦小时	66.78	68.79	75.83	77.08	77.05
社会消费品零售总额	亿　元	167.17	195.07	218.70	239.04	262.58
进出口总额	亿美元	121.64	126.21	127.71	138.00	127.71
#出口总额	亿美元	53.57	56.60	55.19	60.79	63.11
注册外资	亿美元	16.00	16.06	7.93	5.70	6.64
实际利用外资	亿美元	8.10	8.11	6.18	3.96	5.01

续表 112

指　标	单　位	2011 年	2012 年	2013 年	2014 年	2015 年
高等院校数	个	1	1	1	1	1
高等院校在校学生数	人	4586	4567	4532	4795	4953
普通中学数	个	19	18	18	18	19
普通中学在校学生数	人	19841	19155	19440	19867	20260
小学数	个	28	29	29	37	37
小学在校学生数	人	30435	30234	30605	40127	42357
医疗卫生机构数	个	189	223	223	227	238
# 医院、卫生院	个	28	28	29	29	29
医疗卫生机构床位数	张	3167	3184	3297	3577	3730
# 医院、卫生院	张	3167	2914	3003	3183	3312
医疗卫生机构人员数	人	3943	4323	4576	4868	5092
# 卫生技术人员	人	3297	3644	3872	4143	4303

说明：1.2013 年起，“全社会客运量”“全社会货运量”按新口径调查统计

2. 2014 年起，“农民人均纯收入”调整为“农村居民人均可支配收入”

3. 2015 年起，“城乡居民年末储蓄存款余额”调整为“住户存款余额”

（市统计局）

2015 年太仓市实有人口统计表

表 113　　单位：人

镇区街道	派出所	常住人口	暂住人口（在册）
城厢镇	城西派出所	42123	49837
	城中派出所	33717	18535
	金仓湖派出所	8447	4902
小　计		84287	73274
科教新城	科教新城派出所	15489	13956
沙溪镇	沙溪派出所	70148	61408
	岳王派出所	13533	13321
小　计		83681	74729
浏河镇	浏河派出所	48717	39722
	边防派出所	0	3
小　计		48717	39725
双凤镇	双凤派出所	32943	38530
璜泾镇	璜泾派出所	46774	40755
浮桥镇	港区派出所	25156	35957
	金浪派出所	23712	15811
	浏家港派出所	25495	32679
小　计		74363	84447
娄东街道	开发区派出所	57844	43779
	板桥派出所	20435	35409
	陆渡派出所	15028	35495
小　计		93307	114683
合　计		479561	480099

（市公安局）

2015年太仓市户籍人口及其变动情况表

表 114

镇区、派出所		年末总户数（户）	年末总人口（人）									本年度人口变动（人）									
			合计	城镇人口	乡村人口	性别		年龄				出生			死亡			迁入		迁出	
						男	女	0～17岁	18～34岁	35～59岁	60岁及以上	合计	男	女	合计	男	女	省内迁入	省外迁入	迁往省内	迁往省外
合计		149109	479561	344110	135451	232049	247512	57462	90723	187820	143556	3348	1717	1631	3900	2035	1865	1313	2835	312	749
城厢镇	城中派出所	11809	33717	33717	0	16408	17309	6388	7789	13657	5883	323	154	169	113	53	60	128	231	18	89
	城西派出所	13979	42123	42123	0	20462	21661	6262	8999	16757	10105	356	196	160	265	137	128	164	352	24	86
	金仓湖派出所	2616	8447	5704	2743	4042	4405	620	1289	3293	3245	41	23	18	80	40	40	4	9	1	6
浏河镇	浏河派出所	15192	48717	32859	15858	23885	24832	4442	8699	19783	15793	258	132	126	429	229	200	116	289	39	68
浮桥镇	港区派出所	7691	25156	22536	2620	12076	13080	2265	4096	9441	9354	136	64	72	231	120	111	26	94	11	34
	金浪派出所	7186	23712	14909	8803	11375	12337	1690	3432	8663	9927	91	43	48	290	165	125	23	31	5	19
	浏家港派出所	7790	25495	14279	11216	12261	13234	2019	4160	9754	9562	87	40	47	304	147	157	26	77	9	37
双凤镇	双凤派出所	9509	32943	14566	18377	15885	17058	3057	5855	13565	10466	232	123	109	311	161	150	28	84	12	26
沙溪镇	沙溪派出所	20574	70148	33465	36683	33678	36470	6862	11834	27679	23773	364	182	182	663	352	311	76	205	24	69
	岳王派出所	4030	13533	4612	8921	6491	7042	1071	1964	5107	5391	61	37	24	144	74	70	15	18	2	11
璜泾镇	璜泾派出所	14813	46774	26562	20212	22389	24385	3731	7258	17979	17806	212	99	113	501	248	253	39	98	12	37
娄东街道	开发区派出所	18879	57844	57844	0	28629	29215	12817	15777	22412	6838	740	409	331	150	96	54	507	958	101	201
	板桥派出所	5861	20435	12848	7587	9808	10627	1987	3303	7907	7238	126	67	59	188	95	93	32	80	7	21
	陆渡派出所	4394	15028	12597	2431	7223	7805	2053	2742	5824	4409	141	62	79	120	61	59	32	117	1	25
科教新城	科教新城派出所	4786	15489	15489	0	7437	8052	2198	3526	5999	3766	180	86	94	111	57	54	97	192	46	20

（市公安局）

2015 年太仓市户籍人口姓氏统计表

表 115　　　　单位：人

姓氏	人数	姓氏	人数	姓氏	人数	姓氏	人数	姓氏	人数	姓氏	人数
王	35396	张	30352	陆	24353	顾	24121	陈	23899	周	18626
朱	17047	徐	16571	李	14881	杨	14721	吴	13570	沈	13232
黄	8982	钱	8294	孙	7095	刘	7067	高	6004	曹	5843
龚	5530	金	5514	赵	5457	马	4751	冯	4404	胡	4255
唐	4118	倪	3884	何	3619	许	3605	蔡	3466	施	3436
严	3373	蒋	3341	潘	3246	毛	3181	姚	2938	丁	2910
浦	2869	陶	2816	夏	2802	俞	2661	范	2648	邵	2576
薛	2466	苏	2444	戴	2309	袁	2249	叶	1909	闵	1850
闻	1846	盛	1805	谢	1757	宋	1752	郑	1743	汪	1710
郁	1593	方	1565	肖	1503	杜	1498	凌	1496	姜	1492
董	1478	韩	1446	汤	1434	季	1416	费	1366	吕	1290
邹	1266	罗	1252	瞿	1199	秦	1175	林	1161	郭	1128
殷	1125	包	1112	程	1088	管	1013	梁	998	石	976
邱	953	奚	932	邢	858	章	853	江	783	侯	765
屠	759	史	755	庄	754	彭	735	万	720	田	705
崔	703	时	702	曾	695	魏	665	任	656	霍	618
洪	615	尹	596	单	592	谭	571	支	538	项	537
熊	531	余	529	葛	526	邓	509	华	495	傅	488
卢	463	孟	462	梅	458	居	449	吉	433	戈	429
沙	421	薄	413	孔	408	庞	405	景	403	仇	400
全	398	于	380	虞	375	樊	371	柏	354	仲	338
祝	335	成	331	查	318	钟	318	贾	311	童	309
颜	301	武	296	缪	289	宣	274	翁	269	尤	269
翟	256	韦	256	邬	256	付	251	宗	242	柳	239
茅	236	须	233	褚	232	狄	225	屈	215	戚	212
展	208	谈	204	耿	202	诸	202	纪	200	鲍	197
段	188	卞	186	乔	184	滕	181	嵇	179	欧	173
偶	165	焦	159	廖	156	阮	151	常	147	柴	146
左	146	祁	144	鲁	141	骆	138	桂	137	楼	136
郏	136	卫	133	荣	128	白	127	印	127	后	125
向	117	席	116	阚	116	归	111	郝	110	柯	109
申	109	莫	108	郎	107	穆	106	雷	105	濮	104
齐	100	房	98	计	92	茹	92	岳	91	乐	89
卜	86	艾	85	杭	84	政	84	桑	81	易	80
储	79	强	79	康	78	闫	78	毕	77	文	77
代	76	贺	76	牛	75	温	75	裴	73	应	72

续表 115

姓氏	人数	姓氏	人数	姓氏	人数	姓氏	人数	姓氏	人数	姓氏	人数
聂	68	東	64	伍	64	谷	62	欧阳	62	黎	61
路	59	尚	59	宫	57	解	57	舒	57	詹	57
苗	56	商	56	安	55	喻	55	池	53	糜	53
甘	52	涂	51	车	50	钮	50	辛	50	丰	49
占	49	花	47	龙	47	窦	46	臧	45	赖	42
司	42	平	40	步	39	冷	39	胥	39	贝	38
宁	37	靳	36	封	35	符	35	候	35	冉	35
雍	35	游	35	芮	35	栾	35	娄	34	树	34
甄	34	沐	33	刁	32	关	32	鞠	32	年	32
古	31	崇	30	简	30	匡	30	智	30	佘	30
晏	30	裘	30	丛	29	凡	29	祖	29	和	28
芦	28	曲	28	饶	28	过	27	惠	27	干	26
滑	26	厉	26	寿	26	卓	26	覃	26	荀	25
边	23	萧	23	鱼	23	班	22	乘	22	迟	22
苟	22	燕	22	仓	21	伏	21	衡	21	兰	21
巫	21	邝	21	米	20	明	20	侍	20	部	20
於	20	敖	19	端木	19	麻	19	皮	19	阳	19
蒲	18	仝	18	鲜	17	阙	17	井	16	巴	15
官	15	鹿	15	征	15	东	14	巩	14	鄢	14
宓	14	敬	13	练	13	索	13	远	13	岑	13
笪	13	承	12	楚	12	皇甫	12	冒	12	上官	12
业	12	云	12	蒯	12	皋	11	姬	11	荆	11
朴	11	阎	11	茆	11	雒	11	巢	10	初	10
晋	10	师	10	位	10	相	10	羊	10	佟	10
郜	10	道	9	公	9	贡	9	戎	9	隋	9
禹	9	淡	8	端	8	户	8	满	8	密	8
渠	8	山	8	帅	8	伊	8	谌	8	郦	8
别	7	党	7	鄂	7	海	7	还	7	娇	7
开	7	寇	7	栗	7	连	7	廉	7	漆	7
权	7	腾	7	原	7	莳	7	晁	7	博	6
布	6	府	6	呼	6	荚	6	隆	6	蒙	6
那	6	释	6	司马	6	仰	6	义	6	慈	5
从	5	盖	5	怀	5	宦	5	冀	5	圣	5
习	5	乙	5	犹	5	诸葛	5	壮	5	佐	5
郗	5	眭	5	訾	5	昌	4	豆	4	都	4
勾	4	赫	4	回	4	汲	4	经	4	蓝	4
慕	4	农	4	羌	4	青	4	陕	4	韶	4
疏	4	斯	4	藤	4	吾	4	咸	4	修	4

续表115

姓氏	人数	姓氏	人数	姓氏	人数	姓氏	人数	姓氏	人数	姓氏	人数
尧	4	战	4	招	4	芈	4	蔺	4	庹	4
恽	4	琚	4	杲	4	贲	4	筱	4	把	3
保	3	闭	3	藏	3	操	3	达	3	辜	3
及	3	梁	3	母	3	南	3	年	3	慎	3
生	3	水	3	司徒	3	粟	3	宿	3	锁	3
檀	3	潭	3	铁	3	庭	3	问	3	忻	3
幸	3	夷	3	苑	3	郄	3	郇	3	鄞	3
蒿	3	闾	3	璩	3	柘	3	昝	3	竺	3
洑	2	拜	2	补	2	潮	2	揣	2	第	2
逄	2	凤	2	敢	2	国	2	哈	2	槐	2
环	2	建	2	揭	2	亢	2	旷	2	门	2
藕	2	盘	2	普	2	岂	2	卿	2	容	2
汝	2	伞	2	绳	2	仕	2	随	2	天	2
帖	2	宛	2	望	2	伟	2	未	2	蔚	2
尉	2	沃	2	校	2	刑	2	鸦	2	移	2
裔	2	英	2	有	2	玉	2	元	2	湛	2
乜	2	佴	2	菅	2	呙	2	宥	2	迮	2
皎	2	暨	2	佡	1	昂	1	暴	1	卑	1
宾	1	簿	1	传	1	褚	1	刀	1	迪	1
多	1	藩	1	奉	1	扶	1	浮	1	福	1
副	1	嘎	1	弓	1	果	1	荷	1	赫连	1
呼延	1	化	1	皇	1	火	1	记	1	夹	1
将	1	降	1	缴	1	教	1	接	1	菊	1
巨	1	坎	1	况	1	来	1	历	1	疠	1
灵	1	令狐	1	禄	1	伦	1	麦	1	庙	1
睦	1	牧	1	泥	1	尼	1	祈	1	潜	1
欠	1	钦	1	庆	1	仁	1	闰	1	润	1
闪	1	善	1	申屠	1	神	1	世	1	是	1
税	1	四	1	台	1	桃	1	同	1	徒	1
拓	1	危	1	毋	1	轩	1	寻	1	岩	1
言	1	扬	1	也	1	依	1	衣	1	益	1
音	1	影	1	勇	1	由	1	油	1	雨	1
宇	1	渣	1	掌	1	真	1	资	1	纵	1
亓	1	俸	1	谯	1	隗	1	邸	1	郅	1
郓	1	茳	1	遆	1	庾	1	泮	1	骞	1
逯	1	逯	1	骈	1	缑	1	瑭	1	璋	1
戢	1	昕	1	昴	1	綦	1	隽	1	—	—

(市公安局)

2015年太仓市暂住人口（在册）姓氏统计表

表116　　　　　　　　　　　　　　　　　　　　　　　　单位：人

姓氏	人数	姓氏	人数	姓氏	人数	姓氏	人数	姓氏	人数	姓氏	人数
王	36325	张	34934	李	32394	刘	23610	陈	21069	杨	14890
周	11102	吴	9925	朱	9534	赵	9525	徐	9082	孙	8492
黄	7878	胡	7223	马	5009	郭	4812	高	4784	何	4541
汪	4390	丁	4251	郑	3891	余	3689	宋	3687	夏	3491
许	3420	罗	3340	曹	3336	唐	3301	沈	3261	程	3236
彭	3231	潘	2999	韩	2997	谢	2904	袁	2867	冯	2710
邓	2652	蒋	2587	田	2521	林	2457	董	2440	蔡	2380
魏	2363	肖	2307	姚	2272	陆	2219	任	2195	杜	2188
梁	2097	叶	2056	顾	2049	方	2043	范	1980	吕	1965
金	1953	姜	1850	曾	1818	卢	1810	熊	1804	苏	1659
付	1631	石	1614	江	1559	于	1535	秦	1530	孟	1500
陶	1479	钱	1463	崔	1460	贾	1455	葛	1382	邹	1382
谭	1379	戴	1346	邵	1341	尹	1306	薛	1265	汤	1258
鲍	1217	邱	1185	闫	1134	严	1120	侯	1090	段	1074
廖	1072	钟	1067	雷	1064	史	1060	万	1058	占	1048
施	993	毛	987	龚	964	孔	942	殷	907	代	903
倪	877	向	840	章	834	武	795	文	794	常	781
童	763	屈	760	洪	759	白	758	盛	755	贺	754
耿	732	樊	724	梅	719	龙	704	邢	701	牛	686
鲁	665	翟	634	韦	631	郝	622	季	614	项	610
颜	610	尚	610	乔	605	左	593	单	589	齐	558
聂	546	时	544	康	543	焦	533	纪	520	岳	513
毕	511	庞	498	庄	492	安	492	欧	487	管	486
俞	477	冉	471	易	456	黎	455	卞	441	祝	436
凌	430	伍	416	霍	416	吉	411	申	409	路	401
詹	395	裴	391	涂	383	苗	380	谷	379	温	368
阮	366	骆	359	尤	359	成	356	商	355	房	352
柳	347	包	339	华	337	仲	330	喻	329	褚	328
甘	328	司	322	缪	312	费	311	靳	310	舒	306
解	304	莫	304	傅	302	戚	299	关	296	游	291
祁	289	柯	288	覃	275	束	271	赖	257	宗	254
蒲	251	辛	250	卜	249	柴	246	郁	244	候	244
瞿	238	兰	236	翁	235	党	235	卫	226	饶	223
沙	221	柏	218	滕	218	穆	217	娄	217	宁	217
席	215	桑	213	佘	212	仇	212	艾	210	桂	205
凡	197	窦	196	臧	196	闵	194	麻	191	年	189
车	185	符	179	卓	178	荣	178	花	177	简	173

续表 116

姓氏	人数	姓氏	人数	姓氏	人数	姓氏	人数	姓氏	人数	姓氏	人数
晏	172	姬	171	阳	171	惠	170	景	169	燕	165
冷	161	南	160	查	159	郎	155	刁	155	巩	155
封	147	虞	143	谈	142	应	142	苟	141	储	139
豆	138	嵇	137	宫	136	支	131	闻	128	胥	128
仝	126	沐	122	贡	119	曲	119	师	118	伏	118
匡	115	雍	115	侍	113	阿	110	阚	108	古	106
和	106	蓝	105	明	102	屠	102	乐	101	全	99
居	98	戈	98	邬	97	普	97	帅	97	甄	96
芦	95	於	94	禹	94	连	94	岑	93	蒯	93
郜	90	强	89	位	88	米	88	楚	87	池	86
权	86	奚	85	原	83	蒙	83	计	82	宣	82
相	80	祖	79	皮	78	茆	77	栾	76	浦	74
敖	73	谌	72	丰	72	班	72	远	72	栗	70
苑	69	印	69	芮	69	杭	68	狄	68	汝	68
诸	67	萄	67	年	66	边	65	冀	64	井	64
蔺	62	戎	61	伊	61	荆	61	寇	61	漆	61
鞠	59	尧	59	母	58	官	58	厉	57	况	56
凤	55	平	55	阙	55	茅	54	展	53	鄢	53
巴	52	廉	52	衡	51	迟	51	郈	51	钮	51
鹿	49	圣	49	皇	48	宛	48	敬	47	纵	46
轩	45	隋	45	晁	44	巫	44	练	43	门	43
庹	43	海	43	满	42	尉	42	辜	42	隆	41
但	41	种	40	别	39	刀	39	粟	39	云	39
卿	39	冒	38	訾	38	佟	37	来	37	腾	37
楼	36	薄	36	渠	36	阎	36	化	35	慕	35
郗	34	智	34	濮	34	索	34	鲜	34	刑	33
崇	32	缑	32	邸	32	靖	31	从	31	晋	31
户	31	操	31	赫	30	鄂	30	习	30	冶	30
随	29	茹	29	呼	29	滑	28	干	28	幸	28
裘	28	丛	27	农	26	乙	26	由	26	隗	25
贲	25	亢	25	勾	25	宇	24	麦	24	开	24
檀	23	蒿	23	岩	23	仓	23	都	23	揭	22
未	22	朴	22	步	22	禄	21	那	21	盘	21
湛	21	卯	21	危	21	仰	20	国	20	潭	20
邝	20	银	20	元	20	雒	20	修	20	逯	20
经	19	木	19	闪	19	羊	19	陟	19	巨	19
水	19	慈	18	疏	18	琚	18	过	18	糜	18
巢	18	绳	18	把	17	后	17	郇	17	玉	17
沃	17	俸	17	上	17	旷	17	昌	17	要	17

续表 116

姓氏	人数	姓氏	人数	姓氏	人数	姓氏	人数	姓氏	人数	姓氏	人数
仵	17	东	16	字	16	藏	16	介	16	丘	16
盖	16	茶	16	勒	16	郦	16	征	16	汲	16
阴	15	台	15	寻	15	战	15	亓	15	昝	15
柘	15	扈	15	瓮	14	杲	14	贝	14	令	14
掌	14	历	14	竹	13	谯	13	衣	13	尼	13
山	13	念	13	奉	13	咸	13	先	13	产	13
完	13	第	12	库	12	保	12	欠	12	密	12
俄	12	生	12	初	12	蹇	11	畅	11	吝	11
青	11	怀	11	淡	11	义	11	籍	11	将	11
的	11	郏	11	仁	11	佘	11	斯	11	钦	11
黑	11	娜	11	拜	11	笪	11	虎	10	克	10
竺	10	亚	10	張	10	员	10	梁	10	苌	10
皋	10	洛	10	钞	10	阵	10	扬	10	续	10
鄢	9	招	9	鱼	9	扶	9	容	9	宦	9
劳	9	萧	9	能	9	顿	9	哈	9	刚	9
佐	8	依	8	泮	8	蜂	8	营	8	校	8
税	8	油	8	沭	8	植	8	利	8	贠	8
还	8	归	8	玄	8	脱	8	恒	8	庆	8
戢	8	寥	8	宿	8	承	8	贯	8	宾	8
镐	8	么	8	凃	7	须	7	端	7	音	7
骈	7	喇	7	信	7	光	7	乌	7	公	7
娇	7	寿	7	同	7	宝	7	西	7	树	7
加	7	可	7	锁	7	綦	7	颛	7	眭	7
日	7	三	7	英	7	建	6	买	6	浮	6
衷	6	高	6	恰	6	布	6	瓦	6	毋	6
裔	6	迮	6	杞	6	拥	6	达	6	格	6
剡	6	铁	6	钼	6	奕	6	宏	6	排	6
偏	6	励	6	闾	6	富	6	傅	6	资	6
荔	5	秋	5	甫	5	节	5	绪	5	邴	5
无	5	宓	5	弋	5	宴	5	双	5	邵	5
院	5	郄	5	松	5	暨	5	帖	5	頡	5
仉	5	庾	5	汉	5	逄	5	佀	5	仕	5
庙	5	赛	5	首	5	少	4	尔	4	底	4
璩	4	寸	4	自	4	甯	4	郏	4	留	4
延	4	小	4	雀	4	缪	4	乃	4	类	4
乜	4	纳	4	仪	4	伞	4	傕	4	啊	4
切	4	奏	4	力	4	友	4	羌	4	羿	4
睢	4	真	4	郯	4	职	4	静	4	暴	4
有	4	是	4	懂	4	憨	4	淦	4	朋	4
果	4	拉	4	英	4	薜	4	藤	4	泰	4

续表 116

姓氏	人数	姓氏	人数	姓氏	人数	姓氏	人数	姓氏	人数	姓氏	人数
堵	3	禤	3	叱	3	目	3	各	3	钭	3
褚	3	呷	3	吕	3	更	3	寮	3	地	3
老	3	四	3	吾	3	补	3	菅	3	业	3
主	3	约	3	波	3	仙	3	柒	3	某	3
陕	3	允	3	及	3	板	3	雅	3	浩	3
杏	3	努	3	本	3	塞	3	望	3	俱	3
玖	3	摆	3	甲	3	宥	3	弓	3	用	3
扎	3	递	3	赤	3	宜	3	逄	3	接	3
迪	3	越	3	芩	3	独	3	弗	3	待	3
辅	3	忻	3	恽	3	扁	3	奎	3	角	3
皱	3	妮	3	太	3	盈	3	言	3	多	3
让	3	藕	2	超	2	骞	2	行	2	觉	2
荐	2	鲍	2	融	2	钤	2	颜	2	进	2
黄	2	莘	2	踪	2	邛	2	肯	2	郅	2
问	2	負	2	莲	2	鉴	2	闭	2	起	2
苍	2	锡	2	郤	2	芶	2	革	2	考	2
谬	2	长	2	苳	2	察	2	威	2	呈	2
永	2	玛	2	揣	2	宰	2	理	2	批	2
僧	2	冼	2	偶	2	番	2	春	2	疗	2
妙	2	哏	2	比	2	朗	2	淳	2	昊	2
昂	2	早	2	卡	2	法	2	厍	2	犹	2
大	2	朵	2	火	2	敦	2	散	2	吁	2
殳	2	折	2	潜	2	棘	2	盆	2	回	2
呙	2	团	2	秘	2	忽	2	府	2	什	2
庭	2	槐	2	桔	2	桥	2	彩	2	彦	2
录	2	弯	2	桓	2	嘉	2	所	2	你	2
東	2	戌	2	堇	2	伯	2	查	2	传	2
囊	2	慎	2	他	2	堪	1	采	1	墙	1
天	1	培	1	钮	1	钊	1	外	1	堆	1
钊	1	壮	1	堂	1	坚	1	广	1	岁	1
邦	1	呑	1	崩	1	巍	1	工	1	希	1
道	1	妖	1	帕	1	尚	1	庚	1	速	1
度	1	迭	1	弘	1	弟	1	弥	1	遇	1
妥	1	央	1	失	1	夹	1	夺	1	奇	1
奥	1	郡	1	奴	1	就	1	坎	1	尢	1
委	1	姫	1	娥	1	孽	1	审	1	寄	1
夭	1	奶	1	倾	1	会	1	伦	1	饨	1
额	1	侏	1	供	1	侬	1	颈	1	闯	1
倘	1	任	1	顶	1	韶	1	儿	1	兀	1

续表 116

姓氏	人数	姓氏	人数	姓氏	人数	姓氏	人数	姓氏	人数	姓氏	人数
兹	1	兽	1	冬	1	冲	1	徐	1	鸿	1
七	1	下	1	且	1	中	1	丽	1	乘	1
九	1	乾	1	优	1	鹂	1	伐	1	鸾	1
鸥	1	五	1	京	1	亿	1	们	1	鬲	1
减	1	二	1	当	1	庞	1	发	1	口	1
叫	1	吏	1	吞	1	吴	1	闾	1	非	1
闰	1	升	1	哭	1	善	1	喜	1	闞	1
閤	1	固	1	锅	1	图	1	哎	1	刷	1
土	1	几	1	凯	1	零	1	雪	1	刊	1
睢	1	列	1	降	1	雄	1	午	1	隽	1
前	1	剧	1	勃	1	勇	1	千	1	陳	1
冻	1	创	1	芈	1	情	1	澎	1	澹	1
芹	1	芳	1	热	1	熬	1	爨	1	滚	1
牙	1	湾	1	牧	1	艳	1	良	1	航	1
猴	1	舍	1	环	1	现	1	芋	1	洗	1
莴	1	汗	1	沟	1	沣	1	莆	1	药	1
沪	1	沫	1	潐	1	洑	1	畔	1	济	1
涉	1	淡	1	清	1	渡	1	湖	1	若	1
泽	1	立	1	琳	1	柴	1	祭	1	罩	1
福	1	缴	1	禚	1	维	1	羽	1	稂	1
神	1	竟	1	笵	1	纽	1	筒	1	箔	1
箫	1	簿	1	红	1	租	1	碗	1	菊	1
胜	1	彤	1	肉	1	肇	1	聪	1	皎	1
益	1	美	1	者	1	璠	1	磨	1	翼	1
翰	1	翦	1	翠	1	社	1	祈	1	耍	1
政	1	莽	1	贤	1	拓	1	贞	1	提	1
赖	1	貊	1	豪	1	贵	1	攸	1	扭	1
效	1	救	1	教	1	敢	1	说	1	斌	1
斐	1	斗	1	撒	1	恭	1	影	1	律	1
辙	1	辉	1	微	1	德	1	忙	1	怒	1
抗	1	怡	1	阎	1	息	1	桌	1	惹	1
紫	1	慧	1	宸	1	才	1	思	1	橐	1
斩	1	梨	1	戴	1	蔼	1	楊	1	蒋	1
蔚	1	蓸	1	柏	1	槽	1	样	1	歌	1
歧	1	歹	1	葫	1	殴	1	殿	1	萨	1
运	1	蓦	1	表	1	汏	1	旦	1	昊	1
昔	1	褥	1	晚	1	曷	1	朝	1	耤	1
末	1	靳	1	柳	1	枚	1	架	1	柔	1
蜜	1	虢	1	栋	1	袭	1	—	—	—	—

（市公安局）

2015年“211工程”“985工程”在太仓录取本科学生名单（123人）

表117

序号	姓 名	录取学校	录取专业
1	于新阳	东北林业大学	软件工程
2	顾竹妍	东南大学（无锡分校）	电子科学与技术
3	陆英杰	东南大学	土木类
4	黄淑怡	东南大学（无锡分校）	信息工程
5	吴 宇	东南大学	工程力学
6	奚佳栋	东南大学	机械工程
7	张祎晨	哈尔滨工业大学	机械设计制造及其自动化
8	偶祎旦	河海大学	水文与水资源工程
9	俞佳茜	河海大学	工程管理
10	孙逸飞	河海大学	给排水科学与工程
11	陈心怡	河海大学	财务管理
12	陈 翔	湖南大学	电子信息工程
13	李相冠	湖南大学	机械类
14	居琦峰	湖南师范大学	工艺美术
15	江 莉	湖南师范大学	人文地理与城乡规划
16	顾婧怡	湖南师范大学	广告学
17	周 易	华北电力大学（保定）	能源化学工程
18	何雨沁	华东理工大学	会计学
19	蔡逸凡	华东理工大学	资源循环科学与工程
20	李 缘	华东师范大学（中山北路校区）	公共管理类
21	方 圆	华东师范大学	翻译
22	俞晓婷	华东师范大学	经济学类
23	钱子琳	华东师范大学	历史学
24	徐逸梅	华南理工大学	环境设计
25	张磊燚	华南理工大学	化学工程与工艺
26	吴宇杰	吉林大学	生物医学工程（再生医学）
27	肖 琪	江南大学	国际经济与贸易
28	施佳纯	江南大学	食品科学与工程
29	顾婷逸	江南大学	工程管理
30	李俊峰	江南大学	机械工程

续表 117

序号	姓　名	录取学校	录取专业
31	史天恒	江南大学	工业设计
32	徐悦然	兰州大学	汉语言文学
33	胡君铭	辽宁大学（蒲河校区）	工商管理类
34	黄靖怡	南京大学	软件工程
35	钱柯宇	南京大学	软件工程
36	黄彧萱	南京大学	软件工程
37	顾　忻	南京大学	软件工程
38	陆弇妮	南京大学	工商管理类
39	施梦琪	南京航空航天大学	飞行器设计与工程
40	孙　浩	南京航空航天大学	飞行器设计与工程
41	王宇晟	南京航空航天大学	飞行器设计与工程
42	李容海	南京航空航天大学	飞行器设计与工程
43	郎天辰	南京航空航天大学	电气工程及其自动化
44	洪忆榕	南京理工大学	机械类
45	顾　逸	南京理工大学	电子信息类
46	高逸达	南京理工大学	自动化
47	周宇恒	南京农业大学	动物药学
48	杨星宇	南京农业大学	食品科学与工程
49	张晨阳	南京农业大学	工业设计
50	浦子晔	南京农业大学	生物科学
51	王静文	南京农业大学	金融学
52	叶莹莹	南京师范大学	数学与应用数学
53	佘丽慧	南京师范大学	外国语言文学类
54	吴鑫梓	南京师范大学	应用心理学
55	陆冰清	南京师范大学	化学类
56	郃　力	南京师范大学	管理科学
57	谢东南	南京师范大学	体育教育（师范）
58	唐雨雪	南京师范大学	社会学类
59	肖　芸	南京师范大学	学前教育（师范）
60	高依旸	南京师范大学	思想政治教育（师范）
61	薛龚震	南京师范大学	工商管理
62	吉　怡	南京师范大学	汉语言文学（师范）

续表 117

序号	姓　名	录取学校	录取专业
63	季芳洲	南京师范大学	思想政治教育（师范）
64	王思佳	上海财经大学	金融学类
65	孙　奕	上海外国语大学	德语
66	陆劭聪	四川大学	工程力学
67	龚一宸	四川大学	水利类
68	王臻斐	四川农业大学	生物工程
69	陶天一	苏州大学	软件工程
70	顾毛梁	苏州大学	计算机类
71	朱思佳	苏州大学	临床医学 (5+3 一体化）
72	汪　征	苏州大学	微电子科学与工程
73	陈煌阳	苏州大学	金属材料工程
74	罗鲜赟	苏州大学	机械类
75	偶天宇	苏州大学	社会工作
76	许思祎	苏州大学	社会工作
77	周志芸	苏州大学	生物制药
78	史忆豪	苏州大学	纳米材料与技术
79	汪志浩	苏州大学	建筑环境与能源应用工程
80	钱志诚	苏州大学	机械类
81	王孝威	苏州大学	计算机类
82	朱吟玮	苏州大学	预防医学
83	张律民	苏州大学	临床医学 (5+3 一体化）
84	范祎杰	苏州大学	机械类
85	张诗芸	苏州大学	数学类
86	黄纯譞	苏州大学	数学类
87	韩慕玥	苏州大学	会计学
88	夏贝妮	苏州大学	劳动与社会保障
89	徐　晨	苏州大学	物理学（师范）
90	秦雅兰	苏州大学	社会工作
91	周芝润	苏州大学	临床医学 (5+3 一体化）
92	周燕倩	苏州大学	食品质量与安全
93	蒋诗怡	苏州大学	中国语言文学类

续表 117

序号	姓　名	录取学校	录取专业
94	朱婧曦	苏州大学	法学
95	蔡依静	苏州大学	图书馆学
96	吴雨辰	苏州大学	图书馆学
97	曾　杰	苏州大学	图书馆学
98	龚文珺	苏州大学	金融学
99	洪思宇	苏州大学	社会工作
100	宋甜甜	武汉大学	临床医学
101	吕思慧	武汉理工大学	物流管理与工程类
102	张　叶	西南大学	物理学（师范）
103	陆志明	西南交通大学	土木工程
104	陆仪萱	西南交通大学	物流管理与工程类
105	林　浩	西南交通大学	电子信息科学与技术
106	张信民	西南交通大学	环境科学与工程类
107	邓楚伊	中国传媒大学	应用统计学
108	朱嘉慧	中国海洋大学	海洋技术
109	赵　楠	中国海洋大学	法语
110	陈雨薇	中国矿业大学	材料类
111	李忻愉	中国矿业大学（北京）	行政管理
112	姚　燚	中国农业大学	植物生产类
113	刘沛鑫	中国药科大学	药物制剂
114	李天逸	中国药科大学	药学
115	许　烨	中国药科大学	药事管理
116	徐俊杰	中国药科大学	药物化学
117	翁思皓	中国药科大学	制药工程
118	黄雪婷	中国药科大学	制药工程
119	黄滢霜	中国药科大学	药物制剂
120	陆捷妍	中国药科大学	药物制剂
121	陆昊楠	中国药科大学	药学
122	杜安琪	中山大学	核工程类
123	周之帆	重庆大学	公共管理类

（市教育局）

2015年度太仓市百岁老人名单

表118

序号	姓　名	性别	出生年月	家庭居住地	备　注
1	唐静贞	女	1909年4月20日	城厢镇梅园社区	2015年8月去世
2	宋协屏	女	1911年3月10日	城厢镇县府社区	—
3	张金弟	女	1913年10月30日	城厢镇电站村	2015年11月去世
4	李家汶	女	1914年4月17日	城厢镇梅园社区	—
5	毛妹妹	女	1914年1月15日	城厢镇县府社区	2015年2月去世
6	王秀英	女	1915年2月23日	城厢镇中区社区	—
7	沈王氏	女	1916年2月3日	城厢镇康乐社区	—
8	张小妹	女	1916年3月16日	城厢镇万丰村	—
9	孙宝娟	女	1915年11月13日	城厢镇人民中区社区	—
10	戴招娣	女	1916年12月23日	城厢镇永丰村	—
11	业惠兰	女	1916年2月12日	城厢镇府东社区	—
12	陆秀珍	女	1908年10月4日	沙溪镇胜利村	—
13	陈银贵	女	1909年12月14日	沙溪镇虹桥村	2015年12月去世
14	顾阿妹	女	1911年7月20日	沙溪镇香塘村	—
15	吴金媛	女	1912年12月25日	沙溪镇西市社区	2015年9月去世
16	金凤英	女	1913年12月23日	沙溪镇洪泾村	—
17	陈阿翠	女	1913年3月27日	沙溪镇泥桥村	—
18	汤三囡	女	1913年9月9日	沙溪镇虹桥村	2015年11月去世
19	单小妹	女	1914年10月10日	沙溪镇涂松村	—
20	赵文英	女	1914年8月12日	沙溪镇中荷村	2015年12月去世
21	钱近南	女	1915年10月3日	沙溪镇岳镇村	—
22	沈招娣	女	1915年10月6日	沙溪镇塘桥村	2015年11月去世
23	徐小明	男	1916年10月11日	沙溪镇半泾村	—
24	王妹生	女	1916年11月27日	沙溪镇中荷村	—
25	潘仲彬	男	1916年7月3日	沙溪镇岳星村	2015年2月去世

续表 118

序号	姓　名	性别	出生年月	家庭居住地	备　注
26	夏曰书	男	1916 年 2 月 1 日	沙溪镇岳镇村	—
27	李杏娣	女	1916 年 3 月 14 日	沙溪镇岳镇村	2015 年 2 月去世
28	肖阿招	女	1916 年 1 月 16 日	沙溪镇塘桥村	—
29	戴妹娣	女	1916 年 11 月 26 日	沙溪镇shi桥村	—
30	徐银大	女	1916 年 9 月 2 日	沙溪镇胜利村	—
31	吴小妹	女	1911 年 8 月 3 日	璜泾镇新联村	—
32	浦杏金	女	1915 年 8 月 12 日	璜泾镇永乐村	—
33	邵玉英	女	1915 年 12 月 21 日	璜泾镇团结街	—
34	倪招南	女	1916 年 10 月 3 日	璜泾镇雅鹿村	2015 年 3 月去世
35	秦法生	男	1916 年 11 月 11 日	璜泾镇雅鹿村	—
36	王祖男	男	1916 年 10 月 19 日	璜泾镇雅鹿村	—
37	孙彩男	女	1916 年 8 月 20 日	璜泾镇新明村	—
38	姚妹郎	女	1916 年 4 月 4 日	璜泾镇孙桥村	—
39	王　翠	女	1916 年 8 月 8 日	璜泾镇孙桥村	2015 年 3 月去世
40	闵杏男	女	1916 年 10 月 10 日	璜泾镇孙桥村	—
41	唐贰度	女	1916 年 10 月 14 日	璜泾镇荣文村	—
42	穆杨氏	女	1916 年 2 月 6 日	璜泾镇王秀村	2015 年 2 月去世
43	黄凤珍	女	1911 年 9 月 15 日	浏河镇新闸村	—
44	高月华	女	1912 年 10 月 9 日	浏河镇浏南村	—
45	张金娥	女	1913 年 12 月 3 日	浏河镇闸北社区	—
46	周品陈	男	1916 年 3 月 1 日	浏河镇张桥村	2015 年 11 月去世
47	顾四娣	女	1916 年 12 月 26 日	浏河镇新闸村	—
48	孙杏宝	女	1910 年 10 月 20 日	浮桥镇和平村	—
49	石　度	女	1911 年 1 月 10 日	浮桥镇浪港村	—
50	沈爱大	女	1913 年 1 月 1 日	浮桥镇六尺社区	—
51	杨　泉	男	1913 年 9 月 15 日	浮桥镇陆公村	2015 年 11 月去世
52	祝才华	女	1914 年 5 月 6 日	浮桥镇茜泾村	2015 年 10 月去世

续表 118

序号	姓　名	性别	出生年月	家庭居住地	备　注
53	黄小妹	女	1914年5月10日	浮桥镇丁泾村	2015年8月去世
54	秦培英	女	1915年12月17日	浮桥镇时思社区	2015年1月去世
55	徐玉珍	女	1915年9月17日	浮桥镇六尺社区	—
56	王凤英	女	1915年5月27日	浮桥镇三市村	—
57	何瑞生	男	1916年11月11日	浮桥新港花苑社区	—
58	朱琴弟	女	1916年7月7日	浮桥和平花园社区	—
59	顾阿宝	女	1916年11月20日	浮桥和平花园社区	—
60	杨阿勤	女	1916年12月12日	浮桥镇鹿新村	—
61	陆瑞英	女	1916年2月29日	浮桥镇和平花园社区	—
62	庄汝成	男	1916年5月20日	浮桥镇时思村	—
63	高阿英	女	1916年8月2日	浮桥镇时思社区	—
64	陈桂英	女	1916年12月11日	浮桥镇马北村	—
65	许文华	女	1912年7月21日	娄东街道东郊社区	—
66	孙小妹	女	1912年10月16日	娄东街道岳南村	2015年5月去世
67	吕祖纯	男	1912年1月30日	娄东街道华盛园社区	—
68	汪　墉	男	1914年12月24日	娄东街道太平社区	—
69	陆心仪	男	1916年10月15日	娄东街道洙泾村	—
70	陆金娣	女	1916年2月26日	娄东街道珠江社区	—
71	邢林芳	女	1915年10月20日	娄东街道横沥村	2015年8月去世
72	陆静宝	女	1916年12月7日	娄东街道陆渡村	—
73	李瑞宝	女	1915年11月28日	娄东街道陆渡村	—
74	顾翠和	女	1912年8月22日	双凤镇庆丰村	—
75	王熟宝	女	1916年1月7日	双凤镇勤力村	—
76	顾瑞弟	女	1916年7月18日	双凤镇勤力村	—
77	陈云娣	女	1916年2月9日	双凤镇维新村	—
78	施阿珍	女	1916年10月17日	科教新城利民社区	—

(市民政局)

服务指南

2016 年太仓市城区幼儿园入学工作有关规定

一、施教区的划分

实验幼教中心

1. 实验幼儿园：人民路以东，新城北河以南，半泾河向北延伸段以西，郑和路以北。

2. 娄东幼儿园：人民路以东，郑和路以南，东仓路以西，县府街以北。

3. 华盛幼儿园：(1) 盐铁塘以东，苏昆太高速路以南（含苏昆太北面原明星村常住居民），新城北河以北，娄江路以西；(2) 204 国道以东，北京西路以南，盐铁塘以西，苏州路（339 省道）以北。

艺术幼教中心

4. 县府街幼儿园：人民路以东，县府街以南，太平路以西，上海路以北。

5. 艺术幼儿园：(1) 东仓路以东，郑和路以南，半泾河以西，县府东路以北；(2) 东城河以东，县府东路以南，半泾河以西，上海路以北；(3) 太平路以东，上海路以南，半泾河以西，新浏河以北。

6. 南园幼儿园：(1) 南门街（包括延伸段）以东，上海路以南，太平路以西，新浏河以北；(2) 太平路以东，县府东路以南，东城河以西，上海路以北。

城厢幼教中心

7. 梅园幼儿园：204 国道以东，上海西路以南，南门街（包括延伸段）以西，新浏河以北。

8. 弇山幼儿园：204 国道以东，原一级公路向西延伸接苏州路以南，人民路以西，上海路以北。

9. 伟阳幼儿园：204 国道以西，新浏河以北。

10. 新毛幼儿园（原新毛幼儿园施教区）。

新区幼教中心

11. 娄江幼儿园：(1) 半泾河以东，新城北河（东接天津路）以南，四通路以西，新浏河以北；(2) 上海路以南，高速路以西，四通路以东，新浏河以北。

12. 香花幼儿园（含恒通佳苑幼儿园）：原香花幼儿园施教区。

13. 陆渡幼儿园：原陆渡幼儿园施教区。

科教新城幼教中心

14. 科教新城南郊幼儿园：盐铁塘以东，新浏河以南。

15. 科教新城利民幼儿园：盐铁塘以西，新浏河以南。

二、所属施教区认定细则

适龄幼儿拥有城区常住户籍是其在城区幼儿园入学的前提条件，适龄幼儿的父母或法定监护人的合法固定住所是确定其在何施教区入学的依据。具体认定细则如下：

1. 适龄幼儿的常住户口应与其父母或其他法定监护人的常住户口及合法固定住所保持一致，在合法固定住所施教区依法入园。

2. 户口随祖父母、外祖父母或其他法定监护人，监护人在施教区有合法固定住所，符合下列条件之一的幼儿可凭相关证明在该施教区依法入园：(1) 父母双方都是现役军人（含武警）；(2) 父母双方都是公派出国的专家、技术人员；(3) 父母双方户口都不在太仓市范围内；(4) 孤儿。

3. 幼儿父母或其他法定监护人有多处合法固定住所，由父母或其他法定监护人提供其中一处合法固定住所相关证明。原则上以与户籍一致，并且具有相对稳定、具备长期生活条件合法固定住所为依据。如果多处合法固定住所中含有人均面积低于 18 平方米的住房，则该住房不再作为确定施教区的依据。

4. 父母或其他法定监护人无全产权合法固定住所，与祖父母或外祖父母的共有产权合法固定住所可作为就近入学的依据。 其他形式共有产权的合法固定住所原则不作为义务教育阶段学校就近入学的依据。

5. 幼儿父母无“产权房”或无“房卡房”，长期随祖父母或外祖父母居住并为唯一居住地的（即三代同堂），幼儿入园以祖父母或外祖父母合法固定住所为准。幼儿父母或其他法定监护人无“产权房”或无“房卡房”，由实际居住地所在幼儿园核实情况，妥善解决。

6. 对提供的合法固定住所予以登记，每五年可以认定一名地段生（同一家庭符合计划生育政策除外）。

7. 因改善住房条件、地块改造等乔迁新居的，人已迁新居，户籍尚未迁移的，施教区确定以新居住地为准；因旧城改造，原居住地已拆迁，新住房虽然尚未交付的，确定其施教区应以新安置的住房为准。

（市教育局）

2016 年太仓市城区义务段学校入学工作有关规定

一、城区施教区的划分

（一）初中：

1. 市二中：人民路（延伸段）以西，新浏河以北（含属城厢镇的新毛拆迁户）。

2. 市一中：(1) 人民路以东，天津路（原外环一级公路）以南，东城河（向北延伸段）以西，朝阳路以北；(2) 人民路以东，朝阳路以南，东仓路以西，新浏河以北。

3. 实验中学：(1) 东城河（向北延伸段）以东，天津

2016 年太仓市大病门诊医疗保险问答

3．参保人不方便办理或身故：居委或公安局出关系证明、授权书、声明书（需法定继承人签字后居委盖章）。

一、什么是“大病门诊保险”？

“大病门诊保险”是指以大病门诊医疗保险基金对社会医疗保险参保人员，在年度内因重大疾病发生大额门诊自负费用进行再次补助的补充保险。太仓市“大病门诊保险”项目的合作对象为：中国人民健康保险股份有限公司江苏分公司。

二、下列情形之一所发生的自负医疗费用，不列入大病住院保险资金补偿范围：

（一）应当由工伤保险、生育保险基金支付的。

（二）应当由公共卫生负担的。

（三）在境外就医的。

（四）超过物价部门规定基本医疗保险标准收费的。

（五）在非定点医疗机构和零售药店就医配药的。

（六）其他违反基本医疗保险管理规定的。

（七）非特殊疾病或患者院外自购使用人血白蛋白、静脉注射用人免疫球蛋白等生物制品。

（八）当年度门诊发生符合大病门诊保险赔付规定的费用，但未录入社会医疗保险信息数据库的。

结算年度内，若有政策出台，按照新政策执行。

三、大病门诊保险补偿待遇标准。

大病门诊医疗保险补偿比例

自负医疗费用	补偿比例
0.3 万元～ 0.6 万元（含）	50%
0.6 万元～ 0.8 万元（含）	52%
0.8 万元～ 1 万元（含）	54%
1 万元～ 1.2 万元（含）	56%
1.2 万元～ 1.4 万元（含）	58%
1.4 万元～ 1.6 万元（含）	60%
1.6 万元～ 1.8 万元（含）	62%
1.8 万元～ 2 万元（含）	64%
2 万元以上	66%

四、补偿方式。

大病门诊补助对象名单通过太仓市人力资源和社会保障网向社会公布，太仓市大病保险联合办公室组织发放工作，确保补助金准确及时发放到每个享受补助对象。

（市人社局）

太仓市服务机构名录（部分）

交通运输服务机构一览表

表 119

单位名称	负责人	电　话	邮　编	单位地址
太仓市公路管理处	桑庆宝	53526159	215400	太仓市长春北路 66 号
太仓市航道管理处	范泽和	53572319	215400	太仓市城西南路 58 号
太仓市地方海事处	景志清	53525746	215400	太仓市城西南路 29 号
太仓市运输管理处	孙志坚	53105010	215400	太仓市城西北路 98 号
太仓市机动车维修管理处	汤　俊	53113608	215400	太仓市城西北路 96 号
太仓市交通运输局运政稽查大队	孙志坚	53115067	215400	太仓市城西北路 98 号
太仓杨林船闸管理处	钱志寅	53182099	215434	太仓市浮桥镇仪桥村
太仓市乡镇综合交管所	沈　平	53115077	215400	太仓市城西北路 98 号
太仓市城厢中心交管所	沈　平	53115077	215400	太仓市城西北路 98 号
太仓市沙溪中心交管所	孙　军	53221678	215421	太仓市沙溪镇
太仓市浏河中心交管所	范雪峰	53610028	215431	太仓市浏河镇
太仓市璜泾中心交管所	龚　健	53814600	215427	太仓市璜泾镇

续表 119

单位名称	负责人	电　话	邮　编	单位地址
太仓市港区中心交管所	刘　军	53115077	215400	太仓港经济技术开发区
太仓市开发区中心交管所	张洪青	53580561	215400	太仓市经济开发区
太仓市交通工程质量监督站	陆　敏	53579934	215400	太仓市县府东街 10 号
太仓交通运输集团有限公司	凌锦章	53525823	215400	太仓市太平北路 107 号
太仓市公共交通有限公司	姚红兵	53526521	215400	太仓市太平北路 109 号

（市交运局）

法律服务机构一览表

表 120

单位名称	负责人	电　话	邮　编	单位地址
太仓市公证处	周　敏	53522996	215400	太仓市城厢镇人民南路 132 － 3 号
江苏金太律师事务所	包忠华	53570909	215400	太仓市城厢镇朝阳路香塘发展大厦 6 楼
江苏广浩律师事务所	施　铭	53516040	215400	太仓市郑和中路 309 号工业发展大厦南楼 10 楼
江苏众谊律师事务所	吴保华	53353612	215400	太仓市上海东路 86 号世纪财富大厦 5 楼
江苏孙剑良律师事务所	孙剑良	53542020	215400	太仓市上海东路 86 号世纪财富大厦 18 楼
江苏周瑞昌律师事务所	周瑞昌	53592880	215400	太仓市上海东路 5 号华侨大厦 10 楼
江苏德龙律师事务所	顾齐红	53523628	215400	太仓市城厢镇人民南路 132 － 3 号
江苏新中远律师事务所	顾　斌	53585308	215400	太仓市郑和中路 309 号工业发展大厦 706 室
江苏名仁（太仓）律师事务所	虞浩础	53280291	215400	太仓市人民南路 36 号圣德商务大厦 606 － 610 室
江苏新天伦（太仓）律师事务所	陆宁初	53206902	215400	太仓市五洋广场 13 楼 1301 号
江苏娄东律师事务所	马金龙	53990080	215400	太仓市上海东路 5 号华侨大厦 13 楼
江苏至誉律师事务所	沈自强	53233336	215400	太仓科教新城健雄路 20 号
上海利歌（太仓）律师事务所	薛国斌	53111915	215400	太仓市人民南路 95 号华旭财富中心 A1103 室
上海光明（太仓）律师事务所	单学生	53102968	215400	太仓市娄东街道朝阳东路 21 号科而雅大厦 8 楼
江苏镇洋律师事务所	王建明	33007797	215400	上海东路 5 号华侨大厦 19 楼 1901 室
太仓市娄江法律服务所	周建明	53524199	215400	太仓市城厢镇东仓北路 8 号
太仓市城厢法律服务所	朱　强	53510070	215400	太仓市城厢镇郑和西路 46 号
太仓市浏河法律服务所	浦兆明	53458588	215400	太仓市浏河镇东港路 3 号汇金坊 102
太仓市沙溪法律服务所	单炳奎	33001618	215421	太仓市沙溪镇白云路（苏果超市对面）
太仓市双凤法律服务所	吴惠明	53438982	215416	太仓市双凤镇凤东街东首
太仓市璜泾法律服务所	张振宇	13063843812	215427	太仓市璜泾镇新华村
太仓市浮桥法律服务所	严振新	53781794	215434	太仓市浮桥镇中兴街 18 号

（市司法局）

土地管理服务机构一览表

表 121

单位名称	负责人	电话	邮编	单位地址
太仓市地籍测绘站	彭　盛	53515579	215400	太仓市上海东路 96 号
太仓市土地管理档案室	郝艳伟	53890646	215400	太仓市上海东路 96 号
太仓市太地不动产评估咨询有限公司	程海忠	53513684 53533684	215400	太仓市东仓北路 2 号东仓大厦 4 楼
太仓众信房地产评估土地评估测绘有限公司	陈建忠	53568700	215400	太仓市郑和西路 26 号

（市国土局）

太仓市行政服务中心各窗口服务电话

表 122

单　位	电话	单　位	电话	单　位	电话
中心服务总台	53890556	粮食局（综合窗口）	53595090	民防局窗口	53595082
发改委窗口	53595093	烟草局（综合窗口）	53595090	国税局窗口	53595075
住建局窗口	53595083	统计局（综合窗口）	53595090	地税局窗口	53595076
公安局（户政）窗口	53890511	天然气	53890530	公积金中心	12345
公安局（治安）窗口	53890511	苏州国旅	53890537	房产交易窗口	53568348
商务局窗口	53595092	蓝天票务	53890599	安监局（综合窗口）	53595090
交通运输局窗口	53595078	因私出国服务中心	53890536	财政局（综合窗口）	53595090
农委窗口	53890569	公共自行车	53890540	档案局（综合窗口）	53595090
文广新局窗口	53595085	经信委窗口	53595094	民政局（综合窗口）	53595090
环保局窗口	53595087	公安局（出入境）窗口	53890512	人社局（综合窗口）	53595090
物价局窗口	53890522	公安局（禁毒）窗口	53890511	体育局（综合窗口）	53595090
气象局窗口	53595080	公安局（消防）窗口	53595077	福瑞德税务	53890534
不动产登记窗口	53527966	城管局窗口	53595081	协诚企业咨询代理	53890541
保密局（综合窗口）	53595090	水利局窗口	53595095	大业翻译社	53890542
残联（综合窗口）	53595090	市监局窗口	53595091	人力资源	53535500
法制办（综合窗口）	53595090	卫计委窗口	53595084	CA 证书	53711050

（市行政服务中心）

太仓常用便民电话

表 123

特服电话		市民生活服务热线	
中国国际代码	0086	太仓市第三人民医院	53572401
报警求助	110	太仓市疾病预防控制中心	53102972
医疗救助	120	太仓市妇幼保健所	53521778
火警	119	行业服务热线	
交通事故	122	中国电信客服热线	10000
电话号码查询	114	中国移动客服热线	10086
报时	12117	中国联通客服热线	10010
天气预报	96121	中国邮政客服热线	11185
市话障碍申告	112	中国人民保险公司	95518
市民生活服务热线		中国人寿保险公司	95519
太仓市电力报修电话	95598、53523368	中国平安保险公司	95511
太仓市天然气报修电话	53533030、53521392	中国太平洋保险公司	95500
太仓市液化气报修电话	53521837	中国银行客服	95566
太仓市路灯报修电话	53530500	农业银行客服	95599
太仓市白蚁防治所	53526323	建设银行客服	95533
太仓市有线电视客服电话	96296、53571018	工商银行客服	95588
太仓市民政救助站电话	56551999	交通银行客服	95559
太仓市民政福利院电话	53456130	太仓农商行客服	53955555
太仓市水上搜救电话	12395	招商银行客服	95555
太仓市出租车招车热线	9688999	华夏银行客服	95577
太仓市汽车站咨询热线	53875387	光大银行客服	95595
太仓市汽车站订票热线	53522999	民生银行客服	95568
江苏高速公路特服号	96777	中信银行客服	95558
太仓市白云票务公司	53536363	江苏银行客服	96098
太仓市发达票务公司	53524373	苏州银行客服	96067
太仓市第一人民医院	53101356	邮政储蓄客服	95580、11185
太仓市第二人民医院	53528666	中国银联客服	95516

续表123

市公安机关电话		市公安机关电话	
市公安局总机	53583112	交警沙溪中队	53212839
城中派出所	53514402	交警璜泾中队	53824801
城西派出所	53526341	太仓市禁毒举报热线	88212596
开发区派出所	53561516	咨询、维权、举报、监督、投诉热线	
板桥派出所	53445110	太仓市纪委监察举报热线	12388、53541796
南郊派出所	53405229	太仓市检察院举报中心	53552000
双凤派出所	53439673	太仓市法院举报电话	53522680
陆渡派出所	53458110	太仓市消费者维权热线	12315、53543315
浏河派出所	53611136	太仓市劳保、社保咨询热线	12333、53570505
浮桥派出所	53701356	太仓市住房公积金咨询热线	53532002
沙溪派出所	53212921	太仓市质量监督投诉电话	12365、53542848
璜泾派出所	53811054	太仓市价格监督投诉电话	12358
浏家港派出所	53645337	太仓市税务举报投诉电话	12366、53510509
岳王派出所	53301130	太仓市法律援助热线	12348
港区派出所	53787119	太仓市环保局举报投诉电话	12369、53527044
水上派出所	53280899	太仓市交通局执法投诉电话	53570538
边防派出所	53611698	太仓市客运投诉电话	53522236
长航派出所	53372110	太仓市出租车举报投诉电话	53573386
户政科	53572116	运政稽查(黑车)举报电话	53105067、53533146
出入境大队	53583823	太仓市规划局举报投诉电话	53522962
车管所	53446986 53989221（服务站）	太仓市安监局举报投诉电话	53573236
交警大队事故科	53522639	太仓市文化市场综合执法电话	12318、53537683
交警大队秩序科	53528454	太仓市烟草专卖举报电话	53523731、53534070
交警城厢中队	53525475	太仓市旅游投诉电话	53518145
交警港区中队	53705529	太仓市城管执法热线	12319、53540566
交警南郊中队	53405306	《太仓日报》新闻热线	13962408686
交警浏河中队	53611443	太仓电视台新闻热线	53575234、53598860

太仓市部分机构全称、简称对照表

表 124

全称	简称	全称	简称
中共太仓市委员会	市委	太仓市国土资源局	市国土局
太仓市人大常务委员会	市人大	江苏省苏盐连锁有限公司太仓分公司	苏盐太仓分公司
太仓市人民政府	市政府	太仓市烟草专卖局	市烟草局
政协太仓市委员会	市政协	中国电信江苏省太仓分公司	太仓电信
中共太仓市委办公室	市委办	中国联通太仓分公司	太仓联通
太仓市人大常委会办公室	市人大办	中国移动太仓分公司	太仓移动
太仓市人民政府办公室	市政府办	太仓出入境检疫检疫局	太仓国检局
太仓市政协办公室	市政协办	太仓市关心下一代工作委员会	市关工委
中共太仓市纪律检查委员会	市纪委	太仓市发展和改革委员会	市发改委
中共太仓市委组织部	市委组织部	太仓市经济和信息化委员会	市经信委
中共太仓市委宣传部	市委宣传部	太仓市人民武装部	市人武部
中共太仓市委统一战线工作部	市委统战部	太仓市科学技术局	市科技局
中共太仓市委政法委员会	市委政法委	太仓市人力资源和社会保障局	市人社局
太仓市机构编制委员会办公室	市编办	太仓市交通运输局	市交运局
中共太仓市委农村工作办公室	市委农办	太仓市文化广电新闻出版局	市文广新局
中共太仓市委市级机关工作委员会	市级机关工委	太仓市卫生和计划生育委员会	市卫计委
中共太仓市委台湾工作办公室	市委台办	太仓市环境保护局	市环保局
中共太仓市委老干部局	市委老干部局	太仓市住房和城乡建设局	市住建局
中共太仓市委机要局	市委机要局	太仓市城市管理（行政执法）局	市城管局
中共太仓市委保密办公室	市委保密办	太仓市安全生产监督管理局	市安监局
中共太仓市委党校	市委党校	太仓市综合治理办公室	市综治办
太仓市精神文明建设指导委员会办公室	市文明办	太仓市广播电视总台	市广电总台
太仓市史志办公室	市史志办	太仓市农业委员会	市农委
中国国民党革命委员会太仓市委员会	民革太仓市委	太仓市口岸管理委员会	市口岸委
中国民主建国会太仓市委员会	民建太仓市委	太仓市政府国有资产监督管理委员会办公室	市国资办
中国民主促进会太仓市总支部委员会	民进太仓总支	苏州市住房公积金管理中心太仓分中心	太仓公积金中心
中国农工民主党太仓直属支部	农工党太仓直属支部	中国邮政集团公司江苏省太仓市分公司	太仓邮政
九三学社苏州市委太仓直属小组	九三学社太仓直属小组	中国人民银行太仓市支行	人行太仓市支行
太仓市工商业联合会	市工商联	中国银行业监督管理委员会苏州监管分局太仓办事处	银监太仓办

续表 124

全 称	简 称	全 称	简 称
太仓市总工会	市总工会	中国农业银行股份有限公司太仓分行	农行太仓分行
中国共产主义青年团太仓市委员会	团市委	中国银行股份有限公司太仓分行	中行太仓分行
太仓市妇女联合会	市妇联	中国建设银行股份有限公司太仓分行	建行太仓分行
太仓市科学技术协会	市科协	中国农业发展银行太仓市支行	农发行太仓市支行
太仓市归侨侨眷联合会	市侨联	交通银行股份有限公司太仓支行	交行太仓支行
太仓市文学艺术界联合会	市文联	中信银行股份有限公司太仓支行	中信银行太仓支行
太仓市残疾人联合会	市残联	中国光大银行股份有限公司太仓支行	光大银行太仓支行
太仓市哲学社会科学界联合会	市社科联	华夏银行股份有限公司太仓支行	华夏银行太仓支行
太仓市人民政府法制办公室	市法制办	招商银行股份有限公司太仓支行	招行太仓支行
太仓市民族宗教事务局	市民宗局	浦发银行股份有限公司太仓支行	浦发银行太仓支行
太仓市机关事务管理局	市机关事务局	中国民生银行股份有限公司太仓支行	民生银行太仓支行
太仓市服务业发展办公室	市服务办	兴业银行股份有限公司太仓支行	兴业银行太仓支行
太仓市外事办公室	市外事办	江苏银行股份有限公司太仓支行	江苏银行太仓支行
太仓市供销合作总社	市供销总社	太仓农村商业银行	太仓农商行
太仓市市场监督管理局	市市场监管局	中国邮政储蓄银行股份有限公司太仓市支行	邮储银行太仓市支行
太仓市人武部	市人武部	苏州银行股份有限公司太仓支行	苏州银行太仓支行
太仓市人民法院	市法院	太仓民生村镇银行股份有限公司	太仓民生村镇银行
太仓市人民检察院	市检察院	恒丰银行股份有限公司太仓支行	恒丰银行太仓支行
太仓港经济技术开发区	港区	东吴证券股份有限公司太仓分公司	东吴证券太仓分公司
太仓市娄东街道办事处	娄东街道办	华泰证券股份有限公司太仓太平南路证券营业部	华泰证券太仓营业部
太仓市上市办公室	市上市办	中国人民财产保险股份有限公司太仓支公司	人保财险太仓支公司
太仓市重点项目办公室	市重点办	中国人寿保险股份有限公司太仓支公司	中国人寿太仓支公司
太仓市金融合作管理办公室	市金融办	中国太平洋财产保险股份有限公司太仓支公司	太平洋财险太仓支公司
太仓市政务服务管理办公室	市政管办	中国太平洋人寿保险股份有限公司太仓支公司	太平洋人寿太仓支公司
江苏省太仓市国家税务局	市国税局	中国平安财产保险股份有限公司太仓支公司	平安财保太仓支公司
苏州市太仓地方税务局	太仓地税局	中国平安人寿保险股份有限公司太仓支公司	平安人寿太仓支公司
中国工商银行股份有限公司太仓支行	工行太仓支行		

（市史志办）

说 明

一、本索引依照国家标准《索引编制规则（总则）》GB/T 22466—2008的相关规则编制。

二、本索引以类目、分目、副分目、子目和随文图片、图表等标题为对象，大部分选用关键词。设“主题索引”“随文图片索引”和“图表索引”3个分目，内容按标题首字的汉语拼音字母顺序排列，同音字按声调排列，声调相同则按下一字的音序排列，依次类推。

三、主题词后的数字表示所在页码，数字后的字母a、b、c分别表示版面的第1栏、第2栏、第3栏。类目标题用小标宋表示，分目、副分目标题用黑体表示，子目标题用楷体表示，条目用宋体表示。

四、为便于读者检索，在太仓的企事业单位和在太仓发生的事件、活动名称，除易产生歧义外，均省略“太仓”二字。

主题索引

G

H

P

Q

R

S

T

Z

随文图片索引

图表索引

H

J

L

M

Q

S

T

W

X

Y

Z

《太仓年鉴（2016）》各撰稿单位审稿人

（按姓氏笔画排序）

丁　锴	王　哲	王大明	王文军	王红星	王国其	王建平	王洪斌
王晓东	王晓红	王晓芸	王盛文	王雪源	王雷强	戈　涛	毛义明
毛华乾	左　明	卢　勇	田作磊	包炳祥	吕　寅	朱凤兰	朱永明
朱金连	朱锦仕	朱锦明	刘　菊	刘拥新	刘晓军	汤　俊	汤文英
许超震	孙小星	严桂清	苏梅芳	杜建伟	李　刚	杨　敏	杨建新
杨雪林	杨喜良	杨瑞兰	时宇明	吴　明	吴　赟	吴向阳	吴建平
吴建国	何　飚	邹家祥	汪　放	沈　忠	沈　诚	沈　玲	沈　洁
沈林东	沈建青	宋晓泉	张　军	张　忠	张　渊	张日勤	张志华
张求胜	张英姿	张国梁	张金晔	张治虎	张晓冬	张培明	张舒源
陆定峰	陆建林	陆俊波	陆晓红	陈小平	陈永忠	陈伟贤	陈鸿鸽
郑祥弟	金　明	金志强	周　瑛	周文军	周建平	周淑亚	郑　珑
赵　震	赵新华	须永良	施卫东	施燕萍	姜　超	姚　铿	姚剑敏
秦　文	袁志强	夏远峰	顾　仁	顾　超	顾建康	顾建新	顾振清
顾晓明	顾熙虹	顾潇军	钱丁良	钱伟东	徐　韬	徐卫强	徐仲良
徐志豪	浦利兵	浦绍兴	陶乐平	黄　海	黄世忠	黄浩忠	曹　锋
曹炳华	曹惠芳	龚志浩	龚金明	龚秋健	阎凌清	董伟年	蒋永平
嵇永宁	楼浩平	蔡东辉	缪郁峰	潘井亚	潘红忠		

《太仓年鉴（2016）》各撰稿单位撰稿人

（按姓氏笔画排序）

王　丹	王　业	王　欢	王　溢	王　静	王　嫣	王一鸣	王伟刚
王丽倩	王林志	王岩梅	王艳新	王晓洁	王晓晨	王海燕	王维峰
王超慧	王慧敏	王薇一	牛春艳	毛玉霞	毛雨晴	叶　奕	叶伟强
史　玲	包丽诗	邢友来	邢丽萍	吕　乔	吕　迅	吕晓华	朱　奕
朱　慧	朱为民	朱自元	朱承飞	朱弇菁	朱奕叶	朱雅宁	任春艳
邬大为	刘　源	刘天成	刘金凤	刘寅卉	许文华	孙　晔	孙方金
杜　平	李　军	李　菊	李凤文	李青玉	杨　玲	杨　益	杨小丽
杨静娇	肖　洋	时海炜	吴　俊	沈　卫	沈　泓	沈　静	沈建中
张　觅	张　祎	张　超	张　燕	张廷波	张孝东	张怡亮	张建民
张盼盼	张圆圆	张凌淏	张曼娜	张媛媛	陆　蓉	陆　静	陈　虹
陈　琳	陈　雯	陈　澄	陈永刚	陈启洪	陈依文	陈凌甦	陈智慧
武　超	范晓冰	郁　鹰	金　钰	金庆苏	周　婷	周晓萍	郑金硕
单晓凤	赵雅英	胡天立	皇甫丹丹	施　祥	施燕秋	洪澄澄	姚秋红
姚巍峰	贺　燕	贾彦乐	顾　俊	顾　爽	顾　燕	顾秋艳	顾晓红
顾鸿飞	顾婷婷	顾慧玉	钱　健	钱乔伊	钱敏芳	徐　蓉	徐云峰
徐玉婷	徐林峰	徐莉莉	奚艳萍	席雅琴	唐晓平	浦春燕	陶陵夏
黄　强	黄兴春	黄建锋	曹　欢	曹春英	曹俊锋	曹前程	屠震新
董　波	蒋喜桔	蒋攀峰	景　俊	嵇秋红	傅锦花	鲁　云	曾　英
赖　慧	廖君吉	熊晓峰	缪　斌	颜礼宏	颜美芳	瞿金龙	